首届汉语教学与研究学术论坛

春秋代序　似水流行
——董志翘先生七秩寿庆论文集

化振红　赵家栋　主编

凤凰出版社

图书在版编目（CIP）数据

春秋代序 似水流行：董志翘先生七秩寿庆论文集 / 化振红，赵家栋主编. -- 南京：凤凰出版社，2021.5
ISBN 978-7-5506-3450-3

Ⅰ．①春… Ⅱ．①化… ②赵… Ⅲ．①古汉语－研究 ②汉语－词汇－研究－近代 Ⅳ．①H109.2②H134

中国版本图书馆CIP数据核字(2021)第103804号

书　　　名	春秋代序　似水流行——董志翘先生七秩寿庆论文集
主　　　编	化振红　赵家栋
责 任 编 辑	王　剑
装 帧 设 计	姜　嵩
出 版 发 行	凤凰出版社(原江苏古籍出版社)
	发行部电话 025-83223462
出版社地址	江苏省南京市中央路165号,邮编:210009
出版社网址	http://www.fhcbs.com
照　　　排	南京凯建文化发展有限公司
印　　　刷	江苏苏中印刷有限公司
	江苏省泰州市经济开发区鲍徐镇,邮编:225315
开　　　本	787毫米×1092毫米　1/16
印　　　张	34.25
字　　　数	556千字
版　　　次	2021年5月第1版
印　　　次	2021年5月第1次印刷
标 准 书 号	ISBN 978-7-5506-3450-3
定　　　价	280.00元

(本书凡印装错误可向承印厂调换,电话:0523-82099008)

首届汉语教学与研究学术论坛 燕山大学 201908

大会开幕式合影

燕山大学副校长赵永生教授致开幕辞

南京师范大学董志翘教授致辞

燕山大学文法学院院长翁钢民教授主持开幕式

董志翘教授大会主题报告

西南民族大学王启涛教授代表下届论坛承办方发言

南京师范大学赵家栋副教授主持闭幕式

目　录

序 ·· 李　丽　001

《太平广记会校》商兑 ·· 董志翘　001
《医心方》"靳"字校释 ······································ 谭　伟　024
古代法制文书中的反训词 ···································· 王启涛　031
《树艺篇》校读札记 ·· 化振红　072
《世说新语》及刘注中由"才"构成的几个词 ······ 刘传鸿　080
标点整理本《康熙字典·子集》征引辞书标点失误举隅 ···· 王其和　090
古代戏曲词语探源二则 ·························· 赵家栋　殷艳冬　097
释"都无" ·· 张俊之　吴皓佳　106
敦煌契约文书特殊语词考释 ································ 赵永明　110
中古笔记小说词语考释五则 ···················· 张鹏丽　陈明富　116
《旧唐书》考误一则 ·· 李明龙　127
"余且"另解 ··· 黄　琼　132
"挟色"考 ··· 崔　兰　142
冬至说"冬节" ·· 洪晓婷　154
以服石为中心的中古医籍词语例释 ······················ 戚　端　161
中华本《弘明集》疏误考论 ································· 朱春雨　172
义疏体说明篇次原因训释方式的起源与发展 ······· 吕玲娣　182
《敦煌歌辞总编》献疑 ··· 刘晓兴　193
《太平广记》词语札记二则 ··································· 孙咏芳　205

段玉裁《说文解字注》未详草木字例考释六则 …………………… 连燕婷 214

清代徽州合同文书词语考释四则 ………………………………… 陈姗姗 221

碑刻词语札记六则 ………………………………………………… 李 辉 227

段玉裁《说文解字注》对《释名》的征引及研究 ……………… 王 东 234

敦煌绢画供养人题记格式解读 …………………………………… 姚美玲 254

陈寅恪读书札记与中古和近代汉语词汇研究 …………………… 于建华 267

论《经传释词》对戴震文法学的继承与发展 …………………… 徐道彬 282

汉语核心词的研究 ……………………………………… 李 丽 张海鸥 298

域外汉籍"燕行录"与明清汉语词汇研究 ……………………… 钱慧真 309

中古律部汉译佛经的语言价值 …………………………………… 姜黎黎 321

试论域外汉文文献写本的文字学价值

　　——以越南汉文燕行文献为中心 …………………………… 邵天松 330

《诗经》联绵词与复合词声母结构迥异的浑沌语言观解释 …… 肖娅曼 340

浅谈西南官话构式"Num+哒+Num+（个）" ………… 谢佩纹 周俊勋 357

非范畴化、语法并入与汉语非结构词汇化 ……………………… 李 永 367

总括副词"都"由来探究

　　——兼论话题焦点标记"都"的来源 ……………………… 粟学英 380

清初米粮量制单位"斛"初探 …………………………………… 许巧云 392

试析上古汉语"遗"音变的自主非自主用法 …………… 高迎泽 高 丹 400

论变易与孳乳中形音义的关系

　　——以章太炎《文始》为例 ………………………………… 朱乐川 413

《时、体、情态和传信范畴的语法化》介评 …………………… 荣 景 421

略论汉语双音同源词的名义及判定问题 ………………………… 李 彬 429

中古"X用"类副词的产生与发展 ……………………………… 王晓玉 440

试论王念孙的联绵词观 …………………………………………… 朱圣洁 455

从计量分析看初级综合《发展汉语》《成功之路》对比研究现状
　　………………………………………………………… 姜永超　王子莹　465
对外汉语教学中英译的增量和减量………………………………… 赵　越　473
论《汉字王国》与古代汉语教学设计 ……………………………… 董守志　486
江户时期日本汉语教学的国别化特征 ……………………………… 李晓鹏　491
扩大汉语国际教育开放策略研究 …………………………………… 郜彦杰　499
文化维度视角下的中外文化差异与汉语国际推广………… 刘思琦　张　瑾　505
巧用音韵解难题 ……………………………………………………… 张佳欣　513

附录一：董志翘先生论著要目 ……………………………………………… 518
附录二：董志翘先生《七十咏怀》诗及弟子唱和篇 ……………………… 536

编后记 ………………………………………………………………… 赵家栋　538

序

新世纪以来,汉语研究取得了长足发展,汉语教学面临更广阔的发展前景,汉语教学与研究的新成果新动态需要学界及时沟通与共享。2019年8月20日,"首届汉语教学与研究学术论坛"在襟渤海、依燕山的燕山大学召开,由燕山大学文法学院与南京师范大学文学院共同主办。来自全国五十余所高等院校和科研机构的80多位专家学者围绕"新时代背景下的汉语教学与研究"这一主题,分别就汉语本体研究、汉语教学研究等议题进行了学术研讨。为了更好地总结本次会议的硕果,"首届汉语教学与研究学术论坛"组委会特遴选出近50篇优秀论文汇集出版,以飨学者,以志盛会。

文集中词语考释与词汇学相关文章22篇,考释古代医学要籍、法制契约文书、农书史籍、戏曲散文、笔记小说、碑刻道藏等文献中出现的若干疑难字词。语法语音类文章11篇,关涉汉语双音同源词、汉语非结构词汇化、副词、量词、连绵词、变易与孳乳中的形音义关系等问题的讨论。谈及中外汉文文献语料价值的论文8篇,关注《说文解字注》《经传释词》及学者读书札记、汉译佛经、域外汉籍等对文献学、词汇学、文字学研究的价值。汉语教学方面的文章7篇,涉及汉语教学的词汇教学、汉字教学、诗文教学乃至海外汉语教学等诸方面。

"首届汉语教学与研究学术论坛"的圆满召开离不开以董志翘先生为首的南京师范大学汉语言文字学学科的大力支持。论坛的酝酿、筹划,主题的确定等前前后后长达数年。2003~2006年我有幸进入江南文枢——南京师范大学文学院,跟随董志翘先生攻读博士学位,南京师范大学浓郁的人文环境与学术氛围,先生严谨治学、严于律己的言传身教使我终生受益,师母端庄典雅、雍容大度、和蔼可亲的风范时时萦绕心头。2009年同门聚首金陵切磋学术,大家有感于学术会议日趋精细化、专门化的倾向,动议综合性学术会议的筹划。

同时唏嘘慨叹离开母校不能亲承恩师教诲,于是我心中暗暗有了十年之约。2017年12月在江南蒙蒙细雨中,我重回金陵随园,向恩师提出在秦皇求仙、魏武挥鞭之地秦皇岛举办学术论坛的想法。经过深入沟通和交流,在烟花三月的美好日子里最终确定"首届汉语教学与研究学术论坛"由燕山大学和南京师范大学联合主办,燕山大学文法学院承办。

  本次学术论坛的圆满召开也离不开燕山大学中国语言文学学科和文法学院的鼎力相助。燕山大学文法学院院长翁钢民教授多次亲询论坛相关事宜,为会议的顺利召开保驾护航。燕山大学副校长赵永生教授非常重视本届论坛的举办,亲临会议现场发表欢迎致辞。中国语言文学学科的师生放弃节假日休息时间,一心一意助力论坛顺利召开。

  本次学术论坛的圆满召开更离不开参会的各位专家学者。会议通告一经发出,北至黑龙江,南至海南岛,西至新疆,东至齐鲁,各地同仁热情响应,踊跃投稿,不远千里,跋山涉水,纷至沓来,共襄盛会。在论坛上,既有学术积淀深厚的学界前辈,又有虎虎生气的后生新秀,老中青济济一堂,围绕汉语史的词汇、语法、音韵乃至大语文教育、汉语国际教育各抒己见,谈学论道,精彩纷呈,为大雨落幽燕的北戴河与幽蓟东来第一关的山海关增添了浓郁的学术气氛。

  独学而无友,则孤陋而寡闻。汉语教学与研究学术论坛旨在汇聚同道,切磋学术,共同为祖国的语言文字事业贡献力量,将持续举办下去。

  相知无远近,万里尚为邻。感谢西南民族大学王启涛教授欣然应允承办第二届汉语教学与研究学术论坛。期待蓉城相会。

  论文集出版之际,喜逢董志翘教授七十寿诞,特编辑董先生论著要目附后,谨以为先生寿。

李 丽
庚子庚辰于渤海之滨

《太平广记会校》商兑

董志翘

（南京师范大学，文学院）

[摘　要] 张国风先生的《太平广记会校》，煌煌20册（1530万字），于2011年由北京燕山出版社出版。该书的特点：以明谭恺第三次印本为底本，以孙本、沈本、陈本作为主要参校本，辅以许本、黄本、四库本、《详节》本和《通载》本进行会校，并作了比较详细的校勘记，给全书添加了新式标点。虽然该书在校勘版本收集上几臻完备，但经应用发现：该书尚不能称为善本。《会校》存在的最大问题：仅满足于《广记》各种版本的校勘。而作为类书，更重要的乃利用所引来源书及同时代的他书进行校勘。于是出现了大量当校改不校改，不当校改而校改，甚至误判、误改的情况。另外，在断句、标点上可商之处亦不在少数。今不揣浅陋，列举20余例，与张国风先生商榷。

[关键词] 太平广记会校；校勘；标点；商榷

一

《太平广记》（500卷，目录10卷）是宋太宗太平兴国年间敕命李昉等14人编成的一部大型类书，荟萃了自汉末到五代的近7000篇小说和杂史笔记，《四库全书总目》称其为"小说家之渊海"，鲁迅（1981：319）称其为"集小说之大成"。《太平广记》引书凡470多部，其中半数以上已经散佚，即使幸而留存者亦有不少残缺和错讹。故唐五代以前的诸多小说杂史，赖此书得以保存，因此具有极高的文献价值。该书不仅是研究小说史的重要材料，同时因为当时小说大多用浅近文言写成，相对传统的文言作品，更加切近口语。书中条目以内容分类编排，相关性强，时间跨度自汉至宋,正是汉语由中古到近代的演变时期,故该书也是研究这一时期语言文字的极为可贵的资料。加之,全书将所收录的神怪故事、六朝志怪、志人、唐代传奇等按题材分为92大类,150余细目,内容涉及古代文化史、政治史、宗教史乃至科技史(涵盖天文、地理、农、工、医、动物、植物等诸多方面)的各类资料,因此,值得我们从多角度加以发掘利用,进行研究。

关于《太平广记》的成书过程及版本源流,我们作了一个大致的调查:

该书自宋太宗太平兴国六年(981)成书付梓,据载宋代曾有过不止一种刻本,但久已不传。现存最早并大体完整的刻本当属清人吴骞旧藏的明刻本(乃清陈鳣依残宋刻本手校明许自昌刻本)及明代嘉靖四十五年(1566)谭恺据抄本的重刻本。以后广为流传的大多是据谭恺本之抄本或翻刻本,虽然每次抄写刊刻之间或作过一些校补,但囿于当时的条件,校改处甚少,甚至有以误改正者。直到二十世纪五十年代,才由人民文学出版社出版汪绍楹点校本。该本以谭刻本为底本,用明吴县沈与文野竹斋抄本[①]、许自昌刻本[②]、清陈鳣校本[③]、黄晟校(黄氏巾箱本)刻本[④]等参校。此次校点不仅为全书断句,而且改正了一些明显错误,成为一个比较方便使用的新版本。该本后经汪绍楹略作修订,1961年由中华书局印行新一版。自此之后,半个多世纪以来,海内外一直通行使用的便是这一中华本。但是这一本子的缺憾也是显而易见的:(1)限于当时的条件,各种版本收集还不完备。(2)出版社为免"繁琐校勘"之嫌,在"只要求忠于底本,尽量少作改动,不校异文,某些明显的错误可以径改而不出校记"原则的指导下,整理工作留下不少遗憾。(参张国风2011:2)(3)全文仅作断句,未加新式标点,不便今人使用。

有鉴于此,张国风先生从20世纪90年代又重新开始整理,利用在北京图书馆善本部工作之便,广集各种版本,在中华本原用校本的基础上,新增了台湾大学所藏孙潜校宋本、韩国所藏《太平广记详节》《太平通载》[⑤]等重要版本,同时利用了

---

① 宋李昉等:《太平广记》,中国国家图书馆藏明嘉靖年间沈与文钞本。
② 宋李昉等:《太平广记》,中国国家图书馆藏明万历年间许自昌刻本。
③ 宋李昉等:《太平广记》,中国国家图书馆藏清乾嘉年间陈鳣据宋刻校本。
④ 宋李昉等:《太平广记》,中国国家图书馆藏清乾隆年间黄晟校刻本。
⑤ 《太平广记详节》是古代朝鲜的成任(1421—1484)刊刻的一个《太平广记》选本,原书五十卷,简称《详节》,成任又从《太平广记》和一些其他古籍中采集篇目,编成《太平通载》八十卷。简称《通载》。现两书均仅存残卷,分散庋藏于韩国各地。

《艺文类聚》《太平御览》《永乐大典》所引《太平广记》佚文等,"十年磨一剑",凭一己之力撰成《太平广记会校》煌煌 20 册(1530 万字),于 2011 年由北京燕山出版社出版。该书的特点是:以明谭恺第三次印本为底本,以孙本、沈本、陈本作为主要参校本,辅以许本、黄本、四库本、《详节》本和《通载》本进行会校,并作了比较详细的校勘记,给全书添加了新式标点。

虽然该书在校勘版本收集上几臻完备,但是仍不能称为善本。存在的主要问题是:

(一)《太平广记》是从汉末到五代 470 多部小说、野史、笔记中抄录编排出来的一部类书,在成书过程中作了不少选择、节略、编排,有些部分甚至作了改写。这一过程中,难免存在不少错误(衍、夺、错、讹、乱),有些问题导致《太平广记》中有些内容无法理解,甚至不能卒读。这些问题在《广记》成书之初就已存在,如果我们仅以后来抄刻的《太平广记》各种版本互相校勘,是无法发现、解决的。因此整理工作的一个重要方面,即利用所引来源书及同时代的他书进行校勘(据统计,《太平广记》所引书中,约有半数至今尚存),而《会校》本基本未进行这一方面的工作(我们在使用《会校》时已发现大量此类问题)。

(二)由于张国风先生校勘学、语言文字学方面的知识尚有欠缺,且《会校》基本成于一人之手。所以《会校》中也存在很多当校改不校改,不当校改而校改,甚至误判、误改的情况。

(三)《会校》在断句、标点方面也存在很多不尽人意的地方。

因此,宁稼雨先生(2012)评价该书:"作者很善于娴熟地将新旧材料相互比较,找出新的问题线索,或纠正成说,或将有关学术问题的研究逐步深入。""这种严谨的治学态度和扎实细致的考证功夫是值得学界赞扬并倡导的。""会校本是《太平广记》乃至中国古代小说版本研究的重大收获。可以想见,它对于与《太平广记》有关的各种学术研究所要产生的积极影响和推动作用,是不可估量的。"这似有过誉之嫌。

对此,李剑国先生已撰《〈太平广记会校〉失误例举——兼及校勘学养与校勘原则》(上、下)(2013)指出。受李剑国先生启发,本人通阅全书,凡发现剑国先生未言及者尚有数百例,现拣取二十余例,分类列举,与国风先生商榷:

二

（一）当校改而未校改例

1.《太平广记会校》卷六"东方朔"条（出《洞冥记》及《朔别传》）："太初二年，朔从西那邪国还，得声风木十枝，以献帝。长九尺，大如指。此木出因洹之水，则《禹贡》所谓'因桓'是来即其源也，出甜波，上有紫燕黄鹄集其间。实如细珠，风吹珠如玉声，因以为名。帝以枝遍赐群臣，年百岁者颁赐。"（第85页）

《会校》珠　孙本、沈本作"枝"。（第86页）

按：《广记》此则引自《洞冥记》，《事类赋》卷二四引《洞冥记》："太初二年，东方朔从西那国还汉，得风声木十枚。实如柚实，风吹枝如玉声，因以为名。有武事则如金革之响，有文事则如琴瑟之响。上以枝赐人，有疾者，枝汗出。死者，枝则折。"另外《记纂渊海》《玉海》《六帖补》《广博物志》等均引作"风吹枝如玉声。"

《太平御览》卷九五三："郭子横《洞冥记》曰：太初三年，东方朔从西那国还汉，得声风木枝十枚，九尺，大如指。……有紫燕、黄鹄集其间。实如细珠，风吹枝如玉声，因以为名。春夏馨香，秋冬声清。有武事则如金革之响，有文章则如琴瑟之响。上以枝遍赐群臣，百岁者皆以枝颁赐。人有疾者，枝则汗出；死者，枝则折。"

《太平御览》所引，亦作"风吹枝"不误。从文理而言，东方朔所得异物名"声风木枝"，其得名之由即为"风吹枝如玉声"，且后文所言，均围绕"以枝赐人""枝汗出""枝折"，作"风吹珠"者，仅谭刻本一处，故谭刻本"风吹珠如玉声"当为"风吹枝如玉声"之讹，孙本、沈本不误，此处实应校改，然《会校》当改而未改。

2.《太平广记会校》卷十"刘根"条（出《神仙传》）："神人曰：'必欲长生，先去三尸。三尸去，即志意定，嗜欲除也。'乃以神方五篇见授，云：'伏尸常以月望晦朔上天，白人罪过，司命夺人算，使人不寿。人身中神欲得人生，而尸欲得人死，人死则神散，无形之中而成鬼。祭祀之则得歆飨，故欲人死也。梦与恶人斗争，此乃尸与神相战也。'余乃从其言，合服之，遂以得仙。"

《会校》：五篇　孙本作"五色篇"。（第136页）

按：谭刻本脱一"色"字，当如孙本，改为"乃以神方《五色篇》见授"。《五色篇》即《黄帝内经·灵枢·五色篇》之简称。乃中医色诊望诊之作，故道家奉为延年益寿之"神方"。

《太平御览》卷六六二:"又曰:刘根字君安,京兆长安人。少明五经,汉武帝时人也。入嵩山石室峻绝之处。尝曰:'上乘有九转还丹、太一金液,次有云母雄黄之属,亦可长生。次乃草木之药,能治病益气。上可数百岁,下即全其所禀而已。必欲长生,即先定心志,除嗜欲,乃可授神方《五色篇》。'根后入鸡头山仙去。"

宋许纶《沈丈察院次游凤山韵见示再次韵奉酬》诗:"遗以《五色篇》,服之欲生翠。东隅纵已失,南车足占迷。"

明孙一奎《赤水玄珠》卷十六"霍乱门":"《五色篇》:雷公曰:'人不病而卒死,何以知之?'黄帝曰:'火气入于脏腑者,不病而卒死矣。'"

明张燮《古微书》卷二八:"五官不辨,阙庭不张,小其明堂,藩蔽不见,又卑其墙,墙下无基,垂角去外,如是者虽平常。殆其解在《五色篇》,曰:'明堂者,鼻也;阙者,眉间也;庭者,颜也;藩者,颊侧也;蔽者,耳门也。其间欲方大,去之十步,皆见于外,如是者寿必中百岁。'"

3.《太平广记》卷一五"道士王纂"条(出《神仙感遇录》):"顷之,珠幢宝幡,霓旌羽节,红旗锦旆各二,相对前引,幢居其前,节最居后。又四青童执花捧香,二侍女捧案,地舒锦席,前立巨屏,左右龙虎将军,侍从官将,各二十许人,立屏两面,若有备卫焉。复有金甲大将军二十六人,神五十人,次龙虎二君之外,班列肃如也。"

《会校》:五 陈本作"王"。(第201页)

按:核查谭刻本、中华本、陈本均作"神王十人",作"神王十人"是。《会校》何以作"神五十人"?甚费解。

"神王"乃仙道、佛道所指的护法神。现仅举仙道中"神王":

《云笈七签》卷三十七:"左右龙虎将军,侍从官将兵士二千许人,立两面,若有备卫焉。复有金甲大将军二十六人,神王十人,次龙虎二君之外,班列肃如也。"

《云笈七签》卷四十五:"长颅巨兽,手把帝钟。素枭二神,严驾夔龙。威剑神王,斩邪灭踪。"

《云笈七签》卷五十五"魂神部":"地有三十六重地,地皆有土皇、将军、金刚、神王、灵官也。"

《云笈七签》卷一百二"纪传部":"着光明之衣,照虚空之中,如含日月之光也。或在云华之上,身如金色,面放五明,自然化出。神王、力士、青龙、白兽、麒麟、师子,列于前后。"

《云笈七签》卷一百一十八"灵验部"："左右侍立玉童玉女十二人，真人八身，金刚力士、神王各四身。两壁画金甲神王各八人，天乐一部。"

《斋戒箓》亦引为："左右龙虎将军，侍从官将兵士二千许人，立两面，若有备卫焉。复有金甲大将军二十六人，神王十人，次龙虎二君之外，班列肃如也。"（道藏戒律全集）

关于仙道之"神王"，《太平广记》中亦不鲜见。

《太平广记》卷四七"李球"条（出《仙传拾遗》）："太帝命韩司少卿、东方君与紫府先生，统六年仙寮神王、力士，以镇于此，故谓神仙之府也。"

《太平广记》卷五八"魏夫人"条（出《集仙传》及本传）："将逾三月，忽有太极真人安度明、东华大神、方诸青童、扶桑碧阿阳谷神王、景林真人、小有仙女、清虚真人王褒来降。"

4.《太平广记会校》卷十五"贞白先生"条（出《神仙感遇传》）："先生尝作诗云：'夷甫任散诞，平叔坐谭空。不信昭阳殿，化作单于宫。'"

《会校》未出校。（第203页）

按：贞白先生即梁代隐士陶弘景。明张溥辑《汉魏六朝百三家集》卷八十九《陶弘景集》收有"题所居壁"诗："夷甫任散诞，平叔坐谈空。不意昭阳殿，化作单于宫。"

《梁书》卷五六《侯景传》："先是，丹阳陶宏景隐于华阳山，博学多识。尝为诗曰："夷甫任散诞，平叔坐谈空。不意昭阳殿，化作单于宫。"

《隋书》卷二二《五行志》："天监中，茅山隐士陶弘景为五言诗曰：'夷甫任散诞，平叔坐谈空。不意昭阳殿，忽作单于宫。'及大同之季，公卿唯以谈玄为务。夷甫、平叔，朝贤也。侯景作乱，遂居昭阳殿。"

宋张君房《云笈七签》卷五"梁茅山贞白陶先生"："（贞白）先生常作诗云：'夷甫任散诞，平叔坐谈空。不意昭阳殿，化作单于宫。'"

马端临《文献通考》卷三〇九"物异考十五"："天监中，茅山隐士陶弘景为五言诗曰：'夷甫任散诞，平叔坐谈空。不意昭阳殿，忽作单于宫。'"

历代录陶弘景此诗，皆为"不意昭阳殿"，未见异文。而后一句"化作单于宫"有作"忽作单于宫"者。不意，即"不料""未想到"之义，《史记》卷八一《廉颇蔺相如列传》："许历曰：'秦人不意赵师至此，其来气盛。将军必厚集其阵以待之，不然必败。'"

《隋书》卷五〇《李安传》:"安顿首而言曰:'兄弟无汗马之劳,过蒙奖擢,合门竭节,无以酬谢。不意叔父无状,为凶党之所蛊惑。覆宗绝嗣,其甘若荠。'"

《太平广记》卷二二〇"王布"条(出《酉阳杂俎》):"我天人也,奉命来取。不意此僧先取之,当获谴矣。"

"不意"与"不信"意思相距甚远(一为主观未料到。一为客观已如此,主观不承认),且历代他书所录皆为"不意",故《会校》当出校据改。

5.《太平广记会校》卷一五"贞白先生"(出《神仙感遇传》):"仕齐,历诸王侍读。年二十余,稍服食,后就兴世观主孙先生咨禀经法,精行道要。殆通幽洞微,传奉朝请,乃拜表解职。答诏优叹,赐与甚厚。"

《会校》:传 《云笈七签》作"辅"。(第204页)

按:"传奉朝请""辅奉朝请"皆误,当改为"转奉朝请"。转,迁职也。奉朝请,为文散官官名。晋代以奉车、驸马、骑三都尉为奉朝请,南北朝设以安置闲散官员,隋初罢之,另设朝请大夫、朝请郎。《会校》所见《云笈七签》作"辅",乃"轉"字脱落"寸",而谭刻本"传"乃"车"旁误作"亻"旁。

《云笈七签》卷五"梁茅山贞白陶先生":"年二十余服道,后就兴世馆孙先生咨禀经法,精行道要,通幽洞微。转奉朝请,乃拜表解职,答诏优勤,赐与其厚。"

《云笈七签》卷一〇七"梁茅山贞白先生传":"年二十余服道,后就兴世馆孙先生咨禀经法,精行道要,殆通幽洞微。转奉朝请,乃拜表解职,答诏优叹,赐与甚厚。"

《魏书》卷八八《窦瑗传》:"(窦)瑗年十七,便荷帙从师。游学十载,始为御史。转奉朝请、兼太常博士,拜大将军、太原王尔朱荣官,因是为荣所知,遂表留瑗为北道大行台左丞。"

《梁书》卷十《邓元起传》:"邓元起字仲居,南郡当阳人也。少有胆干,膂力过人。性任侠,好赈施,乡里年少多附之。起家州辟议曹从事史,转奉朝请。"

《梁书》卷五三《何远传》:"(何)远释褐江夏王国侍郎,转奉朝请。永元中,江夏王宝玄于京口为护军将军崔慧景所奉,入围宫城,远豫其事。"

6.《太平广记会校》卷一一〇"邢怀明"条(出《法苑珠林》):"宋邢怀明,河间人,为大将军参军。尝随南郡太守朱循之北伐,同见陷没。"(第1497页)

《会校》未出校。

按:"朱循之"乃"朱修之"之误。《宋书》卷七六《朱修之传》:"(朱修之)后随到彦之北伐。彦之自河南回,留修之戍滑台,为虏所围,数月粮尽,将士熏鼠食之,遂陷于虏。……后鲜卑冯弘称燕王,治黄龙城,托跋焘伐之,修之与同没人邢怀明并从。又有徐卓者,复欲率南人窃发,事泄被诛。修之、怀明惧奔冯弘,弘不礼。"正述此事。《南史·朱修之传》所记亦同。"朱修之"《宋书》中凡18见、《南史》中凡10见,《资治通鉴》凡6见,《水经注》卷五所引均作"朱修之"。而《法苑珠林》因"修""循"形近而讹作"循"。《太平广记》沿误。《会校》未能校改。

7.《太平广记会校》卷一一一"李儒俊"条(出《辨正论》):"队主李儒俊镇虎牢,为魏虏所围,危急欲降。夜逾城出,见贼纵横并卧,儒俊乃一心念《观世音》,便过贼处,趋空泽。贼即随来,儒俊便入草,未及藏伏,贼掩至。儒俊惊恐,一心专念《观音经》,忽得马驰去,因此遂得脱。"(第1509页)

《会校》未出校。

按:唐法琳《辨正论》卷七:"李儒默念,贼马群惊。(《宣验记》云:队主李儒后镇虎牢,为魏虏所围,危急欲降。夜踰城出,见贼纵横并卧,儒乃一心念观世音,便过贼处,趋一烧泽。贼即随来,儒便入草。未及藏伏,群马向草。儒大惊恐,一心专念观音焉,忽然自惊,因此得脱也。)"

法琳《辨正论》引《宣验记》有"队主李儒后镇虎牢"语,今传世本《宣验记》亦作:"队主李儒后镇虎牢"。

另外,齐陆杲《系观世音应验记·李儒》:"李儒者,毛德祖之队将也。德祖镇虎牢,为魏虏所围,城中无水,欲降。儒夜缘城先叛。初始过堑,见贼纵横尽眠,儒念观世音,乞求济渡。于是盗跨,贼都不觉。晓乃闻有军马见追声。儒因上树,贼又直过不见。儒因下,向烧泽,忽得见贼过。有一丛,入中隐藏,自分必死,存念益至。贼马皆来食草,有去数尺。儒无复计,为试举枝向之。马忽自惊走,将贼还去。因尔罢散,遂得以免。"

后周义楚《释氏六帖》卷二:"队主李儒镇虎牢关,为魏虏所围,危急欲降。夜踰城出,见贼纵横卧地。儒乃一心念观音,过即入深泽,未及藏身,寻被来逐,欲至,群马向儒即大惊恐而免。"

以上文献,均作"李儒",因《宣验记》中有"队主李儒后镇虎牢"语,《太平广记》引录时,将"后"讹作"俊"字,"队主李儒后镇虎关"误成"队主李儒俊镇虎关","儒后惊恐"亦误成"儒俊惊恐",并误以"李儒俊"作为篇名。《会校》因未校对源书及当时其它文献,故仍其旧,未能改正。

8.《太平广记会校》卷一一一一"伏万寿"条(出《法苑珠林》):"伏万寿,平昌人,宋元嘉十九年在广陵为卫府参军,假讫返州。四更初,涉江,长波安流,至中而风起如箭,时又极暗,莫知所向。万寿先奉法,唯一心归命观世音,念无间息,俄尔与船中数人,同睹北岸有光,状如村火,喜曰:'此必是阳火也。'回船趋之,未旦而至,问彼人,皆云:'昨夜无燃火者。'于是方悟神力焉。"(第1505页)

《会校》未出校。

按:"此必是阳火也"一句,《太平广记》诸本均如此,《会校》也未作校勘。然核之所引源书《法苑珠林》:

唐道世《法苑珠林》卷二七:"宋伏万寿,平昌人也。元嘉十九年。在广陵为卫府行参军。假讫反州。四更初,江济之时,长波安流。至中江而风起如箭,时又极暗,莫知所向。万寿先奉法勤至,唯一心归命观世音,念无间息。俄尔与船中数人同睹北岸有光,状如村火。相与喜曰:'此必是欧阳火也。'回舡趣之,未旦而至。问彼人,皆云:'昨夜无然火者。'方悟神力,至乃设斋。"

《法苑珠林》又引自《冥祥记》,《冥祥记》亦作"此必是欧阳火也"。

齐陆杲《系观世音应验记》"伏万寿"条同样作"此必是欧阳火也"。

因历来不明"欧阳火"为何物,故《太平广记》收录时擅删改为"此必是阳火也"(大概理解为阳间之火光)。其实,《冥祥记》原作"欧阳火"不误,据本人考证,"欧阳"乃南北朝时期之地名,在长江北岸今仪征至扬州之间,当时称"欧阳戍"。

北魏郦道元《水经注》卷三〇:"自永和中(翘按:东晋穆帝司马聃的第一个年号,即公元345—356年),江都水断,其水上承欧阳,引江入埭,六十里至广陵城,楚、汉之间为东阳郡,高祖六年为荆国,十一年为吴城,即吴王濞所筑也。"

《大清一统志》卷六七:"欧阳戍在仪征县东北十里。《通鉴》宋沈庆之讨竟陵王诞,至欧阳戍。《水经注》吴城邗沟上承欧阳,引江入埭,六十里至广陵城。"

《江南通志》卷三三:"欧阳戍在仪征县东北十里。《水经注》云邗沟水上承欧阳,引江入埭,六十里至广陵城即此。梁陈间陈霸先与侯景战屯之地。"

"欧阳"的地理位置见《中国历史地图集》第四册(1975)"东晋十六国南北朝时期·扬、南徐诸州"。

伏万寿家住都下(京都),即长江南岸南朝宋京都建邺(今江苏省南京市),元嘉十九年,临川王刘义庆镇广陵(当时侨置南兖州,今江苏省扬州市,处南京东长江北岸)时,伏万寿任卫军行佐(一作广陵卫府行参军),"万寿请暇还都,暇尽反州",即从长江南之建邺顺江东行至江北之广陵(南兖州治),而自建邺之广陵,沿江北岸分别有仪征、欧阳、江都。他四更中(下半夜两点)过大江,当船夜行江中,忽遇大风,不知所向,将欲覆灭之时,因乞求观世音救助而应验,忽"见北岸有光,如村中燃火",故认为是"欧阳火"(江北岸欧阳之火光),便确认了方向,以致"直往就之,未曙而至"。伏万寿显然是乘船由建邺过江,然后必须从支流到达欧阳,才能继续从水路到达广陵,故"欧阳"是必经之路。(并非沿江东至江都再到广陵,因为此时长江直接到江都、广陵的支流已断)。如此理解,不仅完全符合当时的地理环境,而且文从字顺。(参董志翘2014)

而对于《太平广记》"伏万寿"条的误删"欧"字,《会校》未作校勘,当改而未改。

(二)不当校改而校改例

1.《太平广记会校》卷六"张子房"条(出《仙传拾遗》):"张子房名良,韩国人也,避地于南阳,徙居于沛,后为沛国人焉。童幼时,过下邳圯桥,风雪方甚,遇一老叟,着乌巾,黄单衣。坠履于桥下,目子房曰:'孺子为我取之。'子房无倦色,下桥取履以进。老叟引足以纳之,子房神色愈恭。叟笑曰:'孺子可教也。明旦来此,当有所教。'"

《会校》:色,原作"意"。现据陈本改。(第82页)

按:《广记》引自《仙传拾遗》,前蜀杜广庭《仙传拾遗》卷一正作"下桥取履以进,老叟引足以纳之,子房神意愈恭。"其实此处作"神意""神色"均可,从上下文而言,似作"神意"更胜一筹。神意者,神色意态也。"神意愈恭"乃言"神色意态更加恭敬",神者,言外表,意者,言其内心。神色,仅指外表。

且当时"神意""神色"均有用例,有时意思也没太大区别。如:

《世说新语·方正》:"王含作庐江郡,贪浊狼籍。王敦护其兄,故于众坐称:'家兄在郡定佳,庐江人士咸称之!'时何充为敦主簿,在坐,正色曰:'充即庐江人,所闻异于此!'敦默然。旁人为之反侧,充晏然,神意自若。"

《世说新语·言语》:"乐令女适大将军成都王颖。王兄长沙王执权于洛,遂构兵相图。长沙王亲近小人,远外君子,凡在朝者,人怀危惧。乐令既允朝望,加有婚亲,群小谗于长沙。长沙尝问乐令,乐令神色自若,徐答曰:'岂以五男易一女?'由是释然,无复疑虑。"

晋裴启《裴子语林》:"豫章太守顾劭,是丞相雍之子,在郡卒。时雍方盛集僚属围棋,外信至而无儿书;虽神意不变,而心了有故。宾客既散,方叹曰:'已无延州之遗累,宁有丧明之责邪?'于是豁情散哀,颜色自若。"

《世说新语·贤媛》:"许允为晋景王所诛,门生走入告其妇。妇正在机中,神色不变,曰:'蚤知尔耳!'"

《世说新语·任诞》:"王长史、谢仁祖同为王公掾。长史云:'谢掾能作异舞。'谢便起舞,神意甚暇。王公熟视,谓客曰:'使人思安丰。'"

南朝宋虞通之《妒记》:"桓大司马平蜀,以李势女为妾。桓妻南郡主凶妒,不即知之;后知,乃拔刀率数十婢往李所,因欲斫之。见李在窗前梳头,发垂委地,姿貌绝丽;乃徐下地结发,敛手向主曰:'国破家亡,无心以至今日;若能见杀,实犹生之年。'神色闲正,辞气凄惋。"

《会校》既然以谭刻本为底本,在存在异文,但意义两可的情况下,可出校记:陈本作"神色"。而不宜改动原版本。

2.《太平广记会校》卷六"张子房"条(出《仙传拾遗》):"子房佐汉,封留侯,为大司徒。解形去世,葬于龙首原。"

《会校》:去 原作"于"。现据孙本、沈本改。(第82页)

按:谭本原作"解形于世"不误,该则引自前蜀杜光庭《仙传拾遗》,《仙传拾遗》卷一正作:"子房佐汉,封留侯,为大司徒。解形于世,葬于龙首原。"

明董斯张《广博物志》卷七引《神仙传拾遗》:"留侯解形于世,葬龙首原。赤眉之乱,人发其墓,但见黄石枕化而飞去,不见尸形衣冠。得兵书一篇及兵略数章。"

解形者,即尸解。即谓道徒遗其形骸而仙去。故"解形"后一般接处所补语。如:

《后汉书·王昌传》:"朕,孝成皇帝子子舆者也。昔遭赵氏之祸,因以王莽篡杀,赖知命者将护朕躬,解形河滨,削迹赵、魏。"唐李贤注:"解形犹脱身也。"

后周释静蔼《列碣题石》:"无益之身,恶烦人功,解形穷石,散体岩松。"

3.《太平广记会校》卷七"王远"条(出《神仙传》):"去十余年,忽还家,容色少壮,鬓发鬒黑,语家人曰:'七月七日,王君当来,其日可多作饮食,以供从官。'至其日,经家乃借瓮器,作饮食百余斛,罗列布置庭中。是日,王君果来。"

《会校》:中 原作"下"。现据孙本改。(第99页)

按：谭刻本原作"罗列布置庭下"，不误，"庭下"即"庭中"，因为古代建筑，"堂""殿"高于"庭"，所以"庭中"亦可称"庭下"，且"庭下"为中古、近代常语。如：

汉桓谭《新论·辨惑》："刘子骏信方士虚言，谓神仙可学。尝问言：'人诚能抑嗜欲，阖耳目，可不衰竭乎？'余见其庭下有大榆树，久老剥折，指谓曰：'彼树无情欲可忍，无耳目可阖，然犹枯槁朽蠹；人虽欲爱养，何能使不衰？'"

宋张师正《括异志》卷十"乐平港鼍"："民方悟为鼍妖。已而俱入立庭下，遥视殿上若有人物往来，而不辨其详。"

宋周密《齐东野语》卷九："至是，幕府宋恭、荀梦玉等惧变，遂调停，约全拜于庭下，国答拜于堂上。"

就《太平广记》一书，"庭下"即不下二十例。如：

《太平广记》卷二七"唐若山"条（出《仙传拾遗》）："是夜月甚明朗，徐步庭下，良久谓若山曰：'可命一仆，运铛釜铁器辈数事于药室间，使仆布席垒炉。'"

《太平广记》卷三七一"姚康成"条（出《灵怪集》）："又见一人，亦长细而黄，面多疮孔，而吟曰：'当时得意气填心，一曲君前值万金。今日不如庭下竹，风来犹得学龙吟。'"

《太平广记》卷四七五"淳于棼"条（出《异文录》）："因前导而去。俄见一门洞开，生降车而入。彩槛雕楹，华木珍果，列植于庭下；几案茵褥，帘帏肴膳，陈设于庭上。生心甚自悦。"

4.《太平广记会校》卷七"王远"条（出《神仙传》）："麻姑至，蔡经亦举家见之。是好女子，年可十八九许，于顶上作髻，余发散垂至腰。衣有文采，又非锦绮，光彩耀目，不可名状，皆世之所无也。入拜远，远为之起立。坐定，各进行厨，皆金盘玉杯无限也，肴膳多是诸花，而香气达于内外。擘脯而食之，云麟脯。麻姑自说云：'接待以来，已见东海三为桑田。向到蓬莱，又水浅于往日会时略半耳，岂将复为陵陆乎？'"

《会校》：待 原作"侍"，现据沈本改。（第100页）

按：此事又见《太平广记》卷六〇"麻姑"条（出《神仙传》）："麻姑自说云：'接待以来，已见东海三为桑田。向到蓬莱，水又浅于往者会时略半也。岂将复还为陵陆乎？'"

另外，《太平御览》卷三八"地部三"："《神仙传》曰：麻姑谓王方平曰：'自接侍已来,三见海水变桑田,蓬莱之清浅也'。"

《艺文类聚》卷八"水部":"《神仙传》曰:麻姑谓王方平曰:'自接侍以来,见东海三为桑田。'"

"接侍"乃中古、近代习语,本为"侍从""仆役"之义:

如《汉杂事秘辛》:"食时,商女女莹从中合细步到寝,姁与超如诏书周视动止,俱合法相。超留外舍,姁以诏书如莹燕处,屏斥接侍,闭中合子。"

《云笈七签》卷一一二"纪传部":"相国卢钧,进士射策,为尚书郎。以疾求出为均州刺史。到郡,疾稍加,羸瘠而不耐见人,常于郡后山斋,养性独处,左右接侍亦皆远去,非公召,莫敢前也。"

引申为"侍奉"义,一般作为谦词。此处麻姑以"接侍"为"入道(侍奉神仙)"的谦词:

《太平御览》卷五七九:"《灵异志》曰:嵇中散神情高迈,任心游憩。尝行西南,出去洛数十里,有亭名华阳,投宿。夜了无人,独在亭中。此亭由来杀人,宿者多凶。至一更中操琴,先作诸弄,而闻空中称善声;中散抚琴而呼曰:'君何以不来?'此人便云:'身是古人,幽没于此数千年矣。闻君弹琴,音曲清和,故来听耳。而就终残毁,不宜以接侍君子。'"

《艺文类聚》卷一五"后妃部":"《续汉书》曰:明德皇后马氏,伏波将军马援之女也。后年七岁,干治家事,敕制僮御,出入计校,一以贯之。年十三,以选入太子宫,接侍同列而承至尊,先人后己,发于至诚,由是见宠。"

唐赵璘《因话录》卷四"角部":"其略曰:'某偶忝名宦,皆因善诱。自居班列,终日尘屑。却思昔岁临清涧,荫长松,接侍座下,获闻微言。未知何时复遂此事,遥瞻水中月岭上云,但驰攀想而已。'"

《先秦汉魏晋南北朝诗·晋诗》卷一七:"逍遥芜皋上,杳然望扶木。洪柯百万寻,森散覆旸谷。灵人侍(逯钦立注:曾本、苏写本云:'一作待。'接侍字,六朝常写作待)丹池,朝朝为日浴。"

而"接待"乃"接纳""招待"义,用于此处不合,故不当改"接待"。

5.《太平广记会校》卷七"马鸣生"条(出《神仙传》):"马鸣生者,临淄人也,本姓和,字君贤。少为县吏,捕贼,为贼所伤,当时暂死,忽遇神人以药救之,便活。"

《会校》:暂 疑误。《云笈七签》作"殆",似是。(第102页)

按：校语误，"暂死"不误。

《广记》所引源书为《神仙传》，《神仙传》卷五"马鸣生"条正作："马鸣生者，齐国临淄人也，本姓和，字君贤。少为县吏，因逐捕而为贼所伤，当时暂死，得道士神药救之，遂活。"

"暂死"，犹如"卒死""假死"，亦似今所谓"休克"。故"得道士神药救之，遂活"。另外"暂死"一词，当时多见，仅《云笈七签》中即不乏其例：

《云笈七签》卷六五"合丹法"："但道士恐惧，或虑不精，便敢自服三刀圭，即看神丹烈验。初服三刀圭，皆暂死，半日许，乃生，如眠觉状也。"

《云笈七签》一〇〇"纪传部"："黄帝以天下既理，物用具备，乃寻真访隐，问道求仙，冀获长生久视，所谓先理代而后登仙者也。时有宁子为陶正，有神人过，教火法，出五色烟，能随之上下，道成仙去，往流沙之所，食飞鱼，暂死，二百岁更生，作《沙头颂》曰：'青蘪灼烁千载舒，万龄暂死饵飞鱼。'"

《云笈七签》卷一〇九"魏伯阳"："伯阳入山时，将一白犬自随。又丹转数未足，和合未至，自有毒丹，毒丹服之皆暂死。伯阳故便以毒丹与白犬食之，犬即死。伯阳乃复问诸弟子曰：'作丹恐不成，今成而与犬食，犬又死，恐是未得神明之意。服之恐复如犬，为之奈何？'弟子曰：'先生当服之否？'伯阳曰：'吾背违世路，委家入山，不得仙道，吾亦耻复归。死之与生，吾当服之耳。'伯阳便服丹，丹入口即死。弟子相顾谓曰：'所以作丹者，欲求长生耳。而服之即死，当奈此何？'惟一弟子曰：'师非凡人也，服丹而死，得无有意邪？'又服之，丹入口复死。余二弟子乃相谓曰：'作丹求长生耳！今服丹即死，当用此何为？若不服此，自可得数十年在世间活也。'遂不服，乃共出山，欲为伯阳及死弟子求棺木殡具。二人去后，伯阳即起，将服丹弟子姓虞及白犬而去。逢入山伐薪人，作手书与乡里人，寄谢二弟子。弟子见书，始大懊恼。"

他如：唐段成式《酉阳杂俎》卷二"玉格"："又曰：若人暂死，适太阴权过三官，血沉脉散，而五藏自生，白骨如玉，三光惟息，太神内闭，或三年至三十年。"

元念常集《佛祖历代通载》卷一："八曰无间更活狱者。生彼有情，先业所感。执众器仗，互起冤憎。递相斫害，段段堕落。闷绝暂死，空音更活。彼等有情即便更活复相斫害。"

6. 《太平广记会校》卷八"刘安"条（出《神仙传》）："于是乃有八公诣门，皆须眉皓白。门吏先密以白王,王使阍人,自以意难问之曰:'我王上欲求延年长生不老之道,中欲得博物精义入妙之大儒,下欲得勇敢武力扛鼎暴虎横行之壮士。今先生年已耆矣,似无驻衰之术,又无贲、育之气,岂能究于三坟五典、八索九丘,钩深致远,穷理尽性乎?三者既乏,馀不敢通。'八公笑曰:'我闻王尊礼贤士,吐握不倦,苟有一介之善,莫不毕至。古人贵九九之好,养鸣吠之技,诚欲市马骨以致骐骥,师郭生以招群英。吾等虽鄙陋,不合所求,故远致其身,且欲一见王,虽使无益,亦岂有损?何以年老而逆见嫌耶?王必若见年少则谓之有道,皓首则谓之庸叟,恐非发石采玉,探渊索珠之谓也。薄吾老,今则少矣。'言未竟,八公皆变为童子。……八童子乃复为老人,告王曰:'馀虽复浅识,备为先学。闻王好士,故来相从,未审王意有何所欲?吾一人能坐致风雨,立起云雾,画地为江河,撮土为山岳;一人能崩高山,塞深泉,收束虎豹,召致蛟龙,使役鬼神;一人能分形易貌,坐存立亡,隐蔽六军,白日为暝;一人能乘云步虚,越海凌波,出入无间,呼吸千里;一人能入火不灼,入水不濡,刃射不中,冬冻不寒,夏曝不汗;一人能千变万化,恣意所为,禽兽草木,万物立成,移山驻流,行宫易室;一人能煎泥成金,凝汞为银,水鍊八石,飞腾流珠,乘云驾龙,浮于太清之上。在王所欲。'"

《会校》:等,原作"年",现据陈本改。(第110页)

按:"吾年虽鄙陋"改"吾等虽鄙陋"不妥,所谓"年虽鄙陋"即前文所言"年已耆矣",后文所言"何以年老而逆见嫌耶"。古汉语中"吾""我""余(《会校》均误排成"馀")"既可表单数,亦可表复数。此则中"吾年虽鄙陋"中之"吾"即表复数"我们(指八公)",此则上下文"我闻王尊礼贤士""余虽复浅识""薄吾老""余一人"中之"我""余""吾"均表复数(指八公),故不可独将"吾年虽鄙陋"改成"吾等虽鄙陋"。"鄙陋"有"丑陋""粗俗""不堪"之义,且中古、近代,不仅学识、言语、文词、计谋、住处、门第、风俗可言"鄙陋",行为、性情、姿态、体质、容貌、年龄均可言"鄙陋"。如:

汉赵晔《吴越春秋》卷九《勾践阴谋外传》:"大王不以鄙陋寝容,愿纳以供箕帚之用。"

梁僧祐《出三藏记集》卷一五:"嘉字子年,陇西人。形貌鄙陋,似若不足。"

《太平广记》卷二五四"张元一"(出《朝野佥载》):"王方庆体质鄙陋,言词鲁钝,智不逾俗,才不出凡。"

7.《太平广记会校》卷十"刘根"条(出《神仙传》):"其后一月,府君夫妇男皆卒。府掾王珍,数得见根来,颜色欢然。时伏地叩头,请问根学仙时本末。根曰:'吾昔入山精思,无所不到。后如华阴山,见一人乘白鹿车,从者十余人,左右玉女四人,执采旄之节,皆年十五六。余再拜稽首,求乞一言。'"

《会校》:再 原作"载"。现据孙本、沈本改。

按:谭刻本原作"载拜稽首",孙本、沈本作"再拜稽首","载"即通"再",两者异文同义,不必据孙本、沈本改谭刻本。"载拜稽首""稽首载拜"古文献中多见。如:

秦吕不韦《吕氏春秋·季秋纪第九》:"文王处岐事纣,冤侮雅逊,朝夕必时,上贡必适,祭祀必敬。纣喜,命文王称西伯,赐之千里之地。文王载拜稽首而辞曰:'愿为民请炮烙之刑。'文王非恶千里之地,以为民请炮烙之刑,必欲得民心也。"

汉袁康《越绝书》卷七:"越王句践稽首载拜曰:'孤闻之,祸与福为邻。今大夫吊孤,孤之福也。敢遂闻其说。'……越王句践稽首载拜曰:'昔者孤不幸少失先人,内不自量,与吴人战。军败身辱,遗先人耻。遁逃出走,上栖会稽山,下守溟海,唯鱼鳖是见。今大夫不辱而身见之,又出玉声以教孤,孤赖先人之赐,敢不奉教乎?'"

宋汪藻《靖康要录》卷二:"昔魏文侯令乐羊将兵攻中山,当时异议沮之,至有谤书一篋。及羊功成而归,文侯出其书示之。羊乃载拜稽首曰:'此非臣之功,主君任臣之功也。'"

宋刘攽《彭城集·谢雪文》:"在神聪明,庇民大德。洁粢丰盛,陈列笾豆。左右僚属,载拜稽首。是用为报,率我常职。"

"载拜"一词,《太平广记》一书中亦不鲜见,如:

《太平广记》卷一五"阮基"条(出《神仙感遇传》):"基于门下观览,心神惶怖,载拜请退。……食讫,令去。基载拜奉辞。……乃取经一卷付基,基载拜跪受。"

8.《太平广记会校》卷十一"大茅君"(出《集仙传》):"王母歌毕,三元夫人答歌一章,王母及三元夫人、紫阳左公、太极仙伯、清灵王君,乃携南岳魏华存同去,东南行,俱诣天台、霍山,过句曲之金坛,宴太元真人茅升申于华易洞天。"

《会校》:一章 原作"亦毕"。沈本作"亦章"。现据孙本改。(第159页)

按:原本"亦毕"不误,沈本作"亦章"乃"亦竟"之讹,《会校》据孙本改"一章",大误。

宋张君房《云笈七签》卷一一四《经传部》:"歌毕,三元夫人答歌亦竟,王母及三元夫人、紫阳左仙公、太极仙伯、清虚王君乃携南岳魏华存同去,东南行,俱诣天台、霍山,过句曲之金坛,宴太元茅真人于华阳洞天。"

前蜀杜光庭《墉城集仙录》卷一:"歌毕,三元夫人答歌亦竟,王母及三元夫人、紫阳左仙公、太极仙伯、清虚王君乃携南岳魏华存同去,东南行,俱诣天台、霍山,过句曲之金坛,宴太元茅真人于华阳洞天。"

《说文·音部》:"竟,乐曲终为竟,从音从人。"《玉篇·音部》:"竟,终也。"故"亦毕""亦竟"异文同义。谭刻本原作"亦毕"不误,不必改,然可出校语:《云笈七签》作"亦竟"。

9.《太平广记会校》卷一四"许真君"条(出《十二真君传》):"后于豫章遇一少年,容仪修整,自称慎郎。许君与之谈话,知非人类,指顾之间,少年告去。真君谓门人曰:'适来年少,乃是蛟蜃之精,吾念江西累为洪水所害,若非剪戮,恐致逃遁。'蜃精知真君识之,潜于龙沙洲北,化为黄牛。真君以道眼遥观,谓弟子施大王曰:'彼之精怪,化作黄牛,我今化其身为黑牛,仍以手巾挂膊,将以认之。汝见牛奔斗,当以剑截彼。'真君乃化身而去。俄顷,果见黑牛奔趁黄牛而来,大王以剑挥牛,中其左股,因投入城西井中。"

《会校》:彼 原作"后",现据陈本改。(第193页)

按:谭刻本原作"汝见牛奔斗,当以剑截后"不误,此乃韵文。斗,端母侯部,后,匣母侯部。改"彼"后则失韵矣。"股"大腿,此指黄牛之左后腿,即后文所言"中其左股"。陈本因"後""彼"形近而讹,不当据改。古文献中"後""彼"形近而讹者常见。如:

《太平广记》卷二五"采药民"条(出《原化记》):"中女曰:'君至彼,倘无所见,思归,吾有药在金铤中,取而吞之,可以归矣。'"谭刻本作"至彼",孙本、沈本作"至後"可证。

10.《太平广记会校》卷二〇"杨通幽"条(出《仙传拾遗》):"二日夜,又奏:'九天之上,星辰日月之间,虚空杳冥之际,亦遍寻访而不知其处。'上悄然不怿曰:'未归天,复何之矣?'炷香宜祝,弥加恳至。"

《会校》宜祝 原作"宜烛",现据沈本、陈本、《详节》改。(第260页)

按:谭刻本作"宜烛",《会校》改"宜祝",亦不可通,实为"冥祝"之讹。

《云笈七签》卷一一七"灵验部":"宁州真宁县通圣观,即开元皇帝梦二十七真,得刻石真像之所置也。岁祀浸深,旋已摧毁,边徼素寡道流,缮修之事,因已旷绝矣。相国司空郑公畋,登龙之年,偶尝游礼,赋诗三十韵,以纪其故实,亦冥祝曰:'异日官达,必冀增修。'"

《江西通志》卷一〇四"仙释"引《云溪友议》:"后石堡为边患,召至禁中。燃灯告斗,焚香冥祝。"

毛远明《汉魏六朝碑刻异体字典》(2014:618)收录的"冥":"太和二十三年(499年)三月十八日《元简墓志》作"■";神龟三年(520年)四月三十日《辛祥墓志》作"■";武平二年(571年)九月十五日《道□造像记》作"■"。

按:因构件"冖""宀"形近义通,"冥"又作"宲"。

黄征《敦煌俗字典》(2019:547):"P.6659《太上洞玄灵妙经众篇序章》:'受生玄孕之胞,睹阳于宲感之魂。'P.3742《二教论》:'固知佛道,宲如符契。'按:颜元孙《干禄字书》:'宲冥,上通,下正。'"

张涌泉《敦煌俗字研究》(2015:313):"俗书'冖''宀'旁不分,故'冥'俗又书作'宲'。《干禄字书》:'宲冥:上通下正。'《龙龛·宀部》:'宲,莫瓶反,幽也,昧也。''宲'亦即'冥字'"。

据此,"宲",因形近而讹失下两点成"宜","烛""祝"音同而讹。

11. 《太平广记》卷二四"张殖"(出《仙传拾遗》):"须臾,有铁甲兵士数千,金甲兵士数千,嗽噪而下,亦不惊怖。"

《会校》:嗽 原作"噉"。现据孙本改。(第299页)

按:谭刻本作"噉"不误,"噉""嗽"义同,故不必如孙本改"嗽"。

"噉"字有两音两义,一音 dàn,同"啖",乃"吃""食"义。如:

北齐颜之推《颜氏家训·风操》:"江宁姚子笃,母以烧死,终身不忍噉炙。"卢文弨补注:"噉,徒滥切,与啗、啖并同,食也。"

一音 hǎn,同"喊",乃"号呼""呼叫"义。如:

晋干宝《搜神记》卷四:"风雨失其柩。夜闻荆山有数千人噉声,乡民往视之,则棺已成冢。"

《敦煌变文集》卷一《捉季布传文》:"高声直噉呼:'刘季,公是徐州丰县人。'"

宋苏轼《奏为法外刺配罪人待罪状》:"数百人对监官高声叫噉,奔走前去。"

"噉"亦为"呼喊"义。《说文·口部》:"嗽,呼也。"《字汇·口部》:"嗽,与叫同。"

宋田况《儒林公议》卷下:"〔范讽〕好朋饮高歌嗷呼,或不冠帻。"

故"嗷噪""嗷噪"意同,均为"声音高而嘈杂"。

唐韩愈《南海神庙碑》:"铙鼓嘲轰,高管嗷噪。"

明曹学佺《蜀中广记》卷七三引《仙传拾遗》:"须臾,又有铁甲兵士、金甲兵士各数千,嗷噪而下,纯不惊怖。"

《殊域周咨录》卷二一:"夜二鼓,王福胜等喊噪集众,得三四十人,共围烧瑾廨门。"

(三)断句、标点讹误例

1.《太平广记会校》卷六"东方朔"条(出《洞冥记》及《朔别传》):"太初二年,朔从西那邪国还,得声风木十枝,以献帝。长九尺,大如指。此木出因洹之水,则《禹贡》所谓'因桓'是来即其源也。"(第86页)

按:《尚书·禹贡》:"西倾,因桓是来,浮于潜,逾于沔,入于渭,乱于河。"孔传:"西倾,山名。桓水自西倾山南行,因桓水是来,浮于潜,汉上曰沔。"《太平广记》引《尚书·禹贡》"因桓是来"乃一句,故当标点为"此木出因洹之水,则《禹贡》所谓'因桓是来',即其源也。"而《会校》标点为"则《禹贡》所谓'因桓'是来即其源也",遂不知所云。

2.《太平广记会校》卷九"李少君"条(出《神仙传》):"初少君与朝议郎董仲躬相亲爱。仲躬宿有疾,体枯气少。少君乃与其成药二剂,并其方,用戊巳之草,后土脂,黄精根,兽沉先,莐之根,百卉花酿,亥月上旬,合煎铜器中,使童子沐浴洁净,调其汤火,使合成鸡子,三枚为程。服尽一剂,身体便轻;服三剂,齿落更生;五剂,年寿长而不复倾。"

《会校》先 原作"先肪"。现据孙本、沈本改。(第120页)

按:此则谭刻本、孙本、沈本均有误,《会校》又据误本误断句,故不能卒读。

首先,谭刻本原作"少君乃与其成药二剂并其方用戊巳之草后土脂黄精根兽沉肪先莐之根百卉花酿亥月上旬合煎铜器中"。

《会校》云:"先"原作"先肪"。因而删除一"肪"字,其实,谭刻本原作"肪先",此"肪"不能删。"后土"之"后",又误作"後"。

《太平广记》此则录自《神仙传》,《神仙传》卷六"李少君":"初少君与议郎董仲相亲,见仲宿有固疾,体枯气少。乃与其成药二剂,并其方一篇:用戊巳之草、后土脂精、艮兽沉肪、先莠之根、百卉华体、龙衔之草,亥月上旬,合煎铜鼎。童男童女服尽一剂,身体便轻。服尽三剂,齿落更生。服尽五剂,命不复倾。"

另外,此则内容亦见于《汉武帝外传》《太平御览》:

《汉武帝外传》:"初少君与议郎董仲相亲,见仲宿有困疾,体枯气少,乃与其成药二剂,并其方一篇:用戊巳之草,后土脂精,艮兽沉肪,先莠之根,百卉华醴,龙衔之草,亥月上旬,合煎铜鼎,童男童女,沐浴洁清,调其汤火,取使合成,服如鸡子,三枚为程。"

《太平御览》卷七二四"方术部":"《神仙传》曰:李少君与议郎董仲舒相亲,见仲舒宿有固疾,体枯气少,少君乃与其成药二剂并方:用戊巳之草,后土胎黄,良兽沈肪,先义之根,百卉华酿,亥月上旬合煎铜鼎中,童男沐浴洁净,调其汤火。合药成,服如鸡子三剂,齿落更生。服尽五剂,命不复倾。"

虽然文字各有出入,但所记之方,每剂药材均四字一读:戊巳之草、后土脂精(仅《太平御览》"脂精"作"胎黄",以至于"黄"与"精"因习称而合为"黄精")、艮兽沉肪、先莠之根(仅《太平御览》"先莠"误作"先义")、百卉华醴(《神仙传》之"体"乃"醴"之形误,而《太平广记》《太平御览》中之"酿"与"醴"异文同义)。

至于以上方剂具体为何物,尚待考证。不过"艮兽沉肪"确为一物,后代有用例,如:

宋苏易简撰《文房四谱》卷五"段成式送温飞卿墨往复书十五首":"访伏牛之夜骨,岂望登真;迷艮兽之沉脂,虚成不任。""艮兽沉脂"当即"艮兽沉肪"。

故根据以上材料,《会校》当校勘断句为:"初少君与朝议郎董仲躬相亲爱。仲躬宿有疾,体枯气少。少君乃与其成药二剂,并其方,用戊巳之草,后土脂精,艮兽沉肪,先莠之根,百卉花酿,亥月上旬,合煎铜器中,使童子沐浴洁净,调其汤火,使合成鸡子,三枚为程。服尽一剂,身体便轻;服三剂,齿落更生;五剂,年寿长而不复倾。"

3.《太平广记会校》卷十"刘根"条(出《神仙传》):"须臾,厅上南壁忽开数丈,见兵甲四五百人。传呼赤衣兵数十人,赍刀剑,将一车,直从坏壁中入来,又坏壁复如故。根敕下车上鬼,其赤衣便乃发车上,见披下有一老翁老姥,大绳反缚囚之,悬头厅前。府君熟视之,乃其亡父母也。府君惊愕流涕,不知所措。鬼乃责府君曰:'我生之时,汝官未达,不得汝禄养。我死,汝何为犯神仙尊官,使我被收,困辱如此,汝何面目立于人间？'"

《会校》：见披下，原作披见下，现据孙本、沈本改。（第136页）

按：谭刻本原作"其赤衣便乃发车上披，见下有一老翁老妪"，不误，动词"发"的对象是车上之"披（覆盖物）"，而不是"车上"，张校不仅据孙本、沈本颠倒了"披见"两字的位置，而且随之于"上"下断句，导致标点失误。

4.《太平广记会校》卷一四"李筌"条（出《神仙感遇传》）："于是坐于石上，与筌说《阴符》之义，曰：'此符凡三百言，一百言演道，一百言演术，一百言演法，上有神仙抱一之道，中有富国安民之法，下有强兵战胜之术，皆内出心机，外合人事。观其精微，黄庭八景不足以为玄；鉴其至要，经传子史不足以为文；任其智巧，孙、吴、韩、白不足以为奇。非有道之士，不可使闻之。'"

《会校》：八　原作"内"。现据陈本、《云笈七签》改。（第198页）

按：成书于魏晋之际的《黄庭经》是道教上清派重要经典，内容包括《黄庭外景玉经》（简称《黄庭外景经》）和《黄庭内景玉经》（简称《黄庭内景经》）。两晋年间，又新增《黄庭中景玉经》（简称《黄庭中景经》），关于《黄庭外景经》《黄庭内景经》两书，历代都有记载，如：

《新唐书》卷四九《艺文志》"神仙"家亦有著录："女子胡愔《黄庭内景图》一卷。……白履忠注《黄庭内景经》卷亡。"

《宋史》卷二〇五《艺文志》："梁丘子注《黄庭内景玉经》一卷；《太上黄庭外景经》一卷；《黄庭外景玉经注诀》一卷。"

宋郑樵《通志·艺文略五·道家》："《黄庭内景经》一卷，唐白履忠注；《黄庭外景经》三卷，李子乘注。"

《黄庭内景经》道家文献中亦常见。如：

梁陶弘景《真诰》卷九："山世远受孟先生法，暮卧，先读《黄庭内景经》一过乃眠，使人魂魄自制练，恒行此二十一年，亦仙矣。"

《云笈七签》卷十一"三洞经教部"："《黄庭内景经》者，东华之所秘也，诚学仙之要妙，羽化之根本。"

《云笈七签》卷十二"三洞经教部"："推诵《黄庭内景经》法：当入斋堂之时，先于户外叩齿三通。闭目想室中有紫云之气，郁郁来冠兆身。玉童侍左，玉女侍右，三光宝芝，洞映内外。咒曰：'……。'"

《云笈七签》卷六二"诸家气法部"："《黄庭内景》云：'玄元真一魂魄炼，至忌死气诸秽贱。……'"

然如谭刻本原作"黄庭内景不足以为玄"，与之相对的是"经传子史不足以为文""孙、吴、韩、白不足以为奇"，似为不妥。因为"经传子史"是一个很大的文献范围，"孙、吴、韩、白"亦是一个兵家群体。而《黄庭经》仅是道家代表性文献的一种，更何况《黄庭内景》又只是《黄庭经》中之一种。所以《会校》根据陈本、《云笈七签》改为"黄庭八景"甚是。但道家并无"黄庭八景"一书，原因是《会校》者并未理解"黄庭八景"之意思，故标点有误。实际上当标点为"观其精微，《黄庭》《八景》不足以为玄；鉴其至要，经传子史不足以为文；任其智巧，孙、吴、韩、白不足以为奇。""黄庭""八景"都应该加上书名号。《黄庭》《八景》是两部道家上清派的重要真经，内容均言长生久视、修炼升仙之玄术，这里是代表所有的道家典籍。《黄庭》即指《黄庭经》（包括《黄庭外景经》《黄庭内景经》等），《八景》指出现于东晋（略晚于《黄庭经》）的《上清金真玉光八景飞经》（简称《八景飞经》《上清八景经》或《玉光八景经》）。

《云笈七签》卷九"经释"："太皇中岁成《洞真金真玉光八景飞经》。元始天王名之《八景飞经》。"

《太平御览》卷六六〇"道部"："《上清八景经》曰：'精思百日，真人降形也。'"

《太平御览》卷六七三"道部"："《玉光八景经》曰：'金辉紫殿，《金真玉光八景经》藏其内。'"

《太平广记》此条中，正以"《黄庭》《八景》（泛指道家经典）不足以为玄"与"经传子史（泛指俗世经典）不足以为文""孙、吴、韩、白（泛指所有的兵书）不足以为奇"相对，所对甚工。

而《太平广记会校》卷六三"骊山姥"条（出《墉城集仙传》）："上有神仙抱一之道，中有富国安民之法，下有强兵战胜之术，皆出自天机，合乎神智。观其精妙，则黄庭八景不足以为玄；察其至要，则经传子史不足以为文；较其巧智，则孙吴韩白不足以为奇。"其中"黄庭八景"亦当标点为"《黄庭》《八景》"，而校点者亦似未顾及。

参考文献：

鲁　迅　1981《中国小说的历史变迁》，《鲁迅全集》第九卷，北京：人民文学出版社。

张国风　2011《太平广记会校》，北京：燕山出版社。
宁稼雨　2012《〈太平广记会校〉本的价值和意义》，《中华读书报》2012年5月23日。
李剑国　2013《〈太平广记会校〉失误例举——兼及校勘学养与校勘原则》（上、下），《书品》2013年第三辑、第四辑。
中国历史地图集编辑组　1975《中国历史地图集》，中华地图学社。
董志翘　2014《传世文献与出土文物的古代地名考释两则》，《古籍整理研究学刊》2014年第4期。
毛远明　2014《汉魏六朝碑刻异体字典》，北京：中华书局。
黄　征　2019《敦煌俗字典》（第二版），上海：上海教育出版社。
张涌泉　2015《敦煌俗字研究》（第二版），上海：上海教育出版社。

【作者简介】董志翘，男，文学博士，南京师范大学文学院教授，汉语言文字学专业博士生导师。研究方向：汉语史、训诂学、古典文献学。

《医心方》"斱"字校释*

谭 伟

(四川大学,中国俗文化研究所)

[摘 要] 由于《医心方》是以抄本形式流传下来的,保留了不少的俗别字,因此,今人在校释中,对一些文字的辨认往往出现歧义。本文对"斱"字在《医心方》几种校本中的情况做了初步调查,试图解决一点问题,以便学界利用。

[关键词] 医心方;斱;字词;校释

《医心方》三十卷,是日本丹波康赖(912—995)辑录整理我国唐代以前众多医书而成的一部医学著作,有许多已经亡佚的唐前典籍,赖《医心方》而保存。此书编成于公元984年,即我国北宋雍熙元年。现存《医心方》底本为半井氏家藏版,是日本国宝级文物。我们目前能见到的全本,主要有两种,一是日本东京国立博物馆藏半井氏家抄本;二是人民卫生出版社1955年影印(1993年重印)日本浅仓屋藏本,此本为日本安政元年(1854)据半井氏家抄本刻印,学界称为"安政本"。我国学界对《医心方》也极为重视,有赵明山等注释本(本文简称辽宁本)、沈澍农等校释本(本文简称学苑本)、高文柱校注本(本文简称华夏本)等。

作为一部古代医书,《医心方》的医学价值无须多论,而其文献与语言价值亦不容忽视,正如《刻医心方序》云:

况其所征引逸书遗典,史家所未及载者数十部,皆得依是书以睹其概略。又况古书存于今日者,一历宋人核改,往往失当日本色,得据此书,以纠正其讹谬,亦复

---

* 基金项目:国家社科基金项目"唐五代俗语研究"(15BYY121);教育部基地重大项目"中国民间习俗与汉语俗语研究"(19JJD74005)。

不一而足。他栏外及行间所注字书如《玉篇》《切韵》《唐韵》之类,虽所采不多,而亦足以窥唐以上训诂音韵之微,则是书在天壤间,凡以裨补后学有匪细故者,不仅为医家鸿宝也。

《医心方》保留了大量的唐代俗别字,为我们了解唐代文献文字提供了资料。如"粝"字在《医心方》中就出现了十多次。

一、"粝"字在《医心方》的使用

"粝"字在《医心方》中就出现了14次,有2例为误写:

《葛氏方》治卒病饲面如米粝傅者方。(卷四《治饲面方第十七》)

粝,抄本、刻本均作"粝"。辽宁本作"料"(195页)。学苑本作"粉"(367页),校勘第四条:"粉:原作'粝'。[札记]谓旧抄零本作'炑',今本《肘后》作'米粉'。今从后者改。"(390页)华夏本作"料",校曰:"米料:《肘后方》卷六第五十二作'米粉'。"(111页)按:"粉"手书或作"炑",与"粝"之异体"救"形近而误。

药发噤寒,有药疾者,虽当澡浴,澡浴若早,药热噤不得出,令噤寒,急用饮酒,勤自劳役,即当粝温矣。(卷十九《服石发动救解法第四》)

粝,半井氏家抄本、安政本均作"粝",列右旁注"粝者,粝理也",列左旁注"渐"。辽宁本作"粝(渐)"(790页)。学苑本作"渐"(1223页)。华夏本作"料","料:旁注:'料者,料理也。'又旁校作'渐',与仁和寺本合,按循下文例作'渐'是。"(404页)其说是。

其余12例,有6个意义。

1. 称量

01. 若垂平复,欲将补益丸散者,自可以意粝量耳。(卷一《服药节度第三》)

粝,半井氏家抄本、安政本均作"粝"。辽宁本作"断"(11页),误。学苑本作"料"(98页)。华夏本作"料",并云:"料量:犹言计量、称量。旁训读ハカリ,即称量之意。"(9页)其说是。

2. 从液体表面撇取

02. 凡汤中用麻黄,皆先别煮两三沸,粝去其沫。(卷一《合药料理法第六》)

粝,半井氏家抄本作"粝",旁注"断"。安政本作"断",旁注"粝"。辽宁本作"断"(21页)。学苑本作"料"(113页),其校勘第卅九"料:原作'断'。[原注]作'折',

并非。据《本草经集注》改'籵',通'撩'。又《千金方》《证类本草》作'掠',拂过义,亦可。"(168页)华夏本"折:原作'断',据旁校改,与仁和寺本合。《证类本草》卷一《序例上》作'掠'"(15页)。

按:半井氏家抄本、安政本均作"籵",辨作"折",误。"掠"义为从液体表面撇取。如北魏·贾思勰《齐民要术·脯腊》:"槌牛羊骨令碎,熟煮,取汁;掠去浮沫,停之使清。""撩"有捞取义,与"掠"同义。

03. 凡用蜜,皆先火上煎,籵去沫,令色微黄,则丸经久不坏。克之多少,随蜜精麤。(卷一《合药籵理法第六》)

籵,半井氏家抄本、安政本均作"籵",并旁注"断"字。辽宁本作"断"(22页)。学苑本作"料"(114页),校勘第卅九:"料:原作'籵',为'料'之俗字。[原注]作'断',误。"(169页)华夏本作"断","《证类本草》卷一《序例上》作'掠',下'克'字亦作'掠'。"(16页)按:《千金方》卷一《合和第七》均作"掠"。

3. 安排,处理

04. 每年恒服一大斤已来,四时并得服,夏秋籵理,立冬服之。(卷十九《服石钟乳方第十六》)

籵,半井氏家抄本、安政本均作"籵"。辽宁本作"料"(800页),学苑本作"料"(1236页),华夏本作"料"(410页)。

05. 藏胞衣籵理法第十五。(卷廿三目录)

06. 藏胞衣籵理法第十五(卷廿三标题)

第"06"例之"籵",半井氏家抄本作"籵",安政本作"斵"。辽宁本作"籵"(911页),学苑本作"料"(1386、1408页)。华夏本注"料:仁和寺本作'断'。按活字本亦作'断',非是。'料'原作'籵',乃'料'之俗写,与简体'断'字形似,故误抄、误认"(462页)。

按:华夏本注是。《干禄字书·上声》:"斷斷斷,上俗中通下正。"由于"籵"与"斵(断)"形近,故易混。本文所举《医心方》第"06""08"例即是。其他如,敦煌P3911《望江南》三首之三"数年路隔失朝仪,目籵龙墀","籵"敦煌P3128V作"断"。敦煌《燕子赋》"枷项禁身推断"之"断",俄藏敦煌文献作"籵"(《Дx00796 Дx01343 Дx01347 Дx01395》)。

4. 清理

07.《千金方》云：儿新生出腹，先以指㪺口中恶血去之，便洗浴。(卷廿五《小儿与甘草汤方第四》)

㪺，半井氏家抄本、安政本均同。各校本或辨作"斷"，或辨作"料"。前者如辽宁本注释改为"斷"，并说："斷，原作'料'，据《千金方》改。"(1066页)按：今本《千金方》无"斷"字。又，华夏本校注改作"斷"："原'斷'作'㪺'，'料'之俗写，形误，据仁和寺本改作'斷'。《千金方》卷五第二此句作'先以绵裹指拭儿口中及舌上青泥恶血'，与下'去之便洗浴'并不衔接，疑此是丹波氏节引，并略有改动。"(500页)后者如学苑本校作"料"，"原作俗字'㪺'。据前后文意改。'料'通'撩'"(1590页)。

5. 原料

08. 数里望树赤，俯视其肥理如博碁㪺者，有也。(卷廿六《辟虫蛇方第十五》)

㪺，半井氏家抄本、安政本均作"斷"。辽宁本作"㪺料"(1093页)，衍一字。学苑本作"料"(1645页)，华夏本作"料"(562页)。

6. 拨弄、搅动

09. 开口以舌㪺上下齿，取津液而咽之。(卷廿六《断谷方第七》)

㪺，半井氏家抄本、安政本均同。辽宁本作"㪺"(1083页)，学苑本作"料"，"料，通'撩'，挑弄。"(1645页)华夏本作"斷"，校曰"安政本作'料'，与《肘后方》卷四第三十五合，当据改。按'料'通'撩'，挑弄。"(555页)

10.《元阳经》云：常以鼻内气，含而嗽漏，舌㪺唇齿咽之，一日夜得千咽甚良。(卷廿七《用气第四》)

㪺，半井氏家抄本、安政本均同。辽宁本作"㪺"(1113页)。学苑本作"料"，"料：原作'㪺'，'料'(liáo 聊)俗字，据文义改为正字。又通'撩'，触碰，以下径改。"(1686—1687页)华夏本作"料"(570页)。

11. 甘始服六戊法：常以朝暮，先甲子旬起，向辰地，舌㪺上下齿，取津液周旋三至而一咽，五咽止。(卷廿七《用气第四》)

㪺，半井氏家抄本、安政本均同。辽宁本作"㪺"，释曰"㪺，同'料'"(1114、1129页)。学苑本作"料"(1687页)。华夏本作"料"(571页)。

12. 常以向晨摩目毕，琢齿卅六下，以舌熟㪺二七过，嗽漏口中津液，满口咽之，三过止。(卷廿七《导引第五》)

㪺，半井氏家抄本、安政本均同。辽宁本作"㪺"(1117页)。学苑本作"料"(1690

页）。华夏本作"料"（572页）。

二、"斵"在其他文献中的使用

东晋帛尸梨密多译《佛说灌顶章句拔除过罪生死得度经》："五官斵简，除死定生，或注录精神，未判是非。若已定者，奏上阎罗，阎罗鉴察，随罪轻重，拷而治之。世间痿黄之病，困笃不死，一绝一生，由其罪福未得斵简，录其精神。"（2页）唐徐灵府《天台山记》："虽阻彼怀，宜从此旨，请斵来表，无或二三。"（1055页）唐释窥基《表无表章诠要钞》卷一："此说不然，法苑二说，云任意为用，不斵后说为决定。"（34页）此句"斵"当为"断"之俗字。

又，日僧圆仁《入唐求法巡礼行记》有"斵"8例，如：

即沙金小二两充设供斵。（卷1，12页）

坐具一条料絁二丈一尺，表八尺四寸，里八尺四寸。缘斵四尺二寸。两个坐具之斵，都计四丈二尺。（卷1，15页）

唐国之风，每设斋时，饭食之外，别留斵钱。（卷1，16页）

均为"料"之俗写。又，日僧成寻《参天台五台山记》有"斵"11例，如：

自斵买丝鞋一足，直八十文。（卷1，343页）

右物虽乏少，志准香积一钵，僧堂一日供斵，进上如件。（卷1，346页）

巳时于食堂斋，尽珍膳，予斵钱三百文。（卷1，348页）

酉时道俗来拜，其中老女三人各志与覆面斵绵并切衣等。（卷5，379页）

均为"料"之俗写。又，后晋可洪《新集藏经音义随函录》有"斵"字数十例，如：

①料理：上力条反。理也。正作斵。（卷7，869页）

②斵理：上力条反。正作料。（卷10，973页）

③聊理：上力条反。斵理：同上。（卷14，72页）

④俸斵：上扶用反。秩也。又边孔反。非也。下力吊反。（卷16，133页）

⑤非斵：徒短反。绝减也。正作断也。（卷5，800页）

⑥取斵：徒管反。绝也。正作断。（卷23，386页）

⑦斵简：上力条反。下古限反。（卷21，317页）

⑧斵简：上力条反。下古眼反。（卷29，670页）

⑤⑥两例为"断"之俗字，其余6例均为"料"之俗字。

可见，在古籍中，"斲"或是"断"之俗字，或是"料"之俗字，这是因为此二字的俗字均有作"斲"者。"断"从六朝就产生了俗字"断""斲"，毛远明（2014）推论："'断'为'斷'之构件省简异体字。由'斷'到'断'经历了相同符号替代的过程。'斲'是由'断'进一步简省，完全失去理据，故复现率很低。"（185页）即：斷→断→斲。而"料"至少在唐代就俗写为"斲"，《干禄字书》："斲料，上俗下正。"《龙龛手镜·米部》："斲、粁，二俗。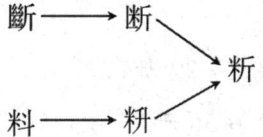，或作料，今音聊。料理也。又力吊反。料量，计度。四。"亦以"斲"为"料"之俗字。即：料→粁（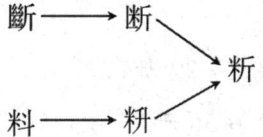）→斲。正字"料"在《医心方》的半井氏家抄本和安政本中只2例，即卷一《合药料理法第六》，无论是目录，还是篇题，均作"料"，其他地方都用俗字"斲"。

也就是说"断"与"料"有共同的俗字形。

断 ⟶ 断
　　　 ↘
　　　　斲
　　　 ↗
料 ⟶ 粁

因此，在文献中，"斲"的正字是"断"还是"料"，必须根据上下文的意义而定。

三、"斲"词义来源

"斲"在《医心方》中的六个意义，有两个来源，一是"料"，《说文·斗部》："料，量也。从斗，米在其中。读若辽。"段注："量者，称轻重也。称其轻重曰量，称其多少曰料，其义一也。"《史记·孔子世家》："孔子贫且贱。及长，尝为季氏吏，料量平。""称量"是"料"的基本词义。《医心方》中"1.称量"义即是。《说文·斗部》"料"段注又说："引申之，凡所量度豫备之物曰料。读去声。"《医心方》中"5.原料"义即是。去声，即读liào。

二是"撩"，即"2.从液体表面撇取""3.安排，处理""4.清理""6.拨弄、搅动"四义则来源于"撩"。《说文·手部》："撩，理也。从手寮声。"《广雅·释诂》："料、撩，理也。"王念孙疏证："撩与料声近义同。"唐玄应《一切经音义》卷十四《四分律》卷十三"撩理"条："力条反。《通俗文》：'理乱谓之撩理，谓撩捋，整理也。'今多作料量之料字也。"（1028页）慧琳《一切经音义》卷一百《四分律》卷十三"撩理"条同（701页）。《晋书·孝武帝纪》："桓冲之凤夜王家，谢玄之善斲军事。"（242页）"料"音辽（liáo）（《广韵》落萧切，平声萧韵，来母），与撩（liáo）（《广韵》落萧切，

平声萧韵,来母)同音通用。即:

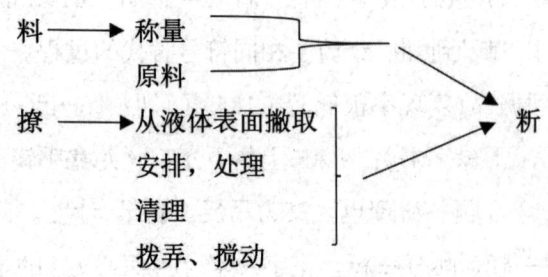

参考文献:

[东晋]帛尸梨密多译 《佛说灌顶章句拔除过罪生死得度经》,《房山石经》第 3 册。

[唐]徐灵府 《天台山记》,《大正新修大藏经》第 51 册。

[唐]释窥基 《表无表章诠要钞》,《国家图书馆善本佛典》第 29 册。

[唐]玄应 《一切经音义》,《中华大藏经》(中华书局版)第 56 册。

[唐]房玄龄等 1974《晋书》,北京:中华书局。

[唐]慧琳 《一切经音义》,《大正新修大藏经》第 54 册。

[后晋]可洪 《新集藏经音义随函录》,《高丽大藏经》(新文丰版)第 34 册。

毛远明 2014《汉魏六朝碑刻异体字典》,北京:中华书局。

[日]丹波康赖编撰 《医心方》,东京:东京国立博物馆藏半井氏家抄本。

[日]丹波康赖编撰 1993《医心方》,北京:人民卫生出版社影印安政本。

[日]丹波康赖编撰、赵明山等注释 1996《医心方》,沈阳:辽宁科学技术出版社。

[日]丹波康赖编撰、沈澍农等校注 2001《医心方》,北京:学苑出版社。

[日]丹波康赖编撰、高文柱校注 2011《医心方》,北京:华夏出版社。

[日]丹波康赖编撰、王大鹏等校注 1998《医心方》,上海:上海科学技术出版社。

[日]僧圆仁 《入唐求法巡礼行记》,《大藏经补编》第 18 册。

[日]僧成寻 《参天台五台山记》,《大藏经补编》第 32 册。

【作者简介】谭伟,男,文学博士,四川大学文学与新闻学院教授、博士生导师,四川大学中国俗文化研究所专职研究人员。研究方向:汉语史、汉语俗语。

古代法制文书中的反训词

王启涛

(西南民族大学,敦煌吐鲁番文献研究所)

[摘 要]古代法制文书中有一些反训词,可以有相反的意义指向,既可用于执法者,也可用于被执法者,既可以用于官吏,也可以用于原被告或者保证人,既可以表示"告发",也可以表示"歌颂",既可以表示"汇报工作成绩",也可以表示"检举工作错误",本文拈出20例以证之,它们是:下、讼、言、者、赇、牒、理、论、申、白、仰、买、咨、保、举、赁、贷、租、诉、承。

[关键词]法制文书;反训

郭在贻先生曾经撰有《唐诗中的反训词》(2002:123—131)。我们在研究中国古代法制文献的过程中,特别是在研究敦煌吐鲁番法制文书的过程中,也常常发现某一个法制术语既可以用于执法者,又可以用于被执法者,既可以用于官吏,也可以用于原被告或者保证人,对于这种有趣的现象,我们暂时命名为"法制文书中的反训词"。

现在我们拈取20个词,分别进行分析:

1. 下

"下"本来是指执法者对被执法者、上级对下级、官对民下达指示,《韩非子·存韩》:"诏以韩客之所上书,书言韩子之未可举,下臣斯。"67TAM376:01(a)《唐开耀二年(682)宁戎驿长康才艺牒为请处分欠番驿丁事》(3-290)①:"为上件

---

① "3-290"表明此件文书图版见于唐长孺主编图录本《吐鲁番出土文书》第叁册,第290页。

人等并是阙官白直,苻下配充驿丁填数,准计人别三番合上。"75TAM239:9/16、75TAM239:9/17(a)《唐景龙三年(709年)十二月至景龙四年(710年)正月西州高昌县处分田亩案卷》(3-564):"□廿一日行判□捡无稽失,丞判,主薄(簿)自判,下宁昌等乡为追张□追董毳头为给口分地事。牒行案为□高屈富地事□张大敏、严□行。右得上件□等辞状,竞理田地□频追责问不到,无凭推勘。下追。宣。牒件检如前,谨牒。正月 日佐赵信牒。肆状依注咨,晏示。廿一日。□宣示,廿一日。董毳头□案。牒件状如前,牒至准状,□□。"①

但是"下"又有"(下级向上级、民众向官府、原被告向执法者)陈述""呈递诉状"义,"下"表示"上呈",而不是"下达",是一种反训。与之相关的还有"下欸",即"下款",招认。"下款"之"下",可以与"下牒(下文牒)""下状""下辞"之"下"进行比较,均是用于下级对上级,意思是"呈递(诉状)""呈上(诉状)""汇报(要求)""回答(审问)"。"下"之此义专门用于法制文书的最早出处可能是在《三国志》裴注引《世语》里,考《三国志》卷九《魏书》"诸夏侯曹传":"事下有司,收玄、缉、铄、敦、贤等送廷尉。廷尉钟毓奏:'丰等谋迫胁至尊,擅诛冢宰,大逆无道,请论如法。'"裴注引《世语》:"玄至廷尉,不肯下辞。廷尉钟毓自临治玄。玄正色责毓曰:'吾当何辞?卿为令史责人也,卿便为吾作。'毓以其名士,节高不可屈,而狱当竟,夜为作辞,令与事相附,流涕以示玄。玄视,颔之而已。毓弟会,年少于玄,玄不与交,是日于毓坐狎玄,玄不受。"到了唐代,此用法逐渐增多,唐韩愈《寄卢仝》诗:"昨晚长须来下状,隔墙恶少恶难似。"②73TAM509:8/21(a)之一《唐开元二十一年(733年)西州都督府案卷为勘给过所事》(4-291):"傔人棌思利经都督下牒,判付虞候勘当得实,责保放出。"72TAM209:87《唐贞观年间西州高昌县勘问梁延台、雷陇贵婚娶纠纷案卷(二)》(3-320):"下欸,浪称是妇,准[如]□□妾名,陇岂能□□不敢妄陈,依实□□贞□□"72TAM230:61《唐通感等辩辞为征纳逋悬事》(4-86):"通感等元不下欸伏倍,百姓自□[逋]悬,人人皆自输纳,亦不浪征百姓,被问依实。"请比较"通言",《汉书》卷七五《夏侯胜传》:"朝廷每有大议,上知胜素直,谓曰:'先生通言,无惩前事。'"颜师古注:"通,谓陈道之也。"又有"通辞款",《太平广记》卷一二二《乐

---

① "□"是残缺符号,表示文字已残或已缺。
② 此种用法一直存在于近代汉语中,《清平山堂话本·杨温拦路虎传》:"我要去官司下状,又没个钱。"

生》(出《逸史》):"遂索笔通款,言受贼帅赃物之状。"卷一二四《李彦光》(出《玉堂闲话》):"以他事构而囚之,伪通辞款,承主帅醉而呈之。"①

2. 讼

"讼"既指告发别人或自己的错误,也指为人辩冤,甚至歌颂对方,与"颂"构成同族词。"讼"具有"告状"和"歌颂"两个截然相反的意义,相当于训诂学上的反训。

先说表示"责备"或"告状"的例子。《论语·公冶长》:"吾未见能见其过而内自讼者也。"包咸注:"讼,犹责也。"

再说"讼"表示"歌颂"的例子。《说文·言部》:"讼,争也,一曰歌讼。"段玉裁注:"讼、颂古今字。古作讼,后人假颂皃字为之。"② 又检《说文·页部》:"颂,皃也。"《系传》:"此容仪字。歌颂者,美盛德之形容也。故通作'颂'。后人因尔乱之,定以此为'歌颂'字。然今世间《诗》本,《周颂》亦或作'讼'。"③《韩非子·孤愤》"是以诸侯不因则事不应,故敌国为之讼。"《后汉书》卷四五《张酺传》:"左中郎将何敞及言事者多讼酺公忠,帝亦雅重之。"《三国志》卷一六《魏书·杜畿传》:"上书讼畿之遗绩,朝廷感焉。"《新唐书》卷一二二《魏元忠传》:"酷吏诛,人多讼元忠者,乃诏复旧官。"宋洪迈《容斋随笔》卷二:"汉武帝杀戾太子,田千秋讼太子冤。"以上诸例,"讼"都是"歌颂"或"鸣冤"义。

考"讼"最核心的意义是"辩驳论说",特别是在公开的场合为自己或对方的功过进行逐一辩驳论说,因此,"讼"一直有"逐一、公开、明白"义。《史记》卷九《吕太后本纪》:"太尉尚恐不胜诸吕,未敢讼言诛之。"司马贞索隐:"韦昭以讼为公,徐广又云一作'公',盖'公'为得,然公言犹明言也。又解者云讼,诵说也。"于是,论述功劳、辨别冤屈,可曰"讼";论述过误、揭发检举,也曰"讼"。

古代断案更多的叫做"听讼",也就是倾听控辩双方的诉状和辩论,然后断定是非。这一理念实际上发端于韩非子,韩非子主张为人君者一定要兼听则明,要倾听文武百官的不同意见和相互辩论,从而决定取舍和最终决策,这也成为中国政治哲

---

① 本文写毕,向董志翘师汇报,董师赐告:"下"在今天依然有"向上呈递"的意思,比如"下单"。
② 张家山汉简《二年律令·奏谳书》:"求弗得,公梁亭校长并坐以颂系,毋系牒,弗穷讯。"整理小组(2001:219)注:"《汉书·惠帝纪》注引张晏曰:'颂者,容也,言见宽容,但处曹吏舍,不入陛牢也。'"颇疑此处之"颂"与"讼"乃同族词。
③ 俞敏(1999:231)认为表"容仪"的"颂"至迟在汉代就不通行了。

学和领导艺术中的一份宝贵遗产。又考《说文·言部》："讼，争也。从言，公声，曰词讼。"可见，"讼"就是"用语言进行争论辩驳"。《书·盘庚》："今汝聒聒，起信险肤，予弗知乃所讼。""讼"也引申为"喧哗"，汉东方朔《七谏·怨世》："亲谗谀而疏贤圣兮，讼谓闾娵为丑恶。"王逸注："謹哗为讼。"《淮南子·俶真》："周室衰而王道废，儒墨乃始列道而议，分徒而讼。""讼"后来专门指在官府控辩双方进行辩论。《正字通·言部》："讼，《六书故》：争曲直于官有司也。"最开始往往是因为财物等经济纠纷而引起，《周礼·大司寇》"以双方禁民讼。"郑玄注："讼，谓以财货相告者。"《礼记·曲礼》："分争辩讼，非礼不决。"孔颖达疏："争罪亦曰讼也。"《论衡·物势》："一堂之上，必有论者；一乡之中，必有讼者。讼必有曲直，论必有是非，非而曲者为负，是而直者为胜。亦或辩口利舌，辞喻横出为胜，或诎弱缀跆，蹎蹇不比者为负。以舌论讼，犹以剑戟斗也，利剑长戟，手足剑疾者胜，顿刀短矛，手足缓留者负。"为什么《集韵·愿韵》说"言，讼也"，而不说"语，讼也"？原来，"言""讼"往往指"主动讲说""问""直言"，而且往往是对上面的主动陈词。

3. 言

既有"讲说""汇报"义，也有"告发"义，既表示"问"，也表示"答"。

"言"有"讲说""汇报"义，考《四部丛刊·经部》影印江南图书馆藏明嘉靖翻宋本《释名·释书契》："下言上曰'表'。思之于内，表施于外也。又曰'上'，示之于上也，又曰'言'，言其意也。"《荀子·非相》："法先王，顺礼义，党学者，然而不好言，不乐言，则必非诚士也。"杨倞注："言，讲说也。"《韩非子·初见秦》："臣愿悉言所闻，唯大王裁其罪。"《三国志》卷三二《蜀书·先主传》："先主上言汉帝曰：'臣以具臣之才，荷上将之任。'"75TKM91：36（a）《高宁县上言》（1-79）："高宁县言：谨案华豹部隤明当。"72TAM228：30/1-30/4《唐天宝三载（744）交河郡蒲昌县上郡户曹牒为录申征送郡官执衣、白直课钱事（三）》（4-197）："事〔须〕分牒举者，依问所言，得欸：前付处□□。"

"言"又有"告发""控告"义，97TSYM1：13-4 古写本《易杂占》（拟）（荣154）："当有破车折轴，市买折本，为人所言入狱。"97TSYM1：13-5 背面古写本《甲子推杂吉日法》（拟）（荣156）①："诸财爻持世，法不宜父母，财爻克父

---

① "荣156"，表示此件文书图版见于荣新江、李肖、孟宪实主编《新获吐鲁番出土文献》第156页。

母,当常为人所讼言,亦为县官事难解,皆为禄秩微薄,财持世,秩百石故。"敦煌本《搜神记·王道凭》:"经州下辞,言王凭,州县无文可断,遂奏秦始皇。"于是,"言""讼""说""辩""论""辞""词""理""牒"均在意义上有联系。考《集韵·愿韵》:"言,讼也。"《史记》卷一百七《魏其武安侯列传》:"夫系,遂不得告言武安隐事。"《史记》卷一一二《平津侯主父列传》:"即使人上书,告言主父偃受诸侯金。""告言"二字在《汉书》卷六四《主父偃传》中作"告"。又检《后汉书》卷七六《循吏·许荆传》:"(荆)尝行春到耒阳县,人有蒋均者,兄弟争财,互相言讼。"《后汉书》卷七六《循吏·仇览传》:"而母诣览告元不孝。"李贤注引谢承书作"其母诣览言元。"《三国志》卷四十《蜀志·刘琰传》:"胡具以告言琰,琰坐下狱。"卢弼《集解》:"疑作'胡具以琰言告',郝书无'言琰'二字,姚范曰:'琰'下疑有脱字。"①

"言"本指主动说话,《诗·大雅·公刘》:"于时言言,于时语语。"毛传:"直言曰言,论难曰语。"也指主动告诉。(参陆宗达、王宁1999:255—259)《韩非子·内储说上》:"赵令人因申子于韩请兵,将以攻魏,申子欲言之君。"《史记》卷七《项羽本纪》:"此沛公左司马曹无伤言之,不然,籍何以至此?""言"还有"议论"义,《论语·学而》:"赐也,始可与言《诗》已矣。"又有"询问"义,《广雅·释诂二》:"言,问也。"《礼记·曾子问》:"召公言于周公。周公曰:'岂,不可。'"郑玄注:"为史佚问。"孔颖达疏:"言犹问也。"

4. 者

"者"既可以用于对执法者、上级言语的引用,也可以用于对被执法者、下级言语的引用。

先看看"者"用于上对下,用于上级对下级(偶尔也用于平级之间),表示要求或责令。64TAM29:107《唐垂拱元年(685年)康义罗施等请过所案卷(三)》(3-348):"其人等不是压良、誃诱、寒盗等色以不?仰答者。谨审:但那你等保知不是压良等色,若后不依今欵,求受依法罪。"OR.8212/529Ast.Ⅲ4.092《唐景龙三年(709年)尚书省比部符及检校长行使牒》(沙1-60)②:"宜付所司参详,逐便稳,速处分者。谨件商量状如前,牒举者。今以状下州,宜准状,符到奉行。"大谷4910《唐开元

---

① "言"在中国古代文献中有"控告、检举"义,可参拙著《中古及近代法制文书语言研究——以敦煌文献为中心》(2003:71、266—271)。
② "沙1-60",表示此件文书图版见于沙知、吴芳思编《斯坦因第三次考古所获汉文文献(非佛经部分)》第1册第60页。

二十九年(741)十二月里正牒尾》(《大谷》三,图版一三)①:"如后勘覆不同,各请求受何罪,仰□答者。但当乡所通欠地丁并皆据实,如后有人称有加减,及勘覆不同,请求受重罪,被问依实谨牒。"73TAM206:42/5《唐高昌县勘申应入考人状》(2-303):"送曹司依例支配,应入考者令早装束。今年函使县。未申牒举请裁者。入考函使准状下高昌县,速勘申者,县已准状付司户捡,得报。依捡案内令注如前者,今以状[申]。□[议][郎][行]令方。给事郎行丞元泰。"72TAM188:81(a)《唐征马送州付营检领状》(4-28):"状上州□□□[马]一疋,赤草五岁,刘伏举一疋,忿草六岁,俎渠意达一疋,紫父□□□□牒称:得状称前件人等,被征马速备送州者。营□□□[今]随状送州,请呈印者。别牒营检领讫上,仍取领□□□付坊餧饲讫。今以状上。"

"者"还有一种用法:表示引用,既可用于引用下级或控辩双方、保人证人的话语,也可用于引用法典或上级的话语。72TAM230:95(a)《唐西州高昌县牒为盐州和信镇副孙承恩人马到此给草蹭事》(4-82):"[右][军][子][将]盐州和信镇副、上柱国赏绯鱼袋孙承恩柳中县被州牒:得交河县牒称:得司兵关:得天山已西牒'递□□件使人马'者,'依捡到此,已准状,牒至,给草蹭'者。'依捡到此□准式讫。牒上'者,'牒县准式'者。县已准式讫,牒至准式,谨牒。"②75TAM239:9/1(a)《唐景龙三年(709年)十二月至景龙四年(710年)正月西州高昌县处分田亩案卷》(3-554):"右依捡案内十月三日得柳中县牒,于此县给得上件地。其地恶□[带]沙卤,不生苗子。请退并□□□[准]状[付]□[佃][人]检得巩敬□件人口分地去城[遥]远,运渠堰高仰薄恶有实者。地既不堪佃种,任退。"73TAM509:8/2(a)之四《唐宝应元年(762年)六月康失芬行车伤人案卷》(4-333):"保'上件人在外看养史拂郍等男女,仰不东西。如一保已后,忽有东西逃避及翻覆与前状不同,连保之人情愿代罪。仍各请求受重杖廿'者。具捡如前,请处分。牒件捡如前,谨牒。"73TAM509:8/5(a)《唐西州天山县申西州户曹状为张无场请往北庭请兄禄事》(4-334):"得里正张仁彦、保头高义感等状称'前件人所将奴畜,并是当家家生奴畜,亦不是诳诱影他等色。如后有人糺告,称是诳诱等色,义感等连保,各求

---

① "《大谷》三,图版一三"表示此件文书图版见于小田义久责任编辑《大谷文书集成》第三卷,图版一三。
② "递□□件使人马"是天山县以西牒的内容,"依捡到此,已准状,牒至,给草蹭"是交河县司兵关的内容,"牒县准式"则是西州牒的内容。交河县司兵在得到天山县已西牒文后,关本县的司仓,然后交河县再牒上西州。

受重罪'者。具状录申州户曹听裁者,今以状申。"72TAM226:64《唐开元四年(716年)籍后勘问道观主康知引田亩文书》(4-109):"[上]件观,开元四年籍,有'孔进渠□[拾]柒亩有实'者,依问观主康知引。"73TAM509:8/8(a)之二《唐开元二十一年(733年)西州都督府案卷为勘给过所事》(4-282):"都督判付仓捡名过者,得仓曹参军李克勤等状'依检案内去年十月四日得交河县申递给前件人程粮,当已依来递牒仓给粮,仍下柳中县递前讫,有实'者。"大谷2831、大谷1013《唐贞观十七年(643年)六月西州奴俊延妻孙氏辩a》(《大谷》一,图版一〇六):"奴俊延妻孙年卅三。孙辩:被问'善意所欸,破城之日,延陁身在柳中,因何前欸称在大城'者。"清刘淇《助字辨略》卷三:"唐人疏状凡引敕旨讫,则以'者'字足之。"从吐鲁番文书可知,引用其他文书也用"者"。

5. 赇

既指行贿,也指受贿。

考《说文·贝部》:"赇,以财物枉法相谢也。"段注:"枉法者,违法也。法当有罪,而以财求免,是曰赇。受之者亦曰赇。《吕刑》'五过之疵惟来。'马本作惟求,云有请赇也。按上文惟货者,今之不枉法赃也。惟求者,今之枉法赃也。"① 早在张家山汉简《二年律令·盗律》中就有这有的法律:"受赇以枉法,及行赇者,皆坐其臧为盗罪重于盗者,以重者论之。"②66TAM62:6/5《翟强辞为受赇事》(1-49):"□受

---

① 《急就篇》:"受赇枉法忿怒仇。"颜师古注:"以财求事曰赇。言受人财者,枉曲正法,忿怒无良,为仇雠也。"又请比较《急就篇》:"依溷淤染贪者辱。"颜注:"此戒守宰以下也。依,近也。溷,厕也。言近溷厕者,则被淤染。贪贿赂者,必致戮辱。以财物比于粪秽为害染人也(补曰:《书》曰旧染污俗。《萧望之传》:策曰陷于兹秽。《孟子》曰:不仁则辱。荀子曰:先利而后义者辱。《说文》:辱,耻也。李莹《财货铭》云:财货将至,梦寐可寻。或秽或觑,乃玉乃金。秽可亲欤?觑可玩欤?敢献斯铭,以激贪夫。一云:溷,浊也。贾谊云:谓随夷溷。此言依附溷浊为污俗渐染。荀悦曰:荣辱者赏罚之,精华也。知贪之为辱,则化为廉矣。故言四维者,曰廉耻。《贡禹》曰:孝文时贵廉絜,贱贪污)。"
② 敦煌文献不乏执法者贪赃枉法的告诫和案例记载,S.1441+S.5763《励忠节钞》:"知为吏者,奉法以临人;不知为吏者,枉法以侵人。理官莫如平,临财莫如廉,廉平之德,吏之宝也。"S.1441+S.5763《励忠节钞》:"使嘱托不行,货赂不至。"S.1441+S.5763《励忠节钞》:"人臣之欲公者,理官事则不营私家,在公门则不言货利,当公法则不阿亲戚,奉公举贤则不避仇雠。"S.1920《百行章》一卷并序(《平行章》弟十九):"在官之法,心平性政。差科定役,每事无私。遣富留贫,按强扶弱。勿受嘱请,莫纳求情。若受嘱请,事乃违心,若纳货贿,便生进退。非直于身危岉,昼夜情不宁安。若恩威不平,则难断决。上下官司,弟相颜面。竞生相取,是以富者转富,贫者转贫。日月虽明,覆盆难照。"

兵鲁得□□令狐国、王朴子等五人赇物,放住残□□□逋,强即上辞,蒙《教》付曹检校。款曾□□□○恤□。强白:子等九人,逋不从征,亡还,各□□□鞭二百,韩□一人款款用□□塞赇罪。勅强省冀表逋○□□塞赇罪。强即白以诺书付曹,摄兵行□□□。"

6. 牒

"牒"是典型的法制文书和行政文书术语,既用于上对下,也用于下对上。先看上对下的例子,72TAM226 :51《唐西州都督府上支度营田使牒为具报当州诸镇戍营田顷亩数事》(4-101):"牒:被牒称:格令[厲]。"① 宁乐—〇(1)号《唐开元二年闰二月西州都督府牒蒲昌府为李思绾欠练事》(37)②:"□被四镇节度使牒,令□□□督判牒此等见。"请比较 OR.6405(M9A)H.1《唐大历三年(768)三月典成铣牒》(沙 2-331):"牒杰谢百姓并杰谢百姓状诉杂差科等□被镇守军牒称得杰谢百姓胡书翻称:上件百□□□深忧养苍生频年被贼损,莫知[其]计近日蒙差使,移到六城,去载所著差科并纳□□□慈(?)流。今年有小小差科,放至秋熟,依限输纳□□粮并在杰谢,未敢就取。伏望商量者。使判:一切并放者。其人粮状称并杰谢未有处□□□百姓胡书状诉杂差科准使判牒。所由放其人粮并在杰谢,欲往使人就取粮,未敢[专]擅执案咨取处分讫各牒所由者。使又判任自般运者。故牒。大历三年三月廿三日典成铣牒。六城质逻刺史阿摩支尉迟信。"上对下时,作法制术语讲,又指追捕令,名词动词共享,执法者接到(上级下发)的牒文(命令其对犯罪嫌疑人行使抓捕,该牒文具有调遣效力)。斯 2614《大目乾连冥间救母变文并图》一卷:"三年已前,有青提夫人,被阿鼻地狱牒上索将,今见在阿鼻地狱受苦。"③

"牒"也可以用于下对上,在敦煌吐鲁番出土文献中,有"下牒",指"呈递诉状"。73TAM193 :11(a)《武周郭智与人书》(4-237):"犹自两头急索文历,无人可造,始下牒车元早来。"前揭 73TAM509 :8/21(a)之一《唐开元二十一年(733 年)西州都督府案卷为勘给过所事》(4-291):"傔人粜思利经都督下牒,判付虞候勘当

---

① 又请比较《隋书》卷二五《刑法志》言隋朝法律:"自是刑网简要,疏而不失。于是置律博士弟子员。断决大狱,皆先牒明法,定其罪名,然后依断。"
② "37"表明此件文书图版见于陈国灿、刘永增编《日本宁乐美术馆藏吐鲁番文书》第 37 页。
③ 在中古汉语和近代汉语中,有"下书",是上对下,又有"下状",也是上对下,伯 2979《唐开元二十四年九月岐州郿县尉勋牒判集》:"初防丁竞诉,衣资不充,合得亲邻借助,当为准法无例,长官不令,又更下状云:虽无所凭,旧俗如此。"

得实,责保放出。"①73TAM193:11(a)《武周郭智与人书》(4-237):"使在此,曹司频索。又讯其文智,为宵下牒,都督已许,今附牒送公为入司,判牒高昌县追张山海,不须追婢。待高昌县牒到,然后追婢。恐漏情状,婢闻即生藏避。"《燕子赋》(一):"凤凰云:'燕子下牒,辞理恳切。雀儿豪横,不可称说。终须两家,对面分雪。但知臧否,然可断决。'"② "牒"指原告语言,《增修礼部韵略·帖韵》:"牒,讼牒。"《正字通·片部》:"古人讼词曰牒,宋元丰以后,始改讼词为状。"白居易《和微之诗二十三首·和三月三日四十韵》:"两衙少辞牒,四境稀书疏。"又检唐人撰《北史》卷五五《唐邕列传》:"然既被任遇,意气渐高,其未经府寺陈诉起览辞牒,条数甚多,俱为宪台及左丞弹劾,并御注放免。"我们发现"下牒"首先是陈述所发生的事实经过(引用了许多对方的原话),然后是有关诉讼请求(这就是"下牒分析"之"分析",即逐一陈述)。不过,敦煌文献中最典型的一篇被称为"牒"的诉状见于《后晋开运二年(九四五年)十二月河西归义军左马步押衙王文通牒及有关文书》,其中在有寡妇阿龙的一篇牒状,非常完整,全文如此:"寡妇阿龙,右阿龙前缘业薄,夫主早丧。有男义成,先蒙大王世上身着瓜州。所有少多屋舍,先向出买(卖)与人,只残宜秋口分地贰拾亩已来,恐男义成一朝却得上州之日,母及男要其济命。[义][成][瓜][州]去时,地水分料分付兄怀义佃种,更[得]□[房]索佛奴兄弟言说,其义成地空闲。更[弟][佛][奴][房]有南山兄弟一人投来,无得地水居业,当便义成地分贰拾亩,割与南山为主。其地南山经得三两月余,见沙州辛苦难活,却投南山部族。义成地分,佛奴收掌为主,针草阿龙不取。阿龙自从将地,衣食极难。艮(恳)求得处,安存贫命,今阿龙男义成身死,更无丞忘处男女恩亲。缘得本居地水,与老身济接性命。伏乞司徒阿郎仁慈祥照,特赐孤寡老身念见苦累。伏听公凭裁判,处分。牒件状如前谨牒。开运二年十二月日寡妇阿龙牒。"

7. 理

"理"本来是指断案的官吏,也指断案。《礼记·月令》:"命理瞻伤,察创,视折。"

---

① 请比较《唐令拾遗》卷二十二《田令》"卖买田须经所部官司申牒":"诸卖买田,皆须经所部官司申牒,年终彼此除附。若无文牒辄卖买,财没不追,地还本土。"又考(日)惟宗直本《令集解》:"凡卖奴婢,即经本部官司,取保证,立券付价(谓奴婢之主,自修词牒,连保证署。乃申送官司,官司判立券契也)其马牛,唯责保证,立私券(谓不经官司,自立私券卖与。其余货物,不在此限)。"

② 《梁书》卷二〇《陈伯之传》言其为江州刺史:"得文牒辞讼,惟作大诺而已。"

郑玄注:"理,治狱官也。""理"又指"审理",用于执法者一方。《急就篇》"总领烦乱决疑文"注:"烦乱则领理,疑议则详决,此狱官之职也。"再考《玉篇·玉部》:"理,治玉也。正也,事也,道也,从也,治狱官也。"古代的司法机关也叫做"理"(如"大理寺"),汉司马迁《报任安书》:"明主不晓,以为仆沮贰师,而为李陵游说,遂下于理。""理"也指"法纪"。三国蜀诸葛亮《出师表》:"若有作奸犯科及为忠善者,宜付有司论其刑赏,以昭陛下平明之理。"也指审问、审理。《后汉书》卷九〇《乌桓传》:"有勇健能理决斗讼者,推为大人。"《太平广记》卷四二三"华阴湫"条(出《剧谈录》):"吏引韦生东庑曹署,理杀鱼之状。"又请比较《后汉书》卷二六《蔡茂传》:"康国宁人,莫大理恶。"75TKM91 :11/1,11/2《西凉建初四年(408年)秀才对策文》(1-57):"奸兴则以法治之,犹有不理,远真性故也。"仁井田升著、池田温编集《唐令拾遗补·户令》(1997:1035):"录囚徒,理冤枉。"仁井田升著、池田温编集《唐令拾遗补·户令》(1997:1102):"若过考之后,诉理不伏,应雪者,亦如之。"仁井田升著、池田温编集《唐令拾遗补·户令》(1997:1028):"妻虽亡没,所有资财及奴婢,妻家并不得追理。"《大唐新语》卷四《持法》:"僧惠范恃权势逼夺生人妻,州县不能理。其夫诣台诉冤,中丞薛登、侍御史慕容珣将奏之,台中惧其不捷,请寝其议,登曰:'宪司理冤滞,何所回避?朝弹暮黜,亦可矣。'"《太平广记》卷一一九《真子融》(出《还冤记》):"子融临刑之际,怨诉百端,既不得理,乃曰:'若使此等平直,是无天道。'"又考《资治通鉴》卷二二四《唐纪四十·唐代宗大历八年》:"愿一言今日之事,惟理臧罪,不则再见任。"考《广雅·释诂三》:"理,治也。"《诗·小雅·信南山》:"我疆我理,南东其亩。"毛传:"疆,画经界也。理,分地理也。"马瑞辰通释:"《说文》:'理,治玉也。'治玉谓剖析之,引申为分理之称。《乐记》郑《注》曰:'理者,分也。'古人曰肌理,曰腠理,曰文理,曰天理,曰地理,曰条理,皆指其可分别者言之。故此《传》以'分地理'释《经》理字。理对疆言,疆谓定其大界,理则细分其地脉也。"所以"理"之"有条有理"义是非常清楚的。

但是"理"也指下对上,申诉、争论或告状。唐代法典中有"理诉",即"申诉",考《唐律疏议·斗讼》"邀车驾挝鼓诉事不实":"诸邀车驾及挝登闻鼓若上表,以身事自理诉而不实者,杖八十(原注:即故增减情状,有所隐避诈妄者,从上书诈不实论)。疏议曰:车驾行幸在路邀驾申诉,及于魏阙之下,挝鼓以求上闻,及上表披陈身事,此三等如有不实者,各合杖八十。注云'即故增减情状,有所隐避诈妄者,从上书诈不实论',谓上文以理诉不实得杖八十,若其不实之中有故增减情状,有所隐避诈妄者,即从'上书诈不实'论处徒二年。自毁伤者,杖一百。虽得实而自毁伤者,笞五十。即亲属相为诉者,与自诉同。疏议曰:'邀车驾'以下,诉人所诉非实辄自毁伤者,皆杖一百。若所诉虽是实而自毁伤者,笞五十。'即亲属相为诉者',亲属谓缌麻以上及大功以上婚姻之家。为诉者,'与自诉同',自'邀车驾'以下,虚实得罪,各与自诉罪同。"又请比较《北史》卷四〇《韩麒麟传附韩字熙》:"理怿之冤,极言元叉、刘腾诬諂。"①

又有"论理",即向对方辩论,或向官府申述。73TAM210:136/11《唐勋官某诉辞为水破渠路事》(3-48):"☐上口先溉,合修理渠后,始合取水,不修渠取水,数以下口人,水破渠路,小☐桃内过乘开水,渠破[墙]倒,重溉先盛,桃水满逸☐乾不收,当日水☐捡具知。比共前件人论理不伏,今请追过处☐日百姓[勋]☐" P.3212背《夫妻相别书》(文样):"今对两家六亲眷属,团坐亭腾商量,当便相别分离,自别已后,愿妻再嫁,富贵得高,夫主不再侵凌论理,一似如鱼德(得)水,壬(任)自波游。" S.3877背《丙子年赤心乡百姓阿吴卖儿契》:"赤心乡百姓王再盈妻阿吴,为缘夫主早亡,男女碎小,无人求济,供急依食,债负深圹,今将福生儿庆德柒岁,时丙子年正月廿五日,立契出卖与洪润乡百姓令狐信通,断作时价干湿共叁拾石,当日交相分付讫。一无玄欠。其儿庆德自出卖与后,永世一任令狐进通家□[充]家仆,不许别人论理。其物所买儿斛斗,亦须生利。或有恩勅流行,亦不在论理之限。官有政法,人从私契。恐后无凭,故立此契,用为后验。" S.3877号2V《唐乾宁四年(897年)张义全卖宅舍地基契》(抄):"或有恩勅赦书行下,亦不在论理之限。一定已后,两不休悔,如有先悔者,罚麦叁拾驮,充入不悔人。恐人无信,两共对面平章,故勒此契,各各亲自押署,用后凭验。"

又有"别理",即逐一向官府申诉辩解,同义连用。73TAM509:8/1(a)之四《唐宝应元年(762年)六月康失芬行车伤人案卷》(4-332):"靳嗔奴扶车人康失芬年卅。问:扶车路行,辗损良善,致令困顿,将何以堪?欸占损伤不虚,今欲科断,更有

---

① 《大唐新语》卷四《持法》:"僧惠范恃权势逼夺生人妻,州县不能理。其夫诣台诉冤,中丞薛登、侍御史慕容珣将奏之,台中惧其不捷,请寝其议,登曰:'宪司理冤滞,何所回避?朝弹暮黜,亦可矣。'"《太平广记》卷一一九《真子融》(出《还冤记》):"子融临刑之际,怨诉百端,既不得理,乃曰:'若使此等平直,是无天道。'"此二处之"诉",正可与"理怿之冤"之"理"相比较。

何别理,仰答。"又同件文书:"如不差身死,情求准法科断。所答不移前款,亦无人抑塞,更无别理。""别理"一词,在敦煌文献中也有,请比较 P.2653《燕子赋》:"国有常刑,合笞决一百。有何别理,以自明白。仰答。"今考《龙龛·辛部》:"辩,符蹇反,别也,理也。"紧接着言:"辨,同上。罪人相讼诈辨如刀,故从刀也。"可见"别"就是"理",同义连用。那么"理"又是什么意思呢?意思是"申述、申辩"。《庄子·盗跖》:"鲍子立干,申子不自理,廉之害也。"成玄英疏:"遭丽姬之难,枉被谗谤。不自申理,自缢而死矣。"《世说新语·文学》"顾悦与简文同年"条,刘孝标注引《中兴书》曰:"初为殷浩扬州别驾,浩卒,上疏理浩。或谏以浩为太宗所废,必不依许,悦故争之,浩果得申,物论称之。"

又有"词理",即原被告相互之间的辩词或证人证词。S.5588《求因果》:"斗打两家因此起,各说强词理。忽然村戆不平安,便被两般看。"P.3257《后晋开运二年(945年)十二月河西归义军左马步押衙王文通牒及有关文书》:"都押衙王文通,右奉判,付文通勘寻陈□□□□(状寡妇阿龙)[及]取地侄索佛奴,据状词理,细与寻问申上者。"P.3257《后晋开运二年(945年)十二月河西归义军左马步押衙王文通牒及有关文书》:"右谨奉付文通勘寻陈状寡妇阿龙及侄索佛奴、怀义词理,一一分析如前,谨录状上。牒件状如前,谨牒。开运二年十二月日左马步都押衙王文通牒。"

8. 论

"论"本指上对下,"判决"义,《礼记·王制》:"凡制五刑,必即天论。"陆德明释文:"论音伦,理也。""论"指"判罪",《急就篇》"阎里乡县趣辟论"注:"趣谓催速之也。辟,法也。里乡及县递相催速,使早报问,则依宪法而论决也。"《汉书》卷二六《天文志》:"巨鹿都尉谢君男诈为神人,论死,父免官。"《后汉书》卷二五《鲁丕传》:"坐事下狱,司寇论。"检《汉书》卷九○《酷吏传·严延年》:"然疾恶泰甚,中伤者多,尤巧为狱文,善史书,所欲诛杀,奏成于手,中主簿亲近史不得闻知。奏可论死,奄忽如神。冬月,传属县囚,会论府上,流血数里,河南号曰'屠伯'。"颜注:"总集郡府而论杀。"73TAM509:8/11(a)《唐开元二十一年(733年)天山县车坊请印状》(4-300):"牛既属坊生,浔合申文状,佐范虔奖,堪印即合请印。不合许年不论,史在州,州司不举□□局作何[处]□□须推逐将□□仍依注[报]□□闻[三]□□"① 此处的"论"即有条有理地判决处理。

---

① "论"有"判定"义,汉晋已然,参考江蓝生(1988:138)、王锳(2005:202)。

"论"又用于下对上,指"控告""诉理"①。仁井田升著、池田温编集《唐令拾遗补·户令》(1997:1033):"诸嫁女弃妻,皆由所由,若不由所由,皆不成婚,亦不成弃。若所由后知,满三月不理者,不在告论之限。"仁井田升著、池田温编集《唐令拾遗补·户令》(1997:1033):"凡嫁女弃妻,不由所由,皆不成婚,不成弃。所由后知,满三月不理,皆不得更论。"又有"论列",即向官府逐条申述告状。Дx.11038-3《放妻书》:"谨立放妻书一道。窃闻夫妇义重,如手足似难分,恩受情心,同唇齿如不别。况且夫妇念同牢之乐,恰似鸳鸯双飞,并胜花颜,共坐两得之美。二体一心,生同床枕于寝间,死同棺椁于坟下。三载结缘。然则夫妇相契,今则两自不和,似将难活,眅目生嫌,作为后代增嫉。缘业不遂,见此分离,遂会六亲,以俱一别。相隔之后,愿妻娘子谏(拣)选高官之至,弄影寝前,美呈琴瑟合韵,解怨舍结,再莫相谈。千万永辞,布施欢喜,其两家并惣意欲分别,惣不耳三年衣粮,自后更不许再来互相搅乱。自今已后,更不许相为,忽若论列夫妇者卜(引者按:删除符号)之义者,便任将凭官断,则之皂帛。"又请比较《太平广记》卷一〇三"宋义伦"(出《报应记》):"唐宋义伦,麟德中为虢王府典签,暴卒,三日方苏,云:'被追见王。'王曰:'君曾杀狗、兔、鸽,今被论,君算合尽。'"《太平广记》卷一七二"孟简"(出《逸史》):"包君才到,妻尚未殁,方欲待事毕,至州论。"《太平广记》卷一二一"崔尉子"(出《原化记》):"其子闻言恸哭,诣府论冤。"《太平广记》卷四五九"相魏贫民"(出《原化记》):"明日,有人持状诉论云:'被杀一家大小,埋在园中。官捕获此人讯问,了然不伏。'"又考前引《大唐新语·持法》:"僧惠范恃权势逼夺生人妻,州县不能理。其夫诣台诉冤,中丞薛登、侍御史慕容珣将奏之,台中惧其不胜,请寝其议,登曰:'宪司理冤滞,何所回避,朝弹暮出,亦可矣。'"《北梦琐言》卷二十:"石李

---

① 对"论"的反训词性质认识不够,确实容易产生误解,王锳先生(2005:202—203)曾经指出:"(论、论告),控告,动词。《永乐大典戏文三种·张协状元》五:'孩儿你去,有人少我课钱,千万与娘子下状论。'钱南扬先生注:'论,判罪。《后汉书·鲁丕传》:"坐事下狱司寇论。"'按此注未允。这里的'论'只是'控告'的意思。观上文'下状'二字自明(引者按:'下状'亦为反训词,此指呈上状纸。又同剧二十四:'(净)我去论,(丑)我去论,(生末)大都来能欠几文。'这写的是店主婆(净)与房客(丑)因房钱相争,别的房客居间调停事,净、丑双方都争着说要去告官。亦可证'论'为'告'义。《刘知远诸宫调》:'知远观是洪信、洪义,问:"论谁?"'义亦为'告谁'。脉望馆抄本《看钱奴》剧题目'张善友论土地阎神',《元曲选》作'告'。《后庭花》剧三:'为甚么将原告人倒监押?哎,你个被论人莫惊诧。'《鲁斋郎》剧楔子:'被论人有势权,原告人无门下。''论''告'互文,'被论'即'被告',与原告相对。"

二女夫教二女诣本府论诉,云令遵冒姓,夺父家财。"《燕翼贻谋录》卷四:"太祖皇帝乾德二年正月己巳,诏应论诉人不得蓦越陈状,违者科罪。"

我们在前面曾经论及"理"有"断案"义,用于执法者,但"理"又可以用于原被告或保证人,指"申述",属于反训。还有两个典型的例子是"讼""治",既可以用于诉状,也可以指断案。检《周礼·天官·小宰》:"七事者,令百官府共其财用,治其施舍,听其治讼。"孙诒让正义:"云'听其治讼'者,治讼是二事。《司市》云:'听其大治大讼,小治小讼。'此'治'盖谓以事来咨辩,及有所陈述请求。《旅师》云'凡新甿之治皆听之',注云:'治谓有所求乞也。'方士奇云:'凡都家之士所上治,则主之。'《讶士》云:'凡四方之有治于士者造焉。'注谓'谳疑辨事',皆其一隅也。凡咨辩陈诉请求必有辞,故治亦曰辞。《小司徒》云:'听其辞讼。''辞讼'即治讼也。讼谓争讼之事,《管子·立政篇》云:'疏远无蔽狱,孤寡无隐治。'彼以狱与治并举,犹此云治讼也。讼亦有辞,故通言之,讼亦谓之治。《质人》云'凡治质剂者',《朝士》云'凡士之治有朝日',注并以听讼为释,是也。"

9. 申

既指上对下,讲述,也指下对上,申述,是下级对上级报告的行为专称。关于前一义,请比较《三国志》卷十三《魏书·王朗传附子肃传》:"至黄初元年之后,新主乃复始扫除太学之灰炭,补旧石碑之缺坏,备博士之员录,依汉甲乙以考课,申告州郡,有欲学者皆遣诣太学。"

但表示下对上的例子更多。67TAM91:29(a)、30(a)《贞观十七年(643年)八月何射门陁案卷为来丰患病致死事》(3—4):"既为改更,物[更]□□知此。此宜问□节义坊正麹伯恭□十八,恭 E□□[恭]辩:被问来丰身[患]□为检校,不申文牒,致□□理而死者,谨审。其[来]□□四月内,因患致此,奉[前]□□赵儁处分。令于坊□□[置]。即于何射门陁□□人至□□即报□□" 72TAM230:84/1—84/5《唐仪凤三年尚书省户部支配诸州庸调及折造杂练色数处分事条启(三)—(七)》(4—68):"并应配两[京]□□申到支V度金部□□□□□申计帐比□□□□" 又同卷:"□□申度支共□□□" OR.8211/557Ast.Ⅲ.4.095《唐神龙元年(705年)天山县为长行马致死上西州兵曹状》(沙1—115):"右同前。得马夫令狐弘宝辞,称被差逐上件马送使人何思敬往焉耆,回至银山西卅里,乏困瘦弱致死,谨连银山镇公验如前,请申州者。" OR.8212/565Ast.Ⅲ.3.06《唐西州典张从为检校开元十年(722年)蒲昌群长行马事牒》(沙1-128):"六月三日得蒲昌县申三疋死,六月十七日更得蒲昌县申两疋死。"73TAM20:39,40《唐西州都督府下高昌县牒》(3-474):"右勘案内得县申:前件人□□永徽三[年]□□既有不同□审□□[状]主勘状上。"73TAM509:8/5(a)《唐西州天山县申西州户曹状为张无场请往北庭请兄禄事》(4-334):"具状录申州户曹听裁者,今以状申。"73TAM509:23/1-1(a)《唐开元二十二年(734年)西州高昌县申西州都督府牒为差人夫修堤堰事》(4-317):"[高]昌县为申修堤堰人□□新兴谷内堤堰一十六所修塞,料单功六百人。城南草泽堤堰及箭干渠,料用单功八百五十人。"73TAM224:080/1(a)《唐西州蒲昌县户曹牒为催征逋悬事(二)》(4-389):"判十一千,到,(检),言余限九月一日申。欠借口钱廿九贯,今年输丁庸缣,长史判十二千,到捡(检)讫。言余限十五日申。诸色行客等,长史判,限八日了V申。"2006TZJ1:022《唐天宝年间(742-756)交河郡某曹府段明牒为济弱馆修理事》(荣342):"□□日,府段明牒,长行坊牒称:济弱馆破坏,须有修理,下所管县量事差人修补讫,申咨,旺白。一日。""申"为"上报"义,还有其他例证。丽字八十五号《永徽职制律》断片:"诸在外长官及使人于使处有犯者,所部即推,皆须申上听裁。"《唐律疏议》卷一三《户婚》"不言及妄言旱涝霜虫"条疏议曰:"主司,谓里正以上。里正须言于县,县申州,州申省。多者奏闻。"P.3608,3252《垂拱职制户婚厩库律》残卷:"诸在外长官及使人,于使处有犯者,所部署官等不得即推,皆须申上听裁。"P.3608,3252《垂拱职制户婚厩库律》残卷:"诸称律、令、格、式不便于事者,皆须申尚书省,议定闻奏。若不申议,辄奏改行者,徒二年。"俞樾《茶香室续钞》卷九"申禀"条:"宋李之彦《东谷所见》云:有官君子趋事长官,则有状、申、剳。申,如申县、申州、申监司,申朝省之类。"一般把地方机构呈给中央政务部门(如尚书省)或宰相的状叫做"申状"。

10. 白

主要用于下对上,但也用于长辈对晚辈(书信中)。

"白"是下级向上级汇报的一种签署形式。考《玉篇·白部》:"白,告语也。"在官文书案卷中,常常见到"某某白"的判署,其含义一方面是受理官员(比如县尉)对案卷陈述、分析及处理意见,另一方面则有禀白、请示的意味,带有某种下属对上级官员尊敬与谦卑的色彩(比如作为判官的县尉判案署名之后署"白")。

66TAM59:4/6《北凉神玺三年(399)仓曹贷粮文书》(1-12):"□主[者]赵恭、孙殷:今贷柒石□□□拾斛,秋熟还等斛,督入本□□克给。明案奉行。神玺三年五月七日起仓[曹]□薄沇。录事朗。挍(?)白□。二草(?)。"79TAM382:5-4a《北凉真兴七年(425)高昌郡兵曹白请差直步许奴至京牒》(柳390)①:"兵曹掾范庆、史张齐白:内直参军阚浚传教:差直步一人至京。"2006TZJI:166《北凉承平(?)七年八月高昌某人启为宋万平息、廉和谦息替代事》(荣274):"宋万平息、廉和谦息。右二人任代赵贲、李兹,为辛冲、侯允□□□曹书佐刘会白解,应申教,脱□□□□任代□□□"2006TSYIM4:3-19a+2006TSYIM4:3-19a+2006TSYIM4:3-19b《北凉某年九月十六日某人辞》(荣212):"(前缺)□□□陈相奴□□閒狱责实辞,须知复白,事□校曹主簿□□主薄□,九月十六□廷掾□□功曹史。录事□……(后缺)"75TKM96:45(a)《兵曹补代马子郭氏生文书》(1-38):"李兵曹马子郭氏(丘?)□补代,王白。诺。名禄言□。□□□。"66TAM62:6/3(b)《翟强辞为征行逋亡事》(1-48):"□得□翟[强]□廿□当征行,其□□令,逋不往,还即白逋□□,受鲁得等五人□□。□竟,受[令]狐国□□引强○云共强知□□乞赐教,付曹召(引者按:此字似乎有涂抹的痕迹)款并枉□□检[校]□□□不受枉,谨辞。"75TKM91:33(a)、34(a)《兵曹下八幢符为屯兵值夜守水事》(1-70):"兵曹掾张预、史左法强白。明当引水溉两[部]。"72TAM209:90《唐贞观年间西州高昌县勘问梁延台、雷陇贵婚娶纠纷案卷(三)》(3-321):"梁台妾勘申不?其雷陇以状问,实心白。六日。"(引者按:"实心"这名高昌县尉拟判)73TAM507:033(a)《唐佐马贞浚残牒》(2-278):"牒捡案连如前谨牒。正月廿七日佐马贞浚牒并勒乡追送知过白。廿七日。"73TAM507:013/2-1《唐残辨辞》(2-283):"□[被]访括白□□逃浪行,因□不知所在,昨被□处捡以□括□乃□今日思忖□并索□赃数前□[问]依实□□"73TAM221:61(a)《唐永徽元年(650)安西都护府承勅下交河县符》(3-311):"牒件录勅白如前,已从正□永徽元年二月□付司景弘示,九日。二月九日录事张□□丞[阙]。"(吴震2009:285/345则认为勅书的抄本叫"勅白",以别于加盖玺印的正式勅书。敕旨出自唐朝廷,由安西都护府下

---

① "柳390"表明此件文书图版见于柳洪亮《新出吐鲁番文书及其研究》第390页。

交河县奉行,由于是安西都护府转抄下达,故称勒白(无朱印)。72TAM188∶82(a)《唐神龙二年(706)主帅浑小弟上西州都督府状为处分马䭾料事》(4-26):"录事摄录事参军敬仁。牒别案准式咨敬□白。"72TAM230∶62(a)《唐西州高昌县史张才牒为逃走卫士送庸缲价钱事(二)》(4-85):"高昌县申送逃走卫□□□缲价钱,捡既并到□□□知咨元利白。"2006TZJI∶040《唐某年七月府泛慎牒》(荣345):"□捡案[连]如前,谨牒。七月日府泛慎牒。捡责仙白。十六日。"OR.8212/489背 LA.II.X.06 封题(沙1-32):"白。刘君季恪。在塞水胀,南下推之。"又:"白光祖,公府宋君。"73TAM506∶4/42《唐史王威残牒》(4-558):"牒捡案连如前,谨牒。十二月日史王威牒;捡。光辅白。"①73TAM509∶8/15(a)之一《唐开元二十一年(733)西州都督府案卷为勘给过所事》(4-294):"其无行文蒋化明壹人,推逐来由,称是北庭金满县户,责得保识,又非逃避之色。牒知,任还北庭,咨,元璟白。"② 考

---

① "白"是判官用语,张光辅是地方府史晋升为判官,可能是仓曹参军,也就是流内官,他的升迁说明州县府史通过长期服役也能晋升为官员。参李方(2002∶259)

② 刘俊文(1989∶560)指出此处之"元璟"实即其他吐鲁番文书所言"户曹参军元",以户曹参军拟判,可能是因为过所之事由户曹主掌。又检《释名书证补》:"汉晋人书牍首尾云某白,犹后人之言某启也。"在高昌郡府诸曹上呈公文都自称"白",用在两个地方,提头报告人名下和署款年月日后,许多重要事务都要行文呈"白",而且有着一套严格的书写格式和上报审批程序。由于郡府僚属向太守言事称"白"是敬语,所以在行文中有取代"牒"的倾向。尽管在实际运用中蔚然成风,但"白"始终只是作为一种敬语使用,未能发展成为一种法定行政公文的名称(参柳洪亮1997∶290—291)。"白"有时也包括对本件事情进行议论和发表意见。《礼记·文王世子》:"狱成,有司谳于公。"注:"成,平也,谳之言白也。"《汉书·景帝纪》"五年诏":"诸狱疑,若虽文致于法而于人心不厌者,辄谳之。"注:"谳,平议也。"《说文·水部》:"谳,议辠也。"正是因为"白"往往有"请示上级批准某项事宜"义,也就是说此项事宜并未实施,所以柳洪亮认为唐长孺主编释文本和图录本《吐鲁番出土文书》将一些呈请批准画诺的上行公文定名为已获批准要求执行的下行公文是不妥的,如将《北凉建□某年高昌郡兵曹白请以休领发骑守海牒》定名为《建□某年兵曹下高昌、横截、田地三县符为发骑守海事》,将《北凉高昌郡兵曹白请屯田兵幢、引水溉田牒》定名为《兵曹下八幢符为屯兵值夜守水事》,将《高昌郡兵曹白请补代马子郭氏生牒》定名为《兵曹属为补代马子郭氏生事》。还有的定名虽未明言下行或平行,但将"事诺奉行"看作已获批准而理解成通知执行类的公文则甚为明显。如将《北凉义和□年高昌郡兵曹白请行罚部隤五人牒》定名为《北凉义和□年兵曹行罚部隤五人文书》。"白"还可以指保证词。73TAM509∶8/23(a)《唐开元二十一年(733)唐益谦、薛光泚、康大之请给过所案卷》(4-270):"前件婢□于此买得,见有市券,保白如前。""白"也是书信用语,告诉。OR.8212/1873La.VI ii.a《晋残书信》沙2-268:"仓卒粗白不备。"OR.8212/4785(背)LA.V.X.018 杂写(沙1-28):"顿

《史记》卷一二六《滑稽列传》:"巫妪弟子是女子也,不能白事,烦三老为入白之。"《三国志》卷五八《吴书·陆逊传》:"会稽太守淳于式表逊枉取民人,愁扰所在,逊后诣都,言次,称式佳吏,权曰:'式白君而君荐之,何也?'"

但"白"也可以用于同辈。《正字通·白部》:"白,下告上曰禀白,同辈述事陈义亦曰白。"也用于长辈对晚辈,唐韩愈《答李翊书》:"六月二十六日,愈白。"

11. 仰

"仰"最先只用于执法者对被执法者,也就是上对下,意思是"希望""责令",也可以用于契约文书中表示硬性规定。《通俗编·政治》引孔平仲《谈苑》:"今公家文移,以上临下,皆用仰字。""仰"的此种用法,可能始于三国,考俞樾《茶香室四钞》卷八"公牍用仰字"条:"国朝罗振玉《读碑小笺》云:孔平仲《杂说》,公家文字用仰字,出《齐孝昭纪》:'诏定三恪礼仪体式,亦仰议之。'予按魏高贞碑,贞卒后,宣帝诏云:'其墓□所须,悉仰本州岛营办。'是仰字魏已用之,不始于齐。又《三国志·魏明帝纪》,青龙二年,追谥山阳公为孝献皇帝,裴注引献帝纪追谥诏云:'丧葬所供,群官之费,皆仰大司农。'是又始于三国。愚按魏诏所用仰字,似即《史记·平准书》'衣食仰给县官'之义,与今所用仰字有别。"蒋礼鸿先生(1994:333)言:"审询罪犯的问头有一定格式,开头总有'问'字,结尾总有'仰答'字样。'仰'是下行公文中作命令语气用的习语。"在法制文献中,有"仰答",官府把审问罪人的问题写在纸上,要求被审问者回答,这叫作"问头",开头总有"问"字,结尾总有"仰答"。"仰"带有强令性质。项楚先生(2006:1991)指出:"'仰答者'以上便是问头,'谨审'以下便是答词。敦煌本《燕子赋》:'雀儿被额,更害气咽,把得问头,特地更闷。问:燕子造舍,拟自存活,何得麤豪,辄敢强夺?仰答!''问'以下的文字便是'问头'。"张涌泉先生面告:"'仰答……者'是官府审理有关人犯问辞中的习语,'者'表示祈

首白近自宗诸外内宗宗(引者按:此是杂写,后"宗"疑衍)。"OR.8212/519LM.Ⅰ.ⅱ.09《信札》(沙1-53):"六月十二日吉阿归□□□不得汝白事用为一□□□想□。"72TAM169:26(b)之二《高昌书仪》(1-234):"修兄姊书。题云兄某官前疏。五月具疏,某白:夏中感思深,极热,不审兄姊禮中何如。不奉近告,驰约,即日某蒙恩,谨白疏不具。某再拜。"《晋书》卷七一《孙惠传》:"伏在川泥,系情宸极,谨先白笺,以启天虑。"《梁书》卷五十《陆云公传》:"临白增悲,言以无次。"伯3637杜友晋《新定书仪镜》"通例第二":"凡书末,尊行皆告,长皆报疏,长加敬字,舅云问疏,加丈人云敬,谓女婿云白,平怀云咨。小重云呈,云疏,皆为族姑已上。凡尊长通称吾,小重平怀皆称名,平怀已上通用谨字。"

使语气,问辞至此结束,其后应用句号。""仰"的这种用法也见于传世文献,今检《北齐书》卷六《孝昭帝纪》:"诏曰:'但二王三恪,旧说不同,可议定是非,列名条奏,其礼仪体式亦仰议之。'"《旧唐书》卷一八下《宣宗》:"官健有庄田户籍者,仰州县放免差役。"S.1897《后梁龙德四年(924年)雇工契》(样式):"或若浇溉之时,不慎睡卧,水落在□处,官中书罚,仰自祇当。"这种用法在高昌国时代的吐鲁番文书中就很常见,"仰"用于法制文献中,意思是"希望、要求",往往体现出一种责令、居高临下的性质,比如契约文献,69TAM135:2《高昌延寿五年(628年)赵善众买舍地券》(1-410):"车行人盗,依旧通。若后右人河盗侞佫[者],仰本主了。"到了唐代亦不例外,64TAM24:26《唐贞观二十二年(648年)索善奴佃田契》(2-177):"若身□西无者,一仰妻儿及收后者偿了。"73TAM222:1(b)《唐中军左虞候帖为处分解射人事》(3-372):"帖至,仰营所有解射人立即具录姓名通送,待拟简定,仍准人数差解射主帅押领。"73TAM509:8/2《唐宝应元年(762年)六月康失芬行车伤人案卷》(4-333):"靳嗔奴并作人康失芬。右得何伏昏等状,称保上件人在外看养史伏郁等男女,仰不东西。"

但是"仰"也是敬辞,《南史》卷七〇《循吏传·甄法崇附甄彬》:"檀越乃能见还,辄以金半仰从。"《资治通鉴》卷一五三《梁纪九·梁武帝中大通元年》:"下官等皆受朝眷,未敢仰从。"唐白居易《偶作寄朗之》:"仰名同旧识,为乐即新知。"宋欧阳修《与韩忠献王书》:"仰烦台慈,特赐慰恤,岂任衰感之至。"考"仰"本指"抬头,脸向上"。《易·系辞上》:"仰以观于天文,俯以察于地理。"

12. 买

既有"买入"义,又有"卖出"义。先看"买入"义的例子,Дx.11414《前秦建元十三年(377)十(?)月廿五日赵伯龙买婢券》:"书券侯买奴,共知本约。"①72TAM152:22《高昌延昌六年(566)吕阿子求买桑葡萄园辞》(2-140):"延昌六年丙[戌]□□□八日,吕[阿]□辞:子以人微产□尠少,见康□有桒蒲桃一菌,□求买取,伏愿壆下照兹所请,谨辞。中兵参军张智寿传令:'听买取。'"72TAM152:24《高昌延昌三十四年(594)吕浮图乞贸葡萄园辞》(2-142):"[延]昌卅四年甲寅岁六月三日,吕浮啚辞:啚家□□乏,挚(粗)用不周,于樊渠有蒲桃一菌,径理不

---

① 72TAM151:99.100《高昌合计马额帐》(一)(2-94)有"匡买得",64TAM15:21《唐西州高昌县 宝寺僧及奴婢名籍二》(2-31)有"大奴买得"。

□，见买得蒲桃利□□，□惟□下悕乞貿取，以［存］□□听许，谨辞，［通］□［令］史魏儒［传］。令听貿□。"①64TAM35：41（b）—3《唐开除见在应役名籍》（3-491）："曹买奴，高阿欢逃走，康多德，伍守欢客居庭州。" 69TAM125：2《武周军府牒为请处分买十驮马欠钱事》（3-436）："□件人□□疋送讫。□买奴、泛定海、张小□□［张］胡智、张守多、范永□□已上十人买十驮马一疋送八百行□□□父师一分付刘校尉团赵□□右同前上件人□发有限奉［处］分。令十驮六□□□［有］换者。孝通临时□□发日，为欠马钱，遂□□马领得银钱伍拾文讫。今孝通差行征得者，即请分□不得者，请于后征付保达数有欠少□［即］［注］□□［处］［分］［发］。"（为排印方便，武周新字已转写为规范汉字）73TAM506：4/33《唐乾元二年（759）康奴子卖牛契》（4-549）："驾车咽犍牛□□年捌岁，乾元元貳年正月十日，交用钱叁阡伍伯文，于康奴子边买取前件牛。其钱及牛，即立契日各交相分付。如立契已后，在路有人寒盗认识者，一仰牛主康奴子知。" 73TAM506：04/20（b）《唐出纳钱物帐历（一）》（4-587）："□细缣一疋，得一千文，欠（？）钱八百廿文，买供□□缣一疋□缣一斤□便［帖］钱一千二百文［买］供。"②

但"买"又同"卖"，出售。"买人"即卖人，出售者；"买供"即卖供，卖出后交纳；"买与"即卖与。73TAM514：2/11《高昌内藏奏得称价钱帐（三）》（1-453）："起十二月廿七日，康牛何畔陁买香陆百伍拾□斤，卤沙贰百壹斤，与康莫至，二人边得钱貳［拾］［壹］文。次□□有尼屈量香伍拾貳斤，得钱［壹］［文］□□"OR.8210/斯5870D.Vii.3a《唐大历年间女妇许十四典牙梳举钱契》断片（沙2-317）："月内将本利钱赎。如违限不［赎］，其梳钱［等］□□并没，一任将买，恐人无信，故立［私］契。两共□章□□钱主。举人女妇许十四年廿六□E，同取人男进金年八岁，见人。"OR.8211/558Ast.Ⅲ.4.094《唐神龙元年（705）西州都督府兵曹处分长行死马案卷》（沙1-119、120）："右件马伊州使患瘵，医疗不损，今既致死，请处分。

---

① 《干禄字书》："貿貿，上俗下正。"《龙龛手镜·贝部》："貿，交易也，市卖也。"《字汇补·贝部》："貿，与贸易之贸同。"北魏佚名《元继墓志》："新平冯元兴等虑陵谷貿迁，丘陇难识，故凿志。"又考S.388《正名要录》："貿，卖。"关于"貿"，又参考张涌泉师（2015：806）、黄征《敦煌俗字典》（2005：267）。又请比较《诗·卫风·氓》："氓之蚩蚩，抱布贸丝。"朱熹集传："贸，买也。"高亨注："贸，交换。"《法苑珠林》卷一〇九："商人言勿杀（龙女），我与汝一牛贸取。"

② 请比较同件文书中的"取供"："□细缣一疋，出得一千三百文，帖七百文取供□□粟各出钱一百［五］十文□□缝裙子一臂，大钱［八］十五文。"

牒件状如前谨牒。神龙元年三月日典魏及牒。主帅胡元庆，押官果毅张元兴，检何故，温示。八日。兵曹。长行马一疋念草买人曹小奴，一疋赤敦达买人□其。右奉判。今捡上件马咨状，依捡前件马，捡无他故，患瘵致死有实。牒件捡如前，谨牒。神龙元年三月日府竹应牒。帖槽出卖讫，具上。訓（训）。主帅胡元庆，槽头翟德义。兽医曹智隆。兵曹参军程待訓（训）。付司温示。八日。□□[日]府竹应牒。□槽出卖讫，具上。"72TAM152:33（a）《唐焦延隆等居宅间架簿（二）》（2-148）："麹文住宅上：听上杖□□桼椽卅六，东麹□□，东丁子隆妻，南□、北道，上下吕上右行良□□□桼椽廿一，母买与王海佑，其人元无□□□。"①

13. 咨

既有"咨报（下级向上级请示、禀报、咨请、咨谋）""禀报"义，(一般说来，判官和通判官用语用得较多)。也指上级向下级咨询。73TAM221:62（a）—1《唐永徽三年（652）士海辞为所给田被里正杜琴护独自耕种事》（3-312）："□徽三年□海辞：口分[常]□□县司：士海蒙给田，[已]□□[贰][载]未得田地。今始闻田共同城人里正杜琴护连风。其地，琴护独自耕种将去，不与士海一步，谨以咨陈讫。谨请勘当，谨辞。"大谷2842《北馆文书》（《大谷》一，图版一五）："往例取户税柴，今为百姓给复，更无户税。便取门夫采斫用供，得省官物，以状下知，咨，恒让白。廿三日，依判，行止示，廿三日，依判，义示，廿三日。"2006TZJ1:136《唐龙朔二、三年（662、663）西州都督府案卷为安稽哥逻禄部落事》（二）（荣314）："□[首][领][发][遣]，[使][至]□□更迁延，所差官典□咨定，々讫牒知。"73TAM507:012/4《唐录事麹浚残文书》（2-280）："□□会。谨更咨报，[请]□□近不具。录事曲浚□□八月十六日 前请（引者按：唐长孺录为"谓"）法师

---

① 关于"买"同"卖"，参考朱雷《麹氏高昌王国的"称价钱"——麹朝税制零拾》，收入朱雷著《敦煌吐鲁番文书论丛》第69—82页。检高丽藏本玄应《一切经音义》卷三《放光般若经》"不"："侧买（慧琳本作"侧卖"）、子尔二反。"又请比较 OR.8212/554 Ast. IX.6.02-03（七，03e）《唐总章二年（669）至咸亨元年（670）西州长行坊死马处置帐历》（沙1-107）："疋，者白敦，□[月]□剥[皮]纳库讫。同。□疋，瓜敦，闰九月四□[捌]文送司仓讫。同。□□，念敦，闰九月六日□□伍文送司仓讫。同。□□，雅敦，闰九月十四日□□钱肆文皮纳库。同。□□，赤敦，闰九月九（引者按：九，衍文）十五日在[槽]□□肉弃不收，皮纳库。在槽。合。□□□[敦]，十月四日在槽死，肉卖与郝买奴，得钱贰文，送司仓，皮纳库□□十月五日在槽死，肉卖与郭朱多，得钱贰文，送司仓□□六日在槽死，肉卖与曹憻相，得□□文□死，肉卖与□。"

早发遣□□□"72TAM188：73（b）之一《唐上西州都督府牒为征马付营检领事一》（4-29）："依判，咨，泰□。廿六日□，依判，定母示。廿六日。"72TAM188：73（b）之一《唐上西州都督府牒为征马付营检领事一》（4-29）："户曹捡录事参军。别牒营捡领[讫]。仍取领附。咨。方。"72TAM188：75（a）《唐上西州都督府牒为征马付营检领事二》（4-30）："别牒营捡[领]讫。仍取领附。咨。敬仁□。一日，依判，咨，泰示。一日，依判，定母示，一日。"72TAM194：27（a）《唐盗物计赃科罪牒》（4-52）："□□[财]□□□一疋[杖]六十，一疋加一等。王庆计□不满壹疋，合杖六十。□案咨决讫。放。其钱[征]到，分付来宾取[领]□陪赃牒征送咨。仁赞[白]。十一日，盗物获赃，然可科罪。□□欵□□□匪实。"宁乐一七（2）、一九（3）号《唐开元二年二月三十日西州都督府下蒲昌府牒为差替人番上事》（29）："游弈□□□处置，咨，庆示。二[日]。依判。玉示。二日一弈人王定远身死替行客王□□□[捡]替人中男泛至尚白仁轨胡□□□月□□四月番长探配悬泉，悬泉游弈□□□挎谷游弈人段阿忠已上□□□已差替讫。"（表明高庆是果毅都尉，属军府中的通判官。）73TAM509：8/15（a）之一《唐开元二十一年（733）西州都督府案卷为勘给过所事》（4-294）："咨，元璟白。五日，依判，咨，齐晏示。五日，依判，咨，崇示。五日，依判。斛斯示。五日。"（判官用语是"咨，白"，通判官的判决只是提出自己的意见，所以在同意判官的判决后都写了"依判、咨、某示"的判署，最后的裁决在长官。文书前后提到的延桢、齐晏、崇，应分别是西州的司马、长史、别驾。）①OR.8212/532 Ast.Ⅶ.2.025+2.022《唐天宝年间府罗通牒尾判》（沙 1-63）："□□□日府罗通牒□[护]镇仓捡覆讫，勘会。其欠物已从别状处分讫记。咨。庭兰白。[依][判]。咨。休胤示。"②OR.8212/540Ast.Ⅶ.2.015《唐天宝年间西州牒及判词》残片（沙 1-79）："□□[除]附各下所□□□咨庭[兰]□□□咨□判咨。"73TAM509：8/2（a）之四《唐宝应元年（762）六月康失芬行车伤人案卷》（4-333）："建未月日，史张奉庭牒。靳

---

① 参见李锦绣（2004：429）。
② 中田笃郎、李方比较了1972年在阿斯塔那216号墓出土的唐天宝十载府罗残牒，认为此件文书亦是天宝十载文书，题目是《天山县申车坊新生犊残牒》，这是一件有关交河郡仓曹勘会罗护镇仓的文书，这时交河郡的仓曹参军已经是庭兰。休胤在庭兰的判词后签署"依判，咨，示"，表明已经升任上佐通判官。休胤之后还应有长官签署。结合其他文书比较研究，可以知道休胤是由仓曹参军升任交河郡都督府司马。详参李方（2006：518-519）。

嗔奴并作人责保到,随案引过,咨取处分讫。[各]牒所由,咨,诚白。十九日,依判,咨。曾示。十九日。放出勒保辜,仍随牙余依判。铮示。廿二日。"大谷4883《捉州中馆料钱判文》(《大谷》三,图版一七):"捉州中馆帖料钱油麻等、下县速为推逐处分。其氾义所欠中馆正料回残,仍即切征纳讫,申咨。道。"2006TZJ1:022《唐天宝年间(742—756)交河郡某曹府段明牒为济弱馆修理事》(荣342):"□□日,府段明牒,长行坊牒称:济弱馆破坏,须有修理,下所管县量事差人修补讫,申咨,旺白。一日。"请比较"咨白"。《宋书》卷二《武帝中》:"但康之前言有所不尽,故重使胡道咨白所怀。"《周礼·秋官·讶士》:"凡四方之有治于士者,造焉。"郑玄注:"谓讞疑辨事,先来诣,乃通之于士也。士,主谓士师也。如今郡国亦时遣主者吏,诣廷尉议者。"贾公彦疏:"讞,白也,谓咨白疑辨之事。"又请比较唐牛僧儒《玄怪录》卷三《齐饶州》:"王判曰:'付案勒回。'案吏咨曰:'齐氏宅舍破坏,回无所归。'"考宋洪迈《容斋随笔》卷九"翰苑故事"条载:"公文至三省,不用申状,但尺纸直书其事,右语云:'咨报尚书省,伏候裁旨'。月日押,谓之咨报。"宋赵升《朝野类要》卷四"咨报":"学士院关报朝省之称。"

但"咨"自古以来又用于上对下,广泛见于敦煌文献和唐宋笔记。《国语·晋语四》:"及其即位也,询于八虞而咨于二虢。"韦昭注:"咨,谋也。"《三国志》卷十《魏书·荀彧传》:"董昭等谓太祖宜进爵国公,九锡备物,以彰殊勋,密以咨彧。"唐韩愈《送郑尚书序》:"有大事,咨而后行。"高丽藏本玄应《一切经音义》卷二十二《瑜伽师地论》"咨询":"《左传》:'访问于善为咨,咨亲为询。'"

14. 保

既有"保护"义、"担保"义;又有"依靠""仗恃"义。前者如2006TSYIM4:3-4《北凉高昌郡高宁县差役文书(二)》(荣198):"□□右二家户候次,逯三日为更□□□高昌、田地相承保,无失々脱々军□□[到]乃下□□□[谨]条次取候人名[如]□□□行。"("承保"即担保。)73TAM509:8/16(a)之三《唐开元二十一年(733)西州都督府案卷为勘给过所事》(4-286):"准状责问,得保人魏忠诚等五人欵:魏琰所将人畜,保并非寒盗诳诱等色者。""保"又有"依靠""仗恃"义,如《汉书》卷六四《严朱吾丘主父徐严终王贾传》:"且越人绵力薄材,不能陆战,又无车骑弓弩之用,然而不可入者,以保地险,而中国之人不能其水土也。"郭在贻释:"保者,恃也,依也。言越人依恃其地形险恶,而拒汉兵于境外也。保字古有依恃之义,《离骚》'保厥美以骄傲兮',近人卫瑜章训保为恃(《离骚集释》);《左传·僖公二年》'保于逆旅',《左传·僖公二十三年》'保君父之命',杜注并训保为恃。《吕氏春秋·诚廉篇》'阻兵而保威',高诱注:'保,恃也',《庄子·列御寇》'人将保女矣',司马彪注:'保,附也。'"

15. 举

借贷,《孟子·滕文公上》:"又称贷而益之。"赵岐注:"称,举也。"《汉书》卷二四《食货志》载晁错《论贵粟疏》"无者取倍称之息",荀悦《前汉纪》作"亡者倍举"。吐鲁番文书中的"举"多为借入,是有偿的,而且多用于货币(或用作货币的丝织品)以及麦粟借贷,使用时间在十六国、高昌国到唐西州时期。66TAM62:6/2《翟强辞为负麦被拽牛事》(1-50):"□春从人□□奴,奴佛流□二斛,夏□□偿麦三斛。只夏[麦]□□□䭃,已偿麦一斛[五][斗],残负麦一斛五斗。比尔当方宜索偿□□,强是贫□,外□牛一头载致。流拽牛□去。经四日乞愿赐教付曹,□流以牛见还,比尔当举便偿流,谨辞以闻。"60TAM326:01/4《高昌和平元年(551)某人举缭、锦券》(2-249):"□□元年辛未[岁][三][月][二][日],□□边举中行叠六十匹,要到八月。□□□中行叠九十匹,若过朞不偿,一匹上□□□[仰]公偿。次取□□柏(?)树叶锦四十尺,要到八月卅日偿□□六丈。若过朞不偿,一月生锦四。"72TAM155:30(b)《高昌延寿十年(633)习字纸》(1-432):"□寿十年癸巳岁四月贾佑瑚癸巳岁癸巳岁四月廿三日贾佑瑚桥桥桥寺法师惠闻□寿十年癸巳岁岁岁贾佑瑚主薄高住儿□巳(引者按:因是习字,故多重复)岁五月廿一日翟何毳从贾佑瑚边举银钱。"66TAM61:23(b)、27/2(b)/27/1(b)《唐西州高昌县上安西都护府牒稿为录上讯问曹禄山诉李绍谨双方辩辞事(二)》(3-243):"别兄已来,经四年毅、曹二胡辈处○○○○多指的同举练三。"67TAM78:39《唐赵□意举麦契》(2-68):"本利惣计□和可,画[指][为][信]。举麦人赵□意,保人赵奴悉(恶?)。[保]人□□□,□人□□信;□人左海明。"64TAM20:34《唐显庆四年(659)白僧定贷麦契》(3-476):"显庆四年十二月廿一日,崇化乡人白僧定于武城乡王才欢边举取小麦肆䬠,将五年马塠口分部田壹亩,更六年胡麻井部田壹亩,准麦取田。到年年不得田[耕]作者,当还麦肆䬠入王才。租殊伯役,一仰田主,渠破水滴,一仰佃[人]。[两]和立契,获指为信。麦主:王才欢,贷麦人:白僧定,知见人:夏尾信,知见人:王士开,知见人:康海□。"64TAM4:38《唐显庆五年(660)张利富举钱契》(3-209):"显庆五年三月十八日,天山县南平乡人张利富于高昌县崇化乡人左憧憙边举取银钱拾文,月别生利钱壹文。到左还须钱之日,张即须子本俱还。若身东西不在,一仰妻儿及保人等代,若延引不还,听掣家资杂物,平为钱直。两和立契,画指为信。钱主。举钱人张利富,保人康善护,知见人。"64TAM4:34《唐龙朔元年(661)龙惠奴举练契》(3-211):"龙朔元年八月廿三日,安西乡人龙惠奴于崇化乡人右憧憙边举取练叁拾疋,月别生利练肆疋。其利若出月不还,月别罚练壹疋入左。如憧憙须须练之日,并须依时酬还。若身东西无,仰妻儿收后者偿。人有正法,人从私契。两和立契,获指为信。练主左,举练人龙惠奴,保人男隆绪,知见人魏汜(?),知见人樊石德,保人康文憙。"64TAM4:37《唐总章三年(670)白怀洛举钱契》(3-224):"总章三年三月廿一日,顺义乡白怀洛于崇化乡左憧憙边举取银钱拾文,月别生利钱壹文。到月满日,白即须送利。左须钱之日,白即须子本酬还。"67TAM363:7/2《唐仪凤二年(677)西州高昌县宁昌乡某人举银钱契》(3-569):"仪凤贰年玖月伍日,宁昌乡[人]县人竹住海边举取银钱捌□钱壹文,月满即须送利。若竹须钱□本具还。若延引不还,任拽家财杂物及口分□□平充钱。身东西不在,壹仰妻儿收后者[契],画指为验。"72TAM184:6《唐开元八年(720)麹怀让举青麦契》(4-130):"[开][元]八年九月五日,麹怀让于揔玄观边举取青麦壹硕捌斗,其麦限至来年五月卅日付了。"73TAM506:4/32-4之一一《唐天宝十三载(754)礌石馆具七至闰十一月帖马食历上郡长行坊状》(4-458):"郡坊迎送帖马来往,便食前件斛斗,合郡坊填还。令献等逐急举便,随时供汔。见今被诸头债主牵撮,无物填还,具食历如前,伏望商量处分。"

如上所述,"举"在上古汉语和中古汉语里主要指"借入",《大藏经》卷三吴康僧会译《六度集经》卷七:"犹若贫人举债治生,获利还彼,余财修居。"《周书》卷二三《苏绰传》为六条诏书:"富商大贾,缘兹射利,有者从之贵买,无者与之举息。"在南北朝时期的译经中,"举"基本上表示"借入"义,《大藏经》卷四姚秦竺佛念译《出曜经·恶性品》:"汝学之后,举王财贿,无以当偿,为王所系,今在牢狱。"《梁书》卷二一《王志传》:"京师有寡妇无子,姑亡,举债以敛葬。"《大藏经》卷十七西晋竺法护译《佛说乳光佛经》:"常熹出钱在外,人来从举息钱,日月适至，熹多债息，无有道理，既偿钱毕，复谩诋人，言其未毕。"在很长一段时间里，"举"的"借入"义是极为严格的，《三国志》卷二四《魏书·高柔传》："护军营士窦礼近出不还。营以为亡，表言逐捕，没其妻盈及男女为官奴婢。盈连至州府，称冤自讼，莫有省者。乃辞诣廷尉。柔问曰：'汝何以知夫不亡？'盈垂泣对曰：'夫少单特，养一老姬为母，事甚恭谨，又哀儿女，抚视不离，非是轻狡不顾室家者也。'柔重问曰：'汝夫不与人有怨仇乎？'对曰：'夫良善。与人无仇。'又曰：'汝夫不与人交钱财乎？'对曰：'尝出钱与同营士焦子文，求未得。'时子文适坐小事系狱，柔乃见子文，问所坐。言次曰：'汝颇曾举人钱不？'子文曰：'自以单贫，初不敢举人钱物也。'柔察子文色动，遂曰：'汝昔举窦礼钱，何言不邪？'"《三国志》卷三《魏书·明帝叡》注引《魏略》："故富者则倾家尽产，贫者举假贷贳，贵买生口以赎其妻。"既然言"贫者"，则只能是"借入"。在中古汉语早期，"举""假""贷"是近义词，都表示"借入"，这在同时期的传世文献中也有体现，《魏诗》卷六曹植《灵芝篇》："董永遭家贫，父老财无遗，举假以供养，佣作致甘肥。责家填门至，不知何用归。"《大藏经》卷十五西晋竺法护译《修行地道经》卷七："而从富豪，归命举假。"《大藏经》卷十七西晋安法钦译《佛说道神足无极变化经》："彼无田种植者，无举假偿债者。"王符《潜夫论·断讼》："假举骄奢，以作淫逸，高负千万，不肯偿责。"《隶释》卷九载熹平元年十二月《故民吴仲山碑》："远近假求，不言无有；春秋举贷，给与无已。"《孟子·滕文公上》"又称贷而举之"赵岐注："又当举贷子倍而益满之。"《大藏经》卷四姚秦笃佛念译《出曜经·恶性品》："设财货穷乏，从王举贷，我还当偿。"颜之推《还冤记·吕庆祖》："忽为人所杀，族弟无期先期贷举庆祖钱，咸谓为害。"

但是，在汉语史上，"举"也表示"借出"，《周礼·天官·小宰》："四曰听称责以傅别。"郑玄注引郑司农曰："称责，谓贷予。"贾疏："称责，谓举责生子。"又考《资治通鉴》卷二三三"贞元三年七月"："买田宅，举质取利，安居不欲归。"中古时期，"举"放在"出"之后构成"出举"形式，是"借出"义，检"出"最早表示"借给"，从汉代一直延续到唐代，构成"放债人＋出＋钱＋介词＋借债人"结构，请比较《史记》卷七五《孟尝君列传》："共食客三千人，邑入不足以奉宾客，使人出钱于薛。"又："邑入不足以奉宾客，故出息钱于薛。"《汉书》卷九九《王莽传》："收息百月三。"如淳注："出百钱与民用，月收其息三钱也。"《周礼·秋官·朝会》：

"凡有责者,有判书以治则听。"郑玄注:"玄谓古者出责之息,亦如其国服与。"《三国志》卷二四《魏书·高柔传》:"尝出钱与同营士焦子文。"《宋书》卷八一《顾觊之传》:"我常不许汝出责,定思贫薄亦不可居。"玄应《一切经音义》卷二五"子息:儿子曰息……今人出钱生子,亦曰息,义一也。""出举"即以财物取利的消费借贷,指放贷(钱、绢布织物、粮食等)取息,在吐鲁番出土文书中也指公廨本钱放贷,唐代各官司均存在粮食出举,这一语义变化发生在盛唐时期。72TAM223:48(b)《唐开元年间(713-741)征麦利残文书》(4-121):"□□征 O 利用资 益供客。O 去开元希逸等下状,请以来年已后异笔处分来年加减取麦利,文案分明,出举案状,吕都督异笔直取开七例妄剥(?)一分非主典隐欺在腹,不合□□□圣日时明,都督远若吕都督处分,曹司合从,即威德负屈已深,不妄征。"(麦利在开元七年后有变化,按开元七年制,则'妄剥一分',麦利如此,本钱出举,亦当如此。即:开元七年后,利率有变,由原来的七分生利,变为六分生利。)大谷3472《唐开元十九年(731)正月西州岸头府到来符帖目》(《大谷》二,图版五):"都督衙帖,为史璋、李岌等,欠车坊出举麦,限月内送足事。"又:"户曹苻,为北馆坊出举本小麦、依前符征欠死马宍钱,限月内征送事。"73TAM506:04/5(b)《唐天宝某载□仙牒为出本钱出举事》(4-571):"紫极[宫]□□□到,召主出举,□牒知者。"在唐人撰写的史书中也不乏其例,请比较《隋书》卷二四《食货志》:"先是京官及诸州,并给公廨钱,回易生利,以给公用。至十四年六月,工部尚书、安平郡公苏孝慈等,以为所在官司,因循往昔,以公廨钱物,出举兴生,唯利是求,烦扰百姓,败损风俗,莫斯之甚。于是奏皆给地以营农,回易取利,一皆禁止。十七年十一月,诏在京及在外诸司公廨,在市回易,及诸处兴生,并听之。唯禁出举收利云。"在唐代的法典中也可以见到"出举",《唐律疏议》卷四《名例》"以赃入罪"疏议曰:"问曰:'假有盗得他人财物,即将兴易及出举,别有息利,得同蕃息以否?'"《唐令拾遗》卷三三《杂令》二二引开元二十五年令:"诸王公主及官人,不得遣亲事帐内邑司,如客、部曲等,在市兴贩,及邸店沽卖者(引者按:者,疑衍)出举。"《资治通鉴》卷一七八《隋纪二,文帝开皇二年》:"先是,台省府寺及诸州皆置公廨钱,收息取给。工部尚书扶风苏孝慈,以为官司出举兴生,烦扰百姓,败损风俗,请皆禁止,给地以营农。"所以,语言中两个近义词或反义词构成复合词,前一个词素对整个词的意义指向,具有一定的作用①。

16. 赁

借,既可以指"借入",也可以指"借出",往往带有利息。先看"借入"的例子,63TAM1:16《西凉建初十四年(418)严福愿赁蚕桑券》(1-6):"建初十四年二月廿八日,严福愿从阚金得赁三薄[蚕]桑,贾交与烑。"64TKM1:33(a)《唐贞观十四年(640)氾欢□赁舍契》(2-5):"□[观]十四年十月卅日,氾欢□□边赁中门□□下底舍壹 陉 □□ 厕。要径壹年□□拾文,即□□[价]银钱拾伍文□□满[须]□□[合]得户内□□不毕,壹月[拾]□□[生]钱壹文,贰主和[同]□□□之后各。"65TAM40:28《唐杜定欢赁舍契》(3-298):"□□[元]年六月廿日,高昌县崇化乡人[杜][定][欢]从证圣寺三經僧练伯边赁取里舍中上下房伍□□□[有]门壹具。其舍中并得□□钱叁拾文□□□[钱]拾[伍]□[到]二年二月卅日,与钱拾伍文。其舍□□□年用坐,立契已后,不得悔,若□□□钱肆拾文,入不悔人,两和□□,画指为验。(引者按:下面一个"川",终文间隔符号。)舍主僧:赁舍人:杜定欢;知见人:索宝悦。"72TAM184:8(a)《唐家用帐》(4-134):"赁服衣四具,用钱二百文。"

再看"借出"的例子。64TAM10:38《高昌延寿四年(627)参军氾显佑遗言文书(一)》(2-204):"□□师女,阿夷尽身命,得舍中柱。若不舍中柱,不得赁舍与余人。舍要得壹坚。"66TAM61:20(a)《唐麟德二年(665)畦海员辩辞》(3-237):"畦海员年卅五,海员辩:被问赁牛两头与麹运贞践麦,是何日赁与,□□得多少价数者。谨审:但海员不是赁牛与麹运贞□□[日]巳时许,麹运贞家内有一婢来,不得名,到海员□□□曹主遣赁你两三个牛来,用践麦。海员□□□

---

① 这从以下三个词"出赁""出责""入贷"更能够看出来,"出赁"即出租;"出责"即借出;"入贷"即(高利)贷进。65TAM42:10,73《唐永徽元年(650)严慈仁牒为转租田亩请给公文事》(3-117):"立卷六年,作练八匹。田既出赁,前人从索公文,既无力自耕,不可[停]田受饿。谨以牒陈,请裁。"66TAM62:6/1《翟强辞为共治葡萄园事二》(1-52):"□□乏,外有责负□□绩蒲陶六亩,与共分治一为埋。去春为出责棵—粪十车□秋当—望残少多,用俟结要。若—贼要—贫民—不□年多—一枯花—□□有—为—分处水火夻—教付曹—[辞]。"63TAM1:14《西凉建初十一年(415)张仙入贷文书》(1-6):"建初十一年十二月廿四日,张仙入贷床六斛。强□言。"

赁与,实借牛两头与运贞践麦是实。被问[依]□□[辩]。□□式。麟德二年五月日。奴有宿[处],证见并[检],既不是□。"

检《说文·贝部》:"赁,庸也。"段注:"庸者今之佣字。《广韵》曰:佣,余封切,佣,赁也。凡雇僦皆曰庸、曰赁。"请比较汉桓宽《盐铁论·通有》:"五羖赁车入秦。"唐裴铏《传奇·颜浚》:"赁小舟抵白沙。"又检日本根据唐令制定的《令集解》卷十二田令(1988:355):"赁租者,限一年令佃,而未佃之前出价,名赁也。佃后至秋,依得否出价,是名租也。"租前支付了价值的是"赁",之后支付者为"租"。(参乜小红2017:190-191)陈永胜(2000:73)无论其动产与不动产均可"赁"。

17. 贷

"贷"即"借贷",以"借入"为主,比如布匹和农产品,也包括钱物。请比较《法苑珠林》卷七十《受报篇》七十九"感应缘":"宋世永康人吕庆祖,家甚温富。尝使一奴,名教子,守视墅舍。以元嘉中便往案行,忽为人所杀。族弟无期先贷举庆祖钱,咸谓为害。无期赍羊酒脯至柩所而祝曰:'君荼酷如此,乃云是我。魂而有灵,使知其主。'既还,至三更,见庆祖来云:近履行,见教子畦畴不理,斥当言官痛治奴。奴遂以斧斫我背,将帽塞口,因得啮奴三指,悉皆破碎。便取刀刺我颈,曳着后门。初见杀时,诸从行人亦在其中。奴今欲叛我,已钉其头着壁。言毕而灭。无期早旦以告其父母,潜视奴所住壁,果有一把发,以竹钉之。又看其指,并见破伤。录奴诘验承伏。又问:汝既反逆,何以不叛?奴云:头如被系,欲逃不得。诸同见者事事相符。即焚教子并其二息。"

我们考察了晋十六国唐时期的吐鲁番契券,发现"贷"基本上只表示"借入"义,L.A.VI.ii.03-沙木853(侯、杨376)①:"以粂谷贷□见彩粂谷□贷彩十八匹。谨案文书。"64TAM34:11《高昌良愿相、左舍子互贷麦、布券》(1-304):"次左舍子贷良[愿]相八纵布三匹,要到八月内偿贷布三匹使毕。若○○中布不中一匹。"64TAM4:41《唐总章三年(670)张善憙举钱契》(3-223):"贷钱人张善憙,保人男君洛。"大谷4915《唐天宝元年(742)七月交河郡纳青麦状》(《大谷》三,图版二八):"浑孝仙纳天宝元年屯田地子青麦贰硕。又纳吕才艺屯田地子青麦壹硕贰□,又纳浑定仙贷种子青麦壹硕贰□。"73TAM506:4/32-2之六《唐天宝

---

① "侯、杨376"表明此件文书图版见于侯灿、杨代欣《楼兰汉文简纸文书集成》,第376页。

十四载(755)柳中县具属馆私供马料帐历上郡长行坊牒》(4-442):"不可阙饲,儎便私供,具通斛斞如前,请牒上长行坊。"①OR.8212/569Ast.Ⅲ.4.081+079b《唐西州高昌县顺义乡严秃子贷麦契》(沙1-131):"□□二月五日,顺义乡人严秃子并妻男行□□[武]城乡人张君利边贷取大麦叁拾䮕,其□卅日还了。若过月不了,一月壹䮕上生利麦壹□□不还,任听拽家资杂物,平为麦直。其□□[不]在,仰妻儿收后代还。两和立契,画指□□[桃]田藉帐了日,秃子此契合破,更不合还[麦]。[麦][主]张□□严秃子(引者按:从最后一字开始画指)□□妻赵(最后一字结束后开始),同取人:男行师,知见人赵申君(君右边开始),知见人赵士达(此句结束后画指)。"64TAM4:36《唐麟德二年(665)赵丑胡贷练契》(3-213):"麟德二年八月十五日,西域道征人赵[丑]胡于同行人左憧憙边贷取帛练叁疋。"64TAM4:53《唐麟德二年(665)张海欢、白怀洛贷银钱契》(3-214):"同日,白怀洛贷取银钱贰拾肆文。"64TAM10:44《高昌延寿六年(629)六月傅阿欢入当年官贷捉大麦子条记》(2-205):"□□己丑岁,官贷捉大麦子傅阿欢肆䮕参[张]□。参军郭阿都、翟怀彭,氾延明六月廿八日入。"②

但"贷"也指向他人借贷财物,即"贷出",乃债务方(有时是无息借贷),《说文·贝部》:"贷,施也,从贝、代声。"段注:"谓我施人曰贷也。"《说文·贝部》紧接着言:"貣,从人求物也。"段注:"从人犹向人也。谓向人求物曰貣也。按代弋同声,古无去入之别,求人施人,古无貣贷之分。由貣字或作贷,因分其义,又分其声。如求人曰乞,给人之求亦曰乞,今分去讫、去既二音。又如假、借二字,皆为求者、予者之通名,唐人亦有求读上人,予读两去之说,古皆未必有是。貣别为贷,又以改窜许书尤为异耳。经史内貣贷错出,恐皆俗增人旁,蟘字《经典释文》《五经文字》皆作螣,俗作蟘,亦其证也。《周礼·泉府》:'凡民之贷者。'注云:'贷者,谓从官借本贾也。'《广韵廿五·德》云:'貣谓从官借本贾也。其所据《周礼》,正作貣。'而《周礼》注中借者予者同用一字。《释文》别其音,亦可知本无二字矣。"请比较《睡虎地秦墓竹简·法律答问》:"府中公金钱私貣用之,与盗同法。"诚哉

---

① "儎便"即贷便,"贷"多针对绢布,"便"多针对麦粟,包括无息,至少在限期内是无息的,"儎"是"贷"的变体。
② 在唐宋文献中,"捉"亦有"取(人)"义,如"取捉""捉取"连用。《文选·奏弹刘整》:"苟奴登时欲捉取。逸语苟奴:'已尔!不须再取。'"因此,"捉""取"都可以用作动词词缀。

斯言,"贷"又作"貣",《广韵·德韵》:"貣,假貣,谓从官借本贾也。亦从人。"《资治通鉴》卷二七三"后唐同光二年":"豆卢革尝以手书,便省库钱数十万。"胡三省注:"今俗谓借钱为便钱,言借贷以便用也。"《龙龛·人部》:"俄,正音贷,借也,施也,假物与人也。"关于"贷"与"借"的区别,[清]沈家本《历代刑法考》之《寄簃文存卷四》"释贷借"条:"《周礼·地官·泉府》:'凡民之贷者,与其有司辨而授之,以国服为之息。'注:'有司,其所属吏也。与之别其贷民之物,定其贾以与之。郑司农云:贷者谓从官借本贾也。'疏:'贷者,即今之举物生利。'说者据此,谓贷亦有求意。第此经之言贷,乃古者王政之一,故《左传》屡言贷事。上之施于下者谓之贷,于是下之受于上者亦谓之贷。一事不便二名,自不得不定其专名曰贷。疏谓举物生利,正施之事,亦即先郑《小宰》注'贷子'之义。母以生子,不可以貣言也。《孟子》:'又称贷而益之。'称贷,即《周礼·小宰》之'称责'。郑司农云:'称责谓贷子。''子',今本作'予'。阮氏校勘记云当作'子'。疏'称责谓举责生子。彼此俱为称意,故为称责。于官于民,俱是称也。'先郑云责谓贷子者,谓贷而生子者,若今举责。即《地官·泉府》职云'凡民之贷者'。据此,而称贷乃民事之一,亦一事不便二名,不可以貣言。汉《吴仲山碑》:'千金举俄。'《隶释》云:即贷字。举贷即称贷也。此贷之义本为施,而受此施者,亦遂谓之贷矣。""《唐律》'贷''借'二字,确有分别。凡贷财之类,贷之以济缓急,或有息,或无息,而不必以原物还主者,谓之贷。《左传》所载诸贷事是也。凡物之偶然借用,而仍以原物还主者,谓之借。《论语》有马借人是也。此其所以分别者,以事物而非以字义。惟以贷、貣为施与求之分别,则古义也。《唐律》之分别也如此。""然则'贷''借'二文,不得不用《簿记学》之说矣。出资者为贷,即古义之施也。引申之则曰与也。受资者为借,即古义之求也,引申之则曰取也。凡关于施者,定其名曰贷。关于求者,定其名曰借。施之义本于《说文》,言古义则不背。求之义出于唐、明《律》,言今义亦可通。一'贷'一'借',彼此之界画分明。"在敦煌借贷文书中,借绢时,不论计利与否,多称为"贷",凡借粮,则不论生息与否,多称之为"便"。"举取""出举"乃有息借贷(特别是"举取",往往按月计息且多逐月送利),无息(至少在限期内)则为"贷""便贷""贷取"(特别是"贷取",往往并不计息,仅约定还限)。在吐鲁番文书中,有偿租入土地等实物时,用"夏"①居多,而有偿借入钱财及麦粟时,用"举"居多。高昌国及唐西州中期,大致皆以"举"表示借贷关系,唐中央王朝推行均田、户籍制度以来,唐律以"贷"指消费借贷,以"出举"指有息借贷的观念,并没有如实体现在唐西州的契券中。西州借钱、练、粮契,限内生息者称"举取",限内无息者称"贷"或"便"。罗彤华对高昌国时期 16 件称"举"的契券进行统计,有10 件限内生息,约占 62.5%,唐中期以前称"举"的 12 件中,有 9 件属限内生息,占75%。而 7 件称"贷"或"便"的西州契,无一例外限内无息。但此乃乡法,而非定规,例外情形不时而有。西州地处边地,素来有其习俗,唐中央政府不强迫以官方力量介入或改变之,从而导致西州的契券与唐律有所出入,与中原用法异趣,表现出独特的地方色彩,这与吐鲁番的经学状况是一样的。(参罗彤华 2009 :30-31。)

　　18. 租

　　既表示"租入",也表示"租出"。

　　先看"租入"的例子,2001SYMX1 :3-2《唐光宅元年(684)十二月十日租田契》(荣 363):"光宅元年十二月十日〔酒〕□□祖(租)取光宅贰年中新□□槽头与夏价甜浆□□□过其月不还浆□□□" 64TAM35 :20《唐垂拱三年(687)西州高昌县杨大智租田契》(3-493):"垂拱三年九月六日,宁戎乡杨大智交〔用〕小麦肆斛,于前里正史玄政边租取逃走卫士和隆子新兴张寺潢口分田贰亩半,其租价用充隆子兄弟二人庸缲直。如到种田之时,不得田佃者,所取租价麦,壹罚贰入杨。有人悋护者,仰史玄应当。两和立契,画指为记。租佃人:杨。田主:史玄政(引者按:在"史玄政"三字书写完毕后,于左边空白处有三横画指);知见人:侯典仓(在"侯典仓"三字的第三个音节"仓"左边空白处及向下位置有三横画指)。" OR.8212/570Ast. Ⅲ .4.090《武周天授三年(692)西州高昌县武城乡张文

---

① 又请比较"夏取""夏",即"租取",60TAM337:18(a)《唐龙朔三年(663)西州高昌县张海隆夏田契》(2-229):"龙朔三年九月十二日武城乡人张海隆于同乡人赵阿欢仁边夏取三〔引者按:删除符号〕肆年中、五年、六年中。武城北渠口分常田贰亩。" 64TAM4:33《唐总章三年(670)左憧憙夏菜园契》(3-222):"左憧憙于张善憙边夏取张渠菜蔺壹所,在白赤举北分墙。" 2001SYMX1 :1-3《唐仪凤三年(678)十月三十日西州柳中县高宁乡人左盈云租田契》(荣 362):"凤三年十月卅日高宁乡人左盈〔云〕,交〔麦〕壹拾䂧,粟壹拾䂧,于同乡人辛阿碓〔边〕祖夏新渠口分常田贰□□〔麦〕粟即当立契,交相付□□□子日,不得田佃时(?)麦(?)〔粟(?)〕□□□先悔者,别□□(后缺)。"

信租田契》（沙1-132）："天授叁年壹月拾捌日武城乡人张文信□□海多边租取枣树渠部田伍亩□□小麦壹䂖，就中交付叁亩价讫。[余？]□□□价到六月内分付使了。若到六[月]□□者，壹罚贰入康。若到种田之日，不得田[佃]□□壹䂖罚贰䂖入张文。两和立契，画指□□契，两本各执一本。田主：康海多；租田人：张信（引者按："信"下面开始画指）；知见人：翟寅武（"武"后左边开始）；知见人：白六洛（"洛"后左边开始）；知见人：赵胡单。"（为排印方便，武周新字已转写为规范汉字。）72TAM230:54（a）《唐开元九年（721）里正记雷思彦租取康全致等田亩帐》（4-81）："雷思彦交用麦[贰]□□取南路坞郭龙敏□□开元九年正月十日里正李□□□开元八年十二月十六日雷思彦[交]用□□租取康全致口分部[田]□□即付雷[彦]□□。"73TAM506:04/5（a）《唐孙玄参租菜园契》（4-580）："马寺菜菌壹亩，东贾敏，西斯越麻□，南道，北王望□□孙玄参于□寺徒众边租取□□青麦拾斛，粟拾斛。如取麦粟□□家资车牛杂物，平充麦直□□拾束与寺家。秋菜一畦从南□□入孙，一分与寺家。收秋与介壹伯束，每日□□一畦子，仰寺知当。其菌税子，两家共知□□限，如限未满，改租别人者，罚钱参拾阡入孙□□菌内修理疏（蔬）菜不如法，任改租别人。如菌内□□水罚，仰佃人。诸渠杂役，仰佃人。两主和同立此契□□本，各执一本为记。"

再看"租出"的例子，64TAM37:21《唐□□二年曹忠敏租田契》（4-345）："今不亲营种，遂转租与前件人，每亩交用小麦壹斫，租取上件地来年佃种。"

19. 诉

既指"告诉真实想法和事实"，也指"诬告"。

"诉"本指"要求"，也就是向上级提出有关请求，也就是"诉求"，请比较75TKM96:18,23《北凉玄始十二年（423）兵曹牒为补代差佃守代事》（1-31）："大坞隤左得等四人訴（诉）辞称：为曹所差，知守坞两道，今经一月，不得休下，求为更检。"75TKM96:18,23《北凉玄始十二年（423）兵曹牒为补代差佃守代事》（1-31）："信如所訴，请如事勒，当上幢日，差四骑付张攒。"66TAM62:6/4《翟强辞为共治葡萄园事一》（1-51）："□□秋当与□□□残少多，用了外责□□。今年风虫，蒲陶三分枯[花]。□□□强家理贫穷，每调陪□，[与][绩]辞索，诉诣曹久，绩投了□□□与共各解。绩作高□□身知剪□□获曹苻下，累次下积□□。欲行被刺，强共积有要□□要从大例，惟有残少□□东垂麦际，为贼所□□□保察督□□□分处。谨辞。"73TAM519：19/2-2《高昌麹季悦等三人辞为请授官阶事》（2-72）："□［麹］季悦、曲相岳三人等［辞］□□官，加是麹王族姓，依旧法，时若□□即得异姓上品官上坐，若得内官者□□［岁］兵马下已来至今尽是白民。今蒙□□依旧阶品与官。诸官无一人□□到司马前头訴已，司马许为□□悕忘旧阶。请裁，谨辞。"73TAM518：3/3-4（b），3/3-2（b）、3/3-3（b）/3/3-10（b）《唐西州某县事目》（一）》（3-459）："□□勒康［节］赴北庭訴马料事十四日张驾。"72TAM204：18《唐贞观二十二年（648）洛州河南县桓德琮典舍契》（2-152）："［贞］［观］廿二年［八］月十［六］日，河南县张□□［索］法惠等二人，向县诉桓德［琮］□宅价钱，三月未得。今奉明府付坊正［追］向县。坊正、坊民令遣两人和同，别立私契。其利钱限至八月卅日付了。其赎宅价钱，限至九月卅日还了。如其违限不还，任元隆宅与卖宅取钱还足。余乘任还桓琮。两共和可，［画］指为验。负钱人桓德琮琮（引者按：在"琮"字上面及其后空白处有画指，但又有"琮"字，或为本人签字），男大义义（引者按：在第一个"义"字后空白处有画指，但画指里面又有"义"字，或为本人签字），同坊人成敬嗣嗣（引者按：在"成敬嗣"左侧空白处有画指，但画指里面又有"嗣"字，或为本人签字），坊正李差经（？）。"59TAM302：29/1《唐妇女郭阿胜辞为请官宅事》（2-187）："□妇女郭阿胜訴辞。□□贰人。男儿一字尾周，年六［岁］，□□被突厥抄掠。转□□大军一来，天下太平，并□□宅住。城北面门内道西有一官小宅，□□□牒陈，请乞矜裁，谨牒。"考"诉"本义是"告诉、诉说"。《左传·僖公五年》："晋侯使士蔿为二公子筑蒲与屈，不慎，寘薪焉。夷吾诉之。公使让之。"引申为"请求"，包括向官方的请求（也包括法律意义上的要求）。任昉《奏弹刘整》："谨案，齐故西阳内史刘寅妻范，诣台诉，列称。"又："并如采音、苟奴等列状，粗与范诉相应。重核当伯、教子列：'娘被夺，今在整处使。'悉与海蛤列不异。"《魏书》卷五二《索敞传》："初，敞在州之日，与乡人阴世隆文才相友。世隆至京师，被罪徙和龙；届上谷，困不前达，土人徐能抑掠为奴。五年，敞因行至上谷，遇见世隆，语其由状，对泣而别。敞为诉理，得免。世隆子孟贵，性至孝，每向田耘耨，早朝拜父，来亦如之。乡人钦其笃于事亲。"唐封演《封氏闻见记·铨曹》："贞观中，天下丰饶，士子皆乐乡土，不窥仕进，至于官员不充，省符追人赴京参选，远州皆率（引者按：天一阁本作"萃"）衣粮以相资送，然犹辞要求免。"《北史》卷八二《儒林传下》："安生在山东时，岁岁游讲，从之者倾郡县。

或诳之曰：'某村古冢，是晋河南将军熊光墓，去七十二世。旧有碑，为村人埋匿。'安生掘地求之，不得，连年讼焉。冀州长史郑大谨判之曰：'七十二世，乃是羲皇上人；河南将军，晋无此号。诉非理记。'安生率其族向冢而号。"（《通志》作"所诉非理"）考《说文·言部》："诉，告也。从言，厈省声。《论语》曰：'诉子路于季孙。'譜，诉或从言、朔。愬，诉或从朔、心。"《广韵·暮韵》："愬，譖也。"赵少咸疏证："《论语·宪问》：'公伯寮愬子路于季孙。'集解引马注云：'愬，譖也。'"（敦煌本斯3011B《论语集解》亦作"愬"，且有"马云：'愬，譖也。'"之语。）而"譜"既有如实检举控告义，也有诬告义，前者如《管子·版法》："治不尽理，则疏远微贱者无所告譜。"后者如《广韵·暮韵》："譜，向也。"赵少咸疏证："《说文》三：'譜，譖或从言朔。'"又请比较伯3016《韵书字义抄》（二）："訴，吉（告），恶也。愬（愬），行，譖也。"

"诉"本来指"告诉"，引申指"起诉"，而起诉的时候自然有真实控告和诬告两种可能，所以允许被告进行辩解。《玉篇·言部》："诉，讼也，告诉冤枉也。"《汉书》卷十《成帝纪》："刑罚不中，众冤失职，趋阙者告诉不绝。"《新唐书》卷一一六《王綝传》："民诣府诉，府曹素相饷谢，未尝治。"又指"说别人的坏话"。《尔雅·释诂二》："诉，詖也。"《集韵·纸韵》："詖也，谤也，或作譵，通作毁。"《左传·成公十六年》："取货于宣伯而诉公于晋侯，晋侯不见公。"杜预注："诉，譖也。"

20. 承

既有"知悉""听说"义，又有"承认"义。先看前一义，72TAM187：209/1《唐任小九残状》(4-221)："□□贺八郎思□□至此承闻。"64TAM24：27（b）《唐贞观二十年（646）赵义深自洛州致西州阿婆家书》(2-173)："□□[口]云道：共两个儿诵经念佛。义深承知阿婆语也□□问訝弟张隆训、妹麰连尽得平安已否？两个兄语弟□□[深]等作兄弟时，努力慈孝，看阿婆、阿兄，莫辞辛苦。脱为[相]□□"73TAM509：8/21（a）之三《唐开元二十一年（733）西州都督府案卷为勘给过所事》(4-293)："十四日，至赤亭镇官勘过，为卒患不能前进，承有债主张思忠过向州来，即随张忠驴驮到州，趁张忠不及，至酸枣戍，即被捉来。"73TAM509：8/21（a）之三《唐开元二十一年（733）西州都督府案卷为勘给过所事》(4-293)："复承负物主张思忠负奉仙钱三千文，随后却趁来至酸枣，趁不及，遂被戍家捉来，所有行文见在。"请比较73TAM509：8/14（a）之四《唐开元二十一年（733）西州都督府案卷为勘给过所事》(4-290)："行至赤亭，为身患，复见负物主张思忠负奉仙钱三千文,随后却趁来至酸枣。趁不及,遂被戍家捉来。"73TAM509:8/4-3(a)《唐开元二十年(732年)薛十五娘买婢市券》(4-266)"准状勘责状同,问口承贱不虚,又责得保人陈希演等伍人欵,保上件人婢不是寒良诱等色,如后虚妄,主、保当罪。勘责既同,依给买人市券。练主。用州印。婢主田元瑜;胡婢绿珠年十三;保人瀚海军别奏上柱国陈希演年卅三;保人行客赵九思年卅八;保人行客许文简年卅二,保人王义温年廿五,保人行客张义贞年卅六。丞上柱国玄亮。券。史康登。""承"之"听说"义,在西域出土其他文献中也很常见,L.A.II.ii—孔纸2(侯、杨148):"三月一日楼兰白书,济逞白。违旷遂久,思企委积,奉十一月书,具承动静,春日和适,伏想御其宜。"72TAM169:26(b)之一《高昌书仪》(1-233):"少适,伏頋珎重。伺信更承动静。"73TAM509:8/6《唐书牍稿》(4-337):"前者使到,承违和,后信还,已抽减。""承"有"听"义,有"闻"义,东汉《太平经》卷六九:"今所以为真人分别说之者,见子来问事,大□□惓惓,承知为皇天欲佑德君,故吾为真人分明天地大分治,所当象之,勿复犯也。"《三国志》卷四一《费诗传》:"适与李鸿会于汉阳,承知消息,慨然永叹。"《三国志》卷二《魏书·文帝纪》注引鄄城侯植《文帝诔》:"承问荒忽,惛憒哽咽。"《华阳国志·蜀志》载马良与诸葛亮书"承雒城已下",《三国志》卷三六《蜀书·马良传》"承"作"闻"。考《世说新语·雅量》:"远近久承公名,令于是大遽。"又请比较唐人撰《晋书》卷七七《蔡谟传》:"至于雅好佛道,未所承闻也。"《南齐书》卷二五《垣崇祖传》:"贼比拟来,本非大举,正是承信一说,易遣诳之。"唐慧立、彦悰《大慈恩寺三藏法师传》卷一:"闻承奘师已东还,何因到此?"唐以后的诗词曲中,"承"之"闻"义依然常见。(参蒋绍愚1985、王锳2005:46-47)

但"承"又有"承认"义,请比较《唐律疏议》卷二五《诈伪》"对制上书不以实"条疏议曰:"若被官司责罚,情在咆哮,或有因斗忿争,欲相恐迫,口虽告密,问即不承,既无文牒入司,坐当'不应为重'。其有已陈文牒,问始承虚;或口称有密,下辩仍执,于后承妄者,并同'未奏减一等',徒二年。"唐刘肃《大唐新语》卷之十二《酷忍第二十七》:"周兴、来俊臣等,罗告天下衣冠,遇族者不可胜纪。俊臣案诏狱,特造十个大枷:一曰定百脉,二曰喘不得,三曰突地吼,四曰着即承,五曰失魂魄,六曰实同反,七曰反是实,八曰死猪愁,九曰求即死,十曰求破家。遭其枷者,宛转于地,斯须闷绝。又有枷名勱尾榆,棒名见即承;复有铁圈笼头,名号数十,大略如此。又与其徒侯思止、卫遂忠等,招集告事者数百人,造《告密罗织经》一卷,其意网罗平人,织成反状。每讯囚,先布枷棒于地,召囚前曰:'此是作具。'见者魂魄飞越,罕不自诬。由是破家者已千数。则天不下阶序,潜移六合矣。天授中,春官尚书狄仁杰、天官侍郎任令晖、文昌左丞卢献等五人,并为所告。俊臣既以族人为功,苟引之承反,乃奏请一问即承同首,例得减死。乃胁仁杰等令承反。仁杰叹曰:'大周革命,万物维新。唐朝旧臣,甘从诛戮。反是实。'俊臣乃少宽之。其判官王德寿谓仁杰曰:'尚书事已尔,且得免死。德寿今业已受驱策,意欲求少阶级,凭尚书牵杨执柔,可乎?'仁杰曰:'若之何?'德寿曰:'尚书昔在春官,执柔任其司员外,引可也。'仁杰曰:'皇天后土,遣仁杰自行此事。'以头触柱,血流被面。德寿惧而谢焉。仁杰既承反,所司但待日刑,不复严备。仁杰求守者得笔砚,拆被头帛,书之叙冤,匿置于绵衣中,谓德寿曰:'时方热,请付家人去其绵。'德寿不之虑。仁杰子光远得衣中书,持以称变,得召见。则天览之悯然,问俊臣曰:'卿言仁杰等反,今子弟诉冤何多也?'俊臣曰:'此等何能自伏其罪,臣寝处甚安,亦不去巾带。'则天使人视之,俊臣遽命仁杰巾带。使者将复命,俊臣乃令德寿代仁杰等作《谢死表》,代署附使者进之。则天召仁杰等谓曰:'卿承反何也?'仁杰等曰:'向若不承反,已死于枷棒矣。'则天曰:'何为作《谢死表》。'仁杰等曰:'无之。'出《表》示之,乃知代署。仁杰等五人获免。"《朝野佥载》卷二:"有贼问不承,庄引前曰:'若健儿,一一具吐放汝。'遂还巾带,贼并吐之。诸官以为必放,顷庄曰:'将我作具来。'乃一铁钩长丈余,甚铦利,以绳挂于树间。"《太平广记》卷一百二十一"周兴"条(出《朝野佥载》):"因多不肯承,若为作法?"《朝野佥载》卷五:"怀州河内县董行成能策贼。有一人从河阳长店盗行人驴一头并皮袋,天欲晓,至怀州。行成至街中见,嗤之曰:'个贼住,即下驴来。'即承伏。人问何以知之,行成曰:'此驴行急而汗,非长行也;见人则引驴远过(引者按:"引驴远过",《广记》卷一七一引"驴"作"缰"),怯也。以此知之。'捉送县,有顷驴主踪至,皆如其言。""承"又指对答。73TAM222:56/3(a),56/4(a)《唐残判集(四)》(3-376):"律云:[祖]父母□□大功以下递减□□经卅日[不]告者□□隐状据律[本]□□由动狱与物□□承复如何[得]□□别牒[县]且[停]□□'"《小尔雅·广言二》:"复,白也。"

"承"又有"参承""问讯"义,问候,书信用语。64TAM24:29《唐麴连、武通家书》(2-175):"□□、[武]通两个,千万参承阿妇。"请比较64TAM24:

30《唐赵义深与阿婆家书》（2-174）："次参承父子,问讯合家□□平安已不？" OR.8212/626Toy.045《唐书信》（沙 1-170）："今故遣参承并将法相鞋一量□□六付绪海将去依数□□』晋王羲之《明府帖》："前从洛至此,未及就彼参承,愿夫子勿悒悒矣。"《广韵·覃韵》："参承,参觐也。"请比较《全晋文》卷二五王羲之《杂帖》："前从洛至此,未及就彼参承,愿夫子勿悒悒矣。"《宋书》卷七《前废帝纪》："世祖西巡,子业启,参承起居,书迹不谨,上诘让之。"周一良（1998 :574）指出"参承"既可以指当面拜见,也可以指问讯而不一定当面谒见。关于"参承"指当面拜见,请比较唐刘肃《大唐新语》卷一《规谏》："太宗幸九成宫,还京,有宫人憩漳川县官舍。俄而李靖、王珪至,县官移宫人于别所,而舍靖、珪。太宗闻之,怒曰：'威福岂由靖等？何为礼靖等而轻我宫人？'即令按验漳川官属。魏征谏曰：'靖等陛下心膂大臣,宫人皇后贱隶。论其委任,事理不同。又靖等出外,官吏仿阙庭法式；朝觐；陛下问人间疾苦。靖等自当与官吏相见,官吏亦不可不谒也。至于宫人,供养之外,不合参承。若以此加罪,恐不益德音,骇天下耳目。'太宗曰：'公言是。'遂舍不问。"吐鲁番文献又有"承望",即指望。75TKM91 :24《下二部督邮、县主者符》（1-73）："行军之具,□令备办虑其不［办］。○若若○○○,三纲、幢校主者［督］○○军行有不□□,□身行鞭二百,[幢]□杖一百□□□鞭杖□□承望□□"北图新 0866《李陵变文》："结亲本拟防非祸,养子承望奉甘脆（脆）。"（参蒋礼鸿 2001 :176）

又有"承后",即承接、接手后来的事情,也指后来；又有"承前"即继承从前,与以前的情况对应衔接。也指从前。73TAM509 :8/8（a）之一《唐开元二十一年（733）西州都督府案卷为勘给过所事》（4-281）："户曹参军元。史。正月廿四日受,廿五日行判。录事元宵捡无稽失,功曹摄录事参军思,勾讫。下高昌县为勘麹嘉琰去后何人承后上事。"宁乐九（1）号《唐赤亭镇牒蒲昌府为请速差替倚团及身亡者上当月烽戍事》（89）："赤亭镇。牒蒲昌府。方亭戍刘吃木、狼泉毛奕本,赤亭康思神已上倚团。小岭张车相身死。[牒]：得牒送今月应上兵,依捡前件人牒注倚团及身死,又捡前牒,此色并合差替者。蒲昌府牒注刘吃木等倚团及身死,承前既合差[替],今牒不送,牒请速差替送镇。"请比较《文选·吴质〈在元城与魏太子笺〉》："初至承前,未知深浅。"李善注："言每事承前,无所改易也。"《册府元龟》卷五二《帝王部·崇释氏二》"德宗贞元十三年（797）十月条"："景公寺僧寂宽等于京兆府状诉纲维干俊等典卖承前敕赐御衣。"《唐律疏议》卷二七《杂律》"主守亡失簿书"："其主典替代者，文案皆立正案分付后人，违者杖一百。并去官不免。疏议曰：谓主典替代，所有文案皆须立正案分付承后人，违而不付者合杖一百。纵虽去官，不同《名例》免法，故注云'并去官不免'。"（"后人"与"承后人"前后照应）大谷2835A《武周长安三年三月敦煌县典阴永牒》："承前逃户业田，差户出子营种。所收苗子将充租赋，假有余剩，便入助人。"又请比较"承……末"，《文选》卷二二江淹《从冠军建平王登庐山香炉峰》诗："幸承光诵末，伏思托后旃。"《资治通鉴》卷二百一十四唐玄宗开元二十九年："承前诸州饥馑，皆待奏报。"胡三省注："承前，犹今言从前也。"王维《谒浚上人》诗："夙承大导师，焚香此瞻仰。颓然居一室，覆载纷万象。"《全唐诗》编者于"承"下注："一作从。"《全唐诗外编》第29页高适《奉寄平原颜太守》诗："自承到官后，高枕扬清风。豪富已低首，逋逃还力农。"白居易《醉吟》诗："应被众疑公事慢，承前府尹不吟诗。"唐刘肃《大唐新语》卷四"政能"："崔皎为长安令，邠王守礼部曲数辈盗马，承前以上长令不敢按问。奴辈愈甚，府县莫敢言者。"已故王锳先生（2005：47）言："'承'字在《广韵》音署陵切，禅母蒸韵开口，'从'字在《广韵》音疾容切，从母钟韵合口。声韵均不甚相近，二者可通当出自某地方音。"但我们认为"承"在此既有"承……后"义，又有"从……前"义，属反训，"承"与"从"不一定是语音上的关系，而更有可能是意义上的关系。

参考文献：

陈国灿、刘永增编　1997《日本宁乐美术馆藏吐鲁番文书》，北京：文物出版社。

陈永胜　2000《敦煌吐鲁番法制文书研究》，兰州：甘肃人民出版社。

方一新　1997《东汉魏晋南北朝史书词语笺释》，合肥：黄山书社。

郭在贻、黄征、张涌泉　1989《敦煌变文释词》，《语言研究》第1期。

郭在贻　2002《郭在贻文集》第一卷，北京：中华书局。

侯　灿、杨代欣　1999《楼兰汉文简纸文书集成》，成都：天地出版社。

蒋礼鸿　1994《敦煌文献语言词典》，杭州：杭州大学出版社。

蒋绍愚　1985《祖堂集词语试释》，《中国语文》第2期。

蒋礼鸿　2001《蒋礼鸿集》第一卷，杭州：浙江教育出版社。

江蓝生 1988《魏晋南北朝小说词语汇释》,北京:语文出版社。

刘俊文 1989《敦煌吐鲁番唐代法制文书考释》,北京:中华书局。

刘百顺 1993《魏晋南北朝史书词语札记》,西安:陕西师范大学出版社。

柳洪亮 1997《新出吐鲁番文书及其研究》,乌鲁木齐:新疆人民出版社。

李　方 2002《唐西州军政官吏的本地升迁》,《敦煌吐鲁番研究》第六卷,北京:北京大学出版社。

李　方 2006《唐西州军政官吏的升迁》,收入殷晴主编《吐鲁番学新论》,乌鲁木齐:新疆人民出版社。

李锦绣 2004《从"三官通押"谈起》,《中国社会科学院历史研究所学刊》(第二集),北京:商务印书馆。

罗彤华 2009《唐代民间借贷之研究》,北京:北京大学出版社。

陆宗达、王　宁 1996《训诂与训诂学》,太原:山西教育出版社。

乜小红 2017《中国古代契约发展简史》,北京:中华书局。

荣新江、李肖、孟宪实 2008《新获吐鲁番出土文献》,北京:中华书局。

仁井田升著、池田温编集 1997《唐令拾遗补·户令》,东京:东京大学出版会。

沙　知、吴芳思 2005《斯坦因第三次考古所获汉文文献(非佛经部分)》,上海:上海辞书出版社。

沙知录校 1998《敦煌契约文书辑校》,南京:江苏古籍出版社。

唐长孺 1992—1996《吐鲁番出土文书》,北京:文物出版社。

唐耕耦、陆宏基 2008《敦煌社会经济文献真迹释录》(二),北京:全国图书馆文献缩微复制中心。

俞　敏 1999《俞敏语言学论文集》,北京:商务印书馆。

王启涛 2003《中古及近代法制文书语言研究——以敦煌文献为中心》,成都:巴蜀书社。

王　锳 2001《唐宋笔记语词汇释》(修订本),北京:中华书局。

王　锳 2005《诗词曲语辞例释》(第二次增订本),北京:中华书局。

吴　震 2009《吴震敦煌吐鲁番文书研究论集》,上海:上海古籍出版社。

项　楚 2006《敦煌变文选注》(增订本),北京:中华书局。

张家山二四七号汉墓竹简整理小组 2001《张家山汉墓竹简(二四七号墓)》,北京:

　　　　　　　　　文物出版社。
张涌泉　2008《敦煌经部文献合集》,北京:中华书局。
赵少咸　2010《广韵疏证》,成都:巴蜀书社。
周一良　1998《周一良集》第一卷《魏晋南北朝史论》,沈阳:辽宁教育出版社。
朱　雷　2000《敦煌吐鲁番文书论丛》,兰州:甘肃人民出版社。

【作者简介】王启涛,男,文学博士,西南民族大学敦煌吐鲁番文献研究所所长,教授。研究方向:汉语言文字学、中国古典文献学、敦煌吐鲁番学。

【后记】

　　1999年9月,我负笈四川大学汉语史研究所,从董志翘先生攻读博士学位,我的博士论文题目是《中古及近代法制文书语言研究——以敦煌文书为中心》,于2003年在巴蜀书社出版,我又在此基础上,做稍微纵深的研究,撰成《敦煌西域法制文书语言研究》,于2016年在人民出版社出版,再后来,我从事国家社科基金重大项目《吐鲁番文献合集》的写作,吐鲁番文献中亦有大量的法制文书,我用董师传授给我的研究方法,对吐鲁番出土法制文书进行普查、收集、缀合、定名、断代、识读、录文、断句、校勘、注释,并分卷出版。在我的学术道路上,董师为我定方向,为我把脉、把关,不仅如此,我在从事学术之外,长期从事基层行政工作,些些琐事,董师不厌其烦,为我出谋划策,指点迷津,董师与我,师生之情,情深似海。今年喜逢董师七十华诞,这正是学者从事学术研究的黄金年龄,在此敬祝董师身体健康,快乐长寿。

《树艺篇》校读札记*

化振红

(南京师范大学,文学院)

[摘　要]《树艺篇》是一部汇编农作物、果树花草种植经验的明代农书,征引的文献涉及宋元明农书、笔记杂著、方志材料,包括不少久已亡佚的古代文献。现存《树艺篇》系明代钞本,字迹漫漶、讹误之处甚多。本文以中古近代农书为文献依据,结合元明时期的语言特点对其中的若干错误进行了辨正,并对古农书中征引语料的特点、性质进行了讨论。

[关键词]树艺篇;抄本;脱误;校正

《树艺篇》是一部汇编农作物、果树花草种植经验的古农书[1],大约成书于明万历年间(1573-1619),略早于徐光启《农政全书》。全书共33卷,近50万字。其突出特点是所载作物、植物品种众多,征引文献的范围极为广博,除了历代农书、医书、笔记杂著外,还引用了大量的方志材料,在古代农书中颇有特色。根据李飞、李莉(2012)统计,全书总共征引历代文献150多部,包括明代以前的文献91部,明代文献64部,已经超过了"四大农书"中以引文广博而著称的徐光启《农政全书》,

---

* 基金项目:全国高校古委会项目"《树艺篇》校释"(20101041),国家社科基金项目"中国古代农业俗词语研究"(12BYY083)。

[1] 《树艺篇》的唯一钞本存于国家图书馆,《续修四库全书》子部农家类据之影印,题为元人胡古愚著。据胡道静《钞本仅传的一部农学文献汇编——〈树艺篇〉》考证,其中不少资料引自明代农书、地方志等作品,下限大约是万历七年(1579)梁庚修的《泰和县志》;书中少数条目附有辑录者的按语,称"士洵按"或"洵按",因此,《树艺篇》的作者应该是名为"士洵"的明代中期人士,其生平事迹已无从查考。

对于农业史、文献学等领域的研究,具有相当高的材料价值。遗憾的是,现存《树艺篇》原系明代钞本,字迹漫漶之处甚多,脱讹衍夺现象也颇为严重。此外,抄写者还根据当时的语言、文字特点对征引文献进行了局部的字词调整。这些脱误现象在不同程度上影响到了抄本《树艺篇》在各个学术领域的使用,殊为可惜。今撮录若干,略加申说,期望能够引起更多学者的重视,使得这一珍本在不久的将来发挥更大作用。同时,由于历代古农书卷帙浩繁,大量征引前人材料是大多数农书的共同特点,征引过程中对被引文献进行字词方面的局部调整可谓普遍现象。所以,如何看待这些字词调整现象以及经过调整之后的古代文献的语料性质,关系到历代古农书作为汉语史语料的整体价值,同时也一直是词汇史领域比较棘手的问题。本文拟结合部分语料中的字词变化情况,一并予以讨论。

新昌、嵊县有冷田,不宜早禾,夏至前后始插秧,秧已成科,更不用水,任烈日暴土,拆裂不恤也。至七月尽、八月初得雨,则土苏烂而禾茂长。此时无雨,然后汲水淮之。若日暴未久而得水大早,则稻科冷瘦,多不丛生。予初不知其故。偶见近水可汲之田如是,怪而问之,农者云,始知观风问俗不可后也。山阴、会稽有田,灌盐卤,或用盐草灰,不然不茂。宁波台州近海处,田禾犯盐潮则死,故作碶堰以拒之。严州壅田多用石灰,台州则虾螺蚌蛎蛤之灰,不用人畜粪。云人畜粪壅田,禾草皆茂,蛎灰则草死而禾茂,故用之。(《树艺篇·谷部·藏米》)

案:这段文字出自明人陆容《菽园杂记》卷十二。与原文相比,《树艺篇》作了多处改动:

"嵊县"的"嵊",原文作"塍",嵊、塍,声符相同,《广韵》中嵊为实证切,去声;《集韵》中塍为神陵切,平声。同属船母字,仅仅声调有所不同。嵊是山的名称,嵊县或称嵊州,唐宋时期因嵊山而得名。塍即塍,同字异体,意思是田中的垄畦。用于地名时,仅取其音而与字义无关。这两个字的古代读音相近,因而可以用作同一个地名,属于不改变原文意思的改动。

"盐潮"的"盐",原文作"咸",都是指潮水,海水因含盐分而味咸,这一改动也不影响原文的意思。

"农者云"中的"云",原文作"云云"。这两种表述虽然略有不同,基本意思并没有大的变化。

上述改动并未改变原意,也没有造成语义不畅的问题,可以视为古人对被引文献所作的合理调整。

"插䄺"和"䄺已成科"中的"䄺",原文作"殃",义为秧苗。䄺则是殃字的异体,义为祸患。虽然䄺、殃二字读音相同,可以理解为假借,古代文献中却没有这样的用例,因此,《树艺篇》中的这两个䄺字,应该视为传抄过程中的形近之误。

"拆裂"的"拆",原文作"坼"。坼裂,这里特指土地受到烈日暴晒后因干旱而出现裂缝;拆裂,指因拆开而破裂,引申后也指一般性的开裂。因为此处语境十分明确、具体,应该把拆字看成"坼"的传抄之误。

"汲水淮之"的"淮",原文作"灌",显然属于传抄之误,当据原文改正。

"若日暴未久而得水大旱",语义不通,当据原文将"大旱"改为"太旱"。

上述改动,或改变了原文意思,或带来了语义不通问题,均属于传抄过程中的讹误现象,应该予以改正。

这段文字中,有一处文字改动的情况比较特殊:

"台州则虾螺蚌蛎蛤之灰,不用人畜粪"中的"虾",今本《菽园杂记》原文作"煅",也就是锻,意思是打铁、烧制,引申以后指一般性的锻炼。从常理上说,用螺蚌蛎蛤之类培壅,不需要煅烧,直接堆进农田即可。因此,今本《菽园杂记》可能也存在传抄之误。《树艺篇》引文中的"虾",或许才是正确的表达方式。虾的繁体是"蝦",与煅字形体接近,抄本中容易混淆。虾与螺蚌、蛎蛤都是海边生物,其灰粪常常用作壅田肥料,更加符合情理。

地不求熟,秋锋之地,即摘种。地过熟者,苗茂而实少。(树艺篇·谷部·大豆)

案:"摘"当作"稒",形近之误。此处讨论土壤的细粗、生熟程度对豆苗、豆实未来长势的影响:如果土壤细熟,地力肥壮,豆苗抢先得到了比较充足的养分因而长势茂盛,将会降低大豆的结实率。《集韵》锡韵:"稒,离而种之曰稒。""稒种"的意思是稀疏点播,其目的是防止豆苗过密、吸收过多的营养成分;"摘种"则不合文义。本条最早见于北魏贾思勰《齐民要术·大豆》,后世农书多有引用。《齐民要术》原文及后世引文均作"稒"。

八月种胡麻,一名襄青。秋门取八稜者,以地作畦,如种菜法种之。生苗可采作菜食,甚滑美。(《树艺篇·谷部·胡麻》)

案:胡麻即芝麻,又名青蘘、巨胜等。本条出自明人朱权《神隐志·种胡麻》:"一名青蘘。秋间取八棱者,以地作畦,如种菜法种之。生苗可采作菜食,甚滑美。"①更早的来源则不晚于唐代,孙思邈《千金翼方》卷十四"种青蘘法":"取八棱者畦中如菜法种之,苗生采食,秋间依此法种之,甚滑美。"元明清文献如《居家必用·种青蘘法》、清人王芷《稼圃辑·麻类》等,常常征引这段文字,虽有详略之别,实则大同小异。从上述文献资料的征引情况看:"蘘青"显系倒误,"青蘘"本指芝麻的幼苗,同时也代指芝麻本身;"秋门"则是"秋间"的形近之误。

种瓜宜用戊辰日,二月三日可种瓜,十二月腊时祀炙蓮,树瓜田四角,去蠱胡滥反瓜虫谓之蠱。(《树艺篇·蔬部·瓜》)

案:本条出《齐民要术·种瓜》引崔寔《四民月令》,唐人韩鄂《四时纂要》、元司农司《农桑辑要》等均有征引,据诸本所载,此处讹误较多:

"二月"当作"三月",《齐民要术》原作"三月",后世引文均不误。

"蓮"当作"萐",此系抄写者臆改字的部件形成的误字。炙是用于腊月祭祀的熏肉,萐是装着长柄的草把,上边可以插铁签,形状就像卖糖葫芦的人使用的插把。

抄本此处的两个"蟲"字均为"蠹"的形误;"胡滥反,瓜虫谓之蠹"是为"蠹"注音、释义的子注,按照古代文献的编排习惯,应该略小于正文,抄本《树艺篇》误入正文,显非。"蠹",瓜的害虫之一,究竟为何种害虫,尚不得而知。《玉篇·虫部》:"蠹,瓜虫也。"《集韵·谈韵》:"桑叶上虫。"石声汉(2009:188)、缪启愉(2009:163)认为可能是俗称"守瓜""瓜守"的鞘翅类成虫。

候地拖袟时,掐去蔓心,再用粪土压根实。(《树艺篇·蔬部·甜瓜》)

案:"袟"当作"秧"。袟即殃,《玉篇·示部》:"袟,古文殃。"拖袟,义不可解。这段文字出自《农桑衣食撮要·种甜瓜》,"拖秧"的意思是瓜秧在地面蔓延生长。在古代的抄本文献中,衤、禾、礻,这三个偏旁往往混淆,因而致误。

瓠苦者不堪啖,无所主疗,不入方用而耳瓠数与瓠子,啖之俱胜冬瓜,陶言不及,乃是未悉此等。元肖各别,非甘者变而为苦也。(《树艺篇·蔬部·瓠》)

案:本条的大意是,较苦的瓠不能食用,也不能入药。瓠瓤以及瓠瓤子,吃起来却胜过冬瓜。抄本中存在三处讹误:

"而耳"当作"耳而",这是传抄过程中产生的倒误。"耳"属上句,"而"属下句,

---
① 《神隐志》或作《神隐书》,主要讲述隐居养生之道,明清时期流传颇广,见《四库全书存目丛书》子部260册。抄本《树艺篇》多次征引该书,均省称为"神隐"。

句意甚为显豁。

"数"当作"瓠",繁体的"數"与"瓠"形体相近,抄录过程中容易致混。"瓠"即瓳瓠,俗称王瓜。《集韵·侯韵》:"瓳瓠,王瓜。"民间又称土瓜、赤雹、老鸦瓜,《本草纲目·草七·王瓜》:"瓜似雹子,熟则色赤,鸦喜食之,故俗名赤雹、老鸦瓜。一叶之下一须,故俚人呼为公公须。"瓠是葫芦的总名,瓠则是瓠的品种之一,此处瓠、瓠连文,统指各种瓠。

"元肖各别",语义不通。根据上下文推测,"肖"当为"自"的形近之误。"元自"相当于"原本""本来",近代文献用例颇多,如,陆游《鹊桥仙》:"镜湖元自属闲人,又何必,官家赐与。"又,《初刻拍案惊奇》卷四:"且武元衡之死,并其颅骨也取了去,那时慌忙中,谁人能有此闲工夫?史传元自明白,公不曾详玩其旨耳。"

"若"当作"苦",形近之误,前半句的"甘"亦可为证。

唐《卢氏杂说》云:"文宗问宰臣:毛诗云'呦呦鹿鸣,食野之苹。'苹是何草?时宰相李珏、杨嗣复、陈夷行相顾未对,珏曰:'按《尔雅》,苹是藾萧。'上曰:'朕看《毛诗疏》,苹叶圆而花白,丛生野中,似非藾萧。'"(《树艺篇·草部·苹》)

案:《卢氏杂说》是失传已久的唐代笔记小说,郑樵《通志》卷六八"艺文略"云:"卢氏杂说一卷,唐卢言撰。"作者的生平事迹,已经无从查考。本条出自宋人吴曾《能改斋漫录》卷十五"辨苹"条,其中的"似非藾萧",《能改斋漫录》原作"是非藾萧"。古人征引前代文献时,往往根据现实语言以及个人的言语习惯对原文的字句进行一些改动。通常情况下,只要不出现语义不通、与原文意思严重不符甚至背道而驰等情况,这些调整就可以看作合理的调整而不必视为传抄之误。"似非藾萧"表示推测语气,"是非藾萧"则表示肯定判断,二者虽一字之差,意思迥然不同。因此,本条末尾既然注明出自《能改斋漫录》,"似"理应看作"是"的传抄之误。

《仓颉解话》云:"芸蒿似邪蒿,可食。"鱼豢《典略》云:"芸香辟纸鱼蠹,故藏书台称芸台。"(《树艺篇·草部·芸草》)

案:"话"当作"诂",形近之误。《仓颉解诂》,西晋郭璞著,是一部汇释草木、鸟兽等名物词及普通语词的训诂学著作,原书久已亡佚。清代学者黄奭从《文选》《太平御览》《艺文类聚》以及佛经音义类著作中辑录了34条佚文,收入《汉学堂经解》(又名《黄氏逸书考》),见《续修四库全书》子部杂家类;《仓颉解话》却不见于历代公私著录。另,本条末尾注明引自《续博物志》,今本《续博物志》卷三、宋人陈敬《陈氏香谱》卷一"芸香"条等,均作《仓颉解诂》,亦足以证其是非。

种柳无刺毛虫,先于根下种大蒜一枚,即不生虫。又云:微刮去根下皮,以甘草末擦之亦佳。(《树艺篇·木部·杨柳》)

案:刺毛虫是杨树、柳树春天发生的一种虫害。本条介绍了种大蒜、擦甘草末等防治之法,最早出自南宋温革《分门琐碎录·种艺门·种木法》,抄本字句略有改动。其中,"无"当为"生"的形近之误。"种柳无刺毛虫"与后边的"即不生虫",语义上很难贯通;现存明抄本《分门琐碎录》作"無",元人张福《种艺必用补遗》则作"生"。無、无,同字异体,元明时期混用。总体上,前者属于正字,大多用于比较正式的场合,尤其是刻版印刷的文献中;后者属于俗字,大多用在民间抄录的文献中。"生"与俗体的"无",字形极为相近,容易致混。一般说来,元代抄本较明代抄本更接近南宋,可信度显然更高一些;再考虑到语义方面的因素,此处的"无"应该改为"生"。

皂荚树不结实,凿一大孔,实生铁三五斤,以泥封之,当年开花结子。(《树艺篇·木部·皂荚》)

案:本条出自《分门琐碎录·种艺门·木总说》。宋元文献中,类似的记载很多,如《事林广记·栽插木法》《格物粗谈·树木》《王祯农书·竹木》《居家必用·皂角树不结法》《农桑辑要·皂荚》等。其中的"斤",《分门琐碎录》《树艺篇》等多数本子作"斤",惟《格物粗谈》作"片"①。根据常识推断,向不结果实的皂荚树中塞进生铁,能否使之开花结实,已经值得怀疑;其数量达到三五斤之多,更加违背常理。因此,"斤"很有可能是"片"的形近之误。

红柿树摘下未熟,每蓝将木瓜三两枚于其中,其柿得木瓜即获法,并无涩味。(《树艺篇·木部·柿》)

案:本条源自温革《分门琐碎录·种艺门·果杂说》:"红柿摘下未熟,每蓝将木瓜三两枚于其中,其柿得木瓜即熟,并无涩味。"亦见于《格物粗谈·果品》及明人周文华《汝南圃史·柿》,字句方面作了一些改动。抄本存在三处讹误:

"树",显系衍文,诸本皆无。

"蓝"当作"篮",今本《分门琐碎录》亦误。文义方面,"蓝"显然讲不通;用字方面,宋元明文献中,蓝、篮二字基本上并不通用;文献征引方面,《格物粗谈》《汝

---

① 《格物粗谈》,旧题苏轼著,《四库全书总目》已证其伪,该书很可能产生于元明之间,早于明抄本《分门琐碎录》和《树艺篇》。

南圃史》均作"篮"。

"其柿得木瓜即获法"不成句,推测其成因,后人传抄《分门琐碎录》的过程中,在本条的开头加上了"获法"二字,抄本《树艺篇》转抄时误入了正文,同时又漏脱了"熟"字。

重阳后收老菱角,用篮盛浸河中水内。待二三月发芽,随水深浅,长约三四尺许。用竹一根,削作火通口样,箱住老菱,插入水底。若浇粪,用大竹,打通节注之。(《树艺篇·果部·芰》)

案:火通是木制或竹制的吹火用具。明代文献用例甚多,蒋一葵《尧山堂外纪》卷八四:"山不山,水不水,一片板上两个鬼。一个吹火通,一个摇大橹,吓得鸡婆飞上天。"又称"吹火通",李贽《山中一夕话》卷二:"我那娘子又不是好心性的,听了他的言语,就把铜火筯儿、赶面杖儿、吹火通儿、齐眉棍儿打得我一个七死八活,整整里哭了一日。"本条出自明人邝璠《便民图纂·种诸果花木》,《农政全书·蔬部》基本上照录原文。抄本中的"箱",是"箝"的形近之误,意思是"夹住"。《便民图纂》原文、《农政全书》引文均作"箝",不误。

自然橘,谓以橘子下种,待其长,历十年始作花结实。味甚美,由其本性自然不离之人为,故其味全。(《树艺篇·果部·自然橘》)

案:"离"当作"杂"。这段文字出自宋人韩彦直《橘录·始栽》,原文作"杂",用的是它的常用义,即搀杂、添加。离的本义是黄鹂鸟,常用义是离开、分开,由此而引申出了它的各种用法,均与原文的意思相乖。之所以出现这样的讹误,是因为这两个字的繁体分别为"離""雜",形体十分相近。

始取朱栾核,洗净,下肥土中,一年而长,名曰"柑淡"。其根核簇簇然,明年移而疏之。(《树艺篇·果部·柑橘上》)

案:第二个"核"字当作"荄",形近之误。这段文字抄自宋人韩彦直《橘录·始栽》,原文作"根荄",意思是柑橘的根在地下长得一堆一堆的,成团成簇。荄,义为草木的根,习见于历代文献,苏轼《冬至日独游吉祥寺》:"井底微阳回未回,萧萧寒雨湿枯荄。"根荄,同义连文,指柑橘的根。核,指果实内部保护果仁的硬壳,不可能长成"簇簇然"的形貌。古代文献中偶尔也可以指草根,如,《汉书·五行志》:"(雷)入地则孕毓根核,保藏蛰虫。"颜师古注:"核,亦荄字也。"但是,这实际上属于假借字的范畴,因为"核"字本身并没有草根义。

从上文列举的这些例子中不难发现，抄本《树艺篇》在征引历代文献材料的过程中，既体现出了抄本农书自身的特色，也呈现出了与其他大部分农书相同的一些特点。前者主要是指由于辗转传抄而造成的大量的字形讹误，其中的大多数并不具备太高的研究价值，依照各种传世文献直接改为正确的字形即可。后者则涉及到语料的时代性质，需要根据具体情况加以分析。诸如以"嵊"替换原文的"堟"、以"盐"替换原文的"咸"等，基本上没有影响到原文的意思，可以视为作者根据现实语言或者个人言语习惯对源文献做出的局部调整。这些经过调整的语言材料，虽然不能完全等同于当时当地的真实语料，至少也可以看作普通民众更容易理解的材料，与实际语言不会相差太远。正是有了这样的字词调整，我们认为尽管抄本《树艺篇》整体上是一部关于历代农作物、果木花草种植经验的汇编之作，其中的部分语料仍然能够反映出元明汉语的一些语言特点。如果加以全面而细致的整理，这部孤本农书不仅可以用于古代农作物、果木花草栽培史研究，也可以用来校正传世的各种文献材料。对于汉语史尤其是汉语词汇史而言，同样具有弥足珍贵的语料价值。

参考文献：

胡道静　1985《钞本仅传的一部农学文献汇编——〈树艺篇〉》，胡道静著《农书农史论集》，北京：农业出版社。

李飞、李莉　2012《古农书〈树艺篇〉的版本流传及其价值研究》，《安徽农业科学》第1期。

贾思勰著、缪启愉校释　2009《齐民要术校释》（第二版），北京：中国农业出版社。

贾思勰著、石声汉校释　2009《齐民要术今释》，北京：中华书局。

韩鄂著、缪启愉校释　1981《四时纂要校释》，北京：农业出版社。

陆　容　1985《菽园杂记》，北京：中华书局。

苏　轼（托名）　1985《格物粗谈》，北京：中华书局。

【作者简介】化振红，男，文学博士，南京师范大学中文系教授。研究方向：中古近代农业文献语言、汉语史语料库。

《世说新语》及刘注中由"才"构成的几个词*

刘传鸿

（浙江财经大学，人文与传播学院）

[摘　要]《世说新语》及刘孝标注中由"才"构成"才艺""长才""才算"等品评词，字面简单，但意义却较难理解。"才艺"主要针对"艺"而言，指诸多技艺，涉及骑马、射箭、音乐、书法、弹棋、投壶等能力。"长才"指有特长的人才。"才算"指筹画之才。"抓住品评词的使用规律，细致分析相关材料""将语素义与佐证材料综合起来进行分析"是准确训释品评词的关键。

[关键词]世说新语；才艺；长才；才算

中古时期品评之风盛行，文献中用以品评的词语极其丰富。这些词与时代紧密相联，反映那个时代的审美观、价值观。词中所使用语素常具有多义性，不仔细考察，很容易造成理解错误。以下拟对《世说新语》及刘孝标注中的几个由"才"构成的品评词加以训释，以期纠正当前理解上的不足，并探索品评词训释的方法。

才艺

（1）（桓）伊少有才艺，又善声律，加以标悟省率，为王濛、刘惔所知。（《世说新语·方正》刘注引《续晋阳秋》）

（2）王恬字敬豫，导次子也。少卓荦不羁，疾学尚武，不为导所重。至中军将军。多才艺，善隶书，与济阳江虨以善奕闻。（《世说新语·德行》刘注引《文字志》）

---

* 本文得到教育部人文社会科学研究基金项目（18YJA740024）资助。

(3)时戴逵居剡,既美才艺,而交游贵盛,先敷著名,时人忧之,俄而敷死。(《世说新语·栖逸》刘注引檀道鸾《续晋阳秋》)

"才艺"一词,张万起《世说新语词典》释作"才能技艺",《汉语大词典》释作"才能"。这些释义置于文中,似无问题,然细考"才艺"用例,联系品评的基本体例,并与"才能"的用法相比较,我们发现这些释义并不准确。由于本文以考释《世说新语》中的"才艺"为目标,故以下我们主要利用中古文献用例①,对"才艺"的含义试加考察。

中古文献中的"才艺"用例,有些前后文过于简单,无法通过语境了解其准确含义,如:

(4)南阳阴瑜妻者,颍川荀爽之女也,名采,字女荀。聪敏有才艺。(《后汉书·列女传》)

(5)罗企生字宗伯,豫章人也。多才艺。(《晋书·罗企生传》)

此二例指出主人公有才艺后,没有针对性的说明,也没有举具体例证体现其才艺,故"才艺"所指为何,无法弄清。而事实上,品评体例上更常见的是在前后文中有相关的论述以体现其具有品评的特征,而这往往是准确理解品评词的关键。"才艺"一词即有很多这样的用例:

(6)定陶恭王有才艺,晓音乐。(《两汉纪·前汉孝元皇帝纪》)

(7)搔,字德况,少聪敏,有才艺,音律博弈之属,多所通解。曾采诸声,别造一器,号曰八弦,时人称其思理。(《北齐书·李搔传》)

(8)初,谯人公孙宏少孤贫,客田于河阳,善鼓琴,颇能属文。岳之为河阳令,爱其才艺,待之甚厚。(《晋书·潘岳传》)

上举三例"才艺"均与音乐相关:第一例"晓音乐"紧承"有才艺"而言,"才艺"即音乐才能;第二例"有才艺"之后,接"音律博弈之属,多所通解","才艺"指"音律博弈",而后文所举事例,特别突出其音乐才能;第三例先指出其"善鼓琴,能属文",后接"爱其才艺","鼓琴"很明显是其"才艺"。前文《世说新语·方正》刘注引《续晋阳秋》例亦属此类,《世说新语·任诞》有关于桓伊才艺的记载:"旧闻桓子野善吹笛。"刘孝标注引《续晋阳秋》:"左将军桓伊善音乐。孝武饮燕,谢安侍坐。帝命伊吹笛,伊神色无忤,既吹一弄,乃放笛云:'臣于筝乃不如笛,然自足以韵合歌

---

① 以汉至隋文献为主,包括唐人所作汉至隋代的史书,另有少量唐代材料。

管。臣有一奴善吹笛,且相便串,请进之。'帝赏其放率,听召奴。奴既至,吹笛,伊抚筝而歌怨诗,因以为谏也。"

（9）珉字季琰。少有才艺,善行书,名出珣右。（《晋书·王珉传》）

（10）综有才艺,善隶书,为太子中舍人,与舅范晔谋反,伏诛。（《宋书·谢综传》）

（11）太子仆同郡张勃特表,以靖才艺绝人,宜在台阁,不宜远出边塞。……靖与尚书令卫瓘俱以善草书知名,帝爱之。瓘笔胜靖,然有楷法,远不能及靖。（《晋书·索靖传》）

（12）梁国子祭酒萧子云,褒之姑夫也,特善草隶。褒少以姻戚,去来其家,遂相模范,而名亚子云,并见重于时。武帝嘉其才艺,遂以弟鄱阳王恢女妻之。（《北史·王褒传》）

上举四例均针对擅长书法而言：第一、二例"有才艺"之后,紧接"善行书""善隶书",这正是他们的才艺——书法才能——的具体体现。第三、四例与"才艺"相对照,亦有"以善草书知名""特善草隶"相呼应。上举《世说新语·德行》刘注引《文字志》例亦属此类。

（13）济有才艺,尝从武帝校猎北芒下,与侍中王济俱着布裤褶,骑马执角弓在辇前。猛兽突出,帝命王济射之,应弦而倒。（《晋书·杨济传》）

（14）太子才艺非常,引空弓而落飞鸟,是似得晋人异法怪术,乱国害民之兆。（《魏书·帝纪·序纪》）

（15）眷弟地干,机悟有才艺,驰马立射五的,时人莫能及。（《北史·尉地干传》）

（16）新兴王俊,泰常七年封,拜镇东大将军。少善骑射,多才艺。（《魏书·新兴王俊传》）

（17）永昌王健,泰常七年封。健姿貌魁壮,善弓马,达兵法,所在征战,常有大功。才艺比陈留桓王,而智略过之。（《魏书·永昌王健传》）

上举数例"才艺"主要针对骑射能力而言：第一例举杨济骑马射猛兽,应弦而倒之事,以体现其"有才艺"；第二例举"引空弓而落飞鸟"之事以证"太子才艺非常"；第三例"机悟有才艺"之后,紧接"驰马立射五的"加以体现；第四、五例"善骑射""善弓马"均体现了骑射能力突出的特点。

（18）延年次弟彭祖,有才艺,学《春秋》,明传经注记,即名严氏春秋也。官至

左冯翊太子太傅,不求当世,为儒者宗。(《两汉纪·前汉孝宣皇帝纪》)

(19)岐少明经,有才艺,娶扶风马融兄女。(《后汉书·赵岐传》)①

(20)郭瑀字元瑜,敦煌人也。少有超俗之操,东游张掖,师事郭荷,尽传其业。精通经义,雅辩谈论,多才艺,善属文。(《晋书·郭瑀传》)

上举"才艺"指明经能力而言:第一例彭祖擅长《春秋》,而有"严氏春秋"之名;第二例赵岐"少明经",其所作《孟子章句》传于后世可为其证;第三例郭瑀"精通经义"。值得注意的是,明经能力在汉代盛行,而在魏晋南北朝时由于文化风尚的变化,则基本排除于"才艺"之外。

(21)评曰:文帝天资文藻,下笔成章,博闻彊识,才艺兼该。(《三国志·魏书·文帝纪》)

此句看不出文帝到底有何才艺,但裴松之在注文中引魏文帝《典论·自叙》则指明了"才艺"所指。因原文较长,此节引其中部分,而将具体事例略去:

余时年五岁,上以世方扰乱,教余学射,六岁而知射;又教余骑马,八岁而能骑射矣。……生于中平之季,长于戎旅之间,是以少好弓马,于今不衰;逐禽辄十里,驰射常百步……余又学击剑,阅师多矣,四方之法各异,唯京师为善。……余于他戏弄之事少所喜,唯弹棋略尽其巧,少为之赋。昔京师先工有马合乡侯、东方安世、张公子,常恨不得与彼数子者对。

上述文字分别谈及魏文帝骑射、击剑、弹棋等诸多才能,"才艺兼该"之评正针对这些才能而发。

(22)尝赋诗未就,以笔捶琴,坐客过,以箸扣之,恽惊其哀韵,乃制为雅音。后传击琴自于此。恽常以今声转弃古法,乃著《清调论》,具有条流。齐竟陵王尝宿晏,明旦将朝见,恽投壶枭不绝,停舆久之,进见遂晚。齐武帝迟之,王以实对,武帝复使为之,赐绢二十匹。尝与琅邪王瞻博射,嫌其皮阔,乃摘梅帖乌珠之上,发必命中,观者惊骇。梁武帝好弈棋,使恽品定棋谱,登格者二百七十八人,第其优劣,为《棋品》三卷。恽为第二焉。帝谓周舍曰:"吾闻君子不可求备,至如柳恽可谓具美。分其才艺,足了十人。"恽著《卜杖龟经》。性好医术,尽其精妙。(《南史·柳恽传》)

---

① 按《太平广记》卷二一〇《赵岐》:"后汉赵岐字邠卿,京兆杜陵人。多才艺,善画,自为寿藏于郢城中。画季札、子产、晏婴、叔向四人居宾位,自居主位,各为赞诵。"据此,赵岐之"才艺"或亦包括画艺。

此段文字指出柳恽才艺具美,而整段文字分别对其音乐、投壶、射箭、弈棋等能力细加描写,"才艺"当针对这些能力而言。需要注意的是,文中同时指出柳恽有医术及卜术,而这在当时并未纳入"才艺"之中①。

另外,上举《世说新语·栖逸》刘注引檀道鸾《续晋阳秋》例谈及戴逵"美才艺"之事,亦兼指音乐、书法等多种才艺,这从《晋书·戴逵传》可以看出:"戴逵字安道,谯国人也。少博学,好谈论,善属文,能鼓琴,工书画,其余巧艺靡不毕综。"

综合上述用例,可以发现:中古时期品评人有"才艺",主要涉及骑马、射箭、音乐、书法、弹棋、投壶等能力。我们知道,"艺"在上古时代可指六艺,《礼记·学记》:"不兴其艺,不能乐学。"《论语·述而》:"志于道,据于德,依于仁,游于艺。"何晏集解:"艺,六艺也。"邢昺疏:"六艺谓礼、乐、射、驭、书、数也。""六艺"是当时社会的教学科目,反映社会的主流文化观念。随着时代发展,这种文化观念会变化,"艺"的内涵也会相应改变。《后汉书·伏湛传》:"永和元年,诏无忌与议郎黄景校定中书《五经》、诸子百家、艺术。"李贤注:"艺谓书、数、射、御,术谓医、方、卜、筮。"李贤的注未提"礼"与"乐",或是时代变迁造成的"艺"的内涵的改变。汉末以后,特别是晋至南北朝,随着玄学的兴起,清虚高雅成为文化主流,与之相应的音乐、书法、棋类等文化活动日受关注,"礼"基本被排除于"艺"之外,而书法、弈棋等能力则成为"艺"之重要内容。至唐代,诗赋及作画能力得到重视,也成为"才艺"的构成元素。至于现代社会,"才艺"所包含的内容更加广泛,但主流的"才艺"还是比较明确,如谈及"才艺表演",我们很自然地会想到唱歌、跳舞、乐器、绘画、书法等,而古时流行的骑马、射箭则基本消失于"才艺"之列。因此,我们认为,品评家用"才艺"品评人物,是利用特定文化背景下有特定含义的"艺"来实现准确品评,这种"艺"与上古的"六艺"一脉相承,在不同时代,有不同表现。

文献中常用"多才(材)多艺"来品评人物:

(23)旦巧能,多材多艺,能事鬼神。乃王发不如旦多材多艺,不能事鬼神。(《史记·鲁周公世家》)

---

① 中古时期医术及卜术当归入术类,这从下文李贤注可以知道,这也是本段文字谈论恽之才艺时,将医卜置于才艺之外的原因。当然,随着时代的变迁,医卜也有可能纳入才艺范围,明代即有相关用例,如明陆深《俨山集》卷五一:"世安博学多才艺,以明医事今上为御医,领内局,有天下之望。"

(24)窃惟陛下睿智在躬,多才多艺。(《梁书·侯景传》)

此二例"才(材)"与"艺"并列,"才(材)"主要指才识学问,"艺"则指诸多技艺。那么"才艺"除了上文所说之"艺"外,是不是也包含才识学问呢?从上举文献用例看,"才艺"主要突出"艺",但也有一些人才识学问亦出众,似乎无法排除"才"与"艺"并列的可能,而以下用例则能说明"才艺"主要针对"艺"而言:

(25)定陶恭王有才艺,晓音乐。而太子颇有酒色之失,王皇后无宠。上有意欲立定陶王为太子,数称其才。乐陵侯史丹者,悼皇后之舅,史恭之孙,为侍中,护太子家。于是丹进曰:"所谓才者,敏而好学,温故知新,皇太子是也。若乃器人于丝竹鼓鼙之间,是则陈惠李微高于匡衡,可为相国也。"(《两汉纪·前汉孝元皇帝纪》)

"有才艺"是对定陶恭王的客观评价。当皇上欲定其为太子,数称其才时,史丹指出,他其实只擅长"丝竹鼓鼙",即"晓音乐",而并无真正的"才"。可见品评中"有才艺"只是针对他的音乐才能。

(26)王恬字敬豫,导次子也。少卓荦不羁,疾学尚武,不为导所重。至中军将军。多才艺,善隶书,与济阳江彪以善奕闻。(《世说新语·德行》刘注引《文字志》)

文献中常以"博学多才"写人学问大,王恬"卓荦不羁,疾学尚武,不为导所重",可见其"才"有限,而下文中的"多才艺"显然只针对他的书法、弈棋等艺才而言。

(27)魏之仲将,奋藻独步。或迸泉涌溢,或错玉班赋。迹遗情忘,契入神悟。然而负才艺,履危惧。膏明自煎,鬒发改素。(《法书要录》卷五)

《法书要录》卷五对此有解说:"韦诞字仲将,京兆人,终魏光禄大夫。时凌云台成,先误钉牓,明帝使诞坐笼,以鹿卢引上就书,去地二十五丈。及下,鬓发皓然。"可见句中"负才艺"即针对其书法才能而言。

因此,我们认为"才艺"主要体现被品评者的艺才,而不是"才能"与"技艺"并包,《世说新语词典》释"才艺"作"才能技艺",不够准确。《汉语大词典》以"才能"释"才艺",问题更大。虽然"才能"可以充当"才艺"的上位词,但在实际使用中二者区别明显。我们利用汉籍检索(四)考察了中古汉语中的"才能"用例,未发现举射箭、骑马、音乐、书法等能力以体现有才能的用例。而品评某人有"才能"时,常与其为官治国相联系。

了解了"才艺"的真正内涵,下面这个例子就很容易理解了:

（28）古人有言，亡国之主，多有才艺，考之梁、陈及隋，信非虚论。（《陈书·后主本纪》）

"亡国之主，多有才艺"并非指他们有才能或既有才能又有技艺，而是指他们在个人文化修养方面有特定的"艺"才，这些"艺"常会使他们沉迷其中，误国亡国。

"才艺"一词专指艺才，"艺"虽然居于"才"之后，却充当限定性语素，这在中古时期的"才X"类词中很常见，如：

"才武"指武艺：

（29）卓有才武，旅力少比，双带两鞬，左右驰射。（《三国志·魏书·董卓传》）

"才辩"指辩才、口才：

（30）客甚有才辩，瞻与之言，良久及鬼神之事，反覆甚苦。（《晋书·阮瞻传》）

（31）雍母弟徽，字子叹，少游学，有唇吻。孙权统事，闻徽有才辩，召署主簿。（《三国志·吴书·顾雍传》裴松之注引《吴书》）

《大词典》收"才辩"，释为"才智机辩"，不当，上举二例清晰表明"才辩"即辩论之才。

"才英"指英才：

（32）而宋来才英，未之或改，旧染成俗，非一朝也。（《文心雕龙·指瑕》）

同属此类者尚有"才俊""才秀""才雄""才贤""才良""才勇""才实""才壮""才淑"等①，下文中"才算"亦属此类。

长才

（33）太傅府有三才：刘庆孙长才，潘阳仲大才，裴景声清才。（《世说新语·赏誉》）

张永言《世说新语辞典》收此例，释"长才"为"优异的才能"；《汉语大词典》亦收有"长才"，释义与《世说新语辞典》同，但未引此例；张万起《世说新语词典》亦收此例，释"长才"为有某方面专长的人。

---

① 此类结构的"才X"有些是由主谓式发展而来，也有一些直接成词，关于这一点可参笔者《"材武"及其同类词的训释》一文，《语言科学》2010年第4期。另笔者在参加2018年合肥举办的第十一届中古汉语国际学术研讨会时，提交了本文，方一新、汪维辉先生对"才"与"艺"的关系提出了质疑。因当时论文对"才"与"艺"的关系只是简单定性，故本文特举例加以论证。

上例过于简略,"长才"之义难以体会。而要准确理解,必须了解刘庆孙的特点,文献中介绍此人才能的内容是理解的根本。《世说新语》刘孝标注恰好提供了相关材料,在"刘庆孙长才"下,刘注引有《晋阳秋》中的一段话:"太傅将召刘舆,或曰:'舆,犹腻也,近将污人。'太傅疑而御之。舆乃密视天下兵簿,诸屯戍及仓库处所,人谷多少,牛马器械,水陆地形,皆默识之。是时军国多事,每会议事,自潘滔以下皆不知所对。舆便屈指筹计所发兵仗处所、粮廪运转,事无凝滞。于是太傅遂委仗之。"

这段话详细介绍了刘舆(庆孙)的才能,其中特别突出的就是他的"筹计"之才,刘注引此文,很显然是针对"长才"而来。

而在"潘阳仲大才,裴景声清才"下,刘注又引了《八王故事》,其中亦提及刘舆:"刘舆才长综覈,潘滔以博学为名,裴邈彊力方正。皆为东海王所昵,俱显一府。故时人称曰:'舆长才,滔大才,邈清才也。'"

"舆长才"很明显与"刘舆才长综核"相应。据此,"长才"当指有特长的人才,在这个组合中,"长"使用了"特长"义。综合比较上列三家释义,张万起《世说新语词典》最为准确。

才算

(34)刘舆字庆孙,中山人。有豪侠才算,善交结,为范阳王虓所昵。(《世说新语·雅量》刘注引《晋阳秋》)

"才算"一词,用例极少,各词典均未收,它用于品评刘舆,到底指什么样的才能呢?要弄清楚它的意义,必须找到描述刘舆才能的相关文献。

《世说新语·赏誉》"太傅有三才:刘庆孙长才"下,刘注引《晋阳秋》之文为理解这个词提供了契机:"太傅将召刘舆,或曰:'舆犹腻也,近将污人。'太傅疑而御之。舆乃密视天下兵簿诸屯戍及仓库处所,人谷多少,牛马器械,水陆地形,皆默识之。是时军国多事,每会议事,自潘滔以下皆不知所对。舆便屈指筹计,所发兵仗处所,粮廪运转,事无凝滞。于是太傅遂委仗之。"

这段文字着力渲染刘舆筹画处理军国之事的才能,而下文中刘孝标又引《八王故事》指出"刘舆才长综核"(见前文"长才"条所引),即他擅长于统筹查验。"算"有"谋划、筹画"义,《后汉书·崔骃传附崔寔》:"近孝宣皇帝明于君人之道,审于为政之理,故严刑峻法,破奸轨之胆,海内清肃,天下密如。荐勋祖庙,享号中宗。算计见效,优于孝文。"《资治通鉴·梁武帝中大通六年》:"今天子在洛,迫于群凶,若陈明公之恳诚,算时事之利害,请都关右,挟天子以令诸侯,奉王命以讨叛乱,此桓、文之业,千载一时也!"据此"才算"当指筹画之才。

结语

上举《世说新语》及刘注中由"才"构成的三个词多用于品评,它们字面普通,但意义却比较难把握,极易造成误解。解决这些词的关键主要有两点:

第一,必须抓住品评词的使用规律,细致分析相关材料。这是准确理解品评词最重要的一点。品评一般针对人的主要特点加以评价,这些特点常通过人的行为加以体现。为了体现评价的准确性,品评者常会有意识地例举相关材料加以佐证,这些材料有些紧接品评词,一眼就能看出它与品评词的关系,如上举"有才艺"之后接"善行书""善隶书";有些则与品评词相隔较远,不直接与品评词发生关系,而是通过具体事例以体现所品评的特征。更有甚者,有些文献仅有简单的品评,必须从其他文献中寻找相关材料,才可以了解此品评词的真正含义,如上举"长才",如果不阅读刘孝标注文所举的材料,就很难断定它是泛指才能优秀,还是专指有某方面的特长。

第二,必须结合语素义综合分析,这是验证训释准确性不可或缺的一环。对佐证材料的分析归纳无疑是品评词训释的关键,但这种分析归纳必须与构词语素的意义相应,才可证实解释的正解性。毕竟佐证材料非常复杂,所分析的材料是不是针对某个品评词,有时并非一目了然。将语素义与佐证材料综合起来进行分析,是训释准确性的有力保障。

另外还有一点必须提及,我们常常通过将释义置于各文献用例中看文例能否说通这一方法,来验证一个词的释义是否准确,而前文所举"才艺""长才"的例子说明,这种方法有时并不可靠,因为当释义过于宽泛,与被释词存在上下位关系时,所置文例自然都可说通,但这远远够不上解释的准确性。

参考文献:

刘传鸿　2010《"材武"及其同类词的训释》,《语言科学》第 4 期。

罗竹风主编　1986-1994《汉语大词典》,上海:汉语大词典出版社。
社科院语言所词典室编　2018《现代汉语词典(第7版)》,北京:商务印书馆。
王　东　2009《〈世说新语〉及刘〈注〉词语札记》,《语文研究》第4期。
张万起　1993《世说新语词典》,北京:商务印书馆。
张永言　1992《世说新语辞典》,成都:四川人民出版社。

【作者简介】刘传鸿,男,文学博士,浙江财经大学人文与传播学院教授,硕士生导师。研究方向:中近古汉语词汇。

标点整理本《康熙字典·子集》征引辞书标点失误举隅

王其和

(山东师范大学,国际教育学院)

[摘　要] 上海辞书出版社2008年出版的标点整理本《康熙字典》对其中征引古代辞书的标点存在一些不当之处,主要表现为:不当断而误断、当断而未断、当属上而误属下、标点符号使用不当等。本文以"子集"为例进行了辨正,以期为今后标点整理本《康熙字典》的修订提供一些有益的借鉴。

[关键词] 康熙字典;辞书;标点失误

《康熙字典》成书于清康熙五十五年(1716),是中国辞书史上的集大成之作,"据《汉语大字典》湖北收字组统计,全书计收字四万七千零四十三个,超越以往所有字典"[①]。《四库全书总目》对其评价为"信乎六书之渊海,七音之准绳也"。《康熙字典》是中国历史上第一部官修字典,对后世辞书编纂起到了不可估量的影响。因此,自《康熙字典》面世后,不断有学者进行研究、整理或者影印出版。由于影印本没有进行标点,读者使用起来颇为不便。为了适应现代读者的需求和阅读习惯,2008年8月汉语大词典编纂处整理的"标点整理本《康熙字典》"(以下简称"整理本")由上海辞书出版社出版。该整理本以道光年间王引之校改重刊《康熙字典》为底本,参校别本,将全书予以标点,并改为横排。整理本自出版后至2019年3月已重印12次,可见影响之大,传播之广,有功学林。

《康熙字典》不仅收字众多,而且体例完善,考证精审,释义详备,引用了历代

---
① 汉语大词典编纂处,标点整理本《康熙字典·前言》,上海辞书出版社,2008年。

大量辞书作为例证,如《说文》《尔雅》《方言》等等。据整理本《前言》:"全书逐句加标点,主要使用逗号、句号、冒号、顿号、书名号、间隔号等。引例出书名后用冒号,不加引号。书篇名用书名号,书名与篇名之间用间隔号。"①笔者在使用整理本《康熙字典》过程中,发现整理本对《康熙字典》征引古代辞书的标点存在一些不当之处,现以"子集"为例对其中的标点失误加以辨析,以正于方家。

一、不当断而误断

(1)且:《尔雅·释天》:六月为且。郭注:阙诂。或云一作焦月。六月盛热,故曰焦。(《子集上》P.3)②

按:"郭注:阙诂",标点不确,当作"郭注阙诂"。《康熙字典》之意为郭璞对《尔雅·释天》"六月为且"条没有注释,故云"郭注阙诂"。若如整理本所标,"阙诂"为郭璞注之文,今检《尔雅》郭注,郭璞并未对此条作注,故"注"后不应加冒号。

(2)丯:《说文》:艸,蔡也。象艸生散乱。凡丯之属皆从丯③。(《子集上》P.5)

按:此例《康熙字典》引《说文》以证"丯"字之义。若按整理本所标点,则是以"蔡"释"艸",与"丯"字无关,整理本标点不当。《说文》"艸蔡"当连读,是用来解释"丯"字的,即"丯,艸蔡也"。"艸蔡"即"艸芥",段玉裁《说文解字注》(1988:183):"《艸部》曰:'蔡,艸丯也。'叠韵互训。"《孟子》曰'君之视臣如土芥',赵云:'芥,草芥也。'……凡言'艸芥'皆'丯'之假借也。"因此,此条当标点作:《说文》:艸蔡也。象艸生散乱。凡丯之属皆从丯。

(3)乑:《说文》:读若钦、崟,众立也。(《子集上》P.7)

按:"读若钦、崟"句,"钦"后不当加顿号点断,"钦崟"当连读。段玉裁《说文解字注》(1988:387):"《山部》曰:'崟,山之岑崟也。'钦崟,盖即'岑崟'。《公羊传》及《上林赋》又皆有'嶔岩'字。乑读如崟,鱼音切,七部。"亦是"钦崟"连读,可证。《说文》注音运用"读若"法,有时用同音字注音,如《口部》:"唉,譍也。从口矣声,读若埃";有时用词语注音,如《口部》"哽,语为舌所介也。从口更声,读若井级绠"、《走部》"遏,微止也。从辵曷声,读若桑虫之蝎"、《取部》"取,坚也。从又臣声,读

---

① 汉语大词典编纂处,标点整理本《康熙字典·前言》,上海辞书出版社,2008年。
② 括号内的页码为整理本《康熙字典》的页码,下同。
③ 此句两"丯"字,《康熙字典》误引作"丰"。

若铿锵之铿"；有时引古代文献例句注音，如《口部》"唪，大笑也。从口奉声，读若《诗》曰'瓜瓞菶菶'"。此条即是用词语注音，意思是"冞，读若'钦崟'之'崟'。""钦崟"为联绵词，表示山势高耸险峻的样子，如《文选·张衡〈思玄赋〉》："嘉曾氏之《归耕》兮，慕历阪之钦崟。"张铣注："钦崟，高貌。"也作"岑崟"，如唐孟郊《连州吟》诗："连山何连连，连天碧岑崟。"

（4）别：《尔雅·释山》：小山别，大山鲜。疏：谓小山与大山不相连属者名鲜。（《子集中》P.65）

按："小山别，大山鲜"标点不当。《尔雅·释山》此条当标点作"小山别大山，鲜"。"别"在这里是"不相连"之义，故邢疏云"谓小山与大山不相连属者名鲜"，甚确。"鲜"是山的形态，指小山与大山不相连属。《康熙字典》整理标点者不知"别"之古义而致标点错误。同样，《尔雅·释山》与此条相连的另一条"大山宫小山，霍"，也有不少标点错误者。"宫"字在此处乃"围绕"之义，即大山围绕小山叫作"霍"。《尔雅》邢疏（1997：2618）："宫犹围绕也。谓小山在中，大山在外围绕之，山形若此者名霍。非谓大山名宫，小山名霍。"邢疏所释豁然，然中华书局整理清代俞樾所著《古书疑义举例》（2005：63）即误标点作"大山宫，小山霍"，误与此同。

二、当断而未断

（1）乘：又草名。《尔雅·释草》：望乘车。注：可为索①，长丈余。（《子集上》P.8）

按："望乘车"，当标点作"望，乘车"。"望"与"芒"古同音。郝懿行《尔雅义疏》（2017：736）："'芒'与'望'古同声，今黄县人谓麦芒为'望'，文登人谓望为'芒'，证知'芒、望'声同也。""望"即芒草，"乘车"是其别名。芒草似茅而大，草长而坚韧，可以编制为绳索。

（2）予：我也。颜师古《刊谬正俗》：《曲礼》：予一人。郑康成注：余、予，古今字。因郑此说，学者遂皆读予为余。《尔雅》：卬、吾、台、予、朕、身、甫、余，言我也。此则予之与余但义训我，非同字也。（《子集上》P.10）

按："言我"不当连读。《尔雅·释诂》此条以"我"释"卬、吾、台、予、朕、身、甫、余、言"诸词，"我"为释词，当在"言"后点断。《康熙字典》标点者误解"言"为"言说"

---

① "可为索"，今本《尔雅》郭注作"可以为索"。见周祖谟《尔雅校笺》（2004：123）。

之义而致标点错误,同时也是因不明《尔雅》体例而致误,《尔雅·释诂》释词无用"言×"格式的。

（3）于:《尔雅·释诂》:于曰也。(《子集上》P.11)

按:《尔雅·释诂》:"粤、于、爰,曰也。"《尔雅》以"曰"释"于",故《康熙字典》引以为证,当在"于"后点断,作"于,曰也"。

（4）休:《说文》休在木部。人依木则休。《尔雅》:庇荫曰休,会止木庇息意。按:今《尔雅·释言》本作庇庥,荫也。(《子集中》P.21)

按:"庇庥,荫也"句标点不当,"庇庥"非一词,不当连读。"庇""庥"皆有"树荫"之义,《尔雅》郭璞注"今俗语呼树荫为庥",亦是单释"庥"字。因此,此句当标点作:今《尔雅·释言》本作"庇、庥,荫也"。

（5）佻:又扬子《方言》:佻,抗县也。赵、魏之间曰佻。(《子集中》P.25)

按:"抗县"不当连读。扬雄《方言》卷七:"佻、抗,县也。赵魏之间曰佻,自山之东西曰抗。燕赵之郊,县物于台之上谓之佻。""县"即"悬"之古字。《方言》以"县"释"佻""抗",当标点作:又扬子《方言》:佻、抗,县也。

（6）侅:《说文》:奇侅非常也。(《子集中》P.26)

按:"奇侅非常",不当连读。《说文》之义为"侅"即"奇侅",乃"非常"之义。段玉裁《说文解字注》(1998:368):"奇侅,非常也。……'奇侅'与今云'奇骇'音义皆同。"段氏明确指明当在"奇侅"后点断。清和邦额《夜谭随录·陆珪》:"就中唯一僧,年约三十余,形貌奇侅。"因此,此处当标点作:《说文》:奇侅,非常也。

（7）割:《尔雅·释诂》①:割裂也。疏:谓以刀裂之也。(《子集下》P.70)

按:"割裂"不当连读,今检《尔雅·释言》:"盖、割,裂也。"《尔雅》以"裂"释"割",当在"割"后点断,标点作"割,裂也"。

（8）剂:《尔雅·释言》:剂,翦齐也。疏:齐,截也。(《子集下》P.73)

按:此条有两处标点不当。第一,"翦齐也"当作"剂、翦,齐也"。"齐"为释词,"剂""翦"为"被释词",均有"齐"之义。《说文·刀部》:"剂,齐也。"《玉篇·羽部》:"翦,齐断也。"《尔雅》郭注:"南方人呼翦刀为剂刀。"可证。第二,邢疏"齐,截也"不当点断。今检邢疏(1997:2581)原文为:"剂、翦,齐也。释曰:皆为齐截也。"邢

---

① 此条在《尔雅·释言》中,《康熙字典》当为误引。

疏"齐截"是解释"剂、劀"两词的,而非以"截"释"齐"。因此,此条当标点作:《尔雅·释言》:剂、劀,齐也。疏:齐截也。

（9）斮:《广雅》:刺斮,砍也①。(《子集下》P.73)

按:"刺斮"不当连读。"刺""斮"均有"击、砍"之义。王念孙《广雅疏证·释诂》"刺,断也"条下云:"刺者,《说文》:'刺,击也。'昭二十六年《左传》'苑子刺林雍,断其足',正义云:'今江南犹谓刀击为刺。'""斮"即"斲",《说文·斤部》:"斲,斫也。"因此,此条当标点作:《广雅》:刺、斮,砍也。

（10）劫:《说文》欲去以力胁止曰劫。一曰以力去曰劫。(《子集下》P.75)

按:"欲去以力胁止曰劫""一曰以力去曰劫"两句文意不明。今检《说文·力部》"劫"字作:"人欲去,以力胁止曰劫。或曰以力止去曰劫。"《康熙字典》上句漏引"人"字,下句漏引"止"字,故导致整理本标点不当。此条当标点作:《说文》:(人)欲去,以力胁止曰劫。或曰以力(止)去曰劫。

（11）勔:《尔雅·释诂》:"劼勔,勉也。"(《子集下》P.77)

按:"劼勔"不当连读。《尔雅·释诂》:"亹亹、蠠没、孟、敦、勖、钊、茂、劼、勔,勉也。""劼""勔"均有"勉励、劝勉"之义。《说文·力部》:"劼,勉也。"《汉书·成帝纪》:"先帝劼农,薄其租税。"晋灼注:"劼,劝勉也。""勔",张衡《思玄赋》:"勔自强而不息兮。"旧注:"勔,勉也。""勔"又通作"愐",《说文·心部》:"愐,勉也。"因此,此处当标点作"劼、勔,勉也"。

（12）务:《尔雅·释诂》:务强也。注:事务以力勉强。(《子集下》P.77)

按:"务强"不当连读。《尔雅·释诂》:"骛、务、昏、暓,强也。"《尔雅》以"强"释"务",此条当标点作:《尔雅·释诂》:务,强也。

（13）劳:《尔雅·释诂》:劳勤也。(《子集下》P.77)

按:"劳勤"不当连读。《尔雅·释诂》:"劳、来、强、事、谓、劀、翦,勤也。"《尔雅》以"勤"释"劳",故此条当标点作:《尔雅·释诂》:劳,勤也。

（14）占:又《尔雅·释言》:隐占也。疏:占者,视兆以知吉凶也。必先隐度,故曰隐占也。(《子集下》P.77)

按:"隐占"不当连读。《尔雅·释言》:"隐,占也。"以"占"释"隐",故邢昺解释为何"隐"有"占"之义,即"占者,视兆以知吉凶也,必先隐度"。因此,此条当标

---

① 砍,今本《广雅》作"斫"。见(清)王念孙著,虞万里主编(2017:715)。

点为:又《尔雅·释言》:隐,占也。疏:占者,视兆以知吉凶也,必先隐度,故曰"隐,占也"。

三、当属上而误属下

(1)休:又《尔雅·释训》:休,休俭也。疏:良士,顾礼节之俭也。(《子集中》P.21)

按:《尔雅·释训》一篇主要是解释叠音词或复音词的。《尔雅》此条作"瞿瞿、休休,俭也"。"休休"当连读,后"休"字属上,当标点作"休休,俭也",故《康熙字典》又引《诗·唐风》:"良士休休。""休休"是一个叠音词,表示安闲的样子。

(2)佚:扬子《方言》:佚,荡缓也。《前汉·扬雄传》:为人简易佚荡。(《子集中》P.24)

按:"荡缓"文意不明,今检扬雄《方言》卷六:"佚荡,缓也。""佚荡"当连读,表示超脱、无拘束之意,故《康熙字典》又引《汉书·扬雄传》"为人简易佚荡"为证。整理本不明"佚荡"之意而致标点失误。

四、标点符号使用不当

由于整理本《康熙字典》对征引古代辞书的内容不加引号,只在书名后加冒号,因此读者只能通过冒号之后的句号,来判断征引古代辞书内容的下限,这也是整理本《康熙字典》在标点方面的不足之处。有时整理本虽然断句正确,但却误把句号标作逗号,从而导致标点失误。如:

(1)丈:《说文》:从又持十,俗加点,非。(《子集上》P.2)

按:据整理本所标点,"俗加点,非"当是《说文》之原文。然检《说文·十部》"丈"字下作:"十尺也。从又持十。""俗加点,非"并非《说文》之文,而是《康熙字典》编纂者之语。因此,此条当标点作:《说文》:从又持十。俗加点,非。

(2)兂:《尔雅·释鸟》:兂,鸟咙①。注:兂,即咽,俗作吭。(《子集上》P.13)

按:今检《尔雅·释鸟》"兂,鸟咙"郭璞注:"咙谓喉咙,兂即咽。"(周祖谟2004:152)"俗作吭"非郭注之文,当是《康熙字典》编纂者之语,因此当在"咽"后标句号,即:《尔雅·释鸟》:兂,鸟咙。注:兂,即咽。俗作吭。

(3)冒:《说文》:冡而前也,从冃目,以物自蒙而前,谓贪冒,若目无所见也。(《子集下》P.56)

---

① "咙",整理本误作"陇",今据中华书局2010年出版《康熙字典》(检索本)改。

按：今检《说文·冃部》"冒"："冢而前也，从冃目。""以物自蒙而前，谓贪冒，若目无所见也"，非《说文》之原文。因此"以"前之逗号当改为句号，标点作：《说文》：冢而前也，从冃目。以物自蒙而前，谓贪冒，若目无所见也。

以上仅就整理本《康熙字典·子集》中征引《尔雅》《说文》《方言》《广雅》等古代辞书的标点问题从四个方面进行了辨正，从中可以看出整理本《康熙字典》在标点方面的确存在着诸多问题，还有一些失误之处限于篇幅不再一一列举。从标点失误的原因看，有的是由于不明词义造成的，有的是由于不明辞书体例造成的，也有的是整理者没有核检原书，本应可以避免的。期望整理本《康熙字典》在今后的修订再版时，整理者能进一步核检相关标点，不断提升整理质量，给读者提供一部更高水平的标点整理本《康熙字典》。

参考文献：

［清］段玉裁　1988《说文解字注》，上海：上海古籍出版社。

［晋］郭璞注，（宋）邢昺疏　1997《尔雅注疏》，《十三经注疏》，上海：上海古籍出版社。

汉语大词典编纂处　2008 标点整理本《康熙字典》，上海：上海辞书出版社。

［清］郝懿行著，王其和等点校　2017《尔雅义疏》，北京：中华书局。

［清］王念孙著，虞万里主编　2017《广雅疏证》，上海：上海古籍出版社。

［汉］许慎　1963《说文解字》，北京：中华书局。

俞樾等著　2005《古书疑义举例五种》，北京：中华书局。

周祖谟　2004《尔雅校笺》，昆明：云南人民出版社。

【作者简介】王其和，男，文学博士，山东师范大学国际教育学院教授。研究方向：训诂学、汉语史。

古代戏曲词语探源二则*

赵家栋　殷艳冬

（南京师范大学,文学院）

[摘　要]古代戏曲是近代汉语中口语化程度较高的一种古白话语料,其中很多语词都有重要的研究价值。文章对分别对《小孙屠》中"盆吊"一词和《荆钗记》中"艭艭艭艭"一词作了释证,探讨了它们的词义来源。"盆吊"一词的产生与"盂兰盆"的"倒悬"义有关,"艭艭艭艭"当为"艭艭"之重叠,倒文则作"艭艭",其"丰满富态貌"义与其相关同源词"瑷瑓""暖瞜""豔豓""馞馝""薆逮""薆蓊"等语源义相通。

[关键词]南戏;盆吊;艭艭艭艭;释证

南戏是宋元时期流行在浙江温州一带的一种戏曲艺术,由于其主要受众群体为当时的市民百姓,因此口语性强,方俗语词丰富,是近代汉语词汇研究的重要语料。对于词汇研究而言,我们要充分挖掘这些南戏作品中有价值的词语,探明它们的词义来源及成词理据。文章酌选《小孙屠》中"盆吊"一词和《荆钗记》中"艭艭艭艭"一词作为研究对象,对两词的词义由来进行深入探讨。现不揣梼昧,阐发自己的观点,望大方之家斫之不吝。

盆　吊

南戏《小孙屠》中多次出现"盆吊"一词,如：

---

* 基金项目：江苏省社科基金重点项目："佛教类书与所出原经平行对应语料库建设与研究汉语史语料库建设与研究"（编号：17YYA003）。

（1）朱邦杰识法明犯法 遭盆吊没兴小孙屠。（《小孙屠》题目）

（2）[末上白]……后行子弟,不知敷演甚传奇?[众应]《遭盆吊没兴小孙屠》。（《小孙屠》第一出）

（3）[末再白]琼梅李氏……暗去梅香首级,潜奔它处,夫主劳笼。陷兄弟必贵,盆吊死郊中。（《小孙屠》第一出）

（4）[末]……我情愿替哥哥,做个刀下鬼盆吊杀。（《小孙屠》第十七出）

（5）[末]哥哥,兄弟不是鬼。在牢中遭盆吊死,把我撇在郊外,谢天降几点儿甘雨,把我救醒。（《小孙屠》第十九出）

根据所列例证可知,"盆吊"应是古代的一种酷刑。钱南扬（2009:259）校注:"盆吊,是一种非刑,不见正史。而在戏剧小说中常见。"元杂剧中"盆吊"一词也多有出现,如:

（6）[张千云]把他盆吊死,替葛彪偿命去。明日早墙底下来认尸。（元关汉卿《包待制三勘蝴蝶梦》第三折）

（7）[元吉同段志贤上,诗云]我元吉天生有计谋,生拿敬德下牢国。只待将他盆吊死,单怕他一拳打的我做春牛。（元关汉卿《尉迟恭单鞭夺槊》）

（8）[搽旦云]刘唐哥哥,我央及你,我与你两锭银子,你把李孔目盆吊死了可不好?（元无名氏《都孔目风雨还牢末》）

此外,明清小说《水浒传》中对"盆吊"这种酷刑也有比较详细的描写。

（9）众囚徒道:"他到晚,把两碗干黄仓米饭,和些臭鲞鱼来与你吃了。趁饱带你去土牢里去,把索子绳翻着,一床干藁荐,把你卷了,塞住了你七窍,颠倒竖在壁边,不消半个更次,便结果了你性命。这个唤做盆吊。"（明施耐庵《水浒传》第二十八回）

"盆吊",《汉语大词典》释为"把囚犯蒙头倒着吊死。古时私杀狱囚的一种酷刑。"蓝立蓂《关汉卿戏曲词典》:"盆吊,将人捆卷倒立。"许宝华、宫田一郎《汉语方言大词典》:"盆吊,把人蒙头吊死。官话。"华夫《中国古代名物大典》:"酷刑名。将犯人蒙头倒挂吊死。古狱吏以此私杀囚犯。"根据各词典释义可知:"盆吊"这种酷刑的典型特点是"倒悬吊死"。"盆吊"中的构词语素"吊"说明这一酷刑是将人吊起来。但"吊"的方式有很多种,可以"正吊"也可"倒吊",那么"盆吊"为何表示的是"倒悬吊"而非"正吊"?"盆"与"倒悬"之间有何关系?"盆吊"中的"盆"

是另有本字,还是受到了其他因素的影响?

通过研究我们发现"盆吊"一词之所以表示"倒悬吊"是受到了佛教文化的影响,"盆吊"一词当与佛教词语"盂兰盆"有关。"盂兰盆"出自佛教经典《盂兰盆经》,全称为《佛说盂兰盆经》,全书共一卷,西晋竺法护译。《盂兰盆经》讲述了佛陀弟子目连不忍心亡母堕入饿鬼道,于是向佛陀请求解决办法,佛陀指点目连在七月十五日众僧自恣日,将百味饭食五果等置于盂兰盆中以供养十方众僧,可使其母脱离苦难。后来这种做法流传开来,每年七月十五人们为父母作盂兰盆施与佛僧,以此报答父母的养育之恩。

但是"盂兰盆"的词义及其由来一直是学界讨论的重点,目前学界对"盂兰盆"的解释主要有以下几种:

第一种观点认为"盂兰盆"为梵语音译词,这是比较有影响的一种观点。此观点较早由玄应提出。《玄应音义》卷十三:"盂兰盆,此言讹也,正言乌蓝婆拏。此译云倒悬。案西国法,至于众僧自恣之日,云先亡有罪,家复绝嗣,亦无人飨祭,则于鬼趣之中,受倒悬之苦。佛令于三宝田中俱具奉施佛僧,佑资彼先亡,以救先亡倒悬饥饿之苦。佛虽顺俗,亦设祭仪,乃教于三宝田中深起功德。旧云盂瓮是贮食之器,此言误也。"(C56/1014c[①])玄应所提到的"乌蓝婆拏",一般认为是"ullambana"的音译,"ullam"对应"乌蓝",后来"乌蓝"在汉语中讹转为"盂兰","bana"对应"婆拏",后又俗讹作"盆","乌蓝婆拏"由此变成"盂兰盆"。亦有观点认为"ullambana"是梵语"avalambana"的转讹,《佛光大辞典》:"盂兰盆……乃梵语 avalambana(倒悬)之转讹语,比喻亡者之苦,有如倒悬,痛苦之极。"

另外宋·遇荣也认为"盂兰盆"为"梵语音译词",他在《佛说盂兰盆经疏并序孝衡钞》卷上注《佛说盂兰盆经》梵语经题:"且经题者,梵语'佛陀你舍乌蓝婆拏门佐罗素呾缆',华言'觉者说救倒悬器经',今以随方生善,文词稳顺,含多义故。所以华梵相兼,仍存讹略,故云'佛说盂兰盆经也'。梵语佛陀,略言佛也,此云觉者……梵语你舍,此翻为说……盂兰盆者,即今大宋翻经者言,此皆梵语讹略也,具

[①] 本文所引佛典来源《CBETA 电子佛典集成》(中华电子佛典协会 2016 Chinese Buddhist Electronic Text Association 简称 CBETA),标注格式为"T"指《大正新修大藏经》,"X"指《卍新纂续藏经》,"C"指《中华藏》,"/"前后的数字分别表示册数和页数,a,b,c 分别表示上中下栏。下同。

正应云乌蓝婆拏,孝顺义,供义,恩义,倒悬义……盆亦讹略,旧云盆佐那,新云门佐罗,亦云门佐曩,华言救器……梵语素呾缆,旧名修多罗,修妒路,皆讹也,此云契经,存体略用,但名为经。"(X21/519b)遇荣的观点与玄应不同的是他认为"盂兰盆"是梵语"乌蓝婆拏门佐罗"的音译讹略,"乌蓝婆拏"有倒悬之意,在汉语中省讹作"盂兰","门佐罗"义为救器,在汉语中讹略作"盆"。

第二种观点认为"盂兰盆"为梵汉结合词,其中"盂兰"为梵语音译,"盆"为汉语意译,即所谓的半音译半意译词。宋·法云《翻译名义集》:"盂兰,西域之语转,此翻倒悬,盆是贮食之器,三藏云:'盆耀百味,式贡三尊,仰大众之恩光,救倒悬之窘急。义当救倒悬器。'应法师云:'盂兰言讹,正云乌蓝婆拏,此云救倒悬。'"(T54/1112c)宋·道成《释氏要览》引义净云:"盂兰者,西域之语,此云救倒悬,即饥虚危苦,谓之倒悬也。盆,乃东夏之音,此则救苦之器,所以仰大众之恩光,救倒悬之窘急。此从义以制名也。"(T54/304b)

第三种观点则认为"盂兰盆"为汉语词,持这种观点的主要是一些现代学者,如熊娟、杨琳等。熊娟(2014:102)认为"'兰'是'篮'的音近借字……'盂兰盆'这个词语显然就是把三种形制不同、功用有别的盛物之器的三个单音节词'盂''兰''盆'类义并列构成的。"而杨琳(2016)则认为"'兰盆'可能就是'篮盆'。""盂兰盆"即指"盂"和"兰(篮)盆"。他指出:"'盂兰盆'原本只是线性排列中的两种器具,不是一个词,只因译者摘取此三字作经名,后世又据此经举行盂兰盆法会,遂使'盂兰盆'凝固成一个词。"杨琳推测:"玄应释'盂兰盆'为'倒悬',当是据当时中元节流行的'承以一竹,焚之,视盆倒所向,以占气候'之类的占卜习俗而臆想的说法,'承以一竹'即悬盆其上,'盂兰盆倒则寒来矣'即'倒悬'之'倒'所从附会也。"

相较而言,我们更倾向于认可玄应的观点,即"盂兰盆"一词来源于梵语音译,只不过这个梵语音译词在汉语中经历了一个俗语化的过程。根据《盂兰盆经》所讲述的故事来看,目连为了使母亲免受饿鬼折磨之苦而向佛陀求法,佛陀指示目连"具饭、百味五果、汲灌盆器、香油锭烛、床敷卧具、尽世甘美以着盆中,供养十方大德众僧",只有这样才可使其母摆脱饿鬼折磨之苦。而《盂兰盆经》中盛放供养食物的那个器具(即引文中的"盆")应该就是玄应所说的"乌蓝婆拏"。"乌蓝婆拏"在梵语中与"倒悬"义有关,受饿鬼折磨的人,常饥饿逼腹,命悬一线,犹如受倒悬之苦,而用来解救倒悬之苦的器具也叫作"乌蓝婆拏"。后来"乌蓝"在汉语中俗为"盂兰","盂兰"表示"倒悬"义。而"婆拏(bana)"则讹转为"盆",之所以讹转为"盆",我们认为一方面是受到了经文内容的影响,另一方面也与"盆"在汉语中的具体所指有关。宋·道成《释氏要览》引古师云:"盆或是钵,但译时随俗称盆,盆之与钵,皆器故也。"(T54/304b)即在佛教传入中国的时候,汉民族流行用"盆"来盛放东西,佛经中的"乌蓝婆拏"在汉民族中对应"盆"这种器具,随着七月十五供养僧佛为父母祈福的这种习俗流传开来,越来越多的人接受这种祈福方式,但是由于当时的世俗百姓并不明白"乌蓝婆拏"的含义,只看到祈福时盛放物品的器具是"盆",所以将"乌蓝婆拏"俗讹作"盂兰盆"。

其实无论哪种观点最接近"盂兰盆"一词的来源,都不可否认的是宋元时期在人们的观念中"盂兰盆"与"倒悬"都存在密切关联,这一点在宋元中土文献中亦有体现。如宋·杨仲良《宋通鉴长编纪事本末》卷一三三:"本局言:'盂兰盆,本梵语,译以华音,即救倒垂器也。释氏之说,以为大目犍连为母堕饿鬼道中,乃于僧自恣之日具饭,五果百味,置盆中,以供十方,而母得食。然则具饭以度苦趣,设器以救倒垂,行于世俗可也。'"元·俞希鲁《(至顺)镇江志》卷三引《窦氏音训》云:"天竺所谓盂兰盆者,乃解倒悬之器。言目连救母饥厄,如解倒悬,故谓之盂兰盆。今人遂饰食味于盆中,亦误矣。"

在宋元人的认知中"盂兰盆"是解救倒悬之苦的器具,"盂兰盆"与"倒悬"联系密切,所以当宋元人看到"倒悬吊"这种现象时,就有可能会联想到解救倒悬这种痛苦的"盂兰盆"。这种相关联想促使"倒悬吊"衍生出"盂兰盆吊"这种说法。目前在现存的语料中还未见有"盂兰盆吊"一词,我们认为出现这种现象的原因与"盂兰盆吊"是四音节词语有关,宋元时期汉语中已以双音节词为主,"盂兰盆吊"受语言使用经济原则的影响发生缩略,直接变成"盆吊"。也就是说"盆吊"中的"盆"来自于"盂兰盆"的减省,起提示作用,确保缩略后的"盆吊"仍然能够传达出"倒悬"之意。对于宋元人而言,"盆吊"一词通俗易懂,所以经常出现在一些口语性强的文学作品中,而对于现代人而言,由于不了解"盆吊"一词产生的文化背景,"盆吊"所表示的"倒悬吊挂"这层意思变得不易理解了。

胿胿腰腰

南戏《荆钗记》中有"胿胿腰腰"一词,用以形容女子的丰满富态。如:

(10)〔净〕说我亲家胿胿腰腰,定做奶奶。看我女儿袅娜娉婷,定做夫人。我说也不曾说?(元《荆钗记》第二十二出)

"胿胿腰腰"一词,一般性的辞书不收录。《康熙字典(增订版)·肉部》:"腰,胿胿腰腰,丰满富态貌。"《中华字海》生僻字下收录了"胿"字,注明"音未详",列举了"胿胿腰腰"一词,解释为"丰满富态的样子"。《汉语大字典·肉部》:"腰,同'皛'。朝鲜本《龙龛手鉴·肉部》:'腰',同'皛'。"又同部"胿"字下云"音义未详",所举书证正是上述例。今谓《汉语大字典》则未作具体释义,朝鲜本《龙龛手鉴》"腰"同"皛"当是形讹字形,"皛"为"白色",与"胿胿腰腰"语义不相涉。结合"胿胿腰腰"出现的语境来看,《康熙字典》《中华字海》将"胿胿腰腰"解释为"丰满富态的样子"是正确的,然而"胿胿腰腰"一词为何能表示这样的意思,却未见详尽论述。

我们认为"胿胿腰腰"当是"胿腰"的 AABB 重迭形式,而"胿腰"一词本应为"逮腰","建"和"逮"字形相近,古籍中"建"与"逮"互混的现象很多,如洪亮吉《春秋左传诂·文公》"德之不建"下注云:"《水经注》引作'逮'。"又王念孙《读书杂志·汉书·谷永杜邺传》"建治"条:"反除白罪建治正吏。念孙案:'建治二字,义不相属。师古以为建议劾治,此曲为之说也。建当为逮,逮捕也。……隶书建字或作建,与逮相似,故逮讹作建。'"

"胿腰"一词同从"肉",从字形推测,词义应与"肉"有关,但是仅通过形符我们无法弄清"胿腰"的具体词义由来,因此就需要另辟途径,求之语源。通过系联,我们发现了一组与"胿腰"在语音和字形上都有联系的词语,如"暧逮""暧睫""暧曃""翳黱""靉靆""薆逮""薆薱"等,下面简单列举一下这些词的文献用例:

(11)朝云暧逮,行露未晞。(晋·潘尼《逸民吟》)

(12)时暧曃其曭莽兮,召玄武而奔属;后文昌使掌行兮,选署众神以并毂。(《楚辞·远游》)

(13)伊彼终南,岢藏嶙囷,概青宫,触紫宸;嶔岑欝律,萃于霞芬,暧曃暗霭,若鬼若神。(班固《终南山赋》)

(14)"庭燎有辉":乡晨之景,莫妙于此。晨色渐明,赤光杂烟而翳黱;但以"有

辉"二字写之。(清·王夫之《姜斋诗话》卷一)

(15)岸址则兰芷丛生,摇青曳紫,蕊坏苞敷,香气馤饸,凡此皆其略耳,他胜殆不可为状。(明·史鉴《记参寥泉、鄂王墓、飞来峰三》)

(16)竹则篔筜、白、乌,实中、绀族。滨荣幽渚,繁宗隈曲。萋蒨陵丘,薆逮重谷。(晋·曹毗《湘中赋》)

(17)嘉卉灌丛,蔚若邓林;郁蓊薆荟,棩爽櫼槮。(东汉·张衡《西京赋》)

例(11)中"叆䨺"意为"云盛貌",《集韵·海韵》:"䨺,叆䨺,云盛貌。"又《集韵·代韵》:"叆,叆䨺,云暗貌。""叆䨺"一词有两个义项,既表示"云盛貌"又表示"昏暗不明貌"。《慧琳音义》卷九八:"叆䨺,上哀亥反,下台乃反。《埤苍》云:'叆䨺,时不明也。'王逸注《楚辞》云'日月晻默无光也'。"希麟《续一切经音义》卷九:"叆䨺,上音爱,下音逮。《广雅》曰:'叆䨺,翳荟也。'荟,音乌外反,谓云兴盛也。《通俗文》云:'云覆日为叆䨺也。'"其实"叆䨺"所表的"云盛貌"和"昏暗不明貌"是相通的:云彩量多,遮蔽日光,故昏暗不明;反之,昏暗不明则往往由于云多遮蔽了日光。"叆䨺"又可更换形符写作"暧曃""黳黱",另外声符"逮"也可写作与之音近的"对",如"暧曃"。《广雅·释训》:"暧曃,翳荟也。"《广雅疏证·释训》"暧曃"条:"《远游》:'时暧曃其曭莽兮。'注云:'日月晻黱而无光也。'《众经音义》卷六引《广雅》:'叆䨺,翳荟也。'又引《通俗文》云:'云覆日为叆䨺。'义与暧曃同。"《康熙字典(增订版)·黑部》:"黳,同叆。黳黱,或作暧曃、叆䨺,云覆日。清·王夫之《姜斋诗话》卷一:'晨色渐明,赤光杂烟而黳黱。'""暧曃""黳黱"与"叆䨺"同,都可以表示云盛遮住日光的样子。

考其语源,其实"叆䨺""暧曃""黳黱"等本应作"埃曃"。《说文·日部》:"曃,埃曃,日无光也。"段注:"埃曃,犹叆䨺也。"《正字通·日部》:"按《说文》:'埃曃,日无光也。'《正韵·六泰》收'曃'。或曰:'埃曃,即暧曃,云状也。一作黳黱。'《玉篇》:'暧曃,不明貌。'张有《复古编》作'埃曃',俗改作'叆䨺'。"《说文·日部》释"埃曃"为"日无光","日无光"即云多遮蔽住太阳的样子,暗指"云盛"。后来"埃曃"俗作"叆䨺""暧曃""黳黱"等,原来的"埃曃"作为古语词不再常用。"叆䨺"等可表"云盛貌",同时我们发现语言中音"爱逮"的词,如"馤饸""薆逮""薆荟"等,语义中常含有"盛"义。

"馤饸"有"香气盛、香气浓郁"义,如例(15)中的"香气馤饸"。"馤饸"又讹

103

作"饕餮"。《可洪音义》卷二一《撰集百缘经》卷三"饕餮"条:"饕餮,上音爱,下音代,正作叆叇也。"郑贤章《汉文佛典疑难俗字札考》(2011)对"饕餮"作了批注:"'餮',大型字典失收,乃'叇'字。吴·支谦译《撰集百缘经》卷三:'佛以神力,令此香云叆叇垂布遍王舍城。'(T4/215c)《随函录》中'饕餮'即《撰集百缘经》的'叆叇',其中'餮'即'叇'字也。'叆叇'在经文中是表香气浓郁,受其影响,'叆叇'类化偏旁从'香'而作'饕餮(餮)'。"而"薆逮"从"草",所以有"草盛"义,可引申成"浓阴翳蔽貌"。又有"薆薱",如《广韵·代韵》:"薆,薆薱,草盛。"《文选·张衡〈西京赋〉》:"嘉卉灌丛,蔚若邓林;郁蓊薆薱,橚爽櫹椮。"薛综注:"皆草木盛貌也。"

以上"叆叇""暧曃""瞹曃""饕餮""薆逮""薆薱"等实为一组迭韵联绵词,它们语源相同,都有"盛"义。而《荆钗记》中的"腲脮"其实是上述所列联绵词的倒言形式。倒言是发生在联绵词上的一种比较常见的语言现象,如"叆叇"又可作"叇叆",《佩文韵府》卷七十"叇叆"条:"姚希孟《日升月恒赋》:'自晻暗而晃耀,又叇叆而玲珑。'""暧曃"也可写作"曃暧"。倒言后的词语与原词意义相同,所以"脮腲"也可作"腲脮",同为"盛"义。由于"腲脮"形符为"肉"旁,所以"腲脮"表示"肉盛貌","肉盛貌"与"丰满富态的样子"本质相同,至此,"腲脮"一词的词义由来明了。

值得一提的是,《说文》释为"日无光"的"埃曃"有"昏暗不明"义,而受认知隐喻的影响,当这种"昏暗不明"用以来形容人时,则表示人"不晓事理",进而产生"愚蠢、愚笨"义。晋·程晓有《嘲热客》诗:"今世褦襶子,触热到人家。"萧旭(2016)对其中的"褦襶"一词进行了考释探源,认为"褦襶"意为"愚痴",与"瞹曃""暧曃""暧曙""饕餮""腰襵"等语源相同,都为"埃曃"一词的音转。另外王云路、方一新(1992:286—287)也认为"褦襶"表示"不晓事、愚痴"义,并根据语音上的相关性系联出了"诶诒""哀骀"。"诶诒"语出《庄子·达生》:"公反,诶诒为病。"意为"失魂魄"。"哀骀"语出《庄子·德充符》:"卫有恶人焉,曰哀骀它。"意为"丑貌"。并进一步指出:"'哀骀''诶诒'与'褦襶'皆音相近,义相关,愚蠢痴呆义与恍惚失魄相近,而丑陋与呆傻往往亦相关。"总之,上述所列举的这些词语都是从"埃曃"这一语源分化出来的,因此它们语音相近,在意义上也具有相关性。

参考文献：

古　风　1990《掌故大辞典》，北京：团结出版社。
华　夫　1993《中国古代名物大典》，济南：济南出版社。
蓝立蓂　1993《关汉卿戏曲词典》，成都：四川人民出版社。
梁晓虹等　2005《佛经音义与汉语词汇研究》，北京：商务印书馆。
钱南扬　2009《〈永乐大典戏文三种〉校注》，北京：中华书局。
王云路　方一新　1992《中古汉语语词例释》，长春：吉林教育出版社。
萧　旭　2016《〈启颜录〉校补》，《东亚文献研究》第17辑。
熊　娟　2014《"盂兰盆"的语源语义考查》，《汉语史学报》第14辑。
许宝华、[日]宫田一郎　1999《汉语方言大词典》，北京：中华书局。
杨　琳　2016《"盂兰盆"考源》，《文化学刊》第6期。
郑贤章　2011《汉文佛典疑难俗字札考》，《古汉语研究》第2期。

【作者简介】赵家栋，男，文学博士，南京师范大学文学院副教授。研究方向：中古及近代汉语词汇研究。

（本文发表于《古汉语研究》2019年第4期）

释"都无"

张俊之　吴皓佳

（西南科技大学,文学与艺术学院）

[摘　要]"都无"自汉魏六朝起就是一个常用词,而且只有"完全没有"一个意义。理解为"倘无",是对词义的曲解,从而导致对文学作品的误读。

[关键词]都无;辛弃疾

辛弃疾《鹧鸪天·读渊明诗不能去手戏作小词送之》：

晚岁躬耕不怨贫,只鸡斗酒聚比邻。都无晋、宋之间事,自是羲皇以上人。千载后,百篇存,更无一字不清真。若教王、谢诸郎在,未抵柴桑陌上尘。

邓广铭先生笺注云："'都无'当作'倘无'解。陶渊明生于东晋末年,卒于刘宋初年。其时内多篡弑之祸,而北方则先后分处于十六国统治下。渊明《与子俨等疏》虽云'五六月中北窗下卧,遇凉风暂至,自谓是羲皇上人',然于《拟古》诗中有'饥食首阳薇,渴饮易水流'句,于《读山海经》十三首中有'精卫衔微木,将以填沧海'句,皆寓有愤世之意。盖晋、宋之间既世局多故,亦殊不能全然与世相忘。故稼轩作此设词,以为若无晋、宋之间事,则彼自是羲皇上人耳。"

有大型辞书据此为"都无"立"倘无、若无"义项（且仅此一项）,于是更见于"百度百科""百度汉语"。令人疑惑的是,"都"从来没有"倘若"之类表示假设的意思,"都无"如何就有"倘无"之意？因此很有必要从汉语史的角度作一番考察。

"都无"一词大致出现于汉末,到六朝时大量使用：

（1）仲宣伤于肥戆,休伯都无格检,元瑜病于体弱,孔璋实自粗疏,文蔚性颇忿鸷。（三国·魏·鱼豢《王粲阮陈路传论》）

（2）靡所宗统，则君子失所仰，凶人得其志。网疏犹漏，可都无网乎？（晋·葛洪《抱朴子外篇·诘鲍》）

（3）作荆州时，敕船官悉录锯木屑，不限多少，咸不解此意。后正会，值积雪始晴，听事前除雪后犹湿，于是悉用木屑覆之，都无所妨。（南朝·宋·刘义庆《世说新语·政事》）

（4）陶公疾笃，都无献替之言，朝士以为恨。（同上《言语》）

（5）国宝主簿夜函白事云："荆州事已行。"国宝大喜，而夜开阁唤纲纪话势，虽不及作荆州，而意色甚恬。晓遣参问，都无此事。（同上《纰漏》）

（6）王夷甫容貌整丽，妙于谈玄恒。捉白玉柄麈尾，与手都无分别。（同上《容止》）

（7）战争多年，民物涂炭，是以不耻先言，与魏朝通好。比亦有书，都无报旨。（《魏书·董绍传》）

很显然，上述诸例中的"都无"就是总括副词"都"与否定词"无"意义的加合，意为"全无"，"一点都没有"。如例（1），从内容上看是对王粲、繁钦诸人的客观评述，从语例上看是几个叙述句的并列，前后没有假设与结果的关系；例（2）中的"犹"字已经作为让步关系的语法标记出现在前一分句了，后一分句中的"都无"自然不能再表示假设；例（4）是说陶侃临终没有一句对时政的交代，因此众人非常遗憾，这也是对事实的陈述。其余各例，"都无"均出现在末句，如果将其理解为"倘无"，则表示假设关系，没有后续小句，语义不完足。

唐五代的文献中，"都无"用法和意义是否有变化呢？是否发展出表假设的用法呢？我们看一些例子：

（8）武帝尝召时贤共言伎艺之事，人人皆有所说，惟敦都无所关，意色殊恶。（《晋书·王敦传》）

（9）文盛妻石氏，先在建邺，至是，景载以还之，文盛深德景，遂密通信使，都无战心，众咸愤怨。（《梁书·徐文盛传》）

（10）都无看花意，偶到树边来。（唐·杨衡《题花树》）

（11）臣等昨因奏事，亲承德音。宫中有一妇人，性颇好道，然未全通悟。数日以前，忽梦玄元皇帝殷勤教诫道法，尚未尽解遵承。无何，又依前梦见，大被呵责，遂以水噀其两目，因而丧明。比梦觉后，都无所见。（唐·孙逖《为宰相贺宫人梦玄元皇帝应见表》）

（12）安有仆射因改丞相之名，都无丞相之实，而为百僚之师长也？（唐·杜佑《仆射论》）

（13）丧妻未及于半年，别成婚媾，弃母动逾于千里，不奉晨昏，而皆自抵刑章，各行窜逐，都无省过，但出怨词。（五代·后唐明宗《诛温韬等诏》）

上述各例中，例（8），"都无"与上文"人人"相呼应，形成事实上的对照；例（9）中，"都无"句揭示了徐文盛手下生气的原因，自然也是事实。例（10）中，"都无"放在句首，表明实际情况——其实并没有想要去看花的意思；例（11）表明事件结果，例（12）用反问语气表示丞相的实质光凭借一个名号头衔是无法领导众人的。如果将"倘无"带入语境，完全无法解释句意。可见，至唐时，"都无"的意义与魏晋六朝并没有区别。

在辛弃疾生活的宋代，"都无"真的有"倘无"的意思吗？先看一些宋词中的例子：

（14）但只有千篇，好诗好曲，都无半点，闲闷闲愁。（蒋捷《沁园春·次强云卿韵》）

（15）迎面落叶萧萧，水流沙共远，都无行迹。（张炎《壶中天·夜渡古黄河与沈尧道曾子敬同赋》）

（16）溪南溪北。玉香消尽，翠娇无力。月淡黄昏，烟横清晓，都无消息。（张孝祥《柳梢青·探梅》）

（17）一日抵三秋，半月如千岁。自夏经秋到雪飞，一向都无计。（吕滨老《卜算子》）

这些"都无"所在句子，没有后续小句而语义完足，"完全没有"的意义非常显豁。再看一些宋代诗文中的例子：

（18）气冲毬鞠何彭彭，地远都无橄榄香。（薛季宣《河豚》）

（19）春梦都无三日好，一冬忙杀探梅人。（范成大《连夕大风凌寒梅已零落殆尽三绝》）

（20）只有贫堪逐，都无愤可摅。（孙觌《沈公序余闲亭二首》）

（21）若使朝廷有一二人，中材之将，叩头效死，奋身请战，誓雪君耻，少增国威，则戎狄未敢侵陵，朝廷未至屈辱。奈何自中及外，都无一人。（欧阳修《论军中选将》）

（22）旧制公私试，试上舍，补内舍，盖无虚月，皆糊名考校，排定高下，烦劳费用，不可胜言，于学者都无所益。（程颐《三学看详文》）

如果将"都无橄榄香""都无三日好""都无愤""都无一人""都无所益"中的"都无"理解为"倘无",如何通句?

总而言之,从汉语史上看,自汉魏六朝到唐宋时期,"都无"都只有一个意义,就是"完全没有"。"无"本是一个存现动词,"都"本是一个副词,用以强调"无"的完全彻底。不论是对事实的描述,还是夸张手法的需要,"都"都经常修饰"无",于是"都无"逐渐凝固成词了。而且,跟有的词意义随时代变化不同,"都无"意义稳定,这应该与"都"和"无"意义单一与稳定有关。其语法功能也非常稳定,就是作及物动词,后面一般带名词或名词性短语,而不能用作连词。

再回到辛弃疾《鹧鸪天·晚岁躬耕不怨贫》词中,对"都无"的理解,涉及到作者是否承认陶渊明是"羲皇以上人"的问题。其实,辛弃疾真实的意思是表达对陶渊明及其诗歌质朴清新纯真的赞美,因为他品德的朴实高洁,因此诗风才如此平易自然,没有一点晋宋时的浮华和繁奢。陶渊明真实高尚的性格与品质是客观存在的,是独特的,是没有受到当时社会环境熏染的,他凭借自己的节操与诗风而成为"羲皇以上人"。《笺注》以为"稼轩作此设词,以为若无晋、宋之间事,则彼自是羲皇上人耳",完全是对词意的曲解。

董志翘师曾经指出:"汉语史研究的主要对象并非活的语言,而是历代流传下来的文献语言材料,因此摆在汉语史研究者面前的首要任务是广泛收集、认真鉴别、准确识读这些材料,然后才谈得上分析、利用这些材料。"这虽然是针对汉语史研究不重训诂而言的,但用在文学研究不重汉语史和训诂上亦是非常恰切的。如果能运用训诂学知识,从汉语史上去考察词义,完全可以提高对文学作品解读的准确性。

参考文献:

董志翘 2005《训诂学与汉语史研究》,《语言研究》第6期。
[宋]辛弃疾撰、邓广铭笺注 1993《稼轩词编年笺注》(增订本),上海古籍出版社。

【作者简介】张俊之,男,文学博士,西南科技大学教授。研究方向:汉语史。
吴皓佳,西南科技大学汉语言文学2018级本科生。

敦煌契约文书特殊语词考释

赵永明

(淮北师范大学,文学院)

[摘 要]敦煌契约文献中有些词语在语义上具有一定的独特之处,这些词语的语义有些在其他文献中可以适用,有些词语离开敦煌文献的语境则不能成立。文章通过对这类契约文献词语进行尝试性释读,试图探求这些词语的正确语义。

[关键词]敦煌契约文书;语词;考释

敦煌契约文献是我国文化的瑰宝,与其他类型的传世文献相比,敦煌契约文献中有些词语在语义上具有一定的独特之处,这些词语的语义有些在其他文献中可以适用,有些词语离开敦煌文献的语境则不能成立。对于此类现象,学者们早有关注,董志翘(2007:1—9)就曾指出:"在近代社会,随着社会分工的日益细化则形成了更为多样性的若干语域。""语域言语学的研究面临两个任务:一是对各个语域的微观研究,一是对语域体系的宏观建构。社会语言学已经做出一些成果,可以作为建立语域言语学的基础。""21世纪要能在中古、近代汉语词汇研究上深入下去,除了关注时空因素,还应注意各领域的词汇差别。"在这一学术思想的启迪下,我们尝试对这类契约文献中的词语进行释读,并求证于方家。

旁人

《东汉光和元年平阴县曹仲成买田铅券》:"田中有伏尸□骨,男当作奴,女当作婢,皆当为仲给使。时旁人贾、刘,皆知券约。□如天帝律令。"

按:"旁人"在汉代契约文献中多出现在契约的末尾,其基本语义为"证人,见

证人",这一语义在其他传世文献中罕有出现。汉代契约文献中,"旁人"一词触处可见。如:

《东汉光和七年平阴县樊梨家买田铅券》:"上至天,下至黄,皆□□行田,南尽佰北,东自比……子自当解之。时旁人杜子陵,李季盛。沽酒各半,钱五十。"《东汉中平五年雒阳县房桃枝买地铅券》:"田东、西、南比旧,北比樊汉昌。时旁人樊汉昌、王阿顺,皆知关券约。沽各半,钱千无五十。"《西汉黄龙元年南阳郡诸葛敬买地铅券》:"田东西南北以大石为界。时,旁人丁阳、郭平皆知卷约,沽酒各半。"《东汉建武中元元年广阳郡徐胜买地铅券》:"若有尸死,男即为奴,女即为婢,皆当徐胜给使。时旁人姜同、许义皆知券约。沽酒各半。"《西晋泰始九年高昌翟姜女买棺约》:"若有人名棺者,约当召栾奴共了。旁人马男,共知本约。"

"旁人"有时也写作"傍人"。如:

《南朝宋元嘉九年仁仪里王佛女买田砖券》:"有丹书钱券,事事分明。时知者,东皇父,西王母;任者王子侨,傍人张亢根。"

契约文献中作为"证明人"之义的词语随着时代的变迁而变化。汉以后的契约文献中,"旁人"多为"时人"所代替。如:

《北魏正始四年北坊张狠洛买墓田砖券》:"若先改者,出北绢五匹,画指为信。书券人潘□,时人路善王,是人路荣孙。"《前梁升平十一年高昌王念卖驼券》:"左来右去,二主各了。若还悔者,罚毯十张供献。时人構显丰,书券李道伯。"

汉语辞书,如《汉语大词典》亦收录"旁人"一词,义项为:"①他人,别人。南朝宋鲍照《代别鹤操》:'心自有所存,旁人那得知。'②旁边的人。清王士禛《池北偶谈·谈异四·银杏》:'友人不应,问再三不已,旁人皆匿笑。'"从书证及义项来看,与契约文献中的"旁人"语义关涉不大。

寒盗

《唐开元二十九年于阗兴胡安忽婆卖牛契》:"买兴胡安忽婆乌柏特牛一头,肆岁。其牛及练即日交相付了。如后牛有寒盗,并仰主、保支当,不忓(干)买人之事。"

按:"寒盗"一词学界多有争议,至今未有定论。王树枏《新疆访古记》释"寒盗"二字谓系当时俗语,言人贫寒而为盗者。似牵强过甚。《流沙坠简·方技类》有治伤寒马医方,是"寒"谓"寒疾","盗"则"被盗"也。朱雷(2012:55)认为"寒盗"为"被别人呵斥为盗窃所得,并被人认为己物。"张小艳(2013:394)认为"寒盗"与"诃盗"同,即"诃斥对方(拥有之物)乃偷盗所得。"邓文宽(2014:151)认为"寒盗"的原形可能是"譀盗",义为"对偷盗行为的怒吼"。其实,敦煌契约及以后契约文献中的"寒盗"指的就是"盗窃、盗取"。《小南雅·广诂》"寒,取也。"宋翔凰训纂:"寒,通作攃。"又,胡承珙义证:"寒,与攃同"。《说文·手部》"攃,拔取也,南楚语。"由此看来,"寒盗"就是普通的盗取。

关于"寒盗"的语义,我们也可以通过契约文献本身进行考察。《吐蕃·年敦煌令狐宠宠卖牛契》:"其牛及麦当日交相付了,并无悬欠。如后牛若有人识认,称是寒盗,一仰主、保知当,不忏(干)卖(买)人之事。如立契后在三日内牛有宿疢,不食水草,一任却还本主。"上述契约中,对于交易以后的牛,卖方需要承担两个方面的责任,一是如果牛的来历不明,有偷盗之嫌疑,卖方必须担责;另一种是病牛也需要卖方担责。其实契约文献中,不仅仅牛的交易如此,其他大牲畜的交易也是如此。如《唐开元二十一年西州康思礼卖马契》:"今于西州市买康思礼边上件马。其马及练即日各交相分付了。如后有人寒盗识认者,一仰主、保知当,不关买人之事。"此契约中亦明确指出如果马的来历不明,涉嫌盗窃,被人认出,买主也不承担责任。

交用

《唐天宝十三载高昌朱玄过出租田契》:"天十三载十一月二十三日,杨晏交用小麦肆斗,于竹玄果边租天十四分贰亩。"《唐开元二十九年于阗兴胡安忽娑卖牛契》:"开元廿九年六月十日,真容寺于于湛城交用大练捌匹,买兴胡安忽娑乌柏特牛一头肆岁。其牛及练即日交相付了。"

按:"交用"为"合计使用,共计使用"之义。"交"有"相并,合在一起"义。《广雅·释诂二》:"交,合也。"《楚辞·九章·思美人》:"解扁薄与杂菜兮,备以为交佩。"王逸注:"交,合也。言已解折蒿蓄,杂以香菜,合而佩之。"故契约文献中的"交用"为"共计使用,合计使用"之义。

《汉语大词典》"交用"条:"交替使用。清恽敬《三代因革论六》:'以养兵持其常,以民兵辅其变。二者交用,各得其宜,不可偏废也。'"很明显,《大词典》失收"共计使用,合计使用"这一义项,可据契约文献补正。

断

《吐蕃未年敦煌安不环清卖地契》:"今将前项地出买(卖)与同部落人武国子。其地亩别断作斛㪷汉斗壹硕陆斗,都计麦壹拾伍硕,粟壹硕,并汉斗。《唐乾宁四年敦煌张义全卖宅舍契约》:"从乾宁四年丁巳岁正月二十九日,平康乡百姓张义全为阙少粮用,遂将上件祖与舍兼屋木出卖与洪润乡百姓令狐信通兄弟都断作价直伍拾硕,内斛斗乾货各半。"《唐大中五年敦煌僧光镜赊买车𨦏契》:"遂于僧神□边买𨦏壹枚,断作价直布壹伯尺。"

按:上述诸例中,"断"当作"估价"之义。例1中,"断"的对象为"地亩",就是对地亩的价值进行估算。例2中的"断"是对祖舍及屋木的价值进行估算。例3中的"断"是对"𨦏"的价值进行的估算。实际上,敦煌契约文献中,对于准备买卖的物件一般都是预先进行估价,这在敦煌契约中较为常见。如《后晋天福四年京兆府韩勋卖宅契》:"天福四年二月二十日,买得安□界菜市南壁上韩勋□壹所,准作价钱肆□□(缺)。"契约中的"准"语义为"推断;衡量。"契约中的"准作价钱"就是对所卖物件的价值进行预先评估。唐代的契约文献中有更加直白的估算性表达。如《唐大中五年敕内庄宅使牒》:"万年县泸川乡陈村安国寺金经壹所,计估价钱壹佰叁拾捌贯伍佰壹□文。"

实际上,"断"有"估价"义在吴语中仍有保留。张慎仪《方言别录》卷下之二引清周亮工《闽小记》:"闽种荔枝龙眼家多不自采,吴越贾人春时即入赀估计其园,吴越人曰'断'。"然这一语义诸多辞书,如《敦煌语言词典》《汉语大词典》等皆未提及。

边

《唐总章三年高昌白怀洛举钱契》:"总章三年三月廿一日,顺义乡白怀洛于崇化乡左憧憙边举取银钱拾文,月别生利钱壹文。到月满日,白即须送利。"《唐总章三年高昌张善憙举钱契》:"总章三年三月十三日,武城乡张善憙于左憧憙边举取银钱肆拾文,每月生利钱肆文。若左须钱之日,张即子本具还。"《唐乾封元年高昌郑海石举银钱契》:"乾封元年四月廿六日,崇化乡郑海石于左憧憙边举取银钱拾文,月别生利钱壹文半。到左须钱之日,嗦即须还。"

按:敦煌契约中有许多此类的"边",这个"边"为"处"之义,意思为从某人之处或某人身上借钱,表示钱的来源。敦煌契约文献中表示此类语义的"边"触目皆是。除上举诸例外,下列敦煌文献中的"边"语义皆为该义。如《唐麟德二年高昌卜老师举钱契》:"麟德二年正月廿八日,宁昌乡人卜老师于高参军家人未豐边举取钱拾文,月别生利钱壹文。若未豐须钱之日,本利具还。"《唐显庆四年高昌白僧定举麦契》:"显庆四年十二月廿一日,崇化乡人白僧定于武城乡王才欢边举取小麦肆觔(斛)。"《唐高昌张小承与某人自愿换种田地契》:"两共平章,恐人无信,故立此契为记。数内一亩地子,张处直边收麦两斛一斗。契有两本,(各)执一本。"《唐咸亨四年酒泉城张尾仁举钱契》:"咸亨四年正月贰拾伍日,酒泉城人张伟仁于高昌县王文欢边举取银钱(拾文),至当年□□,月别生利钱,日生利具还。"

敦煌文献中,也有直接把"边"写作"处"的用例,更加印证了"边"有"处"义。如斯1475《酉年曹茂晟便豆种契》:"酉年三月一日下部落百姓曹茂晟为无种子,遂于僧海清处便豆壹硕捌斗。其豆自限至秋八月三十日已前送纳。"

"边"的这一语义在诸多大型辞书中未见收录,可据此作补。

造作

《戊戌年敦煌令狐安安定雇工契》:"洪润乡百姓令狐安定,为缘家内欠阙人力,遂于龙勒乡百姓龙聪儿造作一年。从正月至九月末,断作价直每月五斗。"《壬午年敦煌康保住雇工契》:"慈惠乡百姓康保住为缘家中欠少人力,遂于莫高乡百姓赵紧匠面上雇男造作壹周年,从正月之九月末,断作每月壹驮。"《后梁龙德四年敦煌阴厶甲受雇契》:"燉煌郡乡百姓张厶甲为家内阙少人力,遂雇同乡百姓张厶甲,断作雇价从二月末至九月末造作,逐月壹驮。"《甲申年敦煌韩壮儿受雇契》:"敦煌乡百姓苏流奴,伏缘家内欠少人力,遂于效谷乡百姓韩德儿面上雇壮儿,造作营种。"

按:敦煌契约文献中的"造作"一词为"劳作,劳动"之义。"造"古有"为"义。《玉篇·辵部》:"造,为也。"《大诰》:"予造天役"。陆德明《经典释文》:"造,为也。""造作"就是"为作",就是"劳作,劳动"。这一语义的"造作"在一般的传世文献中用例不多,敦煌契约中却触处可见。"造作"之"劳作,劳动"义在辞书中罕有出现,可据此作补。

勾填

《唐大中五年敦煌僧光镜赊买车钏契》:"其布限十月已后于僦司恒纳。如过十月已后至十二月勾填,更加贰尺。"

按:上述敦煌契约例中的"勾填"义为"归还,偿还"。敦煌契约中常常用"填还"表示"归还,偿还",如《丙午年敦煌宋强雇驰契》:"洪润乡百姓宋(强),(充)使西州,欠少驰畜。遂于同乡百姓厶专甲面上故八岁父驰驳一头,断作驰价生绢一匹。正月至七有便须填还。"有时写作"田还",如《癸未年敦煌张修造雇驮契》:"遂于押衙价延德面上雇六岁父驮一头,断作驮价官布拾个,长二丈六、七。使入了,限三日便须田还,更不许推言。"有时亦用"还纳"表示,如《辛丑年敦煌贾彦昌贷绢契》:"若真善到,利头当日还纳,本物限入后壹月还纳。"

然"勾填"在大型辞书,如《汉语大词典》中仅有一个义项"钩勒填描。复制字画的一种方法。"从义项上看,该语义与敦煌契约中的"勾填"相差甚远。

参考文献:

董志翘 2007《21世纪中古、近代汉语词汇研究随想》,北京:中华书局。

黄永武 1985《敦煌丛刊初集》,台北:新文丰出版公司。

朱 雷 2012《论麹氏高昌时期的"作人"》,上海:上海古籍出版社。

张小艳 2013《敦煌社会经济文献词语论考》,上海:上海人民出版社。

邓文宽 2014《"寒盗"或即"諴盗"说》,《敦煌研究》第3期。

许宝华、[日]宫田一郎 1999《汉语方言大词典》,北京:中华书局。

【作者简介】赵永明,男,文学博士,淮北师范大学文学院教授,硕士生导师。研究方向:汉语史、训诂学。

中古笔记小说词语考释五则*

张鹏丽　陈明富

（南京工业大学,文学与文化研究所）

[摘　要] 中古笔记小说保存了大量词语,是研究古汉语词汇之难得语料,因而对于中古笔记小说词语尤其疑难词语之考释,显得十分必要和紧迫。其中"磨莹"当释为"磨治",同义连文,并列结构;"嫌惜"当释为"担忧""忌讳";"摽末"当为"微末""末端"义,并列结构;"壮悦"当释为"强壮轻便""健壮轻捷";"忧累"当释为"忧愁""忧患"。

[关键词] 中古;笔记小说;磨莹;嫌惜;摽末;壮悦;忧累

　　古代笔记小说泛指用文言所写之志怪、传奇、杂录、琐闻、传记、随笔之类等著作,内容广泛。古代笔记小说保存了大量词语,而且很多口语性较强,是研究古汉语词汇之难得语料。其中,就中古(东汉至隋)笔记小说而言,在疑难词语考释方面,虽然前贤时彦取得了不小成就,但毕竟此阶段笔记小说数量较多,词语丰富,加之种种因素,仍存在不少释义问题,如文献释义用力不均、未释、误释、释义争议未定、释义理据不足等。

　　因而,对于中古笔记小说词语尤其疑难词语的考释,显得十分必要和紧迫。必须善于利用已有研究成果和科学研究方法,即充分利用古今训诂及词汇研究成果,运用词汇学、语义学、文字学、音韵学、语法学、语用学、文献学等综合知识手段等,对各类词语尤其疑难词语进行科学考释,也是未来对于中古笔记小说词语研究的

---

* 基金项目:国家社科基金项目"中古笔记小说词语考释"(14BYY167)。

必然趋势。本文拟重点考释"磨莹""嫌惜""摽末""壮悦""忧累"等五词,错讹之处,请方家指正。

磨莹

剑在室中,光景犹照于外,与挺剑不殊,十二年一加磨莹,刃上常若霜雪。(刘歆《西京杂记》卷一)

案:"磨莹"当释为"磨治",同义连文,并列结构。

《大词典》收录"磨莹"及"莹磨",然其释义皆误也。其释义及书证如下:

磨莹:磨治光亮。《西京杂记》卷一:"高祖斩白蛇剑……十二年一加磨莹,刃上常若霜雪。"北魏郦道元《水经注·济水一》:"又有石床,长八尺,磨莹鲜明,叩之声闻远近。"唐黄滔《丈六金身碑》:"我公神之而露其梦,于是迎入府之别亭,磨莹雕饰,克尽其妙,朝夕瞻拜,时不之怠。"明张居正《贺少司寇少崖傅公三品奏最序》:"古之所为学道术者,将以砻琢其理性,而磨莹其瑕颣。"

莹磨:谓磨治使光洁。三国吴康僧会《〈安般守意经〉序》:"若得良师划刮莹磨,薄尘微暖,荡使无余。"晋葛洪《抱朴子·辞义》:"或曰:乾坤方圆,非规矩之功;三辰擿景,非莹磨之力。"

从《大词典》所列"磨莹"及"莹磨"二词之书证来看,二词均为动词,其义均为"磨治"也。所谓"磨治光亮""谓磨治使光洁"之释语,乃为"莹"之常义所惑,实乃牵强也。"莹"不仅有"光亮""光洁"义,亦有"磨治"之义。因"磨"之"磨治"义,义浅常见,此不赘言,仅单论"莹"。

《诗经·卫风·淇奥》:"有匪君子,充耳琇莹。"毛传:"琇、莹,美石也。"《文选·宋玉〈神女赋〉》:"烨乎如花,温乎如莹。"刘良注:"言神女之貌光色如花,温润如玉。"《说文·玉部》:"莹,一曰石之次玉者。"《集韵·庚韵》:"莹,石似玉也。"故"莹"最初可指"次玉之石"或"似玉之石",亦可指"玉色",如《说文·玉部》:"莹,玉色。"《玉篇·玉部》:"莹,玉色也。"《广韵·庚韵》:"莹,玉色也。"又如《韩诗外传》卷四:"良珠度寸,虽有百仞之水,不能掩其莹。"郦道元《水经注·谷水》:"石出荆山玄岩之下,外炳五色之章,内秉坚贞之志,雕之不增文,磨之不加莹。"

从而引申出"光洁""晶莹"义,如简文帝《吊道澄法师亡书》:"法师志业淹明,道风淳素,戒珠莹净,福翼该圆。"杨巨源《李謩吹笛记·许云封》:"时云天初莹,秋露凝冷。"陶宗仪《辍耕录·毁前朝玉玺》:"独唐武氏一玺,玉色莹白,制作如官印。"

再引申出"使光洁""使明亮"义,如左思《招隐诗》之二:"前有寒泉井,卿可莹心神。"上官昭容《游长宁公主流杯池》之十七:"岩壑恣登临,莹目复怡心。"

进而引申出"磨治"义,如《说文·玉部》段玉裁注:"莹,引申为磨。"《慧琳音义》卷八"莹治"注引《考声》:"莹,理也,修故也。"又卷五十三"善莹"注引顾野王云:"莹,谓摩饰玉使光明也。"《希麟音义》卷三"莹彻"注引《仓颉》:"莹,治也。"其具体用例如谢灵运《与诸道人辨宗论》:"昌言折中,允然新论,可谓激流导源,莹拂发晖矣。"《周书·苏绰传》:"夫良玉未刻,与瓦石相类;名骥未驰,与驽马相杂。及其刻而莹之,驰而试之,玉石驽骥,然后始分。"

故"磨莹"当释为"磨治",属同义连文,而非"磨治光亮"之义。"磨莹"于中古笔记小说不常见,其他文献则较常见,又如《颜氏家训·勉学》:"夫命之穷达,犹金玉木石也;脩以学艺,犹磨莹雕刻也。金玉之磨莹,自美其禋璞,木石之段块,自丑其雕刻;安可言木石之雕刻,乃胜金玉之禋璞哉?"丹霞禅师《骊龙珠吟》:"须自体,了分明,了得不用更磨莹。深知不是人间得,非论六类及生灵。"《云仙杂记·碑石》:"李辅国葬父,碑石用豆屑一千团,磨莹如紫玉。碑字四面,镌葵花三百朵。"《古尊宿语录》卷四十五:"镜藉重磨莹,金须再炼精。劝令先自利,然后利群生。"

嫌惜

陛下好道思微,甄心内向,天尊下降,并传授宝秘。臣朔区区,亦何嫌惜而不上所有哉!然术家幽其事,道法秘其师。术泄则事多疑,师显则妙理散。愿且勿宣臣之意也。(东方朔《海内十洲记·昆仑》)

案:"嫌惜"当释为"担忧""忌讳",同义连文,并列结构。

《礼记·坊记》:"夫礼,坊民所淫,章民之别,使民无嫌,以为民纪者也。"郑玄注:"嫌,嫌疑也。"《说文·女部》:"嫌,不平于心也。"《慧琳音义》卷五"慊恨"注引王弼注《周易》云:"嫌,心不平也。""嫌"最初指"嫌疑"之义,引申出"猜疑""怀疑"义,如赵晔《吴越春秋·王僚使公子光传》:"渔父曰:'吾见子有饥色,为子取饷,子何嫌哉?'子胥曰:'性命属天,今属丈人,岂敢有嫌哉?'"《汉书·杜邺传》:"则黎庶群生无不说喜,上帝百神收还威怒,祯祥福禄何嫌不报!"颜师古注:"嫌,疑也。"有猜疑就难免有忧虑,故"嫌"又引申出"担忧"或"忌讳"义,如《公羊传·隐公七年》:"《春秋》贵贱不嫌同号,美恶不嫌同辞。"《三国志·吴志·孙权传》:"人之举措,何能悉中,独当己有以伤拒众意,忽不自觉,故诸君有嫌难耳。"范成大《虞美人·红木犀》:"恰如娇小万琼妃,涂罢额黄,嫌怕污燕支。"毛滂《武陵春·夜观雪继而月复明》:"剩落瑶花衬月明,嫌怕有纤尘。"据句意,"嫌惜"之"嫌"当释为"担忧""忌讳"之义。

《楚辞·惜誓序》:"惜者,哀也。"《说文·心部》:"惜,痛也。"《文选·颜延之〈直东宫答郑尚书〉》:"惜无丘园秀,景行彼高松。"张铣注:"惜,伤也。""惜"本指"哀伤"义,又如《论语·子罕》:"子谓颜渊曰:'惜乎!吾见其进也,未见其止也。'"贾谊《惜誓》:"惜余年老而日衰兮,岁忽忽而不反。"引申出"珍爱""吝惜"义,如《楚辞·九章·惜诵》:"惜诵以致愍兮,发愤以抒情。"王逸注:"惜,贪也。"《吕氏春秋·长利》:"我国士也,为天下惜死;子不肖人也,不足爱也。"高诱注:"惜,爱也。"《玉篇·心部》:"惜,吝也,贪也。"又如《庄子·在宥》:"而天下乃始尊之惜之,甚矣,天下之惑也!"《后汉书·光武帝纪上》:"既至郾、定陵,悉发诸营兵,而诸将贪惜财货,欲分留守之。"进而引申出"害怕""担忧",如李白《感兴》之三:"不惜他人开,但恐生是非。"张先《菩萨蛮》:"惜恐镜中春,不如花草新。"杜安世《安公子》:"惜恐莺花晚,更堪容易相抛远。"王安中《蝶恋花·长春花口号》:"十二番花寒最好,此花不惜春归早。"据句意,"嫌惜"之"惜"当释为"害怕""担忧"之义①。

综上,"嫌惜"当释为"担忧""忌讳",属同义连文。"嫌惜"于中古笔记小说不常见,其他文献亦不常见。

摽末

六合之内,岂唯数处而已哉!此盖举其摽末尔。(东方朔《海内十洲记·昆仑》)

案:据句意,"摽末"当为"微末""末端"义,并列结构。

《大词典》收录"摽末"一词,其释义书证为:"摽末:刀尖。喻微末。摽,通'镖'。《汉书·王莽传上》:'及至青戎,摽末之功,一言之劳,然犹皆蒙丘山之赏。'颜师古注引服虔曰:'摽音刀末之摽。'王先谦补注引沈钦韩曰:'《淮南·修务训》高注:"摽,

---

① "惜"之"害怕""担忧"义,可见张相先生《诗词曲语辞汇释》(全二册)(中华书局,1977年版,下同)583页关于词语"惜"之相关释义,王锳先生《唐宋笔记语辞汇释》(修订本)(中华书局,2001年版)181页关于词语"惜"之释义时亦有提及。

读刀摽之摽。"与服虔同,则汉谓刀末为摽。'"

《大词典》释"摽末"为"微末",乃因比喻引申而来,是也,然其所比喻之依据"刀尖"者,则似可探究。依《大词典》,"摽末"本义为"刀尖","摽"通"镖","末"应为刀之末端,即尖部。《说文·手部》朱骏声通训定声:"摽,假借又为镖。"关于"摽""镖"之释义,《说文·金部》:"镖,刀削末铜也。"段玉裁注:"削者,刀鞞也。俗作鞘。刀室之末以铜饰之曰镖。"又《淮南子·修务》:"然而搏琴抚弦,参弹复徽,攫援摽拂,手若蔑蒙,不失一弦。"高诱注:"摽,音刀摽之摽。"《汉书·王莽传上》:"及至青戎,摽末之功,一言之劳,然犹皆蒙丘山之赏。"颜师古注引服虔曰:"摽,言刀末之摽。"萧该音义引《字林》:"摽,刀削末铜也。"《元史·舆服志一》:"玉具剑,金宝饰玉镖首,瑜玉双佩。"

由上可知,"镖"本指刀鞘、剑鞘末端之铜饰物,并非指"刀尖"或"末端",其本身并无"微小"之义,将"摽末"释为"刀尖",显然缺乏理据。颜师古注引服虔曰:"摽,言刀末之摽。"这里服虔、颜师古所言之"刀末之摽",是说"刀之末端"之摽(铜饰物),即摽位于刀末之处,亦并非言"摽"即"刀末"之义。另外,"镖末"虽可比喻末端,然为何非得用"镖末"来比喻末端,而非用其他物体之末端来比喻末端呢,比如直接说"刀末""木末"不是更形象而简单吗,显然"摽"即"镖"之通假,缺乏理据。可见,《大词典》之"刀尖"释义,及其由通假"镖"而来,虽看似有训诂依据,但其理解有误,释义缺乏逻辑性,难经推敲,似可商榷。

关于"摽"之意义,从训诂及古书来看,"摽"首先有"捶""击"之义,如《诗经·邶风·柏舟》:"静言思之,寤辟有摽。"毛传:"摽,拊心貌。"马瑞辰通释:"《说文》《广雅》并曰:摽,击也。"《左传·哀公十二年》:"长木之毙,无不摽也。"杜预注:"摽,击也。"《说文·手部》:"摽,击也。"然"捶""击"之义与"微小"义相距甚远,不适合解释"摽末"之义。"摽"又有"落"义,如《诗经·召南·摽有梅》:"摽有梅,其实七兮。求我庶士,迨其吉兮。"毛传:"摽,落也。"《广韵·小韵》:"摽,落也。"有"麾"义,如《孟子·万章下》:"摽使者出诸大门之外。"赵岐注:"摽,麾也。"但这些意义均不适合解释"摽末"之义。

"摽"又可作"苃""荸""薰",如《诗经·召南·摽有梅》:"摽有梅,其实七兮。"王先谦三家义集疏:"鲁、韩摽作,齐作薰。"李富孙异文释:"孟子梁惠王上注引作苃。音义:丁云:韩诗也。汉食货志赞郑氏注引作薰。"《尔雅·释诂上》郝懿行义疏：".摽,通作,或作荹。"《广韵·小韵》引《字统》云："摽,合作。""苃""荹""藨"等均为植物,如据《大词典》,"荹"义为"植物茎秆里的白膜"和"种子的外皮","藨"义为"浮萍"和"禾穗的芒尖,亦指树梢"。王僧孺《为萧监利求入学启》："敢因荹末,有志庠钧;为山资于一篑,学海渐其微流。"此句中词语"荹末"即有"微小""末端"之义。另,"摽有梅"中"摽",毛传释为"落",而王先谦三家义集疏则释为"藨"等,可指"末端""树梢",显然,后者更具有解释力。

另,"摽"又可假借为"标",如《说文·手部》朱骏声通训定声："摽,假借又为标。"《经籍籑诂补遗·筱韵》："《诗·摽有梅》:摽有梅。《白帖》九十九作标有梅。""标",《说文·木部》："标,木杪末也。"《后汉书·马融传》："陵乔松,履脩樠,踔攓枝,杪标端。"李贤注："标,木末也。"《广韵·小韵》："表,标杪,木末。"可见,"杪末"即"末端""微末""微小"也,可指树木等物体。"杪末"亦可很好解释"摽有梅"之含义。

另外,《别雅》卷三："摽末,杪末也。""杪末"即"微小"义,《大词典》亦有释义书证："杪末:微小。章炳麟《代议然否论》:'张衡、马钧之工艺,华佗、张机之医术,李冶、秦九韶之天元四元,在官者曾未倡导杪末,皆深造创获,卓然称良师。'"

综上,"摽末"当为"微末""末端"义,此为引申义,其本义与"摽"关系密切,"摽"理解为"苃""荹""藨",较为合适,或可看做"标"之通假,亦可。"摽末"于中古笔记小说不常见,其他文献所见亦不多,又如《初学记》卷二十八《木部·槐·事对》:"傅选《槐树赋》曰:叶叶扶疏,参林萧瑟;松萝寄生,绵连摽末。延袤千亩,蓊郁晻蔼。"《晋书·石季龙载记下》:"积柴邺北,树摽于其上,摽末置鹿卢,穿之以绳,倚梯柴积,送宣于摽所,使韬所亲宦者郝稚、刘霸拔其发,抽其舌,牵之登梯,上于柴积。"

壮悦

上能三日不食,不能一时无妇人;善行导养术,故体常壮悦。(班固《汉武故事》)

案："壮悦"当释为"强壮轻便""健壮轻捷",并列结构。

从句意来看,因"善行导养术",故"体常壮悦",由此则"壮悦"当与身体健康有关。先看"壮"。"壮"有"强壮""健壮"义,如《周易·大壮》:"象曰:大壮,大者壮也。"高亨注："本卦名'大壮'者,谓其大者强壮也。"《战国策·燕策二》:"今太子闻光壮盛之时,不知吾精已消亡矣!"因义浅常见,此不赘述。

再看"悦"。《尔雅·释诂上》："悦,乐也。"邢昺疏："悦者,心乐也。"《广雅·释诂一》："悦,喜也。"《广韵·薛韵》："悦,乐也。"《集韵·薛韵》："悦,喜也。"可见,"悦"本为"喜悦"义。从"善行导养术,故体常壮悦"一句来看,"壮悦"之"悦"既是"体"之特征,加之与"壮"搭配,则其义必不为"喜悦"。《义府·兑》卷上："体盛曰壮,色盛曰悦。"此处之"悦"为"色盛","色"已由内心转移到外表,但"色"与"体"显然不同。"悦"究竟能否指"体",又如何释义呢？从故训来看,"悦"可指"体",可释为"轻便""轻捷"义。

《广韵·薛韵》："悦,脱也。"《集韵·末韵》："悦,狡也。"又："悦,轻也。"又引《博雅》："悦,可也。"《广韵》释"悦"为"脱",《集韵》分别释为"狡""轻""可",其与"轻便""轻捷"义有何关系？

"脱"本义指"将肉剥皮去骨",如《尔雅·释器》："肉曰脱之,鱼曰斫之。"郭璞注："剥其皮也。"邢昺疏："此论治择鱼肉之名也。肉剥去其皮,因名'脱之'。李巡云：'肉去其骨曰脱。'"《礼记·内则》："肉曰脱之,鱼曰作之。"《说文·肉部》："脱,消肉臞也。"逐渐引申出"迅疾"义,如《孙子·九地》："后如脱兔,敌不及拒。"曹操、李筌注："脱兔,往疾也。"王晳注："脱兔,疾也。""疾"由"迅疾"义,引申出"敏捷"义,或者"敏捷"亦是一种"迅疾",如《史记·殷本纪》："帝纣资辨捷疾,闻见甚敏。"《北史·魏收传》："收既轻疾,好声乐,善胡舞。"

《说文·犬部》："狡,少犬也。""狡"由"少犬"义引申出"矫健""敏捷"义,如《墨子·节用中》："古者圣人,为猛禽狡兽暴人害民,于是教民以兵行。"曹植《白马篇》："狡捷过猴猿,勇剽若豹螭。"《文选·扬雄〈羽猎赋〉》："方驰千驷,狡骑万帅。"李善注引晋灼曰："狡健之骑也。"

《说文·车部》："轻,轻车也。""轻"由"轻车"义逐步引申出"灵巧""轻便"义,如银雀山汉墓竹简《孙膑兵法·十阵》："从役有数,令之为属枕,必轻必利。"庾信《和〈咏舞〉》："洞房花烛明,燕余双舞轻。"朱熹《题祝生画》："裴候已死我亦衰,只君虽老身犹健。眼明骨轻须不变,笔下江山转葱倩。"

"可"有"好""善"义,如《尔雅·释言》："猷,可也。"郝懿行义疏："意所善曰可。"《礼记·檀弓下》："不亦可乎？"陆德明释文："可,或作善。"《经词衍释》卷五："可者,好词也。犹今人言好,每曰可也。""好""善"义较广,身体之轻便敏捷亦为"好""善"。

可见,"脱""狡""轻""可"均有"轻便""轻捷"义,故"悦"有"轻便""轻捷"义。"壮悦"当释义为"强壮轻便""健壮轻捷",与句意甚合。"壮悦"于中古笔记小说不常见,其他文献亦不常见。

忧累

贾谊在长沙,鵩鸟集其承尘,长沙俗以鵩鸟至人家主人死,谊作鵩鸟赋,齐死生,等荣辱,以遣忧累焉。(刘歆《西京杂记》卷五)

案:"忧累"当释为"忧愁""忧患",名词,同义连文,并列结构。

据句意,此处"忧累"当为"忧愁""忧患"之义,"忧"有"忧愁""忧患"义,乃常义也,义浅不释,单论"累"。

"累"本为"堆集""积聚"义,如《穀梁传·僖公十八年》:"冬,邢人、狄人伐卫。狄其称人何也?善累而后进之。伐卫,所以救齐也,功近而德远矣。"范宁注:"累,积也。"《慧琳音义》卷三"嘱累"注引《说文》:"累,积也。"后又有"连累"义,如《尚书·旅獒》:"不矜细行,终累大德。"孔颖达疏:"若不矜惜细行,作随宜小过,终必损累大德矣。"又逐步引申出"劳累"义,如《管子·形势》:"起居不时,饮食不节,寒暑不适,则形体累而寿命损。"由"形体"之"劳累"再引申出"心"之"劳累",即"忧愁""忧患"义,如《庄子·胠箧》:"人含其聪,则天下不累矣。"成玄英疏:"累,忧患也。"《荀子·王制》:"地来而民去,累多而功少。"杨倞注:"累,忧累也。"《战国策·秦策一》:"汉中南边为楚利,此国累也。"高诱注:"累,忧也。"又《东周策》:"王为臣赐厚矣,臣入齐,则王亦无齐之累也。"鲍彪注:"此累,犹患。"《淮南子·汜论》:"无涉血之仇争忿斗,而以小事自内于刑戮,愚者所不知忌也,故因太祖以累其心。"高诱注:"累,恐也。"《三国志·魏志·荀彧传》:"天下虽有逆节,必不能为累,明矣。"梁武帝《〈净业赋〉序》:"有动则心垢,有静则心净。外动既止,内心亦明,始自觉悟,患累无所由生也。"

故"忧累"当释为"忧愁""忧患",名词,同义连文。"忧累"于中古笔记小说不常见,其他文献稍多见,其中主要见于唐宋及以前之文献,元明清文献则少见。如《韩愈集》卷九《律诗一》:"脍成思我友,观乐忆吾僚。自可捐忧累,何须强问鸮。"白居易《狂言示诸侄》:"人老多病苦,我今幸无疾。人老多忧累,我今婚嫁毕。"《云笈七签》卷九十二:"尔乃空中自吟,虚心待神,营摄百绝,栖澄至真。当使忧累靡干于玄宅,哀念莫挠于绛津。"《永乐大典》卷之一万四千四百六十一:"如是,虏兵寝多,诛之用力数倍。臣恐国家忧累,繇十年数,不二三岁而已。"《遵生八笺·清修妙论笺》:"衰年体羸,多为风寒所乘,当深颐养,晏此无事,上味玄元,栖守绛津,体寂至道,心存内观,屏彼万累,荡濯他念,乃始近其门户耳。若忧累多端,人事未省,虽复憩灵空洞,存心淡泊,缠绵亦弗能达也。"

另,"忧""累"连用,并非一定构成复音词,如《说苑》卷第十:"接刃流血,伏尸暴骸,糜烂国家,十有余年,卒丧其师众,祸及大夫,忧累后世,故好战之臣不可不察也。"《全晋文》卷四十九《傅玄五·傅子三·补遗上》:"庖牺神农,顺民之性,育之者也。黄帝除民之害,救之者也。舜治天下,垂拱无为者,以咎繇既举,而不仁远也。禹治洪水,冠挂不顾者,不以下忧累其上也。"据句意,此二句之"忧累"并非一词,乃二词也,其"累"乃"累及"之义,非"忧愁""忧患"义。故当别之。

总之,中古笔记小说保存了大量词语,是研究古汉语词汇之难得语料,因而对于中古笔记小说词语尤其疑难词语之考释,显得十分必要和紧迫。利用已有研究成果和科学、综合的研究方法,对各类疑难词语进行深入考释,也是对于笔记小说词语研究的必然趋势。唯有如此,该领域的研究才能再上新台阶,才能有更大的突破。同时,在中古笔记小说疑难词语的考释中,对于考释方法,也必须要进一步创新和加强,如对于语素的重视,对于史的重视等,对于同类复音词比较归纳以探究语义的方法等。就本文所考释的几个词语来看,其中"磨莹"当释为"磨治",同义连文,并列结构;"嫌惜"当释为"担忧""忌讳";"摽末"当为"微末""末端"义,并列结构;"壮悦"当释为"强壮轻便""健壮轻捷";"忧累"当释为"忧愁""忧患"。

参考文献:

[汉]班固撰,[唐]颜师古注　1962《汉书》,北京:中华书局。

[宋]丁度等编　1985《集韵》(影印本),上海:上海古籍出版社。

[晋]范宁注,[唐]杨士勋疏　1990《春秋穀梁传注疏》,上海:上海古籍出版社。

[南朝宋]范晔撰,李贤等注　1997《后汉书》,北京:中华书局。

高亨著　1984《周易古经今注》,北京:中华书局。

[汉]高诱注,[清]毕沅校,徐小蛮标点　2014《吕氏春秋》,上海:上海古籍出版社。

［晋］郭璞注，［宋］邢昺疏，王世伟整理　2010《尔雅注疏》，上海：上海古籍出版社。
［晋］郭象注，［唐］成玄英疏，曹础基、黄兰发校　2011《庄子注疏》，北京：中华书局。
［南朝梁］顾野王编撰　1985《原本玉篇残卷》（影印本），北京：中华书局。
［清］郝懿行撰　2004《尔雅义疏》，北京：中华书局。
［汉］孔安国撰，［唐］孔颖达疏　2007《尚书正义》，上海：上海古籍出版社。
［汉］刘安等编，［汉］高诱注　1989《淮南子》，上海：上海古籍出版社。
［汉］刘向编，［汉］高诱注　1986《战国策注》，台北：台湾商务印书馆。
［汉］刘向集录，［宋］姚宏、鲍彪注　2015《战国策》，上海：上海古籍出版社。
［清］李富孙撰　1995《诗经异文释》，上海：上海古籍出版社。
罗竹风主编　1986~1993《汉语大词典》，上海：汉语大词典出版社。
［唐］陆德明撰，张一弓点校　2013《经典释文》，上海：上海古籍出版社。
［汉］毛亨传，郑玄笺，［唐］孔颖达疏　1999《毛诗正义》，北京：北京大学出版社。
［清］马瑞辰撰　1989《毛诗传笺通释》，北京：中华书局。
［清］阮元等撰集　1982《经籍籑诂》，北京：中华书局。
［春秋］孙武著，［汉］曹操、［唐］杜牧等注　2011《名家集注孙子兵法》，北京：印刷工业出版社。
［清］王先谦撰　1987《诗三家义集疏》，北京：中华书局。
［汉］王逸注，黄灵庚疏证　2007《楚辞章句疏证》，北京：中华书局。
［南朝梁］萧统主编，［唐］李善等注　2012《六臣注文选》，北京：中华书局。
［唐］玄应、［唐］慧琳、［辽］希麟著，徐时仪校注　2008《一切经音义三种校本合刊》，上海：上海古籍出版社。
［汉］许慎撰，［清］段玉裁注　1988《说文解字注》，上海：上海古籍出版社。
［唐］杨倞注　2010《荀子》，上海：上海古籍出版社。
［三国魏］张揖撰，［清］王念孙疏证　2000《广雅疏证》，南京：江苏古籍出版社。
［汉］赵岐注，［宋］孙奭疏，黄侃句读（经文）　1990《孟子注疏》，上海：上海古籍出版社。
［汉］郑玄注，［唐］孔颖达疏　1999《礼记正义》，北京：北京大学出版社。
周祖谟著　2004《广韵校本》，北京：中华书局。
［清］朱骏声　1984《说文通训定声》，北京：中华书局。

［周］左丘明传，［晋］杜预注，［唐］孔颖达疏正义 2000《春秋左传正义》，北京：北京大学出版社。

【作者简介】张鹏丽，女，文学博士，南京工业大学副教授。研究方向：汉语史。
　　　　　　陈明富，男，文学博士，南京工业大学教授。研究方向：汉语史。

《旧唐书》考误一则

李明龙

(绵阳师范学院,文学与历史学院)

[摘　要]本文以唐代史料为依据,结合史学、地理学成果,证明《旧唐书·李晟传》中"东抵奉天"之"奉天"应为"奉先"之误。

[关键词]奉天;奉先

《旧唐书》卷一三三《李晟传》云:"三月,怀光自三原、富平,东抵奉天,所至焚掠,乃自冯翊入据河中。"(第3666页)窃以为此条中的"奉天"有误。理由如下:

第一,从上文叙述看,李怀光是从三原、富平向东而至奉天,可见奉天应在三原、富平二县之东,而史书所记奉天却在二县之西。三原、富平和奉天在唐代均属京兆府。据《元和郡县图志》卷一《京兆府》:"三原县本汉池阳县,嶻嶭山在今县西北六十里,苻秦于此山北置三原护军,以其地西有孟侯原,南曰丰原,北曰白鹿原,后魏太武七年罢,改置三原县,属北地郡。"(第7页)其地理位置为"次赤,西南至府一百一十里。"(第7页)"赤"为京城之代称,即唐京兆之万年、长安二县;"府"指京兆府,其衙署在长安城之光德坊。"西南至府"是指从西南至京兆府。这说明三原在京城之东北一百一十里处。富平县:"本汉旧县属北地郡,后魏文帝自怀德城移于今理,周闵帝于县置中华郡,武帝省郡,以县属冯翊,隋开皇三年改属雍州。"(第9页)其地理位置为"次赤,西南至府一百五十里。"(第9页)说明富平也在京城之东北,也就是说从京城往东北依次是三原、富平。而奉天乃今之陕西乾县。"光宅元年割醴泉、始平、好畤、武功、新平郡之永寿五县置梁山,高宗天皇大帝乾陵所在,因名曰奉天。"(第9页)其地理位置为:"次赤,东南至府一百六十里。"(第9页)

后改为乾州。《新唐书》卷三七《地理志》云:"奉天,次赤,文明元年析醴泉、始平、好畤、武功、幽州之永寿置,以奉乾陵。陵在北五里梁山,靖陵在东北十里。乾宁二年以县置乾州。及覃王出镇,又以畿内之好畤、武功、鏊屋、醴泉隶之。"(第963页)也就是说奉天在京城之西北一百六十里处。三原、富平在京城之东北,而奉天在京城之西北,故从三原、富平往东是到不了奉天的。

其次,李怀光从未到过奉天。《旧唐书》卷一〇八《崔涣传附崔纵》:"德宗幸奉天,四方握兵,未有至者,纵先知之,潜告李怀光,劝令奔命,怀光从之。纵乃悉敛军财与怀光俱来,调给具备。怀光兵士久战河外,及次河中,将迁延。纵之货币先已渡河,纵谓众曰:'若济,悉以分赐。'众利之,乃西。至奉天,加右庶子,充史。"(第3281页)此传中所说"至奉天"其实是指崔纵,并不是指李怀光到了奉天。同书卷一二一《李怀光传》云:"明年十月,泾原之卒叛,上居奉天。朱泚既僭大号,遣中使驰告河北诸帅,怀光率军奔命。时属泥淖,怀光奋厉军士,道自蒲津渡河,败泚骑兵于醴泉,直赴奉天……怀光性粗厉疏愎,缘道数言卢杞、赵赞、白志贞等奸佞。且曰:'天下之乱皆此辈也,吾见上,当请诛之。'杞等微知之,惧甚,因说上令怀光乘胜逐泚,收复京师,不可许至奉天,德宗从之。怀光屯军咸阳,数上表暴扬杞等罪恶。"(第3493页)《新唐书》卷二二四上《叛臣传》也说怀光败朱泚于醴泉后,"将抵奉天,前遣裨将张韶以蜡韬表,随贼攻城。叩垒呼曰:'我朔方使也。'缒而上,比登,身被数十矢。时帝被围急,闻之喜,即持韶大号城上,人心乃安。又败贼于鲁店,泚解围去。"(第6376页)而德宗受奸臣蒙蔽,命怀光屯便桥。"怀光颇恚恨,去屯咸阳。"(第6377页)《资治通鉴》卷二二九《唐纪·德宗建中四年》记同一事云:"李怀光性粗疏,自山东来赴难,数与人言卢杞、赵赞、白志贞之奸佞,且曰:'天下之乱,皆此曹所为也!吾见上,当请诛之。'既解奉天之围,自矜其功,谓上必接以殊礼。或说王翃、赵赞曰:'怀光缘道愤叹,以为宰相谋议乖方,度支赋敛烦重,京尹犒赐刻薄,致乘舆播迁者,三臣之罪也。今怀光新立大功,上必披襟布诚,询得失,使其言入,岂不殆哉!'翃、赞以告卢杞,杞惧,从容言于上曰:'怀光勋业,社稷是赖,贼徒破胆,皆无守心,若使之乘胜取长安,则一举可以灭贼,此破竹之势也。今听其入朝,必当赐宴,留连累日,使贼入京城,得从容成备,恐难图矣。'上以为然。诏怀光直引军屯便桥,与李建徽、李晟及神策兵马使杨惠元刻期共取长安。怀光自以数千里竭诚赴难,破朱泚,解重围,而咫尺不得见天子,意殊怏怏,曰:'吾今已为奸臣所排,事可知矣!'

遂引兵去,至鲁店,留二日乃行。"(第7375页)《奉天录》卷二也说:"初,怀光至泾阳,自以为君父之仇,星夜救援,方展臣子将用,表成,被门下侍郎卢杞阴中之,便令赴咸阳顿军。怀光知被宰臣所中,不得已,遂发赴泾阳,军士怏怏然,不得其志。其月二十日到咸阳,夜造浮桥而济,筑垒于九子泽城,周回四十里。"(第6376—6377页)可见李怀光率军勤王时,由于在道路上屡言宰臣之失,因而刚到达泾阳就被谗言中伤,命往咸阳,并未到过奉天。

而李怀光叛归河中时也未到过奉天。《旧唐书》卷十二《德宗本纪》:"丁卯,车驾幸梁州,留戴休颜守奉天。三月,怀光烧营,走归河中。"(第341页)同书卷一四四《戴休颜传》:"车驾再幸梁、洋,留守奉天。及李怀光叛据咸阳,使诱休颜,休颜集三军斩其使,婴城自守。怀光大骇,遂自泾阳夜遁。"(第3913页)可见,李怀光叛乱时,戴休颜住守奉天以抗之,怀光因此惶恐,乃从咸阳往河中,从未到过奉天。

其它相应史料也未见怀光归河中时有到奉天的记录。《新唐书·叛臣传》记李怀光:"瑊白发其奸,请帝决幸梁州。帝令瑊戒严,未毕,帝自西门出,诏戴休颜守奉天。……怀光乃夺李建徽、阳惠元等军,屯好畤,然其下稍稍携贰。泚始惮之,至是欲遂臣怀光,怀光怒,告绝,益不安,乃引兵掠泾阳、三原、富平,遂如河中。留张昕守咸阳,而孟涉、段威勇拥兵降李晟。韩游瓌杀昕,以邠州归。戴休颜自奉天令于军曰:'怀光反。'乃城守。"(第6378页)《奉天录》卷三:"春三月,拔咸阳城,掠三原等十二县,鸡犬无遗,老少步骑百余万。"(第6377—6378页)《资治通鉴》卷二三〇《唐纪·德宗兴元元年》:"都虞候阎晏等劝怀光东保河中,徐图去就。怀光乃说其众曰:'今且屯泾阳,召妻孥于邠,俟至,与之俱往河中,春装既办,还攻长安,未为晚矣。东方诸县皆富实,军发之日,听尔俘掠。'……怀光渐怒,内忧麾下为变,外怒李晟袭之,遂烧营东走,掠泾阳等十二县。"(第7415页)泾阳属畿县。《元和郡县图志》卷二《泾阳》:"本秦旧县,汉属安定郡,惠帝改置池阳县,属左冯翊。故城在今县西北二里,以其在池水之阳,故曰池阳。后魏废,于今县置咸阳郡。苻秦又置泾阳县,隋文帝罢郡,移泾阳县于咸阳郡,属雍州,即今县是也。"(第27页)其地理位置为"南至府七十里"(第27页),在京城之正北。泾阳与咸阳接壤。《元和郡县图志》卷二《泾阳》条下有"石安原":"石安原在县南七里,高二十丈,东西三十八里,南入咸阳县界。"(第27页)可见李怀光叛往河中时所走的路线是从咸阳一直往东北,至泾阳、富平、三原,再往东至河中。以上资料均记录的是同一事件,但从未提到过李怀光叛归时到过奉天。

那么,《旧唐书》所记"东往奉天"是何原因呢?窃以为"奉天"应为"奉先"之误。《元和郡县图志》卷一《奉先》:"本秦重泉县,后魏省,至孝文帝分白水县置南白水县,西魏改为蒲城县。本属同州,开元四年以县西北三十里有丰山,于此置睿宗桥陵,改为奉先县,隶京兆。"(第9页)其位置为"次赤,西南至府二百四十里。"(第9页)

至于李怀光为何要从奉先往河中,其原因是奉先在三原之东北,正在李怀光往河中的路线上。奉先原领府为同州,同州与河中府治河东县领壤相接。河东县即蒲州,蒲州本帝舜所都之蒲坂,三晋之魏地,秦汉之河东郡。《元和郡县图志》卷十二《河东府》条云:"后魏太武帝于今州理置雍州,延和元年改雍州为秦州,周明帝改秦州为蒲州,因蒲坂以为名。隋大业三年罢州,又置河东郡……武德元年罢郡置蒲州……二年置蒲州总管。三年行本归化,自桑泉移蒲州于今理。九年废总管置都督府,复为州。开元元年五月改为河中府,仍置中都。丽正殿学士韩覃上疏陈其不可,至六月,诏停复为州。乾元三年又改为河中府。"(第323页)同卷《河东县》又云:"河东县本汉蒲坂县地也,属河东郡。隋开皇三年罢郡,县仍属蒲州。十六年,移蒲坂县于城东,仍于今理别置河东县。大业二年省蒲坂县入河东县。"奉先本属同州,前文所说"冯翊"即同州府治。同州与蒲州之关系胡三省有明确说明。《资治通鉴》卷一七一《陈纪·高宗宣皇帝上之下》:"护世子训为蒲州刺史,是夜帝遣柱国越公盛乘传征训,至同州赐死。"(第5305页)胡三省注:"自蒲州西南至同州一百三十里,同州西南至长安二百二十五里。"而据《元和郡县图志》记载,二者的距离只有六十七里①。由此可见,河中在同州的东北,也在长安的东北。李怀光自咸阳叛归,最后是从冯翊,也就是同州府,到达河中的,其行军路线是从咸阳直往东北,经泾阳、富平、三原,再往东北过奉先,到冯翊,最后到达蒲州,因此奉先是其归河中的必经之路。

另外,《资治通鉴》卷二二九《唐纪·德宗建中四年》云:"上之幸奉天也,粮料使崔纵劝李怀光令入援,怀光从之。纵悉敛军资与怀光皆来。怀光昼夜倍道,至河

---

① 《元和郡县志》卷十二《河中府·八到》云:"西至同州六十七里。"

中,力疲,休兵三日。河中尹李齐运倾力犒宴军,尚欲迁延。崔纵先辇货财渡河,谓众曰:'至河西,悉以分赐。'众利之,西屯蒲城,有众五万。"(第7372页)蒲城即奉先,可见怀光勤王时就是从奉先经过,故如今东往,也如往事。

综上所述,李怀光是通过奉先到同州府治冯翊,最后到达河中的,《旧唐书》误将"奉先"作"奉天",应正。"奉先"误作"奉天"由来已久,不仅中华书局本如此,笔者所见之其他版本也均误。现存最早的《旧唐书》版本是百衲本,其母本为南宋绍兴越州刻本,阙本以明覆宋本配补,其中的此段记载也误(见4032页),可见至少在明代讹误就已经产生了。同时,"奉先"误作"奉天"也并不是孤例。据杨希义(1987)研究,在《新唐书》卷五四《食货志》:"是时奉天卤池生水柏,以灰一斛得十二斤,利倍硵卤。"其中"奉天"也应为"奉先"之误。

参考文献:

［后晋］刘昫等　1975《旧唐书》,北京:中华书局。

［唐］李吉甫撰,贺次君点校　1983《元和郡县图志》,北京:中华书局。

［宋］欧阳修、宋祁　1975《新唐书》,北京:中华书局。

［宋］司马光撰,［元］胡三省音注　1956《资治通鉴》,北京:中华书局。

杨希义　1987《〈新唐书〉勘误一则》,《史学月刊》1987年第4期。

［唐］赵元一　1937《奉天录》,《丛书集成初编》,上海:商务印书馆。

【作者简介】李明龙,男,文学博士,绵阳师范学院副教授。研究方向:汉语史、训诂学、文字学、古典文献学。

"余且"另解

黄 琼

(南京师范大学,文学院　贵州师范学院,文学与传媒学院)

[摘　要]"余且",作为人名,出自《庄子·杂篇·外物》中。历来注释认为这就是一个叫作"余且"的人名,本文从余渔音义关联、"余"的释义、《庄子》书中相似人名表达、类似异文事件对比等方面进行研究,认为可解释为"渔且",一名叫作"且"的渔夫。

[关键词]庄子;杂篇;外物;余且;渔

"余且"这一人名出自《庄子·杂篇》第二十六章《外物》中,与他有关的整个故事如下:

宋元君夜半而梦人被发窥阿门,曰:"予自宰路之渊,予为清江使河伯之所,渔者余且得予。"元君觉,使人占之,曰:"此神龟也。"君曰:"渔者有余且乎?"左右曰:"有。"君曰:"令余且会朝。"明日,余且朝。君曰:"渔何得?"对曰:"且之网得白龟焉,其圆五尺。"君曰:"献若之龟。"龟至,君再欲杀之,再欲活之。心疑,卜之。曰:"杀龟以卜吉。"乃刳龟,七十二钻而无遗筴。仲尼曰:"神龟能见梦于元君,而不能避余且之网;知能七十二钻而无遗筴,不能避刳肠之患。如是,则知有所困,神有所不及也。虽有至知,万人谋之。鱼不畏网而畏鹈鹕。去小知而大知明,去善而自善矣。婴儿生无硕师而能言,与能言者处也。"

这是一个神龟被杀的悲剧故事,而余且则是故事中捕龟及献龟的关键人物。关于"余且"这个人名,我们对他进行了语源解读,经过多方面分析,认为"余且"解释为"渔且"更妥。

也就是说,"余且"即"渔且","渔"只是表明该人的职业,"且"为人名。

首先,我们来观察"余""渔"语音语义上的关系。

语音方面,如下表:

1	2	3	4
字	《说文》中的反切	《广韵》中的反切	《宋本玉篇》中的反切
余	以诸切	以诸切	以诸切
渔(䰻)	语居切	语居切	语居切

语义方面,如下所示:

余,最常用的用法是作语气词或代词。《说文·八部》:语之舒也。从八,舍省声。段玉裁(1988:49)注:语,《匡谬正俗》引作词。《左氏传》:小白余敢贪天子之命。无下拜。此正词之舒。亏部曰:亏,于也,象气之舒亏。然则余亏异字而同音义。《释诂》云:余,我也。余,身也。孙炎曰:余,舒迟之身也。然则余之引申训为我。《诗》《书》用予不用余。《左传》用余不用予。《曲礼》下篇:朝诸侯分职授政任功,曰予一人。注云:《觐礼》曰:伯父寔来。余一人嘉之。余予古今字。凡言古今字者,主谓同音,而古用彼,今用此异字。

渔,打渔。《说文》中渔作䰻。《说文·鱻部》:捕鱼也。从鱻从水。段玉裁(1988:582)注:搏鱼也。搏,旧作捕,今正。搏,索持也。汉人用搏字多如此。捕鱼字古多作鱼。如《周礼·敽人》:本作鱼。此与取鼈者曰鼈人,取兽者曰兽人同也。《左传》:公将如棠观鱼者。鱼者,谓捕鱼者也。《吕氏春秋》《淮南鸿烈》高注每云:渔,读如《论语》之语,读如相语之语。寻其文义皆由本文作鱼。故为读若以别诸水虫。《周礼》音义:敽本作鱼。又音御。御音即高氏之语音也。然则古文本作鱼,作鱻。䰻,其籀文乎。

综上,语音上,"余"归余母鱼部,"渔"归疑母鱼部,两者语音上相近,均归鱼部,叠韵;语义上,两者无关。

我们怀疑,鉴于"余""渔"语音相近,存在传抄中写错字形的可能,该处极有可能就是将"渔"写成了"余"。而且《庄子》成书的时间距今年代久远,传抄过程中,既会存在因字形相近而产生的抄写讹误,又会存在因音同或音近而产生的假借、通假等现象。此外,当时字形书写还带有一定的随意性,人们往往书写时用字不大讲究,没有完全一致的规范标准。《庄子》中就有不少例子。

如传抄过程中因字体相近而导致的讹误:众罔两与罔两。

《庄子·杂篇·寓言》中有:众罔两问于景曰:"若向也俯而今也仰,向也括撮而今也被发;向也坐而今也起,向也行而今也止,何也?"

陈鼓应注:"罔"上各本衍"众"字。"众"字无义,当为衍文。《齐物论》篇"罔"上亦无"众"字(刘文典《补正》)。陶鸿庆说:此作"众罔两",于义难通。"众"疑"罔"字之误而衍者。"罔"字隶书或作"罒亾",与"众"相似,因而致误耳。(《读庄札记》)

如传抄过程中因音同或音近而产生的假借、通假等现象。

1. 齐、脐、斋

《庄子》中"齐"不仅可以表示肚脐与"脐"这一字形并存:

(1)支离疏者,颐隐于脐,肩高于顶,会撮指天,五管在上,两髀为胁。(《庄子·内篇·人间世》)

(2)曲偻发背,上有五管,颐隐于齐,肩高于顶,句赘指天。(《庄子·内篇·大宗师》)

而且,"齐"也可以表示斋戒与"斋"这一字形并存:

(3)颜回曰:"回之家贫,唯不饮酒不茹荤者数月矣。如此则可以为斋乎?"曰:"是祭祀之斋,非心斋也。"(《庄子·内篇·人间世》)

(4)夫刍狗之未陈也,盛以箧衍,巾以文绣,尸祝齐戒以将之。(《庄子·外篇·天运》)

(5)吾将三月豢汝,十日戒,三日齐,藉白茅,加汝肩尻乎雕俎之上,则汝为之乎?(《庄子·外篇·达生》)

(6)必齐以静心。齐三日,而不敢怀庆赏爵禄;齐五日,不敢怀非誉巧拙;齐七日,辄然忘吾有四枝形体也。(《庄子·外篇·达生》)

陈鼓应(2009:786)注:齐,斋字。下同。

上述这一组字中,字形上还是存在相似,有所联系,书中还有字形上一点关系都没有却互通的例子。

2. 止虫(豸虫)

乱天之经,逆物之情,玄天弗成,解兽之群而鸟皆夜鸣,灾及草木,祸及止虫。(《庄子·外篇·在宥》)

陈鼓应(2009:525)注:止虫,本亦作昆虫。《释文》赵谏议本"止"作"昆"。(王孝鱼校)。止,豸同。(苏舆说,王先谦《集解》引)孙通海(2007:311)注:止虫,即"豸虫"。止,同"豸"。一本作昆虫。

鉴于"余""渔"语义上无关,语音上相近,存在叠韵关系的联系,以及《庄子》书中又存在假借、通假现象,"余""渔"两者产生假借关系的可能性极大。

接着,我们从《庄子》文本中的相似人名组合方式中来找寻证据:

经我们统计,在《庄子》一书中人物名称统计总表中,用"职业"+"人名"这一组合方式进行称呼的,共计11例,分别是庖丁、匠石、屠羊说、工倕、轮扁、梓庆、盗跖、正获、大宰荡、巫咸、师金。

(1)庖丁(庖丁:一说名叫丁的庖人,一说掌厨丁役之人。)(孙通海2007:394)

(2)匠石(匠伯,伯,《释文》引崔本作石。按:石是工匠之名,伯指工匠之长。)(陈鼓应2009:107)

(3)屠羊说(屠羊说:屠羊者,名说。)(陈鼓应2009:147)

(4)工倕(工倕:古时以巧艺称著者。)(陈鼓应2009:804)(工倕:尧时代的人,以巧艺著名。另见于《胠箧》)

(5)轮扁(轮扁:制造车轮的人,名扁。)

(6)梓庆(梓,木工。庆,人名。李颐说:鲁大匠也。梓,官名;庆,其名也。俞樾说:春秋襄四年左传:匠庆谓季文子。杜注:匠庆,鲁大匠。即此梓庆。严灵峰先生说:按《孟子·滕文公》篇:梓、匠、轮、舆。赵注:梓,木工也。)(陈鼓应2009:285)

(7)盗跖:古时候的大盗。陆德明说:李奇注《汉书》云:跖,秦之大盗也。俞樾说:《史记·伯夷传》正义又云:蹠者,黄帝时大盗之名。是跖为何时人,竟无定说。)(陈鼓应2009:525)

(8)正获(正:市场监督官,名获。成玄英说:正,官号也,则今之市令也。获,名也。)(陈鼓应2009:803)

(9)大宰荡(大宰是官号,名荡。)(陈鼓应2009:615)

(10)巫咸(神巫名咸。参陈鼓应2009:393)(正好与《庄子·内篇·应帝王》中"郑有神巫曰季咸"相呼应)

(11)师金(鲁国太师,名金。)(陈鼓应2009:224)

以上十一例称呼中,既有从事古代被人们称为贱业的普通劳动人民大众,又有从事人们十分唾弃的非正当职业的江洋大盗,还有从事"正"这一职业的身份低微的官员,从事"大宰"这一官职的地位显赫的官员,另外,也有从事"巫"这一职业的身份尊贵的神巫。

与之同时,我们还发现,除了"大宰"和"神巫"这两种职业的从业人员还有另外的用"姓"+"名"这种方式组合进行的称呼("大宰荡",书中另有""这一称呼;"巫咸",书中另有"季咸"这一称呼),"师金"的职业为太师,"师"是否"太师"简称存疑外,其余的8类职业从业员在全书中,除了用单个人名进行自称外,就有且仅有目前这一种称呼方式,即以各自的职业作为标榜安置在人名之前进行称呼。

观察这8个人名以及分析其职业特点,我们找到了一个最大的共同点,就是这8个人所从事的职业在当时都是所谓的贱业,当然,其中的"正"这一职业为市场监督官,属于官职,但是这一职位身份低微,在《庄子·外篇·知北游》"正获之问于监市履狶也,每下愈况"中,我们不难发现,"正"向"监市"咨询"履狶"(用脚踩猪的下腿)的方法,以此来探猪的肥瘦,而"监市"为监督市场的人,即成玄英所说的屠卒,直接用脚踩猪判断肥瘦,哪怕"正"比"监市"地位高一点,还是十分低微,与其说是官员,性质上不如划归衙役。

当然,"正获"在全书中有且仅出现一次,不排除他还可以用另外的称呼方式,但是其余几种与"渔者"平等职业的从业人员,在书中出现了不止1次,同样没有别的称呼方式。据统计,"匠石"共出现8次,"屠羊说"7次,"庖丁"3次,"轮扁"2次,"梓庆"2次,"工倕"3次。

此外,从事"盗"这一非正当职业的"盗跖",也是采取职业放在人名的前面组合构成的称呼方式,出现达到20次之多。

众所周知,"到了奴隶社会,'百姓'指的就是贵族,而奴隶是没有姓的。即使到了春秋战国时期,一般平民也还是没有姓……贵族有姓,平民无姓,因此姓也成了区分阶级地位的一个标志"。(陈鼓应2009:403)

在当时,作为一般平民,基本上都是只有名字,人们直呼其名,而从事屠羊等职业的劳动者属古代贱业从事者,这一类从业人员的称呼,可以用职业起到区分作用,于是就用各自的职业加上人名的组合方式来称呼。

因此,在同一个时代,同一本书中,不大有可能出现对"余且"这一处称呼的破例。尤其,在书中出现8次之多的"匠石"与"余且"还有共同的觐见回话的故事对象——宋元君:

（1）宋元君闻之，召匠石曰："尝试为寡人为之。"匠石曰："臣则尝能斲之。虽然，臣之质死久矣！"（《庄子·杂篇·徐无鬼》）

（2）宋元君夜半而梦人被发窥阿门。……君曰："令余且会朝。"明日，余且朝。（《庄子·杂篇·外物》）

于是，学界关于"余且"的解释有两种处理方式。

一种是将"余且"处理成"姓+名"的称呼方式，比如《庄子今注今译》中："余且：姓余名且，渔夫"。但是，它会与当时平民有名无姓这一历史史实有所出入。我们知道，陈鼓应先生在注释中重点是梳理全书思想文理方面，对于人名考据相对宽松，如在对待"巫咸袑"还是"巫咸"这一问题上，他的态度十分明确："巫咸袑，寓设人物。胡文英说：巫咸袑，或解'袑'为'招'字，或解为'巫咸'名'袑'。俱属凿空，何用解之。"（陈鼓应 2009：762）

另一种是将"余且"都处理成人名，比如：孙通海译注的《庄子》中："余且：渔夫名。"但是，它又会与文中"余且"与宋元君对答时自称"且"不大匹配：

君曰："渔何得？"对曰："且之网得白龟焉，其圆五尺。"

总之，如果将"余且"理解为"渔且"，既吻合当时平民有名无姓的史实，又与全书其它各处类似职业从业人员称呼方式保持一致，还与和宋元君对话中的自称"且"相匹配，一举三得。

最后，我们还找到了一段稍后与《庄子》时代的异文：

《史记·龟策列传》："宋元王二年，江使神龟使于河，至于泉阳，渔者豫且举网得而囚之，置之笼中。夜半，龟来见梦于宋元王曰：'我为江使于河，而幕网当吾路。泉阳豫且得我，我不能去。身在患中，莫可告语。王有德义，故来告诉。'"

褚少孙这段文字中，渔夫的名字"余且"已经变为"豫且"。

豫，本义指的是大象。《说文·象部》：象之大者。贾侍中说：不害于物。从象予声。

从语音语义两方面来看，语音上，豫归余母鱼部，与"余"同音，语义上，两者无关。这段异文从侧面说明，哪怕是晚于《庄子》的时代，字形书写还是带有一定的随意性，通假、假借等现象还是存在，为"余且"视为"渔且"假借关系成立方面又增添了一笔证据。

《庄子》中很多人物都是一些寓设人物，人名被赋予了某些人文意蕴的暗示。在《庄子·杂篇·外物》这篇神龟被杀的悲剧寓言中，"余且"，或者说"渔且"这一人名又包含怎样的语源含义,蕴含哪些暗示呢?

回顾之前《说文解字》中"渔"的释义,以及段玉裁的注解,再结合朱骏声的《说文通训定声》,不难得出,"渔"为捕鱼之义,与"鱼""鱻"同源。详细分析如下:

语音方面:

1	2	3	4
字	《说文》中的反切	《广韵》中的反切	《宋本玉篇》中的反切
渔	语居切	语居切	语居切
鱼	语居切	语居切	语居切
鱻	语居切	语居切	语居切

语义方面:

  瀺,打渔。《说文·鱻部》:捕鱼也。从鱻从水。《说文通训定声》:瀺瀺渔:捕鱼也。从鱻,从水,会意。按:鱻亦声。此大篆也。小篆从鱼,鱼亦声。古读如语。字亦作𩵋,作𩵋。《礼记·月令》:命渔师伐蛟。命渔师始渔。《诗·鱼丽传》:獭祭鱼然后渔。《淮南·说林》:渔者走渊。《原道》:期年而渔者,争处湍濑。(孙通海 2007:332)

  鱻,表示两条鱼。今天该字已废。《说文·鱻部》:二鱼也。段玉裁注:此即形为义。故不言从二鱼。二鱼从而不并。《易》所谓贯鱼也。鱼行必相随也。《晋语》:暇豫之吾吾,不如鸟鸟。韦注:吾读如鱼。《说文通训定声》:鱼鱻鱻:二鱼也。按:从二鱼,会意。鱼亦声。《易·剥》:贯鱼。盖连行之兒。

  鱼,为水生脊椎动物鱼。《说文·鱼部》:水虫也。象形。鱼尾与燕尾相似。凡鱼之属皆从鱼。段玉裁注:其尾皆枝,故象枝形,非从火也。

  综上,语音上,渔、鱻、鱼均归疑母鱼部,同音;语义上,均与鱼义有关。

  "渔"表示打渔、捕鱼之义,将"余"理解为"渔"这一称呼名,有双重含义:一方面既暗含了渔夫这一职业,另一方面又暗示了神龟被捕捞的命运。

  接下来再关注"且"字。

  且,有多种含义。《说文·且部》:荐也。从几,足有二横,一其下地也。段玉裁注:且:所以荐也。所以二字今补。荐当作荐,今不改者,存其旧以示人推究也。荐训兽所食艹。

  从上,我们得知"且"的直接训释义为"荐",一种草。

  荐,具体指的什么草?

《说文·艹部》：兽之所食艹。从廌从艹。古者神人以廌遗黄帝。帝曰："何食？何处？"曰："食荐；夏处水泽，冬处松柏。"段玉裁注：艹部曰：荐，艹席也。与此义别。而古相假借。《左氏传》：戎狄荐居。服虔云：荐，草也。言狄人逐水艹而居徙无常处。是则子慎谓荐即荐之假借字也。《说文通训定声》：《尔雅·释草》：荐，黍蓬。按：蒿类也。或以为野茭。无据。……[假借]为荐。《尔雅·释器》：荐，席也。《管子问》：令荐者。注：草之美者。《八观》：荐草多衍。注：茂草也。《素问·异法方宜论》：其民不衣而褐荐。注：谓细草也。

这种草，《庄子·齐物论》中也提到过：麋鹿食荐。

崔注：甘草也。《释文》引三苍注曰：六畜所食曰荐。

从上面的释义中，我们知道，荐，不仅是兽类吃的一种香草，同时还被赋予了神奇的光环，即由"神人以廌遗黄帝"，而且还可以编织成衣，"其民不衣而褐荐"。

除了上述常见义外，我们在文献中还发现，古代有"且苴"一词，用来表示一种粗麻。

《墨子·兼爱》：晋国之士……且苴之屦，入见文公。

"且苴之屦"，意思就是粗麻葛草织就的草鞋。

"且苴"一词中，"苴"与"且"字形上有关联，又与"且"连文使用，它指的是什么？

苴，也是一种草。《说文·艸部》：履中艸。从艸且声。《说文通训定声》：字亦作蔖。《汉书·贾谊传》：冠虽敝，不以苴履。注：履中之藉也。《楚辞·悲回风》：草苴比而不芳。注：枯曰苴。

《庄子》中也出现过"苴"：

（1）颜阖守陋闾，苴布之衣而自饭牛。（《庄子·杂篇·让王》）

苴布：粗麻布。

（2）小夫之知，不离苞苴竿牍，敝精神乎蹇浅，而欲兼济道物，太一形虚。《庄子·杂篇·列御寇》

成玄英疏：苞苴，香草也。

这样看来，"苴""且""荐"语义上有密切关系，它们都表示草，而且字形上有某种联系，同时，我们还发现了"苴""且""荐"语音方面的关系，详见下表：

1	2	3	4
字	《说文》中的反切	《广韵》中的反切	《宋本玉篇》中的反切
且	子余切、千也切	子余切、千也切	子余切、千也切
苴	子余切	子鱼切、七余切	子鱼切
荐	作甸切	作甸切	作甸切

且有两音,一归精母鱼部,一归歌部;苴归精母鱼部;荐归真部。苴与且一音关系紧密,反切上下字相同,同音;薦与且另一音关系紧密,音近。

综上,"苴""且""荐"语义上有关联,均有草义。当草新鲜的时候,可以供野兽使用;当草干枯的时候,可以编织成衣物或鞋子,这种草,据推测,大概就是葛麻一类的植物。

结合原始初民编草结绳以树叶做衣的那段历史分析,我们发现,这种草作为原材料也广泛地用于制作各类生活用具,如编织成网,而且这种编网直到今天还存在,而网,则是捕捉神龟时的必备工具。

初民们最初捕获水中生物,主要有两种工具。一种是网,早先捕捞的对象是龟鳖一类有甲壳的动物;另一种是钩,钩用于垂钓,最开始的时候,垂钓的对象是鱼类,而非龟鳖。

《庄子》中几处垂钓的场景从侧面也论证了这一事实。

(1)文王观于臧,见一丈夫钓,而其钓莫钓。非持其钓有钓者也,常钓也。(《庄子·外篇·田子方》)

(2)就薮泽,处闲旷,钓鱼闲处,无为而已矣。此江海之士,避世之人,闲暇者之所好也。(《庄子·外篇·刻意》)

(3)庄子钓于濮水。楚王使大夫二人往先焉,曰:"愿以境内累矣!"庄子持竿不顾。(《庄子·外篇·秋水》)

(4)任公子为大钩巨缁,五十犗以为饵,蹲乎会稽,投竿东海,旦旦而钓,期年不得鱼。已而大鱼食之,牵巨钩,錎没而下,鹜扬而奋鬐,白波若山,海水震荡,声侔鬼神,惮赫千里。任公子得若鱼,离而腊之,自制河以东,苍梧已北,莫不厌若鱼者。已而后世轻才讽说之徒,皆惊而相告也。夫揭竿累,趣灌渎,守鲵鲋,其于得大鱼难矣!(《庄子·杂篇·外物》)

如果说用网捕获龟鳖,是因为它们的形体相较于鱼庞大些,那么,上面这则任公子垂钓的故事充分驳斥了这一假设:哪怕面对的对象是巨鱼,使用的工具还是钩,制作"大钩""巨钩"。

综合上述,关于"余""且"的解读,不难得出,"余且"这一人名的出现,客观上就已经预示了神龟悲剧的命运:被用网捕捉。而"余且"解释为"渔且"更佳。

参考文献:

[清]段玉裁　1988《说文解字注》,上海:上海古籍出版社。
[清]朱骏声　1984《说文通训定声》,北京:中华书局。
陈鼓应　2009《庄子今注今译》,北京:中华书局。
孙通海　2007《庄子》,北京:中华书局。

【作者简介】黄琼,女,南京师范大学文学院在站博士后,贵州师范学院文学与传媒学院教授。研究方向:应用语言学。

"挟色"考*

崔 兰

(南京师范大学出版社)

[摘 要] "挟色",至迟在宋代已产生,本义指辅助或辅佐,可指起辅助作用的物或人,后专指单球门蹴鞠场上挟球并供球给射网眼者的球员称谓。其成词理据,源于"挟"之"辅"义与"色"表"类别"义的结合。到元明清代前叶时,在后人汇编的前人文献中仍可见其用例。清代中叶以后,"挟色"逐渐淡出人们的思维和交际圈,也罕见于文献。

[关键词] 挟色;三朝北盟会编;吴郡志;蹴鞠图谱;蹴鞠谱

《三朝北盟会编》是宋代史学名著,作者徐梦莘所引用的数据多为一手数据,既保存了文献材料的原貌,也为后人研究当时的文献语言奠定了基础。郭在贻(2005:183)曾指出《三朝北盟会编》中所辑马扩《茆斋自叙》中多俗语词。然而,因时代变革,其中有些语词现今早已不用,今人读之费解。笔者试以该书卷四中辞书未收的"挟色"为例,作一考索:一是考证传世文献中"挟色"用法,以推导"挟色"释义,为相关词典收词作参考;二是理清"挟色"在汉语史上产生、发展、消亡的过程并探求其成词理据。

---

* 本文系笔者2006年聆听汪维辉先生在南京大学讲授"近代汉语研究"课程提到待考词条"挟色"基础上写成,承蒙先生当时提出中肯意见,谨致谢忱! 同门赵家栋、邵天松、戚端及学友王惠都曾提过相关意见,并致谢意! 文中如有问题或错误,概由笔者负责。

一、考证传世文献中"挟色"用法

"挟色"一词,在传世文献中主要出现在三类题材中:一是涉及宋辽金三朝会盟的记传或汇编类史书,如《三朝北盟会编》所引的马扩《茆斋自叙》;二是提及赵地习俗的地方志文献,如《吴郡志》所引的《华谊论》;三是介绍蹴鞠的文献,如《蹴鞠图谱》《蹴鞠谱》。

(一)《三朝北盟会编》所引的马扩《茆斋自叙》中"挟色"用法

(1)粘罕(改作尼堪)与某并辔令译者相谓曰:"我闻南朝人止会文章不会武艺,果如何?"某答以"南朝大国,文武常分两阶,然而武有兼深文墨、文有精晓兵务者,初不一概言也"。粘罕(改作尼堪)云:"闻教谕兵书及第,莫煞① 会弓马否?"某答以"武② 举进士,取在义策,弓矢特其挟色耳"。粘罕(改作尼堪)遂取己所佩弓授某,云:"且烦走马开弓,愿得略见南人射弓手段。"某遂策马挽弓作射物状。(南宋·徐梦莘《三朝北盟会编》卷四,上册,上海古籍出版社1987年影印清光绪三十四年[1908]许涵度校刻本,第30页)

按:文中提及宋代武举进士考试涉及"义策"和"弓矢",分清两者关系,即可明"挟色"义。所谓"义策"即军事理论,如兵书大义、策问等,"弓矢"即武艺考试,如步射、马射等。由宋代选举制度可知,《宋史》卷一百五十七《选举三》提到:"仁宗时,尝置武学,既而中辍。天圣八年(1030),亲试武举十二人,先阅其骑射而试之,以策为去留,弓马为高下"。换言之,宋初,参加武举考试者凭"策"被决定"去留"、凭"弓马"被区分"高下"。宋神宗熙宁五年(1072),《宋史》卷一百五十七《选举三》提到:"凡武举,始试义、策于秘阁,武艺则试于殿前司,及殿试,则又试骑射及策于庭。"这表明在1072年后,武举"义策"和"武艺"需经由秘阁、殿前司等来考核。而"秘阁""殿前司"系宋官名或官署名,前指文,后指武。换言之,"义策"表文试,"弓矢"表武试。宋代武举制度后朝多沿袭前朝,虽几经改革或中止,但武举进士考试内容名义上一般都包括"义策"和"弓矢"。

《三朝北盟会编》辑录的此段源于马扩《茆斋自叙》,该文反映的是他于北宋徽

---

① 台湾大化书局1977年排印王德毅点校本作"聯",疑误。
② 清光绪四年(1878)袁祖安活字排印本作"我",似不确。

宗宣和二年(1120)随父马政出使女真的情况。他曾中过嘉王①榜武举,出使女真时,任教谕②。文中提及邻国女真将帅头领粘罕问马扩南朝官员是否真如所传闻的那样只"会文章不会武艺",马扩辩驳答以本朝文武官员常分两阶,有深研文墨的武官,也有通晓军务的文官,不能笼统地说他们只会文章不会武艺之类的话。之后,粘罕又问马扩他既是兵书及第,不知道会不会弓马之事,马扩则以武举进士考试"取在义策,弓矢特其挟色耳"(取在军事理论考试,武艺考试只是它的辅助罢了)来作答。换言之,宋代中武举进士的人,关键是要懂用兵之道,"弓矢"好,是不足挂齿的。言下之意,"义策"考试要重于"弓矢"考试。文中粘罕听了马扩回答后,就取自己的佩弓让马扩演示射弓,以验证其所言是否属实。

以"辅助"义来解释"挟色",一来符合文中前后文意,二来如实反映了当时武举进士考试时"弓矢"与"义策"之间的轻重关系。

综上,此例中"挟色",训为"辅助",指起辅助作用的部分,属名词。

(二)《吴郡志》所引的《华谊论》中"挟色"用法

(2)《华谊论》③云:吴有发剑之节,赵有挟色之客。《郡国志》云:吴俗好用剑,轻死。又六朝时多斗将战士。按诸说,吴俗盖古如此。(南宋·范成大《(绍定)吴郡志》卷二,《丛书集成初编》,商务印书馆,1936年据守山阁丛书排印本,第7页)

按:"挟色"所在句,各本无异文。其版本流变,详参郑利锋(2016)。由《郡国志》对吴地习俗的进一步解释可知,"吴有发剑之节"指的是吴地旧俗有尚武轻死的侠节。"吴有发剑之节,赵有挟色之客。"此句乃《吴郡志》引自《华谊论》,《华谊论》今似已失传。上句"吴有发剑之节"与下句"赵有挟色之客"对仗。据此可作如下推断:

一是"挟色"的属性义需满足语境中两者的可比性。由上下文义可知,吴地的侠士节气,自古有之。"赵有挟色之客",表明"挟色之客"是赵地比较突出的一类人,若非,撰写者不会拿"吴""赵"作比。"发剑之节"是"侠客"的行为体现,这表明"挟色"也是从事某种活动的一类人的行为体现。例如,在历史上,与"侠客"相对或一块言说的有"刺客""墨客""说客"等。前两者尚武,强调气节;后两者崇文,突出

---

① 南宋光宗第二子,宋宁宗未登基前称号。
② 学官名。宋代在京师设立的小学和武学中始置教谕。
③ 或说"华谊"可能是人名,"论"是"说"义,此观点可疑。理由有二:一是后句《郡国志》是书名,前后句相对,前句理应也为书名或文名,"论"是古代一种文例;二是前、后句都有"云",表"说"义,前句"云"前再用"论",语义重复。

智谋。"侠客""刺客""墨客""说客"的共同特征就是从事某种活动而服务于他人，简言之，即辅佐。"侠客"，以侠义称天下，专打抱不平，为弱小者伸张正义；"刺客"，以暗杀闻名，受命于他人；"墨客"，以笔墨行走天下并以文为生，后代指文人骚客，常为达官贵人的幕僚；"说客"，以颊舌游说他人，以达其主人或主子的目的。

二是"挟色"释义需符合历史上的赵地人特征。沈长云等（2000：10，431）通过对传世文献以及出土文物等双重考证，指出"赵地少温柔敦厚之长者而多慷慨悲歌之士，人民少揖让而多功利，慓悍而少拘禁"，"武士们的侠义之气成为赵地风俗与文化的重要内涵之一，并对后世产生深远影响"。自赵氏先祖世代辅佐殷商起，赵地不乏有通过剑、笔、舌等来维持生计的人，武士、文士、辩士等展现的气节更成为当时当地的风气。这表明，此例中赵地那些辅佐王政或主子的人体现出的侠义之气，是与上句吴地的尚武轻死的气节相一致的，两者既对仗又互文。换言之，两句皆指吴赵两地具有侠义之气的人。

综上，"发剑"，动词，指出剑，喻尚武轻死义，由此可推，"挟色"似应为动词，指辅佐①。

（三）《蹴鞠图谱》《蹴鞠谱》中"挟色"用法

（3）球门人数：都部署校正、社司、知宾、正挟、副挟、解蹬、球、挟色、主会、守网、节级、骁色、会干、都催、左军、右军、出尖、斜飞②。（明·汪云程《蹴鞠图谱》，下文出处同此）

（4）撞案社规：……闲客自踢十一踢，或逗脚百十个，方许入一挟色，闲无师子弟并私行敢习，不赛。（佚名《蹴鞠谱》，《续修四库全书·子部·艺术类》，上海古籍出版社，2002年影印清钞本，第1106册310页下栏，下文出处同此）③

---

① 由"发剑"与"挟色"在形式上的对仗，或许会由"发剑"的动宾式而推导出"挟色"似为"怀某种脸色"之义，但此解与同时代的"骁色"等成词理据以及该词在其他文献中使用的情况不一，难以溯源并找到例证，故存疑。

② 该图谱中"球门社规"一节内容，收录于南宋陈元靓《事林广记·戊集》、《说郛》卷一百一下（尽管《说郛》存在两种版本，一百卷的《说郛》未收录该图谱，但一百二十卷的《说郛》成书于元末明初，不影响其汇编前代作品的事实）、《古今图书集成·博物汇编·艺术典》第八百二卷，三版本文同。

③ 续修本所影印底本系海内外孤本，原句似有脱文，今备后人整理本如下：闲客自踢十一踢，或逗脚（头）百千个，方许（加）入一挟色（对踢）。闲（人）无师子弟，并私行敢习（者），不赛。（刘秉国、赵明奇 2008：158）

(5)校尉职事：都部署、教正、社司、知宾、正挟、副挟、解蹬、骁球、挟色、主会、守网、节级、跷色、会杆、都崔、左军、右军、出尖、斜飞。(佚名《蹴鞠谱》)

按：据例(3)(5)中"挟色"的用法，可知"挟色"属于"球门人数"和"校尉职事"中之一，前者隶属于后两者，属于下位词。"球门人数"是从对象所属领域或范围概括而得，"校尉职事"则是从对象所起的作用归纳而得。据例(4)可知，在"撞案社规"中，"挟色"是蹴鞠比赛中的一个角色。从例(3)(4)(5)来看，"挟色"所属领域为"蹴鞠场"，所起作用是"专司某职责"，所属类别是"人员称谓"。但问题是"挟色"在蹴鞠场上起何作用，具体又干什么？

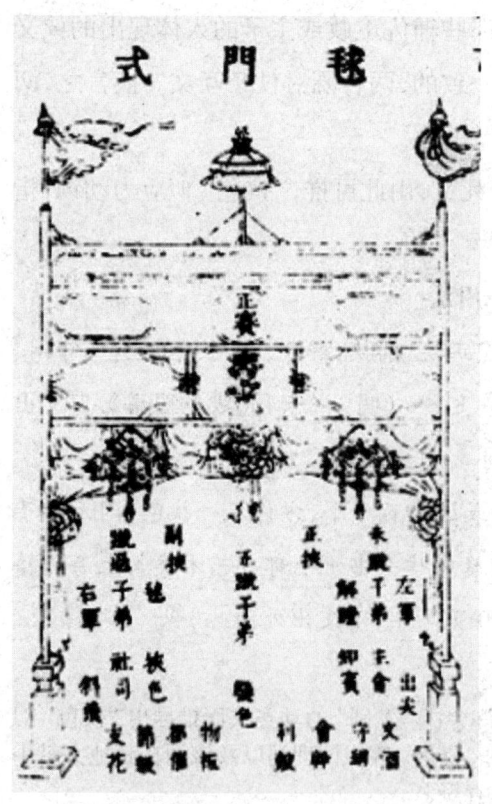 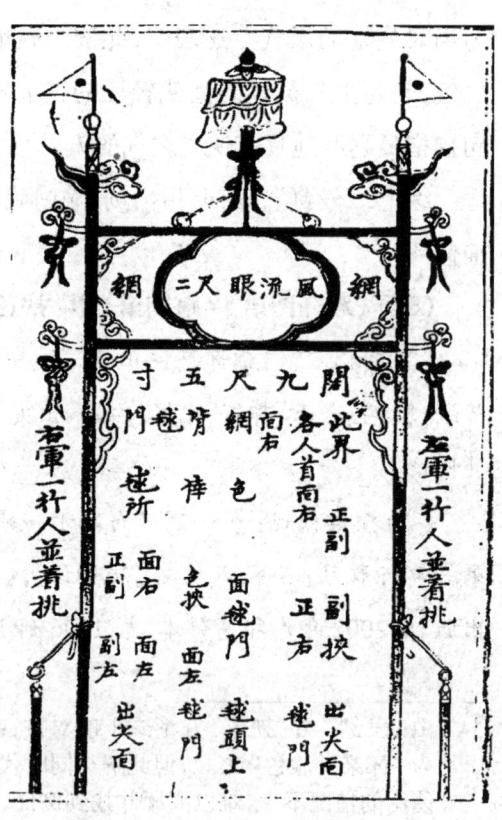

图1 球门式(明·汪云程《蹴鞠图谱》)

图2 单球门布局(佚名《蹴鞠谱》)

笔者据《蹴鞠图谱》和《蹴鞠谱》中出现"挟色"的图1、2①,通过比较两者的相同点来分析之。

由图1、2可知,两者都属于单球门蹴鞠场上人员的布局图;"球"都在"挟色/色挟"的前方,"挟色/色挟"都在"骁色/球头"左侧,"骁色/球头"都在球门正中。

从两者的相同点来看,"挟色/色挟"在球门网眼前方左侧,而"骁色/球头"在球门网眼前方正中央。据此可推:从射网眼的角色地位来看,"骁色/球头"是主角,"挟色/色挟"是次角;从射网眼的人物所发挥作用来看,"骁色/球头"发挥主要作用,"挟色/色挟"则发挥次要或辅助作用。

综合例(3)(4)(5)和图1、2可得出,"挟色"在单球门蹴鞠场上起辅助作用,是次角。

至于此角色在蹴鞠场上干什么,下文通过与"跷球""骁色""色挟""次球头"等词义比较来进一步分析。

《汉语大词典》收"跷球"词条,训为:"宋代单球门蹴鞠比赛中队员职责称谓之一。专司挟住同伴踢来的球,并向球头供球打门。也称骁色、色挟。"所举例为:"宋周密《武林旧事·干淳教坊乐部》:'筑球三十二人。左军一十六人:球头张俊、跷球王怜、正挟朱选、头挟②施泽、左竿网丁诠、右竿网张林、散立胡椿等。'"

由《汉语大词典》的释义引出两个疑问:

一是假如"跷球"也称"骁色"的话,为何在《蹴鞠谱》中"跷球/骁球"与"骁色/跷色"同时并存,既然在球队中担任同一职责,何必要设置两个职位?

---

① 图1"球门式"中"右军、斜飞、社司、球、挟色、节级、副挟、都催、骁色、正挟、会幹、解蹬、知宾、守网、主会、左军、出尖"与该图谱"球门人数"中提及的称谓同。图2中"球头、色挟、正副、副挟、副、正、出尖、左军、右军"是《蹴鞠谱》单球门布局中担任不同职责的球员全称或连称或省称。"副挟、出尖、左军、右军"与《蹴鞠图谱》"球门人数"中称谓同,"球头""副挟"是两文献"球门社规"中提及的称谓,而"色挟""正副""副左""正右"与《蹴鞠谱》"校尉职事"中称谓相去甚远,疑是绘图者连写或省写了称谓,而与站立方位并置导致,如,"色挟"即"挟色","正副"即"正挟、副挟","副左"即"副挟面左","正右"即"正挟面右"。

② 考察《武林旧事》传世版本,宝颜堂秘笈本、文渊阁四库全书本与知不足斋丛书本、武林掌故丛编本中关于"头挟"有异文,前两者都为"副挟",由此知,《汉语大词典》此例所依版本为后两者之一。联系此句的上下文,比照左、右军双方,在人数对等、职责对称的原则下,"头挟"与"副挟"义同。因为"左军"中是"头挟",而"右军"中是"副挟"。如,"右军一十六人:球头李正、跷球朱珍、正挟朱选、副挟张宁、左竿网徐宾、右竿网王用、散立陈俊等。"(南宋·周密《武林旧事》卷四)

二是假如"跷球"也称"色挟"的话,是否预示着"挟色"与"跷球"在语义上有同义的可能?"色挟"与"挟色"是同素异序词,是否也存在同义的可能?换言之,"挟色"有可能与"跷球"同义吗?

试答疑问一《汉语大词典》关于"跷球"的"专司挟住同伴踢来的球,并向球头供球打门"释义,显然是据《蹴鞠图谱》"球门社规"中提及的"骁色"所体现的作用概括而来的:

(6)初起,球头用脚踢起与骁色。骁色挟住,至球头右手,顿在球头膝上,用膝筑起,一筑过;不过,撞在网上,撷下来,守网人踢住与骁色。骁色复挟住,仍前去顿在球头膝上,筑过。左右军同。或赛二筹。或赛三筹。拈阄分前后。筑过数多者胜。众以花红、利物、酒果、鼓乐赏贺焉。(明·汪云程《蹴鞠图谱》)

按:由此例可推知,"球头"在蹴鞠场上担当着首发球以及射网眼的作用;"骁色"在蹴鞠场上专门负责挟球以供球头射网眼,起供球的作用;"守网人"在蹴鞠场上专门负责守球的作用。

"骁色"与"球头"在蹴鞠场上的关系,在宋代笔记小说《东京梦华录》中有"次球头"与"球头"更详细的描述:

(7)第六盏御酒,笙起慢曲子。宰以("以"一版本作"臣",笔者注)酒,慢曲子。百官酒,三台舞。左右军筑球,殿前旋立球门,约高三丈许,杂彩结络,留门一尺许。左军球头苏述,长脚幞头,红锦袄,余皆卷脚幞头,亦红锦袄,十余人。右军球头孟宣并十余人,皆青锦衣。乐部哨笛杖鼓断送。左军先以球团转,众小筑数遭,有一对次球头小筑数下,待其端正,即供球与球头,打大䏶过球门。右军承得球,复团转,众小筑数遭,次球头亦依前供球与球头,以大䏶打过,或有即便复过者胜。胜者,赐以银碗锦彩,拜舞、谢恩,以赐锦共披而拜也。不胜者,球头吃鞭,仍加抹抢,下酒:假鼋鱼,密浮酥捺花。(南宋·孟元老《东京梦华录》卷九,《丛书集成初编》,商务印书馆,中华民国二十五年[1936]影印津逮秘书本[明刻本],第178、179页)

按:此例中左右军分别是"次球头"供球给"球头",换言之,"次球头"的作用类似于《蹴鞠图谱》"球门社规"中"骁色"。"球头"指球队中领头的队员,类似于队长,专司射球门正上方的网眼,赢得比赛可与队员同获赏赐,输了后要接受惩罚,在球队中的作用要比一般球员重要。

"骁色"的"骁",《汉语大词典》训为"勇猛",可通过《蹴鞠谱》中"蹴鞠须知"

来进一步言明:"凡子弟蹴鞠,乃是人中高贵,闹里夺尊,以骁俊为奇。在场中要口俊,要样子,要诚实,要动静,要家数,要知其甘苦。"此中"骁俊"当是"勇猛超群"之义,凡参加蹴鞠的人,除了展现其高超的球技外,还讲求其球品和人品。"骁色"似指勇猛的人。

"跷球"的"跷",《汉语大词典》训为"举足,抬腿"。"跷球"当是"踢球"之义。

综上,尽管"跷球""骁色""次球头"都指在蹴鞠场上专司为球头供球职责的球员称谓,但从成词理据来说,"次球头",是相对于球头射网眼的主要作用而得名的,起着协助球头射网眼的辅助作用。"跷球",来源于对专司供球职责球员举足抬腿的踢球动作的描绘。"骁色",得名于该球员供球过程中展现的高超球技,形容其勇猛超群的一面。三词同指一类球员,至少说明了在当时的蹴鞠比赛中,除主要队员的称谓比较固定外,负责其他职责的球员的称谓会据不同语用环境有不同的变化。

"跷球""骁色"有共同义素,但用法稍异。这表明,《汉语大词典》笼统地①把"跷球"也称为"骁色",恐欠妥,因其不但与《蹴鞠谱》所列"校尉职事"不同职事相矛盾,而且也没凸显出两词的相异处。此可作为对前文疑问一的解释。

试答疑问二 由图1《蹴鞠图谱》"球门式"可知,"骁色"位于球门正前方中央位置,而"挟色"则位于球门右前方位置,球在"挟色"正前方。由此可知,"骁色"≠"挟色"。由《蹴鞠谱》中的单球门布局可知,这是一个标注了球员站立方位②的图。此图中有"球头"和"色挟",但无"骁色"和"挟色"。由此可知,"球头"≠"色挟"。

由图1、2中各球员的站立位可知,"骁色"="球头","挟色"="色挟"有存在的可能,那如何解释《蹴鞠图谱》中"骁色"≠"球头"="次球头"的事实?

对比《蹴鞠图谱》《蹴鞠谱》《武林旧事》三文献中蹴鞠场上球员分布,笔者制作了表1,以便进一步推导各球员的职责所在。

---

① "跷球"中"举足,抬腿"义素,与"挟色"在蹴鞠场上举足抬腿动作有一定的相关性,两者存在被后人当同义词的可能;"骁色"与"挟色"都有表类别的"色",也为后人把两者当作同义词提供了可能。
② "球头"上场时,面向球门;"色挟"面向左;左军"正挟"面向右、"副挟"面向左、"出尖"面向左;右军"正挟"面向右、"副挟"面向左、"出尖"面向右。由此可知,各球员都是以"球头"为中心的。

表1 传世文献中蹴鞠场上球员称谓比较

文献	军									
《蹴鞠图谱》	左军	骁色	挟色	正挟	副挟	—	出尖	—	斜飞	
	右军									
《蹴鞠谱》	左军	球头	色挟	正挟	副挟	—	出尖	—	—	
	右军			正挟	副挟	—	出尖	—	—	
《武林旧事》(32人)	左军(16人)	球头	跷球	正挟	头挟/副挟	左竿网	—	右竿网	—	散立(10人)
	右军(16人)	球头	跷球	正挟	副挟	左竿网	—	右竿网	—	散立(10人)

由表1可知,传世文献中蹴鞠场上"骁色"与"挟色","球头"与"色挟/跷球"并存。前文提及《蹴鞠图谱》"球门社规"中"骁色"与"球头"并存,但没有提及"挟色"。这表明,单球门蹴鞠场上,各球员的职责存在一定的灵活性:当某职责球员缺位时,另一重要站位的球员可以替代该球员的职责。换言之,在缺"球头"的情况下,"骁色"有时担任着"球头"的职责;在缺"挟色"的情况下,"跷球"有时担任着"挟色"的职责。疑问二及由图1、2布局所推导的相互矛盾的结论可以此作解。

由此可进一步推导出表2:

表2 单球门蹴鞠场上部分球员称谓比较

球员称谓	职责要点	职责详解
球头/骁色	踢球射网眼	单球门蹴鞠场上负责踢挟色或次球头所供球来射网眼职责的球员称谓,类似球队长
挟色/色挟/跷球/次球头	挟球以供球	单球门蹴鞠场上负责挟住同伴踢来的球,并向球头供球射网眼的球员称谓
正挟	主要接传球	单球门蹴鞠场上负责主接球并传球的球员称谓
副挟/头挟	替补接传球	单球门蹴鞠场上负责替补接球并传球的球员称谓

综上,"挟色"指单球门蹴鞠场挟球并供球给射网眼者的球员称谓。与"挟色"用法并存的还有"正挟""副挟""头挟""色挟"等球员称谓,以及"拗挟""飞挟""挟骑""左右矴金领挟""左右大过桥挟""左右飞挟"等接球或截球招式或套路。此类词中"挟"义源于踢球动作,在动作的基础上加上类别或地位或部位或招式状态等义素来构成词。至于"挟色""骁色"等,则是"—色"族词① 指代某一类人的构词体现。

---

① 《汉语大词典》"色"下列有"种类"和"古代教坊所属部门的名称"的义项,后者是对前者的引申。其例为:宋灌圃耐得翁《都城纪胜·瓦舍众伎》"旧教坊有筚篥部、大鼓部、杖鼓部、拍板色、笛色、琵琶色……杂剧色、参军色。色有色长,部有部头"。南宋周密《武林旧事·乾淳教坊乐部》列有杂剧色、歌板色、拍板色、琵琶色、箫色、嵇琴色、筝色、笙色、觱篥色、笛色、方响色、杖鼓色、大鼓色等。

二、理清"挟色"产生、发展、消亡过程并探求其理据

《三朝北盟会编》和《吴郡志》两文献都成书于宋代,其中"挟色"分训为辅助或辅佐。《蹴鞠图谱》《蹴鞠谱》两文献著作年代分别为元末明初、明朝中后期①,其中"挟色"皆训为起辅助作用的一类人,专指"单球门蹴鞠场挟球并供球给射网眼者的球员称谓"。

由"挟色"在传世文献中的使用情况来看,"挟色",至迟在宋代已出现。到元明清代前叶时,在后人汇编的前人文献中仍可见其使用。清代中叶以后,随着中国古代蹴鞠的衰落和现代西方足球的传入,"挟色"逐渐淡出人们的思维和交际圈,也罕见于文献。

"挟色"在宋代文献中的使用,在一定程度上证明了《蹴鞠图谱》《蹴鞠谱》虽成书年代不在宋代,但其所用部分词确为宋代才有的事实。换言之,它们虽经后人删改过,但不影响其部分内容源于或基于宋代的本质。

杨琳(2011)曾指出训诂活动要遵循普遍性、共时性、本原性原则。"挟色"之训也遵此三原则,笔者分述如下。

"挟色"之"挟"有"辅"义,在古训中早已有之,如《广雅》:"挟,辅也。"而"辅",《礼记·文王世子》:"虞、夏、商、周,有师保有疑丞,设四辅及三公。"孔颖达疏:"其四辅者,案《尚书大传》云:古者天子必有四邻,前曰疑,后曰丞,左曰辅,右曰弼。"此两例中"辅"即"辅助之臣"。此可为其作名词之证。

再如,《后汉书·班固传》:"挟酆霸,据龙首。"李贤注:"在旁曰挟,在上曰据。"王念孙《广雅疏证》:"榜者,《说文》'榜,所以辅弓弩也'。《楚辞·九章》'有志极而无旁'。王逸注云'旁,辅也','旁'与'榜'通,'榜''辅'一声之转,'榜'之转为'辅',犹方之转为'甫','旁'之转为'溥'矣。"此可为其作动词之证。

结合上文已析"色"表"类别"义,其成词理据,源于两者之结合明矣。史传、地方志、子部艺术类文献都有"挟色"例证,表明其使用范围较广,非孤例。此为其普遍性的体现。

---

① 参翁士勋(2005)、刘秉果(1986)。

"挟色"专指起辅助作用的球员称谓之义,也符合宋代蹴鞠盛行的史实。无论是现存的宋人蹴鞠图,还是宋代蹴鞠图瓷枕,抑或是宋代蹴鞠纹铜镜,都在一定程度上反映了蹴鞠对当时社会日常生活的影响。如:元代钱选摹仿北宋宫廷画家苏汉臣所作的《宋太祖蹴鞠图》(图3)就画有太祖赵匡胤、其弟赵光义、其臣子赵普、石守信等人踢球的场景,河南博物院藏有宋代蹴鞠图瓷枕

图3 《宋太祖蹴鞠图》(元摹本,局部,上海博物馆藏)

图4 宋代蹴鞠图瓷枕
(河南博物院藏)

图5 宋代蹴鞠纹铜镜
(中国国家博物馆藏)

(图4),中国国家博物馆藏有宋代蹴鞠纹铜镜(图5),等等。另宋代史、子、集部文献中反映民间或宫廷人士皆喜蹴鞠的例子极多,此处不赘举。此为其共时性和本原性的体现。

综上,词典若收该词条,可作如是解:

1. 名词,辅助。

(1)起辅助或非主要作用的部分。如,武举进士,取在义策,弓矢特其挟色耳。(南宋·徐梦莘《三朝北盟会编》引宋马扩《茆斋自叙》)

(2)起辅助作用的一类人,后专指单球门蹴鞠场上挟球并供球给射网眼者的

球员称谓。如,球门人数:都部署校正、社司、知宾、正挟、副挟、解蹬、球、挟色、主会、守网、节级、骁色、会干、都催、左军、右军、出尖、斜飞。(明·汪云程《蹴鞠图谱》)

2. 动词,辅佐。如,《华谊论》云:吴有发剑之节,赵有挟色之客。(南宋·范成大《吴郡志》引《华谊论》)

参考文献:

郭在贻　2005《训诂学》(修订本),北京:中华书局。

黄金葵、吴升义　2013《中国古代蹴鞠衰落与英国现代足球兴起之深层审视》,《首都体育学院学报》第 4 期。

刘秉果　1986《蹴鞠谱著作年代考》,《体育文史》第 5 期。

刘秉国、赵明奇　2008《〈蹴鞠谱〉校译》,《中国古代足球》,济南:齐鲁书社。

沈长云、魏建震、白国红、张怀通、石延博　2000《赵国史稿》,北京:中华书局。

翁士勋　2005《〈蹴鞠谱〉是一部明朝人汇编性的著作——二评〈蹴鞠——世界最古老的足球〉》,《体育文化导刊》第 3 期。

杨　琳　2011《训诂方法新探》,北京:商务印书馆。

郑利锋　2016《〈吴郡志〉版本流传考》,《史学史研究》第 2 期。

【作者简介】 崔兰,女,南京师范大学出版社副编审。研究方向:敦煌文献词汇研究、编辑出版。

冬至说"冬节"*

洪晓婷

(华侨大学,华文学院)

[摘　要]冬至是我国农历重要的节气,又是重要的传统节日。闽语中称冬至节为"冬节"。通过语料的历时考察和地域分析,发现闽语中的"冬节"来自南朝口语,用"冬节"称呼冬至节是现代闽语的一个共同特征。

[关键词]冬节;冬至;冬至节;闽语;南朝

语言是民族的特征之一,它随着社会的发展而发展的,所以通过语言有可能了解到一个民族过去和现在的文化特点,特别是语言中的词汇,是最活跃的成分,能最敏感、直接地反映民族文化的特点,它不仅能记录该民族不同时期的文化特点,而且能反映历史上文化特点的变化。以词汇中的文化词来例,文化词,是指能反映一个民族社会、经济、婚姻、宗教、民俗等文化特点的词,能让人们通过这类词窥见这个民族现在或过去的一些文化特点。"冬至""冬节"便属于文化词。

冬至是我国农历二十四节气之一,也是传统习俗中非常重要的一个节日。宋代孟元老《东京梦华录·冬至》:"十一月冬至,京师最重此节,虽至贫者,一年之间,积累假借,至此日更易新衣,备办饮食,享祀先祖。官放关扑,庆贺往来,一如年节。"宋代京师最重视冬至节,即使再穷的家庭,到这一天也要换上新衣,准备饮食,祭祀祖先,官府设置博戏,亲友往来庆贺,如同过年。《清嘉录》亦有言:"冬至大如年。"

---

* 基金项目:福建省社会科学规划青年项目"基于语料库的《南齐书》词汇研究"(FJ2018C091);华侨大学中央高校基本科研业务费资助项目"基于语料库的域外文献琉球汉语官话课本语言研究"(17SKGC-QT02)。

一、冬至节的由来

冬至日过节的习俗源于汉代,盛行于唐宋。

冬至,所以休兵不举事,闭开商旅不行何。此日阳气微弱,王者承天理物,故率天下静,不复行役,以扶助微气,成万物也。夏至阴气动,冬至阳气始萌。(汉·班固《白虎通义·谏诤》)

明年,幸泰山,以十一月甲子朔旦冬至日祀上帝于明堂,毋修封。(《汉书·郊祀下》)

冬至前后,君子安身静体,百官绝事,不听政,择吉辰而后省事。(《后汉书·礼仪中》)

上辛,命典馈渍曲。曲泽,酿冬酒。必躬亲絜敬,以供冬至、腊、正、祖荐韭卵之祠。(汉崔寔《四民月令》)

可见,冬至在古代是非常重要的节日。古人认为冬至这天阳气最弱,因此应当静养生息,所以朝廷上下放假休息,军队待命,边塞闭关,商旅停业,皇帝祭天,群臣朝贺,百姓祭祖。北方地区如今已不太重视此节,而闽地至今仍十分重视,闽语中称"冬至节"为"冬节"。

二、"冬节"的由来

冬至过节习俗起于汉代,而用"冬节"指称冬至节,则始见于南朝文献。"冬节"一词为定中结构,"节"即季,"冬节"本义指冬日之节气,即冬季。

阴阳更相用事也,故夏节昼长,冬节夜长。(汉·班固《白虎通义·日月》)

方涉冬节,农事闲隙。(《后汉书·马融传》)

冬节食南稻,春日复北翔。(三国·魏·曹操《却东西门行》)

"节"又有"节令、节日"之义。冬至日是一个重要的节日,因而又以"冬节"名之。南朝文献开始出现用"冬节"指冬至节。

近因冬节,暂诣其舅。(《全宋文》卷五十七乔道元《与天公笺》)

冬节问讯,诸王皆出,晔独后来,上已还便殿,闻晔至,引见问之。(《南齐书·武陵昭王晔传》)

去冬节一百五日,即有疾风甚雨,谓之寒食。(南朝梁·宗懔《荆楚岁时记》)

历来多用"冬至"解释"冬节",但特指"节气、时令"义,南朝仍旧多用"冬至",如下文两例,因此,"冬节"更准确地说是"冬至节"①。

卢植云:"夏正在冬至后,传曰启蛰而郊,此之谓也。"(《南齐书·礼志上》)

以此推之,唐世冬至日,在今宿之左五十许度。(《南齐书·祖冲之传》)

"冬节"指冬至节,是南朝口语中的新义,主要见于南朝语料,北朝语料中则几乎不见以"冬节"称呼冬至节的。如《魏书》《齐民要术》中就全用"冬至",而不见"冬节",如:

是年冬至,高祖、文明太后大飨群官,高祖亲舞于太后前,群臣皆舞。(《魏书·高闾传》)

时冬至之日,昌方宴飨,王师奄到,上下惊扰。(《魏书·铁弗刘虎传》)

冬至日先后各五日,寝别内外。(北魏·贾思勰《齐民要术·杂说》)

南朝前后时期的文献更多使用的是"冬至"。

十一月,燕王上表贺冬至,称臣。(《三国志·魏书四·陈留王奂》)

周伯仁母冬至举酒赐三子曰:"吾本谓度江托足无所。尔家有相,尔等并罗列吾前,复何忧?"(南朝宋·刘义庆《世说新语·识鉴》)

南人冬至岁首,不诣丧家;若不修书,则过节束带以申慰。(北齐·颜之推《颜氏家训·风操》)

可见,"冬节"指称冬至节始于南朝,且是南朝习语。

三、"冬节"在通语中的衰亡

在表示冬至节时,隋唐时期没有继承南朝的"冬节",而用北朝的"冬至"。从《六臣注文选》中李周翰需要对南朝齐沈约《冬节后至丞相第诣世子车中作》作注"冬节,冬至日也",亦可见该义在唐代已然式微。唐代笔记小说《酉阳杂俎》《云仙杂记》中都记载了冬至节的习俗,用"冬至",不用"冬节"。

北朝妇人常以冬至日进履袜及靴;正月进箕帚、长生花,立春进春书,以青绘为革只,刻龙像衔之,或为虾蟆;五月进五时图、五时花,施帐之上。是日又进长命缕、宛转绳,皆结为人像带之;夏至日进扇及粉脂囊,皆有辞。(唐·段成式《酉阳杂

---

① 后文的"冬节"均指"冬至节"义,而非其本义"冬季"义。

俎·礼异》)

洛阳人家,正旦,造丝鸡、蜡燕粉荔枝;正月十五日,造火蛾儿,食玉梁糕,寒食,装万花舆,煮杨花粥;端午,术羹、艾酒,以花丝楼阁插鬓,赠遗辟瘟扇;乞巧,使蜘蛛结万字造明星酒,装同心脍;重九,迎凉,脯羊肝饼,佩癭木符;冬至,煎饧,彩珠,戴一阳巾;除夜,铜刀刻门,埋小儿砚,点水盆灯;腊日,造脂花馅。"(唐·冯贽辑《云仙杂记·洛阳岁节》)

《全唐诗》《入唐求法巡礼行记》中亦不用"冬节",只用"冬至"。日僧圆仁在《入唐求法巡礼行记》中颇为详细地记载了寺庙中过冬至节的习俗:

廿七日,冬至之节,道俗各致礼贺。在俗者拜官,贺冬至节。(唐·圆仁《入唐求法巡礼行记》卷第一)

出家者相见拜贺,口叙冬至之辞,互相礼拜。俗人入寺亦有是礼。众僧对外国僧即道:"今日冬至节,和尚万福。传灯不绝,早归本国,长为国师。"云云。(同上)

廿六日,冬至节。僧中拜贺云:"伏惟和尚久住世间,广和众生。"腊下及沙弥对上座说,一依书仪之制。沙弥对僧,右膝着地,说贺节之词。吃粥时,行馄饨、果子。(卷第三)

《梁书·傅歧传》:"法当偿死,会冬节至,歧乃放其还家,使过节一日复狱。"同一情节《南史·循吏·傅琰传》中亦同作"冬节":"法当偿死,会冬节至,岐乃放其还家。"正如前文提及的《南齐书》中"冬节"一例,同一情节《南史》中亦沿袭作"冬节问讯,诸王皆出,晔独后来,上已还便殿,闻晔至,引见,问之,晔称牛羸不能取路。"另一类似情节《梁书》中则改作"冬至"。《梁书·王志传》:"郡狱有重囚十余人,冬至悉遣还家,过节皆返,惟一人失期,狱司以为言。"《晋书》《北史》中均不见"冬节"一词。

可见,唐代所写的南朝史书保留"冬节"之处当是沿袭前代文献。"冬至""冬节"二词表示"冬至日"义在中古到近代汉语时期代表文献中的出现次数,详见下表:

	全晋文	全三国文	全宋文	南齐书	荆楚岁时记	齐民要术	颜氏家训	全唐诗	入唐求法巡礼记	酉阳杂俎	云仙杂记
冬至	18	8	34	8	8	6	2	43	10	1	2
冬节	0	0	1	1	1	0	0	0	0	0	0

可见，"冬节"一词在南朝出现，而近代汉语官话中逐渐消亡，但在不少方言中得到保留。《全唐诗》中不见"冬节"，宋代南方文人的诗文中倒颇喜用"冬节"。

俚语"徽人三日饱两社，一年朝不重冬节也。"（宋黄震《黄氏日钞》卷六十七）

麦生宜配卧沙羊，鹅脔仍便碧酒香。陡觉今年好冬节，朝来红日为谁长。（宋陈造《江湖长翁集》卷十八《谢两知县送鹅酒羊面》之二）

刘宰《漫塘文集》卷二十六有《代弟冬节祭妻文》，强至《祠部集》卷十有《依韵奉和司徒侍中冬节筵间喜雪》诗，宋代杨万里《诚斋集》有《谢周监丞冬节馈海错果实启》《谢周丞相送冬节羊面》《谢周丞相冬节送十鸠四兔启》诗。互赠饮食和祭祀是冬至节传统习俗。陈造高邮人，刘宰镇江金坛人，强至杭州人，杨万里吉州吉水人，均为南方人。

四、"冬节"在闽语中的遗留

明代闽南语文献有云：

值遇冬节，家中诸事，尽缺。（《金花女戏文·夫妻乐业》）

《金花女戏文》出土于广东潮州，潮州话亦属于闽南语。冬节是大节，潮州人亦十分重视，金花女家中贫穷，缺少东西，难以操办过节。

清康熙年间琉球人编的官话课本《官话问答便语》中详细记载了福州人过"冬节"的习俗：

明日冬至，各官府都要到西门街（外）皇帝殿那里拜冬。此节名为冬节，算是大节了。

冬至缘何是大节？

冬至应于子建，在地支十二之首，属黄钟律吕，十二之先。周朝用之为正月，称曰亚岁，天子历书于是时颁行天下，这节如何不大？我福州风俗，以冬至前一夜，（用）糯米泡湿，杵碎成粉，纱罗筛得细细，调汤和作一团，一家大小齐集，点一对蜡烛，放在桌上，将粉放向掌中，两手合搓，至搓毕收好。冬至日早早放入锅内，热汤煮之，浮于汤面，等熟透，盛起碗中，加些糖散放于上，名为汤圆。先供神明，次供祖宗，供毕，然后大家才吃。各家普遍都是如此。

这汤圆有什么口味，如此珍重呢？

虽然没有什么口味，乃是乡俗，前人做后人传，不得不如此珍重呢。

琉球人到中国多居于福州,琉球官话课本虽为琉球人学习汉语官话而编写,所用的语言当主要为官话,但课本中的对话场景大多讲述琉球人在福州的生活,故记载了不少福州风情民俗,也记录了一些福州话。对话中所写正是福州人冬节搓汤圆的习俗。

闽语至今仍称"冬至"为"冬节"。许宝华、宫田一郎《方言大词典》(1999：1325)没有单收"冬节"一词,而收了"冬节丸(元宵,糯米做的球形食品)""冬节圆(过冬至节吃的汤圆)""冬节冥(冬至前夕)",均出自闽语。李如龙《福州方言词典》(1994：70)："冬节,冬至节,福州风俗,这一天家家户户要吃(米时)"。周长楫《闽南方言大词典》(2006：450)："冬节,冬至,二十四节气之一,在12月21、22日或23日。在这天有吃汤圆的民俗。"及"冬节圆,冬至这天吃的汤圆。"董忠司《台湾闽南语辞典》(2001：1274)："冬节,冬至,台湾人的习俗在冬节这一天搓汤圆。"张振兴、蔡叶青《雷州方言词典》(1998：249)："冬节,冬至,二十四节气之一,在12月21、22或23日。旧俗,这一天全族的人都要到祠堂祭祖。"李荣、陈鸿迈《海口方言词典》(1996：218)："冬节,指冬至这一天,习俗多在这天祭墓。"

可在闽语分布的地区,不论是福建本土,还是台湾、广东潮汕、雷州半岛,冬节都是家人团聚、祭祖、进补的重要节日,过节习俗与古代冬至节大体相同。闽南民谚:"冬节大如年。""年夜没返没某(妻),冬节没返没祖。(年夜不回心中无妻子,冬至节不回心中无祖宗)""吃了冬节圆添一岁。"都充分体现了这一点。北方习俗元宵吃汤圆,而闽南习俗过冬节吃汤圆,郑重其事地名为"冬节圆"(同"冬节丸")。

综上,闽语中的"冬节"指"冬至节",继承自南朝通语,是当时的一个口语词,可以看出闽语词汇中确实有六朝的语言要素,特别是南朝的语言要素,这些要素的存在并不是唐代语言中六朝语言遗留的反映,而是确实来自于唐代以前。闽语地区,包括福建、台湾、广东、海南的闽语分布区,普遍重视冬至节,用"冬节"称呼此节,亦是闽语的一个共同特征。

参考文献：

董忠司　　2001《台湾闽南语辞典》,台北:五南图书出版公司。
李荣、陈鸿迈　1996《海口方言词典》,南京:江苏教育出版社。

李如龙　1994《福州方言词典》,福州:福建人民出版社。

许宝华、[日]宫田一郎　1999《汉语方言大词典》,北京:中华书局。

张振兴、蔡叶青　1998《雷州方言词典》,南京:江苏教育出版社。

周长楫　2006《闽南方言大词典》,福州:福建人民出版社。

【作者简介】洪晓婷,女,文学博士,华侨大学华文学院讲师。研究方向:汉语史、华文教育。

（本文发表于《中国社会科学报》2018年12月25日,在原文基础有所增加修改）

以服石为中心的中古医籍词语例释*

戚 端

(南京中医药大学,中医学院)

[摘 要]东汉末至隋唐的五六百年的历史里,服石之风兴盛,成为当时的一种社会风潮。这一时期的传世医方著作中多载有与服石相关的内容,其中涉及到一些名词不仅具有时代特色,又因其医学行业性质,增加了一些特别的义项,如"将息"一词,就不是我们通常所说的"调养休息",而包含了"将"和"息"两个方面的内容。

[关键词]服石;中古;词汇;释义

东汉末至隋唐的五六百年的历史里,服石之风兴盛,成为当时的一种社会风潮,尤其是在魏晋时代,服石更是大行其道。在这个时代,除了为人津津乐道的魏晋风度和名士风范,最具有时代特色的便是服石之风的兴起。

服石作为一种社会风尚在魏晋时期广为流行,但在古医籍中,它的历史却更加久远,以石入药可以追溯至春秋战国时代,《素问·腹中论》中载有"石药",并说:"石药发瘨,芳草发狂。夫热中消中者,皆富贵人也。"王冰注:"石药,英乳也。"据文献记载,最早服石致死的人是齐王侍医,其名曰"遂",《史记·扁鹊仓公列传》记录了他和仓公淳于意的一段对话:

齐王侍医遂病,自练五石服之。臣意往过之,遂谓意曰:"不肖有病,幸诊遂也。"臣意即诊之,告曰:"公病中热。论曰:'中热不溲者,不可服五石。'石之为药精悍,

---

* 基金项目:江苏省高校哲学社会科学研究一般项目"基于ACCESS语料库的中古医书特色词研究"(2019SJA0314)。

公服之不得数溲,亟勿服。色将发臃。"遂曰:"扁鹊曰:'阴石以治阴病,阳石以治阳病。'夫药石者,有阴阳水火之齐,故中热,即为阴石柔齐治之;中寒,即为阳石刚齐治之。"臣意曰:"公所论远矣。扁鹊虽言若是,然必审诊,起度量,立规矩,称权衡,合色脉表里有余不足顺逆之法,参其人动静与息相应,乃可以论……意告之后百余日,果为疽发乳上,入缺盆,死。"

这是淳于意在给齐王侍医"遂"治病的一个医案,既是为"遂"治病,也是二位医生针对能否使用服石治疗特定疾病而展开的一场辩论。从这段对话中不难看出,淳于意对于服石也是比较熟悉的,他并没有完全否认扁鹊之法,即服石能够治病,只是提出"中热之病,不可服五石"。因此可以推知,在淳于意(西汉)之前就已经有很多通过服石治疗疾病的先例了。

从西汉到东汉数百年间社会上并没有形成服石的风气,直到东汉末年,石散的使用都仅限于医用治病的范畴。汉末张仲景在《金匮要略》中有如下两段记载,内容包括二味石散,是用来治疗疯癫病和伤寒:

(1)侯氏黑散治大风,四肢烦重,心中恶寒不足者。菊花四十分　白术十分　细辛三分　茯苓三分　牡蛎三分　桔梗八分　防风十分　人参三分　矾石三分　黄芩五分　当归三分　干姜三分　穹䓖三分　桂枝三分　右十四味,杵为散,酒服方寸匕,日一服,初服二十日,温酒调服,禁一切鱼肉大蒜,常宜冷食,在腹中不下也,热食即下矣,冷食自能助药力。(《金匮要略》P.40)

(2)治伤寒令愈不复紫石寒食散方:紫石英　白石英　赤石脂　钟乳(碓炼)　栝蒌根　防风　桔梗　文蛤　鬼白各十分,太乙余粮十分(烧)　干姜附子(炮去皮)　桂枝(去皮)各四分,上十三味,杵为散,酒服方寸匕。(《金匮要略》P.192)

让服石之风真正兴起的始作俑者是魏侍中尚书何晏,《世说新语·言语》载何晏云:"服五石散非惟治病,亦觉神明开朗。"刘孝标注引秦丞相曰[①]:"寒食散之方虽出汉代,而用之者寡,靡有传焉。魏尚书何晏首获神效,由是大行于世,服者相寻也。"东汉以后本来几近失传的石散方,至何晏又将其"发扬光大",使之大行于世。盖如余嘉锡所说:"寒食散方创于张仲景,自何晏增减其方服之,魏晋南北朝人服者不绝。"其事又见载于《诸病源候论》卷六,原文引自皇甫谧,其文如下:

---

① 余嘉锡考,六朝时无姓秦之丞相,丞相当作承祖,字之误也。《医心方》卷十九引有秦承祖论,即此书。

皇甫云：然寒食药者，世莫知焉，或言华佗，或曰仲景。考之于实：佗之精微，方类单省，而仲景经有侯氏黑散、紫石英方，皆数种相出入，节度略同；然则寒食草、石二方，出自仲景，非佗也。且佗之为治，或刳断肠胃，涤洗五脏，不纯任方也。仲景虽精，不及于佗。至于审方物之候，论草石之宜，亦妙绝众医。及寒食之疗者，御之至难，将之甚苦。近世尚书何晏，耽声好色，始服此药，心加开朗，体力转强，京师翕然，传以相授。历岁之困，皆不终朝而愈。众人喜于近利，未睹后患。晏死之后，服者弥繁，于时不辍，余亦豫焉。(《诸病源候论》P.119)

据皇甫谧，则寒食散出自张仲景，仲景以其治疗疾病，而何晏说"非惟治病，亦觉神明开朗"，其实是出自"耽声好色"的目的，唐孙思邈也在《千金要方》卷一亦称："有贪饵五石，以求房中之乐。"或许何晏在偶然服用后感觉"心加开朗，体力转强"，大有利于房中之事，便逐渐从此推广。其时仿效何晏服石者前赴后继，逐渐形成了一种风尚。苏轼《东坡志林》载："世有食钟乳、乌喙，而纵酒色以求长年者盖始于何晏，晏少而富贵，故服寒食散以济其欲，无足怪者，彼其所为足以杀身灭族者日相继也，得死于服寒食散，岂不幸哉！"

由于药石昂贵，服石慢慢成为一种风尚和身份的象征，甚至有人假扮服石毒性发作来展示自己的富有，隋侯白《启颜录》中记载了一段笑话，颇能说明：

后魏孝文帝时，诸王及贵臣多服石药，皆称"石发"，乃有热者，非富贵者，亦云"服石发热"，时人多嫌其诈作富贵体。有一人于市门前卧，宛转称热。因众人竞看，同伴怪之，报曰："我石发。"同伴人曰："君何时服石，今得石发？"曰："我昨在市得米，米中有石，食之，乃今发。"众人大笑。自后少有人称患石发者。

《启颜录》所载虽然多是一些笑谈趣事，但服石之风从一种上层贵族风尚发展、影响乃至浸染到整个社会的趋势还是可见一斑。由于时人"喜于近利"，并没有认识到服石的毒害作用，在何晏死后，风气仍然没有停止，而且服用者越来越多，随之而来的是服石给人体带来的种种危害，《晋书·裴秀传》："服寒食散，当热饮酒而饮冷酒，泰始七年薨，年四十八。"《诸病源候论》中也记录了他的死亡过程：

河东裴季彦，服药失度，而处三公之尊，人不敢强所欲，已错之后，其不能自知，左右人不解救之之法，但饮冷水，以水洗之，用水数百石，寒遂甚，命绝于水中，良可痛也。(《诸病源候论》P.134)

另外其书还记录了许多因服石不当导致的中毒事件：

服者弥繁,余亦豫焉,或暴发不常,夭害年命,是以族弟长互舌缩入喉,东海王良夫痈疮陷背,陇西辛长绪皮肉烂溃,蜀郡赵公烈中表六丧,悉寒食散之所为也。(《诸病源候论》P.119)

此段话出自皇甫谧之口,后由《诸病源候论》转引。即或是皇甫谧自己,明知服石的诸种危害,但也未能免俗,可见当时服石之风何等兴盛。因服石不当,七年之后皇甫谧甚至需要用裸身吃冰的方法来压制毒性发作。

然而正因服石流毒深远,当时的医生都没有放弃和它的斗争。即或如皇甫谧等大有石瘾的医生,也知耻而后勇,他说:

辞不获已,乃退而惟之,求诸《本草》,考以《素问》,寻故事之所更,参气物之相使,并列四方之本,注释其下,集而与之。(《诸病源候论》P.119)

隋唐之后,服石之风稍止,初唐医家孙思邈旗帜鲜明地反对服石,他在《千金要方》卷二十四中说:"宁食野葛,不服五石,明其大大猛烈,不可不慎也。有识者遇此方即需焚之,勿久留也。"其书卷二十五又称:"寒食更生散方已从灰灭。"话虽如此,但实际上后来仍未完全禁绝,《续高僧传》中即记载当时有僧人服用五石散的,《续高僧传》卷十:"护善外书好道术,先服石散,大发,数日闷乱,门人憛惶,夜投饼滓,诡言他药,后闻正色曰:'吾之见欺,当自责耳。然陷师于非道,是何理耶?'遂不与言。其礭固例如此也。"僧众由于害怕别人知道他们的住持服石,而偷偷地投放饼渣想用以蒙混。可见服石在当时虽未完全禁绝,但社会上反对服石的舆论已经占据上风。虽然在唐代医书中还有一些时人服用石散的记载,但魏晋时代的那种全民向往、蔚然成风的气象已然不再。

服石兴盛五六百年,其历史几乎横跨整个中古阶段。因此中古以降的综合性医书几乎无有不涉及寒食发散证的,其中保留了大量的服石治病的资料,《肘后备急方》卷三有"治服散卒发动困笃方",其中对服用"五石""护命""更生""钟乳""寒食"诸散引发的疾病的诊疗有比较简要的记载,其法较为简略,用于备急。而《诸病源候论》对此病的研究尤为详尽深入,卷六"解散病诸候"全章论述寒食散发动为病之各种症候,其中"解散病"就是"解决寒食散所致之病"的意思,该书从"脉象辨查"到"将息法度",再涉及石药和草药之间的种种配对关系,论证草药和石药在混合使用时药效发作时间的区别,保留了寒食散服用的科学方法,可谓极其详尽。这些宝贵的医学材料保留了服石的珍贵临床资料,其中涉及很多词汇的问题,包括一些服石专用的名词和概念,值得深入考究。其中一些与服石症治疗相关的词,如:节度、将息、对动、洗了、精了等,它们在医书中的义项往往和常见义项有较大的差别,以下举例来说:

节度

节度一词,一般文献中多释为"节序度数"或"节制约束"。而服石环节中,它却是一个尤为重要而抽象的概念,简单来说就是服石的法度,即基于前人服石的经验,为服石制定的度量的标准和一些相对安全的方法。如果不按照"节度"服石,则会导致不可控的严重后果。《肘后备急方》卷三载:"凡服五石、护命、更生及钟乳寒食之散,失将和节度,皆致发动其病,无所不为。"《诸病源候论》卷六"寒食发散候":"勤从节度,不从节度则死矣。"《医心方》卷十九引《服石论》曰:"中书侍郎薛曜云:'凡寒食诸法,服之须明节度,明节度则愈疾,失节度则生病,愚者不可强,强必失身;智者详而服之,审而理之,晓然若秋月而入碧潭,豁然若春韶而洋冰积实谓之矣。'"可见"节度"是控制服石诸种并发症的关键因素。针对服石发热,医家所执的观点不同,皇甫谧认为服石发热当以冷洗、寒食等法,而陈廪丘①则认为要使用保暖的方法将息。因此根据"将冷"和"将热"的两种对治方法,分为"廪丘公节度"和"皇甫节度"等。

"节度"一词表示的只是个大致的概念,是针对服石需要注意的方方面面,也是一个比较笼统的说法,其内涵大致包括以下三个方面:

其一,日常行为禁忌。如厚衣、近火、久坐、久卧、暴饮暴食、冒暑远行、房事不节等都是服石者需要严格禁止的行为,这些行为均会造成热蕴体内,难以发泄,造成严重的后果。

其二,具体的服用法度。服石的用量,诸家的说法不一,如皇甫谧所说:"服寒食散,二两为剂,分作三帖。清旦温醇酒服一帖,移日一丈,复服一帖,移日二丈,复服一帖,如此三帖尽。"除涉及用量之外,还包括用药的进行和停止的规律。

其三,石势发作之后的日常调养办法。如多加劳作、食不忍饥、衣热便脱、平日以寒水沐浴、多饮凉水等等。

---

① 陈廪丘,一说即《小品方》作者陈延之。《本草纲目》卷二十九桃叶条引苏颂曰:"陈廪丘《小品方》有阮河南桃叶蒸法。"

将息

将息一词在涉及服石的中古医书中颇为常见,如《诸病源候论》"寒食发散候"一篇中多用"将息"一词,称服石要符合"将息"之度:

皇甫唯欲将冷,廪丘公欲得将暖之意,其多有情致也,世人未能得其深趣,故鲜能用之。然其方法,犹多不尽,但论服药之始,将息之度,不言发动之后。(《诸病源候论》P.112)

历来辞书多将"将息"解释为"调养",如《汉语大词典》收有两个义项,分别释为"养息,休息"和"保重;珍重",均无法解释这里所说的"将息"。

将息一词,最早见于《楚辞》,《楚辞·九怀·蓄英》:"将息兮兰皋,失志兮悠悠。"王逸注曰:"且欲中休,止方泽也。"此句中的"将"义近于"欲",但"将息"在这里作为一个词的结构尚不紧密,更像是一个词组。"将息"一词大量使用见于《伤寒论》,全书共出现9次,常作"如桂枝法将息"或"将息如前法":

(1)右五味,以水七升,煮取三升,去滓。温服一升。本云桂枝汤,今去芍药加附子。将息如前法。(《伤寒论》P.47)

(2)右七味,以水一斗,先煮麻黄、葛根,减二升,去白沫,内诸药,煮取三升,去滓。温服一升,覆取微似汗,余如桂枝法将息及禁忌。诸汤皆仿此。(《伤寒论》P.59)

(3)葛根四两,麻黄三两(去节),桂枝二两(去皮),芍药二两,甘草二两(炙),生姜三两,大枣十二枚,右七味,㕮咀,以水七升,先煮麻黄、葛根,减二升,去沫,内诸药,煮取三升,去滓,温服一升,覆取微似汗,不须啜粥,余如桂枝汤法将息及禁忌。(《金匮要略》P.13)

考《伤寒论》之文,多称"如桂枝法将息",若能弄明白"桂枝法"具体所指,就能大概明白何谓"将息"。查《伤寒论》辨太阳病脉证并治上中"桂枝汤"文,其文如下:

桂枝三两(去皮),芍药三两,甘草二两,炙生姜三两,切大枣十二枚,擘。

右五味,㕮咀三味,以水七升,微火煮取三升,去滓。适寒温,服一升。

服已须臾,啜热稀粥一升余,以助药力。温覆令一时许,遍身漐漐微似有汗者益佳,不可令如水流漓,病必不除。若一服汗出病差,停后服,不必尽剂。若不汗,更服依前法。又不汗,服后小促其间,半日许,令三服尽。若病重者,一日一夜服,周时观之。服一剂尽,病证犹在者,更作服。若汗不出,乃服至二三剂。禁生冷、粘滑、肉面、五辛、酒酪、臭恶等物。(《伤寒论》P.43)

　　从"右五味"至"臭恶等物"是"将息法"的内容,细细推敲这段文字,包括了以下几个方面的内容:其一,具体的服药方法和用量;其二,辅助药力的手段;其三,服药后出现不同效果的对治手段;其四,服药后的饮食禁忌。

　　以上是从文意解释"将息"一词,而从字义出发,"息"乃"养息"义,没有问题,重点在于"将"的意义。其实"将"有"行进""前进"义,《广雅·释诂一》:"将,行也。"《诗·郑风·丰》:"悔予不将兮。"毛传:"将,行也。"孔颖达疏:"今日悔我本不共是子行去兮。"又《诗·大雅·无将大车》:"无将大车。"郑玄笺:"将,犹扶进也。"孔颖达疏:"大车须人傍而将之,是为扶车而进导也。""将息"包含了"将"和"息"两个方面的内容,"将"即开始用药,"将法"包含用药的量、时间、应对的手段。"息"即停止用药,"息法"包含何时停止用药,用药的禁忌等。"将息"是一整个用药的过程,围绕诊治目标以药"行进"和"停止"。因此《诸病源候论》寒食发散候称:"但论服药之始,将息之度,不言发动之后。"是将"将息"置于"服药始"和"发动后"之间的,即整个服药的具体过程,若理解成"调养"则大误。

　　中古以前典籍中的"将息"多见于医学类文献,唐代以后"将息"由医学行业词汇泛化为一般词汇,转而表示"调养""休息"义,并于诗文中多见,如唐王建《留别张广文》诗:"千万求方好将息,杏花寒食约同行。"宋李清照《声声慢》词:"乍暖还寒时候,最难将息。"由于唐代以后的典籍中很少再用它来表达用药的过程,这种词义的强势迭变便引起了部分学者的注意,其中不乏臆测。如清翟灏《通俗编》卷十:"'将息',恐'将摄'传讹,然自唐以来,多作息字。范文正《与侄帖》云'将息将息不具'。司马温公《与侄帖》亦云'时热且各自将息'。"

　　翟灏的传讹之说明显缺乏证据,"将息"意义发生迭变,其原因是"将"的"行进"义在文献中用法罕见生僻,因此在日常使用时,语素"将"的意义失落,而仅仅保留了"息"的词义,成为一个偏义复词,而表示"调养""休息"之义,唐宋的诗文中的"将息"皆是此类。

　　多音节词的某个构词语素的原有意义因为特殊的原因发生了脱落,这类词汇变异的现象在词汇史上也是偶有出现的,如符淮青认为:"部分语素在构词中失落原义,其中一个语素完全不用它原有的意义来表示词义,如反水、船只等词。"但这与"将息"仍存在区别,"将"一开始是具有明显意义的,在使用中发生了丢失。仲崇山认为:"合成词中有一个语素的意义模糊,不能说它的意义和词义无关,可究竟是什么关系,却难以说清。"其说近是。"将息"一词,由于"将"的词义不被人熟知,而且使用范围有限,因此逐渐产生了理解隔阂,于是才出现了语素义的丢失,当然这种脱落具备一定的偶然性。再如"容易"一词,其词出自《汉书·东方朔传》:"谈何容易?夫谈有悖于目拂于耳谬于心而便于身者……非有明王圣主,孰能听之?"本来"何容"与"易"应该分开读,"何容"表示"岂可"之义,后来"容易"竟然连读成词,"容易"即"易","容"在结构中不再表义,这都是由于特殊原因导致的义素丢失现象。

因此,若将中古医书中的"将息"理解为"休息""调养",则犯了以今律古的错误。

对、动

对、动是与寒食散相关的一组特殊动词,可以说是一组服石专用术语。其中"对"表示矿物质药与本草类药之间配对的关系;而"动"则表示寒食散中药物成分相互起到的一种催化作用。如果不能理解这两个特殊服石动词,往往会产生理解的困难。如以下这段话:

紫石英对人参,其治主心肝,通至腰脚。人参动紫石英,心急而痛,或惊悸不得眠卧;或恍惚忘误,失性狂发;或黯黯欲眠,或愦愦喜嗔,或瘖或剧,乍寒乍热;或耳聋目暗。又,防风虽不对紫石,而能动紫石,紫石由防风而动人参。人参动,亦心痛烦热,头项强。(《诸病源候论》P.113)

其中,"对"即草石药物之间的"对治之和",是草石药物之间的匹配相合的关系,明确何种草与何种石可以匹配为散,如上文所说"紫石英"对"人参",即紫石英可以与人参搭配使用,服用这种石散,可以起到治疗心肝和腰脚疾病的疗效。而"动"即"发动",即草石药物之间相互催化的关系,明确某种草药的使用可以催发石势,如人参动,即人参催发石势发动,诸如此类常见动词,意义皆需要明辨,它们与其常用意义都存在一定的区别。

洗了、精了

洗了、精了二词,表示解散病被治愈之后,身体不被石发困扰的舒爽感觉。如:

（1）酒行食充，关节以调，则洗了矣。云了者，是瑟然病除，神明了然之状也。（《诸病源候论》P.127）

（2）或嗜寐不能自觉，久坐热闷故也。急起洗浴饮冷，自精了。（《诸病源候论》P.131）

"了"本有"慧明"义，《玉篇·了部》："了，慧也。"了者，了然分明之义。引申而有病除义。原文也有训诂的文字："云了者，是瑟然病除，神明了然之状也。"其说甚是。

"洗了"和"精了"皆言病愈，意义相近，但是侧重点略有区别。"洗了"强调病除之后的安适，盖"洗"本义与清洗相关，引申有"安适"义，"洗然"即用来形容安适之貌，晋潘岳《为贾谧作赠陆机》诗："吾子洗然，恬淡自逸。"唐杜甫《营屋》诗："洗然顺所适，此足代加餐。"

"精了"一词除了指病愈，主要强调精神明朗清晰，"精"有清朗、明洁之义，《国语·周语上》："祓除其心，精也；考中度衷，忠也。"韦昭注："精，洁也。"《国语·楚语下》："玉帛为二精。"韦昭注："明絜为精。"

除此之外，还有一些名词是对石药发作时的临床症状的描述。

矜寒、战掉

（1）若药未散者，不可浴，浴之则矜寒，使药噤不发，令人战掉，当更温酒饮食，起跳踊，舂磨出力，令温乃浴，解则止，勿过多也。（《诸病源候论》P.121）

矜寒一词，形容石发之后贸然进浴所导致的症状。矜寒，形容寒貌。《诸病源候论校注》引《文选·张衡〈思玄赋〉》："鱼矜鳞而并凌。"吕延济注："矜，竦其鳞也。"李善注："矜，寒貌。"二注的解释截然不同，却并列于此，不当。此例中李善的注释明显是错的，在"鱼矜鳞而并凌"之句中，"矜"是说鱼鳞的样子，当是一个动词，在此用"矜"的"耸立"义。又《汉书·张衡传》："鱼矜鳞而并凌。"李贤又注："矜，竦其鳞也。"可见，李贤注"矜"为"寒貌"是随文注解大意的，并非"矜"有寒义。矜寒，谓恶寒而皮肤起粟，汗毛竦立的样子。皮肤起粟，汗毛竦立即谓"矜"。

"战掉"，即形容身体战栗摇动的样子。战，颤栗貌。《尔雅·释训》："战战，跄跄动也。"郝懿行义疏："颤战声义同，寒颤即寒战矣。"又"掉"即"摇"，《说文·手部》："掉，摇也。"段玉裁注："掉者，摇之过也。摇者，掉之不及也。许浑言之。从手卓声。

徒吊切。二部。《春秋》传曰：'尾大不掉。'"

陷背

（1）东海王良夫，痈疮陷背；陇西辛长绪，脊肉烂溃；蜀郡赵公烈，中表六丧；悉寒食散之所为也。（《诸病源候论》P.119）

陷背一词是形容服石后身体暴热生疮，背部痈疮溃烂的严重病症，陷背亦即背陷。考"陷"字，有溃义。《广雅·释言》："陷，溃也。"又有"陷溃""陷溃"二词，皆是同义连文，《后汉书·南匈奴列传》："雠衅既深，互伺便隙，控弦抗戈，觇望风尘，云屯鸟散，更相驰突，至于陷溃创伤者，靡岁或宁，而汉之塞地晏然矣。"《六韬·战车》："日夜霖雨，旬日不止，道路溃陷，前不能进，后不能解者，车之陷地也。"

滞癖

（1）或下利如寒中，坐行止食饮犯热所致，人多疑冷病。人又滞癖，皆犯热所为，慎勿疑也，速脱衣、冷食饮、冷洗也。（《诸病源候论》P.125）

滞癖一病，丁光迪校注："滞癖，即痢疾。"其说误，当是不明"滞癖"之义，而单从前文"下利如寒中"推导而来，认为"下利如寒中"是"滞癖"的主要症状，因此说"滞癖"是"痢疾"，此说大误。滞癖，是指腹内犯热，有癖结未去的硬块、瘤结，如燥屎之类。从"滞癖"的字面意义来看，《说文·水部》："滞，凝也。"又"滞"有"积"义，《国语·周语下》："气不沉滞而亦不散越。"韦昭注："滞，积也。"而"癖"古字同"痞"，即痞结的积块。《灵枢·水胀》："寒气客于肠外，与卫气相搏，气不得荣，因有所系，癖而内著，恶气乃起。"

此段文字载服石的二种并发症，其一是"下利"，其二是"滞癖"，故言"皆犯热所为"。此条唐孙思邈《千金翼方》卷二十二亦载，其文条理更为分明："或下痢，如寒中者由食饮犯热所致故也，人多疑是卒疾。又滞癖，作者皆由犯热所为，慎勿疑也，速脱衣冷食饮热酒即差。"《校注》错误地理解文意，认为"下利如寒中"是"滞癖"的症状，故错误的将其注为痢疾。

诸如此类词语还有不少，它们见载于古医籍中，与中古服石现象密不可分，这些服石专用的名词和概念，值得深入考究。由于服石风尚在历史上只维持了几百年，到了宋元之后已基本禁绝，因此这些与服石密切相关的词语不可避免地具有一定时代性和特殊性,在阅读的时候需要引起注意,避免错误理解。

参考文献:

［汉］司马迁　1980《史记》,北京:中华书局。

［汉］张机撰,何任校注　1990《金匮要略校注》,北京:人民卫生出版社。

［汉］张机撰,刘渡舟校注　2013《伤寒论校注》,北京:人民卫生出版社。

［晋］葛洪撰,王均宁点校　2011《肘后备急方》,天津:天津科技出版社。

［南朝］刘义庆著,徐震堮撰　1984《世说新语校笺》,北京:中华书局。

［隋］巢元方著,丁光迪校注　2013《诸病源候论》,北京:人民卫生出版社。

［唐］孙思邈撰　1999《备急千金要方》,北京:中医古籍出版社。

［唐］道宣撰,郭绍林点校　2014《续高僧传》,北京:中华书局。

鲁　迅　1927《魏晋风度及文章与药及酒之关系》,《而已集》,北京:人民文学出版社。

余嘉锡　1995《余嘉锡文史论集》,长沙:岳麓书社。

［隋］侯白撰,董志翘校注　2014《启颜录》,北京:中华书局。

符淮青　1981《词义和构成词的语素义关系》,《辞书研究》第1期。

仲崇山　2002《词义和构成词的语素义的关系补论》,《佳木斯大学社会科学学报》第2期。

【作者简介】戚端,男,文学博士,南京中医药大学中医学院讲师。研究方向:中医典籍与词汇研究。

中华本《弘明集》疏误考论

朱春雨

(吉林财经大学,新闻与传播学院)

[摘　要]《弘明集》是我国佛教史上第一部护法弘教的文献汇编。中华书局2013年版《弘明集》,是中华经典名著全本全注全译丛书之一。该本在译注的同时,也对文本进行了校勘,但我们在阅读过程中发现,其还存在一些疏误,文章就相关问题进行辨析。

[关键词]弘明集;校勘;辨析

南朝梁僧祐所撰《弘明集》,以"弘道明教"为主旨,收录了东汉自南朝齐梁之间相关文章一百余篇,是我国佛教史上第一部护法弘教的文献汇编。《弘明集》不仅是研究当时佛教思想及其传播状况的重要文献,也是研究当时三教关系的重要资料。

目前为止,《弘明集》的整理本有校笺本和译注本两类。校笺本有一种,由李小荣校笺、上海古籍出版社2013年出版。译注本有三种:吴远释译,佛光文化事业有限公司1998年本;胡勇译注,中华书局2011年本;刘立夫、魏建中、胡勇译注,中华书局2013年本。前两种译注本是节选本,中华书局2013年本是中华经典名著全本全注全译丛书之一,即本文所称中华本《弘明集》。

中华本《弘明集》为我们提供了阅读、研究所需的便利。据中华本《弘明集》前言,该本以《大正藏》本为底本,金陵刻经处本为校本,译注的同时,也对文本进行了校勘。但是,由于《弘明集》所收文献非成于一时一人,内容涉及儒、释、道等方面,而且包含非常多的历史典故,这就给阅读理解和校勘增加了不少难度。我们在阅读过程中发现,中华本《弘明集》在校勘方面还存在一些错误,本文参考大正藏本、碛砂藏本、宋本、元本、明本和宫本,对其进行辨析,不当之处,求教于方家。

1.《喻道论》:"胸中抱一,载平营魄,内思安般。"

按:"平"字,宋本、宫本作"乎",是。"胸中抱一,载乎营魄",典出《老子》第十章:"载营魄抱一,能无离?""乎"为助词,此处是为了凑足四字音节,改"载营魄"为"载乎营魄"。

2.《答颜永嘉》:"牛山之木,剪性于鉴斧;恬漠之想,泪虑于利害;诚直滋其萌蘖,援其善心。"

按:"直",宋本、元本、明本、宫本和碛砂藏本作"宜",是。据文义当作"宜"。《孟子·告子上》:"牛山之木尝美矣。以其郊于大国也,斧斤伐之,可以为美乎?是其日夜之所息,雨露之所润,非无萌蘖之生焉,牛羊又从而牧之,是以若彼濯濯也⋯⋯故苟得其养,无物不长;苟失其养,无物不消。"孟子认为良心和牛山上的树木一样,得到滋养就会成长,因此《答颜永嘉》曰"诚宜滋其萌蘖,援其善心"。

3.《神不灭论》:"然形神虽粗妙异源,俱以有为分。失所以为有,则生为其本。"

按:"失",宋本、元本、明本、宫本和碛砂藏本作"夫",是。"失"在此处与上下文语义相乖,"夫"为发语词。此句讲"有"即存在对形神的意义,形神虽然有精粗的差别,却都是存在的方式,而这种存在,是以生命为根本的。

4.《释驳论》:"考现事以求征,并未见其验真;所谓击影捕风,莫知端绪。"

按:"击影捕风",大正藏本及碛砂藏本作"系影捕风",是。"击"与"系"的繁体彼此形近,"击"当为"系"之形近讹字。"系影捕风",又作"捕影系风""捕风捉影",比喻事情虚妄无据或难以办到。《释驳论》后文引此句时亦作"系影捕风"。《弘明集》中又有"系风捕景"与之同义,《重答颜永嘉》:"系风捕景,非中庸之美;慕夷眩妖,违通人之致。"

5.《释驳论》:"昔丞相问客:俗言梽枭食母,宁有是乎?客答:但闻慈乌反哺耳。"

按:"梽",大正藏本作"鵄",是。宋本、元本、明本、宫本作"鸱",与"鵄"同。"鸱枭",又作"鸱枭",鸟名,俗称猫头鹰,古人传说鸱枭长大后会吃掉其母,然后才飞离母巢。《尔雅·释鸟》:"枭,鸱。"《说文·木部》:"枭,不孝鸟也。"段注引孟康曰:"枭,鸟名,食母。"《慧琳音义》卷二十七"鸱枭":"古文鸱、鵄二形,同。"《诗经·大雅·瞻卬》:"懿厥哲妇,为鸱为枭。"郑玄笺:"鸱枭,恶声之鸟。"

"昔丞相问客"事,中华本注"原典故不详",按桓谭《新论·谴非》:"昔宣帝时,公卿大夫朝会廷中,丞相语次言:'闻枭生子,子长,且食其母,乃能飞,宁然邪?'时有贤者应曰:'但闻乌子反哺其母耳。'"

6.《释驳论》:"故稼穑必树于沃壤之地;卜居要选于爽垲之处。是以知三尊为众生福日,供养自修己之功德耳。"

按:"福日",大正藏本作"福曰"。碛砂藏本作"福田",是。"日"和"曰"均为"田"的形近讹字。"福田"为佛教语,佛教以为供养布施,行善修德,能受福报,犹如播种田亩,有秋收之利,故称。《难神灭论》:"亲戚弃而不昫,祭祀废而不修,良缯碎于刹上,丹金縻于塔下;而谓为福田,期以报业。"又见于其他文献,如:西晋白法祖译《佛般泥洹经》卷二:"天神鬼龙、诸王黎民佥曰:'善哉!屯屈!普施众生福田也。'"(T01/175a)后秦鸠摩罗什译《小品般若波罗蜜经》卷八:"行是道者,则为一切众生福田。"(T08/572a)

7.《正二教论》:"至乃颜、孔道邻,亲资纳之极,固将仰灵尘而止,欲从未由。"

按:"未由",宋本、元本、明本、宫本和碛砂藏本作"末由",是。"末由",指无由,即没有途径。"至乃"句典出《论语·子罕》:"颜渊喟然叹曰:'仰之弥高,钻之弥坚。瞻之在前,忽焉在后。夫子循循然善诱人,博我以文,约我以礼。欲罢不能,既竭吾才,如有所立卓尔。虽欲从之,末由已也。'"《论语集释》:"郑君注以为绝望之词,言我既竭力于博约矣,若圣道之卓然独立者,犹欲从末由也。"南朝梁僧祐《出三藏记集》卷十:"爰晋土者,世高其俊也。伟哉数学,渊源流清,抱德惠和,播馨此域。(道)安虽希高迹末由也已。"(T55/70a)

8.《门律》:"感而遂通,逢迹成异;其犹乐之不治,不隔五帝之秘,礼之不袭,不吊三皇之圣。"

按:"不治",宋本、元本、明本、宫本和碛砂藏本作"不沿",是。"沿"与"袭"同义,指不沿袭,"治"则无此用法。《礼记·乐记》:"五帝殊时,不相沿乐。三王异世,不相袭礼。""乐之不沿"即"不相沿乐",三王五帝彼此时代不同,不相沿用前代的礼和乐。故《门律》后文亦曰:"岂三与五,皆殊时故不同其风;异世故不一其义。"

9.《门律》:"岂三与五,皆殊时故不同其风;异世故不一其义,安可辄驾庸愚,诬问神极?"

按:"诬问",明本作"诬网",宋本、元本作"诬谞",是。"谞"也作"罔",《玉篇·言部》:"讇,诬也。"《论语·雍也》:"人之生也直,罔之生也幸而免。"刘宝南正义:"'罔'与'讇'同。""诬讇"义为诬陷,为中古常用词,《释〈三破论〉》:"汉之张陵诬罔贡高,呼曰米贼,亦被夷剪。"《晋书·郗诜传》:"动则争竞,争竞则朋党,朋党则诬罔,诬罔则臧否失事。"南朝梁僧祐《出三藏记集》卷五:"为欲以此诬罔天下,天下之人何可诬也!"

10.《门律》:"昔有鸿飞天首,积远难凫,越人以为凫,楚人以为乙。"

按:"积远难凫",宋本、元本、明本、宫本和碛砂藏本作"积远难亮",是。"凫"在此于义未安,当作"亮",指明白、清楚。相同用法如:《文选·谢灵运〈初发石首城〉》:"寸心若不亮,微命察如丝。"李善注:"亮,犹明也。"三国魏何晏《景福殿赋》:"睹农人之耘耔,亮稼穑之艰难。惟飨年之丰寡,思无逸之所叹。"李善注引《尚书·无逸》:"君子所其无逸,先知稼穑之艰难乃逸。"远处的事物难以看清,所以越人以为是凫(野鸭),楚人以为是乙(燕子)。后人以"凫乙"并称,比喻对事物认识不清,各执己见。宋祖琇撰《隆兴编年通论》卷六即作:"昔有鸿飞天道,积远难亮,越人以为凫,楚人为乙。"(X75/139c)

11.《疑〈夷夏论〉谘顾道士》:"夫礼以伸敬,乐以感和,虽敬由礼伸,而礼非敬也;和同乐感,乐非和也。"

按:"和同乐感",宋本、元本、明本、宫本和碛砂藏本作"和因乐感",是。"因"俗作"囙",与"同"形似。"和因乐感"义为和谐是从音乐中感知的,与上文"敬由礼伸"相对,"因"即"由"。

12.《驳顾道士〈夷夏论〉》:"夫外道淫奔,弥龄积纪,沉晦弗迁,沦惑宁反,游涉墟乡,泛越疆落。"

按:"疆",大正藏本作"墵",碛砂藏本、元本、明本作"鄽",宋本、宫本作"墰"。"墵"为"壥"的俗写,"壥""鄽"同,均为"廛"的增旁字,"墰"为"壥"的形近误字。"墟""乡""廛""落"均指居住地,聚居地。《广雅·释诂》:"里、墟、落、廛,尻也。"《孟子·告子上》:"莫知其乡。"赵岐注:"乡犹里,以喻居也。""疆"的常用义项为边界,应作"廛落"。唐慧立本《大唐大慈恩寺三藏法师传》卷十:"其寺面三百五十步,周围数里。左右通衢,腹背廛落。"(T50/275b)

13.《辩惑论》:"照迷童于玄乡,显妙趣于尘外。"

按:"玄乡",宋本、元本、明本、宫本和碛砂藏本作"互乡",是。"互"的俗写作"玊""玊",与"玄"形近,故误作"互乡"为"玄乡"。《论语·述而》:"互乡难与言,童子见,门人惑。"郑玄曰:"互乡,乡名也。其乡人言语自专,不达时宜。而有童子来见孔子,门人怪孔子见之。"

14.《辩惑论》:"后至孙恩,侠荡滋甚,士女溷漫,不异禽兽。"

按:"侠荡",宋本、元本、明本、碛砂藏本作"佚荡",是。"佚荡"指放荡、放纵。《玄应音义》卷五引《仓颉篇》:"佚,荡也。"《方言》卷六:"佚,婬也。"《六书故》卷八:"佚荡,不循轨物也。""士女溷漫,不异禽兽",正是"佚荡"的具体表现。

15.《辩惑论》:"若必须辞诉,然后判者,始知道君无玄鉴之能,天曹无天明之照。"

按:"天明",宋本、元本、明本、宫本和碛砂藏本作"天眼",是。"天眼",佛教所说"五眼"之一,又称"天趣眼",能透视六道、远近、上下、前后、内外及未来等。后秦鸠摩罗什译《大智度论》卷五:"于眼,得色界四大造清净色,是名天眼。天眼所见,自地及下地六道中众生诸物,若近、若远、若粗、若细,诸色无不能照。"(T25/98a)

16.《辩惑论》:"沉钓星于悬瘤,雪丹章于华山,乃蹙须眉貌,譨诟冥鬼。"

按:"沉",大正藏本作"燂",宋本、元本、明本、宫本和碛砂藏本作"詹",是。"星"当作"鲤"。"瘤",宋本、元本、明本及碛砂藏本作"溜",是。

"沉钓星于悬瘤"典出《列子·汤问》:"詹何以独茧丝为纶,芒针为钩,荆篠为竿,剖粒为饵,引盈车之鱼于百仞之渊、汩流之中;纶不绝,钩不伸,竿不挠。""沉钓星"当为"詹钓鲤"。"詹"指詹何,古之善钓者。《淮南子·说山训》:"詹公之钓,千岁之鲤不能避。"高诱注:"詹公,詹何也,古得道善钓者。有精术,故能得千岁之鲤也。""星"应为"鲤"之误,"星"或作"鯉",与"鲤"形近。《新集藏经音义随函录》卷二九《弘明集》"燂钓星":"上之廉反,中丁叫反,下或作鲤,上正作詹。《淮南子》曰:詹父钓千岁之鲤。詹父,古善钓者也。""悬瘤"应为"悬溜",即《列子·汤问》中所言之"汩流"。《新集藏经音义随函录》卷二九《弘明集》"悬瘤":"力秀反,流也,正作溜。"

17.《灭惑论》:"且未服则设像无施,信顺则孥戮可息,既服教矣,方加极刑。"

按:"孥戮",碛砂藏本作"孥戮",是。"孥戮",诛及子孙,亦泛指杀戮。《尚书·甘誓》:"予则孥戮汝。"孔传曰:"孥,子也。非但止汝身,辱及汝子,言耻累也。"[①]《后

[①] 颜师古认为"孥"通"奴",《匡谬正俗》卷二:"孥戮,或以为奴,或加刑戮,无所赦耳。此非孥子之孥。"

汉书·张纲传》:"既陷不义,实恐投兵之日,不免孥戮。"

18.《难神灭论》:"吕姜梦天,名其子曰虞;曹人梦众,君子谋欲士曹之类是。"

按:"士曹",宋本、元本、明本、宫本和碛砂藏本作"亡曹",是。"士""亡"形近致误。"君子谋欲亡曹之类",李小荣(2013:463)笺注:"事见《左传·哀公七年》:'初,曹人或梦众君子立于社宫,而谋亡曹。'后以'曹社之谋'指灭亡他人国家之阴谋。庾信《哀江南赋》:'鬼同曹社之谋,人有秦庭之哭。'"杨炯《后周宇文公神道碑》:"士女同叹于商墟,鬼神共谋于曹社。"亦用《左传》"亡曹"典故。

19.《难神灭论》:"神既无矣,迎何所迎?神既无矣,送何所送?迎来而乐,斯假欣于孔貌;途往而哀,又虚泪于丘体。"

按:"途往",碛砂藏本作"送往",是。写本中,"送"常常误作"途",据文义,此处应为"送"。"迎来而乐"与"送往而哀"相对,承接上文"迎何所迎""送何所送",故作"送往"是。

20.《与王公朝贵书并六十二人答·卫尉卿萧禺答》:"孤子萧禺顿首和南。"

按:"萧禺",宋本、元本、明本、宫本和碛砂藏本作"萧昺",是。检齐梁萧氏一族,未见有萧禺。萧昺,字子昭,天鉴五年任卫尉卿。唐世祖元皇帝名昺,姚思廉避其讳,改"萧昺"为"萧景"。《梁书·萧景传》:"(天鉴)五年,班师,除太子右卫率,迁辅国将军、卫尉卿。"《全梁文》收萧昺文三篇,《上言得镂麒麟》《答从兄安成王书》《答释法云书难范缜〈神灭论〉》。《答释法云书难范缜〈神灭论〉》即《弘明集》所收《与王公朝贵书并六十二人答·卫尉卿萧昺答》。

21.《与王公朝贵书并六十二人答·豫章王功曹参军沈绲答》:"徒以暗识因果,循循修局,诚冀履霜不退,坚冰可至耳。"

按:"诚"当属上,"循循修局诚",大正藏本作"脩局诚"。宋本、元本、明本、宫本和碛砂藏本作"循循局诫",是。"诚"为"诫"的形近讹字,"循循局诫",指谨守部分戒律。"循",依循、遵从。《淮南子·泛论》:"大人作而弟子循。"高诱注:"循,遵也。"循循,谨守规矩貌。"局"有狭隘义。晋葛洪《抱朴子内篇·明本》:"然而喽喽守于局隘,聪不经旷,明不彻离。"《晋书·刘颂传》:"树国全制,始成于今,超秦、汉、魏氏之局节,绍五帝三代之绝迹。""局诫",狭隘的戒律。"履霜不退,坚冰可至"典出《周易·坤》:"初六:履霜,坚冰至。《象》曰:'履霜坚冰',阴始凝也。驯致其道,至'坚冰'也。"王弼注:"始于履霜,至于坚冰,所谓至柔而动也刚。阴之为道,本于卑弱而后积著者也。"因不识因果，只是谨守狭隘的戒律，就希望积少成多，获得道法的真谛，此正承前文"自绝咨受，崇深莫窥，诚自愧也"之义。

22.《与王公朝贵书并六十二人答·秘书丞谢举答》："一音半偈，显兹悟拔；慧日止水，荡此尘迷。"

按："止水"，大正藏本作"正水"。宋本、元本、明本、宫本和碛砂藏本作"心水"，是。"止""正"和"心"行书形近易混。"心水"，佛教语，以水喻心，谓能如实反映事物之心。经文常见：西晋竺法护译《普曜经》卷一："禁戒博闻而无放逸，慈于十方无有加害，心水清澄而无所著。"（T03/484b）唐实叉难陀译《大方广佛华严经》卷八十："菩萨心水现其影。"（T10/444c）"慧日"喻指佛的智慧如红日一般，无所不照。慧日、心水都能荡除迷尘。

23.《与王公朝贵书并六十二人答·散骑侍郎陆任、太子中舍陆倕答》："弟子并以凡薄，始窃恩纪。缨冕则天之朝，餐捉稽古之论。"

按："始窃"，宋本、元本、明本、宫本和碛砂藏本作"沾窃"，是。"沾窃恩纪"，谓蒙受恩惠。"沾"指受益、沾光。李商隐《九成宫》诗："荔枝卢橘沾恩幸，鸾鹊天书湿紫泥。"韩愈《苦寒》："而我当此时，恩光何由沾。""窃"指不当受而受。《大戴礼记·曾子立事》："无益而厚受禄，窃也。""沾窃"连言，犹言自己虽不才，却蒙受恩惠。

24.《答李交州淼难佛不见形事》："使君生知无假，素气天然，居大宝之地，运颖脱之恩。"

按："恩"，宋本、元本、明本、宫本和碛砂藏本作"思"，是。"颖脱"谓超脱世俗的拘束。《晋书·陶潜传》："潜少怀高尚，博学善属文，颖脱不羁，任真自得，为乡邻所贵。"陆游《跋南堂语》："及其死也，乃卓然颖脱，人亦不得而议，是诚未易测也。""运颖脱之思"，指行超脱世俗束缚的想法。

25.《答李交州淼难佛不见形事》："寄怀于巫精，投诚于符咒，执邪以望正，存伪以待真。"

按："精"，宋本、元本、明本、碛砂藏本作"糈"，是。"糈"，指祭神用的精米。《楚辞·离骚》："巫咸将夕降兮，怀椒糈而要之。"王逸注："糈，精米，所以享神。""糈"常常误作"精"，《墨子·公孟》："公孟子谓子墨子曰：'实为善人孰不知。譬若良玉处而不出，有余糈。'"孙诒让间诂："玉，疑当为'巫'。糈，旧误'精'。王校下文诸'精'

字皆为'糈',惟此未正。今审校当与彼同。"①

26.《与孔中丞书二首》:"如此,则三归五戒,岂一念而可舍?十善八正,宁瞥想之可贵。"

按:"可贵",宋本、元本、明本、宫本和碛砂藏本作"可遗",是。"遗"与"舍"相对,义同,指舍弃。三归、五戒、十善、八正,难道能有瞬间的舍弃?句末的句号也应改为问号。

27.《孔稚珪书并答》:"况仰资明公,齐礼道德,加须奉诵。明公清信至制,笺注子序,万门朗奥,亿品宣玄。"②

按:"笺注",宋本、元本、明本、宫本和碛砂藏本作"净住",是。明公指萧子良,《孔稚珪书并答》是孔稚珪为答萧子良《与孔中丞书二首》而作。李小荣(2013:607)指出,"净住子"即萧子良所撰《净住子净行法门》,是。

28.《论沙门踞食表三首》:"万机朕有未暇,圣旨自可援之。"

按:"朕",宋本、元本、明本、宫本和碛砂藏本作"脱",是。"脱有",假使有、万一有。"脱"有表假设的用法,晋陶渊明《与殷晋安别》:"脱有经过便,念来存故人。"《南齐书·魏虏传》:"脱非武发,封墓谁因?"董志翘、蔡镜浩(1994:516)认为:"这类'脱'犹如'倘'。'脱'、'倘'乃一声之转,故刘淇《助字辨略》云:'脱,或辞,犹倘也。'一说'脱'、'设'音近义通。《史记·魏其武安侯列传》:'设百岁后'司马贞《索隐》云:'设,脱也。'实古书虚词当以耳治,'脱'、'倘'、'设'均音近义通。可译作'如果'、'倘若'等。"自秦始皇之后,"朕"为帝王自称之词,非帝王者不能用,"万机"句为范泰所言,不应用"朕"。

29.《重答桓太尉》:"下官才非拔幽,持之研析。且妙难精诣,益增茫惑。但高音既臻,不敢默已。"

按:"高音",宋本、元本、明本、宫本和碛砂藏本作"高旨",是。"高旨",敬称桓玄的旨意。《重答桓太尉》是王谧第二次回答桓玄的诘难,文中首句即为"奉告并垂难,具承高旨",此承其义。

---

① 《说文·示部》:"糈,祭具也。从示胥声。"段注:"山海经、离骚经皆作糈。玉逸曰:糈,精米,所以享神。郭璞曰:糈,祭神之米名。疑许君所据二书作糈。"据段君所疑,《弘明集》"精"或当作"糈"。

② "加须奉诵。明公清信至制,笺注子序",李小荣《弘明集校笺》标点作"加须奉诵明公清信,至制净住子序"。

30.《奉法要》:"知来理之先空,恒得之于同致;悟四色之无映,顺本际而偕废。"

按:"无映",宋本、元本、明本、宫本和碛砂藏本作"无朕",是。许理和(2017:257)认为,"'四色'、'无朕'显然是'四大'和'无我'这两词形式上的变化。"此说甚确,"无朕"即"无我",指有漏之果报中,无我之实体。如南朝梁僧祐《出三藏记集》卷六:"微矣哉,即之无像,寻之无朕,则毫末不足以喻其细。"卷八:"至极之有在,然冥化无朕,妙契无言。"

31.《日烛》:"护公证寂,道德渊美;微吟穹谷,枯泉渐水。"

按:"证寂",宋本、元本、明本、宫本和碛砂藏本作"澄寂",是。"渐水",宋本、元本、明本、宫本和碛砂藏本作"漱水",是。护公,即竺法护。南朝梁慧皎《高僧传》卷一载:"护以晋武之末,隐居深山,山有清涧,恒取澡漱。后有采薪者,秽其水侧,俄顷而燥。护乃徘徊叹曰:'人之无德,遂使清泉辍流,水若永竭,真无以自给,正当移去耳。'言讫而泉涌满涧。"支遁曾为竺法护像赞:"护公澄寂,道德渊美,微吟穹谷,枯泉漱水。"《日烛》句即本此。

"证"的繁体与"澄"形近。"澄寂",指清寂、静寂。如:郭璞《江赋》:"若乃宇宙澄寂,八风不翔。"权德舆《卧病喜惠上人李炼师茅处士见访因以赠》诗:"心源暂澄寂,世故方乱纷。"《日烛》对护公的评价为"淡泊于无生",《答李交州书》对其评价为"高行逸群,清身迈俗",亦可为其证。

"漱"为洗义。"漱水"即《高僧传》中所言"澡漱","渐"为"漱"的形近讹字。

32.《檄魔文》:"所以窃痛其辞,委曲往文者,不欲令芳兰夏凋,修柯摧颖。"

按:"往文",明本、宫本、碛砂藏本作"往反",是。"往"作动词,一般不带宾语,"往文"不成词,据语境,应为"往反"之误。"往反"亦作"往返",据王云路、方一新(1992:379)考证,中古汉语里,"往反"和"往复"同义,表示"宾主问答、清谈;争论、辩难"之义。王、方二先生指出,魏晋南北朝士大夫尚清谈,好辩论,清谈、辩论往往表现为宾主间的互相问答,往反论难,如南朝宋刘义庆《世说新语·文学》:"孙安国往殷中军许共论,往反精苦,客主无间。"南朝梁慧皎《高僧传》卷七:"袁粲著《蘧颜论》示通,难诘往反,著文于世。"《檄魔文》中的"往反"也用此义,说明"往反"是表示宾主问答、互相辩难义的常用词。

33.《破魔露布文》:"而群迷遇荣,背真弥旷;欣濡沫之近足,忘江湖于远全。"

按:"遇荣",大正藏本作"遇险",宋本、元本、明本、宫本和碛砂藏本作"愚险",

是。"遇险"即"愚险",指欺骗、阴险。"遇""愚"古字通。《墨子·非儒下》:"盛为声乐以淫遇民。"孙诒让间诂:"遇与愚通。……毕(沅)云:'当为愚民。'""险",阴险。《荀子·正论》:"上幽险则下渐诈矣。"杨倞注:"险,难测也。""愚险"连言,指欺骗、阴险。《吕氏春秋·审分览》:"则幽诡愚险之言无不职矣。"王引之《经义述闻》卷三:"愚亦即暂遇奸宄之遇。"

参考文献:

李小荣　2013《弘明集校笺》,上海:上海古籍出版社。

刘立夫、魏建中、胡勇译注　2013《弘明集》,北京:中华书局。

王云路、方一新　1992《中古汉语语词例释》,长春:吉林教育出版社。

董志翘、蔡镜浩　1994《中古虚词语法例释》,长春:吉林教育出版社。

[荷]许理和著,李四龙、裴勇等译　2017《佛教征服中国》,南京:江苏人民出版社。

【作者简介】朱春雨,女,文学博士,吉林财经大学新闻与传播学院讲师。研究方向:汉语史、古典文献。

(原载《湖南科技大学学报(社会科学版)》,2018年第3期)

义疏体说明篇次原因
训释方式的起源与发展

吕玲娣

(阜阳师范大学,文学院)

[摘 要]南北朝儒经义疏在训释方式上具有说明篇次原因的特点,其初源实即序卦传,此传将某卦视作特殊对象,解说各卦之间的次序原因,从而将各卦钩连成一个整体。这种形式影响了书小序、诗序,影响了太史公自序中对篇次的说明,并从史学范畴影响到解经的章句体,进而启发了南北朝时期的儒经义疏体,形成说明篇次原因的独特训释方式。南北朝儒经义疏这种说明篇次原因的训释方式对隋唐时期的佛经义疏体、道经义疏体形成了影响,同时在唐代儒经注疏体中还发展出说明章次原因和文次原因的新形式。

[关键词]义疏体;说明篇次原因;起源;发展

义疏体是南北朝时期儒家经典的主要训诂体式,所谓训诂体式指的"是古书注解的体例和模式"(董志翘、杨琳 2014 :776)。目前已知保留南北朝义疏体原始形态的现存资料,仅有皇侃撰《论语义疏》完本十卷,早稻田大学图书馆所藏皇侃《礼记丧服小记子本疏义》残一卷①、奈良兴福寺所藏《讲周易疏论家义记》

---

① 《礼记丧服小记子本疏义》残一卷,梁皇侃撰,郑灼记,或称《礼记子本疏义》卷第五十九。此残卷现以卷子装的形式藏于日本早稻田大学图书馆,"卷宽28.5cm,卷长642.4cm。"现早稻田大学图书馆已经以彩色照片的形式公开了该残卷清晰图版,有华喆《礼记子本疏义》校录本可供参考。

残卷①以及巴黎国民图书馆藏敦煌出土《孝经郑注疏》残一卷②。南北朝义疏者在对儒家经典进行训释时,对诸篇相次的原因进行了阐释,从而在训释方式上具有说明篇次原因的特点。关于南北朝义疏体对篇次原因的说明,前贤主要就皇侃《论语义疏》篇序的内容、局限、贡献及其所反映的皇侃学术思想等方面的问题进行了探讨,如焦桂美《〈论语集解义疏〉篇序初步研究》(2008:102—105)一文指出《论语义疏》篇序存在较大的主观随意性,但对一些篇名较早作出了较为合理的阐释。杨新勋《论邢昺〈论语注疏〉解题对皇侃〈论语义疏〉解题的继承、调整与创新》(2012:44—58)一文指出皇侃认识《论语》篇次安排的主要依据是篇义阐释,皇侃对篇义的归纳由篇名转向首章,反映了皇侃对《论语》文献的认识由篇名向经文文本的转化。但就笔者目力所及,学界目前尚未见到专文讨论儒经义疏体说明篇次原因训释方式的起源与发展问题。本文通过描写南北朝儒经义疏体说明篇次原因的训诂实践,对比南北朝时期儒经义疏体与佛经义疏体、道经义疏体在训释方式上的不同,以期分析出儒经义疏体说明篇次原因训释方式的实际起源,并探讨这种训释方式在隋唐时期的发展与演变情况,以就教于方家。

一、南北朝儒经义疏体说明篇次原因的训诂实践

先秦时期儒家经典的篇目本来没有一定的排列次序,后来形成的篇目次序或随意为之,或以类相从,正如余嘉锡先生在《古书通例》中提到:"诸子之文,成于手著者,往往一意相承,自具首尾,文成之后,或取篇中旨意,标为题目。至于门弟子纂辑问答之书,则其纪载,虽或以类相从,而先后初无次第。故编次之时,但约略字

---

① 《讲周易疏论家义记》残卷,撰者不详,现收藏于日本奈良兴福寺,是一部记述诸家注释《周易》内容的古籍,今只存释"乾"、释"噬嗑"、释"贲"、释"咸"、释"恒"、释"遯"、释"睽"、释"蹇"、释"解"九卦的释文。该残卷为卷轴装,宽27.9厘米,长18.39厘米,由三十五张纸粘贴而成。"书名系已故著名汉学家狩野直喜教授参照该残卷第十卷题目'讲周易疏论家义记释咸第十'推定的。"黄华珍从残卷涉及的内容判断,其创作年代当在六朝晚期。
② 敦煌本《孝经郑注义疏》残一卷,撰者不详,现收藏于法国巴黎国民图书馆,为伯希和所得敦煌遗书,底卷编号为伯三二七四。该残卷为唐写本,卷末有"天宝元年十一月八日于郡学写了"的题记。本残卷自《开宗明义章第一》"教之所由生也"注之"生"字起,至《丧亲章第十八》末结束,共摘引《孝经》十八章的内容,计四百零四行。据日本林秀一先生的研究,该敦煌本《孝经郑注义疏》当是六朝旧疏,或"成立于皇侃相同或相近之时代",或"成于与皇侃同受教之贺玚门下弟子之手"。

句,断而为篇,而摘首句二三字以为之目。"(2007:211—212)然南北朝儒经义疏体在训释方式上具有说明篇次原因的特点,这体现了义疏者对经文文体结构的整体认知。我们以《论语义疏》《讲周易疏论家义记》为例:

而以《学而》最先者,言降圣以下皆须学成,故《学记》云:"玉不琢不成器,人不学不知道。"是明人必须学乃成。此书既遍该众典,以教一切,<u>故以《学而》为先也</u>。(《论语义疏》卷一)

所以次前者,《学记》云:"君子如欲化民成俗,其必由学乎",是明先学,后乃可为政化民。<u>故以《为政》次于《学而》</u>也。(《论语义疏》卷一)

所以次前者,言政之所裁,裁于斯滥,<u>故《八佾》次《为政》</u>。(《论语义疏》卷二)

……

所以次前者,事君之道,若宜去者拂衣,宜留者致命。去留当理,事迹无亏,则太平可睹,揖让如尧,<u>故《尧曰》最后,次《子张》</u>也。(《论语义疏》卷十)(皇侃2013:514-515)

对于《论语》二十篇,皇侃首先概括每篇的篇旨大义,然后用"所以次前者"的句式阐释各篇篇次安排的原因。如皇侃认为一个人要成材必须通过学习,为学是儒者的首要任务,所以把《学而》放在第一篇。为学成材之后可以从事政治以教化百姓,即学而优则仕,所以《为政》接在《学而》之后,排在第二篇。政治教育需要规矩和制度,而礼乐是为政的基础,现在季氏使用礼乐却不自我检束,不是为政之道,所以《八佾》接在《为政》之后,排在第三篇。以此类推,皇侃将《论语》二十篇看作是一个有机的整体,所以详细地说明了《论语》二十篇的篇次原因。

《讲周易疏论家义记》则对"贲"卦、"咸"卦、"恒"卦、"遯"卦、"蹇"卦、"解"卦的卦序原因进行了说明。

释"贲"《序卦》云:"物不可以合而已,故受之以贲。贲者,饰也。"此相返门。全任刑罚,物必极,故刑罚之后,道唯有文明之德,故刑罚后,反有文之德也。(《讲周易疏论家义记》)

释"咸"《序卦》云:"有天地然后有万物,有万物然后有男女,有男女然后有夫妇,有夫妇然后有父子,有父子然后有上下,有上下然后礼仪所错。"此人事相须门也。上经明天道,故以乾坤为首;下经明人事,故以咸恒为首。(《讲周易疏论家义记》)

释"恒"《序卦》云:"夫妇之道,不可不久也,故受之以恒者,久也",此人事相须门也,且语其义者。(《讲周易疏论家义记》)

……

释"解"《序卦》云:"物不可以终难,故受之以解。解之者,缓解之义也",此是天道相返门。否终则泰,难终则解,散极必返,天道固然之理也。(《讲周易疏论家义记》)(黄华珍 2011:243—249)

《讲周易疏论家义记》先引《序卦》说明"咸"卦、"恒"卦至"解"卦的次序原因,如"咸"卦揭示了夫妇道理是恒久存在的,所以之后是象征"恒久"的"恒"卦。"恒"卦象征着"恒久",但事物不可能恒久地处在一个处所,所以"恒"卦之后是象征"退避"的"遯"卦。接着《义记》用"相返门""人事相须门""相须门""相因门""天道相返门"等对卦序作进一步阐释。例如"人事相须门"指人情事理应该互相依存、互相配合,《周易》下经以"咸"卦、"恒"卦为首以阐明人情事理,且"咸"卦、"恒"卦反映了事物之间的互相依存关系,所以"咸"卦、"恒"卦属于人事相须门。而日月圆满或亏缺,冬往夏来,相互更替,不可以恒久存在,譬如功成而身退,所以"遯"卦位于"乾"卦之后,也属于人事相须门。

二、义疏体说明篇次原因训释方式的起源

关于儒家经典义疏体的起源,学界众说纷纭,有一种说法认为儒家义疏体式仿自释家,源于佛经义疏,而非儒家所创的注经形式。但南北朝儒经义疏在训释方式上具有说明篇序原因的特点,如皇侃《论语义疏》对《论语》二十篇的篇序原因的说明,《讲周易疏论家义记》则对"贲"卦、"咸"卦等卦序原因的说明,这种训释方式却是同时期佛经义疏、道经义疏中所没有的。直到隋、唐时期,佛经义疏、道经义疏中才陆续出现了说明篇次原因的训释用例。

今二十八品相生次第者,夫至人说法,必有由籍,故初明《序品》。由序已竟,正宗宜开,将显一乘为真实故,前开三乘为方便,故次明《方便品》。上根之徒闻前法说即便领悟,中根之者未能忘言会法,可以虚心待譬,故次明《譬喻品》,禀前法说,餐后譬喻。又同领解,故有《信解品》……修行一乘即是行普贤行,是故普贤远方来奖劝发起,故有《普贤菩萨劝发品》也。(隋·吉藏《法华义疏》卷一,

T34/451a①）

　　吉藏采用"故次明/故次辨/故次说……""故有……""次明……"等句式对《法华经》二十八品的次序原因进行了说明。吉藏认为首先阐明《序品》是因为宣讲宗教教义必须要有来由,当来由说完之后,就应该宣讲三乘为方便,所以将《方便品》列在第二品。接着用《譬喻品》来比喻佛法义理,用《信解品》来表示信众对佛法教义的领悟。领悟之后,进入述成、授记的阶段,所以接着有《药草喻品》《授记品》。依次类推,最后,普贤菩萨鼓励和启发学习《法华经》的人,使他们习得一乘之法,因此《普贤菩萨劝发品》列在第二十八品。

　　《道冲章》<u>所以次前章者</u>,前章既令忘智会道,妙体一中,故次此章,即明至道以中为用。(唐·成玄英《道德经义疏》)

　　《天地章》<u>所以次前者</u>,前章明虚玄至道,超万象之先,故次此章,显忘功(用)圣人与二仪合德。(《道德经义疏》)

　　《谷神章》<u>所以次前者</u>,前章正明多闻博识,不如守中,故次此章,明只为守中,故得谷神不死。(《道德经义疏》)

　　《天地长久章》<u>所以次前者</u>,前章明虚玄至道,能安立二仪,故次此章,即托于二仪而为修习之法。(《道德经义疏》)(蒙文通2001:383—388)

　　成玄英采用"所以次前(章)者"的句式说明了《尚贤章》至《天地长久章》五章的章次原因。成玄英认为民众体悟到"无为"道义真性后就可以保持内心的虚无清静,就可以用"无为"的态度去处理政事,所以《道冲章》接在《尚贤章》之后。因为道法玄妙,圣人与天地同德,所以《天地章》接在《道冲章》之后。圣人虽然见识广博,但只有保持内心的清净虚无才能使道永存,所以《谷神章》接在《天地章》之后。要让道永存于天地之间,必须要了解修行道义的方法,所以《天地长久章》接在《谷神章》之后。

　　由此可见,从产生时间上来看,佛经、道经义疏说明篇次原因的用例明显晚于儒经义疏,这表明儒经义疏体关于说明篇序原因的训释方式既不可能来源于佛经义疏,也不是来源于道经义疏。相反,南北朝儒经义疏影响了佛经、道经义疏,使隋

---

① 本文所引佛经文献引自"CBETA 电子佛典 2014"。T 表示出自《大正新修大藏经》,"T"后数字表示册数,"/"后数字表示页码,a 表示当页上栏。如 T34/451a 表示此段文字引自《大正新修大藏经》第 34 册,第 451 页上栏。

唐时期的佛经义疏体、道经义疏体中产生了说明篇次原因的训释方式。下面我们对儒经义疏体说明篇次原因的形成来源进行探讨。

1. 先秦序文：说明篇次原因的萌芽

早在《序卦传》中，就出现了使用"故受之以"句式以阐明《周易》六十四卦次序原因的用例。孔颖达认为"《序卦》者，文王既繇六十四卦，分为上下二篇。其先后之次，其理不见，故孔子就上下二《经》，各序其相次之义，故谓之《序卦》焉。"（阮元 1980：95）

有天地，然后万物生焉。盈天地之间者唯万物，<u>故受之以</u>《屯》；屯者，盈也。屯者，物之始生也。物生必蒙，<u>故受之以</u>《蒙》；蒙者，蒙也，物之稚也。物稚不可不养也，<u>故受之以</u>《需》……陷必有所丽，<u>故受之以</u>《离》；离者，丽也。

有天地，然后万物生焉。有万物，然后有男女；有男女，然后有夫妇；有夫妇，然后有父子；有父子，然后有君臣；有君臣，然后有上下；有上下，然后礼义有所错。夫妇之道，不可以不久也，<u>故受之以</u>《恒》；恒者，久也……物不可穷也，<u>故受之以</u>《未济》终焉。(《序卦传》)（黄寿祺、张善文 2016：775-777）

《序卦传》全文分为两段：前段叙《周易》上经的卦次，后段叙《周易》下经的卦次。《序卦传》依卦名为说，用简约的语言对诸卦的名义加以概括，并分析《周易》六十四卦的编排次序。因为天地是万物的载体，所以《周易》首先设定了象征天地的"乾""坤"两卦。阴阳初交，事物"初生"，所以接着是"屯"卦。事物初生必然蒙昧无知，所以接着是"蒙"卦。以此类推，《序卦传》对《周易》其余各卦的卦次原因都进行了详细地说明，以此揭明卦与卦之间的有机联系。

2. 西汉史书自序：解释篇序和说明创作缘由

汉代史书自序中也出现解释篇序和说明创作缘由的用例，如司马迁在《史记·太史公自序第七十》中概述了七十篇的写作旨趣，并说明了七十篇篇次的先后之义。

维昔黄帝，法天则地，四圣遵序，各成法度；唐尧逊位，虞舜不台；厥美帝功，万世载之。作《五帝本纪》第一。

维禹之功，九州攸同，光唐虞际，德流苗裔；夏桀淫骄，乃放鸣条。作《夏本纪》第二。

维契作商，爰及成汤；太甲居桐，德盛阿衡；武丁得说，乃称高宗；帝辛湛湎，诸侯不享。作《殷本纪》第三。
……

维我汉继五帝末流,接三代绝业。周道废,秦拨去古文,焚灭《诗》《书》,故明堂石室金匮玉版图籍散乱。于是汉兴,萧何次律令,韩信申军法,张苍为章程,叔孙通定礼仪,则文学彬彬稍进,《诗》《书》往往间出矣……序略,以拾遗补艺,成一家之言,厥协《六经》异传,整齐百家杂语,藏之名山,副在京师,俟后世圣人君子。第七十。(《史记·太史公自序第七十》)(司马迁 2014:4007—4027)

司马迁对七十篇的篇次原因进行了概述,认为黄帝等五位上古帝王的功业十分伟大,万世得以流传,所以将《五帝本纪》列为第一篇。与五帝的功业相比,夏桀却荒淫骄横,无所作为,所以将《夏本纪》列在第二篇。成汤灭夏桀建立商朝,从太甲到武丁都颇有功业,而帝辛无道,所以将《殷本纪》列在《夏本纪》之后。周武王伐商纣,建立周朝。但从周幽王、周厉王一直衰败到周赧王,周室宗庙祭祀断绝,所以将《周本纪》列在《殷本纪》之后。以此类推,司马迁按照朝代的更替和事件发生的先后顺序对各篇的篇次原因进行了解说,使得七十篇成为一个有序的整体。

3. 东汉章句体叙文:注释体中说明篇次原因的形成

所谓章句指对经文各篇内容段落的划分。《论语集解序》皇侃疏:"章句者,古之解书之名也,分经文章句而说之也。"(2013:10)又"章句者,注解因为分断之名也。苞、周二人注张侯《鲁论》,而为之分断章句也。"(2013:12)邢昺疏:"章句者,训解科段之名。包氏、周氏就《张侯论》为之章句,训解以出其义理焉。"(2000:6)陈澧《东塾杂俎·东汉》:"章句者,章章而解之,句句而解之也。经师解经以授弟子,必当如是。"(2008:444)可见分章断句是章句训释体式上的重要特征。汉代章句如赵岐在《孟子篇叙》采用"故次之以""故次以"的句式来解释七篇相次之由。周广业《孟子章指考证》云:"《篇叙》亦赵邠卿所作,其意盖本《序卦》,欲使知篇次相承,不容紊错也。虽配俪五七,未必尽符作述微旨,存之亦足见圣哲立言,事理毕该,随所推寻,无非妙绪矣。"(焦循1987:1041)

孟子以为圣王之盛,惟有尧舜。尧舜之道,仁义为上,故以梁惠王问利国,对以"仁义"为首篇也。仁义根心,然后可以大行其政,故次之以公孙丑问管、晏之政,答以曾西之所羞也。政莫美于反古之道,滕文公乐反古,故次以文公为世子,始有从善思礼之心也。奉礼之谓明,明莫甚于离娄,故次以离娄之明也。明者当明其行,行莫大于孝,故次以万章问舜往于田号泣也。孝道之本,在于情性,故次以告子论情性也。情性在内而主于心,故次以尽心也。尽已之心,与天道通,道之极者也,是以终于尽心也。(赵岐《孟子篇叙》)(邓秉元 2011：279)

赵岐在《孟子章句》书末附以《孟子篇叙》介绍全书篇章的构成,论述《孟子》七篇编排次序先后的缘由。孟子把《梁惠王》作为首篇,指出仁义之心是治理天下的根本。仁义只有出自本心才可以施行于政治,所以将《公孙丑》列在第二篇。施行仁政是行政的最好方式,所以将《滕文公》列在第三篇。要想施行仁政,必须要尊奉礼节、修行孝道,所以接着是《离娄》《万章》篇。孝道的根本取决于人的本性,而人的本性在于人的内心,所以接着是《告子》《尽心》篇。

据此,我们认为儒经义疏体说明篇次原因的训释方式其初源实即序卦传,此传将某卦视作特殊对象,解说各卦之间的次序原因,从而将各卦钩连成一个整体。这种形式影响了书小序、诗序,影响了太史公自序中对篇次的说明,并从史学范畴影响到解经的章句体。汉代章句体叙文中对篇次原因的解释说明以及训释句式的使用,进而启发了同是注释体裁的义疏体式,形成南北朝儒经义疏体在篇序中说明篇次原因的独特训释方式。

三、义疏体说明篇次原因训释方式的发展

受到南北朝儒经义疏体的影响,唐代儒经注疏继续采用"故以……先……""故使次之于……""故次……""故为……"等句式以说明篇次原因,如孔颖达《毛诗正义》对《国风》十五国风的次序以及《大小雅》《周颂》《鲁颂》各篇的篇次原因进行了说明。《尚书正义》对《尧典》编次位于第一的原因以及《汤诰》位于《仲虺之诰》之后的原因进行了说明。贾公彦《周礼注疏》说明了《天官》篇六十官职的排序原因,《仪礼注疏》解释了《士冠礼》《士昏礼》《士相见礼》三篇的篇次原因。但与南北朝儒经义疏体不同的是,唐代儒经注疏还发展出了对章次原因和文次原因进行说明的新形式。

1. 说明篇次原因

孔颖达采用"故以……为首""……次之""故又次……"等句式,对《大雅》中《文王》至《文王有声》十篇的篇次原因进行了说明。

《文王》言"受命作周",《大明》言"天复命武王",是盛隆之事,故以《文王》为

首,《大明》次之也。文王所以得受天命,由祖考之业,故又次《绵》也,言文王之兴,本由大王也……其武王之诗,《下武序》云:"继文也。"明以上文王事,《下武》则武王继之。既能继其伐功,故次《文王有声》。(《毛诗正义》卷九)(阮元 1980 :401)

孔颖达指出《文王》论述了周文王接受天命建立周朝,《大明》论述了天命继续赋予周武王,所以将《大明》编次在《文王》之后。依次,因为周武王可以继承周文王的功德,所以将《文王有声》编次在《下武》之后。

2. 说明章次原因

《七月》一诗共八章,孔颖达采用"故……"的句式对八章的章次原因进行了详细地说明。

计民之所用,食急于衣,宜先陈耕田之事。但耕种收敛,终年始毕,每事及时,然后能获,则御一年之饥,非时日之用。衣则不然,唯是寒月所须,又当及时营作,故'蚕月条桑''八月载绩'。若此月不作,则寒时无衣,事之济否,在此一月。偏急于衣,故首章上六句先陈人以衣褐为急。'三之日'以下五句,陈人以谷食为急,故陈人耕馌之事。人之为衣,丝帛为先,故二章言女功之始,养蚕之事……衣食已具,卒章乃言备暑藏冰,饮酒相乐,皆是先公忧民之风教。(《毛诗正义》卷八)(阮元 1980 :388—389)

本例孔颖达说明了《七月》八章的章次原因。孔颖达指出因为百姓急需粗布衣过冬,所以《七月》将"七月流火"到"何以卒岁"六句作为首章。因为贵族穿衣首选丝帛,所以《七月》将农家女子从事纺织和养蚕的事情作为第二章。因为制作衣服是农家女子的正业,所以《七月》将农家女子从纺织到做成衣服的过程作为第三章,以农家女子制作皮裘作为第四章。制作过冬衣服完毕,农夫们可以短暂休息,所以《七月》将农夫们修整寒室作为第五章,将农民们的饮食情况作为第六章,并在第七章和第八章记载了农夫收获庄稼和饮酒享乐的情景。

3. 说明文次原因

杨士勋《谷梁传注疏》采用"故先……""故次……"的句式,对范宁序文中一段引《诗》的次序原因进行了说明。

故父子之恩缺,则《小弁》之刺作;君臣之礼废,则《桑扈》之讽兴;夫妇之道绝,则《谷风》之篇奏;骨肉之亲离,则《角弓》之怨彰;君子之路塞,则《白驹》之诗赋。(《春秋谷梁传序》)杨士勋释曰:此引《诗》之次,先云《小弁》,后言《白驹》者,以父子是人伦之端首,六亲之莫大,<u>故先言之</u>。其次则有君臣,若君臣礼废,则上下无序,<u>故次《桑扈》</u>。夫妇者,生民之本,室家之原,欲见从近及远,故夫妇先九族,是以《谷风》在《角弓》之上。《白驹》是贤人弃君,又非亲戚,<u>故最后言之</u>。(《春秋谷梁传注疏序》)(阮元 1980:2358)

  本例杨世勋对范宁引《诗》的次序原因作了分析,提出在人与人之间的关系中,父子关系占据着首要地位,是六亲之中最重要的关系,《小弁》是对父子之间恩情缺失的讽刺,所以范宁最先引《小弁》。君臣之间的关系是人伦中的次要关系,如果君臣之间礼仪缺失就会导致尊卑不分,《桑扈》是对君臣之间礼仪废弃的讽刺,所以范宁其次引《桑扈》。男女结成夫妇才能生育子女,才能形成家庭,所以夫妇关系在九族关系之上,《谷风》是讽刺夫妇之间关系的断绝,《角弓》是展现至亲的分离,所以范宁先引《谷风》再引《角弓》。《白驹》记叙了有才德的人离开昏庸的国君,所以范宁最后引《白驹》。

四、结语

  南北朝时期,义疏者在对儒家经典进行训释时,对诸篇相次的原因进行了说明,这是同时期佛经义疏和道经义疏所不具备的训释方式,因此儒经义疏体说明篇次原因这种训释方式的形成并非受到佛经义疏、道经义疏的影响,而是另有来源。我们考察发现,义疏体说明篇次原因其初源实即序卦传,此传将某卦视作特殊对象,解说各卦之间的次序原因,从而将各卦钩连成一个整体。这种形式影响了书小序、诗序,影响了太史公自序中对篇次的说明,并从史学范畴影响到解经的章句体,进而启发了南北朝时期的儒经义疏体,形成说明篇次原因的独特训释方式。这种说明篇次原因的训释方式对隋唐时期的佛经义疏体、道经义疏体形成了影响,同时唐代儒经注疏体还发展出了说明章次原因和文次原因的新形式。

参考文献:

董志翘、杨琳 2014《古代汉语》,武汉:武汉大学出版社。
焦桂美 2008《〈论语集解义疏〉篇序初步研究》,《广西社会科学》第 11 期。
杨新勋 2012《论邢昺〈论语注疏〉解题对皇侃〈论语义疏〉解题的继承、调整与创新》,《儒家典籍与思想研究》第 11 辑。

余嘉锡　2007《古书通例》，北京：中华书局。

[南朝梁]皇侃　2013《论语义疏》，北京：中华书局。

黄华珍　2011《日本奈良兴福寺藏两种古钞本研究》，北京：中华书局。

蒙文通　2001《蒙文通文集》，成都：巴蜀书社。

[清]阮元　1980《十三经注疏》，北京：中华书局。

黄寿祺、张善文　2016《周易译注》，上海：上海古籍出版社。

[汉]司马迁　2014《史记》，北京：中华书局。

[宋]邢昺　2000《论语注疏》，北京：北京大学出版社。

[清]陈澧　2008《陈澧集》，上海：上海古籍出版社。

[清]焦循　1987《孟子正义》，北京：中华书局。

邓秉元　2011《孟子章句讲疏》，上海：华东师范大学出版社，2011。

【作者简介】吕玲娣，女，文学博士，阜阳师范大学文学院讲师。研究方向：训诂学、汉语史。

（本文发表于《淮北师范大学学报》2019年第5期）

《敦煌歌辞总编》献疑

刘晓兴

(南京师范大学,国际文化教育学院)

[摘 要] 敦煌歌辞是研究唐五代文学、历史、风俗等内容的重要材料。借助于这些材料,我们可以更加准确地了解唐代的社会风情。正因如此,前贤时彦对敦煌歌辞进行了广泛搜集、整理。任中敏先生在前人研究的基础上,广泛搜集而成的《敦煌歌辞总编》可以说是敦煌歌辞的集大成者。但该书往往不遵从敦煌原卷,有随意改字的情况,故有不少讹误。今核对原卷并结合文献用例、语法、文字等,对该书所收集的几首敦煌歌辞进行重新整理。

[关键词] 敦煌歌辞;敦煌歌辞总编;整理

自20世纪以来,甲骨文、敦煌文献以及清朝内阁文献的发现大大丰富了考古学的研究资料,而且为其它学科的发展带来了新的契机。敦煌文献则在更多的学科中体现出了价值:借助于敦煌文献,人们可以了解西域历史,可以研究唐五代的俗字,可以考订传世文献……而敦煌文献中又有大量的文学作品,这在一定程度上丰富了唐五代文学的研究。其中,敦煌歌辞的价值尤为突出。正因为敦煌歌辞的发现,才引出了是否存在"宋帽唐头"的"唐词"之争。无论如何,敦煌歌辞的形式不同于以往的唐诗,这是可以肯定的。而且其诗歌的口语性、通俗性相较于多数唐诗、宋词更高,这也是毋庸置疑的。借助于这些文献,我们可以进一步研究唐代民间诗歌;也可以研究唐五代的民俗,如蒋勤俭、钱勇《从敦煌曲子词看中古民间祷祝活动》(2016)便是这种尝试。部分歌辞甚至已经具有戏曲的雏形,如任中敏(2014:502)认为《失调名·须大拏太子度男女》"作代言,问答,对唱,戏剧性甚强,为目前所见敦煌歌辞中最接近于戏曲者。"可见,敦煌歌辞对于戏曲研究亦大有裨益。

但是除了《云谣集》在敦煌文献中本自成集外,其它内容分散于不同的写卷中,故而须系统地整理,著名词学家任中敏先生在广泛参考前贤时彦成果的基础上,将敦煌歌辞汇集成皇皇三大册,收歌辞一千三百余首,附见辞约五十首,可谓泽被后人。项楚先生(2000:序2)亦提到"我相信今后一切治敦煌曲的中外学者,不论是否赞同任先生的理论,都将认真研究任先生的这部巨著,并且以任先生所达到的成就作为出发点,去进行新的探索"。但敦煌文献多为手写本,字迹潦草、讹误颇多,故任先生的识读并不完全准确。因此,许多学者又对《敦煌歌辞总编》进行了二次整理,如张涌泉《〈敦煌歌辞总编〉校议》(1992)、曾良《〈敦煌歌辞总编〉校读研究》(1997)、项楚《〈敦煌歌辞总编〉匡补》(2000)等等。虽然这些学者解决了部分问题,但仍有大量的内容须要核对原卷,重新整理。近年来,各国所藏敦煌文献陆续被影印、公布,这为重新整理敦煌歌辞提供了基础。我们将阅读《敦煌歌辞总编》时发现的几处有疑之处敷衍成文,求教于方家达士。

1. 累换星霜,月下愁听砧杵起,塞雁南行。(《凤归云·征夫数载》,第37页①)

按:对于此处的"月下愁听砧杵起,塞雁南行",多家观点不一。核对原卷斯1441②与伯2838后,可知原卷"起"本作"拟",且无"南"字。任中敏将"拟"校为"起",而黄征(1990)则说:"今谓'拟'字当衍,盖'杵'原写从'才'旁,'拟'本应作'痴(癡)'而涉上类化……'南'字不烦拟补"。林玫仪(1987:83)与张锡厚(2006:4842)则将"月下愁听砧杵起,塞雁南行"录作"月下愁听砧杵,拟塞雁行。"虽然在正文内校"拟"作"起",但任中敏(2014:42)在校勘记内提到"王国维在……《敦煌发现唐朝之通俗诗及通俗小说》"中认为"下句作'疑塞雁行'。"

结合原卷与歌辞的语境来看,此处应读作"月下愁听砧杵,疑塞雁行"。原卷

---

① 本文所引敦煌歌辞内容来自任中敏《敦煌歌辞总编》,凤凰出版社,2014年。该书第一版于1987年由上海古籍出版社出版,凤凰出版社2014年出版了修订本。本文采用修订本的文字,并注明页码。

② 为使行文简洁,本文引用的敦煌文献皆用学界常用的简称:"伯"指巴黎国家图书馆藏敦煌文献伯希和编号;"斯"指伦敦不列颠博物馆藏敦煌文献斯坦因编号;"дX."指俄罗斯科学院东方研究所圣彼得堡分所藏敦煌文献编号;"Φ."指俄藏敦煌文献弗鲁格编号。

无"南"字,可删。而在伯2838中,"杵疑"写作"{杵疑}",两字的左侧构件皆为"扌"。唐·慧琳《一切经音义》卷二十三指出:"杵破:杵,昌与反,打也,字宜从手。其揢杵字从木。"(T54/454a)可见,"{扌午}"当为"杵"的俗字。故"{扌疑}"的下字极有可能因"杵"字而类化,在原字("疑")基础上添加"扌"。与此处类似的例子,张涌泉(2010:64)提到了"'排比'类化作'排批'"。此外,在敦煌歌辞中亦有下字受"杵"类化的用例,如《敦煌歌辞总编·浣溪沙》"远客思归砧杵夜"句,原卷伯3821将"夜"字写作"{掖}"①,便是受到前文"杵"的类化影响。

"疑""拟"在文献中也经常互混。如黄征(2005:448)根据《广雅》与《玉篇》的不同,指出"'疑'即'拟'之省也。"再如《汉语大词典》(1990:936)指出:"'拟'通'疑'。《墨子·明鬼下》:'是以莫放(敢)幽闲,拟乎鬼神之(有)。'高亨新笺:'拟借为疑。'《汉书·扬雄传上》:'枳棘之榛榛兮,蝯貁拟而不敢下。'颜师古注:'拟,疑也。'"又如张涌泉(1997:207)指出:"'懝''拟'(繁体作'擬')则并为'疑'的增旁字。《变文集·伍子胥变文》'唤言忤相勿怀拟',《维摩诘经讲经文》(伯2122)'身子怀拟问世尊',《无常经讲经文》'必生兜率更何拟''拟'(擬)并为'疑'的增旁字。至于'懝'字,'疑'从心发,下一字又是从心旁的'惧',故增加偏旁的可能性就更大。"张涌泉此处的阐述不仅说明了某字受前后字类化的可能,也为我们提供了"疑""拟"在敦煌文献中互混的例证。而在敦煌歌辞中亦有"疑""拟"混用之例,如дX.883《往生极乐赞》"言中真说西方乐,努力决定莫生拟"的末字"拟"应读"疑"。

综上,歌辞中的"疑"误作"拟"的原因可能有两种。第一,"拟"为"疑"的增旁字,两者在文献中常讹。第二,原卷的"疑"受"扚(杵)"的类化而添加"扌"变为"拟"。

此外,下文提到"枉劳魂梦,夜夜飞飏",若前文为"疑",则正与"枉"字相应。否则,"枉"字与原文的关联性较小。

从歌辞的语境来看,前面说"萍寄他邦,去便无消息",因为思念,后面才会误将"砧杵"声当作"塞雁"声,以为"征夫"寄来书信。正因为"疑""塞雁行",而非真实情况,故下文言"谁为传书与",产生了由等信到主动寄信的转变。因为过于思念某人(或某地),而误将其它声音或事物看作大雁或者将大雁与砧杵并提在古

---

① 即"掖"字。原卷于此字右侧加删除符号,后重写"夜"字。

文中常见,如唐·元稹《小胡笳引》诗:"吞恨缄情乍轻激,故国关山心历历。潺湲疑是雁鹍鹈,君骖如闻发鸣镝。"唐·张祜《晚秋江上作》诗:"地远蛩声切,天长雁影稀。那堪正砧杵,幽思想寒衣。"《敦煌歌辞总编·洞仙歌·戍客流浪》:"悲雁随阳,解引秋光……争向金凤飘荡,捣衣嘹亮。嬾寄回文先往……"这些都可作为旁证。

任中敏录为"月下愁听砧杵起,塞雁南行"主要是从字数上考虑,但敦煌歌辞中常有上下不对称现象,即使是此处的《凤归云》亦如此。第二首"待公卿回故里"与第一首相应位置的"万般无那处"字数并不同。而且前两首《凤归云》与第三四首《凤归云》的句式亦不同。可见,从字数来整理原卷只能作为参考。

综上所述,此处"拟"为"疑"的增旁类化字或通假字的可能性极大,应校录为"累换星霜,月下愁听砧杵,疑塞雁行。"

2. 绿窗独坐,修得君书。征衣裁缝了,远寄边虞(隅)①。(《凤归云·征夫数载》,第37页)

按:此处若作"修得君书",语义难通。任中敏(2014:49)指出甲本斯1441、丙本《敦煌零拾》作"修得为君书";乙本伯2838无"为"字。并认为甲本"'为'或是'慰'之借,此字仅可作衬。"又说(2014:53):"蒋校(兴按:指《敦煌词初校》)谓'修得'下'为'字乃'與'字,因各卷之'與'多作'与',形相近。"②

我们认为此处当以甲本、丙本的文字为是。"为"字不误,不烦删、改。"修"乃是"撰写"之义,而"得"乃是表示"完成"这一状态的动态助词。吴福祥(1996:303)指出:"动态助词'得'变文61例,表示动作行为的实现或状态的持续。"而且在《敦煌歌辞总编》内亦多见,如第283页"敦煌古往出神将,感得诸蕃遥钦仰"与第294页"千年凤阙争离弃,何时献得安邦計"等等。按照任中敏的校录,则此处句义为"(我)独坐绿窗前,写完了你的信",语义不通顺。任中敏(2014:54)提到黄钟的《译林博闻》译为"我写了给你的一封信",黄译甚是。此处的"为"乃是引出动作的对象或方向的介词,可译为"给"。马贝加对"为"的这种用法有过详细研究。她(2002:168)提到"'为'引进受惠者,汉代已见:1.(帝)免冠谢太后曰:'兄

---

① 为了更好地反映敦煌原卷面貌,在摘引歌辞时,若我们所讨论的内容之外亦有文字俗讹,则照录敦煌原卷内的文字,并将正确的文字录于其后的括号内。

② 原文采用繁体字字形,对"与""與"有所区分,故此处引用时保留"与""與"的字形。张锡厚(2006:4850)依照甲丙本作"修得为君书"。但受体例所限,未对"为"字作分析。

弟不能相教,乃为太后遗忧。'(汉书·韩安国传,2394)……3.汉时有杜兰香者,自称南康人氏,以建业四年春,数诣张传。……言:'本为君作妻,情无旷远。以年命未合,其小乖……(搜神记卷1·杜兰香,15)'为'后来也被'与、给'所取代。"

另外,敦煌歌辞《竹枝子·萧娘相许》有"口含红豆相思语,几度遥相许,修书传与萧郎(娘)。""修书传与萧郎(娘)"与"修得君书"表达之义相似,皆是给"萧郎(娘)""君"写信。既然"修书传与萧郎(娘)"的"与"是表达方向、对象的介词,那么"修得君书"也应该有相似的介词,而甲本、丙本的"为"正有此义。况且,正因为"修得为君书",下文才会说"远寄边隅",从给对方写信到给对方寄信的时间线索十分明显。

3. 叵耐不知何处去,正值花开谁是主。(《天仙子·谁是主》,第80页)

按:关于"正值"二字,任中敏(2014:84)指出:"乙本(兴按:指《敦煌零拾》)'值'作'是'……而[○○一三]'正是'原本又写'正时',足见'时'之平声不可忽。"蒋冀骋(1994)则说:"今谓'正时'就是'此时','此'草书作'🐍',与'正'形略近,'正'即'此'字草书之变。"张锡厚(2006:4655)则作"正时"。黄征(1990)指出:"至于'时'、'是'通假乃是古文常例……《丑女缘起》:'其是大王处分:排备燕会,屈请郎','是'字戊卷即作'时',又同篇:'欲识公主此是容'……"林玫仪(1987:100)也录作"正是"。

"正值"在原卷斯1441内作"正时",从字形来看,即"正时"二字。因此,蒋冀骋的观点有误。若遵原卷字形,则难合语法,且无相似用例。首先,从语法来看,此时的"正"明显应释为"表示状态正在进行"义,为副词,而"时"在此处似作"时间"解释为佳,则"时"为名词。杨荣祥(2005:57)指出:"时间副词一般也不能修饰NumP,少数时间副词虽然可以修饰NumP,但这时'副词+NumP一定是表示一种发展变化'"。所以时间副词"正"与名词"时"的组合不符合古汉语语法。而副词"正"修饰系词"是"合语法。

其次,从用例来看,在唐代文献中,很少见到"正时",少数的用例乃是"校正时间"义,如《隋书·许善心传》:"谨案太素将萌,洪荒初判,乾仪资始,辰象所以正时,川载厚生,品物于焉播气……"相反,如果读"正时"为"正是",那么"正是"既符合这里的语境又有大量例证,如唐·毛文锡《赞浦子》词:"正是桃夭柳媚,那堪暮雨朝云。"唐·孙光宪《生查子》诗:"寂寞掩朱门,正是天将暮。"唐·温庭筠《更漏子》

词:"京口路,归帆渡,正是芳菲欲度。"唐·薛昭蕴《浣溪沙》诗:"正是断魂迷楚雨,不堪离恨咽湘弦,月高霜白水连天。"

再次,从语境来看,"正是花开(时)"也与上文的"花满洞"相应。而且任中敏、黄征等也提到在敦煌文献中,"是""时"混用较为常见,如歌辞《十二时·食时辰》"或是父子相窥图,到此恩亲皆断绝"的"或是"在伯3286内作"或时"。歌辞《十二时·隅中巳》"隅中巳,时最善"的"时"在伯2054、伯3087、俄 Φ.319+Φ.361+Φ.342(三本缀合)中均作"是"字。

综上,此处应从黄征、林玫仪的意见作"正是"。此外,歌辞《破阵子·单于迷虏尘》"正是越溪花捧艳"句亦不应遵原卷作"正时",应作"正是"。

4. 后园□□□,金钗薄落地,自作一股折。(《失调名·六问枕不平》,第213页)

按:"自作一股折",曾昭岷等(1999 :872)、张锡厚(2006 :5168)作"口作一枚舌"。孙广华(2008 :60)则说:"然细核原卷,似应作'口作一枚舌。'唯义不可解,仍俟校。"

我们认为原卷斯5852"自作一枚舌"当校为"自作一枚折"。首先,各家对于"自"字多有疑义,实则原卷"自"为"自"字应无疑。同一卷子内下一首歌辞"自作同心结"之"自",原卷作"自",与此处的"自"字形基本一致。而且《敦煌俗字典》(2005 :573)内"自"有"自"形,亦与此处相似。"舌"作"折",任中敏(2014 :213)已有详述,此处不赘。

此处理解句义的关键应该在于"作"字,"作"应为"使、使得"义,如《尚书·君奭》:"作汝民极"。江声集注音疏"作,使也"。唐·杜甫《花底》诗:"深知好颜色,莫作委泥沙。"宋·陆游《雨晴》诗:"久雨作我病,今朝身顿轻。"歌辞的"作"亦应为"使"义,而此处的"一枚"应指上文的"金钗"。刘世儒(1965 :76)提到"枚""是适应力最强的量词,除了抽象名词及个别事物它还不习惯陪伴外,几乎是无所不可适应的""'枚'的语源是指'树干'说的。"所以,条状物体"金钗"自然亦可以使用量词"枚"来称量、指代,文献用例如《南齐书·皇后列传》:"太子为宫人制新丽衣裳及首饰,而后床帷陈设故旧,钗镊十余枚。"《宋书·明帝本纪》:"戊午,以皇后六宫以下杂衣千领,金钗千枚,班赐北征将士。"

因此,"自作一枚折"义为金钗落地之后("金钗薄落地"),"金钗自己断裂、破碎"。

5. 争不交人忆,怕郎心自偏。(《南歌子·心自偏》,第 236 页)

按:"偏"在原卷伯 3836 内作"諊"。刘传启(2016:222)指出:"'偏',原卷作'諊'……笔者疑'諊'或为'竭',二字形音皆近。'竭'有'去'意……怕郎心自'諊'即担心丈夫移情别恋,萌生去意。"

任中敏校作"偏",但"偏"与原卷"諊"完全不一致,仅仅是为了押韵而改原卷字形。而刘传启认为"'諊'或为'竭',二字形音皆近",此说可疑。邵荣芬(1997:319)提到在"唐五代西北方音"中"咸摄字和山摄字互相代用"。"諊"的声符为"劫","劫"与"竭"字在《广韵》中分别为"见母,叶韵入声咸摄""溪母,薛韵入声山摄",两者韵相近,声母亦相近,所以,从理论上来看,二者音近之说可以成立。不过,暂未见叶韵字与薛韵字相混的用例。而"諊""竭"字形也相差较大。更为重要的是:从用例来看,"竭"虽有"去"义,但在唐宋文献中,其主语绝大多数为"人",如唐·李适《饯许州宋司马赴任》诗:"昔吾游箕山,竭来涉颍水。"这与歌辞的用例相悖。

我们认为原卷"諊"字可能为"却"字形误。首先,"劫""却"① 相讹在敦煌文献中常见。如敦煌歌辞《失调名·和菩萨戒文》"受斯痛苦难堪忍,何时却得复人身"句中的"却"在斯 1073 内作"劫"。敦煌歌辞《十空赞·调名本意》"澄澄四海深无底,屹屹须弥不见峰,一朝劫火三灾至"句中的"劫"在斯 4039 中作"却"。敦煌歌辞《十二时·人定亥》"虽逢善境暂回心,忽遇违缘还却退"句中"却"字在伯 2714 中作"劫"。其他文献中亦有两者相讹的例子,如辽·行均《龙龛手鉴·手部》:"挄,劫、却二音。""挄"字以"却"为声符,却有"劫、却二音",足以说明"劫""却"二字关系密切。

至于此处"諊"字为何有"言"旁,原因可能如下。张涌泉(2010:177)提到:"人们书写的时候,因受上下文或其他因素的影响,给本没有偏旁的字加上偏旁……"此处"却"字可能受上文"心"字影响类化为"諊",而"言"旁"心"旁有相通之处,俗书中常见"言""忄"相讹。如张涌泉(2000:1029、1031、1036)提到"詛"乃"忸"的换旁俗字;"考《直音篇》卷二言部:'詼,同恢。''詼''詼'一字之变,与'恢'皆当为'否'的增旁俗字";"《汉》所引《篇海》'諊'的直音字成化本作'怛'……实皆为'恼'的俗讹字……"。

---

① 原卷"諊"字右侧字形为"刧"。而"刧"同"劫"。《洪武正韵·叶韵》:"劫,亦作刧。"相关字形见《汉语大字典》(2010:2363)。

因此，原卷"䣎"字读作"却"字有字形上的依据，其字形讹变轨迹当为："却"→（类化）𨚑→（形讹）𨚖→（换形旁）䣎。

从词义来看，"却"有"退"义，符合这里的语境，"怕郎心自却"义即"害怕心上人心（爱'我'的心）退却。""却"作"退"义，用于"心"在唐五代文献中亦有用例，如唐·释惠能《坛经·般若第二》："但自却非心，打除烦恼破。"五代·静、筠二禅师编《祖堂集》卷十《长庆和尚》："峰云：'不用一日三度五度上来，但知山里燎火底树桩子相似，息却身心，远则十年，中则七年，近则三年，必有来由。'"五代·释延寿《宗镜录》卷九十八："师弹指云：'……汝将眼见，意识分别，拟求佛道，即是背却本心。逐念流转，如此之人，对面隔越。'"（T48/945b）

以上为字形、词义上的证据，惟"却"字为宕摄字，而原辞"安""边""见""眠""前"等为山摄字，语音上仍有所相隔。但敦煌歌辞的押韵往往并不是十分严格，原卷作"却"可能是押韵不严的结果。

6. 中是众生不牵致，所以沉沦罪叶（罪业）深。（《失调名·断诸恶》，第322页）

按："中是"在原卷斯4277内实作"只是"。张锡厚（2006：1335）校作"秖是"。我们认为此处应该从原卷作"只是"。"只是"在敦煌歌辞中常见，如《竹枝子·游荡经年》："只是焚香祷祝天。"《失调名·须大拏太子度男女》："只是众生多有福。得逢诸佛重器时。""只是……所以"句式亦可见于唐人文献中，如《祖堂集》卷七："只是自受屈，所以道：'临河渴水，死人无数，饭箩里受饿人如恒河沙……'"而且歌辞内的因果关系十分明显，即：只是因为众生不被引导，所以（众生）沉沦，所犯的罪过与恶业也多。

7. 佛惜众生，母怜男女。一例承情，从头爱护。（《失调名·佛母同恩》，第344页）

按："承情"在原卷斯2418中实际写作"垂情"，即"垂情"。黄征、张涌泉（1997：976）已据原卷改作"垂情"，但受该书体例所限，未说明校改原因，今试分述。

"垂情"义为"关心；爱护"，于此义洽。"垂情"在文献中常见，如《北史·儒林下·黎景熙》："陛下垂情万类，子爱群生，觐礼百神，犹未丰洽。岂或作事不节，有违时令，举措失中，当邀斯旱。""垂"多用于上对下或长辈对晚辈，如"垂心"，《三国志·吴书·是仪》："蜀相诸葛亮卒，权垂心西州，遣仪使蜀申固盟好。奉使称意，后拜尚书仆射。"又如"垂问""垂教""垂眷""垂恩"等等，这些词中的"垂"都含有"上对下"这一语素。而此处歌辞强调的是"佛惜众生，母怜男女""从头爱护"，所以"一例"句前的主语也应该是"佛""母",所以用"垂情"十分符合此处语境。

任中敏作"承情",恰恰与此处语境相反。"承"含有"下对上"的语素,多用于晚辈对长辈或下级对上级,如"承旨"表示迎接圣旨/逢迎意旨;"承命"指受命;"承风"指接受教化。这些"承"都表示"下对上"的动作。但此类"乘"明显与此处歌辞语境不合。

8.吃酒只为隔饭病,愿身强健早还归。(《捣练子·孟姜女》,第349页)

按:任中敏(2014:355)在校勘记内指出:"(甲本)'只'写作'则'。"未提乙本伯3911的情况,似乎认为乙本作"只"。经查,乙本实作"则",亦为"则"字。而丙本伯3319缺此段内容。因此,若遵从原卷,则应作"则"字。那么"则"用在此处是否合适呢?我们认为"则"的语义符合歌辞语境,不烦改为"只"字。作副词使用的"则"亦有"只,仅"义,如《荀子·劝学》:"小人之学也,入乎耳,出乎口。口耳之间则四寸耳,曷足以美七尺之躯哉。"宋·刘克庄《贺新郎·张倅生日》词:"怕则怕,追锋征起。"

综上,"只为"与原卷字形不符,应从原卷字形以及曾昭岷等(1999:888)、孙广华(2008:99)的观点校作"则为"。

9.化生童子见飞仙,花落空中左右旋。(《化生子·化生童子赞》,第698页)

按:任中敏(2014:700)在校勘记内指出校:"'花落'各本写'落花'"。刘传启(2011:145/2017:258)指出:"三本俱写'落花','落花'不烦改为'花落',应据改。"黄征、张涌泉(1997:1162)也据原卷改作"落花"。我们认为各本做"落花"语义自通,不烦改字。在《化生童子赞》中,与此处相应的位置分别为"五色云擎宝座遥""天雨天花动地香""百味馨香各自殊",这些句子皆含有"定语+中心语+谓语"的句式,此处也应与之相同。若如任校作"花落空中左右旋",则全句有两个谓语动词,无定语,与上文句式不一。若遵原卷,作"落花空中左右旋",则定语(落)、中心语(花)以及谓语(旋)皆全。

10.耳边惟闻念三宝。(《化生子·化生童子赞》,第698页)

按:任中敏(2014:699)在校勘记内指出校:"'边'乙本写'里'"。黄征、张涌泉(1997:1161)则校为"里"。经核原卷,"边"在甲本伯2122内作"裏";在乙本伯3210内作"裏",因此,甲、乙两本皆作"里"。遵从原卷作"耳里"自通,不烦改字。而且"耳里"与听到的声音连用亦有不少用例,如敦煌变文《长兴四年中兴殿应圣节讲经文》:"花中既礼端严相,耳里还闻甘露词。"敦煌变文《大目乾连冥间救母变文并图一卷并序》:"目连一向至天庭,耳里唯闻鼓乐声。"唐·白居易《悲歌》诗:"耳里频闻故人死,眼前唯觉少年多。"唐·白居易《新制绫袄成,感而有咏》诗:"心中为念农桑苦,耳里如闻饥冻声。"

11. 五色云擎宝座遥。(《化生子·化生童子赞》,第698页)

按:任中敏(2014:700)在校勘记内指出校:"'遥',甲、乙原写'摇'"。黄征、张涌泉(1997:1161)作"摇"。刘传启(2016:258)亦作"摇",又说:"句说化生童子于宝座手举祥云,'摇'和'擎'的动作同时'童子'于宝座发出"。经查,"遥"在甲本伯2122内作"摇";在乙本伯3210内作"摇",二者皆为"摇"字。

其实"遥"从原卷作"摇"更佳。但刘传启认为"'摇'和'擎'的动作同时'童子'于宝座发出",似将"摇"字看作谓语,认为"摇"是谓语后置。这样理解似乎不合原意。而且从句法来看,在"五色云擎宝座"句中,受事主语"五色云",谓语动词"擎",地点补语"宝座"皆齐全,这已经是一个完整的句子,没有必要在句末再添加一个谓语动词"摇",且这类主语+谓语+补语+谓语的句式也不多见。从整首歌辞来看,相应位置的其它句子,如"天雨天花动地香""尽向莲花朵里生""为得如来许出家"皆是主动态的句子。若如刘传启所说,则"五色云擎宝座摇"当为被动句,这与整首辞的行文亦不相同。

从前后文字中的"拂金床""合掌""称无量佛"等来看,整段文字似乎强调礼佛的情景。如果遵从任中敏的观点作"遥",则佛或佛座离化生童子遥远,这与礼佛的情景不符。其实"摇"在这里应该理解为"上升"义,与"云擎"相呼应,作"云擎宝台"的补语。《汉语大字典》(2010:2048)提到"摇""上升;飘扬。《方言》卷十二:'摇,上也。'《广雅·释诂一》:'摇,上也。'王念孙疏证:'摇,亦跃也,方俗语有轻重耳。'《汉书·礼乐志》:'天马倈,执徐时,将摇举,谁与期。'颜师古注:'言当奋要高举,不可与期也。'……"可见"摇"确有"上升"义。而且在唐诗中亦有用例,如唐·孟郊《游韦七洞庭别业》诗:"一举独往姿,再摇飞遁迹。"唐·宋之问《桂州三月三日》诗:"赐金分帛奉恩辉,风举云摇入紫微。"唐·岑参《送魏升卿擢第归东都,因怀魏校书、陆浑、乔潭》诗:"摇鞭举袂忽不见,千树万树空蝉鸣。"

综上,"五色云擎宝台遥"义为"五色云彩举着宝台上升"。这样理解比较符合上金桥、礼佛的语境。何况这种"动词+宾语+补语"的句式在歌辞中常见,如歌辞《喜秋天·相思破》的"弹尽相思破"。

12. 化生童子舞金钿，鼓瑟箫韶半在天。(《化生子·化生童子赞》，第 698 页)

按：任中敏(2014:701)在校堪记内指出："'钿'原写'田'，兹正。"黄征、张涌泉(1997:1162)作"金田"。经核原卷，"钿"在伯 2122 内作"⿵冂田"，在伯 3310 内作"田"，前者显为"田"字形讹，故两写本均作"田"。

我们认为"金田"不误，不烦改为"金钿"。佛经中常称"佛寺"为"金田"，如唐·道诚注《释迦如来成道记注》："归家运金亥布八十顷，由是买得。建立精舍，曰祇桓。今呼佛寺为金地金田者，因此也。"(X75/9b)宋·释道诚《释氏要览》卷上："金地，或云'金田'，即舍卫国。给孤长者侧布黄金，买祇陀太子园建精舍请佛居之。"(T54/263a)因此，补全介词后，"舞金田"即"舞于金田"，语义为"舞于佛寺或佛国"。这样理解正与上文"极乐国中无昼夜"相应。况且，唐·慧琳撰《一切经音义》卷十七指出"金钿"是"妇人首饰也"(T54/411b)，"舞金钿"与"化生童子"的身份不符。

任中敏(2014:序 1)提到："此编的目的不在传达敦煌写本原有之全部面貌，而在追求原作者心上原辞应属之格调与应表达之文字。"因此，任中敏整理的敦煌歌辞最大的问题在于不遵从原卷面貌，另作新解。只有重新核对原卷，考查原卷字词的词义，才能减少校读的失误。只有在遵从原卷字形无法解读文本时，才能从音误、形误、脱文等等方面考虑，对原文字形进行修改。

参考文献：

黄　征　1990《〈敦煌歌辞总编〉校释商榷》，《敦煌研究》第 2 期。

黄　征、张涌泉　1997《敦煌变文校注》，北京：中华书局。

黄　征　2005《敦煌俗字典》，上海：上海教育出版社。

汉语大字典编纂委员会　2010《汉语大字典》(第二版)，武汉：崇文书局；成都：四川辞书出版社。

汉语大词典编辑委员会　1990《汉语大词典》(第六卷)，上海：汉语大词典出版社。

蒋冀骋　1994《〈敦煌歌辞总编〉校读记》，《湖南师大社会科学学报》第 1 期。

蒋勤俭、钱　勇　2016《从敦煌曲子词看中古民间祷祝活动》，《文化遗产》第 5 期。

刘世儒　1965《魏晋南北朝量词研究》，北京：中华书局。
刘传启　2016《敦煌歌辞文献语言研究》，北京：中国社会科学出版社。
林玫仪　1987《敦煌云谣集斠正》，林玫仪著《词学考诠》，台北：联经出版事业公司。
马贝加　2002《近代汉语介词》，北京：中华书局。
潘重规　1984《敦煌变文集新书》，台北：文津出版社。
任中敏　2014《敦煌歌辞总编》，南京：凤凰出版社。
孙广华　2008《敦煌歌辞研究》，南京师范大学博士学位论文。
邵荣芬　1997《敦煌俗文学中的别字异文和唐五代西北方音》，邵荣芬著《邵荣芬音韵学论集》，北京：首都师范大学出版社。
吴福祥　1996《敦煌变化语法研究》，长沙：岳麓书社。
项　楚　2000《〈敦煌歌辞总编〉匡补》，成都：巴蜀书社。
杨荣祥　2005《近代汉语副词》，北京：商务印书馆。
曾　良　1997《〈敦煌歌辞总编〉校读研究》，杭州大学博士学位论文。
曾昭岷、曹济平、王兆鹏、刘尊明　1999《全唐五代词》，北京：中华书局。
宗福邦、陈世铙、萧海波　2003《故训汇纂》，北京：商务印书馆。
张锡厚　2006《全敦煌诗》，北京：作家出版社。
张涌泉　1992《〈敦煌歌辞总编〉校议》，《语言研究》第1期。
张涌泉　1997《〈敦煌歌辞总编〉误校二十例》，北京博士后联谊会编《中国博士后社科前沿问题论集》，北京：经济科学出版社。
张涌泉　2000《汉语俗字丛考》，北京：中华书局。
张涌泉　2010《敦煌写本文献学》，兰州：甘肃教育出版社。
张涌泉　2010《汉语俗字研究》，北京：商务印书馆。

【作者简介】刘晓兴，男，文学博士，南京师范大学国际文化教育学院讲师。研究方向：训诂学、汉语史。

（本文发表于《中国诗歌研究》第18辑，收入本论文集时有一定修改。）

《太平广记》词语札记二则

孙咏芳

(南京师范大学,文学院)

[摘　要]本文探究了《太平广记》中的"披寻"和"候(鯸)"两个词语。"披寻"一词本为"阅读"语义场的词,但后来其具体意义有所变化,更接近通过思考或询问以解除困惑。"禽不待候而飞,草木不待黄而落"中的"候"是"鯸"的假借字,但并不是它的本义"羽毛",而是名词作动词用,义为"生长羽毛"。

[关键词]太平广记;披寻;候(鯸)

《太平广记》是宋初四大类书之一,保存了汉代到宋初大量文言小说,也"保存了数量不少的古代(特别是唐宋时代)的口头语词,它无疑为我们研究汉语词汇史和古代俗语词提供了颇为丰富的有价值的材料"(郭在贻,1980)。目前已经有一些学者对其中的词语进行了探究,如郭在贻先生的《〈太平广记〉里的俗语词考释》(《中国语文》,1980年第1期)、段观宋的《〈太平广记〉语词选释》(《语文研究》,1989年第3期)、曾良的《〈太平广记〉词语札记》(《南昌大学学报(人文社会科学版)》,1992年第3期)、李亚明的《〈太平广记〉词语小札》(《古汉语研究》,1993年第1期)、古敬恒的《〈太平广记〉词语选释二则》(《古汉语研究》,1994年第2期)、范崇高的《〈太平广记〉注释析疑》(《古汉语研究》,1997年第1期)、宋华英的《〈太平广记〉语词研究》(上海师范大学硕士学位论文,2007)等等一些文章。然而,总体来看,《太平广记》中还有许多词语尚未被关注,笔者在阅读过程中就发现了许多《汉语大词典》未收录或所列义项与《太平广记》文例不大贴切的词条,现就其中两条进行探究,敬请方家批评指正。

披寻

《太平广记》卷三十五"柏叶仙人"一则：

> 柏叶仙人田鸾，家居长安，世有冠冕，至鸾家富，而兄弟五六人，皆年未至三十而夭。鸾年二十五，母甚忧，鸾亦自惧。常闻道者有长生术，遂入华山，求问真侣，心愿恳至。至山下数十里，见黄冠自山而出。鸾遂礼谒，祈问隐诀。黄冠举头指柏树示之曰："此即长生药也，何必深远，但问志何如尔。"鸾遂披寻仙方，云："侧柏服之久而不已，可以长生。"

此处的"披寻"一词语义较模糊，《大词典》中未收录。通过穷尽性的检索，发现"披寻"一词使用频率较低，但自晋代首见之后，一直到清代均有使用。它的对象一般为书籍、书信等书面材料：

（1）因命取子相封事数十纸，传示群臣曰："其直言匡正，裨益甚多，吾每披寻，未尝释手。"（《北史·列传第六三·王韶》）

（2）岂不见古来丹霞、石巩、石室高僧，熏天炙地，登时端由，众皆具委。道他在什么经里披寻，于阿那论中讨得？（《古尊宿语录·卷三十七·鼓山先兴盛国师（神晏）和尚法堂玄要广集》）

在具体语境中，"披寻"这一动作的实施大都是要经过一番努力的，通过"披寻"，往往能达到知晓、洞彻的目的，如下文例（4）"披寻三部"的过程是"劳而难兼"的，例（5）"披寻"的过程需要"反覆"，结果是"悟深旨"：

（3）臣以才劣，诚忝工务，奉遵成规，裁量是总。所以披寻旧旨，研究图格，辄遣府司马陆昶、属崔孝芬，都城之中及郭邑之内检括寺舍，数乘五百，空地表刹，未立塔宇，不在其数。（《魏书·卷一一四·志第二〇》）

（4）披寻三部，劳而难兼，欲令学者即得其对，今以越所定者为母，护所出为子，兰所译者系之，其所无者辄于其位记而别之。或有文义皆同，或有义同而文有小小增减，不足重书者，亦混以为同。虽无益于大趣，分部章句，差见可耳。（《出三藏记集·卷七·合首楞严经记第十》）

（5）经出之后，披寻反覆，既悟深旨，仰而叹曰："先师昔义，闇与经会；但岁不待人，经袭义后。若明匠在世，剖析幽赜者，岂不使异经同文，解无余向者哉！辄敢解释，兼翼宣遗训，故作《注解》，凡有五卷。"（《出三藏记集·卷九·胜鬘经序第

十八》)

（6）秋胡重启阿娘曰："儿闻曾参至孝，离背父母侍仲尼，无□懈惓，终日披寻三史，洞达九经，以显先宗，留名万代。(《敦煌变文集新书·卷六·秋胡变文》)

（7）虽在蒙尘，尚引诸儒论道说义，披寻坟史，未尝暂释。(《南史·梁本纪下第八》)

（8）柔绿侵窗散晓阴，牙签满案独披寻。(《三刻拍案惊奇·第二十八回 修斋邀紫绶 说法骗红裙》)按：牙签，《大词典》有两种解释，一为"系在书卷上作为标识，以便翻检的牙骨等制成的签牌"，二指书籍。《型世言·峥霄馆评定通俗演义型世言卷之七》也有该句。

从以上诸多文例来看，"披寻"一词应为"阅读"语义场的词。"阅读"语义场有"批阅"一词。《颜氏家训·第三》："魏收之在议曹，与诸博士议宗庙事，引据汉书，博士笑曰：'未闻汉书得证经术。'收便忿怒，都不复言，取韦玄成传，掷之而起。博士一夜共披寻之，达明，乃来谢曰：'不谓玄成如此学也。'"《颜氏家训集解·卷第三》："披寻，谓披阅寻讨，披即上文'握素披黄'之披，韩愈进学解：'手不停披于百家之编。'《文选·琴赋》注："披，开也。"《广韵·支韵》："披，开也，分也，散也。"王凤阳先生（1993：520—521）认为"披"的开的特征是向两边分，古书是卷着的，看时要向两边分，因此"披"有"翻阅"义，如韩愈《进学解》："手不停披于百家之编。""寻"有"研究"之义。《说文·寸部》："寻，绎理也。"段玉裁《说文解字注》："谓抽绎而治之。凡治乱必得其绪，而后设法治。"朱骏声《说文通训定声》："揣度以求物谓之寻。"《正字通·寸部》："寻，探求也。""披寻"应为通过认真细致、刻苦地阅读、研究书面语料，有时带着解决某一问题等目的，有别于一般的阅读和学习。

但"披寻"这一动作也不局限极其刻苦、努力的程度，有时查阅、检索的目的性也较弱，与一般的阅读差异不大，如：

（9）十七年，尚书右仆射褚遂良时以谏议大夫奉敕修《隋书》十志，复准敕召延寿撰录，因此遍得披寻。(《北史·列传第八八·序传》)

（10）近览元稹《长庆集》，见在同州时所上《均田表》，较当时之利病，曲尽其情，

俾一境之生灵,咸受其赐,传于方册,可得披寻。(《五代会要》①)

(11)且律令、格式、六典,凡关庶政,互有区分,久不举行,遂至臆紊。宜准旧制,令百司各于其间录出本局公事,巨细一一抄写,不得漏落纤毫,集成卷轴,仍粉壁书在公厅。若未有廨署者,文书委官司主掌,仍每有新授官到,令自写录一本披寻。(《旧五代史卷一四九·志第一一》)

(12)自言近读养生书,颇学仙人饵芝术。披寻图诀得茯苓,云是松间千岁物。(宋·张耒《再寄》,见《全宋诗》卷一一六四)

(13)《升玄经》曰:"张道陵曰:'不敢以身传此教。'太上曰:'何得顾难,废不通法?汝当建意,无谓不可传。若世有道士得此仙经,披寻首尾,知是真要,无师可授,便得奉行。'"(《太平御览·卷六百七十九·道部二一·传授下》)

(14)余比读诸方,故亦不少,观其梗概,例多隐秘。味之者,翻增其惑,说之者,返益其迷。遂使修炼之流,不见成功之处,岂其古人妄说耶?抑由学道之辈,自不能考其旨趣也。余所陈方意,于文记间,如视掌中,一试披寻,莫不洞照。(《云笈七签·卷七十一金丹部九》)

"披寻"的对象也不局限于书面材料,还可以是抽象的内容,如:

(15)披寻藻思千重后,吟想冰光万里余。(罗隐《寄杨秘书》,见《全唐诗》第六五五卷)

(16)我诗也是诗,有人唤作偈。诗偈总一般,读时须子细。缓缓细披寻,不得生容易。依此学修行,大有可笑事。(《全唐诗·第八〇七卷·拾得》)

(17)袁明,陈郡人。或披寻洽道,或耽藉乐贫。簪缨布素,申道间设。(《法书要录·卷六·述书赋下》)

(18)酬答朝妨食,披寻夜废眠。老偿文债负,宿结字因缘。(白居易《江楼夜吟元九律诗成三十韵》,见《全唐诗·第四四〇卷》)

(19)顾鄙作吏间,探幽来此限。披寻忽惊喜,叹咏空徘徊。(裴丹《重建东峰亭》,见《全唐诗补编·全唐诗续拾·卷二十七》)

(20)余未染道服,披寻经教,求之意绪,度脱彷佛,辄述三宝出化所由,并训解经卷数篇。辨诸疑惑,以拟有道君子;述作而已,不敢远其中道。(《云笈七签·卷

---

① 引自《五代史考异》,见《旧五代史》卷一一八《周书九》。

三道教本始部·三宝杂经出化序》)

（21）澡叩预一躶，悉窃三才，渔猎百家，披寻万古，备论元气，尽述本根，委质自然，归心大道，求诸精义，纂集玄谭，记诸真经，永传来哲。(《云笈七签·卷五十六诸家气法部一·元气论并序》)

（22）而又先世所藏，殊尤绝异之品。散在一门，往往得免焚劫，犹得披寻。(宋·邓椿《画继·序》)

当"披寻"的对象拓展到书面材料之外的事物时，"披寻"一词中的"披"的涵义则弱化了，词义更多由"寻"来承担，更接近"探寻"之义，指通过"思考"或"询问"以解除困惑。

因此，《太平广记》"柏叶仙人"一则中的"披寻仙方"一句，田鸾并非从书面材料中去寻求仙方，也并非自己独自思考，而是向自山而出的道士去询问，此处的"披寻"应为"询问"义。

候/猴

《太平广记》卷一"广成子"一则：

广成子者，古之仙人也。居崆峒之山石室之中，黄帝闻而造焉。曰："敢问至道之要。"广成子曰："尔治天下，禽不待候而飞，草木不待黄而落，何足以语至道？"

其中的"禽不待候而飞，草木不待黄而落"中的"候"略有疑义。《汉语大字典》中列举的"候"的十九个义项，如"侦查；守望""侦察；探听""等待""守护"等等，均不符合语境。从句式上来看，"禽不待候而飞，草木不待黄而落"整齐对仗，与"候"对应的词为"黄"，均作为"待"的宾语，因此从语法层面上来说，"候"不是"等待"义。从事理上来说，草木变黄自会凋落，"黄"与"落"具有时间上的前后、条件、因果等关系，禽鸟虽然机警，但是"侦查""探听"等等却未必是它们飞翔的必要动作，也不是飞翔的前提条件，因此也解释不通。

《太平广记》原书注明"广成子"一则来自《神仙传》，清文渊阁四库全书本《神仙传》卷一"广成子"一则中作"云不待簇而飞，草木不待黄而落。"《神仙传》中该故事出自《庄子》，《庄子》中的原句与《神仙传》略有不同，作"云气不待族而雨，草木不待黄而落"。《庄子》原句作云气聚集而后有雨，与草木变黄而凋落，在句式上是整齐的对应关系。

宋李昉等编纂的《太平御览》中，"广成子"典故共出现了四次，前三次均作"云气不待族而雨"，仅最后一次与《神仙传》一样作"云不待族而飞"：

（23）庄子曰："广成子谓黄帝曰：'汝治天下，云气不待族而雨，草木不待黄而落，奚足语至道？'"（卷第八·天部八）

（24）广成子曰："自而治天下，云气不待族而雨，草木不待黄而落，日月之光益以荒矣，又奚足以语至道？"（卷第七十九·皇王部四）

（25）广成子曰："而所欲问者，物之质也。而所官者，物之残也。自而治天下，云气不待族而雨，草木不待黄而落，日月之光益以荒矣，而佞人之心，翦翦焉又奚足以语至道哉？"（卷第六百二十四·治道部五）

（26）广成子曰："帝治天下，云不待族而飞，草木不待黄而落，何足语至道？"（卷第六百六十三·道部五）

总结起来，"广成子"这一典故中，"草木不待黄而落"之前的一句话共有三个版本，即"云气不待族而雨""云不待族而飞""禽不待候而飞"。从事理方面来看，云气聚集在时间上发生在下雨之前、是形成雨的条件；草木变黄在时间上发生在凋落之前，是自然凋落前的必经阶段。古人凭着对自然现象的观察，已经将这些规律当作常识，如《千字文》有"云腾致雨，露结为霜"。从出现的频率来看，"云不待族而飞"仅两三见，"禽不待候而飞"这一句出现次数远远高于"云不待族而飞"。我们推测，"云不待族而飞"一句应是"云气不待族而雨"及"禽不待候而飞"的杂糅版本，可能是后来在流传的过程中两句混淆了，加上云气聚集之后确实能在空中漂浮，亦大致说得通，因此该版本就保留了下来。历代"广成子"这典故在流传和化用中，云聚集后的结果均为"雨"而不是"飞"，可以作为佐证：

（27）自而治天下，云气不待族而雨，草木不待黄而落，日月之光益以荒矣。"疏："族，聚也。分百官于阴阳有心治万物必致凶灾。风雨不调，炎凉失节，云未聚而雨降，木尚青而叶落。"（唐成玄英《南华真经注疏》卷四）

（28）广成子曰："自而治天下，云气不待族而雨，草木不待黄而落。"（唐《艺文类聚·卷七十八灵异部上》）

（29）治身紫府问政青丘，龙湖鼎没丹灶台珠流，疏云即雨落木先秋，至道须极长生可求。（南北朝庾信《庾开府集笺注》卷十"黄帝见广成子赞"）

那么，"禽不待候而飞"中的"候"到底作何解释呢？古代字书并无符合该语境的义项,但历代字书中有收了"𦒱""鴭"等同音字,意思与该句有相关性。《说文解字·羽部》载有"𦒱"条:"𦒱,羽本也。一曰羽初生皃。从羽矦声。"汉扬雄《方言》:"𦒱,本也,今以鸟羽本为𦒱,音侯。"《广韵·十九侯部》有"𦒱""鴭"二字,并注云:"𦒱,《说文》曰:'羽本也。一曰羽初生貌。'"《说文》《广韵》等字书中所记录的"𦒱/𦒱""鴭"应为"禽不待候而飛飞"中的本字。"𦒱/𦒱"为名词,名词作谓语是古汉语的常见语言现象,如:

(30)雨雪,王皮冠,秦复陶,翠被,豹舄,执鞭以出。(《左传·昭公十二年》)

按:"皮冠"为名词,为古代打猎时戴的帽子,用以御尘、御雨雪。此处用在主语"王"之后,作"王"的谓语,义为"戴着打猎的帽子"。

(31)假舟楫者,非能水也,而绝江河。(《荀子·劝学》)

按:"水"为名词,此处作为动词"游水,游泳"。

(32)孟子之滕,馆于上宫。(《孟子·尽心下》)

按:"馆"为名词,此处作为动词"居,止宿"。

"禽不待候而飞"中的"候"若作为"𦒱/𦒱"的假借字,"𦒱/𦒱"的本义"羽本"在此处作为动词"生长羽毛",是符合古汉语的语言现象和规律的。从事理上来看,禽鸟生长出羽毛是飞翔的前提条件,与草木变黄是发生在凋落之前一样,符合自然规律。遗憾的是,作为"羽本"义的"𦒱/𦒱"尽管在历代字书均有记录,却未见传世文献中有用例。不过,古代有许多反映了古代人们对这一自然现象的认识的记录,可以作为旁证:

(33)枭在巢,母哺之,羽翼成,啄母目翔去也。(周师旷《禽经·枭鴟害母》[①])

(34)寡人之有仲父也,犹飞鸿之有羽翼也,若济大水有舟楫也。(战国管仲《管子·霸形第二十二》)

(35)今夫鸿鹄,春北而秋南,而不失其时,夫唯有羽翼以通其意于天下乎?(《管子·戒》)

(36)三年不翅,将以长羽翼;不飞不鸣,将以观民则。虽无飞,飞必冲天;虽无鸣,鸣必惊人。(战国韩非《韩非子·喻老》)

(37)虎豹之驹,未成文而有食牛之气;鸿鹄之鷇,羽翼未全(一作合)而有四海

[①] 见于文渊阁《四库全书》子部。

之心。（尸佼《尸子·卷下》）

  从上面诸用例可以看出，在古人的世界观里，禽鸟生长出翅膀是飞翔的前提条件，正如渡河须凭借舟楫一样。因此，"候"为"㺅/㺅"，名词作动词用，既符合事理，又与《庄子》原句"云气不待族而雨"所说之理相近，与下句"草木不待黄而落"工整对仗。

结语

  本文探究了《太平广记》中的"披寻"和"候（㺅）"两个词语。"披寻"一词应为"阅读"语义场的词，它是通过认真细致、刻苦地阅读、研究书面语料，有时带着解决某一问题等目的，有别于一般的阅读和学习。但"披寻"这一动作在后来也不局限极其刻苦、努力的程度，"披寻"的对象也不局限于书面材料。当"披寻"的对象拓展到书面材料之外的具体事物以及抽象事物时，"披寻"一词中的"披"的涵义则弱化了，词义更多由"寻"来承担，"披寻"一词更接近通过"思考"或"询问"以解除困惑，因此，《太平广记》"柏叶仙人"一则中的"披寻仙方"一句的"披寻"应为"询问"义。"禽不待候而飞，草木不待黄而落"中的"候"是作为"㺅"的假借字。这里的"㺅"并不是它的本义"羽毛"，而是名词作动词用，义为"生长羽毛"。这样解释，符合古汉语的语言现象和规律，也符合客观事物的自然规律。

参考文献：

［宋］陈彭年　2008《宋本广韵（附韵镜七音略）》，南京：江苏教育出版社。

郭在贻　1980《太平广记》词语考释，《杭州大学学报（哲学社会科学版）》，第4期。

汉语大词典编辑委员会　2001《汉语大词典》，上海：上海辞书出版社。

［宋］李昉　2003《太平广记（全十册）》，北京：中华书局。

王凤阳　1993《古辞辨》，长春：吉林文史出版社。

王利器　1993《颜氏家训集解（增补本）》，中华书局。

［清］王先谦、刘武　1987《〈庄子〉集解·〈庄子集解〉内篇补正》，北京：中华书局。

［汉］许慎撰，［清］段玉裁注　2007《说文解字注》，杭州：浙江古籍出版社。

［汉］扬雄　1936《方言》，上海：商务印书馆。

张自烈　1996《正字通》,北京:中国工人出版社。

【作者简介】孙咏芳,女,南京师范大学博士研究生。研究方向:汉语史。

段玉裁《说文解字注》未详草木字例考释六则

连燕婷

(西南交通大学,人文学院)

[摘　要]段玉裁注解《说文解字》时,多以"未详""未闻"等词语做学术疑难点的标识。全书共有近300个此类标识字例,其中涉及草木类的字例有70多个,这里选取《段注》中"莒""蓛""菜""芘""栾""櫔"六个未详草木字例加以考释,解决《段注》中部分疑难问题。

[关键词]说文解字注;未详;草木

　　清代小学大家段玉裁所作《说文解字注》①30卷,王念孙序称其"盖千七百年来无此作矣",阮元《段氏说文注订·叙》称其为"文字之指归,肄经之津筏",皆评价极高。但纵是段玉裁这般学识渊博之士,也有其未知之物,正如阮元所说:"智者千虑,必有一失。况书成之时,年已七十,精力就衰,不能改正,而校雠之事,又属之门下士,往往不参检本书,未免不误。"真正的大儒不以不知为耻,而是实事求是,在书中尽数标出,留与后学诸生继续努力。段玉裁注解《说文解字》②时,遇其所不知者,多附以"未详""未闻""未知""未审""不知""不可知"等词语作标识。这些标识为后来者标记了学术的疑难点,其标识的字例具有重要的研究价值。全书共有此类标识字例近300个,其中涉及草木类的字例有70多个,大部分集中于《艸部》(27个)和《木部》(42个)。这里选取《段注》中"莒""蓛""菜""芘""栾""櫔"

---

① 《说文解字注》,下文简称《段注》,本文所用版本为经韵楼原刻本。
② 《说文解字》,下文简称《说文》。

六个未详草木字例进行考释,藉以补《段注》之未备,期待能为《说文》及《段注》研究略尽绵薄之力。

苢

《艸部》:**芣苢,一名马舄,其实如李,令人宜子**。《释草》:"芣苢,马舄。马舄,车前。"《说文》凡云"一名"者,皆后人所改窜。《尔雅音义》引作"芣苢,马舄也"可证。其实如李,徐锴谓其子亦似李,但微而小耳。按:《韵会》所引,"李"作"麦",似近之,但未知其何本。陆德明、徐锴所据已作"李"矣。令人宜子,陆机所谓治妇人产难也。**从艸,㠯声**。**《周书》所说**①

《说文》"其实如李"句,《韵会》引"李"作"麦",段氏以为其似近许书原貌,但不知其所本。严章福《说文校议议》:"《韵会》'四纸'引'李'作'麦',似近是,然《韵会》本小徐而与小徐语未合,且陆所见本已作'李'矣,未敢据改。"严说有理,可从。《韵会》所引有误,《说文》原文应以"其实如李"为准。段氏以为《韵会》所引似近许书原貌,是因为其不解"芣苢"到底为何物。

《说文》言"芣苢,一名马舄",即芣苢别名马舄。《尔雅·释草》言"芣苢,马舄。马舄,车前",应是指芣苢别名马舄,而同时马舄也是车前的别名,这里存在着三名二物的关系。马舄可作车前、薏苡的别称,皆有其命名理据。因为车前常生长于牛马的足迹中,故也称之为马舄。舄,本指鞋,这里指牛马的足蹄。李时珍《本草纲目》"车前"条引陆机《毛诗草木鸟兽虫鱼疏》云:"此草好生道边及牛马迹中,故有车前、当道、马舄、牛遗之名。舄,足履也。"而李艳指出(2006:124):"薏苡有加速肠胃蠕动而致腹泻之效,故称薏苡为马舄,舄者,泻也,舄通泻,谓马牛致泻者,故此(薏苡)之马舄(泻)非彼(车前)之马舄。"但郭璞径注:"今车前草,大叶长穗,好生道边,江东呼为虾蟆衣。"则是将芣苢、马舄皆作为车前的别名看待,由此造成了误会,使得后来许多注家将《说文》"苢"字下所释之"芣苢"释为"车前"。

芣苢即薏苢,文献中常写作"薏苡",与《说文》所收之"蓄""䕬"应为一物。《艸部》:"蓄,薏苢。"又:"䕬,艸也。一曰薏苢。"又:"芣,华盛。一曰芣苢。"《说文》说解"芣苢"时,引《逸周书·王会》文,称"其实如李,令人宜子",其所描述之形态

---

① 此处所引《说文》原文字体皆作加粗处理,以区别于段玉裁的注文,下同。

皆与薏苡相合。赵晓明、宋秀英、李贵全(1995)已指出：除去外壳的薏苡仁大粒圆形，表面有一腹沟，种皮深红色，与成熟李果形态极为相似，故古人称之为"其实如李"。徐锴《说文解字系传》："许慎但言李，则其子之苞亦似李，但微而小耳。"所言甚是。而车前的种子成熟后呈红黑色，粒极小，呈椭圆形，绝不似李。《史记·夏本纪》"夏禹，名曰文帝。"唐张守节正义引《帝王纪》："父鲧妻修己，见流星贯昴，梦接意感，又吞神珠薏苡，胸坼而生禹。"汉王充《论衡·奇怪篇》："禹母吞薏苡而生禹，故夏姓曰姒。"《诗·周南·芣苢》"采采芣苢"毛传云："宜怀妊。"神话传说中所载，反映的是古人将薏苡视作宜子之物的思想观念。而对于车前，古人一般将其作为治疗妇人难产的药物。如李时珍《本草纲目》"车前"条引陆玑说"治妇人难产"。

综上所述，芣苢即薏苡，为今之禾本科薏苡属植物。古人言"其实如李"，是指去除外壳的薏苡仁大粒圆形，外有一道腹沟，种皮深红色，与成熟的李子极为相似。《韵会》引"李"作"麦"，有误。

蒢

《艸部》：**黄蒢，职也。**《释草》："职，黄蒢。"按：锴本无蒢，芫、葌皆蒲属，故次之以蒲也。铉本有之。依郭注，蘵似酸浆，未审亦蒲属否？

《说文》"蒢"字列于"葌""蒲"之间，葌、蒲皆蒲属，郭璞又注蘵似酸浆，段氏因而对蘵是否也为蒲属表示未审。许书释蒢为"黄蒢，职也"，职又作"蘵"，蒢、蘵、黄蒢三者，同物异名也。《尔雅·释草》："蘵，黄蒢。"郭璞注："蘵草叶似酸浆，华小而白，中心黄，江东以作菹食。"《玉篇》："蘵，蘵草叶似酸浆。"徐灏《说文解字注笺》："《颜氏家训·书证篇》云：'江南有苦菜，叶似酸浆，乃《尔雅》"蘵，黄蒢"，今河北谓之龙葵。'按：《大观本草》酸浆入《草部》，龙葵、苦蕺入《菜部》，苦蕺小者一名苦蘵，盖即苦、蒢声近之异耳。段以'蒢''蒲'相次，疑为蒲属，大误。"徐灏所言甚是，蒢即今之龙葵。李时珍《本草纲目》卷十六"龙葵"条："弘景曰：'益州有苦菜，乃是苦蘵。'恭曰：'苦蘵即龙葵也，俗亦名苦菜，非荼也。'"又："龙葵、龙珠一类二种也，皆处处有之。四月生苗，嫩时可食，柔滑。渐高二三尺，茎大如箸，似灯笼草而无毛。叶似茄叶而小，五月以后，开小白花，五出黄蕊，结子正圆，大如五味子。"龙葵，亦名苦葵、苦菜、天茄子、水茄、天泡草、老鸦酸浆草、老鸦眼睛草等。李时珍《本草纲目》卷十六"龙葵"条释名:"龙葵,言其性滑如葵也。苦,以菜味名。茄,以叶形名。天泡、老鸦眼睛,皆以子形名也。与酸浆相类,故加'老鸦'以别之五爪龙,亦名老鸦眼睛草。败酱、苦苣并名苦菜,名同物异也。"《本草纲目》所载之龙葵,花白蕊黄,与酸浆相似,可食用,与郭璞所注《尔雅》之"蘵"皆同。龙葵今为茄科茄属植物,与蒲类植物不同。

莱

《艸部》:<u>蔓华也。今《释草》作:"釐,蔓华。"许所见作"莱"。《小雅》"北山有莱"之"莱",未知即此与不也</u>?经典多用为草"莱"字。

《诗·小雅·南山有台》:"南山有台,北山有莱。"段氏对诗中之"莱"是否指蔓华表示未知。桂馥《说文解字义证》:

《诗·小雅》:"北山有莱"传云:"莱,草也。"陆疏:"莱,草名。其叶可食,今兖州人烝以为茹,谓之莱烝。"馥案:《齐民要术》引云:"莱,藜也。茎叶皆似菉。"王刍《说苑》引《楚人歌》曰:"薪乎莱乎。"陈启源曰:"莱,亦名藜。"《本草纲目》云:"即灰藋之红心者。茎叶稍大,河朔人名落藜,南人名胭脂菜,亦曰鹤顶草。软时可食,老则茎可为杖。"《原宪》:"藜杖应门。"即是物也。

莱即是藜,因其生长能力强,多附地蔓生,故也称其为蔓华。《尔雅·释草》:"釐,蔓华。"郭注:"一名蒙华。"徐灏《说文解字注笺》:"蔓华者,蔓地连华也。"张舜徽(2009:243):"'蒙'即'蔓'之语转,谓蒙覆地上也。许书作'莱',乃本字,《尔雅》作'釐',亦双声通假也。古语称'莱',今俗则转为'藜',所在有之。"《诗》"北山有莱"之"莱"与《说文》同,即李时珍所说之"灰藋之红心者",植株中心嫩叶为紫红色,可食,为今之苋科藜属一年生草本植物。

芘

《艸部》:<u>草也。一曰:芘未木。未,铉作"茮"。芘未木,未闻</u>。王氏念孙曰:"'芘茮木'三字,当是'芘芣'二字之讹。"玉裁谓:《说文》"芨"字下作"虮虱",不当此作"芘茮",盖木名也。

段氏对"芘未木"表示未闻,且不同意王念孙以"芘茮木"为"芘芣"之讹的说法。徐锴《说文解字系传》:"芘,艸也。一曰:芘未木。从艸比声。臣锴按:茋,虮虱。

亦或作此。"又在"菽"下云:"菽,今佳蜀葵也。《诗》曰:'视尔如菽。'"是则徐锴以为"芘"之"芘苬"即"菽"之"蚍衃",指蜀葵。王念孙《读书杂志》:"'一曰:芘苬木'五字,乃是'一曰:芘苬'之讹。《诗·东门之枌》三章'视尔如菽',传:'菽,芘苬。'是也。今本及《系传》于'苬'字下既讹不作'苬',又衍一'木'字,误。"王氏同意小徐之说,以为"芘苬木"应作"芘苬"。《尔雅·释草》:"菽,蚍衃。"郭璞注:"今荆葵也。"《广雅·释草》:"荆葵,菽也。"《诗·陈风·东门之枌》:"视尔如菽。"郑玄笺:"美如芘苬之华。"《正义》引陆玑疏云:"芘苬,一名荆葵,似芜菁,华紫绿色,可食,微苦。"晋崔豹《古今注》:"荆葵,一名戎葵,一名芘苬。华似木槿而光色夺目,有红、有紫、有青、有白、有赤。茎叶不殊,但花色异耳。"由此可知,芘苬即蜀葵,又名荆葵、戎葵,其花色艳丽,与木槿相似。"芘"字下即"蕣"字,释为"木堇,朝华暮落者。"木堇,又作木槿,夏秋开花,有红、白、淡紫等色,与蜀葵相似。许书将"芘""蕣"二篆比叙,盖是因其二者花色皆美丽动人,具有相似性的缘故。

栾

《木部》:栾木,似栏。栏者,今之楝字。《本草经》有"栾华",未知是不?

段氏对《本草经》所载之"栾华"是否即《说文》之"栾木",表示未知。徐锴《说文解字系传》:"栏,木兰也。树皆谓冢树也。"严可均《说文校议》:"《说文》无'栏'字。《御览》卷九百六十引作'木也,似木兰'。"是则徐、严二人或认为"栏"指木兰,或认为"似栏"本作"似木兰",总而言之,即认为《说文》之"栾"与木兰相似。段氏认为应作"似楝","栏"即今之"楝"字。当以段说为是。《周礼·冬官·慌氏》:"湅帛,以栏为灰。"孙诒让《周礼正义》卷七十九:"栏,即楝字。"可证。再者,从植物形态上看,栾与楝同为乔木,皆为羽状复叶,小叶呈卵形,对生或互生,不在花果季的植株外形相似度极高。而古人所称之"木兰"者,应是今之木兰科植物,虽同为乔木,但叶片宽大,与栾木差别极大。

李时珍《本草纲目》"栾华"条下称其名出自《本经·下品》,《集解》云:

《别录》曰:"栾华,生汉中川谷,五月采。"恭曰:"此树叶似木槿而薄细,花黄似槐而稍长大,子壳似酸浆,其中有实如熟豌豆,圆黑坚硬,堪为数珠者是也。五月、六月,花可收,南人以染黄,甚鲜明,又以疗目赤烂。"颂曰:"今南方及汴中园圃间或有之。"宗奭曰:"长安山中亦有之,其子谓之木栾子,携至京都为数珠,未见入药。"

由上可知,栾华花黄,子壳似酸浆,中有圆黑种子如珠,花期在五、六月,其花可作黄色染料,这些特征皆与栾木相合,是则《本草经》所载之"栾华"即是《说文》之"栾木"。

榔

《木部》:榔木也。未详。疑即仁频也。《上林赋》有"仁频"。孟康曰:"仁频,梭也。"李善曰:"《仙药录》云:'槟榔,一名梭。'"然则仁频即槟榔也。

段氏对"榔木"表示未详,但随后即表示可能指的是仁频,即槟榔。朱骏声《说文通训定声》:"字亦作槟,今槟榔树也。"榔木指今之槟榔树盖不误,但槟榔与梭则非一物。司马相如《上林赋》:"留落胥余,仁频并间。"《汉书》颜师古注曰:"仁频,即宾桹也。'频'字或作'宾'。"宾桹,即槟榔。裴骃《史记集解》:"胥余,似并间。并间,梭也,皮可作索,余未详。"裴骃明确指出并间为梭,皮可作绳索。《木部》:"梭,栟榈也。可作萆。"又"栟,栟榈也。"《艸部》:"萆,雨衣。一名蓑衣。"梭之皮有作绳索、雨衣的功用,正与今之棕榈树同。司马贞《史记索引》:"司马彪云:'胥邪,树高十寻,叶在其末。'《异物志》:'实大如瓠,系在颠,若挂物。实外有皮,中有核,如胡桃。核里有肤,厚半寸,如猪膏。里有汁斗余,清如水,味美于蜜也。'"此段论述亦见于《齐民要术》卷十"椰"条,故所谓"胥余"应指椰子。胥余、并间,即椰子、棕榈,皆为热带植物,仁频也应是热带植物,即今之槟榔。缪启愉、邱泽奇(1990:114)指出:槟榔是马来西亚语 Pinnang 的对音,"仁频"是爪哇语 Jambi 的对音,二者为一物。张舜徽(2009:1377):"槟榔之树,一干直上,有叶无枝。形与梭相似,而非即梭也。梭一名栟榈,榔与栟,又一语之转。"所言甚是。

参考文献:

李 艳 2006《〈说文解字〉所收蔬菜及粮食作物词疏解》,浙江大学博士论文。
缪启愉、邱泽奇 1990《汉魏六朝岭南植物"志录"辑释》,北京:农业出版社。
张舜徽 2009《说文解字约注》(一),武汉:华中师范大学出版社。
——2009《说文解字约注》(二),武汉:华中师范大学出版社。

赵晓明、宋秀英、李贵全　1995《薏苡名实考》,《中国农史》第 2 期。

【作者简介】连燕婷,女,西南交通大学人文学院博士研究生。研究方向:训诂学、汉语史。

清代徽州合同文书词语考释四则

陈姗姗

(南京师范大学,文学院)

[摘　要]清代徽州合同文书数量庞大、内容丰富,包含较多特色词汇。选取文书中"坐扒""萌占""禁步""目面"等四则词语,探求其语源。同时也为正确解读当地的政治、经济及民俗文化等提供可靠的参考资料。

[关键词]清代徽州合同文书;词语;语源;异形词

清代徽州合同文书是徽州文书的一部分,相比于其他类型文书,格式化程度较低,特色词汇较为丰富。且文书中包含有较多俗字,具体原因主要有两方面:一是立契约人的文化水平不高,多是"听音记事";二是书写习惯影响,比如避繁就简等。以下即对"坐扒""萌占""禁步""目面"等四则词语作深入考释,探求其语源。

坐扒

《清乾隆三十五年汪正卿等立分山合同》:"今凭中将座前山三亩里二亩坐扒黄姓管业,以保黄家住屋朝山,将外金字面一亩坐扒汪姓管业,以保祖坟朝山,又将荫木山一亩系汪签业。"(Q/367①)

按:"坐扒"表拿出分给之义。"扒"即为分、剖分之义。《广雅·释言》:"扒,擘也。"王念孙疏证:"擘,分也。扒之言别也,捌与扒同。《说文·八部》:'八,别也。'

---

① 本文所引文书材料均出自《徽州文书》(1、2、3辑)和《徽州合同文书汇编》(10、11册)。页码标注方式分别为:H(《徽州文书》之简称)/辑数/册数/页码;B(《徽州合同文书汇编》之简称)/册数/页码;Q(《徽州千年契约文书》之简称)/页码。

义与扒亦相近。"

"坐"有"拿出"义。"坐"的本义表示人止息的一种方式,古人铺席于地,两膝着席,臀部压在脚后跟上,谓之"坐"。后来把臀部平放在椅子、凳子或其他物体上以支持身体称为"坐"。如晋皇甫谧《高士传·管宁》:"管宁自越海及归,常坐一木榻,积五十余年,未尝箕股,其榻上当膝处皆穿。"后可用于使动用法,表示使之就坐,使处于某个位置,如唐韩愈《与鄂州柳中丞书》之二:"提童子之手,坐之堂上,奉以为帅。"若表示使某样东西处在某人的位置,则隐含使获得、拿出某物给某人之义。如《清雍正十二年汪兆荫立坐扒仗议合同》:"又将西边屋一重,亦四股相共,计房四间,坐扒各人位下,东边一间坐韩位下,递二间坐扒秦位下,递三间、四间坐扒魏房。"(Q/263)文中"东边一间坐韩位下"可变换句式为"坐东边一间于韩位下",即谓使韩姓人获得东边一间房,或曰拿出东边一间房给韩姓人。

因此在文书中"坐"可表示拿出之义。又如《清道光四年十月吴恒栗等坟产合同》:"递年合身父文佺公支下分租一半粜出,坐钱三千五百文以作轮挨头首标祀各用,以及上纳钱粮之费。"(B/11/50)即拿出三钱五百文来支出各项费用。《清嘉庆七年九月叔希光同侄绍发、绍凤坟产合同》:"原有土名塘元共田一百六十一步,坐田十四步,安葬坟水。日后扦葬之日,舍左合造起坟水,各一半。"(B/10/480)即拿出四十步田亩以安葬坟墓。《绩溪方言词典》亦载曰:"坐,优先拿出:把渠仍先坐才再讲。"然此处释为"拿出"或更为准确,依上述文书记载,"坐"不一定含有"优先"之义。且此引例句,前有"先"字已表示优先之义。因此"坐扒"为连谓结构,表示拿出分给之义。

文书中以"坐"为前一语素的双音词很多,此举"坐酬""坐贴"为例。《清道光四年一月方德穗、方统夏等房屋共业合同》:"一切浩繁之需,俱系统穗竭力独成,今大工告竣,敢请族中论定,无论向日分法多寡,总照现在十一家分派,各阄得住房一步,仍多一步,坐酬统穗为业,聊以再造之功。"(B/11/47)由引文可知,房屋建造过程中各种需用均是由统穗一人承担完成,因此在分配房屋时,拿出多余的一间报答给统穗作为家业,以回报他的再造之功。因此"坐酬"即表示拿出某物以报答之义。仅接其后又曰:"两天巷路一条,同崇礼堂分法最多,坐贴伊管业,俱系众志相符。"此"坐贴"即为拿出补贴之义。

萌占

《清康熙三十三年三月敦伦堂众等公约》:"今突有黄村地方棍党黄兆、黄区等,自恃神奸,倡聚凶党三十余人,联盟歃血,瞰岭下木客王赡斗做木出水接饮,勒批断簰,预倡萌占。"(B/10/375)

按:"萌占"同义连文,表霸占、占有之义。文书中即谓黄兆、黄区一群凶党强行占有王赡斗的木簰,后被告官,最终在文书中立下条规,最后一条曰:"倘被截占相持,恐被伤者,系祠众代为给养全家,倘伤彼受累者,亦然无异。"其中"萌占"与"截占"义相近,均为占领、占有之义。"萌"与"蒙"可音近通假,先秦即有用例。如《易·序卦》:"物生必蒙,故受之以蒙。蒙者,蒙也,物之稚也。"此当是"蒙"假借"萌",表萌生之义。而上述文书用例中,"萌"当为"蒙"的假借,并由"覆盖"义引申表"占有"义,与"占"同义连文,表霸占、占有之义。

文书中亦有"罩占"一词,如《清乾隆三十八年三月胡育等人诉讼合墨》:"因食空乏,以至凑豪孙长兴四房等不就,反将号内,另行扦造坟冢,架题捏污身姓,盗毁旧冢坟穴,将身族内人在山挖地,活擒劫杀,捏污盗挖祖坟,架题控案在身,族所买各家之业,或有罩占,欺压揽种。"(B/10/431)该词与"萌占"同义,表占领、占有义。其中"罩"与"萌"具有相同的词义演变路径。"罩"亦有覆盖之义,如汉赵晔《吴越春秋·夫差内传》:"死必连繴组以罩吾目。"唐司空图《王官》诗之二:"荷塘烟罩小斋虚,景物皆宜入画图。"由此引申有占有义,同篇文书曰:"因买何宗之业以照受何业,派出银钱公用,今经事与他人欺压,不堪业以披罩,扦葬租粒一无,反将人活捉擒拿。""披罩"即产业被占领之义。且检之文献,"罩占"最初同义连文,即表示覆盖、笼罩义,如宋华岳《翠微北征录》卷六:"六曰烟伏山岚气雾罩占郊野;七曰水伏束苇流身覆荷盖面。"即指气雾覆盖郊野,与"覆荷盖面"对文。较早至明代,方有表"霸占、占有"之例,如《明神宗显皇帝实录》卷三百九十:"臣等窃谓可无再议为也,若夫王疏所称聚群结党,罩占屯田,强收官赡,折墙伐树,打毁下马牌等情,实宗华竖等所为,及棍徒林槐等帮助,抚按奉旨之后,自应禁戢访孥,与华越等一并分别议处。"

禁步

《清同治十年一月兴仁堂支丁黄祯元等维修保护祠产合同》:"是以会同众议,祠内毋许堆积树木柴薪一切各物器皿。在正门滴檐之下为禁步,是规寿器。"(B/11/173)

按:《汉语大词典》等各类辞书均释"禁步"为旧时妇女挂在裙边的一种玉石或金属饰物。在行走动裙时作响,有制止大步失礼行动的作用。然于上引文书用例,则不甚相符。

上述引文中,"禁步"当解释为限制性的区域或禁区,主要用于安置坟茔或放置棺材,为偏正结构复合词。"禁"即禁止、限制之义。"步"本义为行走、步行之义。后可表示行走时两脚之间的距离,如《小尔雅·广度》:"跬,一举足也。倍跬谓之步。"亦可作动词,表用脚步丈量义,如今江淮官话中有"步田",即表示用脚步丈量计算田亩。由此也可作量词,为长度单位。因此,"步"可表示一定的距离或范围,"禁步"即表示限定性的距离或范围。检之文献用例,此词在元代即有用例,《元典章·礼部》卷二"墓地禁步之图",指出墓地禁步是按等级层次区分,如一品为九十步、二品为八十步、三品七十步,依次递减,至庶人只有九步。其文载道:"庶人九步,庶人墓田四面去心各九步,即是四围相去十八步,按式度地五尺为步,则是官尺每一向合得四丈五尺,以今俗营造尺论之,即五丈四小尺是也。"由此亦可证明"禁步"强调范围的限定。然至清代才有较多用例,如《居易堂浙中新集》卷四:"至康熙三十七年前,任汤令因有陈必田在公坟禁步内盗葬,断令起迁,仍行示禁。"《郭侍郎奏疏》卷十一:"各乡官山可以进葬者,多不过数十百丈,乡民丛葬于此,若皆以禁步为断,则一山葬至十余棺而止,后来者已将无地开穴。"由此可知,禁步内不许侵葬、盗葬,因此也会导致一山仅葬十余棺,不能充分利用坟山的情况。合同文书中亦有例证,如《清乾隆三十七年十一月黄有着与李朝豪等坟产纠纷调处合同》:"黄在黄坑土名墓林左边重兴旧址起盖,李有祖坟一穴在处毗连,诚恐有碍,进前谕阻。凭公踏勘,并无关害李祖坟,照依旧坟禁四围各二丈付李遮荫风水。"(B/10/430)"坟禁"即谓坟墓前禁止侵葬的空地范围。

然上所引文献"禁步"表限定性范围或禁区,主要指坟墓周围的空地范围,地点多在山场。而文书中,"禁步"则位于祠堂,表示安置棺材的区域。虽同为丧葬之事,然"禁步"自身的语义指向范围已扩大,即义域已扩大。因此,该词可作为新义项补入《汉语大词典》,释为"限定性区域或禁区,多表示坟墓或棺材周围的空地范围"。

目面

《清乾隆四十八年一月吴汶公架下人等祖屋共业合同》:"所用钱谷,每房步一两,仓厢五钱,目面每股一两,支丁一升,每年三期科闠。粗工十五岁起,六拾岁止……女丁供膳,匠工拈阄轮流,毋得推阻,葺理齐整,楼上楼下目面,毋许堆塞。"(H/4/10/440)

按:《汉语大词典》:"目面,犹面目,借指体系。梁启超《中国学术思想变迁之大势》第三章第二节:'以上皆各派分流之大概也。北派支流多而目面各完,南派支流少而体段未具。'"此引梁启超之例乃为"体系"之义,与此文书之义不符。"目面"表脸面、面孔之义,当为"面目"的同素异序词。"面目"于先秦已见用例,如《诗经·小雅·何人斯》:"有腼面目,视人罔极。"一直沿用至现代汉语,如丁西林《一只马蜂》:"(余小姐)姿态美丽,面目富有表情,服装精致。"而"目面"较早见于明代,如《虞德园先生集》卷二十三:"盖无所逃者,有托而逃,执心丧者,倍三年丧矣。不孝,何目面立天地间哉!痛极!痛极!"即谓有何脸面立于天地间。相对于"面目","目面"整体文献用例甚少。或因当时获取文献资料的途径较为狭窄,故《汉语大词典》未就此义项列相关书证。

然核考清代徽州合同文书,"目面"可解为新义。由上引文可知,"目面"和"仓厢"当同属于建筑。"仓厢"指放粮食谷物的仓库,亦用来代指粮食丰收,源自《诗经·小雅·甫田》:"乃求千斯仓,乃求万斯厢。"如明何大复《获稻》诗:"但堪供俯仰,哪复问仓厢。""目面"盖指房屋的门面,房门口。此当源于"目面"之脸面,面孔义。与"目面"义相近的词,有"面门""门面"等。"面门"亦可指人的脸部,如《水浒传》第二十三回:"武松把只脚望大虫面门上、眼睛里只顾乱踢。"今吴语也以"面门"指脸部,如《上海民间故事选·匡公阳打布庄》:"左手抽空对准王吃血的面门就是一巴掌。""门面"有面子之义,均与人之脸部相关。如《二刻拍案惊奇》卷十四:"到官对理,出乖露丑,也是你的门面不雅。"较为重要的,"门面"亦可表示房间大门口的外表,如清李渔《巧团圆·惊姬》:"这一所门面高大,定是个乡宦人家。"此乃由人之前部的脸面比喻引申指房屋前部的房门。一组同义词有相同的核心义素,往往也会有相同的语义组配关系,因而易于引申出相同的词义。"目面""面门""门面"意义相近,其核心义素是人之脸部。因此"目面"与"门面"或有相同的引申路径,亦可指房间的门口。合同文书强调"楼上楼下目面,毋许堆塞",即谓楼上楼下的房屋门口不要堆放东西,阻塞出口,以方便来往通行,于文意亦相符。

参考文献：

刘伯山等编　2011《徽州文书》(第4辑),桂林:广西师范大学出版社。
王珏欣等编　1991《徽州千年契约文书》,石家庄:花山文艺出版社。
俞江等编　2017《徽州合同文书汇编》,桂林:广西师范大学出版社。
赵日新　2003《绩溪方言词典》,南京:江苏教育出版社。

【作者简介】陈姗姗,女,南京师范大学汉语言文字学专业博士生。研究方向:汉语史。

碑刻词语札记六则

李 辉

（华东师范大学,中文系）

[摘 要]本文依据《尹宙碑》《杨震碑》《赵宽碑》三通石碑,讨论"支判流僊""厉时""於铄明德"之"於""乾监""戬灭"五个词语的词义训释。同时,《尹宙碑》所载"杨县"与《汉书》所载"杨氏县"存在分歧,根据文献记载及历史地理辨析当是碑文之误。

[关键词]碑文;训释;辨误

支判流僊

《尹宙碑》:"秦兼天下,侵暴大族,支判流僊。"

今按:支,《集韵·支韵》:"支,分也。"判,《说文·刀部》:"判,分也。"是故,支、判两字都是"分开、分离"之义,同义连言。

僊,乃是"僊"的异体字。《隶辨·仙韵·僊字》引《尹宙碑》"僊",与"遷"通。《经籍籑诂·先韵》:"国三老袁良碑:僊修城之鄩。魏元丕碑:有毕万者僊去仕晋。尹宙碑:支判流僊。遷皆作僊。"《金石遗文录》云:"碑有云:'支判流僊。''流僊'者,流遷也。子孙遷移于三川赵地也。"《两汉金石记》云:"碑以'僊'为'遷'。"流,《说文·水部》:"流,水行也。"引申为"移动、迁行"之义,《广雅·释诂》:"流,行也。"遷,有"遷徙,移动"义,《尔雅·释诂》:"遷,徙也。"是故,流、遷都有"移动"之义,也是同义连言。

流、遷两字可构成"流遷"一词,乃"流转迁徙"之义。《汉语大词典》该词义所引书证共两条,一条为南朝梁沈约《因缘义》:"求生之路,参差不一,一尔流迁,途径各异。"另一条为《隋书·地理志下》。可见《汉语大词典》所引书证有所滞后，东汉碑刻《尹宙碑》碑文中已有"流遷"一词。另，《七谏·哀命》："伤离散之交乱兮，遂侧身而既远。"王逸章句："遂去而流遷也。"《吕氏春秋·明理》："国有游虵西东。"高诱注："西东示民流遷，国不安宁也。"《汉书·王章传》："刚直守节，不量轻重，以陷刑戮，妻子流遷。"东晋袁山松《后汉书》："时帝流遷失政。"由此可以见，"流遷"一词出现时期可前推至东汉，汉代传世文献也记录下该词汇。

碑刻中所见除《尹宙碑》，有宋代江朝议《游阳华口占五言八句呈诸僚友》："神灵自幽显，时序任流遷。"文见于《八琼室金石补正》。道光《重修胶州志·金石考》："盖岁时流遷，贤吏之寝丘，无复有存焉。"后两则文献中的"流遷"一词，当是指"时光之流转"，而非指"地理方位之迁徙"，与前文所举语例词义微殊。

根据"秦兼天下，侵暴大族，支判流僊"一句的文法，"侵暴大族"当为动宾结构，"支判流遷"当为并列结构。支、判两字同义，流、遷两字亦义近。如此看来，"支判"应当与"流遷"一词有着相同的语法地位，为双音节词组。但是"流遷"一词，有同时代及后世文献书证，而"支判"除在《尹宙碑》碑文中出现，就目前掌握资料而言，后世没有关于"支判"的文献书证，或许这也是目前未有辞书未收录"支判"一词的缘故。虽然后世文献未见"支判"一词，把"支判"作为词语看待似乎略有牵强，但是根据碑文行文而言，将"支判流遷"读为"支、判、流、遷"并不妥帖，故在此仍将"支判"视为一词，与"流遷"相同，均是同义连言词。

杨县

《尹宙碑》："故子心腾于杨县，致位执金吾。"

今按：顾炎武《金石文字记》："今碑曰'杨县'。按杨氏县属钜鹿[①]郡，于文不当省'氏'字。河东郡自有杨县。"《汉书·酷吏传》："尹赏字子心，钜鹿杨氏人也。……以赏为右辅都尉，迁执金吾，督大奸猾。三辅吏民甚畏之。"顾氏认为碑文不当省略"氏"字，因为河东郡有杨县，而《汉书·酷吏传》所记载尹赏为杨氏人，乃是巨鹿郡之杨氏县，故碑文有误。袁维春则直接认为《汉书》所载错误，碑中所云"杨县"乃是尹赏籍贯，其《秦汉碑述·尹宙碑》云："则《汉书·酷吏传》谓子心为杨氏县人，

---

① 钜鹿，或作巨鹿、巨鏕、鉅鏕，今暂不讨论"巨""鹿"两字当为何字，除文献引用外一律作"巨鹿"。

不确,应以碑为准。"

由上可知:杨县,在河东郡;杨氏县,在巨鹿郡。查阅地图,河东郡靠近当时京畿地区,巨鹿郡则在今河北地区(见图一)。杨县在河东郡东北位置,杨氏在巨鹿郡北部(见图二、三),为今河北宁晋。《尹宙碑》:"秦兼天下,侵暴大族,支判流僇。或居三川,或徙赵地。汉兴,以三川为颍川,分赵地为巨鏕。故子心腾于杨县,致位执金吾。子孙以银艾相继。在颍川者,家于傿陵。"根据碑文可知,秦并天下之时,尹氏族人迁居异地,一支居住在三川,一支前往赵地。三川郡或颍川郡在地图中一望而知,东汉时期属于豫州刺史部,与碑文"在颍川者,家于鄢陵"合。另一支迁居赵地,为"腾于杨县"的尹子心,若在河东郡杨县则非赵地,乃是魏国旧地,而巨鹿郡杨氏县乃赵国旧地,与碑文合。因此《汉书》所载尹赏为杨氏县人,虽与碑文不同,但应仍旧正确。袁维春所谓尹赏为"河东郡杨县"人,虽与碑文文字相合,但是根据碑文上下文意推敲则相互矛盾,河东郡杨县既不是"三川",也不属于赵地,非尹氏族人迁居之所。

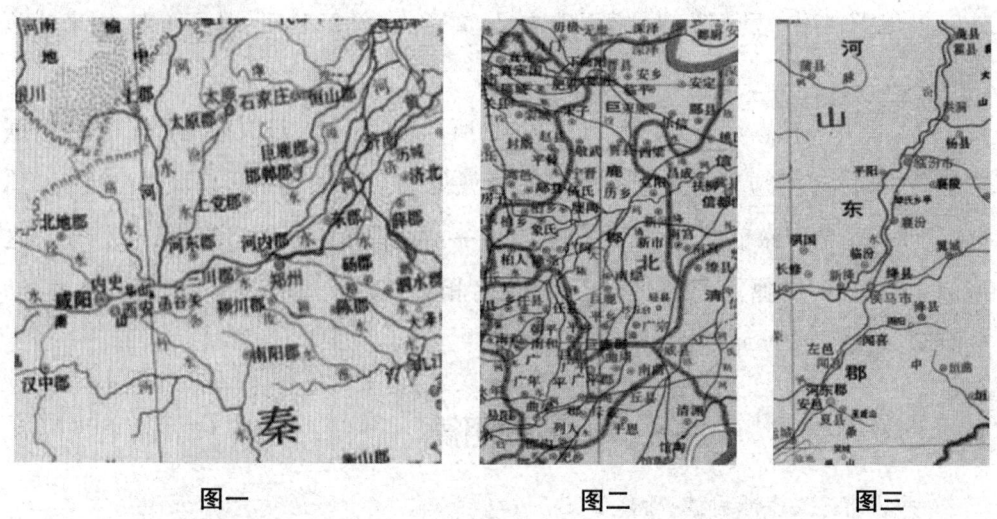

图一　　　　　　　图二　　　　　　　图三

河东郡杨县在春秋时期为晋大夫僚安的治邑,《水经注》卷六:"晋大夫僚安之邑也。应劭曰:'故杨侯国。'王莽更名有年亭也。其水西流入于汾水。汾水径杨城西,不于东矣。"僚安又为杨氏大夫,《左传·昭公二十八年》:"分羊舌氏之田,以为三县。……僚安为杨氏大夫。"杜预注:"平阳杨氏县也。"《春秋左传注疏》卷十三校勘记:"案《释地》作杨县,'氏'亦衍文,又《晋书·地理志》:'杨县,属平阳郡。'可证也。"巨鹿郡杨氏县古为晋国杨氏邑,《太平寰宇记》载杨氏县为"春秋时晋杨氏邑"。《旧唐书·地理志》:"宁晋,汉杨氏县,属钜鹿郡。今治即杨氏城也。"

可见古代"杨氏""杨县"两地名并不混同,虽僚安为杨氏大夫,也并未称河东"杨县"为"杨氏县"。故碑文称巨鹿"杨氏"为"杨县",并非可将"杨氏县"简称为"杨县",或当是碑文之误,《汉书》所载尹赏为"巨鹿杨氏人",不误。

厉时

《尹宙碑》:"举衡以处事,清身以厉时。"

今按:厉时,当为"劝勉时风"之义,亦可作"励时"。《汉语大词典》未收录"厉时""励时"两词;毛远明《汉魏六朝碑刻异体字典》亦未列举"厉"作为"勉励"义在碑刻文献中的用法,均当补。

厉,本义为磨刀石,《说文·厂部》:"厉,旱石也。"《玉篇·厂部》:"厉,磨石也。"后作"砺"字。由磨刀石可引申为"磨、磨砺"之义,又可以引申为"勉励"之义。清徐灏《说文解字笺注·厂部》:"因磨厉之义,又为勉厉、激厉之义,别作励。"故此处碑文"厉"当作"励"解,为"激励"之义,文意为"清廉公正、以身作则,用来劝勉当时风气"。

又《晋书·礼志》:"号谥者,国之大典,所以厉时作教,经天人之远旨也。"根据文意,"厉时作教"应当为"勉励时序、布行教化"之义。《魏书·任城王澄传》:"洁己以励时,靖恭以致节。"《全唐文》卷二十一:"贞白可以励时,道义可以宏物。"这两例文句与《尹宙碑》文"清身以厉时"文意相近,可见"厉时"一词确可以释为"劝勉时风;勉励时序",亦可作"励时"。

於铄明德

《尹宙碑》:"於铄明德,于我尹君。"

今按:"於铄明德"之"於"当为赞美之感叹词。《秦汉刻石选译》所作注释为"於,叹词",亦同。

於铄明德,见于《诗经·周颂·酌》:"於铄王师,遵养时晦。"传云:"铄,美也。"周振甫《诗经译注》:"於,赞美。铄,美。"又《诗经·周颂·清庙》:"於穆清庙,肃雍显相。"郑玄笺:"於,叹辞也。"於,作"叹词"时,读音为"乌",《广韵》哀都切。《史记·夏本纪》:"皋陶曰:'於!慎其身脩。'"张守节正义:"於,音乌,叹美之辞。"此两句是碑文后半部分颂赞文的起句,意为"啊!美好光耀的美德,正在我尹君"。若只将"於"训释为"语气助词",一则忽略了"於铄明德"对于《诗经》的化用,二则忽略了作为颂赞文首句的语气,故将此处之"於"视为赞美之叹词为妥。

"於铄明德"之"於",在此处不可换为"于"。于,作为叹词,只作"吁嗟"。《诗经·周南·麟之趾》:"于嗟麟兮!"毛传:"吁嗟,叹词。"朱熹注:"于,音吁。"於、于,字源不同。"於"源于"乌",本义同"乌鸦"。当假借为介词时,"於"也用作"于"。

《尹宙碑》中,介词"於""于"二者并用不分,如"迺迄于周""列于风雅""腾於杨县""笃亲於九族"等。郭锡良先生认为"战国中晚期以后'於'已基本上取代了'于'",但从该碑用字而言,介词"於,于"仍并用。故朱湘蓉认为"秦至西汉时期仍是于、於并用的时期,但已近尾声",这一观点确有可取之处。朱湘蓉所用材料为简牍文献,而碑刻文献中,《赵宽碑》"是以休声播于远近",《杨震碑》"克项於垓""闻于帝京",这两通碑则为东汉时期。而魏碑《元凝妃陆顺华墓志》全用"於",共4次;《元诠墓志》介词"於/于"则全用"于",共2次;《杨乾墓志》介词"於/于"全用"於",共6次。就上述情况而言,魏碑中仍有介词"於"用为"于"的情况,但是介词"於/于"用"於"为主,这是符合介词"於/于"随时间推移以"於"为主的趋势;但由此可见在石刻文献中介词"於""于"并用情况仍有进一步研究之必要。

乾监

《太尉杨震碑》:"乾监孔昭,神鸟送葬。王室感寤,奸佞伏辜。"

今按:孔昭,为"显著彰名"之义,《诗·小雅·鹿鸣》:"我有嘉宾,德音孔昭。"郑玄笺:"孔,甚;昭,明也。"乾监孔昭,当作"神监孔昭"之义解,《乐府诗集·郊庙歌辞八·引牲乐》:"神监孔昭,嘉是柔牷。"监,乃"鉴",明鉴之义。

乾,乃八卦之一,代表天,故可以指"天",石刻文献中有此用法,《张朗墓志》:"保德含和,受兹自乾。"《染华墓志》:"乾不报善,殱此名德。"但传世文献中,未有作"乾监"一词,俱是"神监",乃"上天神明监察"之义。《文选·夏侯湛〈东方朔画赞〉》:"天秩有礼,神监孔明。"张铣注:"神监其忠信,甚可明也。"南朝宋宗炳《明佛论》:"呜呼,神鉴孔昭,侮圣人之殃,亦可畏也。"《太白阴经》卷七:"天人共愤,神监孔明。"

故"乾监孔昭"即"神监孔昭"或"神监孔明",义同。《汉语大词典》收有"神监""天监",未收"乾监",可补。

馘灭

《三老赵宽碑》:"元子卬,为右曹中郎将,与充国并征。电震要荒,馘灭狂狡。"

今按:馘灭,即"消灭、歼灭"之义。馘,《说文·耳部》:"馘,军战断耳也。……从耳,或声。馘,聝或从首。"䤜,乃是"馘"的俗字。《龙龛手鉴·首部》:"䤜,俗。"而《三老赵宽碑》中"馘"（▨）字,左边为"國",右边为"或",该字形不见其他出处。古代战争中以割去敌人左耳计数献功,《尔雅·释诂》:"馘,获也。"郭璞注:"今以获贼耳为馘。"《左传·宣公二年》:"俘二百五十人,馘百人。"此处"馘百人"乃是"割下百人的左耳",耳朵既然被割,必已经歼灭,故"馘"字本身带有"消灭、歼灭"义。又《晋书·庾亮传》:"是以役不逾时,而凶强馘灭。"石刻文献中,钟繇《贺捷表》碑文:"表里俱进,应期克捷,馘灭凶逆。"

因"馘"有"割剪、剪除"耳朵的行为,又有"馘除""剪馘"两词,义与上同。或因为剪除敌人耳朵的残酷行为具有威慑作用,两词在画符咒语等道教文献中广泛出现。《武当玄天上帝灵应宝卷》:"有妖皆剪,有形影尽馘除。"《太上助国救命总真秘要》:"馘除大孽之功者,加无极上相。"《道法会元》:"馘除旱魃,不得容情。"《高上神霄玉清真王紫书大法》:"行之者,却灭邪奸,馘除魔鬼。"传世文献中也有记载,《南史·宋纪上·武帝》:"裕辞不获命,遂总军要,庶上凭祖宗之灵,下罄义夫之节,翦馘逋逆,荡清京华。"又《陈书·徐陵传》:"则凡诸元帅,并释缧囚,爰及偏裨,同无翦馘。"

"翦馘"一词已被《汉语大词典》收录,"馘灭""馘除""剪馘"却均未被收录,可补。

参考文献:

[清]顾炎武 《金石文字记》,钦定四库全书本。

[清]翁方纲 2002《两汉金石记》（续修四库全书本）,上海:上海古籍出版社。

郭锡良 1997《介词"于"的起源和发展》,《中国语文》第 2 期。

李 樯 2009《秦汉刻石选译》,北京:文物出版社。

谭其骧主编　1996《中国历史地理图集》,北京:中国地图出版社。

袁维春　1990《秦汉碑述》,北京:北京工艺美术出版社。

朱湘蓉　2016《基于简牍文献的秦至西汉介词"于""於"使用分析》,《汉语史研究集刊》第二十一辑。

【作者简介】李辉,男,华东师范大学汉语言文字学专业博士生。研究方向:古文字、汉语史。

段玉裁《说文解字注》对《释名》的征引及研究

王 东

(郑州大学,文学院)

[摘 要]段玉裁对《释名》的研究成果,主要集中在其《说文解字注》中。学术界对这些成果虽然也有很多关注,但均不全面,故不能很集中地体现段玉裁对《释名》的研究成就。通过研读《段注》,勾稽其中段玉裁征引《释名》材料320余条,从如下角度:一、纠正《说文》错讹;二、证实《说文》可信;三、进一步申释《说文》;四、《说文》与《释名》存在差异;五、纠正《释名》讹脱及释义错误;六、考《释名》之本字;七、段氏以证己说等详加讨论,以期能系统地、清晰地反映出段氏对《释名》的诸多研究成就。

[关键词]段玉裁;说文解字注;刘熙;释名

《释名》是东汉末北海(今山东高密)人刘熙所著。书中记录了很多汉代的词语,可与《尔雅》《说文》等书相互参证。作者在释词时,主要采用了声训的方法。同时,作者经常探求词义的得名之由,尽管有不少拘泥之处,但仍是汉语语言学研究中不可或缺的重要典籍。任继昉先生认为现今传世最早的《释名》版本是明嘉靖三年(1524)储良材、程鸿刻本。学术界对《释名》很早就已关注,研究成就也很丰富。据任继昉先生研究可知:从清代至今,包括段玉裁在内的国内外学者50余人曾经批校过《释名》,这些校语大都汇集在任先生纂的《〈释名〉汇校》(以下简称《汇校》)中。《汇校》是目前对《释名》研究的重要成果之一,书中对段玉裁关于《释名》研究的成果非常关注,经常吸纳,但都是分散于每一条之下的,显得不够集中、明晰。对段氏的《释名》研究成就深入关注的还有李茂康先生,李先生撰写了两篇相关文章,一是《段玉裁〈说文解字注〉对〈释名〉的校释》一文,文中指出《段注》全书引用、论及《释名》230余处。作者主要从事的工作,概括之:以具体例子证明段玉裁对《释名》的校勘在毕沅之先;段氏校正《释名》条文,有不少精当之处,与毕沅本略作比较;段氏对《释名》也有校勘不精之处(段注本有时与《释名》体例或语言特色不相符合、时有脱文衍文、审定《释名》用字间有疏失);对《释名》一些解说,段氏结合《说文》之释予以阐释或评述(匡正《释名》所释之误、注解《释名》之释、指出与《说文》用字之异、与他书训释相校,或定其是非,或并存异说);段氏对《释名》的阐释,也有不甚允当之处(对《释名》的声训,有时理解有误,以致阐述失当、对《释名》之注时有差失)等内容。这是一篇比较全面地探讨《段注》对《释名》研究的文章。然而,从上述所列的角度来看,段玉裁研究《释名》的成就还有不少方面没有揭示出来,同时由于发表文章的篇幅所限,有很多材料也没有很好地反映出来。李先生另外一篇相关文章为《谈谈段玉裁的〈释名〉校释书稿》,文中指出"在毕沅撰写《释名疏证》时,一定看到过段玉裁校释《释名》的稿本或印本,可惜这部著作(或稿本)没有留传下来。"正如作者所言,段玉裁校释《释名》的稿本或印本今天已经亡佚了,也只能从"段氏的《说文解字注》和毕氏的《释名疏证》两书中加以辑录,大体恢复此书原貌。"因此,要想全面了解段玉裁关于《释名》研究的成就,还是很有必要对《段注》中关于《释名》研究的所有资料作更加细致全面的分析,以期能更系统地、更清晰地反映出段氏对《释名》的诸多研究成就。秉此目的,我们也详细研读《段注》,从中收集到了320余条关于《释名》的相关材料,我们也对这些材料加以归类,大致分为:一、纠正《说文》错讹;二、证实《说文》可信;三、申释《说文》;四、《说文》与《释名》存在差异;五、纠正《释名》讹脱及释义错误;六、考《释名》之本字;七、段氏以证己说以及其他等。鉴于《段注》中这几类材料数量不一的情况,我们的采录原则是,同一类中材料太多的,择其有代表性的例子加以探讨,其余的把在《段注》中分布的字头胪列出来;同一类材料相对较少的,则全部胪列出来,这样的目的一则是为了篇幅,二则也为研究该课题的同仁提供某些方便。

一、纠正《说文》错讹

东汉许慎的《说文》乃旷世奇作,体例谨严,博大精深,是我国语言文字学乃至中华文化的宝藏。然而该书在长期传抄刊刻的过程中,不免产生许多讹夺衍乙的情况,需要校补。段玉裁十分重视对《说文》的校正,不仅用《说文》校《说文》,还广泛征引经传训诂、韵书、字书等材料来校《说文》,段氏也曾大量引用《释名》来校正《说文》,取得了丰硕成果。具体如下:

1.《说文·歺部》:"殡,死在棺,将迁葬柩,宾遇之。"

段注:"按:《士丧礼》:主人奉尸由阼阶乡西阶,敛于棺。棺先在肂中矣,所谓殡也。在西阶,故《檀弓》曰:'殡于客位。'又曰:'周人殡于西阶之上,宾之也。'《释名》亦曰:'于西壁下涂之曰殡。殡,宾也。宾客遇之,言稍远也。'此去葬期尚远,非将葬宾遇之也。将葬而朝于祖,而设迁祖奠,而载柩于车,而祖,而设祖奠,而设葬奠。此不得名殡,浅人窜改之,致此不通耳。当云:'尸在棺,肂于西阶,宾遇之。'"《说文》:"夏后殡于阼阶,殷人殡于两楹之间,周人殡于宾阶。"段注:"见《檀弓》。据此可证'将迁葬柩'四字之误。"

笔者按:段玉裁认为《说文》"将迁葬柩"四字有误,并根据《士丧礼》《释名》等记载认为:"此去葬期尚远,非将葬宾遇之也。"又从《说文》本文引《檀弓》"夏后殡于阼阶,殷人殡于两楹之间,周人殡于宾阶。"进一步证明《说文》"将迁葬柩"四字有误。

2.《说文·竹部》:"筑,以竹曲五弦之乐也。"

段注:"'以竹曲',不可通。《广韵》作'以竹为',亦缪。惟《吴都赋》李注作'似筝,五弦之乐也'近是。'筝'下云:'五弦,筑身。'然则筑似筝也。但高注《淮南》曰:'筑曲二十一弦。'可见此器累呼之名'筑曲'。《释名》:'筑,以竹鼓之也。'《御览》引《乐书》云:'以竹尺击之,如击琴然。'今审定其文,当云'筑曲,以竹鼓弦之乐也。'"

笔者按:段氏认为:《说文》"以竹曲",不可通。结合《释名》与其他典籍记载,来纠正《说文》"以竹曲五弦之乐也"当为"筑曲,以竹鼓弦之乐也。"之讹。

3.《说文·页部》:"领,项也。"

段注:"按,项当作'颈'。《硕人》《桑扈》传曰:'领,颈也。'此许所本也。《释名》《国语》注同。"

笔者按:段氏认为"项当作'颈'",引《诗经》传、《释名》以及《国语》注以证明。来纠正《说文》之讹。

4.《说文·山部》:"崇,山大而高也。从山,宗声。"

段注:"《释山》之'嵩高',盖汉人语,非本经,故许'岳'字下言大室,不言崇高。……此篆旧在'岊'篆之后,解云:'嵬高也。'必转写之误。今依《玉篇》移其次,依毛传、《释名》易其解。"

笔者按:段氏认为《说文》"崧"字解释为"'嵬高也。'必转写之误。"于是"依毛传、《释名》易其解"为"崧,山大而高也。"实际上也是在纠正《说文》之讹。

5.《说文·石部》:"硍(kēng)(《大字典》中的注音,下同),石声。从石,皀声。"

段注:"此篆各本作'硠',从石,良声,鲁当切,今正。按,今《子虚赋》:'礧石相击,硍硍礚礚。'《史记》《文选》皆同,《汉书》且作'琅'。以音求义,则当为'硍硍',而决非'硠硠'。何以明之?此赋言'水虫骇,波鸿沸,涌泉起,奔扬会,礧石相击,硍硍礚礚,若雷霆之声,闻乎数百里之外',谓水波大至动摇山石,石声礚天。硍硍者,石旋运之声也。礚礚者,石相触大声也。硍,《篇》《韵》音谐眼切,古音读如痕,可以貌石旋运大声,而硠硠字,只可貌清朗小声,非其状也。音不足以貌义,则断知其字之误矣。《江赋》曰'巨石硉矹以前却',又曰'触曲崖以萦绕,骇奔浪而相礧',皆即此赋之意。《汉桂阳太守周憬碑》:'弱水之邪性,顺导其经脉,断硍溢之电波,弱阳侯之汹涌。'此用《子虚赋》也,而硠作硍,可证予说之不缪。《释名》曰:'雷,硍也。如转物有所硍雷之声也。'最为明证。左思《吴都赋》:'菈擸雷硍,崩峦弛岑。'雷即《子虚》'礧石'之礧,'礧硍'亦用《子虚赋》字也。而俗本讹作'硠',李善不能正,且曰'音郎',于是韩愈本之,有'乾坤摆雷硠'之句,盖积讹之莫悟也久矣。至于许书之本有此篆,可以《字林》证之,《周礼·典同》释文曰:'《字林》硍音限,云石声。'此必本诸《说文》,《说文》必本《子虚赋》也。至于许书本无'硠'字,以硠从良声,当训为清澈之声,非石声。《思玄赋》:'伐河鼓之磅硠。'古作'旁琅',未可知也。古音在十三部。○《周礼·典同》'高声硍'注曰:'故书硍为硍,杜子春读硍为铿鎗之铿。'硍字见于经典者惟此。"

笔者按:《说文》"硍,石声。从石,皀声。"各本讹作"'硠',从石,良声。鲁当切"。段玉裁运用大量的例证来证明《说文》"硠"当为"硍"之讹。并且引用:"《释名》曰:'雷,硍也。如转物有所硍雷之声也。'最为明证。"可见《释名》中的说解为段玉裁这一条的纠谬提供了非常有力的证据,故其称"最为明证"。

6.《说文·水部》:"灡(jì),井一有水,一无水,谓之灡汋(zhuó)也。从水,罽声。"

段注:"按,《释水》文,已见上文,此但云'灡汋也'已足,不当复举。考《释名》作罽,不从水,《说文》当同之,灡篆乃浅人所增耳。《尔雅》作灡,亦非古本。罽训竭,于音得之。"

笔者按：段氏引《释名》"作屚，不从水"，旨在纠正《说文》"瀸"当为"屚"之讹。"屚训竭，于音得之"，进一步证明《说文》作"瀸"，是不正确的，"瀸篆乃浅人所增耳"。

以上6条材料，是段玉裁引《释名》来纠正《说文》说解存在错讹的情况。

二、证实《说文》正确

"许慎对一字形音义的说解，因体例及时代因素常简而不明，对其进行疏证，使之可信、可解、可用，是段注的主要任务。"段玉裁引《释名》的主要目的亦在于佐证许慎所释之可信，具体讨论如下：

1.《说文·艸部》："茨，茅盖屋。"

段注："俗本作'以茅苇盖屋'。见《甫田》郑笺。《释名》曰：'屋以草盖曰茨。茨，次也。次草为之也。'"

笔者按：段氏引《释名》"屋以草盖曰茨"，与《说文》"茨，茅盖屋。"说解近似。可见，段氏引《释名》以证《说文》说解正确可信。

2.《说文·艸部》："茵，车重席也。""鞇"："司马相如说：茵从革。"

段注："《广雅·释器》曰：'靯䩞（bó）谓之鞇。'《释名》曰：'靯䩞，车中重荐也。'"

笔者按："茵从革"作"鞇""靯䩞（bó）谓之鞇。""靯䩞，车中重荐也。"这样，段氏引《释名》就很好地证实了《说文》说解之正确可信。

3.《说文·走部》："走，趋也。"

段注："《释名》曰：'徐行曰步，疾行曰趋，疾趋曰走。'此析言之，许浑言不别也。今俗谓走徐趋疾者，非。"

笔者按：《释名》训释与《说文》近似。亦可证明《说文》说解正确可信。

4.《说文·行部》："衢，四达谓之衢。"

段注："《释宫》文。《释名》曰：'四达曰衢。齐鲁间谓四齿杷为欋，欋杷地则有四处，此道似之也。'"

笔者按：《释名》"四达曰衢。"与《说文》"四达谓之衢。"极其近似。段氏引《释名》证明《说文》说解正确可信。

5.《说文·齿部》："齯，老人齿。"

段注:"《鲁颂》:'黄发儿齿。'《释诂》曰:'黄发齯齿,寿也。'《释名》曰:'九十或曰齯齿。大齿落尽,更生细者,如小儿齿也。'"

笔者按:《说文》"齯,老人齿。"与《释名》"黄发齯齿,寿也。"意义相近,《释名》比《说文》在意义上稍微有些引申:"齯齿,寿也"。段氏引《释名》亦可证明《说文》说解正确可信。

6.《说文·革部》:"鞅,颈靼也。"

段注:"《释名》:'鞅,婴也。喉下称婴,言婴络之也。'按,刘与许合。"

笔者按:从段氏的按语"刘与许合",亦可证实段玉裁引《释名》是证实《说文》解说可信。

7.《说文·白部》:"鲁,钝词也。"

段注:"孔注《论语》曰:'鲁,钝也。'《左传》:'鲁人以为敏。'谓钝人也。《释名》曰:'鲁,鲁钝也。国多山水,民性朴钝。'按,椎鲁、卤莽,皆即此。"

笔者按:《释名》"鲁,鲁钝也。"与《说文》"鲁,钝词也。"说解相近似。可证《说文》可信。

8.《说文·羴部》:"羼,羊相厕也。"

段注:"《释名》曰:'厕,杂也。'"

笔者按:《释名》与《说文》说解近似。可证《说文》可信。

9.《说文·骨部》:"髆,肩甲也。"

段注:"肉部曰:'肩,髆也。'单呼曰肩,累呼曰肩甲。甲之言盖也,肩盖乎众体也。今俗云肩甲者,古语也。《释名》作'肩甲',《灵枢经》作'肩胛'。《水经注》云:'如人袒胛,故谓之赤胛山。'胛者,甲之俗也。"

笔者按:《释名》"肩甲"与《说文》"肩甲也"近似,可证《说文》可信。

10.《说文·肉部》:"膊,薄脯,膊之屋上。"

段注:"膊之屋上,当作'薄之屋上'。薄,迫也。《释名》:'膊,迫也。薄椓肉迫箸物使燥也。'说与许同。"

笔者按:段氏"说与许同",直接明了证实《说文》说解可信。

11.《说文·高部》:"亭,民所安定也。"

段注:"《周礼》'三十里有宿',郑云:'宿可止宿,若今亭有室矣。'《百官公卿表》曰:'县道大率十里一亭,亭有长。十亭一乡,乡有三老,有秩啬夫。'《后汉·志》曰:

'亭有长,以禁盗贼。'《风俗通》曰:'亭,留也。盖行旅宿会之所馆。'《释名》曰:'亭,停也。人所停集。'按,云'民所安定'者,谓居民于是备盗贼、行旅于是止宿也。……亭之引伸为亭止,俗乃制停、渟字。依《释名》,则汉时有停字,而许不收。徐氏铉云:'低、债、价、停、僦、伺六字,皆后人所加。'是也。"

笔者按:段氏通过对《释名》中"停"字的分析,进一步证实《说文》作"亭"的字形和说解正确可信。

12.《说文·须部》:"须,颐下毛也。"

段注:"须在颐下,鬓在口上,额在颊,其名分别有定。《释名》亦曰:'口上曰髭,口下曰承浆,颐下曰须,在颊耳旁曰髯。'与许说合。"

笔者按:段氏"与许说合",可证《说文》说解可信。

其他还如"岵""水""绀""土""庚""寒""脡""襦""扉""岑""妹""戟""縂""陵"等,都通过引用《释名》来证实《说文》说解之正确可信。这也是段氏引《释名》来给《说文》作注的重要目的之一。

三、进一步申释《说文》

所谓"进一步申释"是指:许慎《说文》没有训释者;或者有训释,但训释不详者,段注均进一步申释之,以使人对许慎之训释更加明了。段玉裁引用《释名》的目的之一,就是进一步申释《说文》。这部分内容在《段注》中分量很大,由于篇幅限制,只能举一些有代表性的例子以证明,其余的把所涉及的《说文》中的相关字头罗列出来,以便于查检。具体如下:

1.《说文·羽部》:"翱,翔也。"

段注:"《释名》:'翱,敖也。言敖游也。翔,佯也。言彷徉也。'按:彷徉,徘徊也。《左传》作方羊。"

笔者按:《说文》"翱,翔也"释义简略,段玉裁引《释名》,是对《说文》"翱,翔也"的进一步申释:"翱,敖也。言敖游也。翔,佯也。言彷徉也"。

2.《说文·足部》:"踝,足踝也。"

段注:"《释名》曰:'踝,确也。居足两旁磽确然也。'按:踝者,人足左右骨隆然圜者也。在外者谓之外踝,在内谓之内踝。"

笔者按:《说文》"踝,足踝也"释义简略,段玉裁引《释名》对该释义作进一步的申释。

3.《说文·革部》:"勒,马头落衔也。"

段注:"落、络古今字。糸部缵下云:'落也。'知许之不作络矣。《释名》:'勒,络也。络其头而引之。'"

4.《说文·革部》:"鞬,所以戢弓矢。"

段注:"《左传》:'左执鞭弭,右属櫜鞬。'杜曰:'櫜以受箭,鞬以受弓。'《方言》:'弓谓之鞬。'《释名》:'受矢之器,马上曰鞬。鞬,建也。言弓矢并建立其中也。'《广韵》曰:'马上藏弓矢器。'"

笔者按:《说文》"鞬,所以戢弓矢"释义简略,段玉裁引《释名》对该释义作进一步的申释"受矢之器,马上曰鞬。鞬,建也。言弓矢并建立其中也"。

5.《说文·殳部》:"殳,以杖殊人也。"

段注:"殊,断也。以杖殊人者,谓以杖隔远之。《释名》:'殳,殊也。有所撞挃于车上,使殊离也。'"

笔者按:《说文》"殳,以杖殊人也",费解。段氏引《释名》进一步解释"殊人"之义:"殳,殊也。有所撞挃于车上,使殊离也。"亦即段氏所释"殊,断也。以杖殊人者,谓以杖隔远之。"

6.《说文·専部》:"専,六寸簿也。"

段注:"《说文》无簿,有薄。盖后人易艹为竹,以分别其字耳。六寸簿,盖笏也。……《释名》曰:'笏,忽也。君有命则书其上,备忽忘也。或曰薄,可以薄疏物也。'"

笔者按:段氏引《释名》进一步解释了《说文》"専,六寸簿也"中的"簿"。

7.《说文·目部》:"目,人眼也。象形。重童子也。"

段注:"象形,总言之。嫌人不解'二',故释之曰:重其童子也。《释名》曰:'瞳,重也。肤幕相裹重也。子,小称也。主谓其精明者也。或曰眸子。眸,冒也。相裹冒也。'按,人目由白而卢,童而子,层层包裹,故重画以象之。非如《项羽本纪》所云'重瞳子'也。"

8.《说文·水部》:"汋,激水声也……井一有水,一无水,谓之瀱汋。"

段注:"见《释水》。刘氏《释名》说其义曰:'瀱,竭也。汋,有水声汋汋也。'然则瀱谓一无水,汋谓一有水。"

9.《说文·竹部》:"笓,取虮比也。"

段注:"比、笓古今字。比,密也。引伸为栉发之比。《释名》曰:'梳,言其齿疏也。数言比,比于梳其齿差数也,比言细相比也。'"

10.《说文·木部》:"枼,两刃臿也。"

段注:"两刃臿者,谓臿之两边有刃者也。臿者,刺土之器。……按,枼、铧古今字也。《方言》浑言之,许析言之耳。……《释名》:'锸,插也,掘地起土也。或曰锹,锹,削也,能有所穿削也。或曰铧,铧,刿也,刿地为坎也。其板曰叶,象木叶也。'"

11.《说文·木部》:"枷,击禾连枷也。"

段注:"《齐语》:'耒耜枷芟。'韦云:'枷,柫也。所以击草也(草当作禾)。'《王莽传》:'必躬载枷。'《释名》曰:'枷,加也。加杖于柄头,以挝穗而出其谷也。或曰罗枷,三杖而用之。或曰了了,杖转于头,故以名之也。'戴先生曰:'罗连,语之转。今连枷之制,与古同。'"

12.《说文·木部》:"橹,大盾也。"

段注:"伐即瞂,……橹其大者也。《释名》曰:'盾大而平者曰吴魁,隆者曰须盾。'橹或假'樐'为之。流血漂杵,即流血漂橹也。"

以上只例举了 12 条。从这些例子可以清楚地看出,段氏引《释名》中的注释都是进一步申释《说文》的,通过《释名》中的解释,可以更清晰地了解许慎的说解。其余的还如:"槛""日""月""喧""暑""瘀""痈""疟""胥""雷""鲞""台""陴""酉""栋""桨""笭""鞘""蒌""啮""牙""犏""跟""跪""踼""蹈""谶""鞁""鞭""弑""寺""眼""映""盲""髋""髋""肓""膜""胳""桂""帘""笮""笙""箫""饡""臺""墙""麸""槽""枅""橼""梠""枇""榿""枋""橹""札""槔""棺""困""暑""黑""旗""旆""旌""月""稙""糜""糊""芰""宅""室""瘿""瘘""疝""瘤""癣""疥""麻""犢""帬""常""帴""䘲""襟""帷""帐""褕""衾""尻""履""舳""舻""秃""颌""颓""颜""颒""鬙""匐""庙""厕""砾""党""汜""溉""浑""く""雪""霰""霾""马""驾""泾""浏""沦""鲍""掌""捒""拍""脊""姨""妍""薆""瓿""紈""缥""绋""缰""纷""纸""闻""壤""垆""埴""壁""堂""垩""鉏""镯""釭""羚""鞣""鞠""輢""䡞""昌""己""辛""壬""丑""寅""卯""辰""醇""未""戌""艮""鞅"等。

四、《说文》与《释名》有别

许慎与刘熙虽同为东汉时期人,然而,二人对某些问题的看法存在一定的出入,从段玉裁所征引的《释名》材料可以清楚地看到这一点。具体如下:

1.《说文·口部》:"吻,口边也。"

段注:"《曲礼》注云:'口旁曰咡。'《广雅》云:'咡谓之吻。'《考工记》:'锐喙决吻。'郑曰:'吻,口腃也。'《释名》曰:'吻,免也。抆也。卷也。'"

笔者按:《说文·口部》:"吻,口边也。"《释名》曰:"吻,免也。抆也。卷也。"两相比较,可以发现二人的训释差别较大。

2.《说文·止部》:"歱,跟也。"

段注:"足部曰:'跟,足歱也。'跟、歱双声。《释名》曰:'足后曰跟,或曰踵。踵,钟也,上体之所钟聚也。'按,刘熙作踵,许歱、踵义别。"

笔者按:段氏指出"刘熙作踵,许歱、踵义别。"

3.《说文·止部》:"歫,歫也。"

段注:"今音丑庚切,古音堂。今俗语亦如堂。《考工记》:'维角歫之。'大郑曰:'歫读如掌距之掌。'掌距即歫歫,字之变体。车歫,《急就篇》《释名》作'车棠'。《说文》金部作'车樘'。木部曰:'樘,衺柱也。'今俗字歫作'撑'。"

笔者按:从段玉裁所列出的材料可以看出,《说文》与《释名》用字存在差异。同时还可知道"车歫"之"歫",还有"棠""樘""撑"等三种不同的形体。

4.《说文·革部》:"鞿(xiǎn),箸亦鞿也。"

段注:"《史记·礼书》'鲛鞿',徐曰:'鞿者,当马腋之革。'若《释名》云:'横经腹下。'杜注《左》云:'在背曰鞿。'皆异说也。"

笔者按:段氏举出《史记》徐广注、《释名》、杜预《左传》注,均与《说文》不同,"皆异说也"。

5.《说文·勿部》:"勿,州里所建旗。象其柄,有三游。杂帛,幅半异。"

段注:"《司常》曰:'通帛为旜,杂帛为物。'注云:'通帛谓大赤,从周正色,无饰。杂帛者,以帛素饰其侧。白,殷之正色。凡九旗之帛,皆用绛。'按:许云'幅半异',直谓正幅半赤半白,郑则云'以素饰侧',《释名》则云'以杂色缀其边为翅尾',说各不同,似许为长。"

笔者按:段氏列出了许慎《说文》以及《释名》等诸说,比较后,得出"说各不同,似许为长"。

6.《说文·肉部》:"肒(tǎn),肉汁滓也。"

段注:"《醢人》:'韭菹醓醢。'注云:'醓,肉汁也。'《公食大夫礼》注曰:'醓醢,醢有醓。'《释名》曰:'醢多汁者曰醓。醓,沈也。宋鲁人皆谓汁为沈。'按,合此三条,可见《礼经》醓醢正字当作'肒',谓多肉汁之醢也。"

笔者按:从段玉裁注释可以看出:《释名》作"醓",《说文》作"肒",属于二书用字存在差异。段氏进一步指出"醓醢正字当作'肒'"。

7.《说文·目部》:"眵,目伤眦也。"

段注:"《释名》曰:'目眦伤赤曰䁶。䁶,末也。创在目两末也。'许谓目伤眦曰眵,与刘异。"

笔者按:段氏指出"许谓目伤眦曰眵,与刘异",属于二书说解存在差异。

8.《说文·木部》:"楹,柱也。"

段注:"《释名》曰:'楹,亭也。亭亭然孤立,旁无所依也。'按:《礼》言'东楹''西楹',非孤立也,自其一言之耳。"

笔者按:段氏引《释名》,旨在说明其与《说文》别为一解。

9.《说文·衣部》:"襗,绔也。"

段注:"绔者,胫衣也。按:《周礼·玉府》注云:'燕衣服者,巾絮寝衣袍襗之属。'《论语》:'红紫不以为亵服。'郑注云:'亵衣,袍襗。'《秦风》:'与子同泽。'传曰:'泽,润泽也。'笺云:'襗,亵衣,近汗垢。'《释名》曰:'汗衣,近身受汗垢之衣也。《诗》谓之泽,受汗泽。'《广韵》此字三见,一曰亵衣,一曰衫襗,一曰衣襦,亦皆不云绔。"

笔者按:《说文·衣部》:"襗,绔也。"段氏列出《释名》曰:"汗衣,近身受汗垢之衣也。《诗》谓之泽,受汗泽。"显然二说有异。

10.《说文·广部》:"庑,堂周屋也。"

段注:"各本作'堂下',玄应引作'堂周屋曰庑',今从之。《释名》曰:'大屋曰庑,幽冀人谓之序。'说与许异。"

笔者按:《说文·广部》:"庑,堂周屋也。"段氏列出《释名》曰:"大屋曰庑,幽冀人谓之序。"显然"说与许异"。

11.《说文·水部》:"潢,积水池也。从水,黄声。"

段注:"《广韵》引《释名》曰:'潢,染书也。乎旷切。'唐有妆潢匠。"

笔者按:段氏引《释名》以别于《说文》。

12.《说文·雨部》:"霚(wù),地气发,天不应,曰霚。"

段注:"'曰霚'二字今补。霚,今之雾字。《释天》曰:'地气发,天不应,曰雾。'雾者俗字,雾一本作'霿',非也。《释名》曰:'雾,冒也。气蒙冒覆地之物也。'《开元占经》引《元命包》:'阴阳乱为雾。'"

笔者按:从段氏所引《释名》可以看出:一、刘熙与许慎说解不同;二、刘熙使用俗字"雾",而许慎使用正字或古字"霚"。

其余的还如"楣""宦""裑""朦""沸""露""紬""繋""町""輴""轒""宦""亥""馨""糚"等。从这些材料可以看出,《释名》与《说文》存在诸多差异:或是用字上的不同,许慎《说文》多采用古字、正字,而刘熙《释名》多采用或体、俗体;或是说解上的不同,同一个词语,刘熙和许慎的理解不同,因此也就出现了训释上的差异。

五、纠正《释名》讹脱及释义错误

段玉裁征引诸书的目的主要是疏证许慎《说文》之说解,然而,在疏证的过程中,也对所引诸书做了比较深入的研究,如段注在征引《释名》来疏证《说文》的同时,也对《释名》做了很多探讨,反映了段氏对《释名》的诸多看法。如《释名》在长期辗转流传和翻刻中,也出现了不少讹脱等情况,正如任继昉先生所说的那样"《释名》现今传世最早的版本为明嘉靖三年(1524)储良材、程鸿刻本,距其作者生活的汉末(220年前)至少已经过了一千三百余年,鲁鱼亥豕,在所不免。"段玉裁在疏证《说文》的同时,对《释名》中的讹脱问题多有关注和纠正,具体如下:

1.《说文·辵部》:"逊,遁也。从辵,孙声。"

段注:"按,六经有孙无逊,《大雅》'孙谋'、《聘礼》'孙而说'、《学记》'不陵节而施之谓孙',《论语》'孙以出之',皆愻之假借也。《春秋》'夫人孙于齐''公孙于齐',《诗》'公孙硕肤',《尚书·序》'将孙于位',皆逡遁迁延之意,故《谷梁》云:'孙之为言犹孙也。'《公羊》云:'孙犹孙也。'何休云:'孙犹遁也。'郑笺云:'孙之言孙遁也。'《释言》云:'孙,遁也。'《释名》曰:'孙,逊也。逊遁在后生也。'古就孙义引伸,卑下如儿孙,非别有逊字也。至部臸字下云:'从至,至而复孙。孙,遁也。'此亦有孙无逊之证。今《尚书》《左氏》经传、《尔雅·释言》浅人改为逊。许书'逊,遁也',

盖后人据今本《尔雅》增之,非本有也。"

笔者按:段氏认为"六经有孙无逊",并引《释名》例举了诸多例证以证实之,从而得出"许书'逊,遁也',盖后人据今本《尔雅》增之,非本有也。"的观点。同时,也可知《释名》曰:"孙,逊也。逊遁在后生也。"中的"逊"当为"孙"之讹。段氏虽然没有明确指出,但其中隐含着这层意思。

2.《说文·玉部》:"琫,佩刀上饰也。"

段注:"玉裁按,鞞之言裨也,刀室所以裨护刀者,汉人曰削,俗作鞘。琫之言奉也,奉俗作捧,刀本曰环,人所捧握也,其饰曰琫。珌之言毕也,刀室之末,其饰曰珌,古文作琿。……若刘熙《释名》曰:'室口之饰曰琫。琫,捧也。捧束口也。下末之饰曰琕。琕,卑也。下末之言也。'琕即鞞之讹。刘意自一鞘言之,故虽袭毛'上曰琫,下曰鞞'之云,而大非毛意。"

笔者按:段氏指出了《释名》中"琕即鞞之讹"。

3.《说文·气部》:"氛,祥气也。""雰,氛或从雨。"

段注:"按:此为《小雅》'雨雪雰雰'之字。《月令》:'雰雰冥冥。'《释名》:'氛,粉也。润气著草木,因冻则凝色白若粉也。'皆当作此'雰',与祥气之'氛'各物,似不当混而一之。"

笔者按:段玉裁分辨了"雨雪雰雰"的"雰"与"祥气之'氛'各物,似不当混而一之。"从而纠正了《释名》之讹。

4.《说文·革部》:"鞲,车下索也。"

段注:"《释名》:'缚在车下,与舆相连缚也。'当作'鞲在车下。'"

笔者按:指出《释名》"缚在车下"当为"鞲在车下"之讹。

5.《说文·午部》:"啎,屰也。"

段注:"屰,各本作'逆',今正。逆,迎也。屰,不顺也。今则逆行而屰废矣。相迎者,必相屰,古亦通用逆为屰。考《仪礼》之'啎受',《尔雅》《释名》之'啎丘',《太史公书》之'魁啎''枝啎',《汉书》之'抵啎',皆是'啎'之讹字。"

笔者按:段氏指出《释名》之"啎丘",当是"啎"之讹字。

6.《说文·竹部》:"箇,竹枚也。""个,箇或作个,半竹也。"

段注:"各本无,见于《六书故》所引唐本。……《史记》:'木千章,竹竿万个。'正义引《释名》:'竹曰个,木曰枚。'今《释名》佚此语。"

笔者按：段氏引《史记正义》引《释名》，以证今《释名》佚此语，即脱文。

其余的还如："紧""復""楼""栄""旟""渚""镈""鏓""輹"等，均体现了段玉裁对《释名》的校勘成就。《段注》中还有一些，是段玉裁对刘熙词义训释错误的纠正，具体如下：

7.《说文·木部》："檼(yìn)，棼也。"

段注："林部曰：'棼，复屋栋也。'注详彼矣。《释名》及郭璞谓栋为檼，非也。"

笔者按：考《释名·释宫室》："檼，隐也，所以隐桷也。……或谓之'栋'，栋，中也，居屋之中也。"段氏所说的"《释名》及郭璞谓栋为檼，非也"，显然是从"檼"的词义训释角度而言。

8.《说文·老部》："耆，老人面冻黎若垢。"

段注："'冻黎'谓冻而黑色，或假梨为之。《尚书》'黎老'作'犂老'，亦假借也。孙炎注本作'面冻梨'，见《南山有台》《大誓》二正义，本无'如'字。《释名》及《方言》注乃云'如冻梨'，非也。"

笔者按：段氏指出"《释名》及《方言》注乃云'如冻梨'，非也"，亦是从"冻黎"的词义训释角度而言。

9.《说文·衣部》："裾，衣袤也。"

段注："《公羊传》曰：'反袂拭面，涕沾袍。'此'袍'当作'袤'。何注曰：'衣前襟也。'《释器》：'衣皆谓之襟，祓谓之裾。''祓'同'袷'，谓交领，'袤'连于交领，故曰'祓谓之裾'。郭景纯曰：'衣后襟'，非也。《释名》裾在后之说，非是。"

笔者按：从段玉裁所举的例子看"裾"应该指"衣前襟也"，《释名》解释为"言在后"，故段玉裁认为刘熙的解释"非是"。

10.《说文·女部》："婴，婴媤(yī ní)也。"

段注："各本'媤'上删'婴'字，今补。此三字句，'婴媤'合二字为名，不容分裂。《释名》：'人始生曰婴儿，或曰婴媤。婴，是也。言是人也。媤，其啼声也。'《杂记》曰：'中路婴儿失其母焉。'注：'婴犹鷖弥也。'按，'鷖弥'即'婴媤'，语同而字异耳。"

笔者按：从段氏"婴媤合二字为名，不容分裂"来看，段氏对《释名》中将"婴媤"分开讲的做法隐晦地指出其讹误。段玉裁的观点是正确的，"婴媤"为连绵词，一是不能拆开讲，二是词形不固定。故段玉裁又以"'鷖弥'即'婴媤'，语同而字异耳"，进一步佐证自己的观点："'婴媤'合二字为名，不容分裂"，反映了段玉裁正确的连

247

绵词观。

11.《说文·系部》:"纚,冠织也。……谓以缯帛韬发。"

段注:"冠织者,为冠而设之织成也。凡缯布不翦幂裁而成者,谓之织成。……○《释名》:'纚以韬发者也。以纚为之,因以为之名。'按,刘语似误,本为韬发之称,继乃以为帛称,如刘语乃倒其先后矣。"

笔者按:从词义发展的角度来看,这条是说:"纚"本义可能是指"用缯帛韬发"这个动作,为动词;由于词义引申,"纚"的词义就由本义引申出引申义——名词"帛"。因此段玉裁说"本为韬发之称,继乃以为帛称"。而刘熙则可能认为:先作名词"帛",后引申出动词"以韬发",故而,段氏斥其"刘语似误,本为韬发之称,继乃以为帛称,如刘语乃倒其先后矣"。从这一条可以看出,段玉裁对词义的演变,尤其是从本义到引申义的先后顺序,是有比较科学的认识的。

其余的还如:"釿""襆""舁""輻"等。

六、考《释名》之本字

刘熙《释名》时代,人们对汉字本字的观念不如后人敏感。当时人们著书立说时,很多汉字的本字就用一个同音字或近音字来代替,这样,就使得很多本字隐藏了,当时人在识读这些借字时,可能不会感到多大困难,然而后人再去阅读时,则甚为费解。因此考本字则是非常重要的,正如王念孙所说:"学者以声求义,破其假借之字而读以本字,则涣然冰释。如其假借之字而强为之解,则诘诎为病。"因此,段玉裁在引用诸多典籍来注释《说文》时,也特别关注稽考所征引的这些典籍中的假借字的本字。这样使得人们对这些假借字所产生带来的疑虑涣然冰释。同样,段玉裁征引《释名》时,对《释名》中的假借字的本字也都详加考辨,这是段玉裁对《释名》研究的重要内容之一,故将在《段注》中所收集到的所有例子全部胪列出来。具体如下:

1.《说文·又部》:"叔,拾也。"

段注:"《豳风》:'九月叔苴。'毛曰:'叔,拾也。'按:《释名》:'仲父之弟曰叔父。叔,少也。'于其双声叠韵假借之。假借即久,而叔之本义鲜知之者,惟见于《毛诗》而已。(从又)于此知拾为本义也。"

2.《说文·肉部》:"䐛(sǔn),切孰肉内于血中和也。"

段注:"《释名》有'肺䐃(sǔn)',䐃同脂。"

笔者按:考《释名·释饮食》:"肺䐃,䐃,糁,以米糁之,如膏糁也。"

3.《说文·血部》:"衉(kàn),羊凝血也。"

段注:"《释名》曰:'血脂以血作之。'脂即衉字也。陶氏注《本艹》:'宋帝时太官作血衉,庖人削藕皮误落血中,遂皆散不凝。'陶所云血衉,即刘之血脂也。"

笔者按:由段玉裁指出《释名》"脂即衉字"可以看出,"脂"的本字当为"衉"。

4.《说文·页部》:"顩(qiān),头鬓少发也。"

段注:"郑司农曰:'䯂读为鬝头无发之鬝。'司农意谓鸟头毛短也。郑注《明堂位》曰:'齐人谓无发为秃楬。'《释名》曰:'秃,无发沐秃也,毼,头生疮曰瘢,毼亦然也。'楬与毼皆即鬝字。"

5.《说文·髟部》:"鬝(qiān),鬓秃也。"

段注:"是鬝顩音义皆同,顩即鬝也。《明堂位》注曰:'齐人谓无发为秃楬。'《释名》曰:'秃无发沐秃也。毼头生疮曰瘢,毼亦然也。'毼与楬皆即鬝也。"

笔者按:将第4条与第5条合在一起,可以看出:段玉裁指出郑注《明堂位》中的"楬"与《释名》中的"毼"之本字皆为"鬝":"楬与毼皆即鬝字"。

6.《说文·衣部》:"褾(diǎo),短衣也。"

段注:"《释名》曰:'三百斛曰䚡。䚡,貂也;貂,短也。'今俗语尚呼短尾曰貂尾。许书无貂,当作褾,以短衣之义引伸也。"

笔者按:段玉裁指出《释名》中的"貂"之本字当为"褾"。

7.《说文·石部》:"硁(kēng),余坚也。"

段注:"《论语》曰:'鄙哉,硁硁乎。'又云:'硁硁然小人哉。'其字皆当作'硁硁',假借古文磬字耳。硁者,古文磬字也。'铿尔舍琴',亦当为'硁尔'。又《乐记》'石声磬磬',当为'硁',《释名》:'磬者,磬也。其声磬磬然坚致。'当作'硁硁然坚致'。"

笔者按:段氏指出《释名》"磬磬然坚致"中"磬"之本字当为"硁"。

8.《说文·水部》:"㳶,激水声也。"

段注:"《释名》:'㳶,泽也。有润泽也。''自脐以下曰水腹,水㳶所聚也。''胞主以虚承㳶也。'盖皆借为液字。"

笔者按:段氏考出《释名》中多处"㳶""盖皆借为液字"。即"㳶"之本字为"液"。

9.《说文·金部》:"銴,车樘结也。"

段注:"木部曰:'樘,衺柱也。'古音堂,今音丑庚切。《考工记》注曰:'堂,读如掌距之掌、车掌之掌。'然则'车樘',汉人语也。《急就篇》《释名》作棠。刘熙曰:'棠,躅也。在车两旁躅幰使不得进却也。'"

笔者按:段氏指出《释名》中的"棠、躅"的本字应该为"樘"。

10.《说文·衣部》:"襄,丹縠衣也。"

段注:"縠,细绢也。《庸风》:'瑳兮瑳兮,其之展也。'《毛诗》传:'礼有展衣者,以丹縠为衣。'马融从之,许说同。先后郑注《周礼》及刘氏《释名》皆云:'展衣白。'后郑云:'展衣以礼见王及宾客之服,字当为禮。禮之言亶,亶,诚也。'按:《诗》《周礼》作展,假借字也。《玉藻》《杂记》作禮,后郑从之,许作襄,汉《礼》家文字不同如此。"

笔者按:段氏指出先后郑注《周礼》及刘氏《释名》中的"展"之本字应为"襄"。

七、段氏以证己说

段玉裁征引《释名》的目的很多,正如前揭,有的是用来校勘《说文》的,有的是印证《说文》的,有的是申释《说文》的,有的是用来说明与《说文》存在差异的,有的是用来纠正《释名》错讹的,还有考《释名》本字的,除此之外,还有一个重要的目的,是证明自己的观点正确。具体如下:

1.《说文·步部》:"步,行也。"

段注:"行部曰:'人之步趋也。'步徐趋疾。《释名》曰:'徐行曰步。'"

笔者按:段氏引《释名》曰:"徐行曰步。"是要证明自己的观点"步徐趋疾"。

2.《说文·革部》:"鞉,大车缚轭靼。"

段注:"鞉亦作靬,《释名》:'靬,县也。所以县缚轭也。'"

笔者按:段氏引《释名》是证明自己的观点"鞉亦作革尹"。

3.《说文·又部》:"叉,手足甲也。"

段注:"叉、爪古今字。古作叉,今用爪。……于此可见汉人固以爪为手足甲之字矣。《释名》曰:'爪,绍也。筋极为爪,绍续指端也。'亦不作叉。"

笔者按:段氏引《释名》是证明自己的观点"古作叉,今用爪。……于此可见汉人固以爪为手足甲之字矣。"

4.《说文·皮部》:"皮,剥取兽革者谓之皮。"

段注:"剥,裂也。谓使革与肉分裂也。云'革'者,析言则去毛曰革,统言则不别也。云'者'者,谓其人也。取兽革者谓之皮。……引伸凡物之表皆曰皮,凡去物之表亦皆曰皮。《战国策》言'皮面抉眼',王褒《僮约》言'落桑皮椶',《释名》言'皮瓠以为蓄'皆是。"

笔者按:段氏引《释名》是证明自己的观点"引伸凡物之表皆曰皮,凡去物之表亦皆曰皮。"

5.《说文·乌部》:"舄,䧿也。"

段注:"谓舄即䧿字。此以今字释古字之例。古文作舄,小篆作䧿。……舄本䧿字,自经典借为履舄字,而本义废矣。《周礼》注曰:'复下曰舄,禅下曰屦。'《小雅》毛传曰:'舄,达屦也。'达之言重沓也,即复下之谓也。《释名》曰:'舄,腊也。复其下使干腊也。'"

笔者按:段氏引《释名》是证明自己的观点"自经典借为履舄字,而本义废矣。"

6.《说文·肉部》:"腹,厚也。"

段注:"腹、厚叠韵。此与'发,拔也''尾,微也'一例。谓腹之取名,以其厚大。《释名》曰:'腹,复也。富也。'文法同。《释诂》、毛传皆云:'腹,厚也。'则是引伸之义。谓凡厚者,皆可称腹。如《小雅》'出入腹我',《月令》'水泽腹坚'是也。"

笔者按:段氏引《释名》是证明自己的观点"此与'发,拔也''尾,微也'一例……文法同。"

7.《说文·食部》:"馆,客舍也。……《周礼》:五十里有市,市有馆,馆有积,以待朝聘之客。"

段注:"《遗人》职:'凡宾客会同师役,掌其道路之委积。五十里有市,市有候馆,候馆有积。'郑云:'候馆,楼可以观望者也。'以观望释馆。《释名》曰:'观者,于上观望也。'"

笔者按:段氏引《释名》是证明自己的观点"以观望释馆"。

8.《说文·木部》:"欂,欂栌,柱上枅也。"

段注:"欂栌,累呼之也。单呼亦曰栌。词赋家或言欂栌,或言栌,一也。《释名》曰:'栌在柱端,如都卢负屋之重也。'此单言栌也。《广雅》曰:'欂谓之枅。'此单言欂也。李善引《苍颉篇》曰:'枅,柱上方木。'许说楷也,欂栌也,枅也,一物三名也。"

笔者按:段氏引《释名》是证明自己的观点:"词赋家或言欂栌,或言栌,一也。"

9.《说文·邑部》:"乡,国离邑。"

段注:"离邑,如言离宫别馆。国与邑,名可互称。析言之,则国大邑小,一国中离析为若干邑。"《说文》:"民所封乡也。"段注:"封,犹域也。乡者,今之'向'字。汉字多作乡,今作向。所封,谓民域其中;所乡,谓归往也。《释名》曰:'乡,向也。民所向也。'以同音为训也。"

笔者按:段氏引《释名》是证明自己的观点:"'所乡,谓归往也……以同音为训也'"。

10.《说文·日部》:"晕,兂也。"

段注:"郑司农云:'辉谓日光炁也。'按:日光气谓日光卷结之气。《释名》曰:'晕,卷也,气在外卷结之也。日月皆然。'孟康曰:'晕,日旁气也。'篆体日在上,或移之在旁,此篆遂改为晖,改其训曰光,与火部之辉不别。盖浅者为之,乃致铉以晕为新附篆矣。"

笔者按:段氏引《释名》是证明自己的观点:"日光气谓日光卷结之气。"同时也证明自己"篆体日在上,或移之在旁"的观点。

11.《说文·宀部》:"富,备也。"

段注:"富与福音义皆同。《释名》曰:'福,富也。'"

笔者按:段氏引《释名》是证明自己的观点:"富与福音义皆同。"

其余的还如:"比""袍""宄""县""沐""鰌""琬""笃""屬"等。

以上我们从:一、纠正《说文》错讹;二、证实《说文》可信;三、进一步申释《说文》;四、《说文》与《释名》存在差异;五、纠正《释名》讹脱及释义错误;六、考《释名》之本字;七、段氏以证己说等七个方面对段玉裁《说文解字注》中关于《释名》的研究成果作了分析,除此之外,还有些角度因为材料零星稀少而没有单独列出讨论,如说明《说文》为本义,《释名》为引申义,如《说文·卤部》:"卤,西方咸地也。……安定有卤县。东方谓之序,西方谓之卤。"段注:"《禹贡》:'青州,海滨广斥。'谓东方也。安定有卤县,谓西方也。大史公曰:'山东食海盐,山西食盐卤。'然对文则分析,散文则不拘。咸地仅产盐,引申之,《春秋经》大原亦曰大卤。《释名》:'地不生物曰卤。'"段氏明确指出"咸地仅产盐,引申之,《春秋经》大原亦曰大卤。《释名》:'地不生物曰卤。'"可见"大原亦曰大卤""地不生物曰卤"皆为表"咸地"之"卤"的词义引申。段玉裁还引用《释名》来纠正其他典籍的错误,如《说文·髟部》:"发,头上毛也。"段注:"各本作'根也',《广韵》已然,以《释名》《广雅》正之,乃'拔也'之误,要此二字可不必有耳。"《说文·衣部》:"齋,缠也,裳下缉。"段注:"各本无'裳下缉'三字,今依《韵会》补;依《释名》当作'缉下','缉下,横缝缉其下也。'䋀者,緁衣也。缉同緁,汉时通用。"笔者按:《说文》中无"裳下缉"三字,今依《韵会》补;《韵会》有误,根据《释名》而正误。依《释名》当作"缉下","缉下,横缝缉其下也。"总地说来,段玉裁对刘熙《释名》的训释大部分是赞同的,这从《段注》中所引《释名》的诸多资料可以看出。

段玉裁《说文解字注》精妙绝伦,脍炙人口,为有清一代《说文》研究之冠,其征引群书以疏证《说文》是根据乃师戴震"以字考经,以经考字"的原则,订正文字,探究字义。由于他学识渊博,小学功底深厚,观察细致入微,故其《说文解字注》不仅是疏证《说文》之总汇,而且也是体现段氏研究群书之渊薮。对《段注》中的群书研究作深入探讨,不仅能总结段氏的研究方法、研究理论和研究成就,更能积极推动相关群书之研究,有重要的学术意义,这将是笔者今后将要开展研究的课题。

参考文献:

［清］段玉裁注,许惟贤整理　2015《说文解字注》,南京:凤凰出版社。

汉语大字典编辑委员会　1995《汉语大字典(缩印本)》,武汉,成都:湖北辞书出版社,四川辞书出版社。

李茂康　2002《段玉裁〈说文解字注对〈释名〉的校释》,《贵州大学学报(社会科学版)》第3期。

李茂康　2002《谈谈段玉裁的〈释名〉校释书稿》,《文献》第4期。

任继昉　2006《〈释名〉汇校》,济南:齐鲁书社。

王　东　2019《〈说文解字注〉对〈方言〉的征引及探究》,《语文研究》第3期。

【作者简介】王东,男,文学博士,郑州大学文学院教授,博士生导师。研究方向:汉语史、汉语方言以及《水经注》整理等。

敦煌绢画供养人题记格式解读

姚美玲

(华东师范大学,国际汉语文化学院)

[摘 要]敦煌绢画供养人题记与北魏造像题记一脉相承,两种题记性质相同,都属于佛教发愿文。正确解读题记格式和录写题记内容是研究的基础工作。它不仅对敦煌绢画的定名、字词辨识等工作有重要意义,而且对发掘敦煌绢画的社会、历史和文化价值也有启示作用。敦煌绢画供养人题记格式,一般按照先僧尼后世人、先尊后卑、先男后女和先长后幼等顺序排列,录写时应当遵循这种内在规律,不能简单地按照"从左到右"或"从右到左"的方式录写。

[关键词]敦煌绢画;供养人题记;格式

敦煌绢画是指二十世纪发现于敦煌地区,现保存在英、美、法等国家博物馆的一些用绢帛或麻布所作的画卷,其价值弥足珍贵。这些绢画完成于唐宋时期,上面大多写有供养人题记。此类题记主要记载供养人姓名、供养人所供养佛名、供养时间、地点及祈愿内容等,我们称之为"敦煌绢画供养人题记"。目前对敦煌绢画集中搜集、整理和出版的巨著是日本讲谈社(1982)组织编写的《西域美术》,它为研究提供了清晰便捷的资料。国内学者马德先生(1996)辑录了其中的敦煌绢画题记,发表了《敦煌绢画题记辑录》一文,介绍了敦煌绢画的性质,并辑录了43则题记,他是敦煌绢画题记辑录的集大成者。张培君先生(2007)的《敦煌藏经洞出土遗画中供养人图像初探》一文,对敦煌藏经洞出土遗画中的供养人图像,从供养人社会构成、供养人像的位置和排列组合、供养人题记和发愿文和供养人供奉的主尊等几个方面进行考察,指明了供养人题记采用竖写的格式。杨森先生(2001)认为敦煌绢画题记应该按"从左至右"的方式录写,并发表了《从敦煌文献看中国古代从左向右的书写格式》一文,认为敦煌文献存在从左到右书写格式,并列举了23则敦煌绢画题记。朱瑶先生(2011)与杨森先生商榷,发表了《敦煌文献"右行"考述》一文,认为敦煌文献"右行"不仅受藏文影响,而且和平衡对称相关。研究中我们进一步发现:敦煌绢画供养人题记书写格式不能简单地归结为"从左到右"或"从右到左"两种形式,其书写自有特定的格式,含有内在规律需要解读。解读这些题记格式,不仅有益于敦煌绢画的命名、录写、字词辨识等录写工作,而且有助于发掘敦煌绢画题记所隐含的社会关系。

一、敦煌绢画供养人题记格式解读

敦煌绢画题记目前约计90种。题记的核心内容主要包括供像人姓名、所供养佛名、供养时间、所祈福愿等,根据敦煌绢画供养人题记呈现的形式,我们可以把它分为两种类型,加以研究。

第一种:简约型。题记的内容非常简单,甚至浓缩成一句话,如"某年某月某日某人为某某绘某某佛像一区""某某佛像某年某月某日某人绘""某某为某某绘某某佛像"等句子,但每句一定包括最基本的核心内容,即供像人姓名、所供养佛名、供养时间等。例如

(1)美国大都会艺术博物馆收藏的咸亨元年(670)比丘法慧供养像,题记最为简单,只有"咸亨元年比丘法慧敬画供养"十二个字。题记标记了供养时间是咸亨元年,供养人是比丘法慧。(参见图1)

(2)大英博物馆收藏,编号为Ch.liv.007的《尊炽盛光佛和五星神》:"炽盛光佛并五星神。乾宁四年正月八日弟子张淮兴画表庆讫。"题记指明了供养佛为炽盛光佛和五星神,时间是乾宁四年(897)正月八日,供养人为张淮兴。(参见图2.1和图2.2)

图1　比丘法慧供养像全图　　图2.1　Ch.liv.007全图　　图2.2　Ch.liv.007题记图

第二种：标准型。标准型题记的内容比较丰富，包括发愿文、供养人、供养佛名、时间、地点等。题记内容可以分为三个板块来解读：

第一板块为发愿文部分。它是题记的核心内容，文字或长或短，用来记述造像的时间、供养佛名、供养人和所求福愿等。一般居于画面的中心位置或突显位置。由于每一幅画像的材质不同、大小不同、佛像与题记的布局不同，题记的内容并不完全等同，所承载的信息量存在很大差异。例如：

（3）以大英博物馆所藏，编号为Ch.xx.005的绢画为例，其发愿文内容为："时唐大顺三年岁次壬子十二月甲申朔三日，孙沙门智刚、尼胜明等奉为亡尼法律阇梨敬绘救苦观世音菩萨一躯，永元供养。"元，当为"远"的同音替代字。（参见图3）

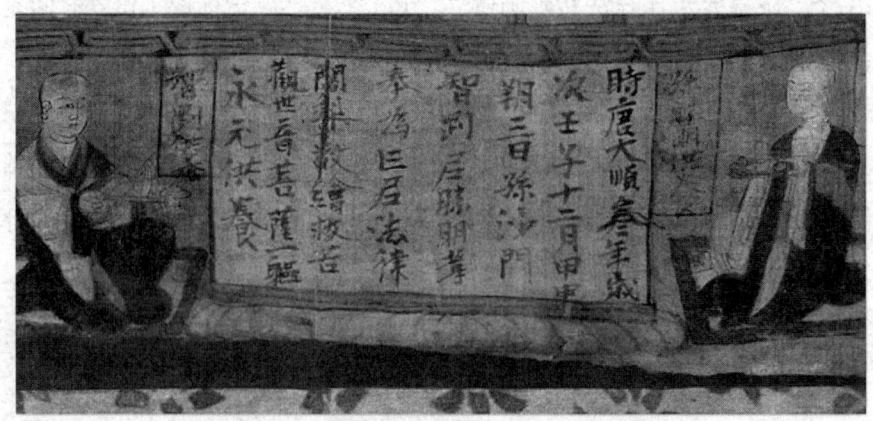

图3　Ch.xx.005绢画，题记图

第二板块为供养人所供养佛名。敦煌绢画供养佛名，除了在发愿文中指明所

造何像外,多用框式界格直接题写在佛像旁,例如:

(4)法国吉美博物馆收藏,编号为 MG.25486 的《十二面观音菩萨》,画像中直接用框式界格题写佛名为"南无十二面观音菩萨"。(参见图4)又例如:

(5)藏于美国史密森尼博物馆的乾德六年(968年)《水月观音菩萨》,画像中直接用框式界格题写佛名为:"南无大慈大悲救苦观世音菩萨"。(参见图5)

图4　MG.25486,佛名题记图　　　图5　乾德六年,佛名题记图

第三板块为供养人姓名题记。相对于以上两个板块,供养人姓名题记较为复杂,貌似简单的人物题记排列,显示了供养人在职业、地位、性别、资产、血缘等各方面的差异,反映了供养人之间复杂的世俗社会关系。供养人姓名题记的排列,详细分述如下。

1.有僧尼画像的绢画题记。如果有僧尼画像,且居于整幅画像中间,他们往往起导引僧作用。例如:

(6)Ch.xx.005 中,发愿文题记左、右两旁,各画一僧一尼。左边第一位为智刚,右边第一位为孙胜明。智刚,是亡尼法律阇梨的孙子,胜明,是亡尼法律阇梨的孙女。他们既是僧尼,又是亡尼法律阇梨的亲属,因此居主间位置。(参见图6)

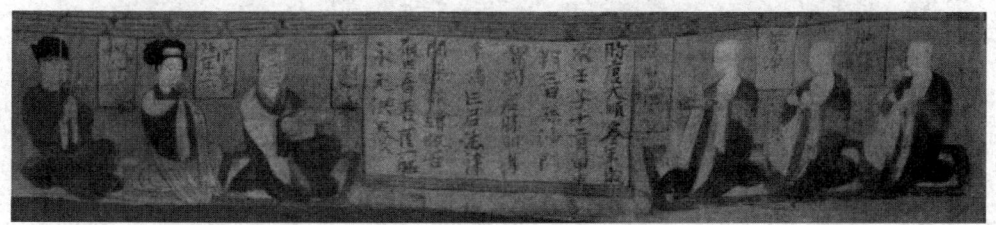

图6　Ch.xx.005,供养人像与题记图

2. 主要人物像及题记居中，然后再从中间往左、往右分开书写。画像呈递缩的形式，人物的地位、身份、官职等也随之呈递减的形式。如果是家族供养像时，长者居中。例如：

（7）现藏大英博物馆，编号为 Ch.lviii.003 的供养人画像，左边第一位供养人是故母阴氏一心供养，第二位是女十娘子一心供养；右边第一位是供养人是敦煌郡……太子宾客……，第二位是男幸通一心供养。中间两位是父母，身后分别是子女，符合长幼有序的世俗伦理。（参见图7）

图7　Ch.lviii.003 建隆四年绘地藏菩萨像

3. 供养人分男女两组排列时，男、女以左右对称的方式排列，长者居中。例如：

（8）法国吉美博物馆收藏，编号为 MG.25486 画面下部。以发愿文为中，分别往左、右两边行文，左边为女性，依次为：故母宋氏一心供养，阿姊二娘子一心供养，施主新妇索氏一心供养。右边为男性，依次为：故父张信子一心供养，男张保子、张全子一心供养。（参见图8）

图8　MG.25486，供养人像与题记图

敦煌供养人绢画,其题记内容与画像融为一体,成为一幅完整的佛教供养画。整个画面通过文字和图画效应,表达了供养人对佛的虔敬之心,以及祈求得到护佑的希冀。无论佛教如何提倡避世、平等,造像题记还是不可避免地反映了当时世俗的社会关系,如僧俗相比,僧居首位;官民相比,官居上位;富贫相比,富居上位;亲疏相比,亲居上位;长幼相比,长居上位;尊卑相比,尊居上位等。因此,敦煌绢画题记既不能按照"从左至右"的方式录写,也不能按照"从左至右"的方式录写,而需要根据每幅绢画的布局和内容,探索发现其隐含的社会关系,分板块录写,供养人姓名题记部分则按照:先僧尼后世人、先尊后卑、先男后女和先长后幼等顺序录写,才能正确录写出题记内容,真实再现敦煌绢画人物间的社会关系,发掘敦煌绢画蕴含的宗教、社会、文化等研究价值。

二、敦煌绢画题记格式之溯源

敦煌绢画题记,当源于北魏造像题记。北魏造像以石刻为主,兼有金铜等材质。到了唐宋时期,石刻、金铜之外,又增加了绢帛、纸张等新材料,但题记的形式和内容并无改变。因而敦煌绢画与北魏造像,属于同类性质的文献,它们都是佛教(或道教)信徒的发愿文,有源渊关系。在研究魏晋南北朝石刻造像题记过程中,我们分析了近百方造像及造像题记,总结归纳了造像题记的内容和格式,认为:北魏以降,无论何种材质的造像,如石刻、铜金、布帛等,造像者在造像及刻写题记时,一定经过相当周密的安排和布局。由于每一方造像的材质不同、大小不同、佛像与题记的布局不同,其题记的信息量存在很大差异。

1.小的造像,刻写的内容相对简单些,甚至会浓缩为一句话,即"某年某月某日某人为某某造某某佛像一区",但一定包括最基本的核心内容,即造像人、供养佛名和祈愿内容。例如:

(9)季崇建先生(2000)在《上海博物馆藏纪年佛教造像考证》中录释了现藏于上海博物馆的《孙枭雌造菩萨像》:"延昌二年三月一日安丘县孙枭雌为上父母造像一区现在供养。"句中"上父母",当为"亡父母"的误录,此造像题记仅有24字。(参见图9)

图9 《孙枭雌造菩萨像》附图

这种简单的题记方式,一直保留到了唐宋时期,成为敦煌绢画题记的第一种类型。

2.大的造像,尤其是一些宏伟的四面造像碑,不仅四面都要刻塑造像,还要刻写发愿文,刻画供养人画像,刻写供养人题记等,内容非常丰富。例如:

(10)现藏于美国大都会博物馆的《东魏邑义五百余人造像碑》,其造像极为精美,题记内容非常复杂,仅供养人题名就有五百多个。这种复杂的题记,发展到唐宋时期,就变化为敦煌绢画题记的第二种类型。该碑五百多个人名按人物的地位、身份分别刻画在造像的正面、背面、侧面等。其中有三处题记格式至关重要,敦煌绢画题记格式明显承继于它们。

第一:导引僧位置及格式

该碑导引僧在碑正面上部的佛像下面,居中位置。以博山炉为中,右边为:邑师慧训供养佛时。左边为:邑师慧刚供养佛时。此两名邑师为比丘,担任导引僧的职责,在造像题记中居于重要地位,一般一左一右,安排在造像中间位置。(参见图10)这种位置和题记格式,保留到了敦煌绢画中,就成为僧尼居中、居主的格式。

图10 东魏邑义五百余人造像碑局部图

第二：最主要人物位置及格式

该碑主要人物位于两名邑师身后，画像明显比其他人物高大。（参见图11.1和图11.2）

图11.1　东魏邑义五百余人造像碑局部左图　　图11.2　东魏邑义五百余人造像碑局部右图

导引僧下边，有两排供养人画像与题记。最中间为主要人物，第一排最中间是寺主镇东将军林虑太守赫连子悦，第二排最中间的是维摩主轾（轻）车将军囗州录事参军贺兰思远。这两个人物画像安排在导引僧邑师慧刚、慧训身后，题名安排在这两排题名人的中间，说明此造像碑的最主要人物一个是寺主镇东将军林虑太守赫连子悦，另一个是贺兰思远。（参见图12）

图12　东魏邑义五百余人造像碑局部题记　第一排、第二排左图

第三：其他人物位置及格式。主要人物居中之后，依次安排其他人物，采用从中间分别往左、右两边，依次排列，并呈现画像缩小、地位降低等趋势。更为次要人物的画像与题记分别刻就在碑背、碑侧等不明显、不重要的地方。（参见图12）东

魏邑义五百余人题记第一排、第二排左边图：

第一排寺主镇东将军林虑太守赫连子悦之后，依次为大像主雷齐，光明主雷长，□□□□，菩萨主法欢，□□□□，□□□□□范伯丑。

第二排依次为八关主庞众贵，八关主，八关主苏珍辉，□□□□□，□□□□□。

这种主要人物画像居导引僧身后，且居于画像中间；其他人物位居于主要人物之后，依然后从中间分别往左、右两边，依次排列，并呈现画像缩小、地位降低等趋势的格式，也延续到了敦煌绢画中，成为敦煌绢画供养人像和供养人题记的安排规则。因此，我们在录写题记时，不能简单地认为题记应该按"从左到右"或"从右到左"的格式书写。

三、敦煌绢画供养人题记解读意义

了解了敦煌绢画题记格式及其源起，有助于解读敦煌绢画题记格式。正确解读敦煌绢画题记格式保证了题记内容录写的科学性，这是研究的基础工作和重要工作。敦煌绢画题记格式解读，不仅对敦煌绢画的定名、释读、字词辨识等工作有重要意义，而且对发掘它的社会、历史、文化等价值也有启示作用。

1. 科学地为敦煌绢画定名。

敦煌绢画题记因年代久远，时常有残缺漫漶的地方，学者们在录写研究这些题记时，往往会对同一题记采取不同的命名方式，有时按所绘佛像命名，冠以"某某菩萨图""某某菩萨图像"等，有时按所绘佛像故事取名，命名为"天王行道图""观音变"等。如此不确定、不统一的命名很不利于研究的编目和检索。我们认为敦煌绢画题记，与北魏造像题记一脉相承，两种文献属于同类性质的发愿文，只是时代、材质不同。因此，延续北魏造像题记命名方式，即以造像中出现的最主要人物命名，命其名为《某某供养题记》，最为合理和便于研究。命名方式的确定将有利于供养题记的整理工作，展现它与北魏造像题记的渊源关系。例如：

（11）法国吉美国立亚洲艺术博物馆收藏编号为 MG.23079 的《不空绢索菩萨》。（参见图13）

图 13.1 MG.23079 原图　　图 13.3 MG.23079 局部图二

图 13.2 MG.23079 局部图一

画像中所供佛名为"南无伯空卷索菩萨"。其发愿文内容为："清信弟子邓幸全敬造伯空卷索菩萨壹躯，先奉为国人安□，一为过往父母永生净土二为合家无□□彰，永元供养，庚戌年四月日记。"按照题记格式，以《邓幸全供养题记》题名，既能说明敦煌绢画的性质，又能直接题名道姓，避免与其他"不空绢索菩萨"绢画发生重名现象，以便检索编目。

2. 文通字顺地录写出题记内容，真实再现绢画中供养佛像与供养人、供养人与供养人之间的关系。

敦煌绢画的题记内容布局在画面中的不同位置，这种布局是严肃的、精心的、有序的，不能随意录写。例如：

（12）现藏大英博物馆编号为 Ch.xxxviii,005 的《二观音图》（参见图 14），因其供养佛像及题名、供养人像及题名、发愿文等三者融为一整体，无论是"从右到左"还是"从左到右"录写，其题记都会存在有碍不顺之处。如果按照题记格式，分板块解读如下，就会相当清晰。

图 14.1 Ch.xxxviii，005 图　　图 14.2 Ch.xxxviii，005 局部图，题记部分

第一板块：供养佛名。观世音菩萨。原图像一左一右、有两个观世音菩萨像。

第二板块：供养人题记与发愿文部分。

右边，以观世音菩萨为中，往右书写，依次为：

1. 清信弟子温义为己身落

2. □□归乡敬造，一心供养。

3. □□优婆夷觉惠同(装)观世音菩萨一(像)，先亡父母，神生净土，

4. □□三涂，永生净国，早登佛界，一心供养。

左边，原图与右边观世音菩萨题记相并列的地方，有同样的空缺位置，应当与左边"观世音菩萨"对称并举，今疑或漫漶或失缺。（或者左、右对称，右边第 1、2 行与左边第 1、2 行同是一个供养人，待考。）

以观世音菩萨为中，往左书写，依次为：

1. 清信弟子（？）温为己身落□□

2. 归乡敬造，一心供养。

3. 永安寺老宿慈力发心敬画观世音菩萨，为过往父

4. （母）□三，早遇佛界，一心供养。信弟子男永安寺律师义

5. □一心供养，信弟子兼伎术子弟董文亥一心供养。

画中所供养两个观世音菩萨，右边的供养人为清信弟子温义、优婆夷觉惠。左边的供养人有清信弟子（？）温、永安寺老宿慈力、信弟子男永安寺律师义□和信弟

子兼伎术子弟董文亥等四个人供养。

3. 补足题记缺失的内容，使题记尽可能完整，为研究提供更多的信息。

保存至今的绢画题记，因为年代久远，字迹漫漶，题记内容不清楚十分常见。整理研究中，我们根据敦煌绢画题记的三个板块构成格式，可以发现残缺损失的部分，也可以根据各板块之间的内容，相互补充遗漏的地方。例如：

（13）现藏大英博物馆，编号为 Ch.lviii.003《建隆四年绘地藏菩萨像》中（参见图7），原图右边第一位供养人字迹漫漶不清，但发愿文部分有"清信弟子康清奴身居火宅"等文字，说明第一位供养人为康清奴。

4. 楷录后的题记，还需进一步辨字、释词和解句，才能成为方便可靠的研究资料。

敦煌绢画题记沿用了北魏造像题记的行文格式，掌握这些造像题记格式、常用词语，可以有效地避免字词辨认中的失误和遗漏。

例如：

（14）《建隆四年绘地藏菩萨像》："其斯绘者，厥有清信弟康清奴身居父宅，恐堕于五趣之中。今者更染患疾未将痊瘥，愿岳痾连退于身躯，烦恼永离于寮体。"录文中出现的失误有：

清信弟，当是清信弟子，录文漏一"子"字。北齐《朱元洪妻孟阿妃造像》："大齐武平七年岁次丁酉二月甲辰朔廿三日丙寅，清信弟子孟阿妃敬为亡夫朱元洪及息子敖、息子推、息白石、息康奴、息女双姬等敬造老君像一区，今得成就。"隋佚名《江夏县缘果道场七层砖塔下舍利铭》："次有清信弟子黄慧龙、慧俊、慧达等兄弟，并德口佳雅，难兄难弟，誓立五根，愿弘四事，于所住宅，福瑞累彰。"清信弟子，指男性佛教徒，弟子，即徒弟。故不能省略为"清信弟"。经校核原图，证实此处有字已不清。

父宅，当是火宅。"火"，形近而误认为"父"。火宅，是常用佛教语，多用来比喻充满众苦的尘世。造像题记中多用，如北齐佚名《董洪达造像铭》："三界有润，火宅无辜。杳杳真容，非人弗显。"录成"父宅"，则文义不通。

岳痾，当是微痾。"岳"，繁体字形作"嶽"，与"微"字形近而误识。发愿文中，常祈愿去病消难，微痾，即小病。宋陆游《病中绝句》："造物今年悯我劳，微痾得遂闭门高。"唐韦应物《谢栎阳令归西郊，赠别诸友生》："独此抱微痾，颓然谢斯职。"

参考文献：

马　德　1996《敦煌绢画题记辑录》,《敦煌学辑刊》第 1 期。

张培君　2007《敦煌藏经洞出土遗画中供养人图像初探》,《敦煌研究》第 4 期。

杨　森　2001《从敦煌文献看中国古代从左向右的书写格式》,《敦煌研究》第 2 期。

朱　瑶　2011《敦煌文献"右行"考述》,《民族研究》第 4 期。

日本讲谈社、大英博物馆　1982《西域美术》。

季崇建　2000《上海博物馆藏纪年佛教造像考证》,上海博物馆集刊。

钟稚鸥、马德鸿　2009《〈东魏邑义五百余人造像碑〉考释》,《故宫博物院院刊》第 3 期。

姚美玲　2017《邑义五百余人造像碑研究》,《中国文字研究》第 25 辑。

慧日佛艺的博客　http://blog.sina.com.cn/buddhistmuseum。

【作者简介】姚美玲,女,文学博士,华东师范大学教授,华东师范大学中国文字研究与应用中心基地研究员。研究方向:汉语史、训诂学和出土文献。

陈寅恪读书札记与中古和近代汉语词汇研究

于建华

(泰山学院,文学与传媒学院)

小序

在陈寅恪读书札记中,批校最多的书为〔梁〕释慧皎《高僧传》。不禁想起当年在随园文学院阶梯教室,董老师领着我们一帮研究生读《高僧传》。据汤用彤校注本,取日本七寺本和石山寺本对校,择善而从,于汤校多所是正;训诂则运用各种材料和方法,剖烦析滞,胜义纷呈。弟子由此稍窥治学门径,洵属难得一遇的金课。谨以此文献给董老师七十华诞!

[摘 要]史学大师陈寅恪的治学范围主要是中古史,而中古史的时间段约等于中古汉语再加上近代汉语初期。陈氏的治学范围与其所批校书的时代高度吻合。本文根据当前中古和近代汉语词汇研究的旨趣从札记中分类辑录部分材料。札记涉及当前中古和近代汉语词汇研究的大多数工作,引人瞩目的有下列几点:(1)大量的梵汉对勘条目可作为追溯外来词的重要参考;(2)重视中外文化交流,其中揭櫫的词汇输出现象堪称空谷足音;(3)长于贯通、观察发展变化;(4)陈氏是"大胆假设,小心求证"的典范,由于札记体的局限,"小心求证"稍嫌薄弱。

[关键词]陈寅恪;读书札记;中古汉语;近代汉语;词汇

一、引言

十多年前,笔者慕名读《陈寅恪集·读书札记》(2001),不期然被其中词汇研究性札记深深吸引。

史学大师陈寅恪自称"平生为不古不今之学"(冯友兰《中国哲学史》下册审查报告)。"关于不古不今之学,汪荣祖教授在他的《史家陈寅恪传》中已有明确解释,认为是指中国历史的中古一段,亦即魏晋到隋唐这一时期"(周一良 1997:558)。陈氏的治学范围与其所批校书的时代高度吻合。《陈寅恪集·读书札记》凡3集,共收批校书 24 种,即《旧唐书》《新唐书》(以上收入一集)《史记》《汉书》《后汉书》《晋书》《后汉纪》《资治通鉴考异》《唐律疏议》《人物志》《云溪友议》《酉阳杂俎》《弘明集》《广弘明集》《冲虚至德真经》《陆宣公奏议》《刘宾客集》《韩翰林集》《唐人小说》《沙州文录补遗附录》《敦煌零拾》(以上收入二集)《高僧传》《续高僧传》《宋高僧传》(以上收入三集)。其中批校最多的书为〔梁〕慧皎《高僧传》。

中国历史的分期与汉语词汇史的分期略有不同。董志翘师(2007:1)指出:"就目前比较一致的认识,'中古汉语'是指后汉至隋这一历史时期的汉语,'近代汉语'是指唐代到清代初期这一历史时期的汉语。"从时间段上说,中国历史中古期≈汉语史中古期+汉语史近代初期。

蒋天枢《陈寅恪先生读书札记弁言》云:"寅恪先生生平读书,有圈点,志其行文脉络觝理;有校勘,对本校或意校其讹误;有批语,眉批或行间批。""所记,大抵申抒己见,或取新材料补证旧史;或考校异同,与前贤札记之以铺叙例证得出结论者,颇异其趣。"此印象不够全面,一部分札记实在具有词汇研究的性质,这正是笔者感兴趣的。

本文将根据当前中古和近代汉语词汇研究的旨趣从札记中分类辑录部分材料。先交代凡例如下:(1)引用批校书原文,注明出处;(2)引用批语,注明集数和页码,两者用斜线隔开;(3)为节省篇幅,引文或有删节;(4)少量札记后加"今按",表示笔者的补充说明或不同意见。

二、札记之词汇研究概述

(一)勾选词语

陈氏勾选词语的目的显然有别于以词汇研究和词典编纂为目的的勾选:他对词语背后的历史现象感兴趣,勾选的主要目的当是为了将来检索史料。勾选词语主要集中于两《唐书》,例如:

稽胡(1/27)、玄奘(1/31)、白纸、黄纸(1/32)、长生殿(1/37)、六军(1/37)、摩尼

寺(1/46)、沙陀(1/49)、鉴虚(1/51)、山棚(1/52)、私白(1/56)、书诏学士(1/57)、茶税(1/60)、礜官(1/62)、时估(1/70)、草贼(1/73)、达靼部(1/73)、农具(1/74)、谵乐(1/80)、散乐(1/81)、户奴(1/116)、白旗(1/150)、陌刀(1/151)、体格(1/152)、入计(1/153)、羯胡(1/165)、国难(1/166)、七萃(1/167)、浴堂(1/259) 宫市(1/309)、海运(1/315)、地癖(1/321)、肩舆(1/325) 官户、蕃户(1/325)、青苗钱(1/327)、婆罗门咒(1/332)、崑崙(1/358)、鸟卜(1/359)、六胡州(1/401)、契丹族(1/423)、高丽种(1/423)、奚族(1/423)、回纥族(1/423)、辰日(1/468)、十八学士(1/475)、市舶使(1/492) 乞寒胡(1/499)、马值(1/522)、白著(1/534)、白望(1/542)、银刀军(1/559)、黄头军(1/580)、剚腹(1/582)、褚书价(1/591)、曳落河(1/624)、女肆(1/632)、葛獠(1/640)、平头上尾(3/175)、弹指(3/241)、箸(3/244)、惊禅(3/251)、风动失心(3/251)、相扑(3/259)。

其中,"长生殿""沙陀""山棚""陌刀""宫市""海运""官户""蕃户"(亦作"番户")"辰日""银刀军""黄头军""弹指"等词皆不止一次被勾选。

通观札记表出的词语,多涉及职官、部族、制度、风俗,可作为"分领域"词汇研究(董志翘 2007:7—9)的语料;所从出的句子不乏早期用例,可以提前《汉语大词典》滞后的书证。

(二)用词语概括原文的意思

用一个恰当的词语来概括一件事情其实是很困难的,这说明陈先生对词汇具有超强的敏感。这种操作有助于观察词化。所谓词化(lexicalisation),指用词项(lexical item)表达语法范畴或语义范畴(R.R.K.哈特曼、F.C.斯托克 1981:196)。一个事物,从有其实到有其名(即"词化")需要一个过程,有时甚至是一个漫长的过程。立足于实,还可以观察名的变迁,所谓"概念换了名称"。例如:

(1)〔贞观元年八月〕是月关东及河南、陇右沿边诸州霜害秋稼。(《旧唐书·本纪第二·太宗上》)霜俭。(1/28)

(2)〔贞观二年八月〕是月,河南、河北大霜,人饿。(《旧唐书·本纪第二·太宗上》)霜俭。(1/28)

(3)民贫无牛,以力耕,宙为置社,二十家月会钱若干,探名得者先市牛,以是为准,久之,牛不乏。(《新唐书·列传第一百二十二·循吏·韦宙》)今所谓"邀会"。(1/585)

(4)有毒女,与接辄苦疮,人死尸不腐。(《新唐书·列传第一百四十七·南蛮

下·诃陵》)殆梅毒欤？（1/639）

（5）释宝象，姓赵氏，本安汉人。后居绵州昌隆之苏溪焉。天性仁让，慧心俊朗。婴孩有异，二亲欲试其度，以诸彩帛、花果、弓矢、书疏，罗置其前。象便拨除饼果，上取书疏。众共叹异，咸知必有成济也。(唐释道宣《续高僧传·义解篇四·(周)潼州光兴寺释宝象传》)此晬盘之俗也。（3/193）

以《汉语大词典》的例证验之，札记中"邀会""梅毒""晬盘"等词概括的史实皆早于《汉语大词典》的最早例证，可以初步判断这些史实尚未词化。

（三）释义

释义条目主要分布在与佛教有关的文献中，例如三种《高僧传》和《敦煌零拾》，且主要是佛教的概念和术语。在其他文献札记中，释义条目零星出现。由于札记的空间狭小，大率直接给出结论，没有过程。"甥"条和"骨崙"条旁征博引，堪称最详尽的考释。

（1）建中元年，回纥突董梅录领众并杂种胡等自京师还国，舆载金帛，相属于道。（《旧唐书·列传第七十七·张光晟》）杂种胡即西域九姓胡。参新唐书二百十七上回鹘传。（1/183）

（2）遭乱，附突厥，突厥号为割利特勒。（《新唐书·列传第十三·张长逊》）突厥当时以可汗、特勤、设等号加诸降附汉人。（1/448）

（3）后尝就求羲之书，方庆奏："十世从祖羲之书四十馀番，太宗求之，先臣悉上送，今所存惟一轴。并上十一世祖导、十世祖洽、九世祖珣、八世祖昙首、七世祖僧绰、六世祖仲宝、五世祖骞、高祖规、曾祖褒并九世从祖献之等凡二十八人书共十篇。"（《新唐书·列传第四十一·王綝》）唐人所谓五世祖者，高祖上一辈之义，此可证。（1/495）

（4）会涣兼税地青苗钱物使，以钱给百官，而吏用下直为使料，上直为百司料。（《新唐书·列传第四十五·崔涣》）旧书一百八。上直即加估。（1/502）

（5）吐蕃释灵、朔兵，使论莽热以内大相兼东境五节度大使，率杂虏十万来救。（《新唐书·列传第八十三·韦皋》）杂虏殆包括黑衣大食等。（1/541）

（6）〔建武十年〕……霸乃筑坞候，起亭鄣，自代郡至平城三百余里。(《后汉纪·光武皇帝纪》)后汉书卷五十王霸传作"〔建武十年〕……诏霸……堆石布土，筑起亭障"，然则"坞候"之定义亦"堆石布土"也。（2/76）

（7）故因其所弘,则谓之风;节其所托,则谓之流。(《后汉纪·孝桓皇帝纪》)仁即风,义即流。本即风,末即流;体即风,用即流。(2/87)

今按:此条沟通"风流"和"本末""体用"范畴。

（8）汪按:又按俞正燮《癸巳存稿》十四有李娃传一条云:所云常州刺史荥阳公及其子姓官爵,刘后村诗话以为郑亚、郑畋。(《唐人小说·李娃传》)寅恪案:旧唐书一七八郑畋传:"亚登元和十五年进士第。"《北梦琐言》六《白太傅墓志》卢郑二相附条云:"郑文公畋与卢相携,表亲也,阀阅相齐,词学相均,同在中书,因公事不叶,挥霍间言语相挤,不觉砚瓦翻泼,谓宰相斗击,亦不然也,竟以此出官矣。"《唐语林》七补遗:"郑相畋与卢相携,外兄弟,同在中书,因议政喧兢,扑碎砚。王侍中铎笑之曰:'不意中书有瓦解之事。'"《太平广记》一八一引抒情诗李翱女条:"李翱江淮典郡,有进士卢储投卷,翱礼待之。置文卷几案间,因出视事。长女及笄,闲步铃阁前,见文卷,寻绎数四,谓小青衣曰:'此人必为状头。'迨公退,李闻之,深异其语。乃令宾佐至邮舍,具白于卢,选以为婿。卢谦让久之,终不却其意。越月随计,来年果状头及第。才过闱试,径赴嘉礼云云。"《新唐书》一八四《卢携传》:"与郑畋俱李翱甥。"《旧唐书》一七八卢携传:"祖损。父求,宝历初,登进士第。"《新唐书》七三上《宰相世系表》范阳卢氏又有:"卢损,损子求,求子携,字子升,相僖宗。"徐松《唐登科记考》二十,王定保《唐摭言》八阴注阳受条,及《唐诗纪事》五三卢求条:"求登宝历二年进士第,李翱之婿也。翱典合肥,有道人号先知。始,翱妹婿杨嗣复知举,求落第。至是嗣复再知举,道人以小卷遗嗣复曰:'放榜日开之。'洎放榜开卷,乃曰'裴头黄尾,三求六李'。时第一人裴求,榜末黄驾,次则李俅、卢求,又李方玄、从毅、道裕、景初、李助、李俅共六人。道人又谓翱曰:'公子之不如外孙。'后求子携、郑亚子畋,杜(原作"李")审权子逊(即"让")能为相,皆翱外孙也。"足知唐书甥作外孙解。(2/237—238)

今按:"甥"的"外孙"义见于上古。《诗经·齐风·猗嗟》:"不出正兮,展我甥兮。"毛传:"外孙曰甥。"

（9）十娘答曰:"儿是清河崔公之末孙,适弘农杨府君之长子。执成大礼,随父住于河西。蜀生狡猾,屡侵边境。"(《唐人小说·游仙窟》)蜀生指吐蕃无疑,他处似未见此名,俟考。(2/284)

今按:李时人在《游仙窟校注·前言》(2010:59)中指出《游仙窟》中有三个

词语很难解释,希望学界同仁给予帮助,其中就有"蜀生"。

(10)狮子骨崙前后引。(罗振玉辑《敦煌零拾·维摩诘经文殊师利问疾品演义》)《西域记》一:自素叶水城至羯霜那国,地名窣利,人亦谓焉。文字语言,即随称矣。《太平广记》卷三百四十鬼类卢顼:夜梦一老人骑大狮子,狮子如文殊所乘,毛彩奋迅,不可视。旁有二崑崙奴操辔。可为确证也。按,此节出幽通录。南海寄归内法传卷四第三十四西方学法注:然而骨崙速利,尚能总读梵经……(Pulo Condore)意指崑崙奴,即狮奴也。速利即疏勒,见本传卷一第九《受斋仪轨》。本传卷一序论止掘伦洲亦即此。义净《大唐西域求法高僧传》下贞固律师弟子孟怀业传云:至佛逝国,解骨崙语。慧琳《一切经音义》卷六十一根本说一切有部毗奈耶大律第三十二卷音破舶条云:司马彪注庄子云:海中大船曰舶。广雅:舶,海舟也,入水六十尺,驱使运载千余人,除货物。亦曰崑崙舶,运动此船,多骨论为水匠。叶适《习学记言》卷四十八《吕氏文鉴》寇准论澶渊事宜云:寇准初相,仓卒奉上以行,当时相传毕士安有相公交取鹘崙官家高璚,有此处好唤宰相吟两首诗之语,其为策略可见矣。朱子语类:乾是鹘沦一个大的物事。文集:圣人之言自有条理,非如后人鹘囵笼统无分别也。案,此谓浑浑饨之意,不知与此处合否? 又,西厢记借厢出曰:鹘伶绿老不寻常。此指红娘眼睛漓波而言,似与此处言师子之腾动较适合。临济义玄语录:师见僧来,展开两手。僧无语,师云:会么? 云,不会。师云:浑崙擘不开,与子两文钱。金盈之醉翁谈录四京城风俗记九月条:又以泥为文殊菩萨骑狮子像,蛮人牵之,以置糕上。案,盈之为南宋人,而所记为北宋汴梁旧俗,然则北宋时犹塑作骨崙黑奴之形,故以为蛮人也。(2/309-310)

(11)晋义熙中,钟山祭酒朱应子。(梁释慧皎《高僧传·兴福·宋京师延贤寺释法意》)祭酒乃天师道之高级法官,如张鲁之祭酒是也。(3/146)

(12)齐主既敞教门,言承付嘱,五众有坠宪网者,皆据内律治之。(唐释道宣《续高僧传·明律上·(隋)西京大兴善寺释洪遵传》)所谓 Canon Law 也。(3/236)

(13)其龟兹、於遁诸国,见今养蚕,唯拟取绵,亦不杀害。(唐释道宣《续高僧传·遗身·(唐)雍州新丰福缘寺释道休传》)即丝绵。(3/269)

(四)联系同义词

共辑得4条,胪列于后:

(1)若诸军全捕得一火草贼数至三百人已上者,超授将军,赏钱一千贯。(《旧唐书·本纪第十九·僖宗》)草贼。草寇。(1/72)

（2）是日捕得虏。（《汉书·李广苏建传》）虏字荀悦汉纪十四作生口。（2/16）

（3）汪按：后人以张生赋会真诗三十韵，又名曰会真记。（《唐人小说·莺莺传》）但"会真"为道家之一专门名词，"真""仙"通用字，"仙"又为少女之代字，固无疑也。（2/264）

（4）什为推辩"诸法皆空无我"，分别"阴界假名非实"。（梁释慧皎《高僧传·译经中·晋长安鸠摩罗什》）"阴"即"蕴"，skandha。（3/49）

（五）楬橥词汇输出现象

仅发现两例，输出的目的地都是日本。关注词汇输出的学者极少，数量虽少，弥足珍贵。

（1）〔十七年〕秋七月庚辰，京城讹言云："上遣枨枨取人心肝，以祠天狗。"递相惊悚。上遣使遍加宣谕，月馀乃止。（《旧唐书·本纪第三·太宗》）天狗，日本所传，当由唐代输入。（1/29）

（2）〔魏〕征曰："才能为尺十二枚，尺八长短不同，各应律管，无不谐韵。"（《旧唐书·列传第二十九·吕才》）尺八，今东洲仍有其名。（1/122）

今按："尺八"是笛子的一种，以其长一尺八寸得名，唐朝时传入日本，成为日本古典音乐的代表乐器之一。现在国内只有闽南的南音保留为主要乐器。

（六）推求语源

追溯外来词的源头也属于推求语源，但是由于其特殊性，姑且置于"梵汉对勘"的标题之下。在历史学家陈寅恪手中，推求语源乃考察职官、部族、制度、风俗发生的手段。

（1）仍谕河南方镇曰："王仙芝本为盐贼，自号草军，南至寿、庐，北经曹、宋。"（《旧唐书·本纪第十九·僖宗》）落草之义所从出。（1/72）

（2）自神龙以后，真腊分为二：半以南近海多陂泽处，谓之水真腊；半以北多山阜，谓之陆真腊，亦谓之文单国。（《旧唐书·列传第一百四十七·真腊国》）吴俗谓柚为文单，殆由于此。（1/359）

今按："文单"为"越南"之音译。

（3）……吴黑闼为行军总管隶之，帅骑士六万趋辽东。（《新唐书·列传第一百四十五·东夷·高丽》）"黑闼"殆"黑獭"之同音欤？（1/628）

（4）发羌、唐旄等绝远，未尝往来。（《后汉书·西羌传》）新唐书以唐旄、发羌

为吐蕃之祖,其说似可信,以音颇近,且与藏文较合故也。(2/35)

(5)单于前言,先帝时所赐呼韩邪竽瑟空侯皆败。(《后汉书·南匈奴列传》)空侯或最先见于此,俟考。(2/36)

(6)白部鲜卑。(刘琨集作"百部",今从后魏书、晋书)(《资治通鉴考异·晋纪怀帝永嘉三年》)鲜卑有"白虏"之称,殆以此故。(2/99)

(7)〔圣皇〕常玩一紫玉笛,因吹数声,有双鹤下于庭,徘徊而去。圣皇语侍儿宫爱曰:"吾奉上帝所命,为元始孔升真人,此期可再会妃子耳。笛非尔所宝,可送大收。"(原注:大收,代宗小字。)(《唐人小说·长恨歌传附杨太真外传》)通鉴考异:开元二十六年,引陈岳大唐统记,有"大枒"之语。温公以为不可解。疑此处"大收"亦即"大枒"之讹,当是"大哥"之别书。此哥字本出自胡语。原无定字也。又管子"吾子"即"牙子"之谓。或者"枒"即"牙","大枒"即今楚人言"大伢"耶? 俟考。然其意必谓长子,恐非代宗小字也。(2/258)

今按:一般认为"哥"出自胡语,可参胡双宝《说"哥"》(1980)。在中古音中,"枒"属疑母麻韵,"哥"属见母歌韵,二字似无相通之理。《管子·海王》:"终月,大男食盐五升少半,大女食盐三升少半,吾子食盐二升少半。此其大历也。"尹知章注:"吾子谓小男小女也。"据《正字通》,古本《管子》"吾"作"童"。"吾"和"童"为同义异文。《齐民要术·种谷》引《吕氏春秋·辨土》:"是故三以为族,乃多粟;吾苗有行,故速长;弱不相害,故速大。"任林圃(1962)认为《吕氏春秋》中的"吾"当读为"芽"。"芽""伢"同源。今山东方言犹称小男小女曰小孩伢子。"大伢"的意思是"大孩子",通行范围很广,超出了楚语的范围。赣语有一个特征词"伢子",即"孩子"的意思。"吾"和"牙"的谐声字均属上古音疑母鱼部(陈复华、何九盈1987)。

(8)〔慧明〕于是栖心禅诵,毕命枯槁。后于定中见一女神,自称吕姥,云常加护卫。(梁释慧皎《高僧传·习禅·齐始丰赤城山释慧明》)吕姥盖当时流俗传言。梁武帝"菜姑吕姥"之谣即用民间习语也。(3/144)

(9)然禅用为显,属在神通。故使三千宅乎毛孔,四海结为凝酥。过石壁而无壅,擎大众而弗遗。(梁释慧皎《高僧传·习禅·习禅总论》)此瑜伽之名所由来也。(3/145)

(10)旻因舍什物嚫施,拟立大堂,虑未周用,待库生长,传付后僧。(唐释道宣《续高僧传·义解·(梁)杨都庄严寺沙门释僧旻传》)长生库之义,殆由于此。(3/179)

（11）成前呼俞为先生。俞嗔曰：我非俗士，那名我为先生？（唐释道宣《续高僧传·义解·（隋）荆州龙泉寺释罗云传》）道士称先生，由来久矣。（3/196）

（12）山本无水，须便饮涧。尝于昏夕，学人侍立，忽降虎来前，跑地而去。（唐释道宣《续高僧传·护法·周终南山避世蓬释静蔼传》）虎跑二字，由来久矣。（3/242）

今按："虎跑泉"遍布全国，最有名的当数杭州虎跑泉。"跑"义为"兽用爪刨地"。

（七）勾勒词汇的发展变化

包括词义的演变、概念换了名称、词语的古今通用等现象。

（1）默啜曰："国有此人而不用，汉无能为也。"新罗、日本东夷诸蕃，尤重其文，每遣使入朝，必重出金贝以购其文，其才名远播如此。（《旧唐书·列传第九十九·张荐》）此与唐蕃会盟碑之称汉同，亦与今日海外之称唐不异也。《史记·大宛传》汉人之称秦人亦然。（1/225）

（2）先是，京师有不肖子，皆著叠带冒，持梃剽间里，号"闲子"。（《新唐书·列传第一百一十四·高仁厚》）"闲子"即"烂仔"。（1/580）

今按：此条以今语释古语。"烂仔"的使用范围主要在粤语区。

（3）不敢指斥尊号，故托云社稷。（《唐律疏议·名例一》）孟子（尽心下）："民为贵，社稷次之，君为轻。"君与社稷本不同，此疏专指君言，后起之义也。（2/115）

（4）〔静蔼〕与同伍游寺，观地狱图变。（唐释道宣《续高僧传·护法·周终南山避世蓬释静蔼传》）智升开元录卷十云："大慈恩寺翻经堂内壁画，古今翻译图变。"可知图变成一名词。后来之"变"殆图变之略称耶？敦煌本坛经："时大师（五祖）于此廊下供养，欲画楞伽变，并画五祖大师传授衣法，流传后代为记。"今本作楞伽经变相。（3/242）

（5）至如贞观五年，梁州安养寺慧光师弟子母氏，贫窭内无小衣，来入子房，取故袈裟，作之而著。（唐释道宣《续高僧传·兴福·周鄜州大像寺释僧明传》）谓袴为小衣，今俗语犹然。（3/271）

（八）说明避讳现象

（1）〔唐隆元年〕七月己巳，睿宗御承天门，皇太子诣朝堂受册。是日有景云之瑞，改元为景云。（《旧唐书·本纪第八·玄宗》）当时年号唐隆，故避太子讳改也。（1/35）

（2）〔八月〕壬戌，刑部奏改律卷第八为斗竞律。（《旧唐书·本纪第十四·顺宗》）顺宗讳诵，避"讼"字嫌名。（1/46）

（3）五月，魏广阳王深。(魏帝纪作渊。今从列传及北史。)(《资治通鉴考异·梁纪武帝普通七年》)魏书肃宗纪及元湛墓志均作渊。"渊"云"深"，乃唐人避讳所改，司马公何其误也？（2/103）

（4）寺后竹林常于彼坐，有四老虎，绕于左右。(唐释道宣《续高僧传·习禅·(隋)益州响应山道场释法进传》)老虎(3/226)

（5）〔绍〕未出家前，山行见一大虫甚瘦。(唐释道宣《续高僧传·遗身·(唐)梓州沙门绍阇梨传》)称虎为大虫，殆避唐庙讳。今《水浒传》呼虎为大虫，其由来久矣。（3/269）

今按：第（4）条属于隋朝，不预避唐庙讳；第（5）条属于唐朝，为避唐高祖李渊之祖父虎讳，把"老虎"改称"大虫"。

（九）发现有规律性文字、词汇现象

（1）封氏出自姜姓。(表第一行二格)：隆之字祖裔，北齐右仆射富城宣懿子。(《新唐书·表第十一·宰相世系》)本书一百封伦传作"隆"。省去"之"字，天师道名中，"之"本可略也。（1/419）

（2）封伦字德彝，以字显，观州蓚人。祖隆，北齐太子太保。(《新唐书·列传第二十五·封伦》)隆之可以单称隆，此六朝通例，盖天师道名中"之"字，本非真名也。本书七十一下宰相世系表即作"隆之"，可证。（1/470）

（3）国王见此心惊怪，嫔彩皆言悟一人。(罗振玉辑《敦煌零拾·有相夫人生天因缘曲》)彩，内典习作婇。（2/311）

（4）长干寺大德智辩，延入宗熙。天宫寺僧晃，请居佛窟。斯由道宏行感，故为时彦齐迎。(唐释道宣《续高僧传·习禅·(隋)国师智者天台山国清寺释智顗传》)章安天台传有慧辩、僧晃请舍讲习禅事，道宣此传删去。本书法朗传云："辩住长干。"然则天台传之慧辩即法朗传之玄辩也。凡僧名如法、智可相通，玄、慧亦相易。其例颇多，非独此也。（3/221）

今按：僧名道、法亦通用。唐代法钦禅师（714—792），又名道钦。《宋高僧传》卷九《唐杭州径山法钦传》："释法钦，俗姓朱氏，吴郡崑山人也。"王谠《唐语林》卷一："兴元中，有僧曰法钦。以其道高，居径山，时人谓之径山长者。"死后谥大觉禅师。《佛光大辞典》："道钦，唐代牛头宗径山派初祖。苏州昆山人。俗姓朱。又作法钦。"

(十)梵汉对勘以及汉语和其他语种的对勘

对勘包括源语(source language)语种、源语形式、翻译得失、异译、音理等内容。梵汉对勘密集出现在梁慧皎《高僧传》和罗振玉辑《敦煌零拾》札记中,汉语与其他语种的对勘则散见于其他札记。陈寅恪在清华大学和西南联大先后开过佛经文学翻译课,这些读书札记大概属于备课资料。对勘条目相当多,今酌举若干以见一斑。

(1)则天寻遣使册立默啜为特进、颉跌利施大单于、立功报国可汗。(《旧唐书·列传第一百四十四·默啜》)暾欲谷碑:Elteriś (1/344)

今按:颉跌利施为突厥语 Elteriś 之对音。

(2)小杀又欲修筑城壁,造立寺观,暾欲谷曰:"不可。突厥人户寡少,不敌唐家百分之一,所以常能抗拒者,正以随逐水草,居处无常,射猎为业,又皆习武。"(《旧唐书·列传第一百四十四·毗伽可汗》)此突厥文"唐家子"之同字欤?待考。新书删"家"字,殆以其不雅而去之,于此益可见其为当时俗语矣。(1/345)

(3)可汗是唐家天子女婿,合有礼数,岂得坐于榻上受诏命耶!(《旧唐书·列传第一百四十五·回纥》)"唐家"二字新书删去,足征其为当时俗语,与阙特勤碑突厥文合。(1/348)

(4)此行大安稳,然不与唐家兵马斗,见一大人即归。(《旧唐书·列传第一百四十五·回纥》)唐家,即"桃花石",Tolgus。(1/349)

今按:《新唐书》有复古倾向,故以新书删"唐家"二字证其为当时俗语。"桃花石"是中西交通史领域的热点问题。中外学者普遍认为"桃花石"一词是古代中亚人对中国和中国人的称谓,然而关于这一称谓的来源则众说纷纭,莫衷一是。

(5)有结辽鸟,能解人语。(《旧唐书·列传第一百四十七·林邑国》)吉了之异译。(1/358)

(6)自为梁国。始毕可汗遗以狼头纛,号大度毗伽可汗,解事天子。(《新唐书·列传第十二·梁师都》)案:突厥语"大度",事也;"毗伽",解也;"可汗",天子也。故大度毗伽可汗为音译,解事天子为意译。当时突厥封号中国特起之首豪,俱如此例。或者误因可汗、天子并称,谓是二种不同徽号,遂附会《木兰诗》为此时作,盖不知此义所致也。(1/446)

(7)史大奈,本西突厥特勒也。从平长安,以多,赏帛五千匹,赐姓史。(《新唐书·列传第三十五·史大奈》)阿史那氏省为史氏。(1/488)

（8）时又有清源尉吕元泰,亦上书言国政,曰:"比见坊邑相率为浑脱队,骏马胡服,名曰'苏莫遮'。"(《新唐书·列传第四十三·宋务光》)浑脱队,苏莫遮。（1/499）

（9）有子曰钦陵、曰赞婆、曰悉多于、曰勃论。(《新唐书·列传第一百四十一·吐蕃》)"勃论"即吐蕃语大臣之意。（1/620）

（10）有盖苏文者,或号盖金,姓泉氏。(《新唐书·列传第一百四十五·高丽》)"苏文"殆梵文 suvarna 之对音,故译为金也。（1/627）

（11）〔贞观〕二十一年,遣使入献波稜、酢菜、浑提葱。(《新唐书·列传第一百四十六·泥婆罗》)菠菜。（1/630）

今按:菠菜原产波斯,唐朝传入中土。"波稜"为音译,"菠菜"为音译(省)加意译。

（12）三十三年,……徙谪,实之初县。禁不得祠。(《史记·秦始皇本纪》)滕田以不得为佛陀之古谓。（2/5）

今按:日本学者藤田丰八认为"不得"是"佛陀"的异译,为梵文 Buddha 之对音。佛教史论著一般把佛教传入中国的时间定在东汉明帝。把"不得"定为梵文 Buddha 之对音,不仅在时间上要把佛教传入中国的时间大大提前,并且也是孤证。

（13）匈奴谓贤曰"屠耆",故常以太子为左屠耆王。(《史记·匈奴列传》)屠耆,疑回纥文 adgu 与之有关。（2/8）

（14）阎王领阅,卒傍执钗。三扐一奋,百千累罗。(《弘明集·日烛》)后世喽啰或始于此。又此处自当指 naraka 言,不解泥母何以读作来母也。（2/151）

今按:"累罗"和"喽啰"都是音译。假如 naraka 为源语词,那么以上两种音译形式反映了 n、l 相混现象。n、l 均是舌尖中音,在现代汉语方言中相混的地域比较广,在古代也不乏混淆的例子。例如"蟷蠰"又作"堂螂"。"蠰""螂"分属上古泥母和来母。

（15）失来妙德,亦是不堪。(罗振玉辑《敦煌零拾·维摩诘经文殊师利问疾品演义》)僧肇曰:文殊师利,秦言妙德。（2/302）

（16）众中弥勒又推辞。(罗振玉辑《敦煌零拾·维摩诘经文殊师利问疾品演义》)赞宁大宋高僧传卷三译经传论云:龟兹不解天竺语,呼天竺为印特伽国者,因而译之。北平图书馆藏敦煌写本佛说诸经杂缘喻因由记第四故事弥勒受记成佛缘:弥勒者,梵音轻也,是足梵语弥顶勒迦,唐言慈氏。（2/306）

（17）摄摩腾,本中天竺人,常游化为任,昔经往天竺附庸小国,讲金光明经。……愔等于彼遇见摩腾,乃要还汉地。(梁释慧皎《高僧传·译经上·汉洛阳白马寺摄摩腾》)历代三宝记四:"〔明〕帝遣使往通天竺,于月氏国（Bactria）遇摄摩腾。"（3/21）

今按:Bactria 系大夏的外语形式。又,西方古典著作中,没有可与月氏比附的名称(W.M. 麦高文 2004:294)。

（18）昙柯迦罗,此云法时,本中天竺人。(梁释慧皎《高僧传·译经上·魏洛阳昙柯迦罗》)据法字应作摩柯,疑与迦字俱为一音之译,以并书而失去法字梵音之下半,故致斯误。然名僧传亦如此,其误久矣。（3/24）

（19）以晋隆安中,住白沙寺,耶舍善诵毗婆沙律,人咸号为大毗婆沙,时年已八十五,徒众八十五人。(梁释慧皎《高僧传·译经上·晋江陵辛寺昙摩耶舍》)当谓善见律毗婆娑,此为体毗履部即长老部律,今之巴利文律是也。（3/27）

（20）〔什母〕次旦受戒,仍乐禅法,专精匪懈,学得初果。(梁释慧皎《高僧传·译经中·晋长安鸠摩罗什》) srota-āpanna, srotāpanna 须陀洹汉译"预流"。（3/33）

（21）什为推辩"诸法皆空无我",分别"阴界假名非实"。(梁释慧皎《高僧传·译经中·晋长安鸠摩罗什》)"阴"即"蕴",skandha。十八界即六根、六境、六识。界,dhātu。（3/49）

（22）有别记云,菩萨地持经,应是伊波勒菩萨传来此土,后果是谶所传译,疑谶或非凡也。(梁释慧皎《高僧传·译经中·晋河西昙无谶》)"伊婆勒"即是优婆罗（离）Upāli 之音译,"伊蒲塞"梵文为 upāsaka,此〔u〕古译"伊",以后译"优"之明证。（3/79）

（23）又文殊师利问经云:我涅槃后百年,当有二部起。一摩诃僧祇,二大众。老少同会,共菩萨会出律也。(梁释慧皎《高僧传·明律·明律总论》)大众即摩诃僧祇之译义,"二"字必误文。（3/145）

（24）拘那罗陀,陈言亲依,或云波罗末陀,译云真谛,并梵文之名字也。(唐释道宣《续高僧传·译经·陈南海郡西天竺沙门拘那罗陀传》)应作拘罗那陀,即梵文 Kulanātha,始可与亲依之训符。近日本人以为应作 Gunarata,则其义为功德宝(见境野哲支那佛教史上卷三六〇页)。盖不知那罗二字应倒读也。（3/171）

（25）城名大兴,王名坚意。(唐释道宣《续高僧传·感通·（隋）中天竺国沙门阇提斯那传)》)Sthiramati 或是坚意之译。此长安之名不知梵文者应为何字,大约 Mahā———也。(3/264)

(26)其龟兹、於遁诸国,见今养蚕,唯拟取绵,亦不杀害。(唐释道宣《续高僧传·遗身·(唐)雍州新丰福缘寺释道休传》)於遁为于阗之异译。(3/269)

三、结语

从以上多达 10 种的分类可见陈寅恪视野之开阔,其读书札记几乎涉及目前中古和近代汉语词汇研究的大部分工作,其中引人瞩目的有下列几点:

季羡林(1999:5)曾说:"我的老师陈寅恪先生为举世公认之考证大师。他与清儒最根本的不同之处在于,他除了汉文以外通晓许多国内外语言。考证起来,得心应手。因此他多能发前人未发之覆。"这里表彰的考证,实指梵汉对勘以及汉语和其他语种的对勘。朱庆之在《佛教混合汉语初论》(2001)中指出:"作为汉语的一个独特变体,佛教混合汉语的研究在材料和方法上也需要有独特的地方。这首先是汉梵对勘,包括梵汉对勘的材料和方法的运用。""从具体操作方面而论,对勘可以有直接和间接两种方式。所谓间接方式,就是利用前贤时彦的研究成果。"梵汉对勘的门槛很高,许多人望而却步,因此利用他人的研究成果就显得很有必要,陈寅恪读书札记就是非常宝贵的材料。为了更好地发挥其作用,有必要进一步整理,编制词语索引。

陈氏治史,认为文化超越于政治、经济、民族等等之上,这种文化至上的观点也体现在他的词汇研究中;而在文化之中更关注中外文化交流。文化交流包括输入和输出,中古时期,输入大于输出,为逆差,大量的外来词证明了这一点。学界对外来词研究得比较多,而对词汇输出则很少关注。读书札记涉及词汇输出(目标语是日语),为我们树立了榜样。当前提倡中国文化走出去,需要研究中国文化走出去的历史,而研究词汇输出无疑是一个重要的途径。

周一良(1997:569)推崇陈寅恪长于贯通、观察发展变化。札记的词汇研究也贯穿了这一意识,主要体现在推求语源、勾勒词汇的发展变化等方面。

陈氏最为学人折服的是博学和卓识。两者之间的桥梁就是超强的联想力,各种各样的知识在头脑中起化学反应,故能"发前人未发之覆",让人总是惊叹"没想到"。胡适的名言"大胆假设,小心求证"放在陈氏身上再恰当不过。单从读书札记看,"小心求证"似乎有点薄弱,但这是札记体的局限,不宜苛求。正因为如此,我们在借鉴、吸收札记词汇研究成果的同时,有必要在原来的基础上继续研究。

最后,请大家抽时间读一读陈寅恪读书札记。

参考文献:

陈复华、何九盈　1987《古韵通晓》,北京:中国社会科学出版社。

陈寅恪　2001《陈寅恪集·读书札记》(共三集),北京:生活·读书·新知三联书店。

董志翘　2007《21世纪中古、近代汉语词汇研究随想》,《中古近代汉语探微》,北京:中华书局。

胡双宝　1980《说"哥"》,《语言学论丛》第六辑。

季羡林　1999《当代学者自选文库·季羡林卷》,合肥:安徽教育出版社。

李时人、詹绪左　2010《游仙窟校注》,北京:中华书局。

任林囿　1962《读〈齐民要术〉札记》,《文史哲》第6期。

周一良　1997《纪念陈寅恪先生》,周一良著《魏晋南北朝史论集》,北京:北京大学出版社。

朱庆之　2001《佛教混合汉语初论》,《语言学论丛》第二十四辑。

R.R.K.哈特曼、F.C.斯托克,黄长著等译　1981《语言与语言学词典》,上海:上海辞书出版社。

W.M.麦高文,章巽译　2004《中亚古国史》,北京:中华书局。

【作者简介】于建华,男,文学博士,泰山学院文学与传媒学院副教授。研究方向:汉语史研究。

论《经传释词》对戴震文法学的继承与发展

徐道彬

(安徽大学,徽学研究中心)

[摘 要]从《助字辨略》到《经传释词》再到《马氏文通》,中国文法学逐步完成了近代意义上的发展历程。其中,戴震关于汉语语法修辞和虚词运用方面的观点与实践,对于王引之《经传释词》的撰写,无论是在语言研究方法上的引领和启示,还是在经典文献材料上的选择与运用,都有着密切的联系和深远的影响,故梁启超称中国之有文典自马氏始;推其所自出,则亦食戴学之赐也。

[关键词]戴震;王引之;经传释词;文法学

戴震(1724—1777)字东原,清代徽州休宁人,乾嘉汉学的杰出代表。其学兼涉多域,又各成专门,由小学而入经学,并辅以天文历算之法、推步测量之方、宫室衣服之制、鸟兽虫鱼草木之名、音和声限古今之殊,且无不求归至是,符契真源。其文字学的"以字证经,以经考字"和"四体二用"说;音韵学的"审音法"和"九类二十五部"分韵法;训诂学的"训诂音声,相为表里"和"因声求义,不限形体"理论;校勘学上的"理校法"和"十分之见"说,都充分显示出思维方式的突破传统,乃至迈入近代。故梁启超《清代学术概论》称:"苟无戴震,则清学能否卓然自树立,盖未可知也。"(第34页)语言学家王力曾有诗赞:哲学兼科学,畴之擅九章;天文识盈缩,声律辨阴阳;原善明经典,传薪得段王。高山安可仰,徒此挹芬芳。

戴震的学术贡献,除了其自身的卓越成就之外,是他培养和影响了一批崇尚实学考证的杰出学者,形成了震烁一时的乾嘉汉学群体,"戴段二王之学"便是今人对"皖派"学术形象的公认与赞誉。《清史列传》所载王引之(1766-1834,字伯申,号曼卿)云:"引之,字伯申,能世其学。由编修官至礼部尚书,谥文简,自有传。论者谓国朝经术,独绝千古,高邮王氏一家之学,三世相承,自长洲惠氏父子外,盖鲜其匹云。"(第 2672 页)

王引之的学术经历和杰出成就,主要集中在《经传释词》和《经义述闻》两部书中。王氏弟子胡培翚《研六室文钞·经传释词书后》云:"吾师自弱冠后,究心《尔雅》《说文》、顾氏《音学五书》者有年,得其要领。既而侍石臞太夫子于京邸,聆承庭训,贯通众说,益得指归。厥后师友一堂,凡有著作,互相考核,故其论撰极精。近吾师为武英殿总裁,奉旨重刊《康熙字典》,校正原书传写之误,撰《字典考证》十二册,以佐盛朝同文之治。而其所著《经义述闻》,久已传布艺林,海内宗仰。是书(《经传释词》)专释语词虚字,辟前古未有之涂径,荟萃众解,津逮后人,足补《尔雅》之阙。学者诚能即是书,熟复而详考之,则于经义必无扞格,而读史、读子、读古书,无不迎刃以解矣,其功不与《尔雅》并传也哉?"胡氏就《经传释词》一书,论及王氏的学术成就与思想方法,并就该书的撰写原因与写作特点做了较为确切的评述。《经传释词》是在其父王念孙的启发和指导下撰写而成,从《论语》《周易》《左传》《史记》等先秦两汉的古籍入手,搜集虚字 167 个,依唐释守温 36 字母序列之,凡 10 卷。对于所收各字,先予释义,然后征引古籍加以证明,论证周密,材料翔实,条理清晰。虽然收字数量上少于清初刘淇的《助字辨略》,但在学术价值上则远甚于刘著。杨树达《词诠》曾有所论及:"凡读书者有二事焉:一曰明训诂,二曰通文法。训诂治其实,文法求其虚。清儒善说经者,首推高邮王氏。其所著书如《广雅疏证》,征实之事也;《经传释词》,搗虚之事也。其《读书杂志》《经义述闻》,则交会虚实而成者也。呜乎!虚实交会,此王氏之所以卓绝一时,而独开百年来治学之风气者也!训诂之学,自《尔雅》《说文》以下,更清儒之疏通证明,美矣,备矣,蔑以加矣!文法之学,筚路蓝缕于刘淇,王氏继之,大备于丹徒马氏。"可以说,中国具有真正意义上的语法学,至清季马建忠的《马氏文通》才算建立起来。所以,《助字辨略》《经传释词》和《马氏文通》的前后相继,才完成了近代意义上语法学的历史进程。然而,梁启超《论中国学术思想变迁之大势》则又追溯其源曰:"中国之有文典自马氏始;推其所自出,则亦食戴学之赐也。"(第 122 页)梁氏之言高屋建瓴,确为的论。戴震在中国语言文字学史上有着重要的地位,其治学务实黜虚,朴实太过,故在语言方面的理论概括和总结略嫌不足,以致于有许多精深的见解,淹没于他的考据学范围之中,未能得以突显,这也是后人理应归纳总结的地方。譬如,他的语法修辞观则因材料分散,学术界注意者很少。实际上,戴氏关于汉语语法修辞方面的观点与实践,在语法学和修辞学发展史上都具有一定影响,尤其对王引之《经传释词》的撰写,在方法与材料上都有着直接的联系。杨向奎《清儒学案新编》第五卷曾言:"戴东原治哲学喜用文义分析的方法,以了解经典中的本义,开清人文法学的先河。段玉裁也注意了这种方法,王氏父子于此更有较大发展。"(第313页)王引之善于继承前贤,明体知类,甚有发明,为后人留下了宝贵的学术遗产,而《经传释词》在中国文法学发展史上所占有的重要地位也不言自明。

一、辨明虚实　发凡起例

"言之不文,行之不远"。戴震的著述合义理、考据为文章,修辞立诚而别具一格,非置艺文于不顾也。其中引人入胜的山水小品文,清新雅洁的碑传序跋,皆简约高古,力洗浮艳。他的许多文法学观点,多散于具体的文字训诂的片言只语和诸多书札中,对于中国语法学和修辞学的发展都有重要意义。如《戴震全书·与方希原书》曰:"道固有存焉者矣,如诸君子之文,亦恶睹其非艺欤?夫以艺为末,以道为本……以圣人之道被乎文,犹造化之终始万物也。非曲尽物情,游心物之先,不易解此,然则如诸君子之文,恶睹其非艺欤?"(第六册第374页)又同书《与某书》一文曰:"夫文无古今之异,闻道之君子,其见于言也,皆足以羽翼经传,此存乎识趣者也。而词不纯朴高古亦不贵,此存乎行文之气体格律者也。因题成文,如造化之生物,官骸毕具,根叶并茂,少阙则非完物,此存乎冶铸之法者也。精心于制义一事,又不若精心于一经,其功力同也,未有能此而不能彼者。"戴震为学虽重在经史考证,但对"羽翼经传"的文章修辞之法也颇为讲求,对"贤圣之言"更能够"先辨其字之虚实",以达正名责实,"根叶并茂"。这一观点也得到了王氏父子的认同与效法。王引之云:"夫文章者,学问之发端也。若草木然,培其根,而枝叶茂焉。"又云:"文章之源出于经训,故六经者文章之祖也。其次,则先秦诸子、两汉遗书,皆无意为文而极天下之文之盛。不本乎此而欲为文,则薄而已矣,俗而已矣,雷同而已矣。"由是观之,戴震讲求文字,注重文辞,"修辞立诚,以俟后学"的影响,已在不自觉间渗透于乾嘉学者的治学思想之中。

《戴震全书·绪言》云:"学者体会古贤圣之言,宜先辨其字之虚实。今人谓之

'字',古人谓之'名',《仪礼》云'百名以上书于策,不及百名书于方'。《周礼》云'谕书名,听声音'是也。以字定名,有指其实体实事之名,有称夫纯美精好之名。如曰'人',曰'言',曰'行',指其实体实事之名也;曰'圣',曰'贤',称夫纯美精好之名也。曰'道',曰'性',亦指其实体实事之名也。道有天道人道:天道,阴阳五行是也;人道,人伦日用是也。曰'善',曰'理',亦称夫纯美精好之名也。曰'中',曰'命',在形象,在言语,指其实体实事之名也;在心思之审察,能见于不可易不可踰,亦称夫纯美精好之名也。"(第六册第104页)戴氏所指实词乃"实体实事"之名,虚词乃抽象形容之名,虽与今之所称实词虚词的名称不完全相同,但他已注意到虚实词性在训诂中的重要性,故而主张辨名之"虚实",得字义之根本,进而才能正确地"体会古圣贤之言"。戴氏的许多学术主张都贯彻在训诂实践中,在考经证史中能够较好地把握住语法修辞对阐释经典的作用。戴氏所指实词如人、言、行、道、性、中、命,乃"实体实事"之名;虚词如圣、贤、善、理、心思,乃抽象形容之名,可见东原已经有了语词分类的思想。而这种思想启发和影响了其后训诂学家的关注。如王引之《经传释词序》云:"语词之释,肇于《尔雅》。粤、于为曰,兹、斯为此,每有为虽,谁昔为昔:若斯之类,皆约举一隅,以待三隅之反。盖古今异语,别国方言,类多助语之文。凡其散见于经传者,皆可比例而知,触类长之,斯善式古训者也。自汉以来,说经者宗尚雅训,凡实义所在,既明著之矣。而语词之例,则略而不究;或即以实义释之,遂使其文扞格,而意亦不明。"因此之故,作为戴门后学,王引之能够担负起"辨其字之虚实"的重任。于是,"凡助语之文,遍为搜讨,分字编次,以为《经传释词》十卷,凡百六十字。前人所未及者补之,误解者正之,其易晓者则略而不论。非敢舍旧说而尚新奇,亦欲窥测古人之意,以备学者之采择。"至此,王氏在依托前人思想方法和研究成果的基础上,注重训诂与文法的综合研究,开拓创新,成就巨著。

戴东原治学喜用文法分析的方法,以了解经典中的本义,开清人文法学的先河。譬如,《孟子字义疏证》中阐释"一阴一阳之谓道"和"形而上者谓之道"时,戴震指出:"古人言辞,之谓、谓之有异。"之谓是以上所称解下;谓之是以下所称之名辨上之实。并以此批驳宋儒不知语辞,错解圣贤经典。何乐士《左传虚词研究》对此很赞同,称戴震对这个问题的论述虽然简短却很中肯,并总结出三点:(一)两种句式最大的不同是A(被说明对象)与B(说明内容)位置的不同,因而作用也不同。"A谓之B"是对A的品题和归类;"B之谓A"是对A的认同、释义、印证和举例。(二)从作用和意义上看,"谓之"句常用以表示社会上共同的认识和称谓,"之谓"句常用以表示说话人的主观见解。"谓之"句有"叫做……""称为……"等意思;"B之谓A"句有"B才(就)算A""B才(就)意味着A"等意思。(三)从语法上看,"A谓之B"是双宾句,"B谓之A"是与较大的语言单位联系在一起的主谓句。前者的"之"是代词作宾语;后者的"之"是连词,且有"才""就""始""乃"等意义。戴震称"之谓"句是"以上所称解下",他所说的"上"就是我们所说的B,"下"就是我们说的A,他这句话的意思就是说B是对A的解释,"此为性、道、教言之","为天道言之",也都是这个意思。"性""道""教""天道"都是'之谓'句中的A。关于'谓之'句,他说:"凡曰'谓之'者,以下所称之名辨上之实。"很明显,他认为在"自诚明谓之性,自明诚谓之教"例中,不是对性、教言之,而是以"性""教"对"自诚明""自明诚"加以区别。当然具体例句多种多样,意思会有一定范围的变化,但这个区别是纲领性的,抓住它,就能管住绝大多数例句;抓住它,就能观察并认识其它一些区别(第71页)。戴震的这一问题的提出与阐释,曾经启示了章太炎《王伯申新定助词辨》对此类问题的进一步探讨,云"凡言'何谓'者,据名而求其实也;凡言'谓之何'者,据实而求其名也;凡言'谓之'者,据实而定其名也。"(参见《经传释词》附录二)诸如此类,可见戴震的语法观念对于近代以来的语法学研究具有重要的启示意义与参考价值。

王引之《经义述闻》卷三十二"通说下"有云:"经典之文,字各有义,而字之为语词者,则无义之可言,但以足句耳。语词而以实义解之,则扞格难通。"语词作为经典之文中"但以足句"的作用,在人们理解经义时具有一定的干扰,王氏父子对此都做了深入的研究,总结与概括出一系列的结论,认为:"善学者不以语词为实义,则依文作解,较然易明。何至展转迁就,而卒非立言之意乎?"有鉴于此,王引之以其父所解"终风且暴"之例为标准,着手对虚词问题进行系统的研究与整理。不仅具有专著,而且在其他著述中也随文提示。如《经义述闻》有云:"余曩作《经传释词》十卷,已详著之矣。兹复约略言之,其有前此编次所未及者,亦补载焉。"此书卷32的"通说下"有"语词误解以实义"条即属于文法问题,在《经传释词》之后又补证了近50个语词,并在理论上加以提升,达到了理论与实践的高度结合,超越了戴、段等前辈学者在此领域的学术成就。

在《经传释词》和《经义述闻》中援引戴震之说有多处,并对其说加以批评与修正。如卷一"已"条云:"《尔雅》曰'已,此也',《庄子·齐物论》篇曰'已而不知其然谓之道'。'已'字承上文而言,言此而不知其然也。《养生主》篇曰'已而为知者,殆而已矣',言此而为知者也。郭象注曰'已困于知而不知止,又为知以救之',非是。此戴氏东原说。"又《毛诗补传·墓门》"知而不已,谁昔然矣"下,戴注:"谁昔,犹畴昔。郭璞云:'谁,发语辞。'"王引之承接而详证之,云:"郑《笺》用《尔雅》。邵氏二云《尔雅正义》曰:'《释诂》云:"畴,谁也"。''谁'、'畴'一声之转,《诗》言'谁昔',犹《檀弓》言'畴昔之夜'也,故为发语词。"可见,戴氏解经,破读假借,不以语词为实义。王氏引用前说,从增加例证和理论归纳角度对实词、虚词进一步定性归类。踵事增华,后来居上。

二、音义互证 比例而知

经传中实词易训,虚词难释。戴震在考据实践中善于继承和发展前人研究成果,注重语词或辞助在解释经义中的作用,在辨文字考词义时能够自觉地运用语法和修辞手段解决训诂疑难,对典籍文献的考证,注意审度辞气,辨析辞例,考论虚实,音义互证,比例而知,把握住古人文章的思想性和艺术性,真正体现了"义理、考据、辞章"相结合的治学特色。尽管戴震对语法和修辞的认识和说解还显得相当直观和笼统,但戴震在整理旧学中表现出较为成熟的语法修辞观念,对后人的影响较为深远。

如《诗经·四月》"尽瘁以仕,宁莫我有",戴震《毛诗补传》注:"有,念之也。'尽瘁以仕'矣,则宁讵莫我有乎?莫,泛辞;宁,不然之辞。犹云宜其有念我之尽瘁者。""有",王引之《经义述闻》"谓相亲有也";马瑞辰《通释》"有,当如'相亲有'之'有'。'宁莫我有'犹《王风·葛藟》诗'亦莫我有'也。"皆同于戴说。莫,戴氏以为泛辞,已近于今之无指代名词的"无人""没有什么"之类,如《邶风·北门》之"莫知我艰",《小雅·北山》之"莫非王臣",《大雅·烝民》之"爱莫助之"等皆同之。宁,戴氏以为不然之辞,近于今之反诘副词的"难道""岂能",如《郑风·子衿》之"子宁不嗣音",《史记·陆贾传》之"居马上得之,宁可以马上治之乎"?又如《毛诗补传·旄丘》"叔兮伯兮,靡所与同",戴注:"所者,举极一人之辞,言卫诸臣曾无一人与东来之车同至也。久不见有所至者,卫不恤己可知矣。"《经传释词》"所"条云:"所者,指事之词。若'视其所以,观其所由'之属是也。常语也。"《马氏文通》云："经史中'所'字先乎动字而上下文并无为所指者，直可视如所指之名。若'所'字前加以'有'、'无'之字，其用法尤习见也。"三家称名各异而指向相同，今称之为指示代词，放在动词前面，构成名词性词组，《诗》中多见，如《小雅·都人士》之"万民所望"，《小雅·采菽》之"君子所届"等。《毛诗补传·泉水》"遄臻于卫，不瑕有害"，戴注："瑕、何，语之转，不瑕，疑而度之之辞，恐或害于礼也。"瑕，匣纽鱼韵；何，匣纽歌韵，声近义通。"何"为疑问代词，戴氏称此"瑕"字也与"何"为近，为"疑而度之之辞"，是从声训角度探求文字语法意义，类此者如《邶风·二子乘舟》"愿言思子，不瑕有害"。《经传释词》云："遐，何也。《诗·南山有台》曰：乐只君子，遐不眉寿？《隰桑》曰：心乎爱矣，遐不谓矣？《棫朴》曰：周王寿考，遐不作人？遐不，皆谓何不也。《礼记·表记》引《诗》作瑕不谓矣，郑注曰：瑕之言胡也。《传》《笺》皆训遐为远，失之。"戴氏以转语释瑕为何，王氏以文献类比论证，结论相同。马瑞辰《通释》云："凡《诗》言'不瑕有害'，'不瑕有愆'，犹云不无疑之之词也。《传》训瑕为远，《笺》训瑕为过，皆不免缘词生训矣。"王氏、马氏所言与戴说同，且论证更为充实。《毛诗传笺通释》为有清《诗》学之善本，其因即在于此。戴氏《毛郑诗考正·云汉》又云："宁，乃也，语之转。篇内'宁丁我躬'，'胡宁忍予'，'宁俾我遁'，'胡宁我以旱'，并同。"《毛郑诗考正·四月》"胡宁忍予"下，戴注引郑笺："宁，犹曾也。"后，云："宁，犹乃也，语之转。下'宁莫我有'同。"宁与乃声近义通，戴氏汇综词例，得以实证。王引之《经传释词》全引戴氏《毛郑诗考正》所举之例后，又补充例证和其父王念孙的说法，云："家大人曰：乃、宁、曾，其义一也……《礼记·内则》曰：'子妇有勤劳之事，虽甚爱之，姑纵之，而宁数休之。'言姑纵使勤劳，而乃数数休息之也。昭二十二年《左传》：'寡君闻君有不令之臣为君忧，无宁以为宗羞。'言无乃以为宗羞也。《贾子·礼》篇'不用命者，宁丁我纲'。《史记·殷本纪》作'乃入吾纲'。此皆古人谓乃为宁之证。"又于《经义述闻》中对郑笺训宁为安，《正义》训宁为可数数休息，皆以为"失之"，云："宁、乃一声之转，故《诗》中多谓乃为宁，戴先生《毛郑诗考正》曰。"王氏考证经史于清儒中成就最高，其言多为不刊之论，而承前启后之迹于此可见一斑。

戴震的"四体二用"说和"转语"理论，在破读假借和判定文字的虚实方面仍具有重要的实践意义。王引之《经义述闻》卷三十二论及此事云："许氏《说文》论六书假借曰：'本无其字，依声托事，令长是也。'盖无本字而后假借他字，此谓造作文字之始也。至于经典古字，声近而通，则有不限于无字之假借者。往往本字见存，而古本则不用本字而用同声之字。学者改本字读之，则怡然理顺；依借字解之，则以文害辞。是以汉世经师作注，有读为之例，有当作之条，皆由声同声近者，以意逆之而得其本字。所谓好学深思，心知其意也。"王氏对于文字虚实的判定，乃依据"四体二用"之说。又因深知"造作文字之始"，故而于文字之假借，音读之异同，皆能引据明赡，疏通发明，以经证经，涣然冰释。汤金钊《王文简公墓志铭》总结其事云："以小学之书皆释名物实义，若经传语辞，释之者无几，语义未明，经义反因之而晦。爰博考九经三传及周秦西汉之书，发明助语古训，分字编次，为《经传释辞》十卷，以补《尔雅》《说文》《方言》之缺。公说经尤精于转注假借之字，幼承庭训，精通于光禄公古均廿一部之分。于九经、楚词、诸子之有韵者，剖析精微。又熟于篆隶递变源流，因声音以审文字，因文字以察诂训，凡汉唐诸儒就借用之字望文生义而未安者，公释以本字，无不冰释理顺。"

譬如，戴震《毛诗补传》于《葛覃》"言告师氏"下云："《尔雅》'言，我也。'故毛、郑据以说《诗》。卬、吾、言、我，一声之转，或五方异语有之。《诗》中但为辞助。《易》'说言乎兑'、'成言乎艮'，言亦辞助也。"王引之《经传释词》"言"条云："毛、郑释《诗》，悉用《尔雅》'言，我也'之训；或解为言语之言。揆之文义，多所未安，则施之不得其当也。"其取戴说，显明而详尽。王引之撰《经传释词》收集汉以前古语辞，加以综合研究，亲承父训，实际上也继承了戴震之学，并对其后学如俞樾、马建忠等施以影响。又如，《戴震全书·杲溪诗经补注》"言告言归"，"薄污我私"下，注："'言'与'云'声义相迩。'薄'犹'且'也。"（第二册第9页）"言""薄"在《诗》中为常见词，多训释为虚词"云""且"。《经传释词》承之云："言，云也，语词也。话言之'言'谓之'云'；语词之'云'亦谓之'言'。若《诗·葛覃》之'言告师氏，言告言归'；《芣苢》之'薄言采之'。薄、言，皆语词，后凡称'薄言'者，放此。"王引之扬弃前人之说，采用戴说而又加详例证。又同书《摽有梅》"求我庶士，迨其吉兮"下，戴注："我者，代辞。"此释已颇近今日之实词称名，只是没有展开说明。又同书《何彼襛矣》注中，引《史记》"盖太公之卒百有余年"下，戴自注："盖者，疑辞。"而于《戴震全书·考工记图》卷下云："按《集古》所云，但于其盖刻为龟形者，即《三礼图》之敦，与簠簋皆于盖顶作一小龟是也。其说始于《仪礼疏》误解郑注'饰盖象龟'一'盖'字。盖之为言，意儗未定之辞，无正文也。"（第五册第403页）可见能否正确地认识文字之虚实,对释读古文经义有着重要意义。《经传释词》云:"盖,疑词也。亦常语也。《礼记·檀弓》:'有子盖既祥而丝屦组缨。'《正义》曰:'盖是疑词。'"戴氏注文,推阐文意,比例而知,且言无枝叶,朴实简洁,后学者所加之详论,我们亦可视为其注矣。

《戴震全书·尚书义考》"曰若稽古"下,注:"发端之辞,或言'于',或言'爰',或言'粤',声义相近。《说文》:'粤,于也。审慎之辞。《周书》"粤三日丁亥"。'据《说文》,'粤'为本字,其作'越',或作'曰',并六书之假借。《尔雅·释诂》:'粤、于、爰,曰也。爰、粤,于也。''粤'与'曰'重出,于六书为疏。《尔雅·释言》:'若、惠,顺也。''若'与'如'一声之转,'惠'与'顺'一声之转。《说文》:'如,从随也。'从随之义,引而伸之为顺,为同。篇内'若'字多矣,皆相因无异解,不得合'曰若'二字为发语辞。《召诰》之'越若来三月',越者,发端语辞。若来三月,则由二月顺数之,至方来之三月也。'若'字宜从古注。稽古,犹言考之昔者,凡已往则称古昔。《盘庚》篇谓前王曰'古我先王',《孟子》书谓数日之间为昔者,是也。前史所注记,后史从而删取成篇,故发端言'粤若稽古',犹后人言'谨案'云尔。"(第一册第17页)《尚书》开篇二字的释义,涉及首句的句读问题,历来纷纭莫断,戴氏从文字虚实、声训、字义诸方面综合考证,从今、古文字用例和后代因袭沿误,史料取舍演变等问题入手,详加考析,所言较为确切合理。此中"曰"之本字当为"粤",有作越、曰、于、爰者,皆为声近假借,历代传抄所致纷乱如此。"若"应释为实词,不当与"粤"合为发语辞,《经传释词》云:"《尔雅》曰:粤,于也。又曰:粤,於也。字亦作越。《夏小正》曰:越有小旱。《传》曰:越,于也。于,犹今人言于是也。《诗·东门之枌》曰:穀旦于逝,越以鬷迈。越,亦于也,互文耳。"由此可见,若欲考经证史,阐释圣贤之意,就必须认识到区分古今文字虚实及其语法意义的重要性,所以王引之《经传释词》自序云:"引之自庚戌岁入都,侍大人质问经义,始取《尚书》廿八篇紬绎之,而见其词之发句、助句者,昔人以实义释之,往往结鞠为病。窃尝私为之说,而未敢定也。及闻大人论《毛诗》'终风且暴'、《礼记》'此若义也'诸条,发明意旨,涣若冰释,益复得所遵循,奉为稽式,乃遂引而伸之,以尽其义类。"

传统训诂学多重在考求文字实义,而于虚词少论。王引之自序道:"自汉以来,说经者宗尚雅训,凡实义所在,既明著之矣。而语词之例,则略而不究;或即以实义释之,遂使其文扞格,而意亦不明。"王氏学术成就及其对虚词的理论阐述,是在戴震、段玉裁、王念孙所论语辞的基础上所形成的实践与理论的发挥和总结。如《经传释词》卷三"抑意噫亿懿"条,王氏以"转语"理论贯通诸词音义的解释,引申触类,所言确凿。云:"抑,词之转也。昭八年《左传注》曰:'抑,疑辞。'常语也,字或作意。《周语》曰:'敢问天道乎? 抑人故也?'《贾子·礼容语》篇抑作意。《论语·学而》篇:'求之与? 抑与之与?'《汉石经》作意。《墨子·明鬼》篇曰:'岂女为之与? 意鲍为之与?'《庄子·盗跖》篇曰:'知不足邪? 意知而力不能行邪?''意'并与'抑'同,字又作噫,又作亿,又作懿,声义并同也。"再如《毛诗补传·樛木》"乐只君子,福履绥之"下,戴注:"只,辞助。"《经传释词》承之云:"只,亦句中语助也。《诗·樛木》及《南山有台》《采菽》并曰'乐只君子',《北风》曰'既亟只且',《君子阳阳》曰'其乐只且'。字亦作'旨'。"又《毛诗补传·螽斯》"螽斯羽,诜诜兮"下,戴注:"螽,草虫以股鸣者。斯,辞也,如'螽斯'、'斯干'之'斯'。或曰螽斯,或曰斯螽,便文协句尔。"王引之云:"斯,语助也。《诗·螽斯》曰'螽斯羽',《毛传》以螽斯为斯螽,非。辨见《广雅疏证》。《小弁》曰'鹿斯之奔',《瓠叶》曰'有兔斯首',郑笺以斯首为白首,非。斯字皆语助。"又如《戴震全书·屈原赋注初稿》"謇吾法夫前修兮,非世俗之所服"下,戴注:"曰羌、曰謇,皆辞助,盖楚方言。别作'謇',非。"(第三册第541页)王引之云:"《尔雅》曰:'羌,乃也。'《楚辞·离骚》曰:'众皆竞进以贪婪兮,凭不厌乎求索。羌内恕己以量人兮,各兴心而嫉妒。'是也……王(逸)注《离骚》曰:'羌,楚人语辞也,犹言卿何为也。'义亦相近。"又同书在"芳与泽其杂糅兮,唯昭质其犹未亏"下,戴注:"维,辞也,通作唯、惟。"王引之云:"惟,独也,常语也。或作唯、维。家大人曰:亦作'虽'。"王氏汇集前人论古人虚词用法,其说多采戴氏,并加例证总结和理论阐述,虽刊落未尽,亦前修所无。又如《毛郑诗考正·无羊》"众维鱼矣""旐维旟矣"下,戴按:"二句虽皆以'维'字为辞助,不拘于对文,《诗》中如此类甚多,盖言梦而见鱼之众有,又见旐与旟耳。"王引之云:"惟,犹与也;及也。《诗·无羊》曰:'牧人乃梦,众维鱼矣,旐维旟矣。'《笺》曰:'牧人乃梦见人众相与捕鱼,又梦见旐与旟。'是下'维'字训为'与',与上'维'字异义也。《灵台》曰'虡业维枞,贲鼓维镛。'下'维'字亦当训为'与',谓贲鼓与镛也。"又《毛诗补传·墓门》"知而不已,谁昔然矣"下,戴注:"谁昔,犹畴昔。郭璞云:'谁,发语辞。'"王引之承而详证云:"郑《笺》用《尔雅》。邵氏二云《尔雅正义》曰:《释诂》云:'畴,谁也''谁''畴'一声之转,《诗》言'谁昔',犹《檀弓》言'畴昔之夜'也,故为发语词。"对词语性质的正确认识,对古人辞例的准确把握是戴氏训诂得实的一个重要原因。由王氏所增例证,更可见戴氏对实词、虚词的审定与判断较为合乎语词的性质与用途。正如黄侃《文字声韵训诂笔记》所言:"清代及今人的小学,其实质就是戴学。"

三、修辞立诚　训诂明经

　　古人的文法词类不同于今,今人解经则必通文字声训,为了解决这一难题,清儒各尽其能,著述立说,取得了空前的成就。对于经典实词和古文虚义,高邮王氏已经能够运用较为科学的理论指导自己的治学实践。王引之《经籍纂诂序》云:"训诂之旨,本于声音。揆厥所由,实同条共贯。"又称其学于百家未暇治,独治经,"吾治经,于大道不敢承,独好小学。夫三代之语言,与今之语言,如燕、越之相语也;吾治小学,吾为之舌人焉。其大归曰:用小学说经,用小学校经而已矣"。《经传释词》不仅明训诂,审词气,引伸触类,推明隐义,而且对前人多不措意的古语辞分析异同,归纳条理,旁通曲尽,卓有依据,成为乾嘉小学的重要硕果。

　　《经义述闻》和《经传释词》能够"引伸触类,推明隐义",是在"清儒善说经者"的启发下,才能如此独开风气的。如《经传释词》"有"条云:"有,状物之词也。若《诗·桃夭》'有蕡其实'是也。他皆放此。""说经者未喻属词之例,往往训为有无之有,失之矣"。但前此有戴震《毛郑诗考正·宾之初筵》"百礼即至,有壬有林"下,对此已有精到的辨析。戴文云:"《传》本《尔雅》。然《诗》中如'有蕡'、'有莺'之类,并形容之辞,此以形容'百礼既至',礼无不备,而行之既尽其善,壬壬然盛大,林林然多而不乱。《白虎通德论》释林钟之义云:'林者,众也,万物成熟,种类众多'。"《毛传》释"壬""林"为实词,戴氏释之以形容之辞。以今天之语法观念视之,则此句乃形容词加虚词的并列式,不妨称之为"有 A 有 B"式,"有壬有林"为形容主语"百礼"和谓语"至"之盛况,如此者《诗》中多见。又如《毛诗补传·桃夭》"有蕡其实"下,戴注:"有蕡,言繁累如蕡实之盛也。"再如《毛诗补传·有客》"有萋有且",戴注:"有萋,盛也,有且,多也。"此外《诗》中还有《邶风·谷风》之"有洸有溃",《小雅·六月》之"有严有翼",《大雅·卷阿》之"有冯有翼"等等,戴氏归纳总结,定之为"形容之辞"可谓信而有征,那么王引之的解释定然于此有所参考。因为《经义述闻》有云:"上曰百礼,下曰有林,则有林正取众盛之义,不得训为国君,使文义参差也。《传》云'壬,大也;林,君也'。君与大,义已不类,而壬字之解犹不误。笺又以壬为卿大夫,其失弥甚矣。《毛郑诗考正》曰:'诗中如"有蕡有莺"之类,并形容之词。此以形容百礼既至,壬壬然盛大,林林然众多。'此说是也。"此书则从前后句式的语义联系,触类旁通,追根溯源,引戴说为据,甚无疑义。王氏续戴氏之说,归为定式,亦见戴氏语法训诂的正确性及其对后学者的深刻影响。但同书卷九"鳞之而"条,则批评戴说以实义训虚词的做法,颇为中肯。《考工记·梓人》"凡攫閷援簭之类,必深其爪,出其目,作其鳞之而",引之案:"而,颊毛也;之,犹与也。'作其鳞之而',谓起其鳞与颊毛也。若龙有鳞,虎有须,皆象其形使之上起耳。古人连及之辞,或言与,或言之……说见《释词》,直言'鳞而'则不词,故加'之'以连及之。《说文》'而,颊毛也',引《周礼》曰'作其鳞之而',释而不释之,然则之为语词,非实义所在矣。戴氏《考工记补注》乃云:'颊侧上出曰之',此未达古人语意而轻为之说也。"这正是梁启超所称道的"虽有父师之言,也毫不避忌"的精神,也是对戴震"不以人蔽己,不以己自蔽"思想的最忠实的继承者。

古人作文喜用修辞,后人训诂释义,于此多有注意。戴震博览群籍,又能入微得间,于字词虚实、章句用意能尽得其妙。段玉裁《戴东原先生年谱》云:"先生少时学为古文,摘取王板《史记》中十篇,首《项羽本纪》,有《信陵君列传》《货殖传》,其他题记忆不清,皆密密细字,评其结构、用意、用笔之妙。"又"先生合义理、考核、文章为一事,知无所蔽,行少无私,浩气同盛于孟子,精义上驾乎康成、程、朱,修辞俯视乎韩、欧焉。"(《戴震全书》第六册第716页)戴氏在阐释经文时,既能够准确把握住词与词之间结构和意义上的关系,又能于古人行文的气体格律识其真趣;既能由考据挖掘思想内容,又能兼顾辞章形式,"修辞立诚",以求十分之见。其《与方希原书》尝云:"文章有至有未至。至者,得于圣人之道则荣;未至者,不得于圣人之道则瘁。以圣人之道被诸文,犹造化之终始万物也。非曲尽物情,游心物之先,不易解此。"戴氏对古人文章的思想艺术体悟得笃实深刻,迥异于当时肌理派、性灵派之"饰其词而遗其意",其训释古言,辩论义理皆重在文以载道,惟求其是,故而其语言亦力洗浮艳,如其学风。如《毛诗补传·江有汜》,戴氏于"不我以""不我与""不我过""三句论云:"以、与、过,一义也,变文合韵。'不我过',所谓无有过而问者。"此说继承并于《经传释词》"与"条云:"'与',亦'以'也,互文耳。"又《经义述闻·礼记》"与年之上下"条据以实例云:"礼之大伦,以地广狭;礼之厚薄,与年之上下。郑注曰:用年之丰凶也。引之谨案:上言'以',下言'与'、与即以也,言礼之大伦则以地之广狭定之,礼之厚薄则以年之上下定之。变以言与,其实一也……与亦以也，互文耳。"互文又叫"变文避复"，构成这种互文的词语，总是处在结构相同、意义相关的上下句中，其位置对应，词性和词义相同，只是字面不同。根据互文的这种特点，即可由已知的词义推求未知的词义，故此例中的"与"即同"以"。王引之在此基础上归纳成书，其《经义述闻·通说》分为上下两卷：上卷四十一条，为驳正旧注谬误和因声求义之法；下卷十二条，是"文辞条例之学"（章太炎语），名目如下：经文假借；语词误解以实义；经义不同不可强为之说；经传平列二字上下同义；经文数句平列上下不当歧异；经文上下两义不可合解；衍文；形讹；上下相因而误；上文因下而省；增字解经；后人改注疏释文。可见，此十二条名目的"文辞条例之学"，也是承绪前说，尽力发挥而得。王引之所言"揆之本文而协，验之他卷而通，虽旧说所无，可以心知其意者也"，可谓汲取前言，自出精见，最得训诂精髓，而戴震的许多训诂学著作就是王氏文法学的资料来源。如《考工记图》卷下释"凡为弓，方其峻而高其柎，长其畏而薄其敝"云："峻，盖箫之柱弦者也。挺臂中有柎，柎向弦，宜高而薄之，以便握持。高下厚薄，互为纵横之辞也。"又释"下柎之弓，末应将兴。为柎而发，必动于䐉"云："兴与弓韵，发与䐉韵，异文协句尔。"戴氏博征约取，持论至平，即使对名物制度的考证，亦注意从语言修辞角度确诂用词的具体情境，推理经文蕴义。通训诂，审辞气，深化扩充，文辞兼优。那么在诠释文学作品《诗经》和《楚辞》中就更加多用此法。如《毛诗补传·伐檀》首章云："立言之体，不可以例拘，亦所谓比也。下文讥在位之素餐，盈廪充庖，皆非由己稼穑田猎而得也。食人之食而无功德及人，何哉！首三言叹君子之不用；中四言讥小人之得禄；末二言以为苟用君子必不如斯，互文以见意。"同书《定之方中》末章云："此章本美文公尽心于人民，美之不已，而末及马之众多。'匪直也人'接上于人如此，以起下'秉心塞渊'，更推原其为人民者之出乎是，又能致国富也。诗中凡此类，当知古人行文之法通之。"戴氏从古文"互文以见意"，"接上以起下"，推知"古人行文之法"，进而求通经义，从修辞角度打通经文疑义，不拘泥于前人旧注，而能自出新意。又如《屈原赋注初稿》"步余马于兰皋兮，驰椒丘且焉止息"下云："此承上章'回车复路'而言也。鉴前之进而遭尤，今固可修初服以退隐矣。王注'泽曲曰皋'。此二章即渊明《归田园》之意，所谓'误落尘网中，一去三十年。羁鸟恋旧林，池鱼思故渊'是也。兰皋、椒丘，即旧林、故渊之义。"可见戴氏训诂释文不但能就文字形音以求义，而且能从章句修辞着眼，比照诗人之情，经文之意，得"古人行文之法"。其体悟《诗》

《骚》等文学作品的能力绝不亚于桐城派、性灵派,而又能将义理、考据、辞章融入考据经典,博观综核,表现出卓越的学术旨趣,拓展了学术研究的广度与深度。

戴氏训诂经义,善于类推,抓住字里行间的结构关系,比例而知,从中发现疑问,解决问题。譬如,他的《诗经》研究就利用经文重章复沓,"变文以合韵""倒语以就韵"等特点,从音读、词序入手训明章句,从对文协句中解读疑难,"曲尽物情",将义理、考核、辞章融合为一,吐言成典,尽得古人其意其情。戴氏解经以贯通文字,系联经义为首要,或以《诗》证《书》,或以《尔雅》证《方言》,旁征博引,综核条贯,其说信而有征,后人多采之。如《旄丘》"叔兮伯兮,褎如充耳"下云:"'褎如充耳',犹言充耳褎如,倒语也。《郑诗》'婉如清扬'犹言'清扬婉如',语亦同。"又于《都人士》"彼君子女,绸直如发"下云:"言发之绸致且直,故曰绸直有如此发者。古语类倒如此。"于《閟宫》"周公皇祖,亦其福女"下云:"'周公皇祖'犹曰'皇祖周公',倒句以就韵尔。"于《那》"我有嘉客,亦不夷怿"下云:"'亦不'之为言,犹'不亦'也,古语倒转也。'烈祖'、'汤孙'盖商人庙中之通辞。"又如《毛诗补传·山有扶苏》"不见子都,乃见狂且"下,戴注:"'狂'对'都'言,则肆无礼法者。"于《毛郑诗考正·出其东门》:"虽则如云,匪我思存。缟衣綦巾,聊乐我员。"下,戴按:"'员',旋也。言聊乐于与我周旋。下章又言聊可与之欢娱,'娱'对'员'为义,古字'云'、'员'通。《小雅·正月》篇'昏姻孔云',《释文》谓本又作'员'。《春秋传》曰:'其谁云之。''云'与'员'皆周旋相亲之意。"又同篇二章"虽则如荼,匪我思且"下云:"《释文》:'且,音徂。'引《尔雅》云:'存也。'今考《尔雅》'徂'有两义:一云'往也',一云'存也'。古字省,'徂'通用'且'。'思且'对'思存'为义,'匪我思且',言非我思之所往也。"此中以语法词例对文,参辅以文字考证,综合运用多种方法审文度意,阐明经义,其论可从。马瑞辰《通释》云:"云为雲字古文,象回转之形。《正月》诗'昏姻孔云',《传》:'云,旋也。'云又通员。员之言圆也,运也。"可见戴氏训诂中用语法修辞之法解读古文之确,此乃积学力久,释疑成断的结果。这种利用变文、倒语、对文的训诂之法,在王氏父子书中多见,如《读书杂志》之《汉书杂志第十三》"徽以纠墨"条云:"'徽以纠墨,制以质鈇。'师古曰:'徽纠墨,皆绳也。'念孙案:师古训徽为绳,义本《坎卦》之'系用徽纆'。不知'徽以纠墨'与'制以质鈇'对文,则'徽'非'徽纆'之'徽'。今云'徽纠纆皆绳',则是'绳以绳也'。今案《广雅》:徽,束也。束以纠墨,犹言系用徽纆耳。"此例中之徽与制对文。"制"是动词,则"徽"也应是动词。如颜师古所说，则忽视了对文的这一特点，而王氏训为"束"，与文句密合。这就是精通文法，贯通训诂的好例证。戴氏《与某书》云："闻道之君子，其见于言也，皆足以羽翼经传，此存乎识趣者也。而辞不纯朴高古亦不贵，此存乎行文之气体格律者也。因题成文，如造化之生物，官骸毕具，根叶并茂，少缺则非完物，此存乎冶铸之法者也。"戴氏论述古人文章思想与形式的关系已深入到字里行间的体悟和整体精髓的把握，主张读经阅文应注重"行文之气体格律"和"冶铸之法"，以求"存乎识趣"，如此才能巨细毕究，本末兼察，以致"十分之见"，并能修辞立诚，"羽翼经传"，最为真实地传述古圣贤之道。戴东原即使在严谨的哲理著作中也不废以文法修辞来表情达意，常以生动的比喻、排比的句式、虚实词的辨别、章法的安排等手段，达到由下学而上达，触类以发明的论辩效果。此法由王氏父子传承，以为作文辨名之标准。王引之《浙江乡试录前序》云："言必期于适用，学必求其有本。若徒剽窃糟粕，矜夸雕绘，或繁其文而简其质，或略于理而详于词，所谓无本之言，心无所得，本之不固而畅茂条达者未之有也。"（《王文简公文集》卷三）又云："各如其类以比类之，则谓之类族；各如其品以辨别之，则谓之辨物。"至于"语言"的概念，东原也较为自觉地将其与"文字"连在一起。如《古经解钩沉序》"由文字以通乎语言"；《六书音均表序》"后儒语言文字未知"；《与某书》"语言文字实未之知"；《与段茂堂书》"轻语言文字"等语句，把"语言"与"文字"合并在一起，这不是偶然的连用，而是戴氏语言观的自觉体现。至章炳麟始，才定有"语言文字之学"的名目，但其间影响不言自喻。东原对语言名与实的界定对于近现代语法学也有一定影响。马氏的《文通》与索绪尔的语言学观点与用语，如"所指"与"能指"，与戴氏的"字词"与"心思"，称名有别，实意相同。可见东原的字词观已经进入语言学研究领域了。那么，戴氏在训诂中解词释句也充分体现出一定的语法修辞意识。

综上所述，我们可以看到，戴氏在文字训诂实践中既能够即音求义，又能够结合文字虚实和倒文、变文、上下文等语法修辞关系，以及大量的文献佐证，使论证更为可信。其自觉地运用语法和修辞分析来发现和解决问题，对后人的虚词研究和修辞研究提供了坚实的理论依据和丰富的资料参考。王氏父子等善于总结前人成果，并能归纳条理，形成著述，其《读书杂志》《经传释词》《经义述闻》更为今人训诂之管钥。虽然戴震的理论高度不及王氏父子及章黄学派，但训诂学上一些重要的方法论问题，多由戴震首先提出，段、王继踵戴氏，又有所丰富发展。洪诚在《中国历代语言文字学文选》中指出：戴震在清代训诂学上的贡献最大，已经从小学观点进入语言学观点，他分析语言的情况，制定的原则和方法，都是从训诂实践中来，在今天还是有用的东西。例如研究晚唐变文，他的方法都能适用。王念孙的《广雅疏证》和《读书杂志》多是戴氏训诂学的观点和方法精密运用的成果（第249—251页）。

参考文献：

梁启超　1998《清代学术概论》，上海：上海古籍出版社。

王钟翰整理　1987《清史列传》，北京：中华书局。

［清］胡培翚　《研六室文钞》，徽州：道光十七年泾川书院刊本。

杨树达　1979《词诠》，北京：中华书局。

梁启超　2001《论中国学术思想变迁之大势》，上海：上海古籍出版社。

杨向奎　1994《清儒学案新编》第五卷，济南：齐鲁书社。

［清］戴震　1995《戴震全书》，合肥：黄山书社。

［清］王念孙、［清］王引之　2000《高邮王氏遗书》，南京：江苏古籍出版社。

［清］王引之　1985《经传释词》，长沙：岳麓书社。

何乐士　1989《左传虚词研究》，北京：商务印书馆。

［清］缪荃孙、［清］汤金钊　2009《续碑传集·王文简公墓志铭》，济南：齐鲁书社。

黄　侃　1983《文字声韵训诂笔记》，上海：上海古籍出版社。

［清］龚自珍　1975《龚自珍全集》，上海：上海人民出版社。

洪　诚　2000《中国历代语言文字学文选》，南京：江苏古籍出版社。

【作者简介】徐道彬，男，文学博士，安徽大学徽学研究中心研究员。研究方向：经学、历史文献学、学术思想史。

汉语核心词的研究*

李 丽 张海鸥

（燕山大学，文法学院）

[摘　要] 核心词是汉语词汇学研究的重要课题。经过几十年的发展，汉语核心词研究取得喜人成果。本文从核心词的界定、核心词稳定等级、核心词在分析亲属关系中的作用以及核心词的历时演变和共时分布角度对汉语核心词研究进行总结，发现在概念界定、核心词解释性研究和百词表是否适合汉语的问题上仍存在值得商榷之处。

[关键词] 核心词；斯瓦迪士词表；亲属关系；共时；历时

汉语核心词研究是汉语词汇研究中不可或缺的部分，对汉民族共同语和汉语方言研究具有重要参考价值。但相较于具体词类研究，长期以来核心词研究是一个比较薄弱的领域。本文从核心词的界定、核心词稳定等级、核心词在分析亲属关系中的作用、核心词的历时演变与共时分布诸方面对汉语核心词研究进行梳理和展望，希望对此类研究有所帮助。

一、核心词的界定

（一）核心词的定义

学界对"核心词"的概念还没有一个统一的认识，大致有以下三种观点：一是认为核心词就是基本词，二是关于核心词和核心语素之间的探讨，三是认为核心词

---

* 基金项目：国家社科基金项目"语言接触视域下中古北方地区汉语语词分层研究"（19BYY159）。

和基本词、常用词之间存在明显区别。

黄树先、郑春兰《试论汉藏语系核心词比较研究》(2006)认为,"核心词是基本词汇中的基本词,每种语言都包括这部分词。"核心词不仅存在于一种语言中,在各种语言中都是存在的,是语言中最基本的部分。

陈保亚、汪锋《论确定核心语素表的基本原则》(2005)将核心词称为核心语素。就核心语素这个提法,汪维辉在《关于上古汉语核心词表的确定的几个问题——评〈论核心语素表的确定——以上古汉语为例〉》(2008)一文中提出了不同意见,汪维辉认为陈保亚、汪锋《论核心语素表的确定——以上古汉语为例》(2006)一文给出的两个核心语素表中,上古汉语的核心词都是单音词,没有复音词的存在,从这种意义上来说,也就没有使用核心语素这一概念的必要。二是因为在汉语中,词是能够独立运用的最小的表义单位,语素并不都能完整的表达一个概念,但是词可以表达完整概念。因此相比较来说核心词更准确,更符合汉语的实际。陈保亚在之后的论文《核心词自动分阶的一种计算模型——以纳西族玛丽玛萨话为例》(2012)中改称为核心词。汪维辉在《汉语核心词的历史与现状研究》(2018)一书中再次说明核心词"就是全人类共有的那些最基本、最常用的概念,这样的概念在多数语言中都是用词(word)来表达的,而不是用短语(phrase)。"他不同意使用核心语素的概念,因为语素并不能表达概念。

赵世举《试论核心词及其类型》(2014)认为"词汇系统的核心部分——常用度高、分布面广、稳定性强、流通域宽、组合力强的那些词叫做核心词。"与基本词汇、常用词有相关之处,但是各有侧重,并不完全一致。江荻《核心词的确切含义及词频导向的构建方法》(2011)认为核心词应该满足基本性、常用性、稳定性和原初性。徐正考、于飞在文章《汉语的基本词和常用词》(2006)认为常用词主要是在使用频率和义域范围上与基本词存在明显差异,但是常用词又具有时代的特点,不同时代的常用词一定是有区别的。有的基本词在产生之初是基本词,但是随着时代的发展不再具有构词能力,成为一个语素,不再是基本词了。而核心词则存在于世界上的各种语言中,每一种语言中都存在一些意义相近甚至相同的词语,这些词语具有强大的组合能力和稳定性,是人类语言发展的核心部分。翟颖华《面向第二语言教学的现代汉语核心词研究》(2012)给出了可供参考的有关核心词、基本词、常用词三者的区别。他认为核心词应该具有常用性、均衡性、稳定性、组合能力强和通用性的特点。而基本词和常用词在词汇存在的时间跨度、稳定性和数量多少上与核心词存在明显的不同。但是核心词、常用词、基本词都属于词汇范畴，都不是一成不变的，它们随着人类社会的发展而发展、更替。

学界关于核心词、基本词和常用词的观点大概体现如下：

	常用性	均衡性	稳定性	组合能力强	通用性	义域广	能产性	概括性	字面普通
核心词	+	+	+	+	+	+			
常用词	+		+		+				+
基本词	+						+	+	

从表格中可以清晰地看出，相比常用词和基本词，核心词还具有通用性和均衡性，也就是分布的面更广，在各种文体中都有分布，使用人群广泛，意义类别较多。因此我们认为词汇系统中具备常用性、均衡性、稳定性、通用性、义域范围广、组合能力强的词就是核心词。

（二）核心词的范围

由于各家划分标准不一，核心词的范围不尽相同。主要包括两种，一是斯瓦迪士提出的百词表，二是江荻提出的用词频的方法筛选出来的新词表。

美国语言学家莫里斯·斯瓦迪士1952年从印欧语言中挑选出人类语言中最稳定的200个词，1955年又从这200个核心词中筛选出100个更稳定的核心词。百词表指的就是这100个更稳定的核心词。但对于核心词的界定问题上，斯瓦迪士并没有给出可操作性的定义，而是描述了选词的多项原则。100词涵盖了人称词、颜色词、身体部位词、数词、动作词、自然事物词等。

江荻2011年发表的《核心词的确切含义及词频导向的构建方法》认为确定核心词表缺乏可以反复验证的标准。由于词汇的音义是约定俗成的，词项是一个个积累起来的，人们从意义和形式上很难对词项进行合理分类。江荻提出了一个新的择词方法，即采用由美国人奥格登（C.K.Orgden）设计的"基本英语（Basic English）"词表为蓝本，加以改造形成新词表——基本词表（basic vocabulary）。通过给斯瓦迪士词表添加词频属性的方法，从总的词频库随机抽取一些词项，每个词项按照词频高低降序排列，每100词为一级，一共9级。通过比较发现，斯瓦迪士词表在选取核心词的问题上以基本性、稳定性为依据，但却忽略了核心词的常用性标准。但是以词频方法构建核心词表还存在困难,首先单纯以词频为标准忽略了词语的时代性特征。其次历史演变过程中不被替换的词不一定常用。此外,单音节和双音词的交替词频上是否归并,如何归并。最后,文化差异会导致不同方言中词语词项的选择和替换。

综合以上观点,可以发现关于核心词的界定问题的认识主要包括以下几个方面:(1)使用频率并不是界定核心词的唯一标准;(2)不同语言中核心词的范围并不是完全一致的;(3)核心词是一种语言中词汇系统的核心。如果要建立完全符合我们汉语的词表,应该根据我们汉语各个时期具有代表性的文献资料分析、归纳出我们的汉语词表。但是在没有制定出合适的汉语词表之前,我们暂时还是采用斯瓦迪士的百词表。

二、核心词研究的主要方向

(一)关于核心词稳定等级的问题

从核心词稳定等级的研究成果来看,主要有陈保亚的分阶说和汪维辉的四级说两种。语言随着人类社会的发展而发展,核心词也不是一成不变的,它伴随着社会的变化而变化。汪维辉在《汉语核心词的历史与现状研究》一书中从稳定性角度将核心词的稳定性等级分为四级,一级的稳定性最高,依次递减,但是各级之间并没有明确的界限。一级核心词几千年来的基本意义和语法功能基本上没有改变,因而最稳定。四级词集中反映了核心词的可变性,与方言分布和历史发展相关。核心词的稳定性和可变性都是相对而言的,一级词虽然最稳定但是在时间和地区分布上也不是完全一致的,四级词相对于一级词来说是可变的,但相较于其他词却是相对稳定的。

与汪维辉的核心词稳定性等级异曲同工,陈保亚在1996年的博士论文《论语言接触与语言联盟》中就使用核心词研究语言之间的亲缘关系,提出了核心词分阶的理论。陈保亚借用了斯瓦迪士的词表,并在斯瓦迪士词表的基础上调整了其中一些词,把200词划分成第100词和第200词两个阶,第100词比第200词更稳定。陈保亚认为在观察语言的同源关系和接触关系时,把观察的范围缩小到核心词更容易观察,且认同性较高。陈保亚把两种语言之间的有音义关系对应的词称为关系词,并利用关系词"阶曲线"原则来区分同源关系和接触关系。发现有同源关系的语言,关系词数量越多,阶曲线下降,而接触关系则相反,关系词数量越少,阶曲线下降。但是只靠关系词的多少是不能确定同源关系的,有些语言并不是同源关系,深刻的接触关系有时在基本词或者核心词中也形成一些关系词。

对于陈保亚"核心词分阶"理论有一些不同意见。江荻在《核心词的确切含义及词频导向的构建方法》(2011)一文中提出,检查词项借用深度的阶曲线判定法是有缺陷的,陈保亚核心词阶分布的方法并不能准确的选取核心词,也没有给核心词下一个明确的定义。同时也指出陈保亚在给核心词分阶的时候忽略了词频的重要性,所以很难确定高低阶分级的边界。除此之外,斯瓦迪士在划分核心词的时候并没有将核心词和同源词同等看待,而陈保亚利用不同语言核心词中的关系词确定语言的同源关系也是不合适的。

从目前来看,大部分成果集中如何划分稳定等级,但是有一些问题依然没有确切的结论,比如不同的核心词稳定等级不同的原因,更稳定的词和相对不稳定的词的差别,不稳定的词发生了怎样的词语替换,不同方言中的词语替换和保留有怎样的不同等等,这都是值得我们以后仔细研究和推敲的。

(二)核心词的历时演变和共时分布

汉语核心词受时间和方言区的影响,在不同时期、不同地点的发展轨迹是不同的,且每个词有属于每个词的演变轨迹,汪维辉相关论文阐释了这些问题,比如《汉语"说"类词的历时演变与共时分布》(2003)、《汉语"站立"义词的现状与历史》(2010)、《说"日""月"》(2014)、《说"脖子"》(2016)、《说"困(睏)"》(2017)、《汉语核心词的历史与现状研究——以"头-首"为例》(2017)等。除此之外还有史光辉《常用词"矢、箭"历时替换考》(2004)、吕传峰《汉语六组"涉口"基本词演变研究》(2006)、崔宰荣《汉语"吃喝"语义场的历史演变》(2001)等论文从历时演变和共时分布两者结合的角度,论述了某个或某几个词的来源、演变和有关词语的替换,调查了词语在方言中的分布,解释了这些词在方言中分布的特点与词汇演变历史之间的关系。汪维辉《汉语核心词历史与现状研究》一书借鉴了斯瓦迪士的百词表,但并没有完全照搬斯瓦迪士百词表中列出的词汇,而是结合汉语中词汇的具体运用和汉语词汇的特点,去掉了 we 和 bark,换成了 hold(拿)和 few(少)。汪维辉依照汉语的历史文献和现代汉语方言资料,将 100 词表按照词性分为名词、动词、形容词、数词、代词和副词六类,每词按照音、形、义、词性、组合关系、聚合关系、历史演变、方言差异、小结9个部分进行了逐个分析,理清每个词的历史演变线索和方言分布情况,并且绘制了自殷至民国16个历史时期100核心词的历时演变简表以及100核心词方言分布简表。可以说,到目前为止这是汉语核心词研究最为全面、系统的成果。

除此之外还有一些核心词专题研究、断代研究和专书研究。专题研究例如龙丹《汉语"颜色类"核心词研究》(2005)、张芳《汉语核心词"水"研究》(2011)、武晓丽《汉语核心词"人"研究》(2011)等。断代研究包括吴宝安《西汉核心词研究》(2006)、刘晓静《东汉核心词研究》(2011)、龙丹《魏晋核心词研究》(2008,2015)、邓春琴《南北朝核心词研究》(2012)等。专书研究主要有刘俊《〈颜氏家训〉核心词研究》(2007)、施真珍《〈后汉书〉核心词研究》(2009,2011)、卓婷《〈战国策〉十二组核心词研究》(2013)、郭玲玲《〈汉书〉核心词研究》(2013,2016)等。这些研究基本也是在斯瓦迪士百词表的影响下,以语义场为单位,描述同一语义概念的各词的面貌,总结某一时期或某部作品中核心词的特点。除了汉民族共同语核心词的研究成果之外,还有关于汉语方言核心词的研究成果,如刘俐李《同源异境三方言核心词和特征词比较》(2009)、杨天慧《扬州方言核心词的新老变化》(2012)等。

历时演变和共时分布的研究大部分成果还停留在描写阶段,选取某个历史阶段的作品进行描写。但选取的作品是否能够代表当时历史时期的真实语言水平,年代相邻的作品在用词上是否存在明显差别等问题还是值得我们思考的。

(三)核心词在分析语言亲属关系中的应用

黄树先主要探讨的是汉语与其他语言之间的关系。他的多篇文章根据"语义场–词族–词"的比较模式(也叫三级比较法)分析探讨汉语核心词。所谓三级比较法就是根据字义建立语义场,在语义场中再系联同族词,再拿同族词里单个的词逐一比较。在这个模式中,将汉语和侗台语、藏语、苗瑶语、南岛语、泰语进行比较是重要的一步。黄树先文章中的资料多参考古汉语文献中相关词语的解释,并试图阐释古汉语在某一个时期曾经与方言或亲属语言在某些方面存在一致性的关系。文章《汉语核心词"畀"研究》(2008)认为汉语早期是有形态的,语言在发展的过程中融合了别的语言,因此汉语体现出混合语的特点。虽然现在形态已经消失,但是以不同的语音形式保存在文献中。文章《汉语核心词"我"研究》(2007)

认为,在使用第一人称代词使用中,信息焦点所在之处用"我",不用"吾"。汉语中的"我"字语音上发生了较大的变化,藏语中表示"我"的词有韵尾,除此之外《尔雅》《说文解字》中记录的表示"我"意义的某些词也带韵尾。并且由此推断古汉语的某个时期、某个地方,人称代词可能有过性别差异。

汉语核心词研究不仅可以分析汉语词汇的发展变化,也能够根据汉语核心词分析与之相关的亲属语言的词汇状况。陈保亚《论语言接触与语言联盟》(1996)比较了汉语和侗台语之间的关系,从关系词的上升分布以及在词汇层阶中所处的位置可以确定汉语和侗台语之间是密切接触产生的接触关系。

核心词还可用于分析其它语言的亲属关系。在1998年陈保亚《再论核心关系词的有阶分布》一文中提出了突厥语和蒙古语之间关系的两种可能性,一是本来是同源关系,但是深刻的接触比较多就呈现了无阶分布状态。二是两者不是同源关系,接触的过程中产生了大量的关系词,后来两者又产生分化呈现出无阶分布。有阶分布是否显著并不是确定语言同源关系的必要条件,两种有阶分布是否对立才是判断同源关系的关键。2002年陈保亚、何方《核心词原则和澳越语的谱系树分类》按照核心词分阶和同源词的理论验证了Benedict提出的澳台语系假说的正确性,并且根据kitch软件绘制出了澳越语谱系树和澳越语诸语言的发生学关系谱系树。2012年《核心词自动分阶的一种计算模型——以纳西族玛丽玛萨话为例》运用了新的计算模型,高阶核心词集和低阶核心词集能够根据在已知的同源关系和接触关系语言中自动调整分布。这种算法可以更加明显地看出两种语言到底是接触关系还是同源关系。

核心词在分析亲属语言关系中的作用主要应用于两个方面,一是通过语言中的关系词呈现有阶或者无阶分布状态判断语言之间是否存在同源关系(陈保亚)。二是通过核心词的三级比较法,对比语义场、词语和具体的词来发现语言之间的联系,并进一步探究语言之间是否存在亲属关系(黄树光等)。研究汉语的形态要选取一个语义场,看词族的语音交替有什么变化。还可以从字的读音、谐声通假、词族中的其他词和民族语文方面研究。汉语核心词研究应该置于汉藏语系各语言比较的大环境里,且汉藏语系核心词的对比要以汉语为出发点。但是核心词研究不能只是着眼于汉语内部材料,还要借助同语系的语言材料,将它们与汉语材料相对比,研究方法更倾向于使用类型学手段。

核心词研究除了汉语核心词的研究成果之外,还有很多非汉语核心词的研究成果。齐旺博士论文《台语北部方言核心词变异研究》(2012)以郑张尚芳的《华澳语言比较三百核心词表》为参考标准,将三百词按词性分为名词、动词、形容词、数词、量词、代词、副词七类,描写分析三百核心词在台语北部方言的北部壮语、布依语、石家话中语音、词义上的变异。文章还提出虽然核心词是词汇中比较稳定的部分,但是由于语言之间不断的接触,仍有一些借词取代了固有词,渗透到了核心词中。这是值得我们注意的部分。欧阳澜博士论文《瑶语核心词研究》(2016)运用语义场理论,采用共时和历时相结合的方法,根据斯瓦迪士核心词表选择核心词,通过历史比较法和词义对比法,明确瑶语各大方言及土语的亲属关系和来源。瑶语核心词在四大方言及土语中往往有不同的表现形式,各方言内部差异不大,方言之间差异大小不一。从核心词的构成来看,瑶语的核心词来源相当复杂,民族固有词、汉藏语系、壮侗语族语言都是它的可能来源。除此之外还有吴安其《苗瑶语核心词的词源关系》(2002)、李锦芳和李霞《创新与借贷:核心词变异的基本方式——以仡央语言为例》(2008)、陈孝玲《说侗台语族核心词"脚"》(2010)、熊英《土家语核心词"女"》(2013)、杨遗旗《黎语核心词:"女人""男人""人"》(2015)等有关土家语、黎语核心词的成果。文章采用的方法基本上都是选取一些核心词,然后将该词与亲属语言中的相关词语进行比较,得出的结论大概包括以下几个方面:一是所研究的语言或方言与其他方言或者亲属语言之间是什么关系,二是所研究的语言或方言与其他方言或者亲属语言在具体词语的发音和词义上有哪些不同和相似之处,以及造成这种情况的原因等。

三、结语

从语言学研究发展的大趋势来看,类型学视野下的跨方言比较研究进一步增强。将汉语词汇研究与方言和其他语言研究结合起来研究是大势所趋。汉语是属于世界语言大家庭的,它的形成和发展必然受到了其他语言的影响,汉语核心词研究不能再就汉语说汉语。汪维辉《汉语核心词的历史与研究现状》指出"汉语100核心词的研究,除了在汉语内部继续深入挖掘事实和总结规律之外,还应该把范围扩大到整个汉藏语系,……把汉语的核心词置于汉藏语的大背景下来观照,一定会有许多新的发现。这是今后应该努力的。"语言类型学方法为不同方言的共时、历时研究开拓了新的天地,在发现各方言的独特之处的同时,为发掘隐藏在汉语方言之后的人类语言的共同属性提供了新思路。其次,计算机手段的应用使得汉语核心词与其他语言的亲缘关系研究进一步推进。陈保亚利用数学建模和数据库算法研究汉语与侗台语的接触关系和同源关系,减少了人为判断的失误。

综观汉语核心词研究的历史,我们发现,汉语核心词研究主要从核心词的界定出发,探讨汉语核心词的界定标准,并根据核心词分析汉语与其他语言之间的亲属关系。这些研究都是以汉语的实际情况为出发点,综合大量的语言材料,用不同的方法探究汉语中内在的规律性。但汉语核心词研究还存在一些不足之处:一方面汉语核心词研究起步晚,核心词的概念还未完全厘清;另一方面,关于汉语核心词的解释性研究不够。国内的汉语核心词更多的是描写性研究,解释性研究则很少,且大部分仅限于就事论事的具体探讨,缺乏举一反三的理论提升;第三,斯瓦迪士词表反映汉语核心词真实情况的适应度值得进一步研究。我们应该利用现有的大量具有代表性的文献资料,根据汉语不同时期的词汇使用情况形成属于汉语的核心词表。

参考文献:

崔宰荣　2001《汉语"吃喝"语义场的历史演变》,《语言学论丛》(第 24 辑),北京:商务印书馆。

陈保亚　1996《论语言接触与语言联盟》,北京:语文出版社。

陈保亚　1998《再论核心关系词的有阶分布》,《民族语文》第 3 期。

陈保亚、何方　2002《核心词原则和澳越语的谱系树分类》,《云南民族学院学报》第 1 期。

陈保亚、汪锋　2005《论确定核心语素表的基本原则》,第 38 届国际汉藏语会议论文提要。

陈保亚、汪锋　2006《论核心语素表的确定——以上古汉语为例》,《语言学论丛》(第 33 辑),北京:商务印书馆。

陈保亚、李子鹤　2012《核心词自动分阶的一种计算模型——以纳西族玛丽玛萨话为例》,《云南民族大学学报》第 5 期。

陈孝玲　2010《说侗台语族核心词"脚"》,《广西民族大学学报》第 1 期。

邓春琴　2012《南北朝核心词研究》，武汉：华中科技大学。

郭玲玲　2013《〈汉书〉核心词研究》，武汉：华中科技大学。

郭玲玲　2016《〈汉书〉核心词研究》，成都：巴蜀书社。

黄树先、郑春兰　2006《试论汉藏语系核心词比较研究》，《广东技术师范学院学报》第 2 期。

黄树先　2007《汉语核心词"我"研究》，《语言研究》第 3 期。

黄树先　2008《汉语核心词"畀"研究》，《语言研究》第 1 期。

江　荻　2011《核心词的确切含义及词频导向的构建方法》，《中文学术前沿》第 1 期。

刘　俊　2007《〈颜氏家训〉核心词研究》，武汉：华中科技大学。

刘俐李　2009《同源异境三方言核心词和特征词比较》，《语言研究》第 2 期。

刘晓静　2011《东汉核心词研究》，武汉：华中科技大学。

李锦芳、李霞　2008《创新与借贷：核心词变异的基本方式——以仡央语言为例》，《中央民族大学学报》第 5 期。

吕传峰　2006《汉语六组"涉口"基本词演变研究》，南京：南京大学。

龙　丹　2005《汉语"颜色类"核心词研究》，武汉：华中科技大学。

龙　丹　2008《魏晋核心词研究》，武汉：华中科技大学。

龙　丹　2015《魏晋核心词研究》，成都：巴蜀书社。

欧阳澜　2016《瑶语核心词研究》，武汉：华中科技大学。

翟颖华　2012《面向第二语言教学的现代汉语核心词研究》，武汉：武汉大学。

齐　旺　2012《台语北部方言核心词变异研究》，北京：中央民族大学。

史光辉　2004《常用词"矢、箭"历时替换考》，《汉语史学报》第 4 期。

施真珍　2009《〈后汉书〉核心词研究》，武汉：华中科技大学。

施真珍　2011《〈后汉书〉核心词研究》，成都：巴蜀书社。

汪维辉　2003《汉语"说"类词的历时演变与共时分布》，《中国语文》第 4 期。

汪维辉　2008《关于上古汉语核心词表的确定的几个问题》，《语言学论丛》（第 38 辑)，北京：商务印书馆。

汪维辉、秋谷裕幸　2010《汉语"站立"义词的现状与历史》，《中国语文》第 4 期。

汪维辉　2014《说"日""月"》，《中国语言学报》第 1 期。

汪维辉　2016《说"脖子"》，《汉语历史语言学的传承与发展——张永言先生从教

　　　　　　　六十五周年纪念文集》，朱庆之等编，上海：复旦大学出版社。
汪维辉　2017《说"困（睏）"》，《古汉语研究》第 2 期。
汪维辉　2017《汉语核心词的历史与现状研究——以"头－首"为例》，《大理大学
　　　　　　　学报》第 5 期。
汪维辉　2018《汉语核心词的历史与现状研究》，北京：商务印书馆。
吴安其　2002《苗瑶语核心词的词源关系》，《民族语文》第 4 期。
吴宝安　2007《西汉核心词研究》，武汉：华中科技大学。
武晓丽　2011《汉语核心词"人"研究》，武汉：华中科技大学。
徐正考、于飞　2006《汉语的基本词和常用词》，《汉语词汇学第二届国际学术讨论
　　　　　　　会暨第六届全国研讨会论文集》。
熊　英　2013《土家语核心词"女"》，《湖北民族学院学报》第 6 期。
杨天慧　2012《扬州方言核心词的新老变化》，《常熟理工学院学报》第 11 期。
杨遗旗　2015《黎语核心词："女人""男人""人"》，《海南师范大学学报》第 1 期。
赵世举　2014《试论核心词及其类型》，《武汉大学学报》第 3 期。
张　芳　2011《汉语核心词"水"研究》，武汉：华中科技大学。
卓　婷　2013《〈战国策〉十二组核心词研究》，武汉：华中科技大学。

【作者简介】李丽，女，文学博士，燕山大学文法学院教授。研究方向：汉语史、中古汉语词汇。

　　　　　　张海鸥，女，燕山大学文法学院汉语言文字学专业硕士研究生。

域外汉籍"燕行录"与明清汉语词汇研究*

钱慧真

（南京师范大学，国际文化教育学院）

[摘　要]明清时期来华朝鲜使团中的有关人员将其经历著录成书，这些书统称为"燕行录"。"燕行录"大部分用汉语书写，语料特点鲜明，记录了丰富的明清新词新义及方俗语词，并有大量的版本异文和同行异录异文。丰富的语言词汇可以为辞书编纂及修订、确定词语历时演变的时间等提供佐证，也是研究明清汉语域外传播的珍贵语料。

[关键词]燕行录；语料特征；明清汉语词汇；域外传播

明清两朝，来华朝鲜使团中有关人员将其在华时经历著录成书，这些书统称为"燕行录"。现传世的"燕行录"有500多种，大部分用汉语书写，内容丰富，语言特点鲜明，是明清汉语研究的重要语料。

一、显著的语料特征

版本丰富。存世的燕行录文献往往有稿本、抄本、刻本等多个本子。如，明代几种重要的文献，许篈的《荷谷先生朝天日记》有奎章阁藏《荷谷集》元、亨、利三

---

* 基金项目：是教育部社科基金青年项目"朝鲜使者汉文著述词汇研究（20YJC630078）"。

卷影印本和无题跋校语的抄本两种本子①;李忔的《雪汀先生朝天日记》手稿本和李长培的抄本②;苏世让的《阳谷赴京日记》有手稿本、《青丘学丛》点校刻本、葆真堂刻本三种本子③。版本异文是汉语词汇研究的重要语料,如:

  二月二十日,解到判人白衍庆、郭毓伟、赵定国等三人,行部道审明回复。随出大门外面审<u>情真</u>,命徐旗鼓执王命同部道镇监斩验功。(李忔《雪汀先生朝天日记》1629/13-131④)

  按:"情真"抄本作"情直",邱瑞中先生整理点校本亦作"情直"。此处的"情真"即实情,明清文献中习见,且常用于狱讼审讯等场合,如,明徐肇台《记政录》:"获此元凶,并擒奸党,既经镇抚司究问情真,着送利部依律从重拟罪。"明祁彪佳《宜焚全稿》:"令失主秦文将原赃认明,问拟前罪节经,会审情真,转详允示。""情直"在元明清文献中虽也有用例,但一般为主谓结构的短语,经常和"情曲"连用,如元张养浩《三事忠告》:"夫善听讼者,必先察其情,欲察其情必先审其辞,其情直其辞直,其情曲其辞曲。"此处版本异文比较,当以稿本的"情真"为佳。

  其次,同行异录。来华使团人数众多,不同的人从不同的角度书写相同的出使见闻,就形成了"同行异录"。我们从五百多种"燕行录"文献中考证出了28种同行异录文献,列举如下:

表1 燕行录中的同行异录文献

出使时间	出使目的	作者身份	撰写文献
嘉靖十二年十二月十六日	贺皇太子诞生	进贺使苏世让 苏巡为其侄子随从	苏世让《阳谷朝天录》 苏巡《葆真堂燕行日记》
万历二年五月十一日	恭贺皇帝诞辰	质正官赵宪 书状官许篈	赵宪《朝天日记》 许篈《荷谷朝天日记》

---

① 奎章阁藏《荷谷集》元、亨、利三卷影印本,收录在《燕行录全集》卷六,第11—386页,复旦大学出版社出版的《韩国汉文燕行文献选编》也选用的此本子;第二种写本,缺少中篇,收录在《燕行录全集》卷六,第387页—卷七268页。
② 手稿本,收录在《燕行录全集》卷二十三,第197—321页;抄本,前有宋秉璿序,收录在《燕行录全集》卷十三,第11—212页。
③ 《青丘学丛》点校刻本,收录在《燕行录全集》卷二,第393页—413页;手稿本,收录在《燕行录全集》卷二,第414—459页;葆真堂刻本,收录在《全集》卷三,第459—500页。
④ 引用文献后的数字1629/13-131,1629为出使的年份,13表示韩国林基中主编的《燕行录全集》的卷数,313表示在本册中页数。下同。

出使时间	出使目的	作者身份	撰写文献
万历二十六年戊戌十月二十一日	辩诬陈奏表事大之忠诚	陈奏使李廷龟 黄汝一作为普通官员	李廷龟《戊戌朝天录》 黄汝一《银槎日录》《银槎录诗》
顺治十年十一月初三	三节年贡行	正使沈之源 副使洪命夏	沈之源《癸巳燕行日程》 洪命夏《癸巳燕行录》
顺治十七年十月二十四	三节年贡行	正使赵珩 副使姜柏年	赵珩《翠屏公燕行日记》 姜柏年《燕京录》《燕行路程记》
雍正十年七月十八日	进贺兼谢恩行	正使李宜显 书状官韩德厚	李宜显《壬子燕行诗》(诗歌)、《壬子燕行杂识》(日记) 韩德厚《承旨公燕行日录》
康熙五年九月二十日	谢恩兼陈奏行	正使许积 副使南龙翼	许积《燕行录》 南龙翼《燕行录》《曾祖考燕行录》
康熙二十五年六月二十二日	谢恩兼陈奏行	正使南九万 书状官吴道一	吴道一《丙寅燕行日乘》(日记与杂录)、《燕槎录》(诗歌) 南九万《丙寅燕行杂录》(杂录)
康熙五十一年十一月三日	贺冬至兼谢恩	正史金昌业 下级军官崔德中	金昌业《老稼斋燕行日记》 崔德中《燕行录日记》
康熙五十二年十一月二十九日	三节年贡行	正使赵泰采 书状官韩祉	赵泰采《癸巳燕行录》 韩祉《两世燕行录》
咸丰五年十月初四	陈慰进香兼谢恩使行	正使徐庆淳 掌令申佐模	申佐模《燕槎纪行》《燕行杂记》；徐庆淳《梦经堂日史》

这是"燕行录"文献中比较特殊的一类,内容相似而文句相差甚远。二者对比,可以更为深入地了解两书的用词特点和具体的词语含义,如:

二月二十六日,有儒生数十来揖,以笔百余柄给之,争相攫取,只有蹴踏仆地。(苏世让《赴京日记,1553/3-475》)

二月二十六日,儒十余辈就前相揖,仪容举止颇不端洁,以管城数十柄与之,诸辈争取转相蹴踏,其非真儒也。(苏巡《燕行日记》,1553/3-404)

按:"管城"为笔的别称。中土文献中亦见,宋杨万里《霜寒》诗之二:"只缘青女降,便与管城疏。"此处苏巡用"管城",苏世让用常用词"笔",二者用词不同。

六月二十四日,丁卯,晴。点其走回唐人(赏大春以挂红,极赞国王赤心敬上之诚云。)(赵宪《朝天日记》1574/5-152)

六月二十四日丁卯晴。御史曰:"朝鲜国王赤心敬上,解送走回人口,好妙好妙仍令挂红于二人。<u>挂红者中原之俗,凡遇喜庆,必挂段肩上,插花帽顶以荣之。</u>今举此例者,以其解送之多也。(许筠《朝天记》1574/6-101)

按:赵宪书中提到宋大春得到"挂红"的赏赐,但何为"挂红"并未写明。许筠则在同一天的日记中详细描写了"挂红"的习俗,读者两相对校,一目了然。

最后,词汇内容丰富。朝鲜使者是怀着朝圣的心情到达中国的,一进入中国境内,对中国物事人情感到新鲜好奇,并一一记录。所以,"燕行录"内容涉及到了明清社会的方方面面,如,与饮食有关的词语有"浊醪""大口鱼""烧酒""蜜果""西瓜""白米""盐酱""香油""鹿葱"等;与衣着妆饰有关的词语有"衣巾""襄""鞋子""袜""衲衣""羊裘""幞头"等;与日常生活用具有关的词语"具桶绳""交床""炕""獐茵""鞭子""匣袱""日伞""棺材""遮雨油纸""衾褥""酒杯""齿刷子""筥笼";与身份职业有关的词语"博士""书手""门子""牙子""奴""通事""杠夫""馆夫"等;与政府公文有关的词语"马票""投文牌""卯簿""票贴""报单"等;与交通工具有关的词语"楼船""轿子""小艇""彩船""舟舰"等;与经济及政府徭役有关的词语"开市""段帐""药帐""买卖""脚力""盘缠"等等不胜枚举。

另外,"燕行录"中还有诸多当时方言俗语的记录,如洪大容《湛轩燕记·京城记略》:"骂辱绝无丑语,如没良心,什么东西是寻常骂话。王八羔子、杂种、狗滓子等话乃贱汉嫚戏,最发怒者天火烧死也。"(1766/42—260)朴齐仁《燕行日记》:"自工部来造凉室,即华语所云蒼棚华音曰天风。"(1800/76—214)"衣服之制,大率无广袖之衣,而袖皆狭尖长,皆著跗无方圆之衿领,全用团纽而结之,即襦衣也,我俗所云周衣华言仓巴五。"(1800/76—291)李遇骏《梦游燕行录》:"其问姓问年而不能酬答,(业人)但曰:吾们的粗盪,你们的话头不知多彼乃顾笑而去。盖业人以初音位粗,堂音盪。初堂者即初行之称。"(1848/76—412)这些均为明清词汇研究的珍贵语料。

因作者是朝鲜人,"燕行录"词汇又表现出与一般汉籍不同的特点。尽管古朝鲜在1446年创立谚文之前一直使用汉字,但是,朝鲜语毕竟和汉语不是同一种语言,朝鲜使者在用汉语写作时,受到母语影响,会不自觉的使用朝鲜语。本来朝鲜语词不是我们研究的范围,但这些词均以汉字的形式书写,有的场合从形式上很难区分,所以若不严格区分,就有可能无法准确地理解文意,或者可能误将其当做明清的口语来处理,如:

"燕行录"中多次出现"主",用在表示称谓的词后:

七月十九日据生员郑绪继妻白氏,伊夫在日委的顺以事<u>夫主</u>,孝以事翁姑,抚育先妻董氏所遗五岁子郑扛,无异已出,遂有贤名。(赵宪《朝天日记》1574/5—345)

八月四日路见<u>叔父主</u>下书知带赴中朝,即归驰来告于<u>母主</u>。(苏巡《燕行日记》1553/3—347)

九月五日晴食后往霜洞仲父承旨拜辞<u>叔母主</u>。(苏巡《燕行日记》1553/3—352)

按:在中土文献中,"主"在称谓词后常表示死者的牌位,如,戴明说《翰林编修刘公去嬉墓志铭》:"冠童子军屡前矛,饩于庠,领戊子乡荐驰报,至拜父主,拥涕悲号恸不自释。"而此均为对人的敬称,并非死者的牌位。其实这几例中的"主"为朝鲜语表敬人称助词"님"的音译,"主"用在"夫""母""叔父""叔母"称谓词后表示尊敬,没有实际的意义。现在韩语里还有这样的用法,如:"教授"作교수님,"先生"作선생님,"室长"作실장님等。

在燕行录文献中"奇"有几种用法:

十二月二十六日,仍念一行留滞已过两个月,西报尚无平复之奇,进退罔措。(李讫《雪汀先生朝天记》1629/13—97)

八月初三日,余问曰:"入于中土,久未见自朝廷出来者,迄未闻朝廷之奇。"(赵宪《朝天日记》1574/5—212)

九月初一日壬申晴。(主事与主客司郎中饮于提督厅,○闻具景时注外之奇。)(赵宪《朝天日记》1574/5—260/261)

闰二月六日,令通事闻奇于礼部五日一度开门云。(苏巡《葆真堂燕行日记》1553/3—394)

二月二十八日,通事金山海往礼部探奇,又达速返之意于郎中,则答云:"来初三日乏受赏赐矣。"(苏巡《葆真堂燕行日记》1553/3—407)

以上诸例多出现在"有/无……之奇""闻……之奇""探奇""闻奇"等结构中。《汉语大词典》"奇"共三个读音,十五个义项,无一适用于此。此处的"奇"当是古朝鲜语기별(奇别)的音译,为消息、音讯之义。《韩国汉字语辞典》卷一"奇"条的解释:"国义,기별,난보(爛报)",并引用书证《朝鲜中宗实录卷三十九,十五年四月丁亥:"其徒或在京为书吏,以通京奇,此非常贼也。"

二、对明清汉语词汇研究的价值

首先,为辞书修订及编纂提供佐证。

古代朝鲜文人士子主要通过阅读中国图书文献来习得汉语书面语,他们不仅重视经史典籍,也十分热衷于阅读佛经、诗歌、笔记、医书以及传奇小说等通俗读物。明清汉语的新兴词语亦随着这些文献地进入到朝鲜人的词汇系统,体现在他们的汉文创作中。如,四部明代燕行录中有大量的新词,如单子、草料、马料豆、公座、火牌、棉裤、侦探、马夫、倡乱、佛郎机、露酒、官生、堵截、苗头、停妥、火器、截杀、身家、打躬、约会、中火、书字、头畜、管理、火牌、公座、咨文、伴当、完了、牌示、骡子、伙计、胡说、手册、原任、当铺、名帖、一股、保释、抽查、老少、开市、投文牌、卯簿、不敢、谢谢、谢意、风子、查封、经管、代行、另行、僻见、假宿、头儿、门把子、人员、老爷、削立、低洼、倭寇、情面、士习、厚情、不准、礼单、宫庄、两司、不的等。因为古朝鲜使者来华朝贡,所走的路线基本都在中国北方地区,所以燕行录文献中,亦记载了诸多北方地区的俗语,如"小家子""滚挂""做买卖""明明日""小的""风子""真个""海子""沟子""了了""中火""串""越越""捻物""瘢疤""铫铛""披厦"等,这些词语对于辞书编纂及修订有重要的意义:

可以增补词条:

【首魁】

九月初八,有一人打理马林有聊,头破血涌,首魁走匿,而为从者今随车来云。(许篈《朝天记》1574/6—295)

按:"首魁"指头领、首领,或为行动的带头人。中土文献中习见,如民国《民国演义》:"据警备司令官汇呈查获乱党首魁李烈钧等,与乱党议员徐秀钧等,往来密电数十件,本大总统逐加披阅,震骇殊深。"《大词典》未收录无此词条。

【抄杀】

七月初四,到皇城下围东北隅,抄杀城外居民者,不可以数计。(许篈《朝天记》1574/6—144)

按:"抄杀"指从后面包围、侧面截杀,在明清的文献中常见,如明《五代秘史》:"隐帝大喜,便差刘铢领兵抄杀郭威、王浚家属。"《汉语大词典》无此词条。

【胡说】

正月十六日,当叱生事胡说,该重究,良驭趋出,多官进见,又受责。(李忔《雪汀先生朝天日记》1629/13—113)

按:"胡说"一词指没有根据的乱说,在中土文献中常见,如朱熹《朱子语类》:"若子细下工夫,子细寻究,自然见得。如今人全不曾理会,才见一庸人胡说,便从他去。"《汉语大词典》无"胡说"这一词条。

可以提供更早的书证用例:

【老少】

二月十五日,问主事姓名老少,则其姓名葛守礼,其齿二十七,其居山东云。(苏巡《葆真堂燕行日记》1553/3—382)

按:例中的"老少"当指年龄大小。《汉语大词典》的首见例为叶圣陶《李太太的头发》,依例当提前。

【情面】

十一月二日,将张斌良绑了,请皇命尚方剑枭示,已捆记,斌良泣烦,诸将讨饶,何中军并诸将跪禀乞恩。宁前道亦打躬,蒙看道协情面才放免。(李忔《雪汀先生朝天日记》1629/13—58)

按:"情面"在此为情分和面子。《汉语大词典》首见书证为清侯方域《豫省试策五》,依此处例证当提前。

【劈柴】

十二月二十日,庚午,又有铁场堡中军刘思达送呈木炭、劈柴,进前分付,本阁部正禁不许私役边军,尔用军打柴烧炭送呈,是本阁部先私役边军。(李忔《雪汀先生朝天日记》1629/13—94)

按:"劈柴"在此处为名词,为用以引火的小木块或小木条,今山东方言区依然有此用法。此义项《汉语大词典》引用鲁迅《彷徨·幸福的家庭》:"劈柴都用完了,今天买了些。"为最早书证。依此书证当提前。

【谢意】

七月十二日，而余等未及往见，线参将遣表侄李守勋来致谢意，又送礼物。余等辞不敢受。（许篈《朝天记》1574/6—159）

按：《汉语大词典》首引例为鲁迅《书信集·致台静农》："见兼士兄时乞代达谢意为托。"依此例当提前。

【不敢】

七月十九日，令小的扣头来致谢意。主事曰："有何大礼。不敢不敢。"大春又请曰："陪臣即目切欲往观海上，故敢禀。"（许篈《朝天记》1574/6—172）

按：《汉语大词典》首例引清孔尚任《桃花扇·听稗》"这是敝友河南侯朝宗，当今名士，久慕清谈，特来领教。"依此例当提前。

【卯簿】

七月二十日，如此驿则每以朔朝，诣所隶抚宁县，名于卯簿者有罚云。卯簿如我国公座簿然也。（许篈《朝天记》1574/6—176）

按："卯簿"即旧时官署的名册。《汉语大词典》的首见例为清黄六鸿《福惠全书·莅任·驭衙役》："各役过堂点卯。卯簿详注年貌、籍贯、住址及着役日期、经管某事于姓名之下。"依此例证当提前。

可以增补书证用例：

【一股】

一月七日，三日西路报称，虏兵分三路，一股南往滦州，一股北往建昌，一股东攻永平。（李忔《雪汀先生朝天日记》1629/13—104）

按：此处的"一股"表示数量，指成批清兵。《汉语大词典》"一股"的第五个义项为"表数量，用于成批的人"，举了两个现代的汉语的短语"一股土匪""一股敌军"为用例，并无书证，据此可补。

【牌示】

正月十七日，随出府上西门楼，有抚宁二生员谢保守身家恩，部道老爷牌示，各捐俸金赏守城门，每钱十二文。（李忔《雪汀先生朝天日记》1629/13—117）

按："牌示"指张贴在布告牌上的文告。《汉语大词典》无书证用例，据此可补。

其次，为确定词语的历时更替的年代提供有力的证据。

确定语义场内一组同义词历时更替的年代,需要有大量的文献语料证明。除了本土文献,域外汉籍"燕行录"在这方面也具有重要的价值。下面以给予类动词"给"的产生发展为例,详细说明之。

关于授与动词"给 gěi",任学良(1987)、赵世举(2003)认为早在先秦就已存在;日本学者志村良治推测"给"做授与动词在元代"或许已经大量存在"。为了解决这一问题,学者们一直积极地探求它出现的早期用例。傅惠钧(2001)在明万历刻本《金瓶梅词话》中发现了一例"给"做授与动词的典型用例,作者认为填补了一段空白,是对志村先生授与动词"给""在元代或许已经大量存在"的推断一个支持。张美兰(2002)从比《金瓶梅词话》更早的《训世平话》中检的四例。

然而,我们又在明代"燕行录"中发现诸多授与动词"给"的用例。明代的四部代表性文献,成书于明景泰年间苏世让的《阳谷赴京日记》(1533)中出现了授与动词"给"4例("与"出现了16次),苏巡《葆真堂燕行日记》(1533)中出现了8例("与"出现了9例);成书于万历年间的许篈《朝天记》(1574)中出现了14例("与"出现了13例),赵宪《朝天日记》(1574)中出现了4例("与"出现了15例)。下面我们具体分析授与动词"给"的具体用法。

(1)给 + 受事

闰二月二十八日,儒生三人来见,一则左侍郎黄绾之弟,余亦其族也,馈茶后<u>给笔墨</u>,辞不受而去。(苏世让《阳谷赴京日记》1553/2—405)

(2)给 + 与事

五月十三日,答曰:"以路费之物,贸得锦团领褐衣,既服之后,难于处置,以<u>给书吏云</u>。"(赵宪《朝天日记》1574/5—115)

(3)给 + 与事 + 受事

九月二十七日,摠兵官即差夜不收催车,<u>仍令中军另给军士哨里马二十匹</u>。(许篈《朝天记》1574/6—323)

(4)受事 + 给 + 与事

九月二十九日庚子,招经历命自择二杠而去,<u>余十杠则即给军人</u>,照之守法不挠,多此类也。(许篈《朝天记》1574/6—329)

(5)动词 + 受事 + 给 + 与事

六月二十三日丙寅,其下又<u>书帽段二疋、罗一疋、大段廿疋给大春</u>曰:"以此换

前物来。"（许篈《朝天记》1574/6—97）

（6）以+受事+给+与事

闰二月二十五日，将及门，忽有儒生数十来揖，<u>以笔百余柄给之</u>，争相攫取至有蹴踏仆地者。（苏世让《阳谷赴京日记》1553/4—404/405）

（7）给+与事+以+动词

闰二月二十三日，良久对话，馈以秋露一大椀，则一滴下胃，政如剑铓，难以尽酌，云欲辞去，<u>给鱼物以送</u>。（苏巡《葆真堂燕行日记》1553/3—401/402）

由此可见，"朝天录"中授予动词"给"的用法已经十分接近现代汉语。这在同时期的中土文献中是极为少见的。这些授与动词"给"的丰富用例更能证明治村先生的推测的可信性："授与动词'给'在元代或许已经大量存在"。

最后，是研究明清汉语域外传播的珍贵语料。

以前我们主要用域外汉籍佐证中土文献，研究汉语史的发展演变。但域外汉籍中的语言亦诸多异与中土文献的地方，如构词的泛化、语义的变化等，均为当时汉语在域外传播的真实反映，这对于语言接触及语言变异的研究亦有重要的价值。

古朝鲜人使用汉语写作不可能如母语者般娴熟准确，有时"燕行录"中出现的汉语词语从形式和语义看属于汉语体系，但在汉语中却很少使用，如，"话"是一个构词能力非常强的语素，和其他语素组合可以形成各种形式的复合词，除了中土文献中常见的"谈话""说话""叙话""回话""对话"等，亦有"交话""来话""展话""欲话""细话""同话""暂话""坐话""稳话""相话""作话"等复合词：

八月十四日，儒生数十，争来围立，欲与<u>交话</u>。（赵宪《朝天日记》1574/5—231）

五月十四日将访旧迹于城中，经历尹承吉<u>来话</u>，暂与相叙。（许篈《朝天记》1574/6—22）

四月二十三日，在馆之日款接之勤，往来之苦，思之如昨，何敢忘诸，体面有碍，不得陪侍后堂，从容<u>展话</u>。（金堉《朝天日录》1563/16—519）

八月二十五与其友同来欲话，而提督差吏随去，俾察其<u>交话</u>，故不得见之。（赵宪《朝天日记》1574/5—251）

八月二十日，余入庑，不暇与守中<u>细话</u>，可恨。（许篈《朝天记》1574/6—260）

七月初四，夜与美叔<u>同话</u>，觉有自欺之病，而言脱口，改不得也。（赵宪《朝天日记》1574/5—167）

四月甲子晴，午饭于郭山郡，主人韩希吉也，招见<u>暂话</u>，暮入宣川郡。（裴三益《朝天日记》1587/4—16）

八月初六，昏<u>会话</u>中庭。（赵宪《朝天日记》1574/5—218）

八月十一日，以砒霜和烧酒涂于斑疾，以故使<u>坐话</u>，而不克往参。应始来话。（赵宪《朝天日记》1574/5—227）

八月十六日晴，西南风大吹。与书状往见都督，行见官礼，都督令脱冠带以便服，鼎坐<u>稳话</u>。（金瑬《朝天日录》1563/16—169）

四月二十二日，毛寅适来。鼎坐<u>相话</u>而罢。（金瑬《朝天日录》1563/16—230）

三月乙巳，晴，留太平馆，与留守令公李遴终日<u>打话</u>。（裴三益《朝天日记》1587/4—13）

四月丁卯，晴而阴，乍雨而止。主人李平卿准，都事沈明甫<u>作话</u>。（裴三益《朝天日记》1587/4—17）

例中的除了"谈话""回话""会话""说话"等常用，"打话"中古文献中有用，其他形式，在汉语中极少使用。这应该是朝鲜使者在使用汉语时，根据汉语的构词法和"话"的意义创造性使用汉语，引起"话"这个构词语素的泛化。

从词义范围来看，其与中土文献也有差异，如"路费"在中土文献中多指旅途中的钱财，而燕行录文献中不仅仅指钱财，还指路上所需要的吃的、穿的、用的等各物，词义泛化。

五月十三日丙戌晴，问见朝用何服。答曰："以路费之物贸得锦团领褡衣，既服之后，难于处置，以给书吏云。"（赵宪《朝天日记》1574/5—115）

六月初一日，甲辰又致赆焉，米豆帒麂靴子，安牧赆以路费：米三帒、雉五、獐一、秀鱼十、石首鱼十、刀子十五、火金……。（赵宪《朝天日记》1574/5—133）

六月初四，分处路费，以米十帒为子粮，三帒散于下人。（赵宪《朝天日记》1574/5—135）

参考文献：

丁　峰　2010《〈燕行录全集〉所见朝鲜使臣的明清诸语言记录》，《如斯斋汉语史丛稿》，贵阳：贵州大学出版社。

蒋绍愚　1994《近代汉语研究概况》,北京:北京大学出版社。
李宗江　1996《〈红楼梦〉中的"与"和"给"》,《红楼梦语言》,北京:北京语言学院出版社。
[韩]林基中(编)　2001《燕行录全集》,韩国:东国大学出版社。
漆永祥　2010《关于"燕行录"界定及收录范围之我见》,《古籍整理研究学刊》第5期。
[日]太田辰夫　2003《中国语历史文法》,北京:北京大学出版社。
汪银峰　2013《域外汉籍〈入沈记〉与清代盛京语言》,《满族研究》第1期。
邢永革　2012《明代前期汉语词汇特点分析——基于史部类白话语料》,《浙江师范大学学报》第4期。
张美兰　2002《〈训世评话〉中的授与动词"给"》,《中国语文》第3期。

【作者简介】钱慧真,女,文学博士,南京师范大学国际文化教育学院副教授。研究方向:域外汉籍及明清汉语研究。

中古律部汉译佛经的语言价值*

姜黎黎

(杭州师范大学,国际教育学院)

[摘　要] 汉译佛教文献统称为"一切经",一般分大乘经、小乘经两种,由经、律、论三个部分组成,又称为"三藏经",即经藏、律藏和论藏。"经"是指佛家修行的理论;"律"是佛教为信徒制定的日常生活所应遵守的规则;"论"是对佛教理论的各家著述。在以往的研究中,学者们偏重于经藏的研究,而对律藏关注不够。事实上,律藏中很多经文的口语化程度比起经藏有过之而无不及,律藏亦是研究汉语词汇史的宝贵语料。本文从词汇学的角度,以举例的方式,用具体的语言事实证明中古律部汉译佛经的词汇口语化程度较高,具有较高的语言研究价值。

[关键词] 中古;律部汉译佛经;新词新义;口语词;价值

　　汉译佛教文献统称为"一切经",一般分大乘经、小乘经两种,由经、律、论三个部分组成,又称为"三藏经",即经藏、律藏和论藏。"经"是指佛家修行的理论;"律"是佛教为信徒制定的日常生活所应遵守的规则;"论"是对佛教理论的各家著述。在以往的研究中,学者们偏重于经藏的研究,而对律藏关注不够。事实上,律藏中很多经文的口语化程度比起经藏有过之而无不及,律藏亦是研究汉语词汇史的宝贵语料。张永言指出:"三藏之中,除'经'而外,'律'藏蕴含口语词汇资料颇丰,值得注意,而'论'则似乎用处较少。"[①] 俞理明(1993:6)认为:"律藏主要收入戒律

---

* 基金项目:国家社科基金项目"中古汉语心理动词研究"(17BYY163)。

① 见于张永言1986年8月1日致郭在贻的信。载张涌泉、王云路、方一新主编《郭在贻文集》(2002:431)。

并兼收各种佛教故事集。其中,戒律部的经文是为修行的僧人制定的日常生活和精神修养等各方面的行为准则,可以分成三类:一是简略的戒条摘抄,一是解释戒条细则的经文,这两类经文内容枯燥;还有一类是完整的戒律,其中通过许多早期僧团僧尼修行生活中的各种具体事例和一些比喻说理故事,记述了当年制定有关戒条的缘由和经过,从僧尼的衣食住行以至七情六欲,涉及了生活的各个角落,不仅有很强的故事性,也反映了不少早期僧团的习俗,是佛经中生活气息最浓厚的部分。"中古四大律书即属于第三类。中古四大律书有:上座部系统的法藏部的《四分律》,今本60卷,约72万字,姚秦弘始十二年至十四年(410—412)由西域僧人佛陀耶舍共中土高僧竺佛念等译;说一切有部的《十诵律》,共61卷,约79万字,姚秦弘始六年至十五年间(404—413)由北印度三藏弗若多罗共鸠摩罗什译,后两卷由东晋罽宾三藏卑摩罗叉续译;大众部的《摩诃僧祇律》,凡40卷,约54万字,晋义熙十二年至十四年(416—418)由天竺僧人佛陀跋陀罗共中土高僧法显译;弥沙塞部的《弥沙塞部和醯五分律》,共30卷,约31万字,南朝宋景平年间(423—424)由宋罽宾三藏佛陀什共竺道生等译。这四部律书均为印度佛教所奉持的广律。所谓广律,就是对每一条加以广泛解说的律典。"广泛解说",通常包括四个方面的内容:制缘,即制定此律条的缘起;律文,即此律的正文;犯缘,即构成犯戒的条件;开脱犯戒(不算犯戒)的缘由,就是设定一些虽形似犯戒,但实质不算犯戒的条件。广律所收辑的律文,主要是对出家二众的全面性规范。它的主要内容是止持戒和作持戒以及僧团内部的制度仪轨等。

　　随着汉译佛经语言的深入研究,有必要依照经、律、论的不同语言特色对汉译佛经语言进行更为细致的研究。本文从词汇学的角度,以举例的方式,用具体的语言事实证明中古律部汉译佛经的词汇口语化程度较高,具有较高的语言研究价值。

一、中古律部汉译佛经中的新词新义

　　汉语词汇的发展演变经历了漫长的时期,而中古阶段是其变化剧烈且关键的重要时期。董志翘(2000:90)指出:"词汇的发展包括两大方面:一是作为信息的载体,随着社会政治经济文化的发展,词汇负荷量增大,势必产生许多新词;二是作为词的核心——词义的发展,即'一个形式向一种新意义的伸展'。每一个时代都会产生大量的新词、新义,这是词汇发展的总趋势。"新词新义是常常被用来衡量文献语料价值高低的重要标准之一。有一些词语较早出现于中古律部汉译佛经中，或者这些词的词义演变，也是在中古律部汉译佛经中首先发生的，在现代汉语中仍使用。略举数例如下。

【衣架】挂置衣服的架子。

（1）我欲入村，彼当洗手已，衣架上徐徐取衣，勿使倒错。（四分律，卷三十三，22/801c）

（2）若乞食比丘入村乞食，清旦净洗手至衣架边，一手举衣一手挽取，舒张抖撒看，勿令有蛇虫。（四分律，卷四十九，22/932c）

（3）便入房中，就衣架上捉和上阿阇梨衣，徒就己衣。（僧祇律，卷三，22/251b）

（4）佛言："施衣架，安衣已，入浴室洗。"（十诵律，卷三十八，23/277b）

按："衣架"为汉魏以来产生的新词。《尔雅·释器》："竿谓之箷。"《玉篇·竹部》："箷，衣架。"又作"椸"。《说文新附·木部》："椸，衣架也。"《礼记·曲礼上》："男女不杂坐，不同椸、枷，不同巾、栉，不亲授。"郑玄注："椸，可以架衣者。"中古时期中土文献中罕见其用例，律部以外其他汉译佛经中也罕见其用例。如：

（5）若袈裟在衣架者，若比丘盗心，取架上袈裟，离本处得重罪，不关两头离本处亦得罪，荡至两头亦犯罪，合架将去得重罪。（萧齐僧伽跋陀罗译《善见律毗婆沙》，卷九，24/735a）

（6）便和泥造大舍，瓦户瓦阒、瓦楣额瓦窗牖、瓦龙牙杙瓦衣架。（姚秦竺佛念译《鼻奈耶》，卷四，24/865b）

"衣架"一词在现代汉语中沿用，指挂衣服的用具，用木材、金属等制成。

【脚跟】亦作"脚根"。脚的后部。

（7）尔时长老毕陵伽婆蹉，脚跟破须鞔跟革屣，诸比丘白佛，佛言："听着鞔跟革屣。"（四分律，卷三十九，22/848b）

（8）诸比丘露地洗脚，以脚指行、脚跟行、或登树叶行、若石上跳行，入户床上坐。（十诵律，卷二十五，23/183c）

（9）入内若泥水时，不得先下脚指后下脚跟，当先下脚跟然后下脚指。若脚心有疮当侧脚行，作蔽疮物系之，先下脚跟后下脚指。（僧祇律，卷二十一，22/401a）

（10）有诸比丘脚跟劈裂，以是白佛，佛言："听以熊膏涂，熊皮裹。"（五分律，卷二十一，22/146c）

按:"脚跟(根)"为汉魏以来产生的新词,较早见于中古律部汉译佛经中,同时期中土文献中也有用例,如:

(11)其人行,脚跟不着地也。(《山海经·海外北经》:"(跂踵国)其为人大,两足亦大。"晋郭璞注)

(12)(洛中谣)又曰:"头去项,脚根齐,驱上树,不须梯。"(《魏书·尔朱彦伯传》)

【曝晒】在日光下晒物使干。

(13)若地不平,应平治泥浆,洒涂令净,取地敷,抖擞曝晒,持入房。(四分律,卷四十九,22/931b)

(14)(如来)见诸比丘床褥卧具垢腻不净,处处沾污,如曼陀罗着日中曝晒。(僧祇律,卷五,22/392b)

(15)时诸比丘游行见之,语言:"世尊不说衣趣蔽形,食趣支身耶?何以多积饮食曝晒狼藉?"(五分律,卷八,22/54b)

按:"曝晒"为同义复合词,汉魏以来产生的新词。"曝",本作"暴",晒,晒干。上古时期已见,中古时期沿用,如《周礼·天官·染人》:"凡染,春暴练,夏纁玄。"① 《论衡·解除》:"暴毂于庭,鸡雀啄之。"后作"曝",如《列子·杨朱》:"昔者宋国有田夫,常衣缊黂,仅以过冬,暨春东作,自曝于日。"《齐民要术·种枣》:"切枣曝之,干如脯也。""晒",暴晒;晒干。《说文·日部》:"晒,暴也。"《方言》卷七:"晒,暴也。暴五谷之类,秦晋之间谓之晒。"《玉篇·日部》:"晒,暴干物也。"如《世说新语·简傲》:"(王恬)乃沐头散发而出,亦不坐,仍据胡床,在中庭晒头。"《齐民要术·收种》:"将种前二十日许开出水淘,即晒令燥。""曝晒"较早见于中古律部汉译佛经文献中,其他汉译佛经中用例亦不多,后代中土文献中有用例,如:

(16)尔时,世尊复如是念:"我洗衣已,复于何上,曝晒此衣?"(隋阇那崛多译《佛本行集经》卷四十一,3/846a)

(17)菩提树南门外有大池……池西有大石,佛浣衣已,方欲曝晒,天帝释自大雪山持来也。(《大唐西域记·摩揭陀国上》)

【抄】向上提起、撩起或挽起。

(18)反抄衣者,或左右反抄衣,着肩上。(四分律,卷十九,22/699a)

(19)又六群比丘,虽不偏抄衣入家内,便偏抄衣坐家内。(十诵律,卷十九,

---

① 贾公彦疏:"以春阳时阳气燥达,故暴晒其练。"

23/136a）

（20）尔时六群比丘反<u>抄</u>衣入白衣家，为世人所讥："云何沙门释子如王子、大臣，如淫妷女人卖色，反<u>抄</u>衣入人家内坐，露现肘胁？"（僧祇律，卷二十一，22/400c）

（21）彼客比丘欲至僧坊，若先反<u>抄</u>衣，应下之。（五分律，卷二十七，22/179a）

按："抄"此义为中古时期新义。同时期中土文献中未见用例，见于律部汉译佛经中，如：

（22）彼六群比丘着三衣，左右<u>抄</u>，着臂上，行入室。（鼻奈耶，卷十，24/896a）

（23）时扸咃山有三苾刍：……作污家法行恶行，共诸女人言谈戏笑，……或自结鬘教人结鬘，歌舞伎乐见他戏笑以物与之，或高<u>抄</u>衣跳身返掷……。（《根本说一切有部毘奈耶》卷十五，23/705a）

现代汉语闽方言中仍表达类似意思，指往上提，福建厦门话说"衫仔裙抄起来。"（许宝华、宫田一郎 1999：2546）南京话中有"抄袖子""裤腿抄起来"，四川话中也说"把衣服抄起来"。

从以上所列举词语用例可以看出，这些新词新义的产生之初顺应了当时时代的发展，又因其符合汉语构词规律或人们的使用习惯，具有较强的生命力，一直沿用至今。

二、中古律部汉译佛经中的口语词

中古律部汉译佛经词汇的口语性较强，其中一些当时常见的口语词在现代汉语口语中仍然使用，这为汉语口语词的溯源提供了线索。略举数例如下：

【浴室】供洗澡的房间。

（1）若<u>浴室</u>中有杙、若龙牙杙、若衣架，当持衣置是诸处。（四分律，卷三十三，22/802c）

（2）若和上入<u>浴室</u>时，弟子应持浴衣与，摄取所著衣，与床，应与水瓶授杖。（十诵律，卷四十一，23/301c）

（3）复次佛住舍卫城，尔时世尊听温室浴，时六群比丘闻打洗浴揵椎时，便先入<u>浴室</u>，顿着薪炭已，闭户取汗而住。（僧祇律，卷三十五，22/508c）

（4）复有比丘，<u>浴室</u>中浴，热闷倒地。（五分律，卷六，22/43c）

同时代汉译佛经中用例见于：

（5）有一罗汉比丘，入彼寺中，威仪详序，甚可观看，寺主檀越，见其如是，请入<u>浴室</u>为其洗浴，复以香油，涂其身上。（三国吴支谦译《撰集百缘经》卷五，4/227c）

中土文献较早用例如：

（6）白公不得已，遂死于<u>浴室</u>。（《列子·说符》）①

（7）山有石室，甚饰洁，相传名皇后<u>浴室</u>。（《水经注·清水》）

【耳环】耳饰，多用金、银、玉石等制成。

（8）时六群比丘耳轮上着珠，佛言："不应尔。"六群比丘着<u>耳环</u>，佛言："不应尔。"（四分律，卷五十一，22/946b）

（9）居士复集婆罗门及诸居士善知金宝相者，以儿耳示之："是儿<u>耳环</u>价直几许？"（十诵律，卷二十五，23/178b）

（10）尔时比丘在苏河上脱衣洗浴，时有梨车童子，亦诣河浴，即脱<u>耳环</u>，以衣覆上，入水而浴。浴已，上岸着衣，忘环而去。比丘后出，见此<u>耳环</u>，即遥呼言："童子！童子！<u>耳环</u>在地。"（僧祇律，卷十八，22/370c）

中土文献较早用例如：

（11）夷人大种曰昆，小种曰叟，皆曲头木<u>耳环</u>。（晋常璩《华阳国志·南中志》）

【橙】同"凳"。凳子。没有靠背的有足坐具。

（12）若患脚寄痛，听作<u>橙</u>安枕荐。（四分律，卷三十九，22/848c）

（13）尔时六群比丘，自畜木<u>橙</u>食，或畜床子食，或畜盘食，佛言："不听畜木<u>橙</u>、木床、木盘食。若用食者，突吉罗。"（十诵律，卷三十八，23/273b）

（14）釿斧锯凿锹镢梯<u>橙</u>②，此是四方僧物，用已当摒挡着常处，后人须者取易得，不致疲苦。（僧祇律，卷三十五，22/509c）

（15）僧应畜斧凿、刀锯、铧锹、梯<u>橙</u>、泥墁种种作屋之具。（五分律，卷二十五，22/167b）

中土文献较早用例如：

（16）魏时陵云殿榜未题，而匠者误钉之，不可下，乃使韦仲将悬<u>橙</u>书之。"（《晋书·王献之传》）

---

① 据魏培泉（2017）考证，今本《列子》中有相当大的一部分文字是东汉到魏晋间之人所作。
② "橙"，元、明本作"隥"。

【锹】一种掘地农器。用熟铁或钢打成片状,前一半略呈圆形而稍尖,后一半末端安有长木把。

(17)汝锻师种,用出家受戒为?汝应学作钏鉾锁鼎、镢铧、锹镢、斧稍、大刀、小刀、钵、拘钵多罗、半拘钵多罗、大揵镃、小揵镃、剃刀、针钩、锁钥,如是种种锻师技术汝应学。(十诵律,卷九,23/65a)

(18)身方便者,若锹镢、斧凿、竹木自手掘地,若遥掷欲令坏,坏者,波夜提。(僧祇律,卷十九,22/384c)

(19)僧应畜斧凿、刀锯、铧锹、梯橙、泥墁种种作屋之具。(五分律,卷二十五,22/167b)

中土文献较早用例如:

(20)栽法,以锹合土掘移之。(《齐民要术·种桃柰》)

【还俗】僧尼或出家的道士恢复俗人的身份。

(21)如是至三,其子亦答言:"不能舍道还俗。"(四分律,卷一,22/570a)

(22)是不修身戒心智已,与比丘尼相近,或犯大事舍戒还俗。(十诵律,卷四十九,23/359a)

(23)我当与尊者衣钵病瘦汤药,若不乐修梵行者,可还俗,我当与汝妇,供给所须。(僧祇律,卷二十六,22/441a)

(24)诸女便讥诃言:"此等常毁訾欲,而今作如是事,不修梵行!何不还俗,自恣五欲?无沙门行,破沙门法!"(五分律,卷十二,22/87b)

中土文献较早用例如:

(25)时有沙门释惠休,善属文,辞采绮艳,湛之与之甚厚。世祖命使还俗。(《宋书·徐湛之传》)

【料理】安排;处理。

(26)佛告诸比丘:"汝等出家人更无给使为汝料理后事,去时何故不举?此非法、非律、不如佛教,不可以是长养善法。"(僧祇律,卷十四,22/342c)

(27)到已,其妹婿语赖咤言:"汝妹命过,谁当料理家内看视儿子?唯愿赖咤为我料理,以代妹处。"(僧祇律,卷三十六,22/518a)

(28)然我今者不得次供,我等处俗多诸难故,属官役使,至于断事之日当应往赴,兼复料理家业,复供官财谷,公私驱驰初无停息。(四分律,卷十三,22/655b)

（29）知空僧坊常住比丘，应巡行僧坊，先修治塔，次作四方僧事，次知僧料理饮食事，次知应可分物，次知上座中座下座比丘事。（十诵律，卷三十四，23/250a）

（30）尔时跋难陀常出入一居士家为说法，疾病、官事皆为料理。（五分律，卷四，22/28a）

中土文献较早用例如：

（31）处遇料理，反胜劳人。（《宋书·吴喜传》）

【梳头】"梳"，通"疏"，梳理头发。

（32）时父在彼中殿前，沐浴梳头速疾敛发，即勒左右人言："于波罗椿国断诸巷道。"（四分律，卷三十二，22/789c）

（33）是中犯者，若比丘尼使他梳头，波夜提。随使他梳头，随得尔所波夜提。（十诵律，卷四十七，23/343c）

（34）梳者，牙梳、骨梳、角梳、木梳，如是比一切梳不听用，下至以手梳头，为好故，越比尼罪。是名梳法。（僧祇律，卷三十三，22/497b）

（35）庄严者：为其梳①头，乃至插一华，着一钏，一一波逸提。（五分律，卷十四，22/99b）

中土文献较早用例如：

（36）其行来渡海诣中国，恒使一人，不梳头，不去虮虱，衣服垢污，不食肉，不近妇人，如丧人，名之为持衰。（《三国志·魏志·倭人传》）

（37）谢太傅为桓公司马。桓诣谢，值谢梳头，遽取衣帻。（《世说新语·赏誉》）

参考文献：

蔡镜浩　1990《魏晋南北朝词语例释》，南京：江苏古籍出版社。

董志翘　2000《〈入唐求法巡礼行记〉词汇研究》，北京：中国社会科学出版社。

方一新　2010《中古近代汉语词汇学》，北京：商务印书馆。

蒋绍愚　2015《汉语历史词汇学概要》，北京：商务印书馆。

王云路　2010《中古汉语词汇史》，北京：商务印书馆。

---

① "梳"，圣本作"疎"。

魏培泉　2017《列子的语言与编著年代》,台北:中央院研究所。

许宝华,[日]宫田一郎主编　1999《汉语方言大词典》,北京:中华书局。

俞理明　1993《佛经文献语言》,成都:巴蜀书社。

中国社会科学院语言研究所词典编辑室编　2016《现代汉语词典》(第 7 版),北京:商务印书馆。

张涌泉、王云路、方一新主编　2002《郭在贻文集》第四卷,北京:中华书局。

【作者简介】姜黎黎,女,文学博士,杭州师范大学国际教育学院副教授。研究方向:汉语史。

试论域外汉文文献写本的文字学价值
——以越南汉文燕行文献为中心*

邵天松

(江苏第二师范学院,文学院)

[摘　要]近些年来,域外汉文文献逐步走进研究者的视野。域外汉文文献,亦被称为域外汉籍,指那些存在于中国之外或域外人士用汉语(主要是古代汉语)撰写的各类典籍。越南汉文燕行文献即属此类文献。从目前所保留的越南汉文燕行文献来看,其中大多以写本传世,在文字的书写方面,体现了许多写本文献中的汉字使用特点。同时,这批燕行文献中还出现了大量的俗字。这些俗字有些承袭自古代,在中国古代的写本文献中也能见到;而有一些则未见于他处文献。从文字学角度来考察这批文献,作为域外汉文文献写本的越南汉文燕行文献无疑具有重要的价值:有助于扩大近代汉字研究领域;有助于丰富汉语俗字构形理论;有助于补充大型字书失收字形;同时对于这批越南汉文燕行文献的整理和深入研究也具有十分重要的意义。

[关键词]域外;汉文写本;文字;价值

近些年来,域外汉文文献逐步走进研究者的视野。域外汉文文献,亦被称为域外汉籍,指那些存在于中国之外或域外人士用汉语(主要是古代汉语)撰写的各类典籍。而众所周知,在汉字文化圈国家中,越南深受中国文化的影响。在历史渊源上,越南曾经长期与中国保持宗藩关系;在文字的使用上,越南数千年来更是将汉字作为其官方文字,至今仍保留了数量众多的汉文典籍。越南汉文燕行文献即属

---

* 基金项目：国家社会科学基金青年项目《黑水城出土元代汉文社会文献词汇研究》(17CYY031)。

于此类文献。燕行,即燕京(北京旧称)之行。明清两代,越南、朝鲜诸国使者往来北京朝贡之行,均可谓燕行。燕行过程中所记录的风土人情、所见所闻等,即所谓燕行录或燕行文献。因此,越南汉文燕行文献就是指历史上越南官方使节北使中国,或民间人士来华旅行而撰述的相关汉文记录。从目前所保留的越南汉文燕行文献来看,其中大多以写本传世,在文字的书写方面,体现了许多写本文献中的汉字使用特点。同时,这批燕行文献中还出现了大量的俗字①。这些俗字有些承袭自古代,在中国古代的写本文献中也能见到;而有一些则未见于他处文献。对于这些俗字进行研究,不仅可以考察明清之际越南汉字的使用实态,有助于我们了解汉字在域外的流传与发展情况,同时对于这批越南汉文燕行文献的整理和深入研究也具有十分重要的意义。凡此种种,均体现出作为域外汉文文献写本的越南汉文燕行文献具有重要的文字学价值。

一、扩大近代汉字研究领域

在传统的文字学研究中,以甲骨文、金文为代表的古文字研究堪称显学,研究历史最为悠久,取得的成就也最为宏富。与古文字的研究相比,近代汉字的研究则显得较为逊色。张涌泉(2010:12)曾指出:"在我国的文字研究中,存在着严重的头重脚轻的倾向。"造成这一现象的原因,既与部分学者重古轻今、重正轻俗的传统观念有关,也与长期以来近代汉字、尤其是俗文字研究材料的匮乏有关。随着很多有识之士的不断呼吁,学界开始逐渐重视近代汉字的研究,取得了丰硕的成果(景盛轩 2013)。从研究材料的利用来看,近代汉字研究的重要成果之一就是挖掘了大量的材料。概而言之,主要有简帛碑刻和写卷刻本两大类材料。简帛碑刻的材料主要包括我国多地出土的汉简、三国吴简以及历代墓志碑刻等。写卷刻本的材料则主要有敦煌写卷、吐鲁番文书、黑水城文书、汉译佛经刻本、道藏刻本以及明清戏曲小说刻本等。但就目前的研究现状而言,近代汉字的研究主要集中在上述文献材料中,尤其以敦煌俗文字(俗字)和简牍文字等出土文献文字的研究最为热门。

---

① 关于俗字的概念,蒋礼鸿《中国俗文字学研究导言》中说:"俗字者,就是不合六书条例的(这是以前大多数学者的观点,实际上俗字中也有很多是依据六书原则的),大多是在平民中日常使用的,被认为不合法、不规范的文字。"张涌泉《汉语俗字研究》中认为:"凡是区别于正字的异体字,都可以认为是俗字。"黄征《敦煌俗字典·前言》则认为:"俗字就是历代不规范异体字。"

近年来,随着域外汉文文献的发现与回归,其所蕴含的文字学价值越来越受到国内学者的重视。何华珍就提出了要加强对域外汉籍与近代汉字研究的关注:"基于域外汉籍的汉字研究,可以扩大近代汉字的研究领域。因此,基于域外汉籍的汉字本体研究、汉字传播研究,理应成为中国文字研究的重要内容之一。"[1]汉字虽然是记录汉语的书写符号系统,但其使用范围却不仅仅只局限于中国。汉字曾在不同的历史阶段分别传到了朝鲜半岛、越南、日本等地。这些不同的地区因此也保留了大量用汉字记录的文献。以越南汉文燕行文献为例,这批文献大都形成于明清之际,其中所使用的汉字从字形来看,既有符合规范的正字,也有很多异体字,甚至还有不同时期的俗字字形。从字体来看,既有楷书字体,也有行书、草书字体。这些域外文献材料的传入,开始促使人们从汉字文化圈的大视野来研究近代汉字,对汉字文化圈中不同国家的汉字进行比较研究。这样既能加强近代汉字系统的研究,推动汉字史的构建,对于我们进一步了解汉字的域外传播途径和方式也大有裨益。

以越南汉文文献为例,目前已有很多学者对包括燕行文献在内的这部分文献中的文字类型和用字现象进行了系列的研究。如何婧《浅谈越南汉籍中的避讳字——以嗣德三十年〈会庭文选〉为中心》(2015)对越南汉文文献中的避讳字进行了分析。刘康平《越南汉文写卷俗字研究》(2011)、甄周亚《冯克宽使华汉诗写本俗字研究》(2015)等对不同越南汉文文献中的俗字进行了考释与探究。梁茂华《越南文字发展史研究》(2014)利用越南汉文文献等材料,对越南汉字发展的历史进行了全面的梳理和总结。左荣全《传播学视域下的汉字在越南的传播史》(2018)、张潇潇《汉字在越南的传播和嬗变》(2018)从传播学的视角探讨了汉字在越南传播的过程。其中在这一领域精心耕耘多年者,当属何华珍及其研究团队。该团队承担了国家社科基金重大招标项目"汉字发展通史"的子课题"汉字域外传播史研究",对越南汉文文献中的文字研究用力甚勤,创获颇多。上述成果的取得,均得益于域外汉文文献的传布。由此可见,域外汉文文献的使用扩大了近代汉字研究的新领域,为我们提供了更多的新材料和新课题。

---

[1] 转引自唐红丽、高欣然《域外汉籍拓展近代汉字研究》,《中国社会科学报》2015 年 8 月 26 日第 2 版。

二、丰富汉语俗字构形理论

随着俗字在汉字发展过程中的作用被越来越多的人所了解,近些年来学界对俗字的研究也较为活跃。尤其是海外新材料的发现,使得域外汉文文献中的俗字也逐渐进入了研究者的视野。以越南汉文燕行文献为例,其中就出现了较多的俗字。其中有些俗字在传统的汉文典籍或字书中较为罕见。有学者称之为"变异俗字"。当我们对这部分"变异俗字"进行考察时,便会发现但这些"变异俗字"与中国传统古籍中常见的俗字关系颇深,有的是以中国传统古籍中常见的俗字为构形基础,有的则是构字方式与中国传统古籍中常见的俗字类似。这些域外汉文文献中的俗字丰富了汉语俗字的构形理论。例如:

【眈】

"眈"字在越南汉文燕行文献中多见,如潘辉注《輶轩丛笔》(《越南汉文燕行文献集成》第11册)"长沙"条:"眈望贾谊之故宅。"同书"嘉鱼"条:"苏子眈以黄州赤嶙山为赤壁。"同书"金州"条:"眈佛像后,历塔登楼,四望江山。"又如黎贵惇《北使通录》(《越南汉文燕行文献集成》第4册):"臣下情无任,眈天仰圣,激切屏营之至。"同书:"臣等欲并于此时眈谒,因日已向暮不果。"今考"眈",字书中有三读:1.《集韵》痴廉切,同"觇",窥视义;2.《集韵》之廉切,目垂义、目摇义;3.《集韵》吐滥切,候视义。然揆之本文,诸义均未洽。根据书中"长沙"条中"苏子眈"即苏轼(字子瞻),可证潘辉注《輶轩丛笔》写本中诸多"眈"字即"瞻"字。从俗字构形的角度来看,"眈"应为"瞻"更换声符而形成的俗字。"瞻"之所以俗写作"眈",大概是由于形声字"瞻"的声符形体较为繁复,不便于书写,故而俗书便用简单的声符来代替。这也是俗字的常见构形方法——改换声符。中国传统古籍中多见,如敦煌文献中"憐"俗写作"怜","蹲"俗写作"跨";明清刻本小说中"绑"俗写作"縍"、"捂"俗写作"扞",均是使用这种构形方法而形成的(曾良2017:46)。

【幨】

"幨"字也多见于潘辉注《輶轩丛笔》中。如本书"南宁"条:"街庸帆幨江次,上下华丽。""梧州"条:"相对上下,街庸帆幨络绎,三江重岭间,景致如画。""武昌"条:"江津帆幨联络,风物繁华。""幨",诸字书未收。今考"幨"即"樯"。"樯"指船上挂帆之桅杆,《玉篇·木部》:"樯,船樯,帆柱也。"《文选·郭璞〈江赋〉》:"舳舻相属,万里连樯。"李善注引《埤苍》:"樯,帆柱也。""樯"之所以写作"㠶",应该是受后一字"帆"的类化影响而产生。张涌泉(2010:63)曾指出"汉字受上下文影响而偏旁发生类化的现象十分常见。"并举出敦煌写本文献中多例,如"石榴"写作"石磂","烂漫"写作"烂熳","滋味"写作"嗞昧",等等。"帆㠶"亦属其例。

【㠭】

"矗"原写本作"㠭"。该字见于潘辉注《𫐓轩丛笔》"金州"条:"其山层岗迭嶂,插入天表。峭㠭不可登。师则游息其间,咏歌不辍。""㠭",考其字形,当为"矗"之简省俗写。"㠭"上半部分构件"直"为"直"之异体,下半部分构件用两个重文符号"〻"分别代替原字中下半部分的两个构件"直"。这种利用重文符号代替相同构件而形成简省俗字也是俗字的常见构形之一,文献中用例亦较多。如1803年高丽刊本《九云梦》(上海古籍出版社影印《古本小说集成》第4辑17册)卷二:"仰视楼上,则丝竹轰鸣,声在半空",其中"轰"写作"軙"。同卷:"此非伯牙水仙操乎",其中"操"写作"挭"。又卷五:"卿方少年,堂上有大夫人,则甘毳之供不可自当",其中"毳"写作"毟"(曾良2017:177)。上述"轰""操""毳"诸字均含三个相同的构件,在俗写中之保留其中之一,另两个则用重文符号来代替,其构形方式与潘辉注《𫐓轩丛笔》写本中"㠭"的构形方式一致。且《𫐓轩丛笔》中这段文字又见于《湘山志》:"(其山)出层岗迭嶂之上,插入天表,峭矗不可登援。"其中正作"峭矗",亦可佐证。

这种利用重文符号代替相同构件的简省俗字在越南汉文燕行文献中亦多有其例。如"壘"俗字作"𡈼"(见于《𫐓轩丛笔》)。其俗字来源当为"壘"字构件"畾"下半部分中的两个"田"分别用重文符号来代替。"攝"俗字作"㧓"(见于《𫐓轩丛笔》)。其俗字来源当为"攝"字右半部分构件"聶"中下半部分两个"耳"用重文符号替代而形成。

此外,何华珍、刘正印(2017:182—183)搜集了大量的越南汉文俗字,其中有相当多的俗字均是使用传统汉字俗字的构形方法构造而成。如用符号代替从而简省笔画,形成俗字。如"興"俗字作"兴"、"衝"俗字作"冲"、"樂"俗字作"乐"、"銅"俗字作"㓊"、"鏡"俗字作"境"等,上述俗字中"八""刂"就是简省符号。

三、补充大型字书失收字形

《汉语大字典》(第二版)和《中华字海》是近年来两部非常重要的大型字典。《汉语大字典》(第二版)秉持"古今兼收,源流并重"的特色,收字60370个,囊括历代文献和字书、雅书、韵书及甲、金文等新出土的古文字资料,充分吸收现代语言学和辞书学的研究成果,全面准确地解释汉字的形、音、义。《中华字海》则是目前收录汉字最多的语文辞书,共收录85568个汉字。众所周知,衡量一部大型字典质量高低的标准之一就是收字的多少。尽管上述两部字典在收字方面都尽可能的全面,但由于未将域外汉文文献作为考察的材料,所以有很多字形并未收入其中。以下略举数例:

【坏】

"坏"字,《汉语大字典》(第二版)和《中华字海》均未收录。越南汉文燕行文献中多见。如潘辉注《輶轩丛笔》"灵渠"条:"敬筹善后事宜,入告九重,胪列各条,著为章程,期于巩固,永永勿坏。"同书"望都帝尧庙"条:"国朝扩而充之,岁久渐皆毁坏。""而斯庙之坏而不敢废修而类乎?"黎贵惇《北使通录》:"早行五十里,申至克先塘,罗伴送船触石破坏,仍驻,促舟人修治。"其中,上引《輶轩丛笔》"灵渠"条例句系潘辉注引用清代杨应琚《修复陡河碑记》中的文句。该碑记又收录于《中国西南地区历代石刻汇编》。在该书中,例句中的末尾正作"永永勿坏"。两相比较,可知《輶轩丛笔》中"坏"即"坏"之俗写异体。此外,据何华珍、刘正印(2017),《越南汉喃铭文拓片总集》、1697年正和本《大越史记全书》中"坏"亦写作"坏"字。可见,这是一个在越南汉文文献中常见的字形。根据字形结构,"坏"字显然是将"坏"(繁体"壞")的右边部分"褱"用了简易的"衣"替换而成。这也符合用简笔代替繁笔而形成简省俗字的构形规则。

与此类似,在越南汉文燕行文献中还有"袱"字。如《輶轩丛笔》"南宁"条:"盖即景而袱古也。今其城颇高峻。城中协镇营兵卫亦整。"《北使通录》:"二十日仍驻袱宁,县官张肇扬来拜及送下程,遣辞不敢当。"冯克宽《梅岭使华手泽诗集》:"被泽生民胥鼓舞,闻风侯国举柔袱。""袱"虽已见于相关字书,如《龙龛手鉴·心部》:"袱,哀也。"但以此义解之,文意不通。其实上述诸例中的"袱"即"怀"之繁体"懷"的俗写异体,其构字原理与"坏"作"坏"正相同。另据何华珍、刘正印(2017),《越南汉喃铭文拓片总集》、1697年正和本《大越史记全书》中"怀"亦写作"侬"字。此亦可为佐证。

【飞】

"飞"字多见于越南汉文燕行文献中，又是亦写作"飞"。如潘辉注《鞧轩丛笔》"衡州回雁峰"条："世传雁飞于此而回，不复南过，故名。"潘辉注《华轺吟录·泛潇湘赋并序》："睹亭台而向往兮，渺余望乎孤舟"句自注云："山上有三层阁，扁题'黄鹄飞来'。"又"恍疑仙境之丹砂"句自注引《吴都赋》"飞琼觞而酌醽醁"。冯克宽《梅岭使华手泽诗集》："金浆玉体飞腾药，愿上丹霞五色杯。"无论"飞"或是"飞"字，《汉语大字典》（第二版）和《中华字海》均未收录。但从潘辉注《华轺吟录》引《吴都赋》"飞琼觞而酌醽醁"这一线索可知，"飞"当为"飛"之异体。今考左思《吴都赋》中正有"飛琼觞而酌醽醁"一句。两相对照，其义明矣。"飞"为"飞"之形变，亦为"飛"字。

在越南汉文文献中还有"冠"字，如《越南汉喃铭文拓片总集》中就有此字用例。据何华珍、刘正印（2017），"冠"亦"飛"字。可见"飞""飞""冠"均为一字之变体。其实这一字形在我国京族喃字中仍见使用，何思源（2016：39）中就收录了"冠"字，并注其字义云："飞，飞扬，飞翔，飘扬"。

【嵓】

"嵓"字，《汉语大字典》（第二版）和《中华字海》均未收录。越南汉文燕行文献中多见。如潘辉注《鞧轩丛笔》"丹霞山"条："丹霞山，在化仁城中，重岩绝巇，有锦石嵓。嵓中多石花，如千瓣芙蓉。"今考"嵓"当为"嵓"之异体，盖因"嵓"字上部之"山"手写易与"宀"相混。"嵓"，与"喦"同，"嵓""喦"均为"巖（岩）"之异体。《正字通·山部》："嵓，与喦同。"又"喦，同巖。""巖"，俗字又作"岩"。《正字通·山部》云："岩，俗喦字。巖俗省作岩。""嵓""喦""巖"今简化字统一作"岩"。又《鞧轩丛笔》中本条引自《粤中见闻·地部四》"丹霞山"条，该书云："仁化有丹霞山，重岩绝巇。从别传寺右折，为锦石岩。岩中多石花，如千瓣芙蓉，大小黄白红绿不一。"由此亦可证"嵓"当作"嵓（岩）"。

【峷】

"峷"字，《汉语大字典》（第二版）和《中华字海》均未收录。越南汉文燕行文献中多见。如潘辉注《鞧轩丛笔》"受降城"条："峷文武汉土各官行礼毕，次祭关，祭毕,发钥启关,以帜引陪臣入关。"黎贵惇《北使通录》:"伊曰:'末附相勉一段,欲见鄙意,古人亦多如此,勿嫌粗卒也。'"该字又见于其他域外汉文文献中,如1803年高丽刊本《九云梦》(上海古籍出版社影印《古本小说集成》第4辑17册)中,该书卷二:"婚姻大事,不可草卒,而父亲何如是轻诺耶?"又"转入内堂,见于夫人,夫人方卒侍婢备翰林夕馔矣。"据王晓平(2013:70),朝鲜李朝汉文小说写本中也有此字。今谓"卒"当为"率"之俗写异体。"率"俗写又作"摔",《干禄字书》:"摔率,并上俗下正。"而"摔"之上半部分构件"䜌"俗写可作"亦",如"變"作"变","戀"作"恋",故"摔"类推即可作"卒"。曾良(2017:216)已有考释,可参看。

四、提高域外汉文文献的整理水平

正如前文所述,域外汉文文献写本中一些异体字不见于大型字书,人多不识,这就往往给域外汉文文献的整理研究工作带来了诸多障碍。随着越来越多的域外汉文文献影印出版,可以预计相关的整理工作必将紧随其后。就目前所见一些相关整理成果,由于整理者对域外汉文文献中异体字不太熟悉,从而存在一定的不足之处。因此,加强域外汉文文献写本文字研究,将大大有助于提高域外汉文文献的整理水平。

【玹】

阮攸《北行杂录·湘潭吊三闾大夫二首之一》:"好脩人去二千载,此地犹闻兰茝香。宗国三年悲放逐,楚辞万古玹文章。"(彭丹华2011:37)

按:整理者不明"玹"字,故未能将正字录入,而在行文中照录写本原文。应当说,这是一种较为谨慎的做法,但容易给读者的阅读带来一定的困惑。"玹"在越南汉文文献中是一个较为常见的字形,刘玉珺(2007:139)也指出越南古籍中常见的自创俗字便有"玹"。实际上,"玹"为"擅"之俗写异体,这并非是越南自创。中国传统古籍中已见,《宋元以来俗字谱》中引《目连记》"擅"即作"玹"。今考,"玹"乃由"擅"简省而来,具体方式是将部件"亶"简省变形作"玄"。类似的情况还有"壇"写作"玄",如潘辉注《輶轩丛笔》"嘉鱼之石头塘"条:"上有祈风台,乃诸葛筑壇求风处。"写本中"壇"即写作"玹"。又如竹内与之助(1988:62)中收录"擅"之异体亦作"玹"。

【徽】

潘辉注《华轺吟录·过汨罗吊屈灵均》:"忠愤彼一辰,芳□千万古。"(彭丹华 2011:37)

按:潘辉注《华轺吟录》写本中"芳"后并非缺字,而是有字为"徽"。整理者不识此字,故使用□符号代替。今考,"徽"即"徽"字,当为"徽"之异体。"徽"异体可作"徽",《干禄字书·平声》:"徽徽,上通下。""徽"的演变途径则是将"徽"字中间部件"糹"上面的"山"提升到整个字的上面,将原本左中右结构的字变为上下结构。这一字形由来已久,唐颜真卿《自书告身帖》中"徽"即作"徽"。后世书法作品中亦常见。故潘辉注原诗当为"芳徽千万古"。芳徽即徽芳,乃盛德、美德之义。古代典籍中多有用例,如《唐大诏令集》卷四十一"封大长公主制":"第九妹碧渚开祥,绛河疏彩,成斋庄之惠问,有明婉之芳徽。"宋魏了翁《鹤山集》卷四十一《眉州载英堂记》:"自汉以来,武阳为士大夫郡,芳徽懿绩,史不绝书。"宋王之望《张和公母秦国太夫人挽词》:"千秋凭直笔,图史播芳徽。"本诗中亦用"芳徽"一词盛赞屈原的高尚品德流传千古。

如今,近代汉字研究方兴未艾,其研究意义已为越来越多的学者所重视。但以往的研究更多地集中于敦煌吐鲁番文献、民间契约等民间写本文献或汉译佛经、明清小说等刻本文献,对于域外汉文文献中的文字较少关注。其实作为汉字文化圈中国家中的通用文字,汉字的使用范围曾经遍布东亚、东南亚诸多国家。这些域外汉文文献中的文字作为汉字宝库中的重要部分,理应得到学界的重视。

参考文献:

何华珍、刘正印 2017《越南汉文俗字的整理与研究——兼论〈越南俗字大字典〉编纂》,载于何华珍、阮俊强主编《东亚汉籍与越南古辞书研究》,北京:中国社会科学出版社。

何思源 2016《中国京族喃字汉字对照手册》,北京:民族出版社。

景盛轩 2013《二十年来近代汉字研究综述》,《汉语史学报》第13辑,上海:上海教育出版社。

刘玉珺 2007《越南汉喃古籍的文献学研究》,北京:中华书局。

彭丹华　2011《越南使者咏屈原诗三十首校读》,《湖南科技学院学报》第 10 期。
王晓平　2013《朝鲜李朝汉文小说写本俗字研究》,《上海师范大学学报》第 2 期。
曾　良　2006《俗字及古籍文字通例研究》,南昌:百花洲文艺出版社。
曾　良　2017《明清小说俗字研究》,北京:商务印书馆。
张涌泉　2010《汉语俗字研究》(增订本),北京:商务印书馆。
竹内与之助　1988《字喃字典》,东京:大学书林。

【作者简介】邵天松,男,文学博士,江苏第二师范学院文学院副教授。研究方向:汉语史及写本文献语言。

《诗经》联绵词与复合词声母结构迥异的浑沌语言观解释

肖娅曼

(四川大学,文学与新闻学院)

[摘 要]《诗经》联绵词与复合词的声母结构形成鲜明对照,联绵词声母结构前字喉音多,尤其影母高居前字,无一例居后字。语音发展需要生理基础,根据婴儿自然发音研究和浑沌语言学理论,我们认为《诗经》联绵词是远古汉语复辅音的遗迹,复辅音是人类语音发展之必经阶段。联绵词声母结构的语音关系具有发生学关系,复合词的声母结构则没有发生学关系,因而《诗经》联绵词与复合词的声母结构迥异。

[关键词]诗经;联绵词;复合词;复辅音;声母的历史层次

一、喉音居前字特点

根据我们考察,《诗经》共有双音节词878个(叠音词、人名除外),其中,联绵词99个,占全部双音节词的11.28%;双音复合词779个,占全部双音节的88.72%。从声母结构看,《诗经》联绵词和复合词的声母结构迥异。全部99个联绵词中,有28个为双声联绵词,因它们与所讨论的声母结构问题无关,这里不讨论。本文主要讨论71个非双声联绵词(包括叠韵联绵词和非双声叠韵联绵词)与779个复合词声母结构的差异。

根据向熹(2014)《诗经词典》与他对《诗经》(1987)联绵词的研究,以及其他学者的有关研究,《诗经》非双声联绵词共有71个。根据其声母结构,这71个联绵词可分为三类:

第一类,后-前结构(前字发音部位靠后,后字发音部位靠前,如:窈窕 影-

定),此类共42例,占全部71个非双声联绵词的59.16%。

第二类,唇前来后结构(含2小类):1.唇前结构(前字为唇音,后字为其它部位音,如:螟蛉 明-来);2.来后结构(前字为其它部位音,后字为来母,如:螟蛉 明-来)。唇前结构共13例,占全部71个非双声联绵词的18.31%。来后结构共8例,因其也属其它类型,不重复计入百分比[①]。由于此类以唇-来结构为主,下称"唇-来"结构。

第三类,前-后结构(前字发音部位靠前,后字发音部位靠后,如:仓庚 清-见),此类共有16例,占全部71个非双声联绵词的22.54%。将这三类非双声联绵词声母结构的情况概括如下表:

表1 《诗经》非双声联绵词声母结构类别表

统计数 \ 分类	71个		
	后-前结构 窈窕:影-定	唇前来后结构 螟蛉:明-来	前-后结构 仓庚:清-见
字数	42	13	16
%	59.16	18.31	22.54

42个后—前结构联绵词占到《诗经》里全部71个非双声联绵词的近百分之六十,这是一个相当高的比例。还有不少证据显示精组(精清从心邪)与牙音(见系)、舌音(端系)关系密切,如果能够得到证明,后-前结构的比值还会更高。

《诗经》声母为后—前结构的42例联绵词中,又可分为三种类型:喉-喉前(前字声母为喉音,后字声母发音部位在喉音之前)、牙-牙前(前字声母为牙音,后字声母发音部位在牙音前)、舌-舌前(前字声母为舌音,后字声母发音部位在舌音前)。这三种类型联绵词的数据如下表:

---

① 来母有4例跨两类,本文统计时,总数不重复统计,分类数则计入统计。例如"芄兰"(匣寒,来寒)既属后前结构,又属来后结构。本文统计总数时,"芄兰"只算一个联绵词,但为便于了解《诗经》联绵词的声母结构,分别计入后前结构和来后结构。

表2 《诗经》非双声联绵词后—前结构声母结构表

统计数 \ 分类	后-前结构42个		
	喉-喉前 窈窕:影-见	牙-牙前 梧桐:疑-定	舌-舌前 苌楚:定-初
字数	22	13	7
%	52.38	30.95	16.67

从上表看到,三类中第一类"喉—喉前"结构的数据比后两类结构的总和还高。即使把这22例喉-喉前结构与全部71个非双声联绵词比较,比值达30.99%,喉音居前字比例之高也是相当惊人的。如果把牙音为喉音发展演变而来这一点考虑进来,后-前结构里喉音居前字者为35个,占全部后-前结构联绵词的83.33%,占全部71个非双声联绵词的49.30%,即如下表:

表3 《诗经》非双声联绵词前字为喉音对比表

统计数 \ 分类	71个	
	喉-它 窈窕:影-见 梧桐:疑-定	它-它 苌楚:定-初 仓庚:清-见
字数	35	36
%	49.30	50.70

这些数据说明,喉音居前字是《诗经》联绵词语音结构上的重要特征。那么,这意味着什么?

二、影母高居前字特点

为弄清《诗经》联绵词喉音高居前字的原因,需要进一步了解《诗经》联绵词喉音声母结构的具体情况,为不牵涉其他问题,这里只分析典型的22例"喉-喉前"联绵词声母结构的内部情况。按国际音标表顺序列出,为方便观察,我们把国际音标表的顺序颠倒一下,后字以斜体标示:

表 4 《诗经》联绵词喉音居前字声母结构表

发音部位 联绵词	喉	牙	舌	齿	唇
于乎	影	匣			
于呼	影	晓			
噫嘻	影	晓			
窈纠	影	见			
窈窕	影		定		
倭迟	影		定		
猗傩	影		泥		
委蛇	影		余		
猗与	影		余		
鞅掌	影		章		
优受	影		禅		
夭绍	影		禅		
猗嗟	影			精	
于嗟	影			精	
歇骄	晓	见		邪	
歆羡	晓				
虺隤	晓		定		
玁狁	晓		余		
夸毗 *	晓				並
菡萏	匣		定		
芄蘭	匣		来		
混夷	匣		余		

说明:上列中"夸毗"之"夸",《广韵》:溪母,鱼部。《集韵》:晓母,鱼部。《说文》:"夸,从大,于声。""于",《广韵》:云母,中古云母上古属匣母。匣晓上古均喉音,故"夸"古音为喉音,这里从《集韵》之晓母。

由上可知,前字为喉声母的全部 22 例联绵词中,前字为影母者 14 例,前字为晓母者 5 例,前字为匣母者 3 例。影母数占 22 例"喉–喉前"结构联绵词的 63.64%。这就是说,在《诗经》联绵词的后–前结构、唇–来结构、前–后结构三类声母结构中,第一类后–前结构比例最高;后–前结构中,"喉–喉前"结构的比例最高;而在"喉–喉前"结构中,影母居前字的比例尤其高。

由上表还可看出一点,在 22 例"喉–喉前"结构的联绵词中,有 3 例前后两字都是喉音,但这 3 例无一例外前字都为影母,后字则为晓母或匣母。这将我们引入一个问题:为人熟悉的影晓匣三类喉声母的排列,仅仅是简单的共时分类问题呢,还是有着发生学含义?为此,我们考察了全部 32 例影晓匣三个喉声母在《诗经》中全部 71 个非双声联绵词前后字的分布情况,考察结果如下表:

表 5 《诗经》联绵词喉声母位置数据表

统计数\分类	非双声联绵词 71 个						喉音总数	%
	影		晓		匣		32	45.07
	字数	%	字数	%	字数	%		
居前字	14	19.72	5	7.04	3	4.23	22	30.99
居后字	0	0	5	7.04	5	7.04	10	14.08
影母后			2	2.82	1	1.41	3	4.23
非喉音			3	4.23	4	5.63	7	9.86

从上表可知,《诗经》非双声联绵词中,喉声母居前字与后字比例的反差很大,晓匣二母各有 5 例居后字,其中有 3 例是居影母后,这 3 例"影－浅喉"①结构占到全部 10 个喉音居后字的 30%。这就是说,喉音真正居其他声母后的实际有 7 例,只占全部 71 例非双声联绵词的 9.86%,与喉音居前字的 30.99% 反差很大。尤为引人注意的是,《诗经》全部 71 例非双声联绵词中,影母无 1 例居后字,却有 14 例居前字。虽然同为喉音,但晓母不居匣母后,匣母也不居晓母后,晓匣二母却都可居影母后,而影母却不居晓匣二母后,这种情况绝非偶然。

我们将从后文婴儿自然发音顺序的研究中了解到,人类的发音由于生理基础的限制,先发哪些音,后发哪些音,不是随意的,而是有着一定规律的。《诗经》影晓匣三母在联绵词声母结构中的位置,有着发生学含义,影母高居前字,不居后字是人的生理基础决定的。

三、联绵词与复合词声母结构迥异

我们已知《诗经》联绵词声母结构具有前字喉音多,影母尤多,而喉音后字少,并且无影母的特征,那么,《诗经》复合词的声母结构是否也有这一特征呢?考察结果如下:

---

① 黄侃称影母为"深喉音",晓匣为"浅喉音",详见后文。

《诗经》中共有双音复合词779个,声母为喉音的复合词共196个,占全部复合词的25.16%。其中前字为喉音的127例,占全部779个双音复合词的16.30%,后字为喉音的69个,占全部779个双音复合词的8.86%。

在196个含喉音声母的复合词中,影母居首字的共32例,占全部196个喉声母复合词的16.33%;晓母居首字的14例,占全部喉声母复合词的7.14%;匣母居首字的81字,占全部喉声母复合词的41.33%。影母居后字共19例,占全部196个喉声母复合词的9.69%;晓母居后字14例,占全部196个喉声母复合词的7.14%;匣母居后字36字,占全部喉声母复合词的18.37%。将《诗经》复合词喉声母的前字和后字的分布数据对比如下:

表6 《诗经》喉音复合词前、后字声母对比表

字类\分类数\总数	复合词 779						喉音数	%
	影		晓		匣		196	25.16
	字数	%	字数	%	字数	%		
前字	32	16.33	14	7.14	81	41.33	127	64.80
后字	19	9.69	14	7.14	36	18.37	69	35.20
双字	51	26.02	28	14.28	117	59.69		

从表中可以看到,《诗经》的喉音复合词在全部779个复合词中,所占比例为25%略多,比联绵词降低了近20%(联绵词的喉音比值为45.07%,表5)。

喉声母在复合词前后字都有分布。虽然前字比后字喉声母多,但前字喉音主要多在匣母上,后字的喉声母也以匣母为多,匣母复合词在喉音复合词中几乎占到60%。

为了观察《诗经》的影晓匣三个喉声母在非双声联绵词和复合词两类的分布情况,将上面分别进行的考察数据对比如下:

表7 《诗经》非双声联绵词与复合词喉声母数对比

类别\分类数\总数	850*			
	双音数		喉音数	
	个数	%	个数	%
非双声联绵词	71	8.35	32	45.07
复合词	779	91.65	196	25.16

*说明:《诗经》除叠音词、人名外共有双音节词878个,除去28个双声联绵词后共850个。

从上表看到,虽然在绝对数上,《诗经》复合词的喉音词远远多于联绵词,但在喉声母的比例上,非双声联绵词占到45%,而复合词的只占25%。如果把双声联绵词也考虑进来,情况也差不多。《诗经》联绵词共99个,其中双声联绵词共28个;99个联绵词中,喉音联绵词42个,其中双声喉音联绵词10个,即:

伊威:影　影

厌浥:影　影

猗于:影　影

鸳鸯:影　影

歇骄:晓　晓

玄黄:匣　匣

邂逅:匣　匣

睍睆:匣　匣

荷华:匣　匣

颉颃:匣　匣

这样,除叠音词、人名外《诗经》的全部878个双音节词中,联绵词与复合词声母为喉音的情况如下表:

表8　《诗经》全部联绵词与复合词喉声母数对比

类别 \ 分类数	总数	878		
		双音词		喉音数238个
		个数	%	个数	%
联绵词		99	11.28	42	42.42
复合词		779	88.72	196	25.16

从表中看到:加上双声联绵词后,《诗经》全部联绵词与复合词在喉声母数据上,联绵词的比例仍然远高于复合词。99个联绵词在《诗经》的878个双音词中,仅占11.28%。但在全部99个联绵词中,喉声母词就有42个,占到全部联绵词的42.42%。这个数据相当惊人!试想,如果把《诗经》时代的全部声母数考虑进去,无论按各家所拟的是20还是30个左右,仅喉音3个声母就占全部声母数的百分之四十以上。这意味着,其它10多甚至30个声母加起来在联绵词中还占不到60%!

更引人注意的,是《诗经》联绵词的不同喉声母在前后字分布上的反差。为了观察影晓匣三个喉音在联绵词与复合词的前后字声母结构中的情况,下面将前面分别得出的数据对比如下(联绵词仍限于非双声联绵词):

表9 《诗经》非双声联绵词与复合词喉声母结构对比

联绵词 32个 复合词 196个		影		晓		匣		喉音总数	
		个数	%	个数	%	个数	%	个数	%
前字	联绵词	14	43.75	5	15.63	3	9.38	22	68.75
	复合词	32	16.33	14	7.14	81	41.33	127	64.80
后字	联绵词	0	0	5	15.63	5	15.63	10	31.25
	复合词	19	9.69	14	7.14	36	18.37	69	35.20

从上表看,非双声联绵词和复合词前后字的喉音总体比例似乎比较接近,都是前字占百分之六十多(联绵词高于复合词),后字百分之三十多(联绵词低于复合词)。但仔细分析会发现,在影晓匣三声母的前后字比例上,联绵词与复合词有天壤之别,尤其体现在影母上。《诗经》全部非双声联绵词的32个喉声母联绵词(含从喉音发展出来的牙音)中,影母居前字达14例,后字却无1例。这与影母在复合词前后字均有分布形成鲜明对照。总之,就喉声母论,联绵词声母结构最突出的特点是:喉音居前字比例高,影母尤高;喉音居后字比例低,影母为0例。而复合词的突出特点是:影晓匣三母均可居前后字,而匣母在前后字的比例都最高。

《诗经》包括双声联绵词在内的全部喉声母联绵词占到全部联绵词的40%以上,影母高居前字无1例居后字,匣母在《诗经》的联绵词中少见,居前字更不多见,但在复合词中却取代了影母的突出地位,在前后字出现的比例都很高,这是音韵学史上从来不曾发现的情况。

该怎么解释这些现象?我们认为,《诗经》联绵词与复合词这种声母结构迥异的现象,反映着《诗经》时代语音的历史层次。喉音在联绵词时代层居于主导地位,古影母是汉语的声、韵之母,联绵词时代是汉语声韵音节形成的时代。到《诗经》时代,喉声母双音词数量的大幅降低,是因为其他声母发展起来,而其他声母能够发展起来,与人的发音器官的成熟这一生理条件分不开。

四、《诗经》联绵词声母结构的生理基础

《诗经》联绵词的喉声母,前字多后字少,其中影母高居前字,却无1例居后字的现象,绝非偶然,它可以从婴儿自然发音的发展顺序得到合理解释。

根据生物人类学和心理语言学,人类能发什么音需要生理基础,人的语音能力是按照生物的某种发展规律趋向成熟的。受到发音器官这个生理条件的制约,人类由最初只能像动物一样嚎叫,到能"发出一个个清晰的音节",是长期进化的结果。(桂诗春 2000:45-46、67)也就是说,今天人类能发出的辅音元音,最初的人类还不能发。今天汉民族的辅音、元音,是我们先祖在漫长的进化过程中,一步步发出的。生物人类学还有一个常识,人的胚胎经历十月到最后发育成熟,再到出生之后的个体发展史,是人类进化发展史的缩影。据此,人类语音的起源、形成和发展,可以参照婴儿语音发展进程研究的成果来进行研究。

国内外心理语言学对婴儿语音的研究发现,婴儿的发音分成两个阶段,一是自然发音阶段,二是习得语音阶段。出乎我们意外,婴儿不是出生后,随着一天天长大,逐步由易到难一个一个学会听辨声音的。而是最初能听辨、识别成人未必能发出和听辨的不少语音,并且能发出他们长大以后根本不用、今天看来发音难度很高的音,此即婴儿的自然语音阶段。今天婴儿的自然语音发展历程,是早期人类语音发展史的缩影。笔者恰好在 30 多年前非常幸运地亲历了婴儿自然语音阶段中最早的特殊瞬间。笔者孩子满月后的一天,在刚刚入睡之际,发出了一串令我非常惊讶的各种声音,当时感觉有点像原始森林里各种奇怪鸟兽从喉咙发出的声音。那个难以置信的时刻后,虽然时时在孩子身边备有录音机,但那些奇妙的声音再也没有出现过。现在才知道,婴儿那一分钟左右的"发音",是人类相当漫长一段进化历程的缩影,这一进化历程已经完成,哪里还能再听到?在婴儿的自然语音阶段,世界各地婴儿发出的各种"音素"(实际含混不清,不能称之为语音学意义上的音素)是相同的,并且所发"音素"的次序也相同。我国心理语言学研究者也发现:"婴儿从初生到一周岁时所经历的语音发展阶段和顺序与国外的同类研究结果基本一致。""这是因为语音的发展顺序是受发音器官各部位的生理成熟程度所决定的。"(张仁俊、朱曼殊 1987:11)

我国心理语言学在 20 世纪 70 年代末开始了对婴儿发音的初步研究。一些学

者采用自然观察法,对婴儿自然发音的发展顺序进行了调查研究。已经发表的研究成果有:吴天敏、许政援的《初生到三岁儿童言语发展记录的初步分析》(1979)、李宇明的《1—120天婴儿发音研究》(1991)、《儿童语言的发展》(2004)、徐山的《0至1岁半的儿童语言》(1995)。其中,李宇明采用严格的自然观察法,他的《1—120天婴儿发音研究》一文,从婴儿呱呱坠地起,每天24小时不间断的观察记录,观察较其他人完整细致,材料最为具体充分,最有说服力。其他学者采用不严格的自然观察法,随机获得婴儿的发音材料。但无论其自然观察法的严格程度如何,在婴儿发音始于喉音一点上,各家观察结果没有差异。120天之前,婴儿处在自然发音阶段,因尚未受到成人语音干扰,婴儿自然发音的次序完全决定于其发音器官生理发展的程度。2019.12.13看到一个视频(全民小视频"生了一个小话唠"),一个估计4个月大小的婴儿和他爸爸"对话",婴儿整个发音器官都很紧张,嘴唇也在动,但只改变了共鸣腔,唇部没有参与发音,实际发出的是从咽部深至喉部的滑动音,整个发音从咽—浅喉—深喉,也可以由深喉—浅喉,伴随喉部发音的深浅,喉部深度张开,可以从小到大,也可以由大到小。婴儿发音类狼嚎:ŋe-ao ao-(虽然标注为 ao-,却并非纯粹口腔元音,而是喉部紧张伴有除阻的浑喉音)。他爸爸学着婴儿发音和他对话,却学不像,因为他只能发浅喉音、舌根音,喉部打不开。这个视屏印证了婴儿发音的确始于喉部。

实际上,即使已会说话的儿童,也依然受着生理条件制约,这一点不难证实。音韵学所谓古无之音,往往是对发音器官灵活度要求高的语音,也是儿童必定晚发之音。例如"古无轻唇音",笔者儿子两岁多时,"乐山大佛"会说成"乐山大钵",而所有儿童都必然经历这一阶段。这有生理学依据,唇齿音比双唇音发音配合的精确度要求高,"重唇音"比"轻唇音"发音的精准度要求低,更容易发出。因此,约4—5个月内婴儿的自然发音,对了解我们先祖早期语音的发展历程,有重要的参考作用。李宇明观察到:婴儿的自然发音不是如我们以为的那样先发元音,而是先发辅音(笔者按:实则并非纯粹辅音或纯粹元音,而是声韵未分的浑沌音)。他还特别注意到,婴儿语音刚开始时"浊辅音多而清辅音少"(李宇明 1991:24)。从李宇明对婴儿1—20天发音顺序的记录看,婴儿最先发喉音。从婴儿的始发音是喉音可以推知:我们先祖的语音始于喉部。

根据婴儿的自然发音始于喉音,并结合前人对喉音的研究,恰好可以解释《诗经》联绵词与复合词声母结构迥异的原因,可以解释《诗经》联绵词前字喉音多,后字喉音少,尤其是影母只出现在前字,不出现在后字的原因。其原因是:《诗经》联绵词是汉语远古复辅音阶段复辅音分化之遗迹,联绵词有着远古汉语的语音特点。那个阶段,联绵词是最基本的语言单位(不可分割的最小音义结合体),亦即联绵词的双音结构在那个时代是一个整体结构。而复合词是远远晚于联绵词的词语形式,其双音结构是两个单音节的组合(可以分割),而非联绵词那样的整体结构,因而在语音结构上,复合词与联绵词迥然不同。《诗经》联绵词语音整体结构的前字为我们先祖的始发音,后字为后起音。在影晓匣三个喉音中,古影母是最原始的喉音,因而只居前字,不居后字。

我国汉语史学界一般认为,古影母的音值是零声母。但我们认为,《诗经》时代的古影母并非是没有辅音的零声母,而是声韵尚未分化的浑喉音。关于影母非零声母,我们的理由是:

一、影母历来属于喉声母。自守温创字母始,影母即与晓匣同属喉声母,并被注明为浊音。例如,在敦煌残卷"伯二〇一二"所记"南梁汉比丘守温述"中,影母不仅列于喉声母一类,还特别注明:"是喉中音浊"(刘复1990:422、30)。

二、今天汉语方言中不少影母字有声母。四川很多方言的不少影母字读舌根鼻音声母,例如老成都话下列影母字读 ŋ 声母:恶沃渥遏厄扼轭齷軋哀埃挨矮爱暖蔼霭隘熬坳袄奥懊澳藕偶欧鸥瓯殴怄呕庵暗谙鹌安按鞍案闇晏晚淹腌阉肮盎恩樱鹦……。这些影母字,如非本为辅音声母,就不可能在汉语方言中读辅音声母,汉语史上没有成系统的从零声母(元音)变为辅音声母的例证。

三、不少普通话读零声母的影母字,在与汉语同源的不少少数民族语言中读喉声母。潘悟云(1997)《喉音考》中,列举了汉语今天读零声母的"乌""鹰""恶""哑""压"等影母字,在汉藏语系各少数民族语中读喉音。蒋冀骋(2007)通过对《回回药方》阿汉对音材料的研究,也发现元代北方话"安、蔼、洼、乌、温、稳、俺"等影母字的阿拉伯对音多为喉擦音。

王力是影母零声母观的代表,但王力的影母"零声母说"其实可以叫做喉音说。王力的影母说来自黄侃,黄侃(1964:69、155)认为影晓匣为"古本声",其中晓匣是浅喉音,影母是深喉音。王力(1985:23)说:"黄侃把见溪群晓匣疑认为是浅喉音,影母认为是深喉音,他是对的。"王力还说:"影母自古自今都是零声母,所谓零声母,包括喉塞音和韵头[i][u]。"这就是说,王力的此"零声母"不同于彼"零声母"。一般所谓零声母,是指没有辅音,而王力认为影母包含喉塞音和元音韵头。我们也认为,影母是喉音,但不是单纯的喉辅音,也不是单纯的喉元音。我们还与王力所主张的影母是喉塞音加韵头的看法不同,我们认为,《诗经》联绵词中的影母,是整个喉部甚至连同整个口腔都紧张的浑喉音。

根据李宇明(1991:21)的记录,初生婴儿的第一个发音不是纯粹的辅音,也不是纯粹的元音,而是喉音[ʔɐ](e下"-"表略后)。李宇明(1991:25)还描写婴儿发音是"含糊不稳",审音有困难。我们认为,虽然李宇明记作ʔɐ,但实际发音未必真是ʔ+ɐ这样的声韵结构。根据我们对婴儿发音的观察,婴儿的发音难以用今天的国际音标来描写,因为它不是精准的国际音标中的任何一个音,更不是这些音(辅音+辅音、辅音+元音、元音+元音)的组合。婴儿的发音不是某个发音部位的紧张,而是整个发音器官都紧张,前面提到的几个月大的婴儿"小话唠"就是这样。另如2012年四川电视台(第七套)一个治疗不孕不育的广告中,一个婴儿边爬边发出类似"妈"的发音,发音器官从双唇直到喉部都很紧张。已经会爬的婴儿发音器官尚且这般不灵活,初生婴儿当然更不灵活,而我们人猿之交的先祖就更不必说了。

对黄侃的影母为深喉音、晓匣为浅喉音之说,我们认为,黄侃"深""浅"之说如果是指晓匣二母的起点比影母靠前,影母的起点比晓匣二母靠后,是正确的。但如果指的是远古人分上喉、中喉、下喉三个发音部位,"深喉"为只在下喉部发声,那就是错误的。因为这实际是认为我们先祖的喉部极其灵活可控,以至于能够自如地用喉的下部、中部、上部发出不同的喉音。以生物进化观和神经考古学的角度看,这十分荒谬。我们认为,所谓影母是华夏远古先祖的初始音,它不可能是喉的下部发出的"深喉音",而应是整个喉部甚至整个发音器官都紧张的含混不清的浑喉音。

黄侃(1964:138)早有"凡音归本于喉"之说①,黄说虽然并非科学结论,但今天的科学研究却有着与之相同的结论。美国心理学家Lieberman(1979)发现:"婴孩的发音和非人的灵长目动物相近,而与成人的却不同。……因为婴孩的发音器

---

① 黄侃完整说法:"凡音归本于喉谓之韵。""凡音所从发谓之声。有声无韵,不能成音。""凡韵皆以纯喉音为韵母。"

官和非人的灵长目动物很相似"。婴儿的咽腔体积很小,"声带的位置都比较高",发音器官僵硬不灵活,不能发出今天人类舌头各部位发出的语音,只能发出类似动物的声音(桂诗春 2000:49)。而动物只能在咽喉发声——吼叫,口腔只能进食,我们所说的浑喉音,就是人猿相揖别后的早期人类所能发出的语音。即使人类发展到今天,浑喉音也仍有残迹可循。人的本能是人动物性的遗传,我们今天受到强烈刺激而本能发出的"啊!"就是浑喉音的活化石,而"啊"即影母第一字。发"啊!"时,从喉部到整个口腔都高度紧张、口腔完全打开,气流强烈地一呼而出。这种"啊!"声韵难分,也没有声调(似为全降51调,却非去声调。不同方言去声调值千姿百态,例如成都话为降升调213,但"啊!"却始终是"全降调"),世界上任何语言的"啊!"语音没有不同,因为它是人的本然之声。我们认为,《诗经》中联绵词的影母就是这种声韵未分的本然之声——浑喉音的遗迹。

五、联绵词与复辅音的分化

1874年,英国汉学家 Joseph Edkins 首次提出汉语曾有复辅音声母的观点[①],我国学者从20世纪20年代起,对此展开了论证。因为复辅音说能够解释音韵学史上的不少疑团,汉语的复辅音说已为越来越多的学者所接受。根据婴儿自然发音的顺序与《诗经》联绵词声母结构关系的研究,我们认为,复辅音是人类语音发展进程的必经阶段,《诗经》中的联绵词是华夏民族远古复辅音的遗迹,它们透露着远古汉语复辅音形成及过渡到单(辅音)音节的重要信息。

《诗经》联绵词是《诗经》时代之前流传下来的语言材料,这是古今学者的共识。《诗经》不仅是最早、也是最可靠的传世文献,因而《诗经》联绵词不仅是最可靠的联绵词材料,也是《诗经》时代之前的语言材料。任何共时语言都有历史层次,不同时期的共时语言本质上是历时语言的共时表现。我们认为,《诗经》中的联绵词是《诗经》时代的语言的底层,《诗经》中的全部联绵词(包括双声联绵词)是单辅音音节出现之前的远古复辅音时期遗留下来的珍贵语料,其中最珍贵的,是处于这些联绵词语音系统最底层的古影母(原始的浑喉音)的材料。

黄侃就联绵词的双声、叠韵提出过"古本声"变为"变声"的方式观,黄侃

---

① 第二届远东会议(1874年)中,Joseph Edkins 在其论文《文字产生之初的汉语状况》中提出了汉语曾有复辅音的观点。

（1964:141、144）观察到:"凡声变必须叠韵,韵变必须双声。""双声字,下字或变入他纽;仍有本音,上字必与本音同纽。"也就是说,联绵词的双声叠韵显露出联绵词时代声韵发展变化的方式,联绵词的双声是在为韵母的变化搭桥,而联绵词的叠韵是在为声母的发展变化搭桥。声母变化依靠叠韵搭桥时,上字声母保持古本声不变,下字声母变为变声。黄侃虽然不是在谈语音的发展规律,更不是在谈汉语的复辅音问题,但他"前本声后变声"之说,却很可能抓住了人类早期语音发展的一个重要规律——子音（后起辅音）借助元音（复辅音的元音）成长。而李宇明对婴儿语音发展的研究恰好印证了黄侃的观点。李宇明（1991:22-23）也有一个对认识人类语音系统形成发展具有重要意义的发现:婴儿语音的变化发展不是由 A 音陡然变 B 音,而是经历了一个滑动音流阶段。人原本只能向动物一样直着喉咙吼叫,这种最初的"语音"（浑喉音）还没有声韵可言。当我们先祖开始缓慢笨拙地让自己的喉部和口腔伸缩滑动,舌头开始慢慢参与发音,这时,原始浑喉音就开始分化出滑动音,而滑动音的出现则预示着复辅音阶段的即将到来。随着舌头滑动的灵活,我们先祖就像婴儿那样,由最初的"双音滑动",发展为"多音滑动",直至"纷繁多彩"的各种"滑动模式"出现时,我们先祖口腔的各部位就变得灵活起来。此时,原本浑然一体的浑喉音分解为复辅音的生理条件就成熟了。当复辅音声母与元音建立起稳定的联系之时,它就开始了分解为单辅音音节的历程。借助韵母搭桥,复辅音声母就可分解为韵母相同的两个单辅音音节了。而单辅音音节的出现,则为单辅音音节与单辅音音节的组合——复合词的出现——创造了先决条件。《诗经》中的叠韵联绵词,就是复辅音音节借助韵母分解为单辅音音节之前的复辅音遗存,而复合词则是由从复辅音音节分解出来的单辅音音节组合而成,因而它们的声母结构迥然不同。现代汉语各方言一些产生很早的单音节词往往有着相应的联绵词形式,例如:转-辗转、孔-窟窿、哄-谎-诓-糊弄-忽悠、爬-匍匐、浑-囫囵①。王力（1982:329、380、264）《同源字典》里被视作甲→乙式发生学关系的词,可能有相当数量是 A→a、b 式即联绵词分化式关系,尤其是那些经常连在一起使用的同源词,例如:命-令、疼-痛、逼-迫等,这些词最典型的特征是它们的语义几乎没有差异,而语音关系非常密切。上述那种联绵词与单音词的对应关系

---

① 浑,四川方言读 KunZl（拼音）,如:浑董董、打浑吞。

以及双音节词两字之间的关系，有助于我们从音韵学角度勾勒出从联绵词到单音节词的发生学轨迹。

　　根据黄侃的"古本声变变声"的方式观和李宇明对婴儿滑动音规律的观察，我们认为，《诗经》联绵词中的影母之所以只居前字不居后字，就因为它是最原始古老的原初母音，其它音都是由它发展分化出来的子音，晓匣二喉音也是它的子音（最早分化出的子音），所以在联绵词里不居影母前，只居影母之后。而复合词因为是由联绵词拆解下来的单音节词自由组合而成，因而不具有远古联绵词声母构造的特点。从人类语音发展这一角度言，联绵词前后字的语音有着发生学关系，复合词的两个字则没有发生学问题，因而复合词的影母可居后字，也可居前字。

　　笔者（2014）提出的浑沌语言学认为，语言不是起于单纯词，不是起于单纯音，语言的初始样态是原始浑沌语，语言系统起于原始浑沌语的分化。"原始浑沌语"是一种离不开当下语境的、前结构性、前层级性语言，是认知、情感浑然一体的"浑语"，即词（概念）尚未从背景（语境）、事情（语句）、情感浑然一体中分解出来，尚无词/句、指称/陈述、语言/语用之分。从语音角度言，"原始浑沌语"阶段，起于喉部的语音受制于发音器官的极不灵活，因而声韵（辅音、元音）尚未分化，更谈不上辅音系统与元音系统。语言系统的形成发展不是由简单而复杂，而是由浑沌而分化，而复杂，而精密。语言的语音系统、语法系统、语义系统都起于浑沌语的分化。就辅音言，"原始浑沌语"阶段还没有清晰的单纯辅音，那时的语音还是囫囵一团、含混不清。原始人这囫囵含混不清的语音，是由发音器官尚未进化到足够灵活的生理条件决定的，而要由接触面大、气流浊重强烈囫囵含混的语音发展到接触面小而精准的单辅音声母，中间必然要经历囫囵含混语音的分化，而所谓"复辅音"即是由囫囵音声母到单辅音声母的必经阶段。我们认为，发音器官的进化与汉语的声母发展有如下关系：

发音器官的进化	不灵活	→	较灵活	→	灵活
声母发展的顺序	原始囫囵音 浑喉音	→	复辅音 声母	→	单辅音 声母

　　人类语音起于声韵未分的浑喉音。复辅音不是哪种语言有没有的问题，它是人类浑沌语分化为单音节词的必经阶段，《诗经》联绵词是远古汉语复辅音之遗迹。当复辅音语词（复辅音＋元音甲）分解为两个单辅音音节（单辅音－元音甲＋单辅

音-元音甲)时,单音节词就要出现了。复合词是复辅音音节分解为单辅音音节词后,再由单辅音音节词组合而成,因而复合词出现的时代远远晚于联绵词。《诗经》联绵词和复合词的声母结构反映着《诗经》时代声母的历史层次。从发生学角度言,联绵词、单音节词、复合词三者的关系是:联绵词是母,单音节词是子,复合词是孙。总之,《诗经》联绵词前后字声母结构具有发生学关系,复合词的声母结构则没有发生学关系,因而《诗经》联绵词与复合词的声母结构迥异。

参考文献:

桂诗春　2000《新编心理语言学》,上海:上海外语教育出版社。

黄　侃　1964《声韵通例》,载《黄侃论学杂著》,北京:中华书局。

蒋冀骋　2007《〈回回药方〉阿汉对音与元代汉语北方话"影、云、以"三母的读音.湖南师范大学社会科学学报》第1期。

李宇明　2004《儿童语言的发展》,武汉:华中师范大学出版社。

李宇明　1991《1-120天婴儿发音研究》,《心理科学》第5期。

刘　复　1990《敦煌掇锁(下辑)》,转引自赵振铎《音韵学纲要》,成都:巴蜀书社,1990。

潘悟云　1997《喉音考》,《民族语文》第5期。

王　力　1985《汉语语音史》,北京:中国社会科学出版社。

王　力　1982《同源字典》,北京:商务印书馆。

吴天敏、许政援　1979《初生到三岁儿童言语发展记录的初步分析》,《心理学报》第2期。

徐　山　1995《0至1岁半的儿童语言》,《苏州大学学报》第4期。

向　熹　2014《诗经词典》(修订本),北京:商务印书馆。

向　熹　1987《〈诗经〉里的复音词》,载《诗经语言研究》,成都:四川人民出版社。

肖娅曼　2014《浑沌语言学纲要——现代语言学危机及其解决方案》,《社会科学》第4期。

张仁俊、朱曼殊　1987《婴儿的语音发展——一例个案的分析》,《心理科学通讯》第5期。

Dingwall, W 1979 *The evolution of human communication systems*. In Whitaker. H. & Whitaker, H.（eds.）Studies in Neurolinguistics. Vol.4□46–49□NY□Academic。

【作者简介】肖娅曼,女,语言学博士,四川大学文学与新闻学院教授,汉语言文字学专业博士生导师。研究方向:理论语言学、汉语史。

浅谈西南官话构式"Num+哒+Num+(个)"*

谢佩纹　周俊勋

(西南交通大学,人文学院)

[摘　要] 在西南官话中,存在方言构式"Num+哒+Num+(个)",其构式义大致是关于数量充足的主观判断。整理分析得到,首先,并非所有数词都可进入该构式。其次,对于能够进入该构式的数词的反复情况,可分为两种:整体反复和部分反复。再者,该方言构式还存在一些常用的变式。此外,该方言构式既能单独成句,也可充当多种句法成分。

[关键词] 方言构式;西南官话;Num+哒+Num+(个)

一、引言

国内外对于汉语特殊构式的研究都非常丰富,近年来,逐渐有学者将构式的研究点置于具体的方言之中展开。

关于目前部分具代表性的研究成果,在此简单说明。丁崇明(2010)考察了昆明方言中的助词"场"及其构式"X场"的构式意义,围绕"评价"的语义核心,着重探讨了三种重要的"形容词+场"句式。王海韫(2010)基于安徽宿松话,在汉语双及物构式已有的研究成果上,结合结构主义、认知语言学以及语音学的相关理论,着重分析其中两类,并对能够进入各类构式的动词进行分类描写。高爱宁(2011)针对山东栖霞方言中特殊构式"好一个+VP",通过对比普通话中的类似结

---

* 本文在2019年11月召开的中国民族语言学会语言类型学专业委员会第三届学术年会上宣读,黄成龙、刘苹等先生提出了宝贵的意见,在此谨表谢忱!

构,说明方言构式的构件组成和语法特征,对方言构式的构式义展开描写;对比邻近方言的用法,细化该构式的分布情况;探讨方言构式的语用功能。荣晶、丁崇明(2012)整理昆明方言中的类词缀"法",指出"V 法"在方言中强大的能产性,分析助词"法"的语法化过程及其保留的词汇意义;探讨了在助词"法"基础上形成的方言构式"指代词+谓词性成分+法",说明其对主体非凡状态和能力的评价义。杨文波(2014)着重梳理了山东兖州方言的五种可能补语构式,兼顾语用分析,着重讨论了"VC 喽","能 V(C)(喽)"以及"有法儿 V"式。付新军(2017)就胶辽官话之青岛方言中的"害+V/A"构式展开了研究,分析构式义;结合元明清的文献记载,归纳出该构式应用的地理分布和历史来源。邢向东(2019)探讨了晋语方言中的四字构式,指出其描述性、述谓性的构式意义;同时,分析了晋语的四字构式群中填加成分的作用。

目前暂未检索到围绕西南官话中特殊构式展开的讨论。

综而观之,已有的方言构式研究较少,它们主要关注构式义、构件以及相关变式;结合方言特殊表达手段对构式进行分析者,相对较少;对于方言中数量相关构式,关注较少;对于西南官话的特殊构式研究,还留存较大空间。现尝试结合构式语法相关理论,基于西南官话的部分特点,从"Num+哒+Num+(个)"的构式义,构式变量以及构式整体的句法功能等三个方面,展开阐述。

二、构式义的解析

Goldberg 在《构式:论元结构的构式语法研究》中定义构式 C:"当且仅当 C 是一个形式-意义的配对 <Fi, Si>,且 C 的形式(Fi)或意义(Si)的某些方面不能从 C 的构成成分或其他先前已有的构式中得到完全预测"。之后 Goldberg 将"意义"换作"功能",综合考虑语义、语用、功能和认知等多元因素。

"Num+哒+Num+(个)"从字面意义出发,一方面,由于对于数词部分进行了反复或部分反复,结构整体上是对于"数"范畴继进行的突显;另一方面,"哒"这一语气词的进入,平衡了整个结构中的音节结构,使之更加贴近汉语双音化的语音节奏。总的来说,"Num+哒+Num+(个)"的关注点集中在主体的数量。

在西南官话中,"Num+哒+Num+(个)"还包含对于数量的充足程度的主观评价。使用这一方言构式的目的,常常是"对于已有的关于数量上或者条件上感到不充足的言论,进行主观否定,或否定性推测",或者是"单纯表达对于数量充足的肯定评价"。而以上构式义并非各个构件意义的相加,也无法从各构件之中,或者已有的别的构式中实现完全预测。

再者,西南官话中对于信息的突显和强调有许多特殊的手段,在信息之后添加语气词是其中的一种。实际上,语气词可以视作是信息流中的一个"停顿"。而"停顿"在一般情况下,可以引起听话人的关注,停顿之前的信息通常可以视作焦点。刘丹青(2002)指出"话题化、焦点化本身是共时现象",对于西南官话而言,一定程度上,能够将这一情况下的语气词视作一种话题标记。"Num+哒+Num+(个)"也可以看作是"Num哒+Num(个)"两个部分的组合:前一部分,"Num哒"是西南官话中常常使用的"突显信息+哒"这类结构的一个分支;后一部分,"Num(个)"是西南官话和北京话共有的数词(或"数量")短语。

在此做一小结:在西南官话中,"Num+哒+Num+(个)"应当被视为构式,其构式义一般包含对于事物数量(或者条件上)充足与否的评价。

三、变量讨论

对于方言构式"Num+哒+Num+(个)"而言,该构式中的主要变量即Num。在此试分析数词构件,并讨论对数词进行的两种反复。

(一)数词构件

1. 零

在该方言构式中,"零"是无法进入的。

"零"在现代汉语中往往是表达事物不存在的情形,换言之,如果用"零"这个数字对事物进行数量上的修饰,那么,对于该事物的描述,是基于"存在"与否的角度,而非数量上"充足"与否。考虑到整体构式义主要是关于"数量充足性"的主观评价,在评价的对象不存在时,主观评价也不具备任何意义。也就是说,"零"没有达到评价充足性的下限。故可以说,"零"的介入,会打破特定的形义配对,数字"零"是受到该方言构式排斥的。

2. 半

"半"从数量上看,并不达到言说"充足"与否的程度,所以,"半"一般不能直接进入该构式。

然而,当"半"和表示"时间段"词语进行组合搭配时,其可以进入该方言构式。比如,"半天""半(个)月""半年"等。这样的搭配,扩展了整体数量,即单独看数词"半"是不充足的,但整体而言,总的数量依然可观;换言之,组合后的整体,在数量上达到了可以言说"充足"的程度。对于"半+时间段"进入构式后进行的反复情况,将在下文展开讨论。

3. 一

和"半"类似,"一"进入该方言构式也需要一些条件,下面试对数字"一"展开分析。

首先,一般情况下,"一"作为事物完整存在的最小基数,与"零"相比,其使得事物刚好能够达到"存在"的状态。这同样使得数字"一"仅仅停留在言说"存在"的层面,无法达到表述"数量充分"的程度。

其次,和北京话类似,在西南官话中,并不排斥"一"的"完整""整体"和"集合"等含义。比如,西南官话中接受"一车人","一连队兵"或者"一公司人"的说法。一定程度上,对于这样的集合进行计数,即便单看数字,是刚好达到"存在"程度的"一",整体数量也是比较可观的。换言之,这种集合性质的计数,所能表达出的数量,总体上已经超过了判断"数量充分"的下限了。因此,在完成特定的组合之后,数字"一"也可以进入"Num+哒+Num+集合名词"的结构中,下面分两点进行阐述。

其一,与"一"搭配的集合名词一般来说是单音节的。单音节的集合名词,一定程度上,使得构式后部的"Num+集合名词"凑成双音节结构,和构式前部的"Num+哒"在音节上形成对称。举例来说,西南官话中,"一哒一车人"和"一哒一包书"的接受度,比"? 一哒一汽车人"和"? 一哒一书包书"①的接受度更高。

其二,若要允许修饰集合名词的"一"进入该方言构式,可以从两个方面对构式进行调整。以西南官话中的"一哒一车"为例,第一,可以从语音层进行调整,即对"车"进行重读突显,从另一个角度对数量之"多"进行强调②,使得整体构式达到可以言说"数量充足与否"的程度。第二,可以加入一个"梗"(表示"整"的意思,西南官话读音大概为[kən^{53}]),修饰集合名词,表示集合是"完整饱满"的。此时,

---

① 口语中特殊情况下也可以如此表达,但接受程度非常低,故用问号标注。
② "车"以及大部分集合名词,具有和量词类似的功能,能够更为具象地突显出形体感和整体感;而这种整体感和数字"一"是契合的,它们都能够展示出整体数量上的"充分"。

构式调整为"一哒一梗车"。

在此补充说明：加入"梗"，实际上是第一种重音手段的变体。首先，对于插入的"梗"而言，一般情况下，是需要重读的，故其实则以另一种方法对整体数量之"多"进行了强调。其次，"梗"将突显的信息指向"车"；换言之，如果对"一哒一梗车"进行层次切分，"梗车"可以作为一个语言结构，而"*一梗"则不能。由此，"一"对"梗车"这个语言结构进行强调，并且和"梗"配合，强化"完整"义的表达，反映出数量充分的明确主观判断。

总的说来，"一"无法直接进入该构式，需要与集合名词进行组合。若修饰集合名词的数词"一"要进入该构式，可以从语音层上对集合名词进行重读；也可以在集合名词前加入一个"梗"，即调整为"一哒一＋梗＋集合名词"。

4. "两／二"至九十九

第一，在这个区间中，单音节数词都可以进入构式。

第二，"两"和"二"都可以进入这个构式。一方面，可以说"两个"，这和北京话是一致的，不过不接受"俩"和"仨"这样的数量合音表达。另一方面，在口语表达中，由于特殊的适切语境，允许说"二哒二个"。这种非常规表达，把一个"旧信息"包装成了"新信息"，使其焦点化，在这种情况下，可以强化"数量充分"的构式义，达到特殊的语用效果。

第三，该方言构式的语音节奏限制了大部分的双音节及多音节数词。一方面，默认 Num 是单音节数词的情况下，"哒"的进入，使得整个构式贴近汉语双音化的节奏习惯，即"Num 哒"凑足了双音节，同时与其后的"Num（个）"对称，这种情况下的构式是该方言构式中最典型的。另一方面，当 Num 本身就是多音节数词，"Num 哒"难以符合双音节习惯，一定程度上，构式的形义配对受到了冲击，因此变得难以接受。比如，能够被"十"整除的数字，可以直接进入该方言构式，但数字构件的反复与单音节数词略有差异，将在后文中展开说明。

5. 百、千、万等位数

一方面，这些单音节的位数，理论上都可以进入构式"Num+ 哒 +Num+（个）"。不过，在西南官话中，更常使用到的是"百哒百个"，这可能是由于在一般的日常表达中，不太容易高频使用过大的计数单位，对此，后文会展开说明。故在"百、千、万"形成的构式中，"百哒百个"的接受程度相对较高。

另一方面，这些"位数"都可以在组合之后进入构式。都可以和非"零"单音节的数词进行组合,得到类似"三百""五千""十万"这样的数词;其中,接受与能够被"十"整除的数词进行组合,包括计数单位和计数单位进行组合的情形①。由此,可以得到诸如"三十万""五百万"这样的数词,也可以得到"百万"和"千万"这样的组合。这些组合形成的新的数词,可以进入该方言构式,但是其进行反复的情况稍有特殊。

对于构式变量部分的讨论可以大致总结在这样的数轴中:

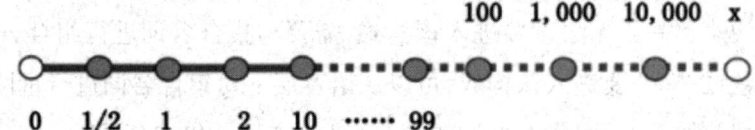

空心圈表示数字无法进入构式,虚线表示其中有的数字难以参与构式表达。理论上存在数字 X,X 以上的数字太大以至于难以进入日常交际。

(二)反复

1. 整体反复

对于除"一"以外的单音节数词构件,绝大多数情况下,要对于数词部分的构件进行整体反复,可以表达为"Num+哒+Num+(个)"。

2. 部分反复

首先,对于数词"一"修饰集合名词的情况,要将"一+集合名词"拆分开,仅对"一"进行反复——可以说"一哒一车人"②,不说"*一车哒一车"。

其次,对于"半+时间段"的情况,反复时,仅对"半"进行反复。比如,可以说"半哒半年",不说"*半年哒半年"。

再者,对于多音节数词的表达,通常重复首个音节上的数字。比如,对于一百以内,可被"十"整除的双音节数词构件进行反复,需要将数词拆分为"X+十"两个部分。进行反复时,仅反复"X"部分,形成"X+哒+X+十+(个)"。类似地,对于百、千、万等位数,也需要先进行拆分,再反复首音节上的数字。比如可以说"九哒九十""三哒三十万"和"百哒百万"③等。其中涉及省略量词的问题,在此简单

---

① 汉语中认可的"位数"表达都可接受;换言之,不接受"十百""百百"之类的生造位数。
② 在下文的变式讨论中,会展示反复量词的情况,如"一车哒车"。
③ "百万"涉及到"一"的省说,下文变式的阐述中将对此进行说明。

进行说明：一是从双音节奏习惯的角度来看，"X 哒"和"X+单音节位数"正好满足双音对称节奏，量词的介入会干扰节奏上的和谐；二是从认知的角度来看，量词和位数实际上都是人为进行"范畴"划分的结果，基于这一相似的功能，两者出现一者即可被接受。

此外，"部分反复"还涉及到该方言构式的一系列变式，下面尝试阐述其中较为常见的两类变式。

其一，变式"一+个/集合名词+哒+个/集合名词"。首先，这个变式中的集合名词同样倾向于单音节。比如"一车哒车"。其次，这个变式中的"一"可以省说，即可以是"个/集合名词+哒+个/集合名词"。比如，"一车哒车"也可以表达为"车哒车"。这种省略，可能受到语义①和语流音变②等多元因素的影响；另外，从语音结构上看，省说"一"，构式的语音节奏，就"哒"形成对称，更符合西南官话的语音习惯，这也会推动构式衍生出丰富的变式。

其二，变式"（一）+Y 哒 Y+ 量词/集合名词"。首先，类似于集合名词，"梗"可以进入这样的变式中。一方面，"梗"可以和"个"等量词共现，可以形成"梗个"，"梗片"等表达；另一方面，"梗"表示"整"的意义，与"一"包含的"集合"意有相通之处。在西南官话中，可以说"一梗哒梗个"或者"梗哒梗片"③，"一"同样可以省说。其次，这一变式也兼容计数单位（位数）及其组合情况。位数类似于量词，是对数进行"范畴"划分的结果，从这一角度看，它们也具有一定的描述功能和修饰作用。可以说"（一）万哒万条船""（一）百哒百号人"以及"（一）百哒百万"④等。值得关注的有两点。

首先，反复量词、集合名词或者是位数，都强化了"整体性"，不断增强"完整性"语义，和"部分"这个概念中"非完整""缺乏"等语义，构成对立，强化"数量充足"

---

① 特定语境下，会对集合名词的强调。
② 存在数词"一"弱化为齐齿呼的预备动作的情况。
③ 这种情况可以看作是变式中的一个小类，因为反复对象是修饰性成分，和量词、集合名词存在一定差异。
④ 一般接受"一百哒百万"，而难以接受"一哒一百万"。从节奏上看，在"一百哒百万"中，节奏大致为 212，是对称稳定的；而在"一哒一百万"中，节奏可以视为 113，不太符合西南官话的一般节奏。从语义上看，在没有"二哒二百万"形成对比的情况下，一般没有出现后者的必要；"哒"之前是构式内部的焦点，从数值上看，焦点"一百"较之于焦点"一"，前者更能突显"数量充分"。

的明确判断。而与"整体"和"集合"相契合的数词,就是"一",故这样的变式中,几乎不出现其他数词。

其次,当这些位数之前的"一"被省略时,构式义内部可以细分出两种理解。一是,数量较为准确的。如"万哒万条船",可以呈现船的数量刚好为"一万"的客观事实。二是,构式对于数量充足的判断,是基于约量进行的,而非基于精确定量。如"万哒万条船",可以只是表达船的数量非常多,或者主观判断基本达到了"万"这一级计数单位,并不是实际准确的数量①。能够表达约量,还与较大数字的使用频次有一定关系——数的大小,和它在日常语用中出现的几率往往是呈反比的。换言之,日常交际中不常使用大数,尤其不常使用它们的确切数值;即便使用大数,往往是因为需要表达整体充分性,比如"成百上千"或者"成千上万"。故这里可以表达约量,并基于约量塑造构式义。当然,变式出现的因素是多元的,可能还存在其他潜在因素。

四、句法功能

本人作为母语者,对该构式的句法功能进行整理,发现该构式分布灵活,可以充当的句法成分较为多样。其能够单独成句;也可以在句中,充当主语、谓语、宾语、定语及补语等多种句法成分。

(一)充当主语

该方言构式可以直接作主语。这时,构式整体被话题化,其搭配的谓语,往往是对于构式义的再次陈述,或者补充说明。

比如"八哒八个,绝对够了。"表示,对于"八个"的数量,主观认为已经相当充足了。又如"十哒十天,都还紧张嗦?"表示,就"十天"的时间长度,主观预计是完全足够(完成任务)的、充裕的。

(二)充当谓语

在西南官话中,"Num+哒+Num+(个)"可以直接充当谓语,整体形成S+"Num+哒+Num+(个)"。这种情况下,主观评价的对象,就是主语S。一定程度上,构式整体作谓语,是对"Num+哒+Num+(个)+名词"结构进行变化的结果。

---

① 西南官话中一般不说"*一哒一百二十个",而"百哒百二十个"可以接受,不过语音节奏上仍旧较为别扭,对于这一类数词,一般改用约量的说法,即往往换说"百哒百个"。

其中值得注意的是,一般不接受将这种表达嵌套进入"是……的"结构,进行语义强化,即,一般不表达为"苹果,是八哒八个的"。或者说,如果这样表达,无法实现预期的语义效果①。一种可能是,构式本身表达的主观评价,在语义表达上基本达到了极限,即对于"数量充足"予以了相当的主观肯定,因而其不接受语义上的再次强化。

(三)充当宾语

现代汉语中允许数量短语直接充当宾语的情形,或者说,基于语境等因素,省略名词,用数量短语代指表述对象;西南官话与之一致。因此,这一构式在西南官话中,还可以直接充当宾语。比如,可以说"吃了三哒三碗(酒)""买了十哒十斤(米)"等。

(四)充当定语

在西南官话中,"Num+ 哒 +Num+(个)"也可以充当定语,修饰限定名词性成分。比如,"三哒三勺糖,绝对够甜了"。

(五)充当补语

在西南官话中,"Num+ 哒 +Num+(个)"可以在动词之后充当补语。比如作动量补语,"他今天帮人办出院(手续),前前后后,跑了八哒八趟。"又如,作时间补语,"他这次出差,去了二哒二十天。"

该构式虽然可以补充说明动作行为,分布也较为多样,但是一般不可充当状语。可以理解为,如果修饰动作行为,该方言构式表达的数量充足的主观判断,动作行为作为被修饰主体,需要先出现,主观判断是后于修饰对象而存在的修饰成分,是新信息,是表达中的焦点,"汉语句子自然焦点居末"(刘丹青 2011),故构式不居于动作行为前。若要充当状语,需要改变该构式与动作行为的相对位置,难以突显其构式义,预设表达主观判断的效果也不易实现。

五、结论

西南官话中,构式"Num+ 哒 +Num+(个)"可以表达数量充足的主观判断。本文梳理得到,"零"不可进入该构式;"半"和"一"进入构式需要完成特定的搭配;

---

① "苹果,是八哒八个的"通常被视作是类似于"苹果,是八哒八个(地装在一起)的"的一种省说形式,这种情况下,"对数量充足进行主观判断"的构式义,已经被淡化了。

能够被"十"整除的数,一般可以进入;计数单位如百、千、万等,可以直接进入,也可以组合进入;理论上存在数字上限。同时,对于数词在构式中的反复,存在整体反复和部分反复两种情况。再者,存在一系列活跃的变式,本文尝试就其中常用的两种进行了描写。另外,在方言的实际交际中,该构式能够灵活地充当主语、谓语、宾语、定语和补语等句法成分。

参考文献:

丁崇明　2010《昆明方言"X场"及其构式义分析》,上海:全国汉语方言学会。

付新军　2017《山东青岛方言"害+V/A"构式探析》,《方言》第3期。

高爱宁　2011《山东栖霞方言"好一个+VP"之考察》,浙江师范大学2011年硕士论文。

李　荣　1998《成都方言词典》,江苏:江苏教育出版社。

刘丹青　2002《汉藏语言的若干语序类型学课题》,《民族语文》第5期。

刘丹青　2011《"有"字领有句的语义倾向和信息结构》,《中国语文》第2期。

荣　晶,丁崇明　2012《昆明方言"X法"及"指代词+谓词性成分+法"特殊构式分析》,全国汉语方言学会。

王海韫　2010《安徽宿松话的双及物结构》,上海师范大学2010硕士论文。

王　寅　2011《构式语法研究(上卷):理论思索》,上海:上海外语出版社。

邢向东　2019《以构式为视角论晋语方言四字格》,《方言》第2期。

杨文波　2014《山东兖州方言可能补语的构式及其语用》,"语言的描写与解释"国际学术研讨会论文集。

Adele E. Goldberg,吴海波(译)　2007《构式:论元结构的构式语法研究》,北京:北京大学出版社。

【作者简介】谢佩纹,女,西南交通大学人文学院汉语言文字学专业硕士研究生。

周俊勋,男,文学博士,西南交通大学人文学院教授、博士生导师。研究方向:汉语言文字学及语言接触。

非范畴化、语法并入与汉语非结构词汇化*

李 永

（唐山师范学院）

[摘 要]一个成分发生非范畴化后,在语法、语义及语用等方面特征减弱甚至失去其独立性。从历史上看,非范畴化的成分容易与相邻成分发生"语法并入",进而发生词汇化,形成一个词汇或语法成分。论文考察了非结构词汇化过程中源成分的并入情况,包括代词并入、介词并入、连词并入、副词并入和"是"的并入等五种,发现决定并入方向和强度的因素除了非范畴化程度外,非结构源成分的自由度、所受到的语法约束也具有重要的作用,有时甚至决定并入的方向。在语法并入的过程中,会伴随着句法成分的提升和结构的简化,降低结构的标记性。

[关键词]非范畴化;语法并入;词汇化;非结构

一、非范畴化和语法并入

非范畴化是与范畴化相逆的过程,是以对范畴的解构为表征而发生的语言认知行为。所谓范畴化和范畴,是人们对主观认知世界的框架化及由此而分的类,后者指经过一个有界化机制所离散出来的聚合。在语言研究层面,刘正光、刘润清（2005）将非范畴化定义为"在一定的条件下范畴成员逐渐失去范畴特征的过程",在这个过程中,范畴成员丧失了原有范畴的某些典型特征,同时也获得了新范畴的某些特征。Hopper & Thompson（1984）认为一个词的范畴特征是动态的,要受句法环境和语篇环境的影响。在达至一定的条件后,一个典型范畴会逐渐过渡到非

---

* 基金项目:国家社科基金一般项目"汉语的语序类型对语法化的影响研究"（17BYY149）。

典型性范畴,这种范畴属性的变化,可体现于词项,也可体现于形态句法范畴。无论是一般的语法结构,还是形义匹配的构式,其形成往往或一定依赖于一个非范畴化的机制。如下例:

  a 吃饱饭、喝醉酒、干累了活儿

  b 很原则、很哲理、很男人、很泡沫、很雷锋、很香港

  c 留后路、戴高帽、开夜车、掏腰包、走过场、耍嘴皮子、开空头支票

  a 组的宾语失去了指称意义,在语篇中地位不高。就是说,这种宾语已发生了低范畴化,以与所在的 VC 相匹配。VCO 是一个特定的句法形式,其中的 V、C、O 都是不可替代的,任何两个成分对第三个成分都具有可预测性。比如宾语是 VC 指定的,不能随意置换:? 吃饱了大米饭、? 喝醉了五粮液、? 干累了除草的活儿。这几个新宾语具有较高的范畴性,不符合 VC 的预测,因此不成立。

  b 组"很"后面的名词功能转移,偏离了其原型语义特征。这类组合之所以能成立,一是受构式的压制,"很 + [　]"中最典型的中心语是形容词,在该构式的诱导下,N 发生去范畴化,由一个典型范畴转化为非典型范畴,产生"很 +N"超常搭配;二是语境压制,这类名词需要一个认知文化语境的支持,语境变了,则可能诱导非范畴化。因此,这种句式不是绝对稳定的,有的将来可能不再成立;随着认知语境的变化,新的语义或义征随之产生,一些不成立的副名组合有可能发展为合法的结构。

  c 组是惯常构式,其实例是惯用语,构式和宾语通过隐喻或转喻构建起新的范畴,宾语的句法特征已经弱化,前面不能再加上一个有定或无定成分做定语,如"* 戴了老张给买的高帽""* 开了一辆夜车""* 掏了一个腰包"等。举凡惯用语的形成,都经历了这一类的非范畴化过程,又如:

  钻牛角尖、泼冷水、唱对台戏、唱高调、吃苦头、出洋相、打保票、打下手、打游击、对胃口、开小差、夸海口、跑龙套、套近乎、捅娄子、下本钱、煲电话粥、放马后炮、花冤枉钱、打翻身仗、打退堂鼓

  一个成分发生非范畴化后,在语法、语义、语用等方面减弱甚至失去了独立性。在语法上,其句法形态特征在很大程度上或已完全丧失;在语义上,失去其原型语义特征,或引起语义的泛化;在语用上,失去语篇功能,或发生功能的转移。从历史上看,非范畴化后的成分容易与相邻成分发生"语法并入",进而发生词汇化,形成

一个词汇成分或语法成分。如"于"发生非范畴化后与前面的成分,发生线性融合,形成了一系列的新成分。古汉语虚词兼用现象严重,同一个虚词往往语法化出多种语义功能,像"于"这种虚成分集表处所、被动、差比、对象等于一身,功能指别性较弱,非范畴化比较彻底,比较容易与其他成分形成复音介词或副词,如:

善于、难于、苦于、敢于、近于、几于、便于、位于、多于、终于、宜于、依于、由于、归于、频于、限于、鉴于、急于、濒于、关于、甘于、等于、至于、基于、勇于、工于、在于、属于、惯于、对于、易于、陷于、以至于、甚至于、不至于、仅次于

需要说明的是,在以上"X+于"复音虚词中,有的可能是基于构词法的,而非词汇化的,前者属于构词范畴,后者属于演变范畴。

语法上的"并入",一般是从生成语法立场来讨论的,指语法上一个成分并入另一个成分,二者合并为一个语法单位的过程及结果。最早关注这一现象的是西方语言学家 Mark C.Baker(1988),他在乔姆斯基"管辖约束"理论框架下考察了语法"并入",认为"并入"是一个语义独立的词进入另外一个词的内部,即一个核心词移入另一个支配它的核心词。汤廷池(1991)认为"并入"指词语或词组通过重新分析加接到另外一个词语或词组并与后者合并,从而成为后者的成分。他认为汉语语法的并入,有发生在复合词内部词法上的并入,有发生在词组与词组之间句法的并入。冯胜利(2000)分析了超常句式"写毛笔""吃大碗"的形成,认为这一类句式的底层结构是"用[ ]V[ ]",超常句式是 V 并入"用"而产生的。

沈阳(2016)的研究思路跟冯胜利接近,认为一些句式的形成与中心词的提升与并入有关,比如使动结构和"把"字结构,通过大动词提升且并入小动词的句法操作,生成一种新的结构。如:

这个故事使(v)大家感动(V)→ 这个故事感动((v)V)大家

他把(v)那只花瓶打碎(V)了 → 他打碎((v)V)了那只花瓶

以上所研究的语法并入,是生成语法框架之内的一种句法行为。除此之外,有学者以非范畴化理论对并入问题进行了解释。刘润清、刘正光(2004)考察了受事名词并入动词的情况。名词非范畴化之后,粘附到动词词干上,丧失带限定成分和屈折变化的能力,比如"留心""开刀""拿手"的"心""刀""手"。甚至在意义泛化失去指称意义后,该名词有时不再出现,如:

喝醉了酒 → 喝醉了

洗漱完了脸和牙 → 洗漱完了
john taught the class brilliantly → john taught brilliantly

在上例中,由于受事名词的非范畴化,宾语被抑制,可以看作"无形并入"。由以上分析可以看出,非范畴化作为一种认知机制,对语法操作具有重要的影响,可以改变表面的结构形式。以下实例右边的形式也可看作非范畴化引起的语法并入:

扫干净了 → 扫了(＊扫干干净净了、＊扫十分干净了):回家一看,地也扫了,桌子也擦了。

洗干净了 → 洗了:衣服洗了放衣柜了。

切好了 → 切了(＊切很好了):菜切了放盘里了。

拿走了 → 拿了(＊拿走走了):节日礼品大家都拿了,就剩老张了。

以上补语位置上的形容词和动词已非原型状态,在一定程度上发生了非范畴化。因此,补语的意义已显示出并入动词的倾向。这种语法并入不露痕迹,非范畴化程度较深①。

语法并入虽然始于对共时语法操作的描写,但从历时上看,语法的移位、合并也可以看作一种演变的机制。这种机制的运作是某些成分在非范畴化的驱动下,形态句法弱化或失去其独立性,依傍于其他成分而呈现出新的价值。刘红妮(2009)考察了"X的/地""X着/了/过""X是""X而""以X""X于"的词汇化过程,认为语法并入是其中重要的一个环节,源形式经过并入和附缀化完成了其语法演变。张田田(2012)考察了代词的语法并入情况,发现代词系统能够被并入的主要是指示代词和部分虚指的人称代词,由于指示代词并不是指代具体明确的人而是一个事物或事件,因此其指代性低于人称代词。另外从历时看,大多数的指示代词和部分人称代词在具体词汇语境中,由于种种因素的影响,其指代性可以逐渐降低和弱化,在并入时其语义功能几乎消失,已经无所指称。

在汉语发展史上,上述语法并入多发生在非结构双音序列的词汇化中。所谓非结构双音序列,指的是像"极其""加以""而已""何须""继而""至于"这一类复音词词汇化之前的形式,该形式的两个源成分之间不具有任何的结构关系,故称

---

① 现代汉语中有些动词在语义上蕴含结果,因此不能再后接一个结果补语,如:醉、懂、同意、熟悉、相信、赞成等。

为非结构双音序列①。这一类非结构序列的词汇化,其输出端多为虚词,但也有少数的实词,如"据说""听说""请教"等。非结构序列之所以一般词汇化为虚成分,其中的一个重要原因就是两个非结构成分(源成分)一般有一个是虚义性的,这个虚义性成分容易发生语法并入,从而形成一个新的虚义成分。原材料的性质毕竟对产品的属性存在一定的影响。下文我们具体考察非结构词汇化过程中所发生的语法并入。

二、非结构词汇化中的语法并入

(一)代词并入

由代词参与形成的非结构双音序列主要有:"代词+连词"(然而、然则、否则)、"代词+副词"(何必、何曾、其实)、"代词+形容词"(许多、何苦)、"代词+动词"(何况、何须、哪怕)、"副词+代词"(更其、尤其)、"动词+代词"(如其)、"代词+名词"(然后)等。这一类非结构词汇化代词未必都可以看作是被并入项,比如"然而",到底是"然"并入"而",还是"而"并入"然",或者是相互并入,还要进行具体分析。以下以"然后"的词汇化为例来说明。

(1)故水火相逮,雷风不相悖,山泽通气,然后能变化,既成万物也。(《周易·说卦》)

(2)有天地,然后万物生焉。(《周易·序卦》)

(3)有天地,然后有万物,有万物,然后有男女。(《周易·序卦》)

这是文献所见"然后"早期的用例,用在复句中,表示前项是达成后项的条件,即吕叔湘(1956:386)之所谓"有待而然"。这种"条件-结果"的逻辑语义结构(如第二例,"天地"是产生"万物"的前提条件),在时间上是先后相承的,跟连动结构的作用相同,"后"所处的位置使其容易发生非范畴化,在表时间上呈现出羡余化的可能性。下例"然后"前后的语句不具有"条件-结果"的语义关系,只是表时间的先后:

(4)夫子时然后言,人不厌其言;乐然后笑,人不厌其笑;义然后取,人不厌其取。(《论语·宪问》)

---

① 下文一般简称"非结构"。

（5）臣始至于境,问国之大禁,然后敢入。(《孟子·梁惠王下》)

（6）王色定,然后请问异姓之卿。(《孟子·万章下》)

上面的语例已经跳出"条件－结果"的框架,表示时间的先后。在这样的语句中,"后"范畴化进一步深化,"然"的指代性也逐渐弱化,趋向于无指化,在线性上向"后"靠拢并逐渐与之并入。我们之所以认定"然"是并入项,"后"是被并入成分,主要考虑三点:(1)"然"的非范畴化程度重,已失去代词的特征,"后"还保留一定的时间特征。(2)"然后"虽然是一个非结构虚词,但"后"对该虚词的形成在语义方面贡献更大。(3)"然"与前后的语句没有任何的句法关系,"后"做其后成分的状语,因此,"然"的自由度更大。

在语法并入中,非范畴化是其重要的促进因素,但何者为并入成分,何者为被并入成分,不见得取决于非范畴化的程度。有时语法化程度重的成分并入语法化轻的成分,有时则相反,具体还要看句法、语义、语用的限制。比如"然而""然则""否则"的非结构词汇化,"然""否"的语法化程度要轻于"而""则",但随着"然"指代性的弱化,句法、语义的限制要小于"而"和"则",因此并入后者形成双音虚词。

（二）介词并入

由介词参与组成的非结构双音序列主要有:"动词＋于"(过于、终于、惯于、在于)、"动词＋以"(加以、借以)、"形容词＋于"(善于、敢于、易于)、"以＋动词"(以及、以免、以便)等。这一类的非结构双音虚词中,介词非范畴化程度重,属于并入成分,动词、形容词是被并入成分。如"至于"的词汇化。

"至＋于"的词汇化以"于"的语法化为前提。"于"发生非范畴化演变为介词,失去独立性,在置于动词"至"后面时,引导一个名词性成分,在语言使用者类推心理的作用下,也可以引导谓词性词语:

（7）子胥不早见主之不同量,是以至于入江而不化。(《史记·乐毅列传》)

（8）孔融体气高妙,有过人者；然不能持论,理不胜辞,至于杂以嘲戏。(《典论·论文》)

"至于入江而不化""至于杂以嘲戏",是说事件发展至"入江而不化""杂以嘲戏"的结果。这种情况下,"于"的引导功能弱化,非范畴化增强,容易脱离谓词性成分的束缚并入前面的动词,二者成为一个语法单位,词汇化为动词,其后动词性成分成为"至于"的形式宾语。

当这个宾语由一个名词成分充任并且"至于+名词"处于谓语之前时,"至于"语法化为介词:

(9)拱把之桐梓,人苟欲生之,皆知所以养之者。至于身,而不知所以养之者,岂爱身不若桐梓哉?"(《孟子·告子上》)

(10)臣事范、中行氏,范、中行氏皆众人遇我,我故众人报之;至于智伯,国士遇我,我故国士报之。(《史记·刺客列传》)

(11)项王为人恭敬爱人,士之廉节好礼者多归之。至于行功爵邑,重之,士亦以此不附。(《史记·陈丞相世家》)

在第一例中,"至于身"有加于身,又有谈及身的意思,正向介词转化。"至于+名词"位于谓词性成分前面,属于背景信息,在"至于+NP+VP"结构的压制下,"至于"的非范畴化加深,趋向于一个表对象的介词;第二例有发起一个议论的作用,第三例则领起一个小句,"至于"更近乎一个虚范畴,语法化为话语标记。

(三)连词并入

包含连词的非结构双音序列主要有:"连词+连词"(而且、而况、故而)、"动词+连词"(从而、因而、已而)、"副词+连词"(时而、俄而)、"形容词+连词"(忽而、幸而、甚而)、"连词+动词"(而后、而已)、"连词+副词"(若非、要不)等。在两个源构素中,究竟是哪一个并入哪一个,如前文所论,除了考虑非范畴化因素外,还要考虑源构素所受到的语法、语义的限制,一般受限制较小的容易成为并入成分。如"动词+而",即由后向前并入,以"而且"的词汇化来说明。

本文不认为"而且"是连词"而"和"且"的连用成词①,而是将其看作发生在连动结构中的语法演变现象,即:VP+而+且+VP②。在先秦文献中,我们只发现一例嵌于连动结构中的非结构字串"而且":

(12)胃中寒,肠中热,则胀而且泄。(《黄帝内经·灵枢》)

"而且"用在分句或句首在先秦用例也极少,北大 CCL 语料库仅检得数例③。在汉代及中古时期,语言中有大量的嵌于连动结构中的"而且"用例,句首的"而且"

---

① 陈宝勤(1994)将"而且"看作两个源成分的连用。
② 这里举动词以兼指形容词。
③ 如《庄子·在宥》:"而且说明邪(说,通悦),是淫于色也;说聪邪,是淫于声也。"《荀子·富国》:"故知节用裕民,则必有仁圣贤良之名,而且有富厚丘山之积矣!""而或以无礼节用之,则必有贪利纠谲之名,而且有空虚穷乏之实矣。"

少见。基于这种情况,我们推测先秦时期嵌于连动结构中的"而且"应早于句首连用的"而且",只是由于文献的不足或遗失,相应的语料未能保存下来。汉代占绝对优势的是"VP+而+且+VP",如:

(13)星陨如雨,如,而也,星陨而且雨,故曰"与雨偕也"。(《汉书·五行志》)

(14)道之以德,齐之以礼,故民有耻而且敬,贵谊而贱利。(《汉书·货殖列传》)

(15)承灵训其虚徐兮,伫盘桓而且俟。(班固《幽通赋》)

(16)当此之时,诚使周公骄而且吝,则天下贤士至者寡矣。(《说苑》卷八)

"而"连接两个动词性或形容词性成分,"且"做后面谓词的状语,表示并且,有并列递进的意思。连动结构具有时间相续性,这种时间结构弱化了"而"的连接功能,扩大了其羡余性,同时也使得"且"发生非范畴化。由于"且"在状语位置上受到的约束相对大一些,两者相比,"而"的自由度较大,因此发生右向并入,与"且"组成非结构模块。在连动结构的作用下,词汇化的源形式"而且"继续发生非范畴化,吸收结构的构式义,随着句子线性长度的增加,与前段脱离,演变成一个表并列递进的双音连词。

"而且"的演变代表词汇化的一种类型,从语法并入的角度看,其词汇化的路径可描写如下:

[VP]+而+[且+VP]→VP+[而+且]+VP→VP,[而+且]+VP

(四)副词并入

包含副词的非结构双音序列主要有:"副词+副词"(不曾、未尝)、"连词+副词"(若非、要不)、"代词+副词"(其实、何必、何曾)、"副词+连词"(时而、俄而)、"动词+副词"(动辄、谅必、想必)、"副词+动词"(莫如、莫若、无从)、"副词+代词"(更其、尤其)。可以看出,在非结构序列中,副词的参与性很强,可以与副词、连词、代词、动词组块。就其非范畴化来看,动词＜代词＜副词＜连词,即范畴化程度由左向右减弱,因此,若不考虑其他原因,副词自然会并入动词、代词而非连词。但非结构形式毕竟处在一个结构性的语法单位中,同一结构中其他成分对源构素所具有的约束力,包括句法的、语义的、语用的甚至语形长度,都会影响源构素的语法并入方向。本节只考察一个副词并入另一个副词的情况,以"正在"为例来说明。

"正""在"连文出现于先秦,"在"后是名词性成分,用例极少。如:

(17)夫太刚则折,太柔则卷,道正在于刚柔之间。(《文子》卷十)

（18）直称之士,正在本朝也。(《晏子春秋·问下》)

"在"是存在动词,后面是处所化成分;"正"表示恰好,具有强调、指明的作用,副词。第二例是第一例省略"于"的形式。结构形式为:[正[在 NP]]。两汉一直到中古时期,一直是这种句法语义格局,唐五代时期,处所成分后出现动词性成分,即:

（19）圣人正在宫中饮,宣使池头旋折花。(花蕊夫人《宫词》)

（20）又云:"汝正在寺中坐禅时,山林树下,亦有汝身坐禅不?一切土木瓦石,亦能坐禅不?(《楞伽师资》第六)

由于后面动词性成分的出现,使"在"范畴特征减少,重新分析为介词,"正"则增加了持续义,范畴特征有所改变。随着处所成分的隐含,"在"直接位于动词之前,非范畴化增强,语法化为表示"体"的功能词或标记,如下例:

（21）如云急过,似鸟奔飞,正在商量,已却归殿。(《敦煌变文集·双恩记》)

（22）则是上帝即是明堂所祀,正在配天,而以为但祭星官,反违明义。(《旧唐书·礼仪》)

这时,"正""在"都语法化为持续体标记,"正"与"在 VP"具有约束关系,"在"则与 VP 具有约束关系,相比而言,"在"受到的约束要大于"正",因此"正"并入"在",形成非结构双音序列,并初步发生词汇化。宋代之后,"正在"进一步凝固,下例反映了这种情况:

（23）宋江一见了吴伟两个,正在偎倚,便一条忿气,怒发冲冠,将起一柄刀,把阎婆惜、吴伟两个杀了。(《大宋宣和遗事·元集》)

（24）只如今赌钱吃酒等人,正在无礼,你却将礼记去他边读,如何不致他恶!(《朱子语类》卷九十三)

（五）"是"的并入

在汉语中,"是"最早是一个指示代词,语法化以后演变为系词,进一步语法化为焦点标记。在其所参与组块的非结构序列中,有系词的"是",也有非范畴化更深入的作为焦点标记的"是",还有的是以词缀的身份参与构词的,如董秀芳(2004)所例示的:但是、可是、就是、越是、要是、若是、还是、或是;只是、总是、准是、真是、别是、硬是、也是、仍是、怕是、光是、老是、愣是、倒是、很是、说是。又如:敢是、许是、更是、甚是、既是、极是、煞是、倘是、老是、或是等。在不同的非结构序列中,作为常项的"是"其非范畴化的程度是不等同的,序列中的"是"究竟是系词,还是焦点标记,需要通过对历史语料的分析来证得。本节以"敢是""很是"的词汇化来说明,前者的"是"初始状态是系词,后者则是一个焦点标记。

敢是:

"敢是"属于揣度副词,是在"敢"语法化的基础上产生的①。下例的"是"系联的是名词性成分:

(25)此外唯应任真宰,同尘敢是道门枢。(杨巨源《和元员外题升平里新斋》)

(26)唤多时悄无人应,我心内早猜管有别人取乐。……那人敢是个近上的官员?(《大宋宣和遗事·亨集》)

唐宋时期这一类的用例极少。上例的"敢"作为副词,具有揣度义②;"是"为系词,后面连接名词性成分,这种语法框架难以使系词发生非范畴化,"敢"与"是"处于分立的线性序列。在元代汉语中,"敢是"连用的语例越来越多,除了"敢 + 是 +NP"的用例外,还出现了大量"敢 + 是 +VP"结构。如:

(27)敢问相公,为甚么不回后堂中去,敢是前妻寄书来那?(关汉卿《望江亭》)

(28)你和公孙杵臼往日无仇,近日无冤,你因何告他藏着赵氏孤儿?你敢是知情么!(纪君祥《冤报冤赵氏孤儿》)

(29)虞候云大夫这证候,敢是停食伤饮,请个医人诊视,可也好?(高文秀《保成公径赴渑池会》)

(30)我看你瘦恹恹眼札眉苦,多敢是家菜不甜野菜甜。(贾仲明《萧淑兰情寄菩萨蛮》)

(31)相公,我看你多敢是想着谁?(高明《琵琶记》)

由于"是"后动词性成分的作用,"是"发生非范畴化,系词功能钝化,动词性成分对"是"的约束也相应减弱,这时"是"的自由度提高,依附性增强,向前并入揣度副词"敢"。在以上诸例中,"敢是"已实现了非结构词汇化,"是"的系词功能消失。后两例"敢是"前面增加了一个同样表推断的状语"多",受此成分的影响,"敢是"进一步语法化,深化了其词汇化程度。

---

① 参见叶建军(2007)。
② 董志翘、蔡镜浩(1994:186)认为,中古时期"敢"表示对情况推断的肯定,确实无疑。按:"敢"的语法化沿着"能愿动词—断定副词—揣度副词"的路径进行,其情态程度越来越弱。

很是：

有两种"很是"：一种做谓语，如《红楼梦》第四十三回："倒是我的凤姐儿向着我,这说的很是。"相当于形容词；一种做状语,如《大八义》第十回："见他身高约有丈二,虎背熊腰长得很是凶猛。"相当于副词。这两种"很是"都始见于清代小说,其间不存在发生关系。这里我们只讨论做状语的"很是"。

根据张谊生(2003)的考察,这一类的"副词+是"都是在 VP 前完成其词汇化过程的。这种句法语义框架促使"是"发生非范畴化,充分语法化之后演变成焦点标记,连同后面的 VP 被"很"所修饰,形成"很+[是+VP]"结构。张谊生(2003)认为,这种副词的产生经过了一个语义重心转移的过程,起初语义重心落在"是"上,随着高频使用,重心往前移动,"是"虚化为一个协调音节的成分。在这种情况下,"是"失去范畴特征和句法独立性,依附且并入"很"形成非结构组块,发生如下重新分析：很+[是+VP]>[很+是]+VP。示例如下：

（32）万一遇到这些东西,不但手无寸铁,难以抵挡,而且疲乏之身,连逃走都很是不易的。（清《八仙得道》第六十一回）

（33）如猪、羊、鸡、鹅之类,都在那里自在地游行,很是逍遥舒适。（《八仙得道》第八十三回）

（34）知道自己的村庄并没遭兵火之灾,心中很是慰藉。（《八仙得道》第五十二回）

（35）焦雄说："入伙当贼很是不易。"（清《大八义》第二回）

（36）他出来看见石禄这匹马,很是可爱,知道是一匹宝马良驹。（《大八义》第二十五回）

在早期的"很+是+VP"用例中,VP 位置是形容词成分[1],"是"可以被删除,只是程度性降低,失去了强调义,如"很是逍遥舒适"→"很逍遥舒适"。这说明"很是"词化程度还不高或尚未词汇化。下例中"很是"不可被"很"替换,或者说"是"不能删除：

（37）县令很是叹息,将肃交与朝使。（民国小说《后汉演义》）

（38）当有人报知曹操,操很是叹惜。（同上）

---

[1] 此举动词以兼括形容词。

（39）袁谭闻丧奔至，不得为嗣，很是怏怏。（同上）

（40）请将江淮租赋，购易轻货，溯江沿汉，运给军需，肃宗很是奖勉。（民国小说《唐史演义》）

在"很+是+VP"结构中，"是"标记焦点的功能弱化，非范畴化进一步加深，与前面成分"很"的结合力进一步增强，已完全词汇化为表示高程度量的非结构副词。综上看出，"很是"在语法化和词汇化的过程中，一方面发生了非范畴化，一方面又浮现出新的范畴功能，表示高程度量，具有强调义。可以说，"很是"是一个具有全新功能的新副词，其独特性是其他副词不能替代的。比如汉语存在"程度副词不能修饰状态词和动词"这样的语法规则，但上例的"很是怏怏""很是叹息"（对比：* 很怏怏、* 很叹息）却是成立的，这是因为"很是"并非单纯的程度副词，它除了包含一个高的程度量外，还具有凸显功能，能提高所修饰的状态词和动词的显著度，从而抹平成分之间的隙缝而形成有效的组合①。

非范畴化既是语言演变或共时变化的形态句法和语义的弱化现象，又是影响语言发展的一种重要的功能因素。在非结构词汇化的进行过程中，非结构的源成分、源形式都会发生非范畴化，并因此获得词汇化的动力。本文考察了非结构词汇化过程中源成分的若干并入情况，发现决定并入方向的除了非范畴化程度外，非结构源成分的自由度、所受到的语法约束也具有重要的作用，有时甚至决定并入的方向。语法并入与附缀化不是同一性质的现象，但语法并入可能会引起附缀化，如至于、过于、终于、加以、足以、继而、进而、如其、尤其、更其等，后一成分似也可以理解为词缀。在语法并入的过程中，会伴随着句法成分的提升和结构的简化，降低结构的标记性。在这句法、形态、语义一系列的变化中，处处都可以看到非范畴化积极参与的影子。尚须说明的是，一般所说的非范畴化，指的是显示于"实成分——虚成分"界面范畴特征的减弱或消失，但由本文的研究可以看到，在"虚成分——虚成分"的变化中，同样存在着非范畴化，因为相当多的虚成分仍然保留着一定的范畴特征，一个纯粹的理论上的虚词应该过滤掉所有的范畴特征，然后作为符号之上的符号，参与对语言符号的编码，实现对语言符号的再度符号化。

---

① 这种情况像"* 我书包""* 雪白纸"一样，亦属无效搭配，但加上"的"后便可成为合格的结构，即"我的书包""雪白的纸"。其原因就在于"的"具有凸显和补足功能，它可以将一个不合规的组合变得有效。

参考文献：

吕叔湘　1956《中国文法要略》，北京：商务印书馆。

刘润清、刘正光　2004《名词非范畴化的特征》，《语言教学与研究》第3期。

刘正光、刘润清　2005《语言非范畴化理论的意义》，《外语教学与研究》第1期。

汤廷池　1991《汉语语法的并入现象》（上、下），《清华学报》（台湾）第1、2期。

董志翘、蔡镜浩　1994《中古虚词语法例释》，长春：吉林教育出版社。

冯胜利　2000《"写毛笔"与韵律促发的动词并入》，《语言教学与研究》第1期。

沈　阳　2016《变换移位、提升并入、拷贝删除及其他》，《外语教学与研究》第2期。

刘红妮　2009《汉语非句法结构的词汇化》，上海师范大学博士学位论文。

张田田　2012《与代词并入相关的双音词的词汇化与语法化》，上海师范大学博士学位论文。

陈宝勤　1994《试论"而后""而已""而况""而且""既而""俄而""然而"》，《古汉语研究》第3期。

董秀芳　2004《"是"的进一步语法化：由虚词到词内成分》，《当代语言学》第1期。

叶建军　2007《测度副词"敢""敢是"的形成及其演化》，《上饶师范学院学报》第4期。

张谊生　2003《"副+是"的历时演化和共时变异——兼论现代汉语"副+是"的表达功用和分布范围》，《语言科学》第3期。

Hopper, P.J.& S.A.Thompson. 1984. The discourse basis for lexical catego ries in universal grammar.Language 60.

Mark C.Baker. 1988. lncorporation :a Theory of Grammatical Function Changing. Chicago : The University of Chicago press.

【作者简介】李永，男，文学博士，唐山师范学院文学院教授，华北理工大学外国语学院硕士研究生导师。研究方向：汉语语法学、汉语史。

总括副词"都"由来探究
——兼论话题焦点标记"都"的来源

栗学英

（南京审计大学，文学院）

[摘　要]表总括的范围副词"都"一般认为是由名词"都邑"引申为动词"聚集"，然后虚化为总括副词的。我们认为总括副词"都"是随着汉魏时期表官职的"都~"类词（如都尉、都督、都护等）大量使用，"都"隐含的"统管、总摄"义得到强化凸显，进而虚化为总括副词。表统摄义的"都"语义指向受事宾语即统摄的对象，为了强化焦点，受事成分可以提前至句首充当话题或主语；"都"由表统摄义引申虚化为表总括的范围副词，其语义焦点发生了从后往前的移动。

[关键词]副词"都"；统摄；总括；来源

引言

关于汉语中副词"都"的来源和演变，已有众多学者进行研究。现在一般认为总括副词"都"是由名词"都邑"引申为动词"聚集"，然后虚化为范围副词表总括的。不过，我们对这个论断存在两个疑问：（1）从上古到中古时期"都"表动词"聚集"义用例非常少，仅寥寥数例，更没有频繁地用于连动结构或充当状语，不具备由动词虚化为副词的句法条件；（2）名词"都"上古就已产生，且极为常用，引申为动词"聚集"义似乎顺理成章，为什么总括副词"都"到东汉末期（有人认为甚至更晚）才产生呢？

因此，我们就中古时期"都"的用法进行梳理调查，以看清副词"都"产生发展的真实轨迹，以期对现代汉语中"都"的用法认识得更为清晰透彻。

一、副词"都"产生之前

（一）上古时期的"都"——以《左传》《诗经》为例

就我们调查①，《左传》中"都"凡出现 30 例（专名除外，下同），全部用作名词，表都邑；验之以杨伯峻、徐提《春秋左传词典》(1985:727)为是。《诗经》中"都"凡 10 例，除 1 例表闲雅优美义，均表都邑；验之以向熹《诗经词典》(1986:85)为是。这代表了上古时期"都"的用法较为单一固定。

（二）西汉时期的"都"——以《史记》为例

1. 我们对《史记》中出现的"都"进行了穷尽性考察，"都"凡 250 例，其中名词表"都邑、国都"72 例，动词表"建都、定都"93 例，官名"都尉"78 例，形容词"都雅"义 1 例，四者共 244 例，占"都"出现总量的 97.6%；另有动词"水停聚"3 例：

（1）海岱及淮维徐州：淮、沂其治，蒙、羽其蓺。大野既都，东原底平。(《史记·夏本纪》,56②)

（2）淮海维扬州：彭蠡既都，阳鸟所居。(《史记·夏本纪》,58)

（3）荆河惟豫州：伊、雒、瀍、涧既入于河，荥播既都，道菏泽，被明都。(《史记·夏本纪》,62)

例（1）出自《书·禹贡》："大野既豬，东原底平。"司马贞索隐："都，《古文尚书》作'豬'。孔安国云'水所停曰豬'，郑玄云'南方谓都为豬'，则是水聚会之义。"(《史记·夏本纪》,58) 可见"都"当作"豬"，是"潴"的古字，谓水停聚。盖"都""豬"古音同，故混同使用。又如《管子·轻重甲》："请以令隐三川，立员都，立大舟之都。"马非百新诠；"安井衡云：'员、圆、都、潴，皆通。潴，水所聚也。'此说是也。"③

一般认为总括副词"都"源于实词义"汇集、聚集"，但事实上"都"此义项用例极少，在上古到中古的文献中表汇集、聚集义并未广泛使用。我们认为这一义项可能是古代南方方言用法，尚未通用，不具备进一步虚化的条件。因为实词虚化的重要条件之一是形式的不断重现，即使用的高频现象（Hopper & Traugott,1993:103）。虽然使用频率不是语法化的唯一条件，但实词的使用频率越高，就越容易虚化，这是不争的事实。

---

① 我们所调查的语料来自北大汉语语言学研究中心的古代汉语语料库。
② 所标页码为中华书局校点本，1982 年版，下同。
③ 此处引自《汉语大词典》"都"条。

2.《史记》中其余三例"都"用例如下：

（4）置平准于京师，都受天下委输。(《史记·平准书》,1441)

（5）儿宽贫无资用，常为弟子都养，及时时闲行佣赁，以给衣食。(《史记·儒林列传》,3125)

（6）苏秦、张仪一当万乘之主，而都卿相之位，泽及后世。(《史记·滑稽列传》,3206)

例（4）中"委输"指转运或转运的物质，汉设官职"平准"掌管平准之事，即平抑物价，这里"都"可理解为"统管、总摄"义。杨荣祥（2005：100）分析此例"都"表示"全部总括在一起"的意思，还是动词，但它在句子中作状语，具备了由动词向副词演变的句法条件。杨说为是。例（5）"都养"，《汉语大词典》（以下简称《大词典》）释为"为众人做饭烧菜"，首举此例。这一释义盖缘于《汉书·儿宽传》颜师古注："都，凡众也。养，主给烹炊者也。贫无资用，故供诸弟子烹炊也。"《史记》司马贞索隐："谓倪宽家贫，为弟子造食也。何休注《公羊》'灼烹为养'。案：有厮养卒，厮掌马，养造食。"（史记，3125）我们认为此"都"仍是动词"统管、总摄"之义，《大词典》释义中"为众人"有画蛇添足之嫌，因原句中已有"为弟子"语，其实"为弟子都养"即为弟子全面负责炊烹之事，这里"都"也可以理解为"管理、司职"（"总体、全面"作为"都"的一个义素隐含于其中）。例（6）又见于《汉书·东方朔传》，颜师古注引如淳曰："都，居也。"我们认为"居处"与"管理、司职"义近，乃随文释义。总之，这三例"都"意义和用法相近，都是统管、总摄某种工作（或职务）。

不过类似的表"统管、总摄"义、作状语的"都"用例仍为少见，我们认为仅此数例来证明"都"的虚化仍嫌不足。当然，不可否认的是，"都"表统管、总摄义是其虚化为总括副词的关键因素。

3.我们认为《史记》中值得注意的是"都尉"一词的高频出现。

"都尉"一词，最早见于《战国策·赵策》："秦赵战于长平，赵不胜，亡一都尉。"据《汉书·百官公卿表上》："郡尉，秦官，掌佐守典武职甲卒，……景帝中二年更名都尉。"郡尉作为官名，乃秦时所置，汉景帝时改为都尉，辅佐郡守并掌全郡的军事。据《汉书·百官公卿表上》，汉武帝又置关都尉、农都尉、属国都尉等，又中央官职中有水衡都尉；执行临时职务的有搜粟都尉、协律都尉等。可见"都尉"的大量出现已经是汉代的事情了。我们一般将"都尉"作为一个专有名词来看，似乎从未关注过其中的"都"是什么意思。这里的"都"是名词表都邑呢,还是动词表统管、总摄呢?

从"都尉"对"郡尉"的替代来看,似理解为"都邑"较为合理,与"都尉"类似的官职名称还有"太尉""卫尉""廷尉""中尉"等;不过从上述众多"都尉"的使用来看,与"都邑"意义已有差距,且从"都"在汉代以降的用法来看,理解为"统管、总摄"义更为合理。如《汉书·百官公卿表上》有"水衡都尉"一职,颜师古注引张晏曰:"主都水及上林苑,故曰水衡。主诸官,故曰都。有卒徒武事,故曰尉。"《资治通鉴·汉纪十四》"赵人江充为水衡都尉"胡三省注:"主诸官,故曰都。"《后汉书·齐武王縯传》"自称柱天都部"李贤注:"都部者,都统其众也。"《汉书·食货志下》"而内受钱于都内"颜师古注:"都内,京师主臧者也。"又如《汉书·郑吉传》:"吉既破车师,降日逐,威震西域,遂并护车师以西北道,故号都护。都护之置自吉始焉。"颜师古注:"并护南北二道,故谓之都。都犹大也,总也。"《汉书·西域传上》"都护之起"颜师古注:"都,犹总也,言总护南北之道。"《后汉书·光武帝纪下》"愿请都护"李贤注:"都,总也。"

"都"为何会有统管、总摄义呢?我们推测"都尉"之"都"本为名词,表都邑,随着"都尉"这一官职名称的大量出现和使用,官职名称隐含的"统管、总摄"义就被逐渐赋予了"都",加之"都"本身含有"汇总、聚集(众多)"这一义素,它引申表统摄义也就顺理成章了。所以"都"偶尔可以单用,作动词表统管、总摄义,并进一步作为构词语素使用,出现了更多的"都~"类官职名称。

二、总括副词"都"的产生

(一)总括副词"都"产生的重要契机——以《三国志》为例

1."都~"类官职名称多见,且使用频繁

《史记》中带"都"的官职名称虽仅"都尉"一词,但出现十分频繁,反映了当时以"都尉"名官甚多;《三国志》[①]中"都尉"一词更是达到了186例,有位在将军、校尉下的领兵之都尉,也有主兵的地方郡国都尉,中央还有专职的各类都尉,名号繁多,随事而设(参张舜徽主编《三国志辞典》,1992:397)。与"都尉"类似的官职名

[①] 我们这里只统计《三国志》正文中"都"的用例,以下简称《三国》;裴注中的用例另作统计,并称之为"裴注"。

称大多在汉以后魏晋时期产生并频繁使用,我们统计《三国》,结果是"都尉"186例、"都督"108例、"都护"27例、"都监"1例、"都讲祭酒"1例、"都伯"1例,合计324例,则《三国》中表官职名称的"都"已经占据"都"出现总量(547例)的59.2%。可见数量之大,比例之高,这一现象值得关注。

这些官职名称如"都督中外诸军事""都督青州诸军事""都督荆州诸军事"等整体用作名词,其实"都督诸军事"正显示了"都督"一词的动词性。部分"都督""都护"直接用作动词,如:

(7)遣大将军曹真都督关右,并进兵。(《三国》,94)

(8)二十一年,从征孙权还,使惇都督二十六军,留居巢。(《三国》,268)

(9)授卿以精兵,委卿以大任,都护诸将于千里之外。(《三国》,1207)

"都督""都护"中的"都"正凸显了其表示统管、总摄的意思,"都"加动词可分析为"状语+谓语动词",这就是"都"虚化的句法条件。再看"都伯"一词:

(10)及太祖领兖州,禁与其党俱诣为都伯,属将军王朗。(《三国》,522)

"都伯"又见曹操《步战令》:"伍中有不进者,伍长杀之;伍长有不进者,什长杀之;什长有不进者,都伯杀之。"① 很明显,"都伯"不过是下级军官之称,统领百余人的军官,与上述"都~"类官职名称类似,也反映了"都"表"统管、总摄"之义。

众多表示官职名称的"都~"内部结构可分析为"动+宾"或"状+动"。我们推测,正是随着汉魏时期官职名称中"都"的大量出现和使用,"都"所隐含的"统管、总摄"义不断强化凸显,用作副词的"都"才最终出现,并逐渐广泛使用。

2.《三国志》中的副词"都"

我们在《三国》中共发现4例副词"都":

(11)于是亮表平曰:"……臣知平鄙情,欲因行之际逼臣取利也,是以表平子丰督主江州,隆崇其遇,以取一时之务。平至之日,都委诸事,群臣上下皆怪臣待平之厚也。正以大事未定,汉室倾危,伐平之短,莫若褒之。……"(《三国》,1000)

(12)休答曰:"……今曜等入,但欲与论讲书耳,不为从曜等始更受学也。纵复如此,亦何所损? 君特当以曜等恐道臣下奸变之事,以此不欲令入耳。如此之事,孤已自备之,不须曜等然后乃解也。此都无所损,君意特有所忌故耳。"(《三国》,

---

① 此例引自《汉语大词典》"都伯"条。

1160)

（13）权谓温曰："卿不宜远出，恐诸葛孔明不知吾所以与曹氏通意，(以)故屈卿行。若山越都除，便欲大构于丕。行人之义，受命不受辞也。"（《三国》,1330）

（14）恪乃著论谕众意曰："……近者刘景升在荆州，有众十万，财谷如山，不及曹操尚微，与之力竞，坐观其强大，吞灭诸袁。北方都定之后，操率三十万众来向荆州，当时虽有智者，不能复为画计，于是景升儿子，交臂请降，遂为囚虏。……"（《三国》,1435）

我们认为这四例"都"已是成熟的表总括的范围副词。与例（14）类同的如《资治通鉴·汉纪五十九》"须天下都定"，胡三省注："都定，犹言皆定也。"可见"都"与"皆"用法相同。它们全部用于对话语境，集中出现于"蜀志"（例（11））与"吴志"（例（12）-（14）），而"魏志"中未见，我们推测副词"都"的出现与南方口语有关①。其中例（12）修饰否定结构"无所损"，其他三例用于肯定结构；就语义指向看，例（11）语义指向受事宾语，其他三例语义指向均为受事主语。

表面上看，例（11）"都委诸事"与上述例（4）即《史记》中"都受天下委输"结构基本一致，"都"的语义指向均为宾语，可见两者用法之相承；不过两例在语义和句法结构上已经出现差异："都受天下委输"的主语为"平准"，是施事者，该句可理解为"平准总管天下委输"，但"都委诸事"的主语当为叙述者"我"（即诸葛亮），因为"委"义为托付、委派，即诸葛亮将诸事全部交给平（即李严）去办，而不是"平总摄诸事"。也就是说，例（4）的"都"尚须理解为动词"总摄"义，而例（11）中"都"只能理解为范围副词"全都"，而不再表总摄了。其他三例都是受事主语句，"都"表范围之总括，也不能再理解为动词"总摄"义了。

---

① 曹广顺、遇笑容（1998/2006）对吴·康僧会译《六度集经》中的副词"都"进行了分析，总结从三国到南北朝时期副词"都"的特征主要有：（1）"都"可以出现于总括对象之前，也可以是总括对象之后，主要用于总括主语；（2）总括主语时，基本上限于受事和无施受关系的两类，总括施事主语的极少；（3）"都"只是当时使用的总括副词之一，而且还不是最常用的；（4）另有相当一部分副词"都"用在否定句里表示强调。曹、遇对汉魏至南北朝时期部分译经中的"都"进行了调查，推测副词"都"的使用可能反映的是三国时期吴国的某些地区语言中的真实情况，有可能包含某种地域因素。毛丽娜（2007:52）对"都"和"全"在南北朝文献中的使用差异进行了调查，也得出南朝文献中"都"的使用频率普遍高于"全"的使用频率，南朝文献倾向于使用"都"，而北朝文献则倾向于使用"全"。

(二)总括副词"都"产生的判定

1. 语义条件

通过以上《史记》《三国》中"都"用法的详细分析,我们认为正是随着汉魏时期表官职义的"都~"类词大量使用,这些官职本有总摄、统领众人义,"都"原本隐含的"统管、总摄"义得到了强化和凸显,而表总摄与表范围总括的语义本来就是相通的——统摄的对象必然有一定的范围,且为一定范围内之全部,即表全称量化(universal quantification),用义素分析法来表示,"都"的统摄义即:[+管理/统治][+(一定范围内)全部],当中心义素[+管理/统治]隐退,限制性义素[+(一定范围内)全部]凸显,总括范围副词"都"就产生了。

2. 句法条件

我们强调"都"用作动词"聚集"义用例很少,不可能是总括副词"都"的直接虚化来源;同样,"都"单独使用表统管、总摄义也没有大量出现,"都~"类官职名称表"统管、总摄"义也是相对隐含不显的。我们推测,正是由于"都"表统摄义相对隐晦,所以它作为动词在表义上显得不自足,较少单用,一般都要与其他动作性强的动词结合来表义,如"都督""都护""都监"等,这类结构正是"都+动词",这一句法位置的"都"容易虚化,具备了由动词虚化为副词的句法条件。

3. 总括副词"都"产生的时代

鉴于上述分析,我们认为总括副词"都"的产生不可能早于汉代,当是汉代以后随着"都~"类官职名称的广泛使用才逐渐虚化的。唐代注解家对汉代典籍中"都"的多条注解,也证明了这一点。判定总括副词"都"产生的依据是:当"都"作状语,而与[+管理/统治]义无涉,就可以看作是总括副词了。所以《史记》中"都受天下委输"等三例还不是总括副词,《史记》中尚无总括副词用例。

现在一般认为总括副词"都"最早见于《论衡》,我们同意这一看法。《论衡》中总括副词凡2例,即:

(15) 儒不能都晓古今,欲各别说其经,经事义类,乃以不知为贵耶?(《论衡·谢短》,558①)

(16) 然则凤皇、骐驎都与鸟兽同一类,体色诡耳,安得异种?(《论衡·讲瑞》,

---

① 所标页码为黄晖撰《论衡校释》,中华书局1990年版。

731）

例（15）与《史记》中"（平准）都受天下委输"（例（4））一脉相承，句法结构完全一致，主语为施事者，"都"修饰谓语动词，语义指向宾语；而语义上只能理解为"总括"——知晓的范围兼及古今。例（16）语义指向主语"凤皇、骐驎"，与现代汉语中用法已经基本相同，我们推测最迟至东汉末期总括副词"都"在口语中已经产生并灵活运用。

三、总括副词"都"初期用法特征

（一）指向目标的句法成分、语义格灵活多样，以主语、受事居多

上文所举总括副词"都"，《论衡》中凡2例，语义指向一后一前，1例指向受事宾语，1例指向主语，所指主语无施受关系；《三国》中凡4例，语义指向1例为受事宾语（例（11）），其余3例为受事主语。再看《三国》裴松之注（以下简称"裴注"）中的副词"都"：

（17）又使人为奸令祭酒，祭酒主以《老子》五千文，使都习，号为奸令。（裴注，264）

（18）案本志，宣名都不见，惟《魏略》有此传，而《世语》列于名臣之流。（裴注，676）

（19）云驳之曰："……须天下都定，各反桑梓，归耕本土，乃其宜耳。……"（裴注，950）

（20）先主明旦自来至云营围视昨战处，曰："子龙一身都是胆也。"（裴注，950）

（21）此都不与世所用者同，故钞旧文会合作之。（裴注，1161）

（22）臣松之检诸书都无此事，至诸葛诞反，司马文王始挟太后及帝与俱行耳。（裴注，133）

以上是我们查检到的裴注中的总括副词"都"，凡6例，与《论衡》《三国》相比有所增加，且用法更为灵活多样。其中例（17）语义指向"《老子》五千文"，句法上它是介词"以"的宾语，而逻辑上正是"都"所修饰的谓语动词"习"的受事宾语，此句相当于"祭酒主使都习《老子》五千文"，当是为了强调"习"的宾语而用介词"以"提前；例（18）语义指向"本志"，句法上它是"案"的宾语，逻辑上则是"宣名都不见"的所指范围，此句相当于"宣名都不见于本志"，即在"本志"全部范围内未见宣名——此例"都"的语义指向既不是主语,也不是宾语,而是相当于"都"所在句子的介词宾语。例(19)—(22)语义均指向主语,例(19)为受事主语,例(20)、(21)、(22)三例为无施受关系的主语。

这里所说"无施受关系"的论元,其实可以归入"主事"——这是主体论元中原型施事的典型性最弱的一类,这类论元其自主性、使动性、感知性、位移性等特征都没有(参袁毓林2002),以上所举几例谓语动词表示类同或有无,其主语都是表示性质、状态等事件的主体,与原型施事、原型受事的典型特征都不同,所以我们说这类论元的论旨角色为"无施受关系"。

综上,《论衡》《三国》、裴注三书中总括副词"都"共12例,指向目标多为主语(8例),少数为动词宾语(2例)或介词宾语(2例);指向目标多为受事(7例),或无施受关系(5例)。

(二)语义指向可前可后,以指前居多

从指向目标与"都"的前后位置来看,《论衡》《三国》中各有1例"都"的指向目标出现于"都"后(例(15)、(11)),其余4例出现于"都"前;裴注中6例总括副词"都"的指向目标全部出现于"都"前。可见语义指前10例,指后仅2例;而早期《论衡》《三国》指向目标出现于"都"后的两例正与"都"表统摄义的用法结构极为类似。

联系现代汉语中"都"的研究成果,"都"的指向目标一般出现在"都"的前面(吕叔湘主编1999:177;蒋严1998;董秀芳2002、2003等),我们认为这正是"都"从意义较实的词虚化为总括范围副词的明证——汉语中全量成分具有强烈的前置于动词谓语的倾向,因其具有强有定性(徐烈炯、刘丹青2007:166、170),"都"的指向目标在"都"的语义制约下具有全量义,即某一范围内全部,也同样是有定成分,必然先于"都"而出现;然而在"都"产生的初期,还保留着源义表"统摄"的特点——统摄的对象居后作动词宾语,即"都"的语义指后。随着总括副词"都"的发展成熟,语义指向也发生了变化,从指后转变为指前。

(三)可以修饰肯定与否定结构,以肯定居多

就以上三书所见的12例总括副词"都"来看,修饰肯定结构的有8例(66.7%),修饰否定结构的有4例(33.3%),以肯定结构居多。

所饰否定结构中,2例"都无",2例"都不",从所饰的谓语动词来看,3例表有无(例(12)、(18)、(22)),1例表类同(例(21)),这4例"都"指向目标的语义格既非施事,也非受事,而是"主事"。这4例"都"修饰的否定结构,从句法结构和表达语义来看,都有关联:"此都无所损""此都不与世所用者同"结构类似,"案本志,宣名都不见""检诸书都无此事"意义类同。它们都是客观陈述的句子,"都"的用法表示在某一限定范围内进行周遍性列举(某事物的有无或某事物是否具有某种性质),即范围的总括。

(四)"都"句的信息结构特点:语义焦点前移

我们在综合和借鉴众多学者(参徐烈炯2001、2002,董秀芳2003,袁毓林2006等)对焦点及现代汉语中副词"都"研究的基础上,认为副词"都"是一个焦点敏感算子(focus-sensitive operator),与焦点敏感算子关联的词语称之为"语义焦点"(semantic focus),这里说语义焦点与敏感算子关联(association),也就是说焦点受敏感算子约束(bound),焦点是敏感算子的语义指向(参徐烈炯2001)。

从总括副词"都"形成的初期用例(即以上所举12例)来看,我们认为"都"由表统摄义引申虚化为表总括的范围副词,其语义焦点发生了从后往前的移动。也就是说,表统摄义的"都"语义后指,是右向约束语义焦点,而表范围总括的"都"主要是语义前指,即左向约束语义焦点。当"都"所关联的语义焦点发生移动时,语义焦点与信息焦点会由重合到分离(关于信息焦点与语义焦点的关系,参徐烈炯2002)。

例(11)、(15)我们判定是总括范围副词,而语义后指,正是这一转变初期的表现。这是因为表统摄义时,强调的内容是统摄的对象,即"都"所修饰的谓语动词的宾语,宾语既是句子的重心即信息焦点,也是"都"的语义指向即语义焦点。宾语位于句子末尾,这是句子常规焦点(又称自然焦点)的基本位置。这时"都"的语义焦点与句子的信息焦点一致,二者是重合的。

值得注意的是"都"的语义指向为受事的几例(例(13)、(14)、(17)、(18)、(19)):这些受事成分都是谓语动词的逻辑宾语,可以移至谓语动词的后面充当宾语,如"除山越""定北方""不见宣名""习《老子》五千文"等,其谓语动词都很简单,接近于光杆动词,受事成分之所以前置,正是为了强调——因为受事成分按照常规的配位原则(参陈平1994)是优先充当宾语,当受事成分移至句首充当话题或主语,与常规的配位原则不相符合,因而可能具有附加的特殊功能。且句末是常规焦点的基本位置,是无标记的形式,"把强式焦点成分移至动词之前",这正是古代汉语中表达焦点的一个重要手段,也是对宾语前置现象的最好解释(参徐杰 2001:152)。

当"都"表范围之总括时,所指范围往往是确定的、有指的,"都"义在强调这一范围的周遍性、总括性,故而"都"的语义指向往往是先行出现于"都"前的成分,以话题或主语的形式出现——具体即例(12)、(16)、(20)、(21)、(22)等"都"的指向目标为无施受关系的 5 例,这几例"都"所修饰的谓语相对较为复杂,或为动宾关系,或为状中关系,句子的信息重心仍在"都"后,这才是句子的"信息焦点",也处于常规焦点的基本位置;这时"都"的语义焦点在前,不过是旧信息,它仅仅是"都"关联和约束的对象,强调程度要低于"信息焦点"。这时二者是分离的。

小结

上文我们详细分析了总括副词"都"产生初期的用法特点,由表统摄义引申虚化为表范围之总括,"都"的指向目标以受事居多,由指后转变为以指前居多,"都"所关联的语义焦点也发生了从后往前的移动。其实这是与"都"所在的句法结构及相关论旨角色密切关联的。"都"表统摄义,语义指向谓语动词的宾语即统摄的对象——其论旨角色为受事者,受事宾语处于句末,既是"都"所关联的语义焦点,也是句子的信息焦点,二者重合,是全句强调的重心所在。早期表示范围总括的"都"就在句法结构和论旨角色方面与此表现出极大的类同性,可见两者间存在的延续性。不过句末的位置是句子焦点的常规位置,还不足以凸显焦点的重要性,需要强化时就把受事成分提前,提至动词之前以进一步凸显强化,这样就造成"都"的语义焦点前移,因而"都"的指向目标提前。

可以确定的是,早期"都"的指向目标不会是施事,这是"都"与"皆"等总括副词最大的不同。当"都"的指向目标不是受事成分,也不是施事成分,而是主事时,"都"所关联的语义焦点在前,与句子信息焦点不相重合,语义焦点的强调程度明显弱于信息焦点。

参考文献:

曹广顺、遇笑容 2006《〈六度集经〉中的副词"都"》,法国《东方语言学报》1998 年,又收入《中古汉语语法史研究》,成都:巴蜀书社。

陈　平　1994《试论汉语中三种句子成分与语义关系的配位原则》,《中国语文》第3期。

董秀芳　2002《"都"的指向目标及相关问题》,《中国语文》第6期。

董秀芳　2003《无标记焦点和有标记焦点的确定原则》,《汉语学习》第1期。

蒋　严　1998《语用推理与"都"的句法语义特征》,《现代外语》第1期。

吕叔湘　2005《现代汉语八百词》,北京:商务印书馆。

毛丽娜　2007《〈世说新语〉与〈齐民要术〉副词比较研究》,南京师范大学硕士学位论文。

向　熹　1986《诗经词典》,成都:四川人民出版社。

徐　杰　2001《普遍语法原则与汉语语法现象》,北京:北京大学出版社。

徐烈炯　2001《焦点的不同概念及其在汉语中的表现形式》,《现代中国语研究》第3期。

徐烈炯　2002《汉语是话语概念结构化语言吗?》,《中国语文》第5期。

徐烈炯、刘丹青　2007《话题的结构与功能》,上海:上海教育出版社。

杨伯峻、徐　提　1985《春秋左传词典》,北京:中华书局。

杨荣祥　2005《近代汉语副词研究》,北京:商务印书馆。

袁毓林　2002《论元角色的层级关系和语义特征》,《世界汉语教学》第3期。

袁毓林　2006《试析"连"字句的信息结构特点》,《语言科学》第2期。

张舜徽　1992《三国志辞典》,济南:山东教育出版社。

Hopper & Traugott 1993 *Grammaticalization*, Cambridge University Press.

【作者简介】栗学英,女,文学博士,南京审计大学文学院副教授。研究方向:汉语史。

清初米粮量制单位"斛"初探*

许巧云

（西南民族大学，中国语言文学学院）

[摘 要]本文研究了清初米粮量制系统单位词"斛"之用，结论是清初"斛"几皆用于俸饷、恩恤、蠲赈，极少例外。并讨论了与"斛"用相关的两个问题：一、关于斛式与斛用，认为斛式主要是以斛为一种标准器，以斛定"石"之实际所容之量，除俸饷、恩恤、蠲赈外，并不以斛式之斛直接用于米粮数额的单位；二、关于"斛"量系统与"石"量系统，认为清初米粮量制系统实际上分为两系，一系是"斛"量系统，而另一系是"石"量系统，二者泾渭分明。

[关键词]清初；米粮量制单位词；"斛"；"石"

度量衡史论著，清初米粮量制系统皆以"石、斛、斗、升"等相次为一系。但是据我们对可以反映清初米粮量制系统实际使用状况的文献，如各省地通志、康雍乾时期奏折训谕、《钦定大清会典》《钦定大清会典则例》等全面检阅比较，发现"石""斛"两级单位词在米粮量制系统中的使用有着明显的区别，有些方面几泾渭分明。概而言之，"石"之用，其范围为广；而"斛"之用，其范围相对狭小。本文则

---

* 基金项目：国家社科基金项目"清代彝事汉文硃批档案文献汇编、整理与数字化建设"，项目编号：16BTQ037。西南民族大学基金项目《清代皇帝御批彝事珍档》点校与研究，项目编号：2017SGJPY20。

拟专论"斛"之用与"斛"用相关的问题①。

通过广泛地检考清初文献,我们了解到最能反映清初"斛"之用的文献有七种:《皇朝通志》《钦定八旗通志》两志,以及《皇朝通典》《皇朝文献通考》《国朝宫史》《钦定大清会典》《钦定大清会典则例》②。我们通录了诸文献用于米粮数额的"斛"的用例,经过排比分析,得出的结论是:清初"斛"之用,几皆用于俸饷、恩恤、蠲赈,极少例外。

以下先约举诸文献"斛"用之例各若干,以证"斛"用之范围;再分析讨论两个与"斛"用相关的问题。

一、七种文献"斛"之用统计分析与举例

(一)《皇朝通志》

"斛"米粮数额7例,1例用于教习俸饷,6例用于蠲赈。如:

卷七十四《选举略三·考绩》:[雍正四年上谕]每旗设汉教习五人教习汉文,每人月廪银二两,米二斛。

卷八十六《食货略六·蠲赈上》:康熙元年……定八旗被水灾地,每六亩给米二斛;蝗雹灾,每六亩给米一斛。

卷八十六《食货略六·蠲赈上》:[康熙]三年,定凡遇灾伤之地,督抚题报,即令该州县停征钱粮十分之三。时直隶庄田被灾,赈米粟二百一十三万余斛。

(二)《钦定八旗通志》

"斛"用于米粮数额20例,11例用于俸饷,2例用于恩恤,7例用于蠲赈。如:

卷七十八《典礼志》:[顺治]八年议准岁给俸银,亲王一万两,郡王五千两,贝勒三千两,贝子二千两,公一千两。以上每俸银二两,给俸米三斛。

---

① 清初所用米粮量制系统,自"石""斛""斗""升"至"黍""稷""糠""粃"有十数级单位之多,但与清初文献反映出来的实际使用情况却差异不小,这个问题我们将另文详论。关于"石"之用,我们亦拟另文讨论。包括本文研究在内的这些问题,度量衡史论著如吴承洛的《中国度量衡史》,丘光明的《中国历代度量衡考》,丘光明、邱隆、杨平合著的《中国科学技术史·度量衡卷》等,皆未遑细论。

② 皆见文渊阁《四库全书》史部政书类。文渊阁《四库全书》,上海古籍出版社1987年据台湾商务印书馆1983—1986年影印版重印本。我们在检索时也参用了上海人民出版社和迪志文化出版有限公司光盘版文渊阁《四库全书》,对检得资料,都与纸本作了细细核对。下同。

卷七十三《土田志十二》：[康熙]三十五年，户部议准山海关驻防甲兵照冷口、喜峰口之例，每年每名给米四十四斛。

卷九十八《学校志五·教场官学》：[雍正十年]圣恩设立学舍……共造学舍五所，挑取教习六名……每月给钱粮二两，每年三季，共给米二十一斛二斗。

卷首之九《敕谕三·雍正年间》：雍正二年十一月十五日……特颁谕旨：八旗所欠公库银两槩行豁免，每旗添设养育兵丁钱粮四百六十分，八旗鳏寡孤独每月给银一两米一斛。

卷七十七《土田志十六·土田蠲恤》：顺治十四年……谕户部曰：八旗水淹田地，每田二晌给米一斛。近闻食用不敷，殊堪悯念，着每田一晌给米一斛……康熙元年覆准八旗被水灾地，每晌给米二斛；蝗雹灾地，每晌一斛。

（三）《皇朝通典》

"斛"用于米粮数额11例，4例用于文武官员、太监俸饷，2例用于恩恤，5例用于蠲赈。如：

卷四十《职官十八·文武官阶》：[雍正十三年定]在京文武官员俸银，满洲汉人俱一例，按品颁发。禄米即照俸定数，每俸银一两支禄米一斛。

卷二十九《职官七·内务府》：乾隆七年定宫内等处太监官职……其钱粮之额以银五钱米半斛，银自每月八两至二两，凡十三等，米自每月八斛至一斛半。

卷七十四《兵七·恩恤》：[乾隆三年]请旨加赏恩俸……八旗兵丁曾在军前得过军功，后因患病退伍或伤残退伍及六十岁以上年老退伍者，该都统等核实，每月给银一两米一斛以养馀年。

卷十七《食货十七·蠲赈下》：康熙元年定：八旗水旱灾地，每六亩给米二斛……三年发八旗庄田灾赈米粟二百十三万六千斛有奇。

（四）《皇朝文献通考》

"斛"用于米粮数额28见，21用为俸饷，包括宗室王公、公主、教习等；6例用于蠲赈；1例例外。如：

卷四十二国《用考四·俸饷》：[顺治]八年更定王公俸米及郡王以下各俸银，郡王五千两，贝勒三千两，贝子二千两，公一千两，其王公俸米视其俸银每二两给米三斛。

卷四十二国《用考四·俸饷》：[宗室王公之俸，]宗室云骑尉品级八十两以上，每银一两均给米一斛。

卷六十四《学校考二·旗学》：顺治元年,命满汉官员子弟入监读书……酌取京省生员教习八旗子弟,月给米二斛,以资养赡。

卷四十六《国用考八·赈恤》：康熙元年定八旗被水灾地,每六亩给米二斛,蝗雹灾每六亩给一斛。三年八旗庄田灾,赈米粟共二百十三万六千斛有奇。

例外 1 例用作收获数额：

卷十一《田赋考十一·屯田》：[乾隆二十五年]定长等言：今岁辟展等处屯田收获,较上届多一万三千余斛。

但紧接下文言屯田收获即改用"石"而不用"斛"："安泰等言：乌噜木齐昌吉罗克伦五处村庄,所收青黍等穀共九万四千八十九石有奇。"

（五）《国朝宫史》

"斛"用于米粮数额 258 见,皆用为宫中人等的俸米。如：

卷十七《经费》：[公主]乳姆……米二十四斛；保姆……米二十四斛。

卷二十一《官制二·额数职掌》：敬事房：总管三员,内宫殿监督领侍一员,宫殿监正侍二员,俱四品,每月银八两,米八斛,公费银一两三钱。副总管六员,俱六品,宫殿监每月银五两,米五斛,公费银一两一钱。

本书"石"四百余见,而无一用于任何米粮数额。这可以从一个侧面反映出清初"斛"与"石"在使用上的不同。

（六）《钦定大清会典》

"斛"用于米粮数额 16 见,11 例用于俸饷,包括文武官员、军人、五作工匠等；5 例用于恩恤。如：

卷十八《户部·俸饷》：禄米,自王公至文武官弁均以俸定数,每俸银一两,支米一斛。

卷十八《户部·俸饷》：京师八旗前锋军、亲军、护军领催、弓匠长,月支饷银四两,骁骑弓匠、铜匠三两,均岁支米四十八斛；步军领催二两,步军一两五钱,铁匠一两至四两,均岁支米二十四斛；炮手二两,岁支米三十六斛。

卷七十七《工部·制造库》：种地领催八人,月给银视食粮领催,岁给米四十二斛二斗,三季支给；种地工匠百三十五人,给银视食粮匠役,米亦分三季支给,每名岁给米二十一斛。

395

卷八十五《光禄寺》：凡各学膏火教习，月给银二两，米二斛。

卷六十二《兵部·武选清吏司·恩恤》：兵丁效力行间，年老辞退，八旗兵月给银一两，米一斛。

（七）《钦定大清会典则例》

"斛"用于米粮数额91例，78例用于俸饷，包括宗室亲王、郡王、贝勒、贝子之类，在京文武官员，军兵，教习，五作工匠人等；7例用于恩恤，6例用于蠲赈。如：

卷五十一《户部·俸饷上》：顺治七年议准：亲王岁给俸银万两，禄米万二千斛；郡王银四千两，米八千斛；贝勒银二千两，米二千八百斛；贝子银千两，米千六百斛；公银五百两，米千二百斛。

卷五十一《户部·俸饷上》：[乾隆十三年覆准]在京文武各官俸禄：正从一品，银一百八十两，米一百八十斛；正从二品，银一百五十五两，米一百五十五斛；正从三品，银一百三十两，米一百三十斛；正从四品，银百有五两，米百有五斛；正从五品，银八十两，米八十斛；正从六品，银六十两，米六十斛；正从七品，银四十五两，米四十五斛；正从八品，银四十两，米四十斛；正九品，银三十三两一钱一分四厘，米三十三斛一斗一升四合；从九品，银三十一两五钱二分，米三十一斛五斗二升。

卷一百五十七《国子监》：[雍正五年覆准]令该教习每人分定学生若干人，日处学中，专心训导，每人月廪银二两，米二斛。

卷六十三《礼部·仪制清吏司·铸印局》：[雍正十三年议准]铸印工匠养赡不敷，必多侵蚀，请照工部制造库匠役工食之例，每月给银一两，米二斛二斗五升。

卷一《宗人府》：康熙十年定：闲散宗室年二十以上，每月给养赡银三两，每岁给米四十五斛；无父幼子亦照此数。其有残疾不能行走者，月给银二两，每岁给米四十二斛二斗。

卷五十四《户部·蠲恤二》：[顺治十一年]覆准八旗旱地，每六亩给米二斛，米折各半折色，照时价支给。又覆准看守南苑海户灾地，每六亩给米一斛。

七种文献"斛"用于米粮量制单位424例，不用于俸饷、恩恤、蠲赈的，仅有《皇朝文献通考》1例例外。这可确证我们对清初"斛"用考得的结论。

二、与"斛"用相关的两个问题

（一）关于斛式与斛用

自清有天下至乾隆年代，文献所载不止一次铸斛颁布斛式，多次将新铸铁斛、木斛颁发各省各仓①，田赋以及漕粮、白粮等数额皆用"石"而不用"斛"，"斛"仅用于俸饷、恩恤、蠲赈，似乎是一种矛盾的现象，实则不然。我们认为铸斛颁布斛式主要是以"斛"为一种标准器，以"斛"定"石"之实际所容之量，斛式即是以所颁斛为标准之义。以下略举数例即可见之。

《钦定大清会典则例》卷三十九《户部·仓庾》：七年议准内仓每年约放秔米二万四五千石不等。今仓场仅拨浙江各卫所额解红斛秔米一万五千石合平斛米一万七千八百九十四石一斗，每年不敷米五六千石至七八千石不等，于额拨米数之外增拨红斛秔米五千石以供支发。

同上卷四十八《户部·关税下》：[雍正七年]又奏准凤阳关所辖之正阳关商船以豫斛三百石为满料，关下装船以五百石为满料，多余者为加仓，不足梁头者为小贩。

同上卷一百四十三《理藩院·柔远清吏司》：权量……乾隆二十五年奏准，以一帕特玛不止四五十斗，改定一帕特玛合内地仓斛五石三升。

《圣祖仁皇帝亲征平定朔漠方略》卷二十二：[四月辛卯]上曰：此掣留二十日米，可将尔等所解米择骆驼三百头，每头负仓斛一石六斗。

清初屡颁斛式，正是因为清初斛量较乱，种类已多。但是，"斛"除直接作为俸饷、恩恤、蠲赈的单位以外，无论何种斛、红斛、平斛、豫斛或仓斛，都是作为"石"量的标准而已，并不以斛式之斛直接用于米粮数额的单位。

（二）关于"斛"量系统与"石"量系统

我们统考的十六种省地通志《畿辅通志》《江南通志》《江西通志》《浙江通志》《福建通志》《湖广通志》《河南通志》《山东通志》《山西通志》《陕西通志》《甘肃通志》《四川通志》《广东通志》《广西通志》《云南通志》《贵州通志》②，《康熙朝汉

---

① 关于铸斛颁布斛式，《圣祖仁皇帝圣训》卷五十三《弘制度》，《钦定大清会典则例》卷三十八、三十九、四十二《户部》，卷一百三十《工部》，《皇朝文献通考》卷四十三《国用考》，卷一百六十《乐考六·度量衡》等有详细记载，于此不再赘引。
② 十六种《通志》皆见文渊阁《四库全书》史部地理类。

文朱批奏折汇编》《雍正朝汉文朱批奏折汇编》《乾隆朝上谕档》以及如上七书,发现反映米粮数额的一种情况,即出现"斛"的,则是"斛、斗、升"系,而出现"石"的,则是"石、斗、升"系,没有发现度量衡史论著所列的"石、斛、斗、升"系。关于"斛"系,上文所举之例皆是,如"米千六百斛""三十一斛五斗二升"之类。关于"石"系,不妨举几例以见其一斑。

《云南通志》卷十《田赋》:大理府……民赋:雍正十年……实征夏税本折麦八千九百七十六石五斗七升七合五勺七抄四撮一圭四粒一颗九粟。

《湖广通志》卷十九《田赋志·湖南省》:永顺府……漕粮正耗脚增并更名及丈增,共米一十九万一千九十五石五斗三升四合五勺七抄五撮一圭四粒三粟六颗四秕。

《浙江通志》卷八十一《漕运中》:嘉兴府嘉兴县,白粮粳糯正耗米壹万贰千叁百贰拾石捌斗玖升捌合柒勺陆圭柒粟捌黍。

《康熙朝汉文朱批奏折汇编》第二册苏州巡抚拾叁年拾贰月拾陆日奏折:近日江宁米价已贱,细米每石壹两贰叁钱不等,粗米壹两。

《雍正朝汉文朱批奏折汇编》第三十册漕运总督性桂雍正玖年拾月初肆日奏折:复奉俞旨东豫两省共留伍拾万石,乃将叁拾万石运回通州。

《乾隆朝上谕档》第一册乾隆元年三月二十九日谕:着照淮安府阜宁等县之例,将泗州安河两岸重粮水淹之淤地……额征钱粮一千二百二十二两三钱,麦一百一十石八斗,至雍正十三年为始,尽予豁免。

民赋、漕粮、白粮、米价等悉用"石"不用"斛"。

至此,我们或可得出一个结论,清初米粮量制系统实际上分为两系,一系是"斛"量系统,而另一系是"石"量系统,二者泾渭分明。

"斛"量系统在清初已经使用范围狭小,后来逐渐消失,其原因待考,但与米粮量制系统除"斛"进"石"为二进、"斗"进"斛"为五进之外,皆为十进可能有一定的关系①。(吴承洛 1984:267)

---

① 实际上,在清初文献实际使用的米粮量制系统中不是"六粟"进"圭",而是"十粟"进"圭"。

参考文献:

中国第一历史档案馆编 1984—1985《康熙朝汉文朱批奏折汇编》,北京:档案出版社。

中国第一历史档案馆编 1989—1991《雍正朝汉文朱批奏折汇编》,南京:江苏古籍出版社。

中国第一历史档案馆编 1991《乾隆朝上谕档》,北京:档案出版社。

吴承洛 1984《中国度量衡史》,上海:上海书店。

【作者简介】 许巧云,女,文学博士,西南民族大学中国语言文学学院副教授,汉语言文字学专业、历史文献学专业硕士生导师。研究方向:汉语史、历史文献学、比较语言学。

试析上古汉语"遗"音变的自主非自主用法

高迎泽　高　丹

(燕山大学,文法学院)

[摘　要] "遗"《广韵》有平去两读,以追切和以醉切。前贤对"遗"音变的功能解释可以分为两个方面,一是从意义的角度一是从语法角度。根据《经典释文》,"遗"不注音或注如字时用法复杂,而注去声时用法单一,是一个三价及物动词。参考藏语和现代汉语动词自主非自主用法的研究,可以看出"遗"的平去之别所体现的句法形态功能属于自主非自主的区别。以此为出发点,可以提出一个辨别上古汉语动词自主不自主的标准,并可以通过相关动词的平去之别及其用法得到验证。从"遗"和"使"的情况来看,上古汉语的形态可能也是对比式的而非对应式的,故而不能简单地说一个语法形式表示哪种语法意义,而要说在某一个语法范畴下一个语法形式表示什么语法意义。甚至在同一个语法范畴下,一个语法形式也可能在不同的词上表示不同的语法意义。

[关键词] 去声别义;自主动词;音变;汉藏比较;语法范畴

一、引言

"遗"《广韵》有平去两读:遗,以追切(平脂以),失也。亡也。赠也。加也。又以醉切(去至以),赠也。

此后诸家对"遗"的音变皆有解释,大体可以分为两种,一者从意义的角度进行分别,比如:

《经籍籑诂》【上平声·四支】:亡也;失也;离也;留也;余也;弃也;犹舍也;堕也;忘也;弃忘也;犹脱也,忘也。【去声·四寘下】:与也;予也;送也;加也。

《群经音辨卷一辨字同音异》：遗，亡也（以追切）；遗，与也（惟季切）；遗，从也（音随，诗莫肯下遗）。《群经音辨卷六辨字音清浊》：有所亡曰遗（以追切），有所与曰遗（羊季切）。

周祖谟《四声别义释例》归入"因意义不同而变调者"，"义类相若，略有分判，音读亦变"：遗，广韵以追切，在支韵，失也，亡也。又以醉切，在至韵，赠也。案遗失，遗留，与遗赠，遗送之音有别，自古已然。如周礼地官序官"遗人"，郑注云："郑司农云：遗读如诗曰弃予如遗之遗（释文云郑众音维）。玄谓以物有所馈遗。"淮南子览冥篇"猨狖颠蹶而失木枝"，高注云："狖读中山人相遗物之遗。"皆其证也。

孙玉文《汉语变调构词考辨》：原始词，义为失掉，原有的不再具有，动词，以追切（平声）。滋生词，义为留给，送给，动词，以醉切（去声）。

另有从语法角度进行分辨者，但分歧过大，比如：

《马氏文通·实字》卷之五：平读受动字。说文云：亡也。《诗·小雅·谷风》：弃予如遗。又余也。《礼·乐记》：有遗音者矣。去读外动字，投赠也。

唐纳：派生词是表效果的（effective）（'to lose, abandon, leave behind' 'to leave to, give'）

In this group the derived form has a more specialized meaning than the basic form. A few honorifics are placed here too. Many of the derived words are notionally reminiscent of the derived intensive and meditative verbs of the Indo-European languages.

周法高《中国古代语法·构词编》把"遗"的平去之别归入"主动被动关系之转变"中的"彼此间的关系"。遗：有所亡曰遗，以追切（平声）；有所与曰遗，羊季切（去声）。案《礼记·祭义》："居乡以齿，而老穷不遗。"郑《注》："老穷不遗，以乡人尊而长之，虽贫且无子孙，无弃忘也。"《释文》卷十三 810："不遗，如字，弃忘也。"《左传文》六："今纵无法以遗后嗣。"《释文》卷十六 956："以遗：唯季反。"

金理新《上古汉语形态研究》认为是施事动词和受事动词的区别，他在谈到"归"的去声别义时说：一个动词如果需要突出其动作施与指向时，就附加一个表示施与指向的动词 *-s 后缀（PP：366-367）。"遗"也属于这一类。

"遗"的音变到底只是表示词义的区别，还是另外表示语法意义？如果表示语法意义区别的话，又表示怎样的语法意义？这些问题需要结合《经典释文》的音注和"遗"的句法表现进行深入分析。

二、"遗"的音变及其句法表现

（一）如字的"遗"

《经典释文》中"遗"注如字或不注音的例子很多，主要有以下几种用法：

1. 动词，基本论元 NP1+ 遗 +NP2

（1）飞鸟遗之音，不宜上，宜下，大吉。(《周易·小过》)○遗，如字。(○后内容为《经典释文》音注。下同)

（2）不憖遗一老，俾守我王。(《诗·小雅·十月之交》)

（3）君唯不遗德、刑，以伯诸侯，岂独遗诸敝邑？《杜注》：遗，失也。(《左传·成公十六年》)

（4）无事书首月，不遗时也。(《谷梁传·隐公六年》)

（5）忘其肝胆，遗其耳目。(《庄子·大宗师》)

（6）黄帝游乎赤水之北，登乎昆仑之丘而南望，还归，遗其玄珠。(《庄子·天地》)

2. 作定语

（7）俞！允若兹，嘉言罔攸伏，野无遗贤，万邦咸宁。(《尚书·大禹谟》)

（8）尔殷遗多士，弗吊旻天，大降丧于殷。(《尚书·多士》)

（9）故《商》者，五帝之遗声也。(《礼记·乐记》)

（10）南人有言曰："人而无恒，不可以为卜筮。"古之遗言与？(《礼记·缁衣》)

（11）卫之遗民男女七百有三十人，益之以共、滕之民为五千人。(《左传·闵公二年》)

（12）无女而有姊妹及姑姊妹，则曰"先守某公之遗女若而人。"(《左传·襄公十二年》)

（13）叔向，古之遗直也。(《左传·昭公十四年》)

（14）及子产卒，仲尼闻之，出涕曰："古之遗爱也。"(《左传·昭公二十年》)

3. 体词

（15）去冬者，是岁盖孔子由大司寇摄相事，政化大行，粥羔豚者不饰，男女异路，道无拾遗，齐惧北面事鲁，馈女乐以间之。(《公羊传·定公十四年》)

(二)去声的"遗"

《经典释文》中"遗"注音去声时意义和句法表现都比较单纯。此时,"遗"是一个三价及物动词,基本论元结构为:NP1+ 遗 +NP2+NP3,义为"给与""赠与"。

(16)贻,遗也。相归遗。○遗,唯季切。(《尔雅·释言第二》)

(17)用宁王遗我大宝龟。○遗,唯季反。(《尚书·大诰》)

(18)王事敦我,政事一埤遗我。○遗,唯季反。(《诗经·邶风·北门》)

(19)凡遗人弓者,张弓尚筋,弛弓尚角。○遗,于季反,与也,注同。(《礼记·曲礼上》)

(20)问疾弗能遗,不问其所欲。○遗,于季反,与也。(《礼记·曲礼上》)

(21)丧者不遗人。人遗之,虽酒肉,受也。从父、昆弟以下,既卒哭,遗人可也。○遗,于季反,下文皆同。(《礼记·杂记下》)

(22)父母既没,慎行其身,不遗父母恶名,可谓能终矣。○遗,如字,又于季反。(《礼记·祭义》)

(23)公曰:"尔有母遗,繄我独无!"○遗,唯季反,下同。(《左传·隐公元年》)

(24)巫臣自晋遗二子书。○遗,唯季反。(《左传·成公七年》)

(25)将子有不善之行,愧遗父母妻子之丑,而为此乎?○遗,唯季反。(《庄子·至乐》)

(26)使者致币,颜阖对曰:"恐听者谬而遗使者罪,不若审之。"○遗,与也。遗,唯季反。(《庄子·让王》)

(三)"遗"的平去之别

从意义引申的角度看,平声的"遗"有"遗失""遗留""遗忘"等意思,而去声的"遗"则是"给与""赠与"的意思。从句法表现的角度看,平声的"遗"是个二价及物动词,同时有作定语和名词两种用法,而去声的"遗"是个三价及物动词。从语义特征的角度看,"给与""赠与"相对于"遗失""遗留""遗忘"来讲多了一个[+给与]的语义特征。

三、"遗"音变的自主非自主之别

(一)藏语的自主非自主

自主动词与非自主动词(有时也称为自主动词和不自主动词)的概念来源

于藏语的研究,据黄布凡(1981),自主动词所表示的动作行为可以由动作者的意志所支配,不自主动词所表示的动作行为不能由动作者的意志随意支配。马庆株(1988)受藏语启发,根据功能和分布特征将现代汉语的动词大致分为自主(volitional)和非自主(non-volitional)两类。藏语是有丰富形态变化的语言,而现代汉语则基本没有形态变化,可见,动词自主和非自主的区别是汉藏语系语言的普遍范畴。

黄行(1997)认为,自主动词和不自主动词与动词的语义类别有关,反映的是说话人对述说动词动作控制力的程度,因此也可以看成为情貌范畴。自主动词表示说话人对动词行为的控制力强,在口语(拉萨话)中要用句尾助词 –jin/jø,时式变化丰富。据统计,89.8%的自主动词有时式形态后缀(江荻)。不自主动词表示说话人对动词行为的控制力弱,在口语中要用句尾助词 –re/tu;时式变化不丰富,不用命令式。据统计,73.8%的不自主动词没有时式形态后缀(江荻)。

车谦(1985)提出,自主动词是指主语能够随意控制和自由支配的行为动作,不自主动词是指不能由主语控制和支配的动作。而且,古藏语(7—9世纪吐蕃时期的藏语)和现代藏语(拉萨)在自主动词和非自主动词的形态手段上有变化和发展:

自主	不自主	古代	现代(拉萨)
bsgul(震动)	vgul(动摇)	增减或更换前置辅音和上置辅音。	内部屈折变化消失,发音相同。
bsgyur(改变)	vgyur(变成)		
sbyar(粘)	vbyar(粘住)		
sbrel(连接)	vbrel(接上)		
bsdus(收集)	vdus(聚集)		
bskor(转动)	vkhor(旋转)	1. 基辅音送气、不送气交替。2. 增减或更换前置辅音和上置辅音。	保留声母的送气和不送气的区别。
bcag(击碎)	chag(破碎)		
gtor(打散)	thor(失散)		
spel(开展)	vphel(发展)		
btsos(煮)	tshos(煮熟)		
phabs(使降下)	babs(降下)	基辅音的清浊和送气、不送气交替。	发展成声调的不同。
phug(戳穿)	bug(穿孔)		
phye(打开)	bye(裂开)		
phral(分开)	bral(分离)		

自主	不自主	古代	现代(拉萨)
bkang（填满）	gang（满）	1. 基辅音清浊的交替。	1. 保留送气与否的区别。
bkog（使脱）	gog（脱落）	2. 增减前置辅音或上置辅音。	2. 发展成声调的不同。
bton（取出）	don（出现）		
brtul（制服）	dul（驯服）		

可以看出，古藏语区别自主动词和不自主动词所使用的手段有两种，一种是前置辅音和上置辅音的增减，一种是基辅音的清浊或者送气不送气的交替。现代拉萨藏语则简化为送气不送气的区别、声调的不同，有的自主动词和不自主动词之间读音甚至没有区别。

据多杰东智（2004）安多藏语自主动词和非自主动词的区别除了少数不规则的形式外，大多表现为辅音送气不送气、清浊的交替和前缀后缀的有无，略举数例（分类与原文不同，h 表示送气）：

手段	自主动词	非自主动词
送气与否	tɕu（解）	tɕhu（散）
	tu（训服）	thu（服）
	çək（摧毁）	çhək（毁坏）
清浊	fet（印）	vet（印出）
前缀交替	hdzəp（做）	ndzəp（做成）
	hʒər（改）	nʒər（变）
前缀有无	βkam（晒干）	kam（干）
韵尾交替	πηαη（投）	phok（投入）
综合手段	ngək（吸引）	kək（吸）
	βgar（分开）	kar（分开了）
其他	ʒəm（注意）	tɕəm（注意到）
	τσυμ（闭）	sum（闭合）

可见，动词的自主非自主范畴是藏语的固有范畴，而且在古藏语及现代某些藏语方言中形态变化多样。既有前置辅音和上置辅音的交替、增减，也有词根辅音的交替，又有词尾的增减和交替。

（二）"遗"的自主非自主

一般认为，去声来自上古汉语的 *-s 尾，那么"遗"的平去之别在上古汉语中就是有无 *-s 尾的区别。据郑张尚方《上古音系》，"遗"的拟音分别为：[lul] [luls]。

马庆株(1988)在根据自主和非自主特征给现代汉语动词所分的类中,"给"是自主动词,"丢(丢失)""掉(落)""遗忘"是不自主动词,而且,包含"得"字和"失"字的动词都是非自主动词,如"丢失""丧失""散失""遗失"等都是非自主动词。

如前所述,平声的"遗"有"遗失""遗留""遗忘""多余"等义项,去声的"遗"意义为"给与""赠与"。从语义特征的角度看,"给与""赠与"相对于"遗失""遗留""遗忘"来讲多了一个[+给与]的语义特征。根据马庆株对现代汉语动词的分类,去声的"遗"正是一个有自主语义特征的动词,而平声的"遗"则表示非自主义。

可以认为,发展为去声的*-s尾的功能就和这个[+给与]相对应,表示自主性。也就是说,在上古汉语中,"遗"的平声表示不自主,去声表示自主。这属于用动词后缀*-s进行区别的形态。

	遗(平声)	遗(去声)
范畴	不自主	自主
反切	以追切	以醉切
拟音	[luI]	[luIs]
词义	遗失,遗留	遗赠,遗送
句法	二价及物动词/定语/名词	三价及物动词

四、上古汉语动词自主非自主的判定

(一)藏语和现代汉语的标准

藏语判定动词的自主不自主主要依靠形态,从语义上进行分别不是很重要,有人认为,自主动词表示的是主观能动的行为动作,而不自主动词表示的是客观的状态和结果,但这又不是完备和操作性较强的标准。(车谦1985)

另外,多数学者认为藏语非自主动词不能用于命令式,(如金鹏1979)但古汉语的文献要检测命令式又存在文献不足的问题。

马庆株(1988)用两类句法格式来判定动词的自主非自主,同时还分析了一些因素和动词自主非自主的关系,这些因素包括:a.自主义素的指向,b.完成体和未完成体的差别,c.感受义素的排斥,d.致使义素,e.动词的价,f.义项的类别和义素的增减。这些因素对动词的自主非自主都有影响,但都非决定因素。

(二)可能的标准

从以上"遗"的情况来看,要判断上古汉语的某个动词是表示自主还是非自主,需要从以下几个方面进行考虑。

首先是音变。上古汉语的音变研究比较多的是清浊别义和四声别义,这些可以认为是形态的表现。

其次是语义。音变引起的词义变化是问题的出发点和观测的入口,自主动词相对于非自主动词多了一个[＋自主]的义素,或者说非自主动词相对于自主动词少了一个[＋自主]的义素。这个[＋自主]的义素可以参照马庆株(1988)对现代汉语动词的分类,如果音变导致的语义变化有和现代汉语自主动词相关的义素的增减,则基本可以确定音变的结果是自主动词和非自主动词的区别。

另外就是句法。音变会引起动词论元结构的变化,而且,自主动词主要是动词用法,而非自主动词除了动词用法外可能还会出现其他的非动词用法,比如形容词(作定语)和名词用法。

我们可以据此来看"遗"的情况。

"遗"有平去两读,语音上属于去声别义,也可以认为是 *-s 尾的有无。

变读后词义有变化,由"遗失""遗留"义而变为"遗赠""遗送",而"遗赠""遗送"相对于"遗失""遗留"多了一个[＋给与]的义素。根据马庆株(1988)对现代汉语的研究,有[＋给与]义素的词比如"给"正是一个典型的自主动词。

从句法上来讲,平声的"遗"是二价及物动词,可以作定语,作定语是形容词的基本特征。据马庆株(1988),"形容词基本可以划入非自主动词"。而去声的"遗"则是三价及物动词,且只有动词用法,而无其他非动词用法。

据此可以认为,平声的"遗"是非自主动词,而去声的"遗"是自主动词。或者可以说,*-s 尾使动词"遗"从非自主动词变为了自主动词。

据此我们可以暂时提出一个判断动词自主非自主的标准:

	自主动词	非自主动词
语音	R-s	R
词义	[＋自主]	[－自主]
句法	动词	动词/形容词/名词

(三)"使"——一个验证

《群经音辨》卷六:"使,命也(疏士切)【按:士,上声纸韵】;将命者曰使(疏事切)。"

《马氏文通》卷五"动字辨音"：使，上读，令也，役也。《礼·曲礼》：六十曰耆，指使。去读，名字，为所使也。《汉·韩信传》：然后发一乘之使，奉咫尺之书以使燕。

周法高：非去声为动词，去声为名词或名语。

唐纳：派生词是表效果的（effective）。

《释文》"使"为"使让"义时如字读：

（27）郑人闻有晋师，使告于楚，姚句耳与往。（《左传·成公十六年》）

（28）夜，郑伯使祭足劳王，且问左右。（《左传·桓公五年》）

《释文》"使"破读去声时用法复杂。

破读去声，动词，义为"出使"：

（29）申叔时使于齐，反，复命而退。○使于，所吏反。（《左传·宣公十一年》）

（30）郑皇戌使如晋师，曰："郑之从楚，社稷之故也，未有贰心。"○使，所吏反。（《左传·宣公十二年》）

破读去声，名词，义为"使命"：

（31）使归而废其使，怨其君以疾其大夫，而相牵引也，不犹愈乎？○其使，所吏反，注同。（《左传·襄公十三年》）

（32）不获命，以其良马见，为未致使故也。○使，所吏反，注同。（《左传·昭公二十年》）

破读去声，名词，义为"使臣"：

（33）乃许楚使。○楚使，所吏反。（《左传·昭公四年》）

（34）辞客币而报其使。○使，所吏反，注同。（《左传·昭公十九年》）

破读去声，形容词，作定语：

（35）君若不来，使臣请问行期。○使，所吏反。（《左传·昭公七年》）

（36）书曰"晋人执我行人叔孙婼"，言使人也。○使，所吏反。（《左传·昭公二十三年》）

（37）有使者出，乃入。○使，所吏反。（《左传·哀公十五年》）

破读去声，动词，使动：

（38）公使诸齐，使盗待诸莘，将杀之。○公使，所吏反。（《左传·桓公十六年》）

(39)君盍尝使诸周而察之?"○使,所吏反,又如字。(《左传·成公十七年》)

例(38)有两个"使",其中"出使"义的"使"注音"所吏反",而"使让"义的"使"却不注音,这表明"使让"义和"出使"义是有区别的。

	使(上声)	使(去声)
范畴	自主	不自主
反切	疏士切	疏事切
拟音	[srɯʔ]	[srɯs]
词义	使、让(主语对动作可控)	出使/使命/使臣(主语对动作不可控)
句法	兼语结构	不及物动词/名词/定语

(四)上古汉语动词形态的特征

吴安其(2017)认为:"古汉语注重话语者的主观态度,动词有相对复杂的形态变化,名词、代词和数词的形态较简单。古汉语动词的主要形态范畴有:使动(致使)、自动、主动态,自主和不自主,完成体和持续体,命令式(祈使语气)。没有专门的形态方式区分动词的及物和不及物,自动词可以有自己的标记,不等同于不及物动词,也不与致使动词构成对立的范畴。"而且,"*-s 和浊塞音表示动词不自主态(施动者主观上不能控制的行为或状态)。""春秋以后,*-s 后缀有表使动态,名词、形容词派生动词,表示动词的方向,标记不自主动词和动词名词化,宾格后缀等七项功能"。"使"的音变符合吴安其先生的描述,但"遗"的情况正好反过来,去声表示的是自主,而非去声表示的是非自主。所以可以认为 *-s 尾的作用是为了区别自主非自主,如果原来的动词是自主动词,加上 *-s 尾就有了非自主用法,比如"使"。如果原来的动词是非自主动词,加上 *-s 尾就变成了自主动词,比如"遗"。

瞿霭堂(1985)认为:"从语法意义和语法形式的关系来说,藏语动词的屈折变化属对比式而不是对应式,即语法意义和语法形式之间是对比关系而不是对应关系,也就是说,一个形态成分同一种语法意义并无固定的联系,而是不同的语法意义在不同的形态成分的对比中体现出来。"

从"遗"和"使"的情况来看,上古汉语的形态可能也是对比式的而非对应式的。

五、结语

回头看前人有关"遗"音变功能的解释,从意义的角度或语法的角度来进行解释都是可以的,因为音变会导致词义和句法表现的变化。但仅从词义或者语法的角度来解释都有欠缺,因为音变、词义和句法是相关的。关键是要对这些相关的变化进行统一的解释。自主非自主的概念来自藏语的分析,但同样适合于上古汉语动词的分析。自主非自主的分析可以将音变、词义变化和句法变化结合在一起,解决纷争。

上古汉语有形态变化,这已经成为学界共识。前人从语音变化、文字孳乳、词义引申、汉藏语言比较等角度都有过研究,但由于未能涉及或较少涉及句法分析,又未能将语音、词义、句法结合在一起进行考察,使得研究或失之肤浅,或失之偏颇。因此,研究上古汉语,要将语音、词义、句法结合在一起来进行,同时还要考虑同语系语言的句法情况,才能得到相对可靠的结论。

上古汉语动词的形态可能是对比式的而非对应式的,所以一种语法形式从一个角度看表示一种语法意义,从另一个角度看则表示另外一种语法意义。故而不能简单地说一个语法形式表示哪种语法意义,而要说在某一个语法范畴下一个语法形式表示什么语法意义。甚至在同一个语法范畴下,一个语法形式也可能在不同的词上表示不同的语法意义。"遗"和"使"就是很好的例子。

从上面的分析来看,上古汉语可能和现代汉语差别非常大,而且基于西方传统语法研究的及物不及物、形态变化、主动被动等概念可能并不适用于上古汉语。比如"遗""使",动词价的变化可能并不是语法的核心,词性的变化也不是重点,应该关注的是自主非自主、自动使动等和汉藏语系语言相关的概念,这样才能使上古汉语语法的研究向前推进。

参考文献:

车　谦　1985《藏语动词的自主与不自主》,《西南民族大学学报》(人文社科版)第 2 期。

多杰东智　2008《简析安多藏语动词的自主非自主与使动自动关系》,《中央民族大学学报》(哲学社会科学版)第 1 期。

多杰东智　2004《安多藏语自主非自主动词与格的关系》,《中央民族大学学报》(哲学社会科学版)第 4 期。

多杰东智　2004《藏语安多方言动词的自主非自主研究》,中央民族大学博士学位论文。

高迎泽,张　瑾　2013《从"观""视""听"看上古汉语动词去声别义的方向性功能》,《山西大同大学学报》(社会科学版)第4期。

洪　波　2009《上古汉语*-s后缀的指派旁格功能》,《民族语文》第4期。

黄布凡　1981《古藏语动词的形态》,《民族语文》第3期。

黄　行　1997《藏语动词语法范畴的相互制约作用》,《民族语文》第6期。

江　荻　1992《藏语动词屈折现象的统计分析》,《民族语文》第4期。

江　荻　2007《藏语动词的及物性、自主性与施格语言类型》,《内容计算的研究与应用前沿——第九届全国计算语言学学术会议论文集》。

金理新　2006《上古汉语形态研究》,合肥:黄山书社。

金　鹏　1979《论藏语拉萨口语动词的特点与语法结构的关系》,《民族语文》第3期。

马建忠　1983《马氏文通》,北京:商务印书馆。

马庆株　1988《自主动词和非自主动词》,《中国语言学报》第3期。

梅祖麟　1980《四声别义中的时间层次》,《中国语文》第6期。

瞿霭堂　1985《藏语动词屈折形态的结构及其演变》,《民族语文》第1期。

瞿霭堂　1988《论汉藏语言的形态》,《民族语文》第4期。

孙玉文　2007《汉语变调构词研究》(增订本),北京:商务印书馆。

孙玉文　2013《汉语变调构词考辨》,北京:商务印书馆。

吴安其　2017《古汉语的形态和词根》,《民族语文》第1期。

吴安其　2001《上古汉语的韵尾和声调的起源》,《民族语文》第2期。

吴安其　2006《历史语言学》,上海:上海教育出版社。

吴安其　2017《关于汉藏语的语音和形态》,《汉语史与汉藏语研究》第2期。

吴安其　2017《古汉语的形态和词根》,《民族语文》第1期。

谢广华　1982《藏语动词语法范畴》,《民族语文》第4期。

张济川　1989《藏语的使动、时式、自主范畴》,《民族语文》第2期。

郑张尚芳　2013《上古音系》(第2版),上海:上海教育出版社。

周法高　1961《中国古代语法·构词编》,南京:中央研究院历史语言研究所。

周毛草　2002《藏语的行为动词和行为结果动词》,《民族语文》第6期。

周祖谟 1966《四声别义释例》,《问学集》,北京:中华书局。

Downer G. B. Derivation By Tone-Change In Classical Chinese [J]. Bulletin of the School of Oriental & African Studies, 1959 (22):258-290.

【作者简介】高迎泽,男,文学博士,燕山大学副教授。研究方向:汉语历史语法研究。

高 丹,女,燕山大学汉语言文字学专业硕士研究生。

论变易与孳乳中形音义的关系
——以章太炎《文始》为例*

朱乐川

(南京师范大学,国际文化教育学院)

[摘 要]变易与孳乳是语源学中的两个重要术语,也是由同一语源进行派生的两大规律。要想弄清变易与孳乳,首先就要弄清形音义三者在变易与孳乳中的关系。本文通过章太炎《文始》中的实例,来尝试研究形音义三者在变易与孳乳中的关系。

[关键词]变易;孳乳;形音义;关系

我们知道变易与孳乳是语源学中的两个重要术语,也是由同一语源进行派生的两大规律。然而变易为何?孳乳为何?两者有何联系又有何区别?其实这些问题都不好回答。其实要想弄清变易与孳乳,首先就要弄清形、音、义三者在变易与孳乳中的关系,因为变易与孳乳的过程看似复杂,但它们的实质就是同一语源的一组字在形、音、义上的变化规律。章太炎在他的语源学理论及实践著作《文始》中,就用变易与孳乳这两条线索对大量的同源词进行了系联,这对我国的语源学研究意义重大,也为我们系统研究变易与孳乳提供了大量的材料。正如黄侃在《声韵通例》中所言:"《文始》总集字学、音学之大成,譬之梵教,所谓最后了义。……若其书中要例,惟变易、孳乳二条。"① 本文将运用《文始》中的实例,来尝试研究形、音、义三者在变易与孳乳中的关系。

---

* 基金项目:国家社科基金重大项目"汉语词源学理论建设与应用研究"(17ZDA298)及国家社科基金后期资助项目"章太炎语源学理论研究"(18FYY002)。
① 详见《声韵通例》,载于黄侃撰《黄侃论学杂著》,上海古籍出版社,1980年,第164页。

一、变易中，形音义三者的关系

先看变易：

（1）《说文》："癶，跨步也，从反夊。䟓从此。"案：䟓读若过，癶音亦同。变易为过，度也。……癶对转寒则变易为逦，过也。（《文始一·阴声歌部甲》，168页）①

按：癶，上古溪纽歌部，本义为跨过。过，上古见纽歌部，本义为经过，《说文·辵部》："过，度也。"《论语·宪问》："子击磬于卫，有荷蒉而过孔氏之门者。"逦，上古溪纽元部，本义为经过。声纽上，溪、见皆为牙音；韵部上，歌、元对转（章太炎认为癶为泰歌类，逦为寒类，泰歌、寒阴阳相对，在《成均图》中为正对转）。三者音近、义近、形异。

（2）《说文》："叉，手指相错也。从又象叉之形。"此合体指事也。近转变易为撮，三指撮也。（《文始一·阴声歌部甲》，175页）

按：叉，上古初纽歌部，本义为手指相交错，后引申为用叉刺取东西，《正字通·又部》："叉，取也。"撮，上古清纽月部，本义为用三个指头或爪子抓取。声纽上，初、清皆为齿音；韵部上，歌、月对转（章太炎认为叉为歌部，撮为泰部，歌泰二部同居，在《成均图》中为近转）。三者音近、义近、形异。

（3）《说文》："巜，水流浍浍也。"变易为活，水流声，《诗》言"北流活活"。（《文始一·阴声泰部乙》，177页）

按：巜，上古见纽月部，本义为田间的水沟。活，上古见纽月部，本义为水流声。巜之"田间水沟"义引申为"水流"义，再引申为"水流声"义。两者音同、义近、形异。

（4）《说文》："芈，艸蔡也。象艸生之散乱也。"变易为茷，芜也。为蔡，艸也。

---

① 本文所有《文始》材料皆取自《章太炎全集》（七）（上海人民出版社，1995年）。

本义为乱,亦即为芔。(《文始一·阴声泰部乙》,177页)①

按:丯,上古见纽月部,本义为草芥,《说文·丯部》:"丯,艸蔡也。"《段注》:"凡言艸芥,皆丯之假借也。芥行而丯废矣。"蕨,上古影纽月部,本义为荒芜;杂草多。蔡,上古清纽月部,本义为野草,王筠《说文句读》:"《玉篇》:'蔡,艸芥也。'"声纽上,章太炎把见归为深喉音、把影归为浅喉音,两者同类,而清为齿音,与见、影不能相转;韵部上,三者皆为月部(章太炎归为泰部)。三者韵部同,声纽丯、蕨相近,蔡与其他不相近(可以视为音通),义近,形异。

(5)《说文》:"火,燬也。象形。"变易为烜,火也。为燬,火也。(《文始二·阴声脂部乙》,216页)

按:火,上古晓纽微部(章太炎把微部归入队脂类),本义为物体燃烧时产生的光和焰。烜,上古晓纽微部,本义为火。燬,上古晓纽微部,本义为火。三者音同、义同、形异。

(6)《说文》:"夂,从后至也。象人两胫后有致之也。读若黹。"古音如氐,变易为氐,至也。(《文始二·阴声脂部乙》,218页)

按:夂,上古端纽脂部,本义为从后至。氐,上古端纽脂部,本义为至、抵达,此义后作"抵"。两者音同、义同、形异。

---

① 其实这条是章太炎不信甲骨而盲从《说文》的典型证据。《说文》认为丯的本义是草芥,这是错误的,当为契刻。戴侗《六书故》:"丯即契也。又作㓞,加刀,刀所以契也。又作契,大声。古未有书先有契,契刻竹木以为识,丯象所刻之齿。"戴侗的判断是正确的,但他是看不到甲骨的,所以他只能从小篆入手进行解释,未能得到更早文字资料的证明。在甲骨文中,丯作王、彡等形,王襄在《簠类存疑》中认为是"玉"字,这是有问题的,因为甲骨文中的玉字为丰,为三平横,而丯为三弯曲的斜划,于省吾(2009:354)说:"甲骨文的丯字,就其构形来说,中划直,三邪划作弯环之势,象以木刻齿形。"这说明在商周之时,我们的先民还保有契刻的传统。从丯的字形上看出本义非"草芥",从用法上也能看出端倪。《孟子·万章上》:"夫公明高以孝子之心为不若是恝",《说文》作"忦",《说文·心部》:"忦,忽也。从心、介声。《孟子》曰:孝子之心,不若是忦。"介本义即为划,后作"界",所谓界,田界也,人为进行划分得到一个区域,而区域的周边所划之处是为界。另外介、割上古经常通用,《诗经·豳风·七月》"以介眉寿",无更鼎作"用割匄眉寿"。同时介、割不论在汉语还是在藏语中都能找到语音上的联系。介,上古汉语拟音作 *kriads,藏文表"齿相切"之义(汉语用"齘"表示)的音为 vgras;割,上古汉语拟音作 *kat,藏语为 vgod。(拟音材料取自施向东 2000:69、109)以上材料都可以证明"丯"本义为契刻,许慎在解释"丯"时发生了错误,而不信甲骨、笃信《说文》的章太炎也跟着错了。

(7)《说文》："尸,陈也。象卧之形。"变易为屍,终主也。(《文始二·阴声脂部乙》,220页)

按:尸,上古书纽脂部,本义为陈列,尸体往往放置陈列一段时间,故引申为尸体,《左传·隐公元年》:"赠死不及尸。"杜预注:"尸,未葬之通称。"屍,上古书纽脂部,本义为人或动物死后的遗体。两者音同、义近、形异。

(8)《说文》:"尹,治也。从又、丿,握事者也。"此合体指事字也。转谆变易为君,尊也。从尹,口发声,故从口。(《文始三·阳声真部乙》,248—249页)

按:尹,上古喻纽文部(章太炎归入真类),本义为主管、治理。君,上古见纽文部(章太炎归入谆类),本义为古代大夫以上据有土地的各级统治者的通称,后引申为统治、治理,《管子·权修》:"君国不能壹民,而求宗庙社稷之无危,不可得也。"声纽上,章太炎把喻纽归入浅喉音,把见纽归入深喉音,深喉浅喉为同类;韵部上,真类、谆类在《成均图》内为"同列相比",故为近旁转。两者音近、义近、形异。

通过以上对《文始》中"变易"条的举例,可以看出形、音、义在变易中的关系为:1.形皆异;2.音同或音近,所举8例音同4例(3、5、6、7),音近4例(1、2、4、8);3.义同或义近,所举8例义同2例(5、6),义近6例(1、2、3、4、7、8)。所以章太炎虽在变易中提及音同义同,但实际反映更多的是音近义通,所以形音义在变易中的关系最好表示为下表的形式:

	形	音	义
变易	异	通	通

(表一:《文始》变易实例中形音义的关系)

二、孳乳中,形音义三者的关系

再看孳乳:

(1)《说文》:"贝,海介虫也。象形。古者货贝而宝龟。"对转寒孳乳为賏,货也。旁转队孳乳为贲,饰也。(《文始一·阴声泰部乙》,第187页)

按:贝,上古帮纽月部(章太炎把贝归入歌泰类),本义为贝壳,后作为货币,故引申为货币义。賏,上古明纽元部(章太炎归入寒类),本义为货。贲,上古帮纽微部(章太炎归入脂队类),本义为文饰。三者音近(同为唇音,在《成均图》内贝、賏韵部正对转,贝、贲韵部近旁转),义相通但明显有区别、形异。

（2）《释名》曰："臂，裨也。在旁曰裨也。"臂即匕之变。孳乳为壁，垣也。（《文始二·阴声脂部乙》，224 页）

按：臂，上古帮纽支部，本义胳膊。壁，上古帮纽锡部，本义墙壁。两者音近（支、锡对转）、义有明显区别、形异。

（3）《说文》："飞，鸟翥也。象形。"对转谆孳乳为奋，翚也。（《文始二·阴声脂部乙》，225 页）

按：飞，上古帮纽微部（章太炎归入队脂类），本义为鸟在空中拍翅的行为。奋，上古帮纽谆部，本义为高飞、疾飞。音上，声纽相同，韵部上队脂类和谆类正旁转。义上，两者有联系，但有所区别，前者为普通的飞，后者为高飞、疾飞。两者音近、义有区别、形异。

（4）《说文》："文，错画也。象交文。"孳乳为彣，𢒉也。（《文始二·阳声谆部丙》，231 页）

按：文，上古明纽谆部，本义为（在肌肤上）刺画花纹。彣，上古明纽谆部，本义为错综驳杂的花纹或色彩。音上两者相同，义上两者有联系但有所区别，前者专指刺花纹或泛指各类花纹，而后者专指错综复杂的花纹。两者音同、义有区别、形异。

（5）《说文》："圭，瑞玉也。以封诸侯。从重土。古文作珪。"……孳乳为规，有法度也。（《文始四·阴声支部甲》，257 页）

按：圭，上古见纽支部，本义为古代一种玉做的礼器，成长条形，上端三角形，下端正方形。规，上古见纽支部，本义为法度，后又引申为画圆的工具。音上两者相同，义上两者有联系但区别明显。两者音同、义有明显区别、形异。

（6）《说文》："冖，覆也。从一下垂。"……冖又孳乳为幦，㲋布也。（《文始四·阴声支部甲》，267 页）

按：冖，上古明纽锡部（章太炎归锡入支），本义为覆盖。幦，上古明纽锡部，本义为漆布，后因漆布不透明，用来盖物，故引申为古代车前横木上的覆盖物。音上两者相同，义上两者有联系但主要表现在区别义上，冖泛指一切覆盖物，幦专指漆布，后又专指车前横木上的覆盖物。两者音同、义有区别、形异。

（7）《说文》："吕，脊骨也。象形。"……对转阳孳乳为冈，山脊也。（《文始五·阴声鱼部甲》，279 页）

按：吕，上古来纽鱼部，本义为脊骨。冈，上古见纽阳部，本义为山脊、山梁。声纽上两者差距较大，一为舌音、一为牙音（章太炎归为深喉音）；韵部上鱼、阳"二部同居"为近转。义上两者有联系，皆指脊，但主要在于区别义上，前者专指人或动物的脊梁，后者专指山的脊梁。两者音有别、义有别、形异。

（8）《说文》："巨，规巨也。从工，象手持之。"……孳乳为柜，棱也。为觚，觯受三升者也。其形亦柜，巨方有棱，故孳乳为此。（《文始五·阴声鱼部甲》，279页）

按：巨，上古群纽鱼部，本义为规矩之矩，即木工的方尺。柜，上古见纽鱼部，本义为棱角，也指有棱之木。觚，上古见纽鱼部，本意专指古代腹和足上有棱的青铜酒器。音上，羣、见皆为牙音（章太炎归为深喉音），义上三者有联系，但主要在于区别义上：巨专指木工的方尺，"巨方有棱"，故与柜产生联系；柜，专指棱角，也专指有棱的木；觚，专指腹和足上有棱的青铜酒器①。三者音近、义有别、形异。

通过以上对《文始》中"孳乳"条的举例，我们可以发现形音义在孳乳中的关系表现为以下特点：1. 形异；2. 音通，在所举8例中，有3例音同（4、5、6），4例音近（1、2、3、8），1例韵部近声纽相差较大（7）；3. 义有联系但更多的表现在区别义上，有的是泛指和专指的区别（3、6），有的是专指彼和专指此的区别（1、2、4、5、7、8）。章太炎在分析孳乳中形音义的关系是认为形异，同时"义自音衍"，但综合以上所举数例，章太炎在"义"的归纳上出现了问题，我们发现成孳乳关系的数个字在义上主要表现的是区别而不是相同，这一点不曾提及（当然没有提及不代表他不知道），而何九盈（2008：583）对此则有论及："这些例子说明：属于'变易'的同源词所表示的概念相同或相近，属于'孳乳'的同源词往往所表示的概念已有区别，词义已由引申、分化为独立的词。"通过以上的分析，孳乳中的形音义应当表现为下表所列之关系：

	形	音	义
孳乳	异	通	有联系但主要表现在区别义上

（表二：《文始》孳乳实例中形音义的关系）

---

① 翻阅各大字典、辞书，觚皆定义为腹和足上有棱的青铜酒器，其实不然，在国家历史博物馆展出了一套青铜制的觚，在商末和周朝觚的腹和足上是有棱的，然而在商早期觚的腹和足上是无棱的，这就证明各大字典、辞书对觚的定义是有问题的。

三、余论

我们结合表一与表二,便可以得出了《文始》中变易、孳乳中形音义的关系,详见下表:

	形	音	义
变易	异	通	通
孳乳	异	通	有联系但主要表现在区别义上

(表三)

当然表三是通过分析《文始》中的变易与孳乳实例,得出的理论上的形、音、义三者在变易与孳乳中的关系,但在具体的语源学实践中往往会碰见比这复杂得多的情况(这往往是由于变易与孳乳并不是在同一时间进行的,换句话说,是由于变易与孳乳的发展具有层次性而造成的),到时只有通过严谨的理论分析和充实的文献佐证,才能得到每一组变易、孳乳字中相应的形、音、义的关系。

参考文献:

何九盈　2008《中国现代语言学史》(修订本),北京:商务印书馆。

黄　侃　1980《黄侃论学杂著》,上海:上海古籍出版社。

黄侃述,黄焯编　1983《文字声韵训诂笔记》,上海:上海古籍出版社。

施向东　2000《汉语和藏语同源体系的比较研究》,北京:华语教学出版社。

于省吾　2009《甲骨文字释林》,北京:中华书局。

章太炎　1999《文始》,载《章太炎全集》(七),上海:上海人民出版社。

【作者简介】 朱乐川,男,文学博士,南京师范大学国际文化教育学院副教授。研究方向:汉语史、语源学。

【后记】

我从大三（2007年）学习音韵学时就感受到董老师的名师风度，读研和读博期间更有幸成为老师的及门弟子。在读博期间，老师的国家社科基金重大项目"汉语史语料库建设研究"时间短、任务重，作为老师的博士生，理应把自己的学位论文定位在与此课题密切相关的选题上，但老师不但没让我这样选题，还积极鼓励我顺着我的硕士学位论文继续作关于章太炎先生的语源学研究，这让我一直心存愧疚又心怀感激。本次论文集，我提交的论文也是我博士学位论文中的一部分（在原文的基础上有一定的修改），谨以此文来感谢老师对我的宽容、点拨与指导。

《时、体、情态和传信范畴的语法化》介评*

荣 景

(扬州大学,文学院)

[摘 要] 近年来,时、体和情态范畴语法化的类型学研究范式,已成为该领域的基本研究范式。Kees Hengeveld 等主编的论文集《时、体、情态和传信范畴的语法化》即是体现该范式的成果之一。本文先概述该书主要内容,然后简要评述其特色。

[关键词] 时;体;情态;传信范畴的语法化;梗概;简评

一、引言

时、体、情态和传信是世界语言中普遍存在的语法范畴,其形成、发展的过程及演变规律是语法化学界关注的一个热点问题,相关研究成果已不胜枚举。其中,Joan Bybee, Revere Perkins 和 William Pagliuca 合著的《语法的演化:世界语言中的时、体和情态》堪称"类型学中时体研究的集大成之作""类型学和语法化研究的经典著作"(陈前瑞等 2017 :iv)。该书提倡的时、体和情态范畴语法化的类型学研究范式,已成为近年来该领域的基本研究范式。Kees Hengeveld, Heiko Narrog 和 Hella Olbertz 主编(2017)的论文集《时、体、情态和传信范畴的语法化》(*The Grammaticalization of Tense, Aspect, Modality and Evidentiality*)即是践行该范式的成果之一。不过,与以往研究稍有不同的是,该论文集是以"功能篇章语法"

---

* 基金项目:江苏省博士后科研资助计划项目"类型学及语法化视角下的近代汉语体貌研究"(1701158B)、教育部人文社会科学研究青年基金项目"认知视阈下的唐五代汉语体貌研究"(17YJC740096)。

（Functional Discourse Grammar，简称 FDG）为主要理论指导。全书除引论外分为一般性研究和个案研究两部分，以下先概述该书主要内容，然后简要评述其特色。

二、主要内容

第一部分：一般性研究

这部分主要是在 FDG 理论框架下阐述时、体、情态和传信范畴语法化的理论问题。FDG 是一种自上而下的语言结构理论模型，该模型由四个不同的表现层面组成，即：人际层（语用）、表征层（语义）、形态句法层和音系层（Hengeveld & Mackenzie 2008 :1）。FDG 认为，语法范畴是按层级组织起来的，不同的层级是按照各自的语用或语义辖域（scope）有序排列，多个语用层级按等级关联在一起便构成了人际层面，多个语义层级按等级关联在一起就构成了表征层面，且人际层面与表征层面之间也存在等级关系（前者统辖后者）。

FDG 创始人 Kees Hengeveld 在其论文"语法化的等级取向"中指出，FDG 可充当对语法化过程进行预测、描写和解释的框架。语法化过程是意义演变和形式演变的组合体。在语法化中，意义演变总是蕴含语义或语用辖域的逐步扩大。辖域扩大可以发生在表征层面或人际层面内，也可出现在从表征层面到人际层面的跨层上。此外，词汇成分可在等级序列中的任何位置变成语法成分。综合这四种可能的演变路径，便得到一个意义演变模型（P.26）。该模型预测了各种可能的意义演变路径，但同时也是高度限制的：词汇项可以在任何位置进入语法系统，但一旦该位置被选定，词汇项就不能在人际层面或表征层面上向较低的位置下移；词汇项可在任何位置从表征层面上移至人际层面，但一旦进入人际层面，就不能再沿人际层面下移。在语法化中，形式演变蕴含词汇性的逐步降低。Hengeveld 界定形式演变的标准并非语法化斜坡（词汇项＞语法词＞附着形式＞黏着词缀＞融合形式＞零形式）上特定的形式类别，而是语法化成分的分布特征，他据此提出了另一形式演变斜坡：算子＜词汇算子＜词汇。这一斜坡是指示具有特定语法表现的类别，在确定形式演变时它不受某语言形态类型的限制。作者还强调，意义演变和形式演变是两个独立的过程，二者不必同时进行，当一个成分沿意义等级上移时，它不必也沿形式等级上移（但必不能下移）；当一个成分沿形式等级上移时，它不必也沿意义等级上移（但必不能下移）。

Riccardo Giomi 提出了一个综合的语法化功能模型,该模型可用于描写触发语法化过程的共时机制以及历时演变用以反映一般语法结构的方式。FDG 将语法视为广义言语互动(verbal interaction)模型的构件之一,语法构件不断同该模型中的概念构件和语境构件相互作用。作者以此为理论指导,在 Heine(2002)的语法化的语境演变模型基础上提出了"语法化的 FDG 扩展模型"。该模型整合了 FDG 取向的语法化理论及有关新意义出现及其规约化的阐释原则,为整个语法化过程(从触发语法化的共时推理机制到语法化成分形式和功能演变的最终结果)提供了系统的形式化分析。最后,作者还运用该模型对古英语 sculan 由动词到义务情态标记和将来时标记的语法化、现代希腊语中"tha+非过去时限定动词"结构从将来时到主观认识情态的演变作了具体分析。

Heiko Narrog 从功能语言学角度论证了形式语法化跟功能语法化的关系。在形式语法化上,以往研究提出的形式演变参数会因具体语言结构类型的差异而出现一定的变异。因此,形式语法化是一个不太关键的语法化标志,功能语法化才是语法化的核心。故作者重点讨论了语法化中两类最重要的功能-语义演变:言语行为指向义(speech-act orientation)增加和功能范畴等级提升。他认为,言语行为指向义增加属于常规的意义演变,并不专属于语法化,也可在词汇语义演变中看到,尽管如此,它仍可能是语法化中最常见的意义演变。相反,功能范畴等级提升则是语法化不可或缺的特征。功能范畴等级提升常伴有言语行为指向义增加,二者可能构成语法化中功能演变的实质。Narrog 强调,由于形式语法化与功能语法化不具有相同的动因,且词汇项可以在语法范畴等级的任一位置上发生语法化,如果一个标记或结构式在形式或功能上发生语法化,那么其语法化的另一面(功能或形式上)或有所发展,或保持不变。

第二部分:时、体、情态和传信范畴语法化的个案研究

个案研究部分含 7 篇论文,在书中是按所考察的目标语言从非印欧语到印欧语排列的。

Sophie Villerius 从语言接触角度考察了苏里南爪哇语(Surinamese Javanese)时、体和情态系统发生的演变。经比较,作者发现,苏里南爪哇语在情态与体标记上不同于印尼爪哇语。在意愿情态和能力情态上,印尼爪哇语分别用情态动词 jajal 和 isa 表示,而苏里南爪哇语分别用 proberi 和 inter 表达。苏里南爪哇语这

两个情态标记的来源是不同的:proberi 是借自斯拉南汤加语(Sranan Tongo),属于接触引发的形式借用;inter 则从本土爪哇语中"聪明"义形容词 pinter 发展而来,属于该语言内部的演变。在体标记上,差异主要体现在展望体(prospective)上。arep 在印尼爪哇语中为将来时标记,在苏里南爪哇语中却被用作展望体标记,来表达较确定的最近将来时,这可能是受荷兰语、斯拉南汤加语区分最近将来时和不确定将来时的影响所致,属于接触引发的模式借用。

Lotta Jalava 考察了苔原涅涅茨语(Tundra Nenets)中情态及传信后缀的来源和语法化途径。该语言中情态和传信后缀主要通过两种语法化途径产生:一是分词的动词化/限定化,即非限定的分词重新分析为限定的动词谓语。这是该语言中绝大多数情态和传信后缀产生的途径,如传信完成体后缀 –we、必要性后缀 –bsu、相似传信(similative-evidential)后缀 –narəxa/-wəntarəxa/-rəxawe 及或然性后缀 –nake/-weke。其中,传信完成体和必要性后缀分别来自过去分词 –we 和将来分词 –bsu 的语义扩展,相似传信与或然性后缀是由包含分词成分的复合后缀构成。二是去从属化(insubordination),即跟从句相关的结构特征(如名词化)重新分析为独立主句的一部分。由此途径形成的只有直接传信后缀 –won/-wanon,它源自"声音"义名词 *mon,在去从属化过程中,原先充当该名词修饰语(表领有者)的动词名词化形式重新分析为主要谓语,与此同时名词词义丧失,后附于动名词后,同名词化标记 *-ma-n 重新分析为传信后缀。以上两种语法化途径也见于其他乌拉尔和西伯利亚语言,可能代表一种区域模式。

Shadi Davari 和 Mehrdad Naghzguy-Kohan 考察了波斯语分析型进行体的发展演变过程。现代波斯语中由源自"领有"义动词的助动词 dâštan 构成的分析型进行体在语法化模式上异于西方语言的进行体标记,在跨语言上较罕见。古波斯语中,dâštan 的核心义为"在、居住"(处所义)和"握持";到中古波斯语中,处所义不再使用,"握持"义仍在使用,它通过隐喻延伸与语义淡化发展出"(暂时)领有"义;在现代波斯语中,dâštan 由"(暂时)领有"进一步发展出进行体意义:具有两个参与者(实体)的暂时领有图式(X 领有 Y(具体物体):"X 暂时与 Y 在一起")虚化为更抽象的图式(X 领有 Y(活动):"X 暂时处于 Y 过程中")。进行体标记 dâštan 的语法化路径为:"握持 > 拥有某物(跟具体事物在一起)> 进行体(处于活动过程中)"。在当代波斯语中,dâštan 正从进行体进一步发展为展望体:当进行体标记

dâštan 不修饰持续动词而修饰达成动词时,便产生展望体结构。dâštan 的语法化历程(领有 > 进行体 > 展望体)恰好反映了"言者指向义"逐渐增加的过程:领有结构表达客观事态,进行体反映了言者对事态的时间视角化,展望体则进一步反映了说话人由当前事态到非现实事态的推断。

Castillero 考察了古爱尔兰语和西罗曼语中将来时标记跟未完成时标记组合成为语气标记的语法化过程。在一些西欧语言中,将来时标记与未完成时(imperfect)标记的组合形式,在报道性话语中用作"过去将来时",在条件句的结论小句中表达反事实语气,这类组合形式通常称作"条件式"(conditional form)。作者指出,尽管条件式在爱尔兰语、罗曼语及英语中具有相同的范畴组合和语法功能,但在表达形式上却存在综合型与分析型的对立:爱尔兰语、罗曼语的条件式为综合型,英语条件式则为分析型。从历时上看,日耳曼语条件式一直是分析型,罗曼语条件式是从原先的分析型演变来的,爱尔兰语条件式自始至终便是综合型的。作者将爱尔兰语条件式形成中发生的形态化称为"语素组合",即通过语言中已有语素的组合来形成新语素。从 FDG 角度看,条件式的时意义(相对时)和情态意义(非现实)在表征层面上分属于情状(state of affairs)和事件(episode)层级,上述语言中发生的两个时标记(时意义)变为一个语气标记(情态意义)的语法化,即为表征层面上语义辖域的扩大。

Dávalos 从 FDG 角度探讨了墨西哥西班牙语中分析型和综合型将来时形式的语法化。在西班牙语中,"'去'义动词 va+ 不定式"结构语法化为将来时标记的时间较晚。它在 13 世纪开始产生时间意义,到 16 世纪作为时间标记已见于书面语和礼貌会话中,此后,其使用频率不断上升,已成为西班牙语(包括墨西哥西班牙语)将来时的主要表达形式(分析式)。作者指出,墨西哥西班牙语将来时形式正在经历从综合式到分析式的转变:1)尽管综合式的主要功能仍是表达将来时间指称,但它正逐渐丧失此功能,且向认识情态标记演化;2)分析式的语法化经历了"位移动词 > 展望体 > 最近将来时 > 绝对将来时"四个阶段;3)综合式和分析式语法化的各阶段对应于 FDG 表征层面上的不同语义层级,将来时的语法化可理解为该层面上语义辖域的扩大。FDG 可以充当预测将来时间指称形式历时演变共性的模型。

Aude Rebotier 考察了词汇体在德语、法语完成体语法化为过去时中所起的作用。作者指出,德语和法语完成体的语法化路径均为:形容词性结构 > 结果体 > 完成体 > 过去时。在这两种语言中,完成体的语法化都意味着词汇体限制的丧失:在完成体演化的初始阶段(形容词结构和结果体),只能搭配转变性(transformativity)动词成分(表示一个能产生新情状的过程);在最后阶段(过去时或完整过去时),各类词汇体都能跟过去时搭配。不过,在完成体语法化的最后阶段,法语和德语存在重要差别:法语的完整过去时用于非终结性动词时,会使动词产生终结性意义;而在德语过去时阶段,词汇体的影响已消失。此外,词汇体还跟完成体语法化的两项形式标准(助动词选择限制、过去分词一致关系丧失)相关联,比如,转变性动词不易丧失过去分词一致关系,"领有"义助动词较难搭配不及物转变性动词。

Hella Olbertz 和 Wim Honselaar 考察了荷兰语必要性(necessity)情态词 moeten 的历时演变。作者重点分析了 moeten 义务情态功能的演变。在古荷兰语中,moeten 主要表示"义务可能性(possibility)情态";到中古荷兰语中,moeten 一方面发展出祈愿功能,另一方面也开始表达"义务必要性情态"。在15至18世纪期间,"义务必要性情态"逐渐在 moeten 的义务情态功能中占主导地位。与此同时,moeten 的"义务可能性情态"及祈愿的功能逐渐丧失。在当代荷兰语中,表必要性的 moeten 还用于近祈使结构 moet je 中,表达"即时感知祈使"(immediate perception imperative)这一新兴的言外行为功能,然该功能已非情态范畴。作者强调,moeten 自古荷兰语以来的语法化演变也可用 FDG 的辖域扩大理论作统一解释。

三、简评

综观全书,可见以下几方面显著特点:

首先,时、体、情态和传信范畴语法化研究的 FDG 视角。FDG 强调"分层"(layering)的观念,时、体、情态和传信等语法范畴是按层级排列的,层级越高,语法范畴的辖域也就越宽。语法化的 FDG 研究范式认为,语法化就是辖域扩大的过程。时、体、情态和传信范畴的语法化遵循从较窄的辖域向较宽的辖域发展的路径,而非反向的路径。前述古爱尔兰语和罗曼语中时标记向语气标记的语法化、墨西哥西班牙语将来时形式及荷兰语情态动词 moeten 的语法化,都为该论断提供了实证。

其次，严格区分形式语法化与功能语法化，并突出功能语法化的根本地位。长期以来不少学者认为，在语法化中形式和意义是共变的，即：每一个形式变化都伴随着意义变化，反之亦然。在本书中，一些学者（如 Narrog、Hengeveld 等）明确反对上述观点。他们认为，意义演变和形式演变是两个不同的过程，应对它们单独描述。虽然这两个过程常相伴发生，但在语法化过程中二者并不存在一一对应的关系，因为不同的标记或结构式之间在语法化的起点及发展速度上都有差异，我们不可能预料到功能上较为语法化的标记或结构式也在形式上比功能上不太语法化的形式更为语法化，反之亦然。本书强调了语言成分的功能（语义或语用）演变在语法化中的首要地位，将形式演变视为功能演变的后果。

再次，注重将语法化研究跟跨语言的类型学分析结合起来。随着语法化研究的深入，学界普遍认为，只有考察不同类型和亲属关系的语言中相关的语法化过程，才有可能从更抽象的层面揭示语法化背后的规律。本书在相关范畴的考察上，涉及了一系列具有不同谱系关系的语言，如爪哇语（马来－玻里尼西亚语族）、苔原涅涅茨语（乌拉尔语系－萨摩耶语支）、波斯语（印度－雅利安语族）等。通过跨语言考察，一方面，学者们发现了一些迄今尚未被证实的语法化现象，如波斯语中存在跨语言上罕见的"领有进行体"；另一方面，语法化理论的一些假设也在以往未被充分关注的语言中得到了验证，比如，"去从属化"也是苔原涅涅茨语直接传信后缀 -won/-wanon 的衍生机制。

虽然该书在具体研究内容上未涉及汉语族语言的相关现象，但它所推崇的一些研究理念对汉语相关范畴的语法化研究也有一定的启发意义和参考价值。比如，有学者指出，在汉语普通话、汉语方言和汉语史中，存在从完成体到最近将来时的语法化现象；近代汉语中，祈使语气助词"着"是源自持续体助词"着"的语法化，等等。对汉语中存在的这类时、体和情态的语法化现象，我们似可在已有研究基础上借鉴 FDG 的语法化研究理论作进一步分析。

参考文献：

［美］琼·拜比、里维尔·珀金斯、威廉·帕柳卡著，陈前瑞等译　2017《语法的演化：世界语言的时、体和情态》，北京：商务印书馆。

Kees Hengeveld, Heiko Narrog, Hella Olbertz (Eds.). 2017.*The Grammaticalization of Tense, Aspect, Modality and Evidentiality*. Berlin/Boston: Walter de Gruyter.

【作者简介】荣景,男,文学博士,扬州大学文学院讲师。研究方向:汉语历史语法。

(本文原载于《外语教学与研究》2019年第5期,收入本论文集时略作调整)

略论汉语双音同源词的名义及判定问题*

李 彬

（云南师范大学,文学院）

[摘　要] 目前汉语双音同源词的研究内容比较零碎,多是个案研究,缺乏系统的理论阐述和规律总结,而所有研究的前提是界定双音同源词的内涵,借鉴单音同源词的研究经验,从语音、语义两方面可以有效地判定双音词的同源关系。

[关键词] 双音同源词;连绵词族;判定标准

何为汉语双音同源词？关于同源词的名义,历来已有诸多讨论,不过大多是围绕单音同源词而展开的。

王力①(1978:28)首先从语音和语义两个方面对同源词的名义作了限定,他认为"凡音义皆近,音近义同,或音同义近的字,叫做同源字。这些字都有同一来源。或者是同时产生的,如'背'和'负';或者是先后产生的,如'牦'(牦牛)和'旄'(用牦牛尾装饰的旗子)。同源字,常常是以某一概念为中心,而以语音的细微差别(或同音),表示相近或相关的几个概念。"他所讲的同源字即单音节同源词②,同源词

---

* 基金项目:云南省教育厅科学研究项目"云南汉语方言词语源研究"(2019J0105),云南省哲学社会科学规划项目"语言接触视角下滇东北汉语方言词语源研究"(QN2019050)。
① 为行文方便,凡称引学者姓名时,一律不加"先生"之称。
② 王力所谓的同源字不乏一些"实同一词"的异体字和分别字,除此之外的同源字基本上是同源词,因为古代是以字为单位,从语言角度来看,同源字便是同源词,对于这一点,王力也有说明:"所谓同源字,实际上就是同源词。"参王力(1982:5)。下文在引用一些观点时,为了避免不必要的麻烦,一律按照原著中的术语称引而不作更改。

都有同一来源,这是同源关系得以确立的前提,也是王力确定同源词概念的依据。其后,张世禄(1980:20)发展了王力的观点,明确提出并使用了"同源词"这个名称,他认为"同源词是指音近义通或音同义近,可以认为同一词源,即表示相关意义的音素,所派生出来的词。"① 语音方面,他提出了"音素"的理念,这是一大进步,其吸收了清儒"音近义通"的精华,打破字形的束缚,直接从语音方面来定义同源词,在意义上重点关注"义通",所谓"义通"即"表示相关意义",在语义的系联上作了进一步的扩展,不再局限于义近或义同,这是张世禄同源词概念中不同于王力的地方,与张氏观点相近的是陆宗达、王宁,他们(1994:460)认为"词和词之间具有音相近、义相通关系的词是同源词。"② 而且,还提出了"根词"这一核心概念,并认为"根词"是一切同源词派生的起点,由此派生出来的词被称作同源派生词,同源词是一个整体概念,是一个词族,词族内的成员包括根词与同源派生词。值得一提的是"音相近""义相通"的观点更是直接继承了清儒"音近义通"的理念,不过,语音上却忽略了"音同","音同"的缺失会导致同源词判定上的一些问题,因为有些同源词"连读音也没有分化,只是用途不完全相同,字形也就不同罢了。"(王力 1978:28)所以,在确定同源词的概念时,仍然不能抛弃"音同"这一点。殷寄明(2000:131)从发生学的角度出发进一步补充了陆宗达等人的观点,他认为:"同源词即语源相同的语词,从发生学的角度说,同源词是由同一语源孳乳分化出来的语词,在语音上具有相同或相通之特征,而在语义上则有相同、相反或相对、相通之特征。"③ "(语义)相反或相对"的观点扩充了同源词语义关系的内容,为同源词的系联和判定找到了一个新的角度,这进一步将一些语义相对的同源词也纳入到了同源词族中。张博(2003:31-36)分析了"同源词""词族""同源词""同根词""同源字""同根字"这些名称的来源及优缺点,她(2003:35)认为同源词这一概念产

---

① 张世禄后来编写古汉语教材时,又进一步完善了同源词的概念:"两个或两个以上读音相同或相近,意义相关,具有同一语源的词构成一组同源词。同源词也称为同源字。"参张世禄(2005:113)。

② 在分析同源词的概念时,为了明确同源词和同源字的关系,他们对此也作了进一步地辨析:"在派生推动下所造出的记录派生词的字叫孳乳字,同源孳乳字叫同源字,同源字是记录同源词的。"参陆宗达,王宁(1994:369)即同源词和同源字两个概念是不同的,一个是文字问题,一个是词汇问题。两者的区分涉及了字和词的同一性问题。

③ 殷寄明(2000:127)也对同源字和同源词作了概念上的区分:"同源字即语源相同的文字,两个或更多个文字记录了同一语源,这些文字则为同源字。"

生于历史比较语言学,多用来指称亲属语言中从原始共同语派生出来的词,这些词涉及多种语言,因此用来研究同一种语言中具有族属关系的词时,最好使用"同族词"的名称,它"指一种语言内部由源词及其滋生词、或同一来源的若干个滋生词构成的词语类聚。这类词有源流相因或同出一源的族属关系,因而声音和意义多相同相近或相关。"所以,她在论著中用"同族词"代替了"同源词"这一传统名称。张博将同族词区分为"义衍同族词"和"音转同族词"两种类型,并概括了同族词的特点①。我们认为,"同源词"和"同族词"这两个术语在概念内涵上是没有本质区别的,无非出现的表述环境不同而已。就研究方法而言,都会关涉到音和义,若是为了区别历史语言学中的"同源词"一语,可以在研究某种语言时加以限定,如汉语同源词、英语同源词、韩语同源词等,术语过多则会导致研究的混乱。此外,同源词的名称从字面上更能体现词汇的系统性。

正因为上古汉语以单音词为主,所以以往多是从单音词的角度来定义同源词的概念,在同源词的研究中关注的也大多是单音同源词(亦称"同源字"),而对于双音同源词的名义则多未涉及,众所周知,汉语词的双音化是汉语词汇发展的大趋

---

① 张博(2003:30-31)概括了三个特点:"1)同族词存在于一种语言内部,而非存在于若干亲属语言之间;2)同族词是单语素词语音变转和(或)词义衍化的结果,是孳乳构词的产物,其中源词和滋生词都是单语素词;3)同族关系既指源词与滋生词之间的关系,也指同一源词的滋生词与滋生词之间的关系。"其实,对于张博概括的第一个特点,孟蓬生(2001:13)曾作过辩驳,他认为"同源词作为术语可以有两个含义。一是指同一语系或语族中不同语言之间存在着语音对应关系的词,二是指一种语言内部在发生学上有共同来源的词。后者常常被称为同源词。我们认为这种区分是没有意义的。同一语系的不同语言实际上是由不同的方言分化而成的,而语言和方言的划分也不是一个纯粹的学术问题,不完全取决于语言差异的大小。事实上,这两种同源词的划分也不在于语音差异的大小,而其探求或判定的方法却在很大程度上具有一致性。将这两种不同的对象包含在一个术语中有助于在理论或方法上的互相借鉴。"因此,孟蓬生在确定"同源词"的概念时着重强调"同一词源",他认为"汉语同源词是由同一词源派生因而在音义两方面都互相关联的词。所谓'在音义两方面都互相关联'是指在读音上相同或有流转关系,在意义上相同或有引申关系。"我们赞同孟蓬生的观点,术语"同源词""同族词"的区分实没必要,无非仅仅是文字表述不同而已,而且学术界亦用"同族词"来表示另外一种不同的概念,如孙常叙(1956:24)认为"从一个词根滋生出来的词叫做派生词,各个派生词之间有同行辈的亲族关系,就这个关系来说,它们都是从一个词根派生出来的同族词。"他所举的以"心"为词根的同族词有良心、诚心、忠心、实心、小心、粗心、苦心……良心、诚心等为同族派生词,同族词包括词根和派生词。此外,邵敬敏在 2017 年至南京师范大学讲学时曾提到"同族词"这一名称,我们特意咨询了这个问题,他对同族词的理解与孙常叙相同。

势,因此,在同源词研究中仅注意单音节同源词是不够的。据目前所及,我们还暂未发现从双音词的角度来阐释同源词概念的论著,仅冯蒸(1987)在探讨同源联绵词时,曾论及同源联绵词的概念①,他认为"同一词族的一组同源联绵词,主要是指韵母形式不同的同源联绵词",并以"盘桓、彷徨、屏营、徘徊"等为例作了说明,认为这些联绵词的不同在于韵母的语音形式。据其所论,同源联绵词的语音差异在于韵母形式的不同,如果仅就联绵词族而言,这是没有问题的,但是若从双音同源词的角度来看,这种说法就有点绝对了,如双音同源词"淡漫"和"诞漫",淡漫,淡,上古音:透母元部;漫,上古音:明母元部。诞漫,诞,上古音:定母元部,漫,上古音:明母元部。淡与诞定透旁纽,元部叠韵,这两个同源词之间语音的不同在声纽,而不在韵部。

借鉴前贤同源词(单音节)概念的有关论述,我们认为双音同源词的定义要涵盖"双音词""同源""语音""语义""音义来源"这五个关键词,强调"双音词"就不会仅仅局限于联绵词,限定"语音"则排除了系联的随意性,明确"同源"正体现了双音词的系统性,突出"语义相通"就不会仅仅以某一语义(义近或义同)为中心来系联同源词,强调"音义来源"则避免了词语之间音义的偶然相合。故双音同源词的概念暂可定为:

双音同源词指的是语音相同或相近,语义相同或相通,具有同一音义来源的双音节词。

双音节同源词汇聚而成的一个类聚体就是一个同源词族。词族内又有根词、源词之别,借鉴王宁(1996:135)的观点,在同源词派生的起点有一个总根,可以称之为根词,源词指的是派生新词的某个词,根词和源词在某种情况下是等同的,但是要确定根词和源词殊为不易,正如殷焕先(2015:371)所强调的"必须考虑到,可能另有一词,是……的共同来源"。

基于双音同源词和同源联绵词两者之间的密切关系,这里有必要阐述一下它们的异同。二者既有相同之处,也有相异之点。1)从音节数量上看,双音同源词与同源联绵词都具有两个音节,如蘼芜、蟏蛸、绵蛮、溟沐、觊觎等,它们既是双音同源词又是同源联绵词;2)从语素数量上看,同源联绵词只包含一个语素,如徘徊、

---

① 联绵词是双音节词,所以同源联绵词也属于双音同源词,但两者是不同的。

彷徨、盘桓等同源联绵词,其核心义为回旋往复,每个同源词都不能单独拆开使用或拆开后的音节与整个词义无涉,而双音同源词既可以是含有一个语素的联绵词,也可以是由两个语素构成的合成词,如团团、团圞、突栾等一组双音词,它们语音相近,团:定母元部,突:定母物部,定母双声,元物旁对转;圞:来母元部,栾:来母元部,定来旁纽,元部叠韵。团团、团圞、突栾的语义亦相近,其核心义为浑圆。"团团"是由两个相同的语素"团"凝合而成的一个双音词,"团"为圆义,《说文解字·囗部》:"团,圜也。"《广韵·桓韵》:"团,团圆。""团"重叠成叠音词"团团",亦表圆貌,汉班婕妤《怨歌行》:"新裂齐纨素,皎洁如霜雪,裁为合欢扇,团团似明月。"隋智𫖮《观心论》卷一:"团团明月无增减,凡情颠倒见盈亏。纵复回光照西域,于其更理未曾移。"(T46/587b)宋赵令畤《侯鲭录》卷三:"团团明月魄,却赠月中人。"团圞、突栾亦为圆义,唐五代牛希济《生查子》:"新月曲如眉,未有团圞意。"宋王庭珪《宁公端惠蒲团》:"正忧坐客寒无席,遗我新蒲入突栾。"团团、团圞、突栾音义相近,所以它们是一组双音同源词,这组同源词既包括复合词"团团",也包含联绵词"团圞""突栾"。3)从构拟的语根形式而言,双音同源词和同源联绵词都可以通过裂变重叠、蠃缩变易、同义复合、复声母分化等形式而形成双音词①。所以,双音同源词在概念外延上要包括同源联绵词,同源联绵词只是双音同源词中的一个组成部分。

  双音同源词的提出避免了同源词研究中联绵词和复合词概念上的纠缠,如旁溥、旁薄、磅礴、旁魄、滂沛、霶霈等一组同源词,若将其看作同源联绵词,则"旁溥"不符合标准,它是同义复合词而不是联绵词,"旁"为广大义,《广雅·释诂一》:"旁,大也。"《书·说命下》:"旁招俊乂,列于庶位。"孔传:"广招俊乂,使列众官。""溥"亦为广大义,《说文解字·水部》:"溥,大也。"《广韵·姥韵》:"溥,大也,广也。"《诗·大雅·公刘》:"逝彼百泉,瞻彼溥原。"郑玄笺:"溥,广也。"又《说文解字·丄部》:"旁,溥也。"则"旁"与"溥"语义相同,"旁溥"为同义复合词。所以若将其归入同源联绵词,则会引起诸多纠纷②。但如果将其从同源词中排除,那就无法说明

---

① 关于双音同源词和单音同源词的关系问题,另文讨论,兹不赘述。
② 近几年,沈怀兴重新考察了一些联绵词,发现这些联绵词并不是单纯以音表义,组成联绵词的两个音节都具有实在的意义。《联绵字理论问题研究》一书更是彻底否定了现代联绵字的观念。可参看其相关论文:《方以智"謰语"问题辨察》、《〈语言学名词〉解释"联绵词"问题》、《古今联绵字观念截然不同的原因》等。

这组同源词的语源①。不过,若以"双音词"的视角来研究这些同源词,便能很好地解决这些疑难问题。

确定双音同源词的概念只是同源词族研究的第一步,其核心在于如何系联双音同源词,即双音同源词的判定问题。

在同源词的判定上,王力(1978:30)坚持从音和义两个方面考察,语音上的相同或相近是系联为同源字的一个必不可少的条件,音同或音近的标准又"必须韵部、声母都相同或相近,如果只有韵部相同,而声母相差很远……就只能认为是同义词(有些连同义词都不是),不能认为是同源字。"此外,语音的考虑"必须以先秦古音为依据",因为同源字产生于上古,而不能仅凭今音就确定同源字,今音是古音变化之后的音,今音相同,古音不一定相同,甚至相差很远。语义方面,要以某一概念为中心,语义相同或相近。此外,语义关系的判定"主要是根据古代的训诂",当然,这并不是说古代的训释是确定语义关系的唯一依据,因为并不是所有的词都会被注疏家所关注,一些没有古代训诂作为参考的词语,经反复考究后得出的语义,仍可以作为判定的依据。向熹(1988:20)在王力同源认定标准的基础上又作了进一步地细化,他提出了构成同源词必不可少的三个条件:"(1)上古读音相同或相通;(2)有一个或几个意义相同或相关;(3)在词义发展上出于同一个语源。"这三个条件要同时满足,语音上以上古音为依据,这已经取得共识,语义上,向熹从王力的"概念说"细化为"语义论","相近或相关的几个概念"转为"一个或几个意义相同或相关",语义是体现概念的,从狭义的角度来说,概念属于逻辑学的范畴,语义属于语言学的范畴,概念的外延宽泛,可以涵盖语义,而语义以语义要素为构成成分,所以从语言学的角度来看,用"语义"这个名称较妥。另外,他还提出了"词义同源"的观点,即判定同源关系必须梳理每个词的语义来源,排除一些因语义引申而偶合的现象,这一点也是蒋绍愚(1989:185)在判定同源词时着重强调的,他也提出了三个判定条件:"(a)读音相同或相近;(b)意义相同或相关;(c)可以证实有同一来源。这三条是缺一不可的。读音相同,而意义相差甚远,就只是同音词。

---

① 吴承仕《说文讲疏·旁方匚》:"旁溥古双声连语,汉人称旁魄、旁薄,后人称磅礴、滂沛、霶霈,皆为桄充四达之貌。""旁魄""滂沛"由"旁溥"音转而来。旁溥,旁,上古音:並母阳部;溥,上古音:滂母鱼部。旁魄,旁,上古音:並母阳部;魄,上古音:滂母铎部。滂沛,滂,上古音:滂母阳部;沛,上古音:滂母月部。旁与滂並滂旁纽,阳部叠韵。溥与魄滂母双声,鱼铎对转。溥与沛滂母双声,鱼月通转。

意义相同,而读音相差甚远,就只是同义词。读音相同或相近,意义相同或相近,那也只是音义的偶然相同,而不是同源词。"① 从向熹、蒋绍愚的观点来看,追溯音义的来源成了判定同源关系新的着力点,这有点类似汉藏语研究中同源词和借词之间的纠葛,两者都会出现偶然的音义相合,如果以偶然相合的音义作为判断的依据,所得出的结论必然是无效的。因此,在判定汉语同源词时还要借助一些相关文献及训诂资料来确定词义的来源,王宁(1995:169)从根词与源词的角度解释了这种做法的必要性:"派生词的音与义是以根词和源词的已经结合了的音与义为依据的,因此,根词、源词与派生词之间,以及同源派生词彼此之间,都存在着音近义通的关系。"在判定一批词语是否为同源词时,"在已知它们的音同或音近关系后,判定它们之间的义通关系,便成为确立它们同源的关键"。当然,同源词的判定不仅仅局限于以上内容,它还包含其它一些更为复杂的问题,"其中既有大量的孳生词造成的同源字,也有许多方言词(原本一词,后来由于方音变化而词义没有分化,或者只有细微的差别,也造成同源字),也有在语言中实为一词,在文字上却写成不同的字(不是异体字)而造成的同源字"②。

以上是诸家就单音同源词的判定所展开的一些讨论,这些论述也为双音同源词的判定标准提供了重要参考。冯蒸(1987)在以往研究的基础上,讨论了同源联绵词的判定条件,他认为联绵词与单音词的判定标准相似,也要从语音、语义、语法等四个方面进行考察。需要强调的是,语法标准虽必不可少,但是在以往的讨论中却涉及不多,王力(1982:46)在讨论汉语滋生词时有过论述,"滋生词和原始词可

---

① 对于蒋绍愚提出的第3个条件,孟蓬生(2001:39)提出了一些质疑:"如果已知若干词有同一来源,这一条就已经足够,前两个条件就已经没有存在的必要。"其实,蒋绍愚在文后对第3条已经作了进一步的解释:"在这些音近的词中,难免有一些词是偶然意义相近,或者本不同源,因词义发展而变得意义相近、相关的,如果不考察其语源,而仅凭第一、二两个条件就断定它们是同源词,那就欠妥了。"为了回应孟蓬生的质疑,蒋绍愚(2015:322)又作了补充说明:"提出三个条件,主要是说并非音近义同的词都是同源词,在判定同源词时,除了音近义同之外,还要采取各种办法,比如追溯两个词的词义演变特点,来判断它们究竟是否同源。"
② 王力(1978)也注意到了这些问题,他指出"同源词产生的另一原因就是方言的差异","同源字必然是同义词,或意义相关的词,但是,我们不能反过来说,凡同义词都是同源字","通假字不是同源字,因为它们不是同义或义近的字","异体字不是同源字,因为它们不是同源,而是同字,即一个字的两种或多种写法","还有一类很常见的同源字,那就是区别字",等等。

能是同一词类……也可能不是同一词类,"① 语法标准的介入有利于深入分析同源词的词性转换,在语法范畴内讨论同源词的发展演变,目前这方面的研究还比较少。此外,冯蒸认为判定同源联绵词时,语音方面,"同源的诸联绵词必须声母一致",而且"前后两个音节必须互为叠韵,这种叠韵关系是在语根声母限制内的下位关系",语义方面,同源联绵词的语义要相同或相近。冯蒸的研究提供了有益的启示。在联绵字族音义关系的讨论上,殷焕先(1999:52)强调要关注不同的字族,不仅要研究同一个联绵字族的音义现象,而且"还要研究许多联绵字族所呈现的语音语义上的现象"。基于音义联系的系统性和语义引申的类同性,将不同词族的语义引申序列加以观照对比,以验证每个词族语义引申的正确性,我们称之为"系统观照法",此法同殷焕先所主张的"研究许多联绵字族所呈现的语音语义上的现象"有暗合之处。利用系统观照法得出的结论又可以修正词族语义引申的顺序(包括派生词的语义)。

借鉴前人的研究经验,我们认为双音同源词的判定要充分考虑到语音的外壳性和语义的内核性,故可以从四个方面拟定判定标准:

(1)语音相同或相近

(2)语义相同或相通

(3)语义系统对应

---

① 冯蒸认为联绵词族在语法范畴内是不存在词类转换的,"一般来说,联绵词一个独立的词类——状词。同源的联绵词当中没有不是同一类词的,目前还未见有杂入其他词类的例子……在词类一致这一特点上,同源联绵词和一般的单音同源词很不相同,在同一词族的单音同源词中,词类不同是很常见的现象。"我们不赞同冯蒸的观点,"某物的某一属性,通过滋生的渠道,可以变为该物的名称"(王力1982)这是一种很自然的范畴变化,即使是联绵词也不例外,如双音词"郎当",本是形容词,表悬垂貌,因铁锁链具有悬垂的特征,故"郎当"又引申转指铁锁链,由形容词转为名词,字作"琅当",今多作"镍铛"。《汉书·王莽传下》:"以铁锁琅当其颈,传诣钟官。"颜师古注:"琅当,长锁也。"王先谦补注:"以铁锁琅当其颈,犹言以铁锁锁其颈耳。"附注:"以铁锁琅当其颈"一句中误增一"锁"字,当作"以铁琅当其颈",王念孙已有考辨,《读书杂志·汉书·西域传》"锁"字条:"'后军候赵德使罽宾,与阴末赴相失,阴末赴锁琅当德,杀副已下七十余人。'念孙案:'琅当'上本无'锁'字,乃后人误取注文加之也。古者以铁连环系罪人,谓之'琅当'。《说文》作'琅铛',云'琅'也。琅,古'锁'字。'琅当德'即锁德也。故师古云'琅当,长锁也。'不得又于'琅当'上加'锁'字。又《王莽传》'以铁锁琅当其颈','锁'字亦后人所加。'琅当其颈'即锁其颈,不得又加'锁'字。《太平御览·刑法部十》引《王莽传》有'锁'字,则所见本已误。《白帖》四十五引作'以铁琅当其颈',无'锁'字。"

（4）音义同出一源

语音相近指双音词之间对应音节的声母、韵母都要相近。若以字母 ab 代表双音词 A 的两个音节，以 xy 代表双音词 B 的两个音节，要判定双音词 A(ab) 与 B(xy) 具有同源关系，语音上就要验证音节 a 与 x、b 与 y 的声、韵都要相近，这是对应项的验证，即不必再验证 a 与 y、b 与 x 的语音关系。

语义相通指的是语义在引申发展序列上的相承关系。即判定同源词时不能仅仅考虑某个或某些语义的相同或相近，而要详细考察音通的双音词之间在语义上的引申相承关系，如 A 词与 B 词语音相近，A 词为回旋义，B 词为骄横义，语义上似不相通，但据考察，回旋和骄横可以发生引申关系，回旋、盘旋义引申出安闲自得义，安闲自得义引申出恣睢纵驰义，恣睢纵驰义引申出骄横傲慢义，如此，A 与 B 在语义上便有相通之处。正如殷焕先(2015:394)所言："订定同源词，一不得仅以同音为准，二不得仅以同义为准，必须用'音以及音之发展变化'与'义以及义之引申转移'参伍检验，庶乎免于谬误"，此论甚确。

语义系统对应指同源词的语义及其引申义要与整个词族的语义发展相类，而不能有独立于系统之外的语义，这是"系统观照"的一个侧面。系统观照不仅对比不同词族的语义引申序列，而且也将整个词族与其成员之间对比。

音义同出一源指同源词的音义来源相同，是从同一个音义结合体引申而来的。因此，需要详细考察每个同源词的音义结构，排除那些因"偶然适会"而构成同源关系的词。蒋礼鸿(2001:99)曾考察过踟蹰与须臾的关系，从语音上看，它们语音相近，踟蹰，踟，上古音：定母支部；蹰，上古音：定母侯部。须臾，须，上古音：心母侯部；臾，上古音：喻母侯部。踟与须，定心临纽，支侯旁转；蹰与臾，定喻旁纽，侯部叠韵。踟蹰与须臾语义也相近，踟蹰有瞬间、片刻义，南朝梁何逊《与苏九德别》："踟蹰暂举酒，倏忽不相见。"《魏书·萧衍传》："运神器于顾盼，定宝命于踟蹰。"宋苏轼《和刘柴桑》："万劫互起灭，百年一踟蹰。漂流四十年，今乃言卜居。"须臾亦表瞬间义，《荀子·劝学》："吾尝终日而思矣，不如须臾之所学也。"明梁辰鱼《浣纱记·允降》："我劳心数年，提兵十万，深入敌境，克在须臾。"踟蹰与须臾音义皆近，似为同源关系，但是进一步考察"须臾"的结构，就会发现它们之间音义的偶合性。须臾之"须"本作"頿"，等待之义，《说文解字·页部》："頿，待也。"段玉裁改为"立而待也"，并注曰："今字多作需，作须，而頿废矣。"须臾之"臾"无实义，是一个与

"须"叠韵的词头,蒋礼鸿(2001:99)认为"等待则要度过短的时间……则'须'就是一会儿,前头加上双声的'斯'变成'斯须',或后头加上叠韵的'臾'变成'须臾',意义都一样。"蒋氏所言甚是。斯须正是片刻之义,《礼记·祭义》:"礼乐不可斯须去身。"郑玄注:"斯须,犹须臾也。"唐杜甫《哀王孙》:"不敢长语临交衢,且为王孙立斯须。""斯须"之"斯"亦无实义。所以,"须臾"来自于"须"的盈缩变易,而不是"踟蹰"的音转,两者之间只是音义的偶合而已。

汉语双音同源词是汉语史研究中一个非常重要的部分。从宏观角度而言,它体现了汉语词汇的系统性,对于构建汉语词汇史具有重要的参考价值。然而,目前双音同源词的研究有些滞后,研究内容比较零碎,多是个案研究,缺乏系统的理论阐述和规律总结。学界对双音同源词的概念内涵未充分展开,只有理清了这个基本前提,才能更好地在研究中利用双音同源词。

参考文献:

冯 蒸 1987《古汉语同源联绵词试探——为纪念唐兰先生而作》,《宁夏大学学报》第1期。

蒋礼鸿 2001《怀任斋文集·读〈同源字论〉后记》,《蒋礼鸿集》,杭州:浙江教育出版社。

蒋绍愚 2005《古汉语词汇纲要》,北京:商务印书馆。

陆宗达,王 宁 1994《训诂与训诂学》,太原:山西教育出版社。

孟蓬生 2001《上古汉语同源词语音关系研究》,北京:北京师范大学出版社。

孙常叙 2006《汉语词汇》(重排本),北京:商务印书馆。

沈怀兴 2014《〈语言学名词〉解释"联绵词"问题》,《宁波大学学报》第3期。

向 熹 1988《古代汉语知识辞典》,成都:四川人民出版社。

王 力 1978《同源字论》,《中国语文》第1期。

1982《同源字典》,北京:商务印书馆。

王 宁 1995《汉语词源的探求与阐释》,《中国社会科学》第2期。

1996《训诂学原理》,北京:中国国际广播出版社。

殷焕先 1999《联绵字简论》,《语海新探》(第4辑),济南:山东教育出版社。

2015《殷焕先语言学论文集》，北京：商务印书馆。
2015《"逍遥"释义》，《殷焕先语言学论文集》，北京：商务印书馆。
殷寄明　2000《语源学概论》，上海：上海教育出版社。
张　博　2003《汉语同族词的系统性与验证方法》，北京：商务印书馆。
钟敬华　1989《同源字判定的语音标准问题》，《复旦学报》第1期。
张世禄　1980《汉语同源词的孳乳》，《扬州师范学院学报》第3期。
2005《古代汉语教程》（第三版），上海：复旦大学出版社。

【作者简介】李彬，男，文学博士，云南师范大学文学院讲师。研究方向：汉语史及方言。

【附记】
　　本文是我博士学位论文《汉语双音同源词的衍生和发展》中的一节。博士论文的写作得到了董老师的悉心指导，借老师大寿之机，将此增改连缀成一篇小文，悉列贺寿文集之中。

中古"X用"类副词的产生与发展*

王晓玉

（郑州大学，文学院）

[摘 要]中古时"用"常与副词形成"X用"式，在句中作状语，这在译经中尤其常见。然而目前对此研究甚少，仅《中古虚词语法例释》指出"甚用"为并列式甚度副词，该解释并不确切。本文深入考察中古文献，发现"用"主要和程度副词，同时也可以和时间、范围、情状等副词搭配使用，其中"用"发生了虚化，具备副词词尾性质，"X用"也具备了成词资格。

[关键词]X用；副词；词尾；虚化

中古文献中存在"甚用"表示程度之义，使用频率较高，特别是在译经中，如①：

（1）父王忧虑，甚用患苦，深耻邻国，恐见凌嗤。（西晋·竺法护译《太子慕魄经》卷1，T03/408b）

（2）于彼法中，有诸比丘，夏坐三月，在于山林，坐禅行道，乞食处远，妨废行道，甚用疲劳。（南北朝·失译《撰集百缘经》卷9，T04/247a）

（3）焰花曰："髡头沙门非为是佛，佛道难得。"陶者闻之甚用不悦，以手捉发："卿不信者可俱往质也。"（西晋·竺法护译《慧上菩萨问大善权经》卷2，T12/162b）

（4）时王闻已，甚用感伤，悲叹良久，谓尊者曰："猥以余福，幸遵前绪，去圣虽远，犹为有幸，敢忘庸鄙，绍隆法教，随其部执，具释三藏。"（唐·玄奘译，辩机撰《大

---

① 本文所用语料，译经源于CBETA，中土文献源于"中国基本古籍库"和"中古汉语研究型语料库"。

唐西域记》卷3，T51/886b）

这4例中"甚用"均位于谓语前，完全可以视作表程度高义的副词，在句中作状语，方一新、高列过（2012:154—155）曾注意到"甚用"的这一用法，并补充列举了"大用、深用、极用"，认为它们均为程度副词，然而并未深入探讨它们的性质、来源、发展。目前仅见《中古虚词语法例释》将其收为词条，认为"甚用"相当于"甚"，常见于魏晋时期的佛经，"常用于表示心理活动的动词之前，表程度之甚，可译为'很''非常'"。此外，该书还认为"甚用""又可单作'用'，亦为'很''非常'之义，实乃'甚用'之缩略形式"，并引证如下：

（5）婢答大家："今有佛僧在其门外，乞食立住，我持此食，用布施尽。"大家闻已，寻用欢喜。（南北朝·失译《撰集百缘经》卷8，T04/239a）

（6）时诸贵姓妇女，见其如是，心用憔悴，不乐于俗。（北魏·慧觉等译《贤愚经》卷3，T04/367a）

（7）诸比丘尼，闻说是语，心用惘然。（北魏·慧觉等译《贤愚经》卷3，T04/367a）

本文认为，该释义中对"甚用"的解释是准确的，但对"用"的解释有失偏颇，具体存在以下两点疑问：

1）在解释"用"作程度副词时，所引例证并不能很好证明该义。

例（5-7）中，"用"后均为心理动词作谓语，虽然将其解释为程度副词在句法和语义上都完全行得通，但主流词典并未收录该释义，且这三例中"用"作其他解释也有可能，"用"在上古时期已经产生连词用法，表示"因而、因此"，《汉语大词典》引的最早例证为：

（8）有扈氏威侮正行，怠弃三正，天用剿绝其命。（《尚书·甘誓》）

例（6-8）在句式、语境上存在相似点。句式上，"用"位于主谓之间，其中前两例无宾语，谓语是心理动词，后一例有宾语，谓语是一般动词。语境上，"见其如是"与"心憔悴"，"闻说是语"与"心惘然"，"有扈氏威侮正行，怠弃三正"与"天剿绝其命"间存在着隐含的因果关系。因此如例（8），前两例的"用"看作"因而、因此"也全无不妥。

例（5）中"用"出现于时间副词"寻"之后，其实"寻""用"二字经常连用，如：

（9）前诣佛所，寻持此缕，奉施世尊。世尊受已，即现衣破，寻用缝衣。（南北朝·失译《撰集百缘经》卷1，T04/205a）

（10）即卖舍宅，得六十万金钱，寻用即买牛头栴檀。（南北朝·失译《撰集百缘经》卷3，T04/213b）

（11）时梨者弥，即送与王，寻用作食，以与夫人。夫人食已，病得除愈。（北魏·慧觉等译《贤愚经》卷7，T04/400a）

与例（5）不同的是，这3例中"寻用"分别修饰谓语"缝、买、作"，它们都不具备程度量特征，因而其中"用"显然不可能解释作"很、非常"。此外，例（10）中如果"用"是程度副词，"用"前、后的"寻、即"都为时间副词，这在句法上也不成立。

2）除了"甚用"，中古以降①还出现了一些其他"X用"组合，这些组合与"甚用"结构相似、用法相同，其中X绝大多数为副词，"X用"整体在句中作状语，如下例中"深用、弥用、倍用、大用"等：

（12）波斯匿闻深用惊惶，即往诣佛，具白斯事。（北魏·慧觉等译《贤愚经》卷7，T04/398b）

（13）既见国家别敬，弥用疲心，乃上废佛法事十有一条云，佛经诞妄言妖事隐，损国破家未闻益世，请胡佛邪教退还天竺，凡是沙门放归桑梓，则家国昌大李孔之教行焉。（唐·释道宣撰《广弘明集》卷25，T52/283a）

（14）亦令得欢喜者，出言向人必使有益，前人闻者倍用欢喜，不被骂詈来彼骂辱，是故说曰，亦令得欢喜也。（姚秦·竺佛念译《出曜经》卷11，T04/667b）

（15）一心禅定，除却五欲、五盖，欲得心乐，大用精进，是故次忍辱说精进波罗蜜。（后秦·鸠摩罗什译《大智度论》卷18，T25/196b）

这4例中"用"显然不能简单归为"甚用"的省略形式，也不能统一解释为"很、非常"，"用"在词典中的释义也不能很好地解释这几例。"深用、弥用、倍用、大用"究竟是不是词？"用"又是什么性质的语言单位？"用"的虚化渊源所自及发展演变过程又是怎样的？这正是本文主要探讨的内容。

一、"副+'用'"的搭配及功能

中古时期，"用"可以跟多个副词搭配成"X用"结构，在句中可以看作状语，

---

① 关于汉语史的分期，方一新（2004）指出：以东汉为界，把西汉列为过渡期和参考期，把古代汉语分成上古和中古两大块，以东汉魏晋南北朝隋为中古汉语时期。

其中"X"均为单音节副词①,程度副词超过了半数之多,也有少量时间、范围、情状副词等,"X用"在句中作状语,修饰其后动词,常见于佛经的四字格句式中,中土文献中亦有用例,各类副词可以与"用"结合的数量不同,下面分别对各类副词与"用"结合的情况进行说明。

1. 程度副词 + "用"

不少程度副词都可以与"用"结合,其中按程度高低又可以分为甚度、比较度、微度。

文献所见与"用"结合的甚度副词有"甚、大、颇、深、良、极"6个,用例分别如下("甚用"见例(1-4)):

(16)尔时,国王波斯匿夜梦见十事,王即觉悟,大用愁怖,惧畏亡国及身、妻、子。(苻秦·昙摩难提译《增一阿含经》卷51,T02/829b)

(17)初云弘法次断鱼肉,验今意行颇用相符,其有机神变化,人莫敢竞其类者,云得此告弥深弘演云尔。(唐·道宣撰《续高僧传》卷5,T50/463c)

(18)其妇怀妊,月满生男,形容严妙,世之少双。父母喜庆,深用自幸,便请相师,令占吉凶。(北魏·慧觉等译《贤愚经》卷13,T04/441b)

(19)姚兴闻去怅恨,乃谓道恒曰:"佛贤沙门,协道来游,欲宣遗教,缄言未吐,良用深慨。岂可以一言之咎,令万夫无导。"因勒令追之。(南朝梁·慧皎撰《高僧传》卷2,T50/334b)

(20)尔时提婆达多患于头痛,昼夜不得眠寐,极用苦恼。(北凉·浮陀跋摩共道泰等译《阿毗昙毗婆沙论》卷43,T28/323c)

"甚用、大用、颇用、深用"在古籍中使用较频繁,其中"颇用"更多出现于中土文献中,"良用、极用"使用频率较低,其在中土文献中的用例分别至隋朝、宋朝才出现。以上各例中,加点字在句中作状语,除"颇用"修饰一般动词外,其余均修饰心理动词或词组,它们的语义和"甚、大、颇、深、良、极"基本相同,均表甚度义,可译为"很、非常"。例(18)中"自"作状语修饰"幸",再整体被"深用"修饰,例(19)中"良用"与"深"均作状语,语义相近,修饰"慨",表示感慨的程度深。

---

① 形容词"难"、情态助动词"当"也形成了"难用、当用",相对于副词,这种只是个例。

文献所见与"用"结合的比较度副词有"倍、更、弥、益"4个,用例分别如下:

(21)油师夫妇,见其神变,**倍用**欢喜,甚增敬仰,夫见是已,便语妇言:"汝所施油,当共同福受果报时,共为夫妻。"(北魏·慧觉等译《贤愚经》卷2,T04/365b)

(22)养,水名也,俗以是水为沙水,故亦名之为沙城,非也。又城处水之阳,而以阴为称,**更用**惑焉。(《水经注·汝水》)

(23)世宗谓之曰:"我为尔娶郑述祖女,门阀甚高,汝何所嫌而精神不乐?"睿对曰:"自痛孤遗,常深膝下之慕,方从婚冠,**弥用**感切。"言未卒,呜咽不自胜。(《北齐书·赵郡王琛》)

(24)我又览历,诸天人神,所共宗奉,安住诸子,不以奇雅,**益用**寂然,履行定隐,无所猗着,犹如师子,开化度众,令发道意。(西晋·竺法护译《正法华经》卷1,T09/64c)

"益用、倍用、弥用"在古籍中使用较频繁,其中"弥用"仅出现在中土文献中,"更用"使用频率很低,仅见此一例。"倍用、更用、弥用、益用"均在例句中作状语,语义与"倍、更、弥、益"基本相同,可译为"更加、越发",其中"倍用、更用、弥用"修饰心理动词,"益用"修饰形容词。

文献所见与"用"结合的微度副词有"差、粗"2个,用例分别如下:

(25)王闻是语,**差用**释忧,即语医言:"能尔者善。"(北魏·慧觉等译《贤愚经》卷2,T04/364b)

(26)天禧四年,驸马李(遵勖)委曲奏请师号真宗特赐法智大师。至天圣五年冬,卧疾虽**粗用**医治,而不替说法。(宋·宗晓编《四明尊者教行录》卷7,T46/920a)

"差用、粗用"所见用例特别少,在译经中均仅见此1例,"差用"至宋朝才在中土文献中出现少量用例。两者均在例句中作状语,"差用"修饰动宾结构"释忧","粗用"修饰一般动词"医治",其语义和"差、粗"基本相同,均表微度义,可译作"稍微、稍稍"。

2. 其他副词+"用"

能与"用"结合的其他副词比较少,不像程度副词那样整齐,具体而言:时间副词有"寻""即",表不久以后义;范围副词有"普""悉""皆",表总括义;情状副词

有"渐",表逐渐义。它们的用例分别如下①("寻用"见上文例(5)、例(9—11)):

(27)王信狂愚,谓为审然。即用愁忧,坐起不宁,伎乐不御,服美不甘。(西晋·竺法护译《太子慕魄经》卷1,T03/408b)

(28)行正法业,顺三宝教令不断绝;晓劝助业,勤化众生严净佛土;权方便业,普用具足一切憨智。(唐·菩提流志译《大宝积经》卷8,T11/43a)

(29)见所在处,佥然护之,察所讲法,悉用欣然。(西晋·竺法护译《正法华经》卷8,T09/121b)

(30)不观内态,不复狐疑,信之如一,以诸衣被及钵、震越诸供养具,皆用托之。(西晋·竺法护《生经》卷1,T03/72a)

(31)具行十恶远离十善,是恶人辈渐用增多,日别常有一千二千乃至数千官司捕采。(隋·阇那崛多译《大法炬陀罗尼经》卷10,T21/706b)

这一类组合在检索结果中并不多见,中土文献中尤其少用②,其中"寻用、普用"至唐朝时才在中土文献中见到用例。以上各例中"寻用"可译作"不久以后","即用"可译作"就、于是","普用、悉用、皆用"可译作"都、全","渐用"可译作"渐渐",它们的语义分别和"寻、即、普、悉、皆、渐"基本相同,均在句中作状语,其中"用"不表实义。上例中"即用、悉用"修饰心理动词"忧愁、欣然","普用、皆用"修饰动宾结构"具足一切憨智、布见众人""托之","渐用"修饰一般动词"增多"。

总体而言,"X用"中"用"的语义比较虚,其主要表义成分是副词"X",以程度副词居多,覆盖面也较全、较广,与其他类副词结合不具有规律性,使用频率也相对较低。

---

① 高频情态助动词"当"也可与"用"结合,如姚秦竺佛念译《出曜经》卷14:"积善得善行者,夫欲学道当用渐渐,如初禅所行二禅为妙,二禅所行三禅为妙,三禅所行四禅为妙,是故说、积善得善行也。"(T04/687a)其中"当用"用如"应",可译作"应当"。同"副+用"情况类似,此例中"用"亦已经虚化,此种情况虽为个例,但也在"用"的虚化过程中占有一席之地,因此下文在阐述"用"的来源及虚化时亦将其计算在内。

② 可以与"用"搭配的副词有很多,但绝大多数用例中"用"并未完全虚化。事实上,本节示例中有的"用"也含有语义残留,如"即用"中"用"也含有原因义,"皆用"中"用"也可看作"以",这属于"X用"词汇化的中间阶段,本小节不作具体区分,统一将其视为整体作状语。

445

二、"用"的来源及虚化

从甲骨文字形来看,"用"是象形字,本义为桶。于省吾《甲骨文字释林》卷下"释用":"'用'字初文作⊕,象甬(今作桶)形,左象能甬体,右象其把手。"李孝定《金文诂林读后记》卷3:"用本为甬,乃名辞,于六书为象形。"后来"用"由日常用器之桶形引申为动词,表示"施行、使用"之义,用例如:

(32)大刑用甲兵,其次用斧钺,中刑用刀锯,其次用钻笮,薄刑用鞭扑,以威民也。(《国语·鲁语上》)

(33)侯氏用束帛、乘马傧使者,使者再拜受。(《仪礼·觐礼》)

(34)取半以下为投壶礼,尽用之为射礼。(《礼记·投壶》)

正如例(33-34)所示,动词"用"经常处于"(S+)V1+O1+V2(+O2)"句式中前一动词V1的位置,因此逐渐引申虚化,发展成为介词。"用"的这一虚化过程发生得很早,先秦时期"用"就已经"明确地具有介词身份"(马贝加,2002:2),主要用于引进动作所使用的工具,后这一用法又类推至其他相关语义范畴,其后宾语范围相应得到了扩展,"用"与宾语的语义关系也变得多样化,不仅包括具体工具,如例(35),也包括"抽象工具",如凭借、依据、对象、原因等,用例分别如(36-39):

(35)其剑长尺有咫,练钢赤刃,用之切玉如切泥焉。(《列子·汤问》)

(36)秦王曰:"当今诸侯力争,所务兵食而已。若用仁义治吾国,是灭亡之道。"(《列子·说符》)

(37)事已,皆各以其贾倍偿之。又用其贾贵贱、多少赐爵,欲为吏者许之,其不欲为吏而欲以受赐赏爵禄,若赎出亲戚、所知罪人者,以令许之。(《墨子·号令》)

(38)安曰:"逐麋之狗,当顾菟邪!且用皇后为尊,一旦人主意有所移,虽欲为家人亦不可得,此百世之一时也。"(《汉书·外戚传》)

(39)天降威,我民用大乱丧德,亦罔非酒惟行;越小大邦用丧,亦罔非酒惟辜。(《尚书·酒诰》)

可以看出,当"用"后面引介的是抽象工具时,所引介内容的语法性质也变得复杂起来,不仅可以是名词、代词,如例(35-36),还可以是短语、小句等,如例(37)。在某些情况下,"用"后的引介成分可以提前,或者省略,如:

(40)虽尔身在外,乃心罔不在王室,用奉恤厥若,无遗鞠子羞!(《尚书·康

王之诰》)

（41）以居摄三年为初始元年，漏刻以百二十为度，用应天命。(《汉书·王莽传上》)

（42）诸司市常以四时中月实定所掌，为物上、中、下之贾，各自用为其市平，毋拘它所。(《汉书·食货志下》)

前2例中"用"表示凭借，后1例中"用"表示依据，也有表示原因的，如前文例(8)，这几例中"用"后的引介成分在前文已经提到过，分别是"乃心""以百二十为度""物上、中、下之贾"，省略后并不影响语义表达。这种省略不仅使语言整齐、简洁，也显得句子主干更加清晰，句法更加合理。"X用"正是在这种情况下产生的，再如：

（43）自是之后，李氏名败，而陇西之士居门下者皆用为耻焉。(《史记·李广列传》)

（44）事不得已，俛仰放舍，遣人载出，当埋弃之。悉取太子所有衣被、璎珞、珠宝，皆用送之。(西晋·竺法护译《太子慕魄经》卷1,T03/408c)

（45）唯听以一金盘银盘为王送食，王得此盘即用施与鸡头摩寺。(梁·僧伽婆罗译《阿育王传》卷3,T50/110c)

（46）夫视妇亦有五事：一者出入当敬于妇；二者饭食之，以时节与衣被；三者当给与金银珠玑；四者家中所有多少，悉用付之；五者不得于外邪畜传御。(西晋·竺法护《大六向拜经》卷1,T01/251b)

（47）诸夫人、媒女自生念言："我等不宜将此宝物还于宫中，若王于东方设大祀时，当用佐助。"(后秦·佛驮耶舍共竺佛念译《长阿含经》卷15,T01/100a)

（48）尔时摩偷罗国有一长者，初甚巨富后渐渐贫，唯有五百银钱，生心念言："欲于佛法出家修道。若我出家之后，须汤药衣服当用买之。"(南朝梁·僧伽婆罗译《阿育王经》卷10,T50/167a)

（49）时梨耆弥归家问曰："前种稻米，为获实不？欲得与王治夫人病。"儿妇答言："家内丰多，若用作药足周一国，不齐一人也。"时梨耆弥，即送与王，寻用作食，以与夫人。夫人食已，病得除愈。(北魏·慧觉等译《贤愚经》卷7,T04/400a)

例(43-46)中，"用"后的引介成分分别当为前文提到的"李氏名败""太子所有衣被、璎珞、珠宝""盘""家中所有",因此"用"的宾语都承前省略了①,"皆、即、悉"与"用[ ]"均分别独立修饰其后动词"为、送、施与、付","用"后面的介引成分虽然省略了,但前文已出现过,并不影响理解。例(47)中"用"的宾语为"此宝物","当""用[ ]"分别修饰其后动词"佐助","用"的宾语承前省略了,且"用"与"此宝物"间隔较远。例(48)中"用"的宾语为"银钱",同样,"当""用[ ]"分别修饰其后动词"买","用"与"银钱"间隔较远,且用钱买东西是常识,此处"用银钱"与"买"存在语义羡余,已没有必要同现了,这种语境下"用"的语义极容易虚化。

前文所说的"寻用"亦是如此,例(9)中"用"为介词,其后引介"缝衣"所消耗的材料"缕",虽然"缕"出现的位置与"用"相隔较远,但还是承前省略了,译经中普遍存在着四字格句式,句式的限制使得这种省略更常见。例(11)中"用"后省略了"作食"所用材料"稻米","稻米"出现的位置与"用"相隔更远,完整语境如例(49)。介词的宾语省略、前文实际宾语与后文介词相隔较远、介词宾语与其它句法成分存在语义羡余,这3种情况都为"用"虚化提供了句法和语义上的前提。类似用例在中古时期存在很多,又如:

(50)若持自身供养于佛,善男子!汝更不得言我自在,汝以此身已用施佛。(隋·阇那崛多译《无所有菩萨经》卷3,T14/689c)

(51)彼闻勅令已,莫瞋谪罚我。愚凡以此势,常用自活命。(失译《大方广三戒经》卷2,T11/696a)

(52)一切佛土、诸佛世尊所化人民……则以佛眼皆用明观一切诸法;法藏秘典圣耀所照,则以天耳遥闻诸佛所宣经法。(西晋·竺法护译《佛说文殊师利净律经》卷1,T14/450a)

这些例句中"用"均存在两种解释:其一,"以此身""以此势""以佛眼"中"以"与其后"用"均为介词,语义重复,宾语也相同,"用"的宾语发生了承前省略;其二,"用"附着于副词,已经虚化不表义了。事实上,这几例中"用"进一步虚化了,

---

① 例(44-45)中,"用"后成分省略不仅仅因为前文出现过,也与句式相关,句例中"悉取"与"送"、"得"与"施与"分别是接连发生的动作,前一动词表取得义,后一动词表给予义,这在古汉语中通常使用句式"V取得+O转移物(+以)+V给予+O接受者"来表达,如:《左传·成公十六年》:"子臧尽致其邑与卿而不出。"《左传·僖公二十八年》:"我执曹君,而分曹、卫之田以赐宋人。"据此,"用[ ]"在例句中并非必要,但因译经音步和句式的限制而存在,此处"用"更接近于无义成分。

"用"及其宾语都已经完全没有必要出现了,"用"的存在更多是为了补足其前副词"已""常""皆"的双音音步和所在句的句式韵律。同样的,前文例(5)中,"寻用"修饰的是心理动词"欢喜",此时已经很难找到"用"的宾语,虽然"用"也可以看作"因此",但这只是"用"作为介词表原因用法的语义残留,上下文所表达的因果关系并不明显,"用"完全可以理解为无义成分。前文例(10)中,"用"与动词"买"之间出现了时间副词"即",如果认为此处"用"是介词,其后虽然也可以分析出一个介词宾语的空位,并根据前文补出"买"的工具为"金钱",但在句法上是不合理的,"寻""即"均为时间副词,在句中作状语,前者义为"不久",后者义为"即、便",两者间不可能插入表示工具的介宾短语作状语,也就是"用[ ]"要么不出现,要么出现在"寻即"之后。可以断定,此例中的"用"已经虚化为副词"寻"后的无义成分。

总体而言,"用"的虚化大致经历了五个阶段:

1)动词虚化为介词;由于常出现在句式"(S+)V1+O1+V2(+O2)"中前一个动词的位置,"用"由动词逐步虚化为介词;

2)语义泛化;"用"引介工具的用法类推至相关的抽象语义范畴,可引介凭借、依据、对象、原因等,引介内容的语法性质也更加复杂,可以是词、短语、小句等;

3)介词悬空;或为提高表达的简洁性,或因引介内容过于复杂,不适合出现在介词之后,"用"的宾语常常省略;

4)语义残留;由于"用"后的宾语常常省略、前文宾语与其后介词距离较远、宾语与其他句法成分存在语义羡余等原因,"用"的宾语不必或不能补全。此期"用"或多或少还保留着各类介词的语义,绝大多数可以作两种解释。

5)完全虚化;在中古双音化、译经特殊句式的推动下,"用"逐渐失去了介引作用,变成了纯粹无义的成分,依附于其前副词。

前三个阶段主要发生于上古时期,后两个阶段主要发生在中古时期。在第四阶段中,"用"前的副词为其完全虚化提供了必要条件,使它在有所依附的条件下,由于中古双音化趋势、译经特殊句式的限制,语义进一步完全虚化。

三、"副 + '用'"的性质

"用"虚化后可以与多个副词结合使用,其中以程度副词数量最多,也比较成体系。要判断"用"的性质,就需要搞清楚"用"与各个词结合、使用、虚化的具体情况。

由此对"X用"结构在中土文献和译经文献中的初现时代进行统计,如下表所示:

表1 "X用"在中土、译经文献中的虚化时代

词类		X	X用	中土文献书证及朝代		译经书证及朝代	
程度副词	比较度	颇	颇用	《宋书》	南北朝	——	
		倍	倍用	《魏书》	南北朝	《修行道地经》	西晋
		益	益用	《与朝歌令吴质书》	三国	《生经》	西晋
		弥	弥用	《北齐书》《续高僧传》	唐朝	——	
		更	更用	《水经注》	南北朝		
	甚度	甚	甚用	《元经》	隋朝	《持人菩萨经》	西晋
		大	大用	《风俗通义》	东汉	《修行道地经》	西晋
		深	深用	《后汉记》	东晋	《放光般若经》	西晋
		良	良用	《三国志注》	南北朝	《方等三昧行法》	隋
	极度	极	极用	《乐善录》	宋朝	《阿毗昙毗婆沙论》	东晋
	微度	差	差用	《文恭集》	宋朝	《贤愚经》	南北朝
		粗	粗用	《四明尊者教行录》	宋朝	——	
时间副词		寻	寻用	《晋书》	唐朝	《撰集百缘经》	南北朝
		即	即用	《论语义疏》	南北朝	《太子慕魄经》	西晋
		已	已用	《仪礼注》	东汉	《摩诃僧祇律》	东晋
范围副词		普	普用	《经效产宝》	唐朝	《持心梵天所问经》	西晋
		悉	悉用	《后汉书》	南北朝	《正法华经》	西晋
		皆	皆用	《史记》	西汉	《生经》	西晋
情状副词		渐	渐用	《宋书》	南北朝	《大法炬陀罗尼经》	隋朝
		徒	徒用	《包孝肃奏议》	宋朝	——	
频率副词		常	常用	《汉书》	东汉	《大方广三戒经》	东晋
		数	数用	《二王杂帖》	南北朝		
语气副词		谅	谅用	《水经注》	南北朝		
助动词		当	当用	《孔子家语》	三国	《增一阿含经》	东晋

可以看出,"X用"结构中最早出现的是"皆用",见于《史记》,随后东汉出现得稍多,有"大用、已用、常用"。总体上,"X用"在译经中的首现时间比较集中,主要介于东汉至隋朝之间,而在中土文献中则跨度较大,最早是西汉,最晚至宋朝。这一趋势在下表中表现得更加明显:

表二 "X 用"在中土、译经文献中初现时代个数对比

	西汉	东汉	三国	西晋	东晋	南北朝	隋朝	唐朝	宋朝
中土	1	3	2	—	1	9	1	3	4
译经	—	—	—	9	4	2	2	—	—

就"X 用"的初现时代来看,"X 用"在译经与中土文献中的初现时间很具有特色:两汉、三国时期,"X 用"式首先在中土文献中萌芽并得以发展;两晋时期,译经中新生的"X 用"式突然增多,而中土文献中仅在东晋时产生 1 个;东晋以后才又在中土文献中渐渐活跃起来。该表反应出了"X 用"发展演化过程中所经历的三个历史时期:

1)两汉、三国时期,高频词"皆、已、常、即"等经常与"用"搭配使用,由于介词悬空、前文宾语与介词相距较远、介词宾语与其他句法成分存在语义羡余等原因,其介词属性渐渐模糊,成为句中可有可无的成分,西汉时期"用"出现了虚化的萌芽,并率先形成了"皆用",东汉时期"用"在中土文献中继续其虚化进程,"X 用"式初步形成。

2)两晋时期,由于东汉末年佛经传入汉地,汉语史进入中古时期,词汇加快了向双音化发展的节奏,再加上译经中特殊句式、双音音步的要求,此时迫切需要语义较虚的字来辅助构词、成句,这一要求促使了"用"在译经中进一步虚化。因此,两晋时期新生的"X 用"式在译经中突然增多,既有词汇化形成的,如"悉用、常用、寻用",也有类推作用形成的,如"甚用、大用",此期"X 用"在译经中的发展速度大大超过了中土文献①。

3)南北朝至宋朝,由于译经的传播范围很广,其语言现象必然会影响到中土文献,因此南北朝至宋朝,更多的"X 用"在中土文献中得以类推产生,如"更用、颇用、粗用"等。而此时译经用语逐渐得以规范,译经中"X 用"的能产生性也随之降低。

就"用"搭配的词类来看,数量最多、最成体系的组合是"程度副词 + '用'",有半数之多,但此类组合中的绝大多数成员并未体现出语法化过程,如"倍用、益用、甚用、大用、深用",它们在译经中出现较早、使用较多,首现时其中的"用"已经虚化,整个组合在语义和用法上与其前单音副词并无差别。

---

① 方一新、高列过(2012:155)指出,译经中"程度副词 + 用"的可靠用例都不早于西晋。据本文考察确是如此,不仅"程度副词 + 用",译经中其它"X 用"式的产生也都不早于西晋。

综合看来,与"用"结合的副词非常具有局限性,主要有以下两个来源:

1)双音化作用下的语法化,"用"在介词悬空的基础上发生了语法化,并在与高频词"皆、已、常、悉、当"等的组合中虚化,形成"皆用、已用、常用、悉用、当用"等组合,这些组合与"皆、已、悉、常、当"语义、功能相同,在这一语法化过程中,双音化起到了至关重要的作用。当然也有一些副词,虽然经常与"用"组合使用,但并未经历最后的完全虚化过程。

2)类推作用,"X用"的类推作用在程度副词中表现得很明显。它首先体现在译经中,佛教重视人类道德、心灵的觉悟和进步,因此佛经中有很多训诫人们修心的内容,心理动词的运用也就非常丰富,而程度副词的重要功能之一就是修饰心理动词。东汉末年,大量译经传入中土,这些译经中有着丰富的程度副词,为了满足中古双音化趋势、译经特殊句式限制,常位于副词后的"用"进一步虚化,形成"X用"式组合,这一用法类推至译经中丰富的程度副词,由此形成了一批高频稳定的双音组合,如"倍用、益用、甚用、大用、深用"等。它们在译经中的广泛使用又进而影响到中土文献,"更用、大用、颇用、粗用、普用、渐用"等在中土文献中亦有使用,如:

(53)吾监抚之暇,事隙之辰,颇用谭笑娱情,琴樽闲作,雅篇艳什,迭互锋起。(《陈书·文学传·陆瑜》)

(54)自兹迄今,弥历年载,画一之制,渐用颓弛。(《宋书·武帝纪中》)

(55)颜间也,父母亦察怜之,粗用满意。(宋·赵鼎臣撰《竹隐畸士集》卷14)

从以上分析来看,通过语法化、类推作用分别形成了一部分"X用"组合,这两类组合的形成过程中,中古的双音化趋势和译经四字格句式起到了重要的推动作用。然而仅凭借韵律来判定"用"的性质并不可靠,还需要断定这类组合是否具有词的性质(刘传鸿,2018:20)。如果仅从韵律角度来判断,"用"既可能是词缀,也可能是起补充音节作用的衬词,这就需要按来源的不同分别探讨"X用"的成词性:

1)在"用"的语法化过程中,出现在"用"前面、与"用[ ]"一起作状语修饰其后动词的,不仅仅有副词,如前文提到的助动词"当",也有少量形容词,如"难":

(56)有绥阳小谷,虽山崖绝险,溪水纵横,难用行军,昔逻候往来,要道通入。(《诸葛武侯文集·与兄瑾书》)

(57)径郑卫尉城西,魏事已久,难用取悉,推旧访新,略究如此。(《水经注·沔水》)

"难用"与"难以"类似,"难以"至迟在东汉末年成词(陈晨,2016:19),并沿用至今。"用"在上例中已经完全虚化,无法作为介词、补出宾语,可以判定这两例中"难用"和"难以"性质相同,已经发生了词汇化。形容词作状语构成"形+'用'"并发生词汇化的只是个例,"副+'用'"与此情况类似,因此"皆用、悉用、寻用、即用"等也应当是词汇化的产物,"介词一旦悬空,前附就逐渐转化成后附缀,词汇化完成后则成了构词后缀"(张谊生,2015),可以断定,副词促使"用"进入了语法化的最终阶段,也是"副+'用'"词汇化的阶段。

2) 类推而来的"X用":在语义、语法功能上,与"X"完全相同;在使用频率上,不少组合使用频率较高,如"倍用、益用"等,特别是在译经中;在使用范围上,完全虚化的"用"主要与上文所列副词结合,但并不具备与其他单音词组合补足音步的功能。此外,这些组合的用法从译经扩散至中土文献,其使用范围也不再仅限于韵文。

四、小结

"X用"是中古时期出现的一系列副词,译经中使用尤其频繁,其中"用"是一个使用范围有局限性的副词后缀。它的发展演变很具有典型性和代表性,中古时期,随着汉语的双音化趋势和译经活动的繁盛,产生了一系列由词向词缀发展的平行虚化现象,并诞生了一些新的词缀,如"复"(动词→副词→副词词缀),再如"自"(代词→副词词缀),"用"亦是其中一员。

"用"在先秦时期已经由动词虚化为介词,两汉时期,介词"用"的宾语常常省略,在与高频词"当,已、常、皆、寻、即、悉"等的组合中,其语义进一步虚化,"用"渐渐降格成为副词的词缀成分,至此"X用"形式初步形成。两晋时期,由于译经活动繁盛,为了满足中古双音化趋势及译经特殊句式的限制,"X用"在译经中词汇化的进程加快,同时"用"的词缀用法发生了类推,主要与程度副词等结合,形成了"倍用、益用、甚用、大用、深用"等一系列词,不仅使用频繁,范围也进一步扩展至中土文献,此期"X用"发展繁盛。

"用"的词缀用法生存时间并不长,它随着东汉末年译经的繁盛而繁盛,隋唐时期已逐渐走向衰微,这与"用"自身的语义相关,"用"的核心语义是"使用、作用",虽然它很早就完成了虚化,但其动词、名词、介词用法一直在汉语中保持着热度,从而排挤了"用"的词缀用法。

参考文献：

陈　晨　2016《"难 X"双音词词汇化及相关问题研究》，华中师范大学。

董志翘、蔡镜浩　1994《中古虚词语法例释》，长春：吉林教育出版社。

方一新　2004《从中古词汇的特点看汉语史的分期》，《汉语史学报》第 4 辑，上海：上海教育出版社。

方一新、高列过　2012《东汉疑伪佛经的语言学考辨研究》，北京：人民出版社。

付义琴、赵家栋　2007《从明代小说中的"正""在"看时间副词"正在"的来源》，《中国语文》第 3 期。

葛佳才　2003《谈词尾"手"的虚化》，《语言研究》第 2 期。

江蓝生　2016《超常组合与语义羡余——汉语语法化诱因新探》，《中国语文》第 5 期。

李孝定　1982《金文诂林读后记》，中央研究院历史语言研究所。

刘传鸿　2018《中古汉语词缀考辨》，北京：北京大学出版社。

吕　澂　1980《新编汉文大藏经目录》，济南：齐鲁书社。

马贝加　2002《近代汉语介词》，北京：中华书局。

王兴才　2010《副词后缀"为"的形成及其类推范围》，《古汉语研究》第 2 期。

吴福祥　2017《试谈语义演变的规律》，《古汉语研究》第 1 期。

杨荣祥　2004《论汉语史上的"副词并用"》，《中国语文》第 4 期。

于省吾　2017《甲骨文字释林》，北京：商务印书馆。

张谊生　2015《从介词悬空到否定副词——兼论"无以"与"难以"的共现与趋同》，《语言教学与研究》第 4 期。

【作者简介】 王晓玉，女，文学博士，郑州大学汉字文明研究中心研究员。研究方向：汉语史、语料库。

（本文发表于《中国语文》2019 年第 6 期）

试论王念孙的联绵词观

朱圣洁

（北京师范大学文学院）

[摘　要]"联绵词"是中国语言发展历程中出现的一种特殊现象,清代的王念孙是使联绵词研究逐步系统化、理论化的训诂大家。王氏在《广雅疏证》《读书杂志》中关于联绵词的阐释与研究,分析精细,成就颇高。在探究联绵词的成因及特点方面,王氏的论述尤为精彩。但由于时代局限及其他因素的影响,王氏对于联绵词的认识也并非完全正确,还存有一些可商榷之处。从先辈时贤的论述中可以发现联绵词理论是在前人研究的基础上不断发展推进的。

[关键词]联绵词;王念孙;因声求义

"联绵词"是中国语言发展历程中出现的一种特殊现象,早在西周中后期的金文中已有记录。春秋以后联绵词的数量急剧上升,随着复音词的不断增加,联绵词开始频繁地出现在诗歌文赋中。尽管古代的训诂学家很早就开始关注联绵词这种现象,也对其进行了一定的搜集整理及研究工作,但由于汉语以单音节词为主、汉字为表意文字等特点掩盖了字与词的区别,使得联绵词的定义众说纷纭。

一、古今联绵词观的差异

20世纪40年代以前的传统语文学著作中关于联绵词的称谓众多,如"联绵字""讔语""连语"等。"联绵字"的称谓最早见于宋代张有《复古编》。张书中为"联绵字"单立一个门类,共收联绵字58个,既有合成词,如怀抱、踪迹、千秋等;也有单纯词,如琉璃、骆驼、袈裟等。但此书并未对"联绵字"的概念做出解释,只是对这类词采用了整体训释的方法,如"消摇,犹翱翔也""差沱,失时也"。王国维在《联绵字谱》里把联绵字分为"双声""叠韵""非双声叠韵"三部分,目的是"经之以声而纬之以义,以便于穷其变化,观其会通"。他认为"联绵字,合二字而成一语,其实犹一字也"。"謰语"一称首见于明方以智《通雅·释诂·謰语》题解:"謰语者,双声相转而语謰謱也。"将謰语界定在声母有联系的双音词范围内。"连语"之称出自清王念孙《读书杂志·汉书第十六·连语》:"凡连语之字,皆上下同义,不可分训。说者望文生义,往往穿凿而失其本指。"此说点明,组成连语的二字字义相同,不能分开作不同的解释。王氏这一理论影响颇深,后人关于联绵词的研究大多据此发展。"联绵词"的称谓则较早见于近人沈兼士《联绵词音变略例》一文,此文将联绵词分为"两字异音者""双声叠韵语""叠字连语"三类,但也未给"联绵词"下定义。总的来说,古人所谓的联绵词既包含单纯词,也包含多种类型的复合词。但从联绵词概念的发展演变过程中可以看出,古代学者已经认识到双音词中有一部分词总是连用,且结合得比较紧密这种特点。

现代学者在关注古人研究成果的同时,也开始尝试利用现代语言学的理论对联绵词进行研究,如探讨联绵词的性质、来源、构词理据以及同源联绵词的系联等问题。关于联绵词的性质,王力先生(1980:45)的看法是:"汉语的双音词有一种特殊的构词法,它们多数是由双声叠韵构成的。古人把纯粹的双音词(不能再分析为两个词素者)叫做联绵字。"向熹先生(2013:394)认为:"单纯复音词包括大部分联绵词,由两个音节构成一个词素,即古人所谓'合二字之音,以成一字之义。'"周祖谟先生(1980:156)亦认为:"两个字连缀在一起不能分开来讲的双音节词,从语言角度来说,就是联绵词。"以上诸家大都认同联绵词是双音词这一观点,并强调了联绵词单纯性的性质。陈淑梅(1988:62)则并不完全认同联绵词是双音节单纯词,她通过定性定量总结分析《说文解字》中联绵词的形音义的特点,得出:"联绵词是汉语中由两个不可分别释义、只能分别探源,通过其语源义来认识词汇意义的音节构成的特殊表义单位。作为成熟之后在语言中使用的单位,联绵词是双音节单纯词;但从其发生和演变的过程来看,联绵词又不完全等同于现代语言学理论中的单纯词。"这一结论。尽管古今学者对联绵词的观念存在差异,但古人有关联绵词的论述和著作无疑是现代联绵词观念形成的重要依据和支撑。兰佳丽(2012:5)认为:"由于古人收词的原则各有区别,所以'联绵字''骈字''謰语''连语'

还各有其特点。不过它们其中的一部分词却有一个共同的特点,那就是单纯性。也正是由于这一点,今人将单纯意义上的联绵词与古人的这些词联系起来。"所以直接把联绵词、连语、复音单纯词等同起来的观点是不正确的。

总的来说,古今学者对联绵词①的观念存在差异的原因主要在于,把联绵词作为研究对象而产生的研究目的与方法是截然不同的:传统语文学家主要是研究语文应用问题,且多数是在考察文献中字词的理解,因而没有必要去探究联绵词的内部结构方式;而现代语言学家从事的基本是对语言本体的研究,因此必须要考察词内部结构和语素构成等方面的情况。

二、王念孙关于联绵词解说的成就与不足

"高邮王氏"父子是使联绵词研究逐步系统化的训诂大家。王念孙在《广雅疏证》《读书杂志》等著作中对联绵词有很多阐释与研究,分析精细,有理有据,纠正了不少前人解说的失误,成就颇高。在探究联绵词的成因及特点方面,王氏的论述尤为精彩,较为全面地提出了联绵词的相关理论,其书中收录的丰富语料也为后世学者研究联绵词提供了有价值的参考。当然,由于时代及其他因素的影响,王氏关于联绵词的解说并非完全正确,还存有一些可商榷之处。结合黄侃先生的观点以及先辈时贤的论述我们可以对王念孙关于联绵词的解说有更为客观的认识。

(一)探讨联绵词的成因

王念孙《广雅疏证》在涉及联绵词的问题时,已经不局限于释义方面,而是有意识地深入探讨联绵词的成因问题。王念孙认为,构成联绵词的方式主要有两类:

1. 组合式

这类联绵词是由单字同义叠用,构成重言联绵词,常用"重言之"这个术语来表明。可见,王念孙是把重言词算在联绵词的范围之内的,他认为重言词是一种形式特殊的联绵词。《广雅·释诂》:"眽,视也。"《释训》:"眽眽,视也。"王氏在《广雅疏证》"眽眽,视也"条下云:"重言之则曰眽眽。王逸《九思》:'目眽眽兮寤终朝',《鲁灵光殿赋》:'徒眽眽以狋狋',注并云:'眽眽,视貌'。"王念孙认为"眽眽"这个重言词是由单字"眽"叠用而构成。"眽"为"视"义,"眽眽"也为"视"义,单字叠

---

① 本文为了方便研究,避免概念的混淆,直接使用"联绵词"这一名称,而不追究古今联绵词的名称是"误解"还是"挪用"的问题。

用形成重言词后,其意思也为重言词所继承。黄侃先生(2013:227)在《文字声韵训诂笔记》中说:"《诗》中单字,《传》多释以重语,即是此意。《诗》:'皇皇者华。'《释言》:'皇,华也。'明重语之可作单言矣。"说明单字叠用而构成的联绵词与单字义得相因。黄氏又根据郭璞对《尔雅·释诂》《释训》篇中重言词"悠悠""丕丕""简简""存存"等的注解,认为"尽重语者,言单言亦得成义""实则凡叠字皆然"。除单字叠用构成重言联绵词以外,《广雅·释训》中还收录了一些四字格的重言联绵词,即在二字联绵词的基础上再叠用形成四字联绵词,王氏亦用"重言之"来标识,如《广雅·释训》:"烟烟煴煴,元气也。"《广雅疏证》:"(烟煴)重言之则曰烟烟煴煴。"

2. 衍变式

这类联绵词是由于语音的衍变而形成。《广雅·释地》:"琨珸,石之次玉。"王氏《广雅疏证》:"案琨,即琨珸也。琨珸谓之琨,犹碔砆谓之砆、瑊玏谓之瑊。"古人在称呼同一种事物时,常有单呼和累呼的区别。单呼就是以单字来称呼事物,累呼则以双字称之,累呼即成联绵词。"琨珸"就是"琨"字累呼形成的联绵词。另一种语音衍变的形式是由原来的单字缓读而衍变为双字,如《尔雅·释草》:"茨,蒺藜。"《说文·车部》:"轐,车伏兔也。"蒺藜""伏兔"均为联绵词,由"茨""轐"缓读形成。王氏在对这类由语音衍变形成的联绵词进行解说时,常用"急言之""合声"等术语。《广雅·释诂》:"痤,短也。"《广雅疏证》:"《说文》:'痤,小肿也。一曰族累病'……急言之则为痤矣。《众经音义》卷十六引《声类》云:'锉鏏,小釜也。'《尔雅·释木》:'痤,接虑李。'郭璞注云:'今之麦李。'《齐民要术》引《广志》云:'麦李细小。'麦李细小,故有接虑之名,急言之亦近于痤,故又谓之痤。"王氏以声音为线索,把均有小义的"族累""锉鏏""接虑"三个联绵词串在一起,说明它们都是"痤"字缓言变来的。

王念孙在联绵词成因方面所作的开创性探索,为汉语语源学研究作了很好的示范。但由于时代原因,王氏很难全面地立足于始见文献的共时层面,从历时来源的角度给联绵词分类,更缺乏现代科学语言学对词类概念的理解,也就不可能从构词法的角度对联绵词来源进行较为系统的研究,因此王氏把联绵词的产生方式主要归为组合式和衍变式显然不够全面和准确。现代学者在王氏理论的基础上进一步深发,提出了许多新的观点,如王宁先生(2012:109)、陈淑梅(1988:56)等认为联绵词的来源主要有义合式、衍音式、摹声式三类。义合式联绵词原本是两个同源词,本可分开来单用或单释,凝固之后保持了词源意义所带来的词义特点,如"绸缪"。衍音式联绵词是由一个单音词向前或向后衍化出一个表音音节而形成的,衍化出的音节虽用汉字书写,但不具有意义,仅仅是一个音化字,前衍的如"囫囵",后衍的如"菡萏"。摹声式联绵词则是摹拟自然声音而产生得,如"劈历"。郭珑(2006:56)则认为联绵词的来源即为双音节单纯词、同源词或同义语素凝固成双音节单纯词、单音节音节衍伸而形成双音节单纯词、模拟自然界或人类声音而形成联绵词、叠音词发生音转而形成双音节单纯词等五种情况,并且提出"对不同类型的联绵词进行探源,应采取不同的探源方法"。今人的研究较王氏理论的进步之处在于把不同的联绵词的来源类型放在同一平面上,进而从历时的角度观察到这些类型之间是可以区分时间先后以及逻辑层次的。

(二) 考察联绵词的特点

一般认为,联绵词区别于一般双音节词的特点有三:一是联绵词词义上的单纯性,这是其最主要的特点;二是联绵词词形的多样性,即其书写形式变化不一;三是联绵词具有灵活性,即联绵词在使用中可以倒言,也可单用。王念孙在其著作中对联绵词的特点曾进行过深入而细致地考察,对后世产生了巨大的影响,其理论主要包括以下几点:

1. 关于联绵词单纯性提出的训释原则

联绵词单纯性的特点表现在缀合成联绵词的二字表一义,不能拆释为二义,也就是不可分训①。王念孙在《读书杂志》里阐明了这一观点:

(1) 凡连语之字,皆上下同义,不可分训。说者望文生义,往往穿凿而失其本指。(《读书杂志·连语》)

(2) 凡叠韵之字,皆上下同义,不宜分训。(《读书杂志·余编下·楚辞》)

王氏"连语不可分训"所立论的依据就是我们今天所说的"词义的整体性"。任何一个合成词,其含义都不是各语素的简单相加,词义的整体性一旦被破坏,则

---

① 王念孙所说的"不可分训",是指不能把联绵词拆开来解释成两种意思。若把联绵词拆开来解释为一种意思,则不属于分训的范围。

会造成理解上的偏差。值得注意的是,王念孙认为"连语"① 是"上下同义"的,可见他承认连语的两个音节都是有意义的,且两个音节的意义相同。这就不同于今人所说的"联绵词",而是类似于同义复词。既然是同义复词,那么两个词素的意义必然相同或相近,也就不能对二者作不同的解释,即不可异训。如王氏在"囹圄"词条下,对颜师古的说法加以驳斥。"囹圄"一词,颜师古训囹为狱,训圄为守。王氏认为:"师古分囹圄为二义,非也。郑注《月令》曰:'囹圄所以禁守系者,若今别狱矣。'然则囹圄为狱名,而又取禁守之义,不得训囹为狱,训圄为守也。"显然,王氏所批评的分训,是指颜师古把"囹圄"一次分开释作两种不同的意思,但他并没有说不可以对囹圄二字分训。他认为:"囹之言令,圄之言敔也。《说文》曰:'敔禁'。《广雅》曰:'令,敔,禁也。'是囹圄皆禁守之义。"可见,王氏所云"上下同义,不可分训",并非是说只有一个词素不能拆分,而是指两个词素同义,不可拆开,分别释作二义。

"不可分训"的原则也适用于"双声叠韵之字"。《广雅疏证》"诡随"条云:"诡随叠韵字,不得分训诡人之善,随人之恶。"王氏在"连语"一章中明言的双声叠韵之字有六个,即狼戾、无虑、狙诈、劳徕、辜榷、留落。在王氏看来,这些词仍属连语,只不过它们在语音上较为特殊,与一般连语的区别仅在于前后二字是双声叠韵。《广雅疏证·释训》"堤封,都凡也"条云:"扬榷、嫥榷、堤封、无虑,皆两字同义。后人望文生训,遂致穿凿而失其本旨。"黄侃先生(2013:226)对王氏看法是持肯定态度的:"双声叠韵字,全为同一意义之形容词。若将二字分释,而后合为一义,使与原义相乖。"并举了"畔援"的例子加以证明。《诗·大雅·皇矣》:"无然畔援。"《毛传》将"畔援"二字分释为:"无是畔道,无是援取。"又《诗·大雅·卷阿》:"伴奂尔游矣。"《毛传》曰:"广大有文章也。"同样是将"伴奂"分释二义,以广大释伴,以文章释奂,然后将二义相合。郑笺曰:"畔援,犹跋扈也。"(跋扈,专横暴戾。)"伴

---

① 王念孙在"连语"一章共列举了23个连语,就其分析来说,大致就是我们今天所说的同义复词一类的词。如"仪表"一词,王念孙云:"立木以示人谓之仪,又谓之表。《说文》:'檥,干也。从木义声。'经传通作仪。故《尔雅》云:'仪,干也。'《吕氏春秋·慎小》篇注云:'表,柱也。'故德行足以率人者,亦谓之仪表。《缁衣》曰:'上之所好恶不可不慎也,是民之表也。'郑注言:'民之从君如景逐表。'《荀子·君道》篇曰:'君者,仪也,仪正而景正。'是仪即表也。"王念孙反复证明仪、表同义,皆为立木,仪为檥之借字。可见王念孙所说的连语就是同义复词。"连语"一章所举的23例,几乎都是这样的同义复词。参见金小春《王念孙"连语"说等四种释例及重评》。

奂,自纵弛之意也(闲逸自在貌)。"黄氏认为郑玄的解释是正确的,"畔援""伴奂"两词当均为一个整体意义,不能拆开来释作二义。

2. 基于联绵词词形的多样性提出"本无定体"之说

联绵词由于受形声原则和假借原则的制约,凡声音相同或相近者,都可通用,故联绵词形体呈现出多样化的特点,即一个联绵词往往存在多种不同的写法,所以才有了"骈词(联绵词)无定字之说"。如"徜徉"一词,可写作"倘佯""尚羊""常羊""相羊"等;"憔悴"一词有"憔瘁""蕉萃""顦顇""顦悴""癄瘁""焦瘁"等形式。联绵词的这些同词异形字不仅语音相同相近,意义也完全相同。关于联绵词"无定体"之说,王氏在其著作中不止一次强调要以声音通训诂,而不能凿求字形,否则就会导致望文生训。

(1)夫双声之字,本因声以见义,不求诸声而求诸字,固宜其说之多凿也。(《广雅疏证·释训》"踌躇,犹豫也"条下)

(2)凡叠韵之字,其意即存乎声,求诸其声则得,求诸其文则惑矣。(《读书杂志》卷二"离纵而跂訾"条下)

(3)大氐双声叠韵之字,其义即存乎声,求诸其声则得,求诸其文则惑矣。(《广雅疏证·释训》"扬榷,都凡也"条下)

王氏提出"大氐双声叠韵之字,其义即存乎声,求诸其声则得,求诸其文则惑"之说,既秉承了他训诂学的一贯精神,又结合了双声叠韵之字的特点。"因声求义"是王氏训诂学的一个核心特点,他在《广雅疏证序》中提到:"窃以训诂之旨,本于声音,故有声同字异,声近义同,虽或类聚群分,实亦同条共贯。"又云:"今则就古音以求古义引申触类,不限形体。"双声叠韵之字区别于一般词语的特征就在于前后两字存在声音上的联系,或双声,或叠韵,或双声兼叠韵。因此双声叠韵之字的得义及变化需要从声音的角度加以说明,舍音求文则往往会因望文生训而不得其解。从声音和意义的关系来看,声近义同现象在双声叠韵之字方面表现得非常突出。如"狼戾"一词,《读书杂志·汉书第十六·连语》:"念孙案:师古以'狼'为'豺狼'之'狼',非也。'狼'亦'戾'也,'戾'字或作'盭',《广雅》曰'狼戾,狠也。'又曰:'狼,狠盭也。'是'狼'与'戾'同义。《燕策》曰:'赵王狼戾无亲。'《淮南·要略》曰:'秦国之俗贪狼。''狼戾''贪狼',皆两字平列,非谓如狼之戾、如狼之贪也。……'狼戾'乃双声之字,不可分为二义。"在《广雅疏证》中王氏又对"狼戾"作了进一步的阐释:"狼戾者,《说文》:'狼,戾也。'卷四云:'狼、很,戾也。戾与戾同。狼与很,一声之转。'"王氏通过考证,认为狼、戾二字同源,由同源字构成的双声叠韵之字,显然声近义同。

黄侃先生(2013:226)对王氏有关联绵词"本无定体"的理论提出一定质疑:"双声叠韵之字诚不可望文生训,然非无本字,而谓其义即存乎声,即单文觭语义又未尝不存乎声也。自王君而来,世多谓双声叠韵之字无本字,则其所误者大矣。""义存乎声"是王氏基于文字通假提出的一条训诂理论,源于其师戴震的"义存于声"。黄氏认为"义存乎声"是一般词所共有的特点,非双声叠韵之字独有。至于"双声叠韵之字无本字"这一观点,黄氏并不认同,甚至以为"其所误者大矣"。这就涉及联绵词是否有本字本义,能否进行探源的问题。有学者提出可以利用许慎的《说文解字》去寻找联绵词的本字本义,如陈淑梅(1988:9)认为:"《说文》是以'形义统一'为编排原则的,它所记录的是本字本义。联绵词在音义的相互运动中产生了异形现象,大多数都有异形繁多的特点,这为我们考察词义,追索来源设置了障碍。《说文》讲本字本义,故能显示联绵词音义的源头,利用《说文》,可以排除异形的干扰,从纷繁的异形中找到本字,通过本字考察本义、探索义源。"

沈怀兴(2013:56)对王氏"双声叠韵之字无本字"的观点进行一分为二的分析。一方面他肯定了王氏从文字通假的角度提出这一观点有其合理性,另一方面指出王氏亦有把问题绝对化之嫌。其绝对化的原因主要包括四个方面:"立足共时角度而不计用字的历史变化,一也;对用字的不同区域之别不加区分,二也;误以不同时代、不同地域之公众语文事实作个人语文行为看,三也;无限夸大同音通假现象,四也。"殷焕先先生(1987)也认为若"联绵词无定体"是普遍规律的话,那么将无法进行联绵词的词源研究和语族研究。他说:"形音义的发展变化如果没有规律、法则存于其间,则声音训诂之学也就没有存在的理由了。我们没有办法把'无定'二字当作规律、法则来讲形音义的发展变化,我们也没有办法承认记录词的工具竟然是无定的。如果'无定'可以算作普遍规律、法则,那联绵字的语族的研究将是徒劳的,词源的研究将是徒劳的。"

造成联绵词书写形式不同的因素是多方面的:首先体现在语音的演变关系方面。具体来说,包括古今音、方音的变化以及语转、假借等因素。按照殷焕先先生(1987)的说法,可以分成"音同字通""音变字通""音转字通"三类(均以"诗经音"

作为基准点)。其次联绵词的书写形式多样还跟意义有关。虽然联绵词具有记音性质,但汉字以形表义的文化性因素会渗透到联绵词里,这就使一些联绵词同时具备了表义功能。殷焕先先生(1987)称这种现象为"逐义易字",即汉字的书写偏旁随着义类的不同而有更易或者增益。这样一来,原本主要作为表音符号的联绵词加上标示义类的形符,就成为形声字,在表意功能上就变得更为明确了。

3. 指出联绵词在使用中的灵活性

王氏常用"倒言之"这一术语指出联绵词在使用时可顺可倒的灵活性。《广雅·释诂》:"玲、珑,声也。"王氏《广雅疏证》:"合言之则曰玲珑,倒言之则曰珑玲,……范望注《太元·唐次三》云:'珑玲,金玉之声也。'《法言·五百篇》云:'珑玲其声者,其质玉乎。'"黄侃先生(2013:228)云:"双声叠韵、连语,倒言与正言同。"也是以"玲珑"为例:"《说文》:'玲,玉声也。'玲与珑一声之转。《说文》:'笼,答也。'答之转为笼,犹玲之转为珑,合言之则玲珑,倒言之则曰珑玲。"《广雅疏证》"无虑,都凡也"条下所举诸例可证明联绵词亦能单用,如《荀子·议兵篇》:"焉虑率用赏庆刑罚执诈而已矣。"杨倞注:"虑,大凡也。"《汉书·贾谊传》:"虑亡不帝制而天子自为者。"颜师古注:"虑,大计也。""无虑"作为叠韵联绵词可单用作"虑"。

三、结语

从王念孙对联绵词成因的探讨以及对联绵词特点的考察中可以看出,清代训诂学家对联绵词的研究已经不仅限于收录、整理和释义,而是朝着系统化、理论化的方向发展。王氏著作中关于联绵词的众多经典训释和精彩论述都体现着他的联绵词观,也是其对联绵词进行语音、语义、形体等多方面探究的实践成果,为后世学者的研究提供了丰富的材料和良好的借鉴。尽管由于时代原因以及其他因素的影响,王氏对于联绵词的认识也许还不能称得上全面而准确,但在清代就有着较为成熟且极富时代特色的联绵词观已是相当难能可贵。而后代学者关于联绵词理论的研究也正是在王氏的基础上不断发展完善的。

参考文献：

郭珑 2006《〈文选·赋〉联绵词研究》，成都：巴蜀书社。

黄侃述、黄焯编 2013《文字声韵训诂笔记》，武汉：武汉大学出版社。

兰佳丽 2012《联绵词词族丛考》，上海：学林出版社。

沈怀兴 2013《联绵字理论问题研究》，北京：商务印书馆。

王力 1980《汉语史稿》，北京：中华书局。

王宁 2012《古代汉语》，北京：高等教育出版社。

向熹 2013《简明汉语史》，北京：商务印书馆。

中国大百科全书出版社编辑部 1980《中国大百科全书·语言文字》，北京：中国大百科全书出版社。

方一新 1986《试论〈广雅疏证〉关于联绵词的解说部分的成就》，《杭州大学学报》第3期。

金小春 1989《王念孙"连语"说等四种释例及重评》，《杭州大学学报》第1期。

殷焕先 1987《联绵字的书写》，《山东大学学报（哲学社会科学版）》第2期。

陈淑梅 1988《〈说文解字〉联绵字形音义分析》，北京：北京师范大学硕士论文。

【作者简介】朱圣洁，女，北京师范大学文学院汉语言文字学专业博士研究生。研究方向：汉语史、汉语词汇学、中医文献学。

从计量分析看初级综合《发展汉语》《成功之路》对比研究现状*

姜永超　王子莹

（燕山大学,文法学院）

[摘　要] 从计量分析角度,对对外汉语初级综合教材《发展汉语》与《成功之路》对比研究进行概述。重点选择采用对比法研究这两本教材的论文,从研究对象、研究方法、是否利用现代教育技术等方面进行计量分析。最终结果表明,论文需选择小切入点进行对比,在数据对等的情况下进行对比,善于利用现代教育技术例如用 Python 实现数据统计,保证数据统计的客观性等。

[关键词] 计量分析;教材对比;发展汉语;成功之路

引言

自 1958 年第一部对外汉语教材《汉语教科书》出版以来,我国开启了对外汉语教材编写的新篇章。20 世纪 80 年代以来,对外汉语事业获得了前所未有的发展,办学规模扩大,留学生数量急剧增加,学生层次不断提高,教材建设也随之获得了较好的发展。1986 年 10 月成立的全国对外汉语研究小组搜索到的各类教材就有 16 大类 210 种。20 世纪的最后 10 年,对外汉语教的编写与出版出现了一种空前繁荣的景象,平均每个月都有十几种教材面世。到 21 世纪初,正式出版的对外汉语教材达到近 500 种。近些年,关于对外汉语教材的研究也越来越多。重点选取三篇以《发展汉语》和《成功之路》为例进行初级综合教材对比的文章,从计量分析的角度进行分析。

---

* 基金项目:秦皇岛社科联项目"在秦留学生语言文字使用现状及文化导入研究"。

一、对比研究概况

近些年来关于对外汉语教材的研究如雨后春笋越来越多,研究对外汉语初级综合教材对比分析的文章有很多,例如,Endonova Altyna 在《俄罗斯与中国的初级汉语教材对比分析——以俄罗斯〈实用汉语教科书〉和中国〈发展汉语初级综合〉》中较全面对比两套教材。鲁利琳在《初级汉语教材练习对比分析——以〈发展汉语·初级综合(Ⅰ)〉和〈成功之路·起步篇〉为例》中对比教材中的练习题(下文简称为《练习对比分析》)。应千慧在《关于对外汉语初级教材汉字编写部分比较分析——以〈发展汉语〉和〈成功之路〉为例》对选字进行了对比分析(下文简称为《汉字编写比较》)。侯玲在《对外汉语入门教材的对比研究——以〈成功之路·入门篇〉和〈わかる中国语教室·入門編〉为例》中比较全面对比两教材。赵敏在《中韩汉语初级综合教材课文比较研究——以〈成功之路〉和〈掌握汉语〉为例》中对比了两套教材的课文。赵诗雅较全面的对比了初级综合教材《发展汉语》和《新实用汉语》。总体来看,对比研究内容涉及中外教材、国内同等级别教材、不同课型的教材,对比内容涉及面更广。因此,有必要梳理当前教材对比研究的现状,进一步开拓教材对比研究的思路、探寻不同角度与方法。

《发展汉语》系列教材,虽然开发时间短,但却是当前国内高校留学生教育中使用范围最广的教材,《成功之路》系列教材不但开发较早,而且一直被大多数国内院校使用的教材,因此,成为大多数教材对比研究的首选。我们选取这两套初级综合教材的对比成果,另一个原因是,综合教材涉及到留学生听说读写等言语技能的每个方面,以及适用于语音、词汇、语法、篇章等各种课型。初级阶段是留学生汉语习得的关键期,直接影响后面的学习效果,所以,更能发掘比较研究成果的价值和可以进一步深入研究的内容。分析对象包括前面提到的鲁利琳、应千慧的文章,以及李莉的《关于〈发展汉语〉与〈成功之路〉初级综合教材对比研究》(下文简称为《综合对比》)。这三篇文章研究重点分别为教材练习对比、选字部分对比、教材总体对比,是对外汉语教材对比研究中占比最高的三方面内容,具有一定的代表性。在研究方法上,都采用数据分析法、对比分析法与文献阅读法等相结合,教材研究方法相同,更易于对研究成果做比较。

二、对比研究内容分析

三篇分析对象虽然研究对象相同、研究方法相似。但是，由于各自研究重点差异，其研究结论从不同方面概括了两部教材的特点。

李莉的《综合对比》主要从词汇角度研究两套教材。认为两套教材的相同点表现为：都重视依据造词规律扩展词语，在语义扩展、反义扩展和同类型扩展表现突出。两套教材的不同点表现在词汇量分布和词汇等级分布上，从词汇分析的角度，平均每课的生词量《发展汉语》呈下降趋势，《成功之路》呈上升趋势。《发展汉语》课均词量和难度跨度控制合理，而《成功之路》把《进步篇》作为生词学习的重点。与《汉语水平等级标准与语法等级大纲》相比较，《成功之路》的生词量更符合大纲要求，《发展汉语》词汇量不足。从词汇等级方面看，《发展汉语》收录初级词汇比例高于《成功之路》，甲级词的收词比例也明显高于《成功之路》，而《成功之路》的中级词汇学习难度过高。

应千慧的《汉字编写比较》主要从汉字角度分析两套教材。研究发现，虽然两套教材都重视七种笔画知识，但是，对汉字的针对性都不够，都未提及汉字检字法，造字法知识也相对薄弱。两套教材的不同点表现在汉字覆盖率与汉字结构知识上，字数分布上，两套初级教材字数总数差距悬殊，原因是《发展汉语》有听说读写系列，综合教材中字数要求相对少；《成功之路》的平均字量Ⅰ、Ⅱ差距大；两教材与《现代汉语常用字表》比较，覆盖《发展汉语》99.2%，覆盖《成功之路》98.6%；《发展汉语》入门等级汉字具有明显优势，两教材中高级汉字占比相近；《成功之路》字数总量大、且与课文联系紧密；《发展汉语》的笔画知识完全覆盖《成功之路》。在汉字结构和偏旁知识上，《成功之路》的说明更加细致，而《发展汉语》采用形旁归类法组合汉字，为汉语教材进行该知识点的编排提供范本。

鲁利琳的《练习对比分析》主要从题量和题型角度分析两套教材。题量上，作者分为页面数量与题目数量两个部分。其中，页面数量上，《成功之路》在练习的总页面数、每课练习页面数及练习总页面数的百分比均高于《发展汉语》；题目数量上，两部教材一级题目数量大致稳定，波动较小，二级题目数量变化幅度较大，稳定性低。题型上，作者分为内容与形式两部分。其中，内容上，两部教材中关于语篇练习占比均最多，都比较重视语言综合能力的培养。《成功之路》比《发展汉语》

更加注重语音、汉字等基础知识的考察,题目重现率较高,形式丰富。《发展汉语》中每课的练习比《成功之路》多0.86次,更加重视语言表达能力的提升;形式上,《成功之路》有26种形式,《发展汉语》有24种形式,相差不大;《成功之路》主干题型与分散题型相同,各为13种,《发展汉语》主干题型6种,分散题型18种。作者认为:主干题型太多,练习单一,主干题型太少,学生做题无所适从;相比较《成功之路》搭配合理,《发展汉语》主干题型太少,分散题型太多,不利于养成良好的学习习惯。

三、对比研究特点分析

1.1 优点

1.1.1 大量运用例证法

应千慧在提出教材编写意见时,并不是对两本教材提出意见而是直接为初级综合教材提出意见,每条意见后都举例说明如何改进,把例题形式一一罗列,提高了意见的可行性。鲁利琳在对比内容形式时,举例说明教材中题型的分类。任何观点都不能孤立存在,而事实胜于雄辩,如举例说明题型的分类,使读者快速准确地了解两本教材的练习题题型,作者在真实的例题后分析数据,会增强文章的说服力。如果没有例证文章就会变得空洞、简单化,缺乏内在的逻辑力量。在对外汉语教材研究中,例证法是最有效且直观的方法。

1.1.2 多种研究方法相结合

从计量分析研究方法的角度来看,虽然都将文献分析法、数据统计法和对比分析法相结合,显示出计量分析与定性分析相结合的一些优势。

其中将三种研究方法结合地最好的是应千慧的《汉字编写比较》,文中根据整理汇总的图表数据,对两套教材汉字编写部分进行分析,这也是该文章最大的亮点之一。作者采用了不同的图表,总结整理不同数据,例如分析教材中汉字与《汉语国际教育用音节与汉字词汇等级划分》比较时采用的是扇形图,研究每课要求书写汉字的数量变化时采用折线图,在对比两教材的汉字基础知识研究时采用对比表格,笔画知识、笔顺知识、汉字结构知识、偏旁知识、汉字组合知识,每个知识点一个对比图表,对比细致,使对比数据与教材信息更加直观,迅速获得信息并总结教材之间的差距。

1.1.3 与官方字表比较

应千慧的《汉字编写比较》的另一个亮点在于作者善于运用官方的字表对比教材中要求书写的汉字,例如用《现代汉语常用字表》《汉语国际教育用音节与汉字词汇等级划分》对比教材中汉字,得出的数据更加客观全面,使结论更具说服力。

1.2 缺点

1.2.1 数据缺乏客观性

当采用数据统计法与对比分析法相结合时,就要求作者必须完成大量统计工作,此种情况下,就会显现出人工统计的弊端,如应千慧在对照《汉语国际教育用音节与汉字词汇等级划分》中的初、中、高级字及超纲字时,采用逐字检索对照的方法,逐字检索意味着作者对比一个字表数据就要进行近一千次的汉字检索,费时费力且容易出错。再如李莉的文章需要统计的数据非常多,不仅统计课文数据、词汇数据还要统计语法项目数据以及练习数据,并未明确说明如何得出数据。数据少则几百多则几千如人工计算,结果难免有误差。在作者统计语法点时,只选择重点语法点进行统计,因此得出的结论也不是最客观最全面的。在鲁利琳的文章中,数据分析的结果差强人意,关于题型出现频率的统计甚至出现145%、125%的数据。显然计算过程不够严谨,数据缺乏客观性。

1.2.2 未进行问卷调查

除了对教材本身做全面描写外,教材内容的可接受度,学生利用教材的效果,也是对外汉语教学中应该考虑的内容。上述研究成果的共同特点就是并未对教材使用对象进行调查分析。如《练习对比分析》是最需要进行多方面调查研究的,该文章缺少关于教材中练习部分的调查问卷。练习是完全为检验学生学习成果而设计的内容,但该研究中关于练习能达到的学习效果仅为作者个人观点无任何从调查材料作为论证的支撑。例如,关于题目数量的研究,作者认为题目突然增加或减少,不利于学生养成良好的学习习惯,影响学习效果,也许学生会认为这样设计张弛有度。所有关于练习对学生学习效果的影响均未参考学生意见,就直接给出自己观点,因没有调查数据和计量数据的支持,使结论显得缺乏客观性与科学性。再如,《综合对比》中虽然提及留学生的需求是考量因素,但仅仅根据研究者自己的教学经验、以及相关参考文献阐释其观点,也未对留学生进行问卷调查,在关于文中提及针对蒙古国对外汉语教学的意见时,作者也是在理论研究的基础上提出建议,未进行科学的调查分析。

1.2.3 存在数据不对等与内容疏漏

虽然都是以初级综合教材《发展汉语》和《成功之路》为研究对象,但是,由于两套书系的编写体例、课型分布等不同,造成研究中普遍存在对比条件不对等的情况。如在《汉字编写比较》中,对比《发展汉语》与《成功之路》的要求书写总字数,得出两套教材总字数差距悬殊的结论。事实上,《发展汉语》有听说读写系列教材,综合教材中字数要求相对少,而《成功之路》没有听说读写系列教材,这是由于教材体系不同造成的数据不对等。再如,由于分册数据差异引起的数据不对等,《发展汉语》初级分上下两册,而《成功之路》初级分为八册的客观不对等的情况,在《综合对比》过程中忽略这种差异,对比计算词汇总量、习题总量、语法项目总量。

教材全面对比,应该涉及到对比教材的方方面面,才能更全面认识两套教材的特征。在《综合对比》中未提及语音、汉字教学方面的内容。在《练习对比分析》中未提及关于练习是如何复习巩固的、着重复习什么内容、复习内容的重现率。在《汉字编写比较》中并未提及留学生对于汉字教学的需求。因此,这都是可以深入的内容。

四、计量研究路径分析

计量分析法既可以针对所有材料开展全面系统的研究,也可以从小的方面切入,进行更加深入的数据特征挖掘。在教材对比研究中,应尽量避免人工统计数据会产生的疏漏。如在小选题作为切入点时,数据本身所暗含的结构特征将是研究的重心,如《练习对比分析》是关于初级综合教材中练习部分的研究,可将练习的类型、练习的多少、练习用字、练习是否有提示标记、练习用词等诸多特征都作为计量分析的属性。《汉字部分比较》是关于初级综合教材中汉字编写部分的研究,将汉字的声母特征、韵母特征、语调特征、部件结构特征、笔画组合特征、汉字造字法、汉字历时字形演变、汉字类属义素、字频等作为计量分析的属性。选择小切入点更利于深入挖掘数据,对比更加细致全面。

将数据统计法与对比分析法相结合开展计量研究,要善于运用现代教育技术和各类编程软件,使用计算机软件进行自然语言处理。如利用Python进行汉字研究,其研究思路是:首先,基于汉字定性研究结论,设计汉字相关属性。其次,用计算机编程手段对比提取,并分析两套教材的汉字属性,通过计量分析可视化汉字数据特征。再次,与《现代汉语常用字表》《汉语国际教育用音节与汉字词汇等级划分》比较,探明教材用字与汉字等级之间的关系。将不同语言要素结合到一起,进行纵向和横向联系研究。如在统计常用字、重现率等方面,Python能方便快捷准确地得出客观数据,不夹杂作者主观意愿,使数据更加科学、准确、全面。

  计量角度的问卷调查要求明确调查问卷的数据类型,其中定类数据表示方式、不同定类数据相互关系的揭示、连续数据之间是否有普遍系统的回归特征等,都是调查问题设计时要考虑的因素。针对问卷调查,建议结合调查问卷撰写论文,调查问卷可分为对留学生的调查和对汉语国际教师的调查。关于留学生的问卷主要用于了解留学生对于对外汉语教材的需求,可采用线上调查与纸问卷相结合的方法,调查范围广,调查对象全面,且方便快捷,便于统计数据,建议使用程序"问卷星"。对外汉语教师分为本土教师和海外教师,可以采用访谈法了解本土教师对对外汉语教材的改进意见,海外教师依然可以突破时空限制,进行问卷调查,调查对象的视角不同,得出的数据更加全面。提出具有建设性意见的前提是,必须了解真实对外汉语课堂上留学生和对外汉语教师的需求,如教材难度、练习题的效度,以及学生可接受的知识点输入数量等。

  针对对比数据条件不对等的情况,可以选择对比每课字数平均数或是收集教材每课字数涨幅的数据。在这种不对等情况下改变数据以总量为基础的思路,以平均数为基础。在选择对比项目时,尽量选择对等的数据。如若存在差距,可以选择计算较为公平的平均数,得出客观平等的数据再进行分析。

五、余论

  教材是学校教育的核心,是教学活动的基本依据。教材在任何学科的发展和建设中都起着至关重要的标志性作用,在第二语言教学和外语教学中尤其如此。近二十年我国对外汉语教学事业空前繁荣,学科建设空前发展,这其中成就最大的就是对外汉语教材建设,它已经成为对外汉语教学学科建设和发展的重要标志。《发展汉语》(第二版)是目前对外汉语教材中具有代表性的教材之一。《成功之路》系列教材,也是一部典型的且较有影响力的对外汉语教材,这两套教材无论是在编排体例上,还有在语言材料的选择方面,都花费了很多的心思,较以往的教材有了很大的改进。

  现代教学论认为,要实现教学最优化,就必须实现教学目标最优化和教学过程最优化,教材的分析正是实现教学过程最优化的重要内容和手段。计量角度的教材研究,需要在教材选择、研究内容、属性设置、关系挖掘、内容可视化等方面,运用现代语言技术进行数据处理、问卷调查和选择教材中的小切入点进行研究。同时,将定性研究与定量研究相结合,以定性研究的结论设计定量研究的相关属性,将例证法和对比分析法相结合,尽量保持在数据对等的情况下进行相对科学对比研究,增加文章科学性,使文章更具说服力。

参考文献:

李　泉　2012《对外汉语教材通论》,北京:商务印书馆。

程相文　2001《对外汉语教材的创新》,《语言文字应用》第4期。

李　泉　2002《近20年来对外汉语教材编写和研究的基本情况述评》,《语言文字应用》第3期。

赵贤州　1988《建国以来对外汉语教材研究报告》,《第二届国际汉语教学讨论会论文选》,北京:北京语言学院出版社。

【作者简介】姜永超,男,文学博士,燕山大学文法学院副教授。研究方向:计算机辅助语言教学与研究。

      王子莹,女,燕山大学文法学院研究生。研究方向:汉语国际教育教材。

对外汉语教学中英译的增量和减量*

赵 越

（南京师范大学,文学院 / 国际文化教育学院）

[摘　要] 本文受语法研究中"三个平面"理论的启发,即在语法研究中,常常要包含以下三个方面的内容：句法、语义和语用。与之相对应的是,在对外汉语词汇教学中,某一具体词汇单位的英文释义也宜包含着上述对应的三个平面的信息,即：词法信息、词义信息、词体信息。此外,对于具有汉民族特色的国俗词语,其英文释义也应适时加入相对应的文化信息。本文结合《初级强化教程综合课本》等词汇表的具体实例进行相关考察,期冀为对外汉语词汇教学提供借鉴。

[关键词] 词法信息；词义信息；词体信息；文化信息

一、前言

（一）本文选题缘由

在对外汉语词汇教学中,教研人员常常遇到以下的困扰,即某个汉语词汇单位在对译成英语某个相应词汇单位时,常常让母语是英语的学习者不能理解该汉语词汇单位的真正涵义并进一步掌握其用法。如此一来,汉语教研人员必将通过大量词汇练习来强化学习者的词汇学习,但学习效果往往适得其反。一方面降低学生学习汉语的兴趣,另一方面大量的机械练习又消耗了教师的时间和精力。

关于对外汉语词汇教学的任务和内容,学界多有论述。

---

* 基金项目：本文是 2020 年度江苏省博士后科研资助项目"中古汉语词缀多维研究"（资助编号：2020Z365）的成果。本文是江苏省社会科学后期资助项目"天工开物"词汇研究（项目编号：17HQ030）的成果。

如赵金铭先生(2004:370、380-381)曾指出,"对外汉语词汇教学的基本任务是培养外国学生识词、辨词、选词、用词的能力……对外汉语词汇教学,不仅要从汉语词汇系统内部的音、形、义三方面着眼,而且还要从汉外语言的词汇对比着眼,这是由汉语作为第二语言教学的本质特点所决定的……汉外词汇对比研究,可以从整体和局部两个角度切入。整体切入的是汉语有而别的语言没有的所谓'国俗词语';局部切入的是汉语和外语都有的所谓'对应词语'。"

探讨汉语词汇英文释义问题,即从汉外词汇对比角度入手,通过教材中对汉语词汇英文释义的具体编排,去发现问题及不足之处,以此为切入点在对外汉语词汇教学方面意义重大。

(二)本文研究理论基础

本文受语法研究中的"三个平面"理论影响,即在语法研究中,常常要包含以下三个方面的内容:句法、语义和语用。与之相应的是,在对外汉语词汇教学的英文释义中,也宜包含对应上述三个平面的内容,即:词法、词义、词体。

首先,我们对语法"三个平面"理论的创立及形成进行简要回顾。

1981年,胡裕树先生指出"句子分析应区分语法、语义、语用三种不同的语序";其后,在1985年,胡裕树、范晓两位先生在《试论语法研究的三个平面》一文中明确阐述了句法、语义、语用三个平面的概念、研究对象、三者各自的研究范围、三者的区别和联系以及三个平面在具体语法分析时应如何运用等问题。该文发表标志三个平面理论的形成。

本文结合语法研究的"三个平面"理论,在探讨汉语词汇英文释义时,我们认为,对外汉语词汇教学的英文释义所涵的"词法、词义、词体"分别有如下所指:

(1)词法:指一个汉语词汇单位显露在外的可见形式,尤指其在句法平面上与其他词汇单位共现时所体现的形式。在汉语词汇英文释义中,应包含词和词的组合信息。

(2)词义:指隐含在内的不可见的关系或内容。在汉语词汇英文释义中,应包含该词外部形式所体现的内在词义信息。

(3)词体:指词汇对象的语用效应,回答它到底有何价值的问题。在汉语词汇英文释义中,应主要包含该词的语体信息,如书面语或口语、雅言或俗语、普通话或方言,等等。

在对外汉语词汇教学中,如前所述,因受语法研究的"三个平面"理论的启发,我们认为,汉语词汇单位的英文释义应大体包含以下三个平面的信息(文化信息作为某些特定文化词汇单位的备选项),图示如下:

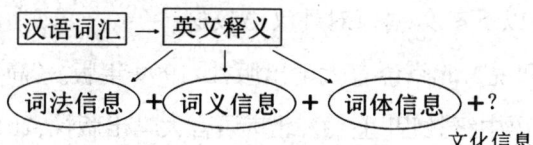

"?"所指即作为汉语词汇单位英文释义的备选项——"文化信息"。以本文所涉及的汉语词汇单位为例,文化信息可包括:汉民族特有的社会状况、宗教信仰、风俗习惯、价值观念、审美情趣,等等。

众所周知,语言是文化的载体。学习语言的过程,亦是跨文化交际的过程,所以汉语词汇单位英文释义应对具有汉语言民俗特色的"国俗词语"进行文化释义。

所谓国俗词语,就是反映民族文化特有的概念而在其他语言中无法直译的词语。梅立崇先生(1993)曾将"国俗词语"分为如下五类:

(1)名物词语:四合院、京剧等。

(2)制度词语:离休、红娘等。

(3)熟语:成语、惯用语等。

(4)征喻词语:红豆、荷花等。

(5)交际词语:表示招呼、致谢等。

以上国俗词语,在对外汉语词汇教学时,若仅从词汇单位构成的语素义着手对译为英文,显然无法揭示其真正的文化涵义。故针对这一类的国俗词语,在对外汉语教学中,一定要在英文释义中适时加入其特有的文化信息。

(三)本文研究方法

本文研究方法,主要包含以下三个方面:

(1)实例汇集:将《初级强化教程综合课本》等不同教材、不同课型、不同出版社的对外汉语教材汇总,并将所考察的教材中生词表中汉语词汇单位的英文释义列举汇总;

(2)归类描述:将汉语词汇单位按名词、动词、形容词等具体词类进行划分,并对教材中常见的词类之下的具体词汇单位的英文释义加以描述、分析;

（3）图示推演：将上述各不同词类的英文释义由教材现实释义向理想释义模式做分步推演，即将英文释义增减量的处理通过直观的视觉导图体现出来。

（四）本文语料来源

语料主要选自以下三套（本）对外汉语教材：

《中级汉语听和说》，北京语言大学出版社，1999年版。（简称A本）；

《桥梁（实用汉语中级教程［上］）》，北京语言大学出版社，2012年版。（简称B本）；

《汉语初级强化教程综合课本Ⅱ》，北京大学出版社，2008年版。（简称C本）；

本文另一部分语料来自日常教学的汉语词汇单位及其他一线对外汉语教师或学者著述中出现的语例，从而保持了语料来源的多样化。

二、汉语词汇教学中英译的基本原则

两种语言的转换，实际上是两种概念结构系统的转换。从词汇角度考察，即词级概念结构的转换。对外汉语词汇教学时，汉语词汇的英文释义应考虑英语词级概念结构，但又要反映汉语词级概念结构，这种词级概念结构转换的适量与否，直接决定汉语词汇教学效果的好坏，因此我们常常要进行英文释义的相应增量和减量。适量原则是汉语词汇教学中英译的基本原则。

本文语料的基本统计数据如下表所示（各表数据统计按A、B、C顺序排列）：

数量\词性	名词	动词	形容词	副词	量词	介词	助词	短语
A	278	179	96	20	9	4	2	151
B	318	354	110	89	12	3	1	37
C	224	195	77	39	16	10	3	8
总计	820	728	283	148	37	17	6	196
比例（%）	36.69	32.57	12.66	6.62	1.66	0.80	0.30	8.70

三、汉语词汇教学中英译增量的表现

由以上统计的三套教材可知，名、动、形等实词在汉语词汇单位中所占比例较大，所以对这几种实词英文释义的探讨显得尤为重要，这对我们日常对外汉语词汇教学有极大的启发和促进作用。下面通过具体实例来加以描述：

（一）词法信息的增量

陆国强（2008：13）：英国语言学家 Firth 提出了相互期待理论，即理解一个词要看它的结伴关系。如"ass"一词常与"silly, obstinate, stupid, awful"等词连用。用于句法平面，表现为"You silly ass."再如，"vacant"常与"fall/leave"搭配连用。句法平面表现为：

a. When the post fell vacant, they offered it to John.

b. The manager resigned and the post was left vacant.

刘汝山（2001：55）"搭配"通常指语言成分之间的横向组合关系或共现关系，即哪些词可以与另一些词搭配使用或共同出现在同一个句子中。王宗炎（1998：59）也指出，"搭配指的是一种制约，即某个词要与哪个词用在一起，比如某个动词要与哪些名词用在一起，等等"。

由此，我们反观汉语词汇教学中，理解一个词既然要看它的结伴关系，那么有效表达该词与其他词的搭配关系，这在教学中体现为教授英语学习者（多数留学生有以英语作为中介语习得汉语的能力，所以母语为非英语的学习者亦包含在列）具体某一汉语词汇单位的搭配能力，即我们所称的词法信息就显得尤为重要。尤其对于初学者（零基础或学习汉语时间少于1年/汉语生词量不足1200词[HSK4]），其教材英文释义补充此类信息会对学生日常学习大有裨益。

有鉴于此，我们在汉语词英文释义中需进行增量处理即要加入相应的词法信息。具体如下：

（1）名词词法信息的增量

【命】n. life（B：136）

→【命】n. life（often makes a word with other morphemes,

such as shengming, mingyun, renming, etc.）

（2）动词词法信息的增量

【克服】v. overcome, get over（C本：323页）

→【克服】v. overcome, which is followed by an

object such as "quedian（shortcoming）" "cuowu（mistake）"

"kunnan（difficulty）" "bulitiaojian（disadvantage）", etc. in Chinese.

《牛津高阶英汉双解词典》（1997年版）1047页：

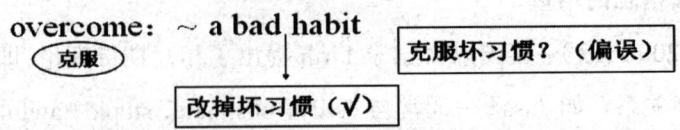

增加词与词搭配的词法信息后,这一常见偏误可大大降低。

再看一例:

【见面】v.o. meet, see（C本:55页）

→【见面】v.o. meet, see;

it's not followed by an object, but using a preposition phrase (including an object needed) before it in Chinese.

（3）形容词词法信息的增量

【镇静】adj. calm

→【镇静】adj. calm

［S+ Predicate］taidu（attitude）+~

［V+~］baochi（to keep）+~

［adverbial+~］tebie（particularly）+~

［~+C］~+yixie

（4）副词词法信息的增量

【从来】adv. always, at all times, all along

→【从来】adv. always, at all times, all along

（used for negative sentences in most cases）.

(二)词义信息的增量

从我们所考察的现有对外汉语教材看,名词、动词、形容词等实词的词义英译还存在少译或漏译的现象。下文结合具体实例来探讨词义信息进行增量的必要性。

（1）名词词义信息的增量

a. 专有名词词义信息的增量

【新疆】an autonomous region of China

→【新疆】an autonomous region of China, which is located in the northwest China, and its area is about 1.66 million square kms, and it's the biggest provincial region in China.

b. 普通名词词义信息的增量

【原来】n. adj. former; original（C:81）

→【原来】n. adj. adv. former; original; originally

《现代汉语词典》（第6版:1600页）对"原来"释义的词性有三个：

【原来】（1）名：……（2）形：……（3）副：……

再看一例：

【热水器】n. shower（c:42课）

→【热水器】n. water heater

"热水器"原英文释义"shower" shower n. 1. a. 一阵的雨、雨夹雪或冰雹；突然喷洒的水;b. 大量同时来到的事物;2.a. 淋浴设备；喷头；淋浴室;b. 淋浴。

由此看出，"shower"作为具有两个义项四个词义的英文对译词，会让英语为母语的学生对"热水器"一词的正确理解产生偏误。

再看一例：

【预报】n. broadcast（c:82）

→【预报】v. n. forecast; forecast

《现代汉语词典》（第6版:1593）

【预报】（1）动:预先报告(多用于天文、气象等方面):及时准确地~天气变化。(2)名:预先的报告:发布天气~。

（2）动词词义信息的增量

【创作】v. write, compose（B:217）

→【创作】v.n. create; creative work

《现代汉语词典》（第6版:205页）

【创作】1动:创造文艺作品:~经验。（2）名:指文艺作品:一部划时代的创作。

（3）形容词词义信息的增量

【轻快】adj. lively, relaxed

→【轻快】adj. brisk（a brisk walk, walker），

relaxed（not feeling or showing worry, anxiety, tenseness, etc）

《现代汉语词典》（第6版:1056）

【轻快】形（1）（动作）不费力:脚步~。

479

(2)轻松愉快:~的曲调 | 洗完澡,身上~多了。

(三)词体信息的增量

在言语交际中,由于场合、文体或其他交际因素的制约,如交际双方之间的关系、说话者的目的等等,说话人对词语要适时进行选择,就使得某些词语经常出现于某种语体,词语在各自不同场合出现时的具体表现即词体。如常见的口语体、书面语体、通用语体等(下表选自王红旗编著《语言学概论》2008:144):

口语	书面语	通用
撒气	迁怒	出气
聊天	闲谈	说话
挖苦	嘲讽	讽刺
糟践	糟蹋	浪费
吹牛皮	吹嘘	说大话
好看	美丽	漂亮

(1)形容词词体信息的增量

【棒】adj. good, fine, excellent(C本:323)

→【棒】adj.[colloquial form] good, fine, excellent

(2)名词词体信息的增量

【生命】n. life

→【生命】n.[scientific form] life

书面语语体色彩可进一步分为政论语体色彩、科技语体色彩、文学语体色彩、公文语体色彩。

(3)动词词体信息的增量

【聊天】v.o. chat

→

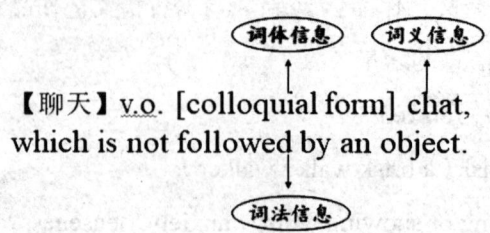

通过上举诸例,不难发现英文释义根据需要并非每个汉语词都需同时满足"词法信息、词义信息、词体信息、文化信息"等几个释义模块的共现,具体需要哪几个

模块的释义信息还要依词而定。

（四）文化信息的增量

（1）动词文化信息的增量

"离休"是中国针对已退出工作岗位的、中华人民共和国建立前参加革命的老同志设立的一种较优越的社会保障措施,也是涉及干部政策的一项制度。目前世界仅有中国有离休。

具体地说,离休就是对建国前参加中国共产党所领导的革命战争、脱产享受供给制待遇的和从事地下革命工作的老干部,达到离职休养年龄的,实行离职休养的制度。（国发［1982］62号,引自http://baike.so.com/doc/877975-928033.html）

《现代汉语词典》（第6版:792页）中对于"离休"释义如下：

【离休】动:具有一定资历、符合规定条件的老年干部离职休养:~干部｜这位老红军战士已经~多年了。

综上,"离休"英文释义应作如下增量处理：

【离休】（动）retire with honours,retired（A本:169页）

→【离休】（动）it's a cadre system in China at present, which is a superior social security measure established by the old comrades who participated in the revolution before the founding of the people's Republic of China, in short, retire with honours.

再举一例：

【祝寿】v. congratulate（an elderly person, not for the young）on his or her birthday.

（2）名词文化信息的增量

【故宫】n. The Palace Museum（It was formerly the imperial palace of the Ming and Ching Dynasties, generally known as the Forbidden City. It is the biggest and best preserved group of ancient buildings in China and embodies the fine traditions and unique style of Chinese architecture.）

括号里面所标注的即是汉语词汇单位在英译时所进行的"文化信息"的增量处理。

（五）小结

以上分别举例来说明对外汉语教材中汉语词汇英文释义中的增量表现,即"词法信息增量""词义信息增量""词体信息增量"及"文化信息增量"。这几个释义模块中,若按优先原则排序,则如下所示(以下排序左边的增量通常优先于右边的增量):

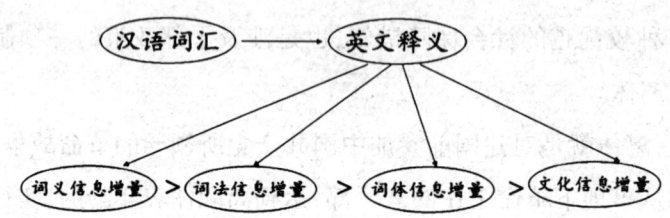

四、汉语词汇教学中英译减量的表现

关于汉语词汇英文释义的减量,与前文英文释义的增量对应,但前文提到的"词法信息""词义信息""词体信息"及"文化信息"几个释义模块中,目前通行的教材采用的英文释义只有"词义信息",所以其他三个释义模块为本文英文释义增量部分新添内容,在谈及英文释义的减量表现时,结合目前的教材编排,本处主要指"词义信息"的减量。如:

(一)形容词英文释义的减量

【安全】adj. safe, secure; safety(C 本:4)

→【安全】adj. safe

safety 属名词,与 adj. 的标注不一致。secure 作为 adj.,其首要释义是"无忧虑的;无疑虑的",其 adj. 下第三个释义是"安全的;受保护的",但属于书面语,有语体限制,不确。而"安全"则口语体、书面体皆可,属通用体。故此处将"安全"英文释义为"safe",词性、词义都清晰,若罗列为"safe, secure; safety"三个对译词,其词义信息、词体信息都较混乱。

再举一例:

【平淡】adj.flat, prosaic, pedestrian, ordinary, insipid, wateriness, bald(C :51 课)

→【平淡】adj.prosaic

原释义中的 flat 为多义词,其释义如下:

(1)flat1 n.公寓,单元房

flat2 adj.①平坦的;平的②平的;平展的;平伸的

③浅的(从上到下距离短的)④(指车胎)气不足的(如有穿孔),撒气的。

⑤枯燥的,平淡无味的。

（2）prosaic adj. 无灵感的;无想象力的

无聊的;平凡的;乏味的

（3）pedestrian n. 行人

adj. 缺乏想象力或灵感的;平淡的;沉闷的

（4）ordinary adj. 平常的;正常的;通常的;普通的

（5）insipid adj.①(贬)无味道的;②(比喻)乏味的,无生气的。

（6）wateriness n. 充满水,含水过多;水多;多水;淡而无味

（7）bald adj.①(指人)秃头的,无发或少发的

②不刻意修饰的;简单的;单调的

（二）动词英文释义的减量

【提高】v.（c）improve ;improvement（c :71）

→【提高】v.（c）improve

原英文释义中 improvement 属名词,不确。

【怕】v. fear, dread; worried, be afraid（c :117）

→【怕】v. fear, dread, be afraid

worried 属于 adj.,不确。

【交流】v. n. communicate, communication（c :117）

→【交流】v. communicate

《现代汉语词典》(第6版:646页）

【交流】动①交错地流淌:涕泪~|河港~。

②彼此把自己有的供给对方:物资~|文化~|~工作经验。

（三）名词英文释义的减量

【暖气】n. heater, central heating（c :99）

→【暖气】n. heater

【情绪】n. emotions, feelings, mood ;depression, sullenness（C :65课）

→【情绪】n. emotion

emotion 激情；情感；情绪

feelings（与理智相对而言的）感情

mood 1. 心境；情绪

depression 1. 忧愁；沮丧；消沉

sullenness 闷闷不乐，（天气等）阴沉

五、余论

  本文通过对外汉语教材汉语词语英文释义的实例分析，在对外汉语教学过程中，往往要对教材给出的英文释义进行相应的增量和减量，以达到预期的教学目的。在英文释义的增量部分，我们初步将汉语词的英文释义增量区分为四个基本模块：词法信息增量、词义信息增量、词体信息增量及文化信息增量。并结合教材及日常教学用例，将以上英文释义增量中的模块优先表现原则做了一个初步的排序。以期为汉语教材编纂及生词教学提供启发和借鉴。

  在汉语词汇英文释义的减量部分，结合教材编排的实际情况，主要从"词义信息"这个释义模块去分析部分词语应该做英文释义的减量处理，这样才能达到更好的汉语词汇教学效果。

  当然，本文撰写过程较为仓促，对英文释义增量的分类还不够精细，同时对英文释义减量的说明亦缺少条理，期冀在日后的研究过程中进一步加以完善。

参考文献：

冯海霞　2018《语文词典语义类别释义的多维研究》，北京：中国社会科学出版社。

冯海霞、周荐　2018《新世纪汉语"词义——修辞"研究现状与前瞻》，《福建师范大学学报（哲学社会科学版）》第2期。

冯海霞、周荐　2020《汉语"死亡"类词语：基于修辞学视角的分析》，《福建师范大学学报（哲学社会科学版）》第1期。

高书贵　1997《关于对外汉语教材生词与英文对译词的语义错位问题》，《天津师范大学学报》第6期。

刘汝山　2001《汉语词语搭配类型及其在〈汉英搭配词典〉中的收录问题》，《青岛

海洋大学学报(社科版)》第4期。

陆国强　2008《英汉概念结构对比》,上海:上海外语教育出版社。

王红旗　2008《语言学概论》,北京:北京大学出版社。

赵金铭　2004《对外汉语教学概论》,北京:商务印书馆。

《牛津高阶英汉双解词典》(第4版),北京:商务印书馆,1997。

《现代汉语词典》(第6版),北京:商务印书馆,2012。

【作者简介】赵越,男,文学博士,南京师范大学文学院中国语言文学博士后流动站,南京师范大学国际文化教育学院副教授。研究方向:汉语词汇学与词典学、对外汉语教学。

论《汉字王国》与古代汉语教学设计

董守志

(淮阴师范学院,文学院)

[摘 要]《汉字王国》对古代汉语教学设计有非常重要的参考价值。使用《汉字王国》辅助古代汉语教学设计有以下几大作用:第一,《汉字王国》精彩的汉字溯源可以辅助古代汉语字词教学设计;第二,《汉字王国》多维度汉字研究可以拓展学生的知识面。

[关键词]汉字王国;古代汉语;教学

瑞典学者林西莉的著作《汉字王国》对于汉字的研究和考释有很多独到之处,而且这本书的内容非常有趣味性。这部书对古代汉语教学有着非常重要的参考价值。笔者在讲授古代汉语课程时,就受惠于《汉字王国》良多。以下谈谈个人使用《汉字王国》辅助古代汉语教学设计的几点体会:第一,《汉字王国》精彩的汉字溯源可以辅助古代汉语字词教学设计;第二,《汉字王国》多维度汉字研究可以拓展学生的知识面。

一、精彩的汉字溯源可以辅助古代汉语字词教学设计

《汉字王国》并不是一部训诂学专著,但由于林西莉受教于国际知名汉学家高本汉,她对于训诂学和字词考证也不陌生。在《汉字王国》中有一些非常精彩和精审的汉字溯源研究,这些内容对我们古代汉语的字词教学设计有重要的参考价值。

《郑伯克段于鄢》中有"大隧之中,其乐也融融"一句,其中"中"这个字历来众说纷纭,大家意见不一。林西莉《汉字王国》(2007:312-313)中对此进行了详细

考证：

> 这个字最初是根据带长穗的旗子或者旗杆上某种形式的旗子创造的说法我是完全理解的。……问题是，旗杆中心的那个圆形或者方形物是什么，迄今为止没有任何解释。我认为它是一面鼓。周朝后期编的《礼记》一书有这样的记载：商时的鼓装在旗杆上。……但是还有另外一些字，表示其他类型的鼓，催马用的大型战鼓，安装在杆子上的小型手鼓，……但是让我们重新回到"中"字上来。我们在一个甲骨文上看到平常的旗子在飘扬。

《汉语大字典》对"中"的注释直接引用了《说文解字》对"中"的解释："内也"，并未展开论述。但林西莉先生认为"中"的本义与"鼓"有关。林西莉认为"中"最初与"建鼓"有关，后来在使用过程中又引申出里面、中间、中等、中央等义项，这个与语言的发展和使用者的理解都有关系。林西莉先生对"中"一字本义的考证可以补充我们在古代汉语教学时对"中"字的考证和辨析。

《触龙说赵太后》一文中有"赵主之子孙侯者"一句，对"孙"字，《汉字王国》（2007：208）有非常有意思的考释：

> 很多年以前我在台湾看到过一次送葬队伍。在棺材后面跟着死者的亲戚，他们头上蒙着白布。走路时，身体前倾。大家的手里挽着很宽的白带——有孩子，中年人和老年人。直到这时候我才明白"紧""继""续"和"孙"字的结构，而在这之前我心理上一直难于理解。

《汉语大字典》对"孙"的解释是："《说文》：'孙，子之子曰孙。从子，从系。系，续也。'按：金文'孙'从'幺'、'糸'。幺、糸皆古文字'絲'字，有连绵不绝意。"《汉字王国》此段关于"孙"的考证非常详审，认为"孙"与"紧""继""续"等字有关，是表达了子孙连绵不绝之意。林西莉先生这里的考证使用了现代人丧礼上的仪式与古文字互证，有力地说明了"孙"字与子孙连绵不绝以及和"系"这个偏旁之间的联系。以当代的民俗和礼仪与古文字字形互证，增加了考证的可信度。

关于这样的汉字溯源研究的例子，在《汉字王国》中还有很多。在古汉语教学时，注意利用此类资料，肯定会丰富古代汉语教学的内容和形式。《汉字王国》中使用了很多图画来辅助汉字溯源研究，这些图画也都是非常好的教学参考材料。

二、多维度汉字研究可以拓展学生的知识面

《汉字王国》的特点之一就是使用大量考古学证据与汉字古字形互证。林西莉对古今中外考古学和考古文物的熟悉令人咋舌。通过中国远古考古发掘文物和西方考古发掘文物与中国汉字古字形的比较互证，林西莉对很多汉字的本义得出了非常有价值和非常有启发性的结论。如果我们在教学过程中适当使用此类材料，可以很好地拓展学生的知识面，增加古代汉语教学的灵活性和趣味性。

《齐桓晋文之事》一文中有"今恩足以及禽兽，而功不至于百姓者，独何与？"一句，关于其中的"兽"字，历来也有很多考证。《汉字王国》中使用了许家窑遗址、半坡遗址等远古遗址出土的石球和中国云南纳西族、普米族以及玻利维亚博物馆里收藏的"布拉斯"石球来考证辨析汉字古字形"獸"。林西莉（2007:105-107）认为这些石球与汉字"獸"的本义有关：

1976年人们在大同附近发现了一个大约公元前十万年，石器时代的人类定居点，许家窑遗址。在这里，人们还发现很多吨圆圆的石头球，大小不等，最小的仅有一百克重，最大的有两公斤重。有一部分只磨好了一半。因此人们很容易看出制造过程。看样子这里是石球加工场地。石头是从附近一个湖滨取来的。石球是干什么用的？在中国西南边陲云南省有两个原始的少数民族——纳西和普米，直到几年前还使用一种有趣的狩猎方法：他们在半米长的绳子两头各拴一个石球，做一个扣或者用绳头结一个把手，然后他们让石头在空中旋转，随后朝平原抛出，绕住逃跑的野兽的腿或角。

……我自己第一次看到"布拉斯"是1976年。是在一家波利维亚博物馆里，……我买回家一个石球，在将近十年的时间里，它都放在我的写字台上当镇纸用，并使我经常想象那个陌生的世界。

我去西安，参观反映中国最早的定居人生活的半坡博物馆。……这时候我又走回去，惊奇地发现了一块石头，它简直就像我家里那块石头的复制品，它却早了六千年。没有这个经历，我永远也不会注意到很多年来我在中国不同的考古文献中碰到过的这些不寻常的资料。如今我阅读着许家窑定居点的材料——许家窑位于大同郊外的高地上，人们在这里和山西的其他地方发现了大量的文物——它们使我明白，石球是中国石器时代人们最重要的狩猎工具之一。

如果情况是这样,即石球是石器时代人类最主要的狩猎工具之一,不仅中国最早的智人使用,六千年前半坡的石器时代的人和直到今天中国的一些少数民族仍然使用,很自然它们包括在与"弹"和"戰"有关的字中。有什么能比让狩猎当中最主要的两个工具——石球迫使野兽站住,狗迅速赶到滞留它,直到猎人赶来——共同组成"兽"即狩猎的目标更自然呢?

《汉语大词典》对"兽"的解释:"一般指四足、全身生毛的哺乳动物。"当然《汉语大词典》也指出:"(兽)通'狩'。打猎。《诗·小雅·车攻》:'建旐设旄,搏兽于敖。'郑玄笺:'兽,田猎搏兽也。'马瑞辰通释:'段玉裁谓当从《后汉书·安帝纪》注、《水经注·济水篇》《东京赋》引《诗》作'薄狩'。惠定宇《九经古义》谓狩即兽字……《东京赋》'薄狩于敖',薛注谓周王狩也,引《诗》'薄兽于敖',皆狩、兽同义之证。'""兽"的本义应该是狩猎,林西莉这里引证考古文物和人类学、民俗学证据解决了这个问题。我们在古代汉语教学过程中,使用林西莉这里对"兽"字本义的研究和考释,对于我们理解"兽"的本义以及了解先民的生活和先民根据自己的生活创制汉字的智慧都有很大的帮助。

《许行》一文中有"以粟易械器者,不为厉陶冶;陶冶亦以械器易粟者,岂为厉农夫哉?且许子何不为陶冶,舍皆取诸其宫中而用之?何为纷纷然与百工交易?何许子之不惮烦?"一段文字。其中的"工"字,历来解释甚多,林西莉(2007:250-252)使用了很多考古资料来论证"工"应该是先民使用的石杵或者石夯:

在甲骨文里"工"字有其独特的形式,……"工"字给我们印象更多的是描写一件工具,人们能用它夯或者砸什么东西。……但是早在商代就有一种工具可以作为"工"字的仿照物,……其中一个是小型石杵,在陶轮使用之前人们用它制作陶器。……当人们用土建房子或墙时使用另外一种杵或夯。在整个中国历史上夯是一种最古老、最重要和使用最多的工具之一。目前仍然大量使用。……最常见的夯是石头做的,下部是圆的。大约二十五厘米高,二十五厘米宽,装有一个木头把。……人们夯土使用的工具通常是石头做的,上面装有一个木把。从考古的观点看,人们打土墙或打土坯所使用的石头都不引人注目。它们就是一些相当简单的石块。但是从语言文字的角度看,它们非常有意义,我想强调,它们是"工"字被创造时的参照物。

《汉语大词典》对"工"的解释引用了杨树达先生的考证,认为"工"就是曲尺:

"工具。一种曲尺。《说文·工部》:'工,巧饰也,象人有规榘也。'杨树达《积微居小学述林·释工》:'许君谓工象人有规榘,说颇难通,以巧饰训工,殆非朔义。以愚观之,工盖器物之名也。知者:《工部》巨下云:'规巨也,从工,象手持之。'按工为器物,故人能以手持之,若工第为巧饰,安能手持乎……以字形考之,'工'象曲尺之形,盖即曲尺也。'"但根据林西莉先生的考证,"工"应该是石杵或者石夯。"工"作为一种使用广泛和非常重要的工具,如果指的是先民生活中更为重要的石杵、石夯无疑是更为合理的。从古代汉语教学的角度引用林西莉考证"工"为石杵、石夯的材料,可以让学生更好地去理解原始社会和先民的生活,了解夯土建筑在中国建筑史和中国文化以及中国先民生活中的地位。通过这些材料,学生不只是了解了"工"这个字的意义和来源,也了解了中国建筑史的相关知识并了解了夯土在中国建筑以及城市发展中的重要作用。

总之,使用《汉字王国》辅助古代汉语教学设计有以下两大作用:第一,《汉字王国》精彩的汉字溯源可以辅助古代汉语字词教学设计;第二,《汉字王国》多维度汉字研究可以拓展学生的知识面。《汉字王国》是一部影响深远的汉字研究专著,作者林西莉先生尤其善于使用考古资料和人类学以及民俗学资料来考释汉字。《汉字王国》很善于使用青铜器或者汉代画像石上的图画与汉字字形互证,里面有太多有趣味、有意思的考辨和串联,是古代汉语教学的宝库。如果我们能够善于利用《汉字王国》来辅助古代汉语教学设计,可以为我们的古汉语教学设计增光添彩。

参考文献:

[瑞典]林西莉　2007《汉字王国》(李之义译),北京:生活·读书·新知三联书店。
王力主编　1999《古代汉语》,北京:中华书局。
郭锡良主编　2018《古代汉语》,北京:商务印书馆。

【作者简介】董守志,男,文学博士,淮阴师范学院文学院副教授。研究方向:汉语词汇史。

江户时期日本汉语教学的国别化特征

李晓鹏

(北京外国语大学,中国语言文学学院　燕山大学,文法学院)

[摘　要]日本汉语教学经历了从完全遵循中国教学模式到国别本土化的过程。这一转变不是突然发生的,中间有一个过渡期——江户时期。这一时期,日本汉语教学的国别化特征开始显现。从教学对象来看,由唐通事子弟教学到"译社",这表明普通民众对汉语学习的需求增加了。从汉语教材来看,专门的汉语教科书和工具书开始大量出现,其中最有代表性的就是冈岛冠山编写出版的唐话五种教材,是江户时期国别化教材的首次尝试。江户时期日本汉语教学具有浓厚的宗教色彩,一方面展现了当时中日两国之间宗教传播的真实历史背景,另一方面揭示了日本汉语教学的一个重要的国别特征。

[关键词]日本;江户时期;汉语教学;国别化

一、序言

日本汉语教学可以追溯到公元三世纪。据日本最早的历史文献《古事记》《日本书纪》记载,公元284年,王仁应神天皇邀请从百济到日本教皇太子学习汉文,《千字文》《论语》等典籍被带到日本。公元593年,日本圣德太子摄政,实施改革,日本向中国派出遣隋使学习政治制度、佛法和中国文化。随后,多次派出遣唐使、学问僧、游学生到中国,学习儒学、佛学、典章、制度、文学、绘画、书法、音乐、建筑。(鲁宝元、吴丽君,2009)这些日本汉语学习者身处目的语国家,接受的是与中国学生相同的汉语教育,从《千字文》《三字经》《百家姓》等启蒙读物开始,进而学习四书五经等各种中文典籍。这些人回到日本后讲学从政,将中国的政治体制和哲

学思想带回日本,把儒家、道家、佛学思想本土化,使日本社会得到了跨越式的变革与发展。(王顺洪,2008)

日本汉语教育史经历了从全盘接受中国文化到国别本土化的过程。这一过程不是突然间转变的,中间经历了一个过渡期,即江户时期(1603—1867),相当于中国明朝明神宗年间到清朝同治年间。这一时期,日本汉语教学受到了中日经济贸易、佛教、儒家等因素的影响,白话汉语需求增加,日本国内的汉语教学不再局限于文言典籍,以运用汉语直接进行交流为目的的教学拉开序幕,国别化特征开始显现。

二、国别化的开端——唐通事子弟教育

16世纪初,葡萄牙、荷兰等国商船经由马来西亚到达日本,欧洲的天主教输入日本,日本受西方文化的影响越来越大。1639年,德川幕府为了抵制天主教而实行锁国政策,长崎被指定为唯一与荷兰、中国和朝鲜进行贸易的港口。随着中日贸易日益频繁,能够充当贸易翻译官的人才供不应求。这是因为17世纪以前,日本汉语教学模式完全效仿中国,学生接触到基本都是文言典籍,除了到中国学习的学问僧、游学生,大部分日本汉语学习者都是用"训读法"解读汉文,缺乏汉语听说能力。因此,为了与中国顺利进行贸易往来,长崎地方政府开始设置唐通事一职。唐通事的职务是世袭的,唐通事子弟学习的是汉语白话,当时称为"唐话"。"唐话"为中国南方话,主要是南京话、福州话和漳州话。

唐通事子弟学习"唐话"采用家教形式,从小开始训练会话。由于唐通事的职业需要,十分重视语音教学。另外,唐通事注意到与"唐话"相比,日语的元音数、辅音数少,语音结构比较简单,而且没有声调。因此,唐通事强调汉语学习必须从儿童智力未启、刚刚学话的婴儿期就要开始口耳相传,到五六岁时就结合《三字经》《千字文》《百家姓》等启蒙教材开始感受汉语语音,特别是声调。当时,唐通事为了解决一些发音难点研究出了一些教学方法,比如用掌上的灰是否飞起来来区别送气音和不送气音。在发音学习阶段后的教学中,仍然用督促学生记忆、背诵的方法进行语音训练。(刘海燕,2016)

唐通事在教学中注意书面语和口语分开,并根据汉语水平进行分级教学。教书面语时仍延用《大学》《论语》《孟子》《诗经》等传统典籍。在教日常用语和专业词汇时,他们使用自编的《二字话》《三字话》《长短话》《译家必备》《两国译通》

等,学生语言水平达到一定程度就可以读《水浒传》《三国演义》《西厢记》等白话文学著作。(王顺洪,2008)

唐通事的汉语教学仅限于自家子弟,汉语教学传播范围虽小,但意义深远。一方面,延续了汉语教学作为基础教学的传统;另一方面,使用了自编教材,教学内容以白话为主,以培养学习者的交际能力为教学目标。可以说,这是日本汉语教学国别化的开端。

三、专门的汉语言学习

出于江户时期的政治、经济、文化背景,普通民众学习汉语的热情高涨。因此,江户时期出版了很多专门的汉语教科书和工具书。1991年日本学者六角恒广《中国语教本类集成》、2015年李无未主编的《日本汉语教科书汇刊》(江户明治编)中收录了江户时期汉语教科书和工具书。在这些教科书中,以冈岛冠山编写的唐话教本影响最大。冈岛冠山在荻生徂徕发起的"译社"中任教十余年期间,先后编写并出版了《唐话纂要》《唐译便览》《唐话便用》《唐音雅俗语类》《经学字海便览》五种教本。译社的兴盛使江户成为当时的唐话学习中心。

《唐话纂要》于1716年出版,1718年再版,是五种教本之首,也是目前学界研究最多的。本书分为六卷,从类似词语的二字话、类似词组的三字话和四字话、类似短语、小句的五字话和六字话到按照话题编排的对话体长短话,再版时加入了小说两篇。

卷一为二字话、三字话,各756则,每句话右侧用片假名注音,下面用片假名进行注释。二字话包含人称代词、时间词、方位词、心理、致歉等义类;三字话涉及疾病、品行、婚嫁、商务等话题。

明日　　后日　　夜间　　晚头　　黄昏

惶愧　　羞耻　　羞辱　　惧怕　　恐惧

救不活　病凶了　合些药　下了药

买不成　买着了　卖不着　强买了

卷二为四字话,共714则,卷三为五字话、六字话,共118则。话题更加广泛,有寒暄、天气、劝告、感谢、诉讼、人生经验等。

今日何往　　许久不见　　且请少坐

休要偷懒	在心留意	不要忘记
休要太勉强	这事不宜勉强	
请用些点心	一路上平安了	
有缘千里易相逢	无缘对面难相见	

卷四为对话体，由几个句子组成一段话，句子长短不一，称为长短话，共67段话，包含军事、学问、赏花、宴会、请托等话题。

如今天下武夫皆能勤谨，若伏事主公有余力，则不管怎的，便在空地里跳出来，或走马射弓，或刺枪使棒，直恁演习武艺而打熬气力。比前年大不相同了。

（邀请者）后日乃我生日，因要设酒扳客。长兄是和我竹马之友，除要过来用一杯寡酒。去岁长兄因有贵恙而不来，我于心不乐。今年决不可托事辞却。（受邀者）小弟也曾晓得后日是先生贵降之日，旧年不意有贱恙而不来赴庆筵，大为惋惜。今年纵有天大事体亦不敢违命，只要先到贵厨与主人照管些厨事便了。

卷五中列出"亲属、器具、畜兽、虫介、禽鸟、龙鱼、米谷、菜蔬、瓜果、树竹、花草、船具、数目、布匹"14类词汇，另收小曲10首。再版时加入卷六的两则奇谈《孙八救人得福》《德容行善有报》。

《经学字海便览》于1725年出版，《唐译便览》《唐话便用》《唐音雅俗语类》三本教科书于1726年出版，比《唐话纂要》晚了近10年。其中，《唐话便用》的编排体例与《唐话纂要》类似，作者受到黄檗宗的影响，加入了更多了宗教内容，上一部分已经具体说明，不再赘述。《唐译便览》按照汉语句子日译的首字母排列，搜录的都是生活常用语句，类似于现在的常用汉语X百句这类工具书性质的翻译手册，适合自学使用。《唐音雅俗语类》按照"雅语类""长短雅语类""俗语类"其中还有一部分关于明朝法律的长篇问答。所谓"雅语"和"俗语"指的是上层社会和一般平民阶层不同用语，俗语部分还介绍了关于尧舜禹的历史知识和法律知识。《经学字海便览》是从《朱子语类》中选取关于四书五经的俗语并加以注释，共七卷。（鲁宝元、吴丽君，2009）

《唐话纂要》被认为是日本第一本正式出版发行的真正意义的汉语教科书，面向的是普通的唐话学习者，因此影响最为深远。其序言中强调汉语教学不是为了读懂"四书五经"或创作文言文，而是以培养语言实际应用能力为主。词汇编排以"同义/近义/反义/相关义"等关系进行排列，涉及的话题生活气息浓厚，语境较为完整，增加了学习的连贯性和趣味性。江户时代初期，日本的幕府和藩主治理国家，重视借鉴中国的法律，这在《唐音雅俗语类》中有了体现。当时的幕府政权以朱子学为官学，《经学字海便览》应该是为当时学习官学的知识分子所编写的工具书。

冈岛冠山编写出版的这一系列教科书，虽然不成系统，但每本书都是针对日本当时当地实际需要而编写的。因此，这一系列教材是江户时期国别化教材的首次尝试。

四、日本唐话教学的宗教色彩——黄檗文化

中日两国僧侣从中国南宋时期就开始来往频繁。日本黄檗宗源于中国禅宗的临济宗。公元1654年7月，中国福建黄檗山万福寺主持隐元隆琦携弟子、工匠30人应邀抵达日本。（孙宝山，2016）在唐通事、中国商人与地方官员、日本皇室的沟通下，最终得到德川家纲将军的支持建造了寺庙，仍命名为黄檗山万福寺，标志着日本黄檗宗的成立。（楼佳如，2012）越来越多的中国禅僧到达日本，他们用汉语讲经说法，用汉语和部分日语与日本信众进行交流，在日本形成了一股"黄檗文化"。

日本信众很多，包括社会各阶层人士，上到皇室成员、幕府将军、幕府阁僚，下至一般民众，都可以与禅僧会面或通过诗文书信往来。在当时幕府都会江户，著名儒臣柳泽吉宝20岁就皈依了黄檗宗。师傅对弟子讲经时问答都使用唐话，柳泽吉宝多次与中国杭州高僧悦峰道章进行笔谈。在他的门下，聚集了荻生徂徕、冈岛冠山等一批唐话学者。其中，冈岛冠山编写的唐话教本《唐话便用》的卷三和卷六中编写了很多僧俗间的对话。

卷三中，有这样一段：

（施主问）久闻长兄大名，今日天赐相见了。久不拜大和尚，未知法体如意么？（禅僧）答：多谢居士顾问，贫衲一向无事了。贫僧绊着寺务，久不问居士兴居。野衲隐在山中，足迹不出户外了。本山是个贫地，靠四方但越护法。本寺施主但越，原来不多几个人。

"但越"为"檀越"，即大施主。这是施主与禅僧的寒暄对话。从"昨日起有法事，满寺僧众好不忙。"中可以看到在日本做法事的情景。

卷六整卷都是"与僧家相会说话"，与卷三的刻意对称不同，这一卷的话题更加宽泛，句式长短多变。

（施主问）"这几日有事，久不来奉拜，未知法体如意么？"（禅僧）答："贫衲一向好，居士也万福，恭喜恭喜。"

（施主说）"和尚久不见，法体平安，不胜欣跃。弟子这一向有些贱恙，将息多日，昨今才出。前日观音会也不来烧香，有罪有罪！"（禅僧）答："怪道居士久不到鄙寺，却原来有贵恙，野衲不曾晓得，没有差僧问候，请恕请恕！"

（施主问）"师父少会，令师堂头老和尚康健么？法弟俗事纷然，久失拜候，欠情多了。望师父与我致意老和尚，说声近日必当奉候。"（禅僧）答："居士久不到鄙刹，堂头也好生挂念，小僧详细报知堂头，教他等待居士贲临。"

以上三段问答与卷三中的施主与僧家的对话相似，卷三是规整对称的六字句和七字句，卷六选文则是二字到十余字，长短不一，更符合真实口语对话的特点。从对话双方的称呼来看，卷三中施主称呼禅僧为"长兄""大和尚"，而禅僧自称"贫衲""贫僧""野衲"，禅僧称施主为"居士"，卷六中除了卷三中出现的称呼外，施主自称"弟子""法弟"，称禅僧为"和尚""师父"，对话中提到对方的师傅称"令师堂头老和尚"，地位较低、年龄较小的禅僧自称"小僧"，与施主谈话中称自己的师傅为"堂头"。由此可见，不仅可以看到当时僧侣与信众之间的称呼变化多样，而且能从不同的称呼中看出年龄大小、地位尊卑及关系亲疏。

（施主问）"法弟虽要常来领像教，争奈绊着俗务不能遂愿，徒自悔恨。法弟委实愿做佛，不知怎生修行方能做得佛，望大和尚指教。"（禅僧）答："居士，你便是佛，佛便是你，又要愿做甚佛？只是有一件，佛无贪图之心，无色欲之心，无杀生之心，便完了帐。居士你以心问心，便自知端的了。"

这是一位施主与禅僧在讨论如何修行才能成佛的一段对话。禅僧用通俗易懂的语言解答了普通信众对于成佛的疑问，将深奥的佛教思想蕴其中，劝诫人们节制欲望、不生恶念、不做恶事，时常自省。

（施主说）"和尚因有道德，众人都归依。如今新但越也多，与前代兴旺十倍，可谓中兴。弟子等欢喜不迭。"（禅僧）答："老僧无德，幸托居士等众但越护法之力，旧年起了宝殿，今年又造了山门及方丈，并禅堂、法堂、僧寮、浴室、钟楼、妈祖殿、三官殿、观音堂、祖师堂、东廊、西廊、仓库、厨房、斋堂，连毛厕也修理得十分干净。又且僧众也与前代加倍多了。居士乃本寺代代的施主大但越，比别人不同，凡事靠赖，请为法维持。"

通过上面这段对话,我们可以了解到寺庙的建筑构造,大到庙堂小到厕所都介绍得清清楚楚。会话双方的言语之中表现出施主对寺庙发展兴旺的喜悦和禅僧对施主们的感恩之情。汉语学习者不仅可以从看似随意的聊天中对庙宇中的建筑有所了解,还能学会如何描述事物发展变化以及情感的表达方式。

(施主问)"今日特地偷闲来拜和尚。适才听知客师说,今日和尚教众职事僧换职,或有升的或有降的,纷纷不一。弟常到宝刹,也只晓得都寺、监寺、当家、知客、维那、侍者、书记、首座等项职事,余外还有管甚的职事?见教见教。"(禅僧)答:"原来我禅宗丛林也是个有几等的职事僧,如那维、那侍者、书记、首座这都是清职;都寺、监寺、当家、提点、院主俱皆掌管常住财物,这都是上等职事;还有那管藏的唤做藏主,管殿的唤做殿主,管阁的唤做阁主,管化缘的唤做化主,管浴堂的唤做浴主,这个都是主事人员中等职事;还有那管塔的塔头、管饭的饭头、管茶的茶头、管东厕的净头、管菜园的菜头,这个都是头事人员,末等职事。本寺虽小,也有这些职事,僧人因兹或缺或补、或升或降,一年几次换来换去。还有那挂搭的,此去彼来,每日闹动。且一切事情都要老僧处置。虽教都寺、监寺等做主,与老僧分忧,他们也不敢自专,恐坏清规,定要老僧亲自料理。老僧做堂头整整五年,今已七旬之上,那能管得起这许多事。老僧明年必当隐居。望居士周全。"

这是卷六中最长的一段对话,介绍了寺庙中的职务安排,本来繁琐乏味的话题,却被展现的鲜活生动,层次分明。施主自称"弟",与前面的"特地偷闲来拜和尚"和随后的"常到宝刹"相呼应,说明他常常没事的时候就会来到寺庙拜会禅师,与寺里众人非常熟悉,对寺里僧人的职务也有颇多了解。正因为熟悉,"知客师"会将寺中即将发生的内部事务告诉他。年过七旬的"堂头"在回答中,将寺中大小职务都做了介绍,哪些是清职,哪些是上等职事、中等职事、下等职事娓娓道来,让人听了不仅不会烦闷,还会觉得很有趣。从这段对话中,学习者可以清楚地了解黄檗寺中的僧众各人的职责所在。对话中多次出现"管……的唤作……""或……或……"这种生活中常用句式,学习者可以在语境中能够轻松习得。

通过以上《唐话便用》中的会话描写,我们可以看到江户时期日本汉语教学具有浓厚的宗教色彩,展现了当时中日两国之间宗教传播的真实历史背景。教科书中的内容并没有深奥难懂的佛经术语,而是通过生活化的对话来展现,这是此前日本汉语教学中所没有的,也是国别化特点之一。

五、结语

　　江户时期的汉语教学是日本汉语教学史上一个重要的转折点。这一时期的汉语教学已经摆脱了中国旧有的教学模式。无论史唐通事、黄檗宗信众还是普通百姓,都有学习汉语的需求,而学习者的需求就是汉语教学的原动力。专门化汉语教材的出版发行,使汉语学习在日本进一步普及。江户时期,开启了日本汉语教学的国别化之路。

参考文献：

董　明　2002《古代汉语汉字对外传播史》,北京:中国大百科全书出版社。

鲁宝元、吴丽君　2009《日本汉语教育史研究——江户时代唐话五种》,北京:外语教学与研究出版社。

刘海燕　2016《〈千字文〉在日本汉语教学历史上的教材价值》,《日本问题研究》第2期。

楼佳如　2012《江户时代的日本黄檗宗与汉语传播》,复旦大学博士学位论文。

李无未　2015《日本汉语教科书汇刊(江户明治编)总目提要》,北京:中华书局。

孙宝山　2016《关于日本黄檗宗的考察研究》,《南开日本研究》。

王顺洪　2008《日本人汉语学习研究》,北京:北京大学出版社。

【作者简介】李晓鹏,北京外国语大学中国语言文学学院在读博士研究生,燕山大学文法学院讲师。研究方向:汉语国际教育研究。

（本文已发表于《现代语文》2019年第10期。收录于本论文集时,有部分改动）

扩大汉语国际教育开放策略研究

郜彦杰

(洛阳师范学院,新闻与传播学院)

[摘 要]汉语国际教育,是实现海外汉语作为外语的教学,目的之一为将汉语推广到全球。同类型国际教学项目推广实践表明,此过程必然是一个漫长的过程。为进一步拓展汉语的国际教学、扩大汉语国际教育的开放,可行途径之一为与世界上一流教学资源相结合,开展高水平、顶级层面上的合作办学。实施"1234工程",即加强与世界100强名校合作,以外籍教师和本土教师培养为抓手,强化老师、学生和教育机构三方面教学角色,厘清中国政府、中方机构、推广国所在政府和外方机构关系为基础,开创汉语国际教育新局面。

[关键词]扩大开放;汉语国际教育;世界一流资源;高水平合作办学

汉语国际教育,是指"在海外把汉语作为外语的教学"(崔希亮2010),这种"走出去"模式,能有效推广汉语言教学,也是文化推介的有效措施之一。但是,在异域文化区进行推广也会面临更多更大的困难。一方面,接纳国的思想观、价值观和风俗习惯等存在巨大差异,往往会形成的天然阻力;其次,缺少便利的配套设施也给教和学带来阻力。其中,影响最大的仍然是语言不通,交流不畅。其实,和英语作为外语在我国推广教学初期遇到的问题一样,一方面本土高水平英语教师资源稀缺,另一方面,成人语言定势导致外语作为第二语言进行学习与领会,与幼年时期具有显著区别,难度显著加大。有些人穷其一生,也没能有效掌握第二语言。

但是,语言学习也存在天然优势,比如,法国东方语言文化学院博士生导师、世界汉语教学学会副会长白乐桑研究发现,法国汉语学习者学习动机上,内在动机占主导地位,在内在动机中,成就动机与挑战性动机、发现性倾向、人道主义、理想主义倾向、跨文化的敏感力都成为促使学习者学习汉语的动力。正是这种激励机制,引发学习者的兴趣,持续地、长久的激励学习者学习。

最后,汉语国际教学在受教国发展尤其是初期发展困难。在度过初始阶段的困难期后,随着社会上掌握汉语的人数增加,汉语在经济、旅游、文化交流等方面应用的扩大,尤其是中国综合国力增长导致的影响力的增强,必然会使得汉语教学迈上新台阶,奔向新征程。

我国在海外进行汉语国际教育教学的主要机构为孔子学院。从 2007 年成立孔子学院总部,已经进行了 12 年的汉语国际教育推广工作,取得了丰硕的成果。目前全球 150 个国家设立了 531 所孔子学院和 1130 所孔子课堂,学员超过 200 万人,孔子学院带动了 67 个国家将汉语纳入国民教育体系。孔子学院成功的关键在于对不同文化的尊重、理解和信任。未来汉语国际教育的进一步发展,其方向在于扩大汉语国际教育开放,对扩大汉语国际教育开发的必要性进行研究十分重要。最后,对扩大汉语国际教育的开放策略进行了讨论。

一、扩大汉语国际教育开放的必要性

习近平主席指出:"每一种文明都扎根于自己的生存土壤,凝聚着一个国家、一个民族的非凡智慧和精神追求,都有自己存在的价值""如果人类文明变得只有一个色调、一个模式了,那这个世界就太单调了,也太无趣了!"正是世界上不同文明之间互相包容与互相借鉴,全球文明生态才会多样,地球居民的生活才会多姿多彩,世界才会姹紫嫣红。纵观人类文明发展史,人类各个群体之间的关系从彼此之间的相对隔绝,继而普遍对抗,现在坚实地进入到不同文化间对话的阶段。

深化人文交流互鉴是消除隔阂和误解、促进民心相知相通的重要途径。这些年来,中国同各国一道,在教育、文化、体育、卫生等领域搭建了众多合作平台,开辟了广泛合作渠道。中国愿同各国加强青少年、民间团体、地方、媒体等各界交流,打造智库交流合作网络,创新合作模式,推动各种形式的合作走深走实,为推动文明交流互鉴创造条件。汉语国际教育的开放,本质是文明开放的一部分。孔子学院的诞生反映了世界对对话的需求。(许嘉璐 2018)而汉语国际教学突出特点之一就是其为文明的重要载体,在教与学的实践过程中将中国优秀文化和思想库里面的珍宝送至全球孔子学院开办所在区域。

目前,汉语国际教学是中国和世界各国人民之间友好往来之桥、心灵相通之桥,通过交流、对话、协商、合作,极大深化了中国与世界各国的相互认知和友好合作,它也是中国改革开放的助力之一。最终方向或者目标,就是习近平主席提出的构建人类命运共同体。(许嘉璐 2018、郝平 2018)为实现这些最终目标,扩大汉语国际教育开放具有重要的现实意义和必要性。

二、扩大汉语国际教育开放性的策略

人类只有肤色语言之别,文明只有姹紫嫣红之别,但绝无高低优劣之分。认为自己的人种和文明高人一等,执意改造甚至取代其他文明,在认识上是愚蠢的,在做法上是灾难性的！在海外推广、推荐汉语和汉语教学,不是赤裸裸的攻城掠地,不是文明的冲突,而是文化的交流和文明的交融,只有如此,才能避免文明的优越感和文明的盲目自信。为此,扩大汉语国际教育开放性的策略为"1234 工程",即加强与世界 100 强名校合作,以外籍教师和本土教师培养为抓手,强化老师、学生和教育机构三方面教学角色,厘清中国政府、中方机构、推广国所在政府和外方机构关系为基础,开创汉语国际教育新局面。

(一)整合世界一流教育资源,加强与世界 100 强名校合作

世界一流教育资源一般为国际教育教学名校所掌握,这些学校具有世界一流大学和一流学科。英国教育刊物《泰晤士高等教育》发布了 2018"世界大学排名",《泰晤士报》大学排名前 100 的大学中,美国有 41 所大学入围,是所有国家中数量最多的,英国以 11 所的数量位居第二。在亚洲国家中,中国(大陆+香港)有 6 所院校入围,入围数量位居亚洲第一,在所有国家中并列第 5。我们的近邻韩国、日本、新加坡各以 2 所院校入围。全世界有近 200 个国家和地区,但是真正入围的只有 16 个国家。我国分别是清华大学,北京大学,中国科学技术大学,香港大学,香港科技大学,香港中文大学。汉语国际教育开放策略之一,就是和世界一流大学、同掌握世界一流教育资源的机构开展高水平合作办学。2011 年,现在名列世界前 200 名的 70 多所外国高校办起了孔子学院,但是仍然任重道远。(孔琳 2011)语言学习是沟通与了解其他国家文化与历史的途径,欧美国家学生对于外部世界、尤其亚洲仍然缺乏了解,大力加强欧美前 100 名世界名校合作进行汉语教学,这将有利于所在国学生的成长。

高水平合作办学方面,清华大学作为中方合作学院,与英国伦敦商务孔子学院合作进行汉语国际教育教学。伦敦商务孔子学院是英国的第六所孔子学院,是全球第一家商务汉语孔子学院,主要发展高端商务汉语、商务文化培训,为国际汉语推广和海外大企业及商界人士在中国的发展提供帮助。

北京大学与斯坦福大学、京都大学、开罗大学、柏林自由大学和莫斯科大学孔子学院等10所机构进行合作。其中斯坦福大学和京都大学为世界100强大学。2013年9月北京大学成为斯坦福大学孔子学院的中方合作院校。斯坦福大学孔子学院为第一所研究型孔子学院,开展了"中国考古学论坛""斯坦福师生暑期访华"等众多项目,启动了"中国文化必读书目"项目,对促进中美两国文化交往、人文交流起到重要作用。日本京都大学孔子学院为立命馆孔子学院,已经取得了良好基础和成绩,努力构建日本汉语教学的先进性平台,定期进行中国古典文化讲座。

北京外国语大学在国际交流方面优势明显,学校承办了22所海外孔子学院,位于亚、欧、美17个国家;该校承办的汉语国际教育,本科生中约50%具有公费或自费出国学习、访问的经历,其中短期项目中有剑桥大学、加州大学伯克利校区、多伦多大学等世界著名学府的暑假学习项目,长期项目包括到对象国大学学习项目。

(二)以外籍教师和本土教师培养为抓手

改革开放以来,英语在中国的教学取得了长足进步,其发展离不开中国本地教师和外籍教师的共同努力。同样,汉语在外国本地的教学开展,包括老师和学生,首先学生是当地的。其次,教师来源,一方面来源于当地,另一方面来源于汉办外派。以外籍教师和本土教师培养为抓手,储备和运用好师资人员,是扩大汉语国际教育开放的重要一环。

汉语国际教育外籍教师,指的是中国孔子学院总部国家公派出国汉语教师,具有相当的需求量。每年中国孔子学院总部会下发岗位需求表,由各地院校教师自愿报名,培训合格后上岗。2019年全球369所孔子学院教师需求数为822人,其中,美国59家孔子学院需求193人,为需求人数最多的国家。立命馆孔子学院,培养出了一批汉语国际教育名家、名师,在扎实推进汉语教学的同时,注重提升教师水平,积极推进本土汉语教师赴华恳谈活动,并继续邀请知名专家、学者赴日举办演讲会。由此可见,有必要主动积极培育汉语国际教育中方指导教师和当地教师。总体而言,通过提升外籍汉语国际教育教师和当地本土教师的教育教学能力,将会进一步促进汉语国际教育的开放程度。

(三)强化老师、学生和教育机构三方面教学角色

在教与学的关系中,参与者往往包括教师、学生和教育机构。汉语国际教育的教与学也需要协调好三者之间的相互关系。首先,学生是学习的主体,是教学效果体现的主角。在实际教育过程中,受教群体多种多样,包括大、中、小学生和社会学生。由于级别和程度的区别,导致每一群体教学大纲、教学目标和教学手段、教材选用都会有较大差异,不能相互替代。教师为指导者和引导者,往往在教学大纲的编制、教学手段和方法采用方面承担主要责任。(朱晓军 2017)教学过程中,教师可以和学生角色互换,不能越俎代庖,不能成为教学的主体和中心。德国自由大学孔子学院加快汉语推广和教学的"本土化"进程,积极举办各类师资培训,切实为当地汉语教师服务,就是加强教师汉语国际教学的具体体现。教育机构提供教学场地、后勤装备参与到教学工作中。统筹好老师、学生和教育机构三者教学关系,汉语国际教育必将会产生更加显著的效果。

(四)厘清中国政府、中方机构、推广国所在政府和外方机构关系

孔子学院继续坚持教育宗旨,遵照各国教育传统和全球教育理念运行,尊重所在大学办学自主权,公开透明,合法合规;继续为各国民众提供一流的中文教学服务;继续为全球教育作出贡献。孔子学院设置原则之一:孔子学院为具有所在国独立法律地位的当地机构,赋予所在国领导权(配置外方院长),中方给予资金和人力资源的支持(配置中方院长)。实际上是一个国外机构,每一个孔子学院都是非常独立的。总体而言,大部分孔子学院是国外大学(或中学)与中国大学(或中学)的合作办学机构。孔子学院设置原则之二:孔子学院是一个文化机构,以汉语言教学为主,辅以中国古典文学的传播、讨论和研究。此外,可以加入商业、金融、体育和医疗卫生等行业元素,扩大开放,以适应当地科教和文化卫生的需求。

三、扩大汉语国际教育开放性的途径

扩大汉语国际教育开放性的途径,包括开展汉语国际教育教学研讨会、进行外教和本土教师的"汉语国际教育专业教师教学技能大赛"以及扩大建立商务汉语水平考试等。国际汉语教学研讨会为全世界汉语教学和研究者、汉语爱好者们提供了一个开放、多元、包容的交流和互动平台,对汉语教学、研究和传播起到了重要

的推动作用。北京大学于 2018 年 11 月举办的首届世界汉语研讨会,进一步推动国际汉语教学交流与合作。举办"汉语国际教育专业教师教学技能大赛",以外籍教师和本地教师为比赛选手,对教学目标、教学内容、汉语及文化基础、教学过程、方法与技能、师生互动,教学效果等方面对参赛选手进行综合考核,强化教师技能,也是扩大汉语国际教育开放的有效途径。最后,在经济领域进行拓展,扩大商务汉语水平考试及培训,也能有效扩大汉语国际教育开放与接纳程度。

进入 21 世纪,中国推动构建人类命运共同体,倡导开放、包容、普惠、平衡、共赢的新型经济全球化方案,倡导创新、协调、绿色、开放、共享的发展理念,孔子学院作为载体扩大促进了汉语国际教育的发展。未来,整合世界优质教学资源,通过和世界 100 强高校进行合作,培养优秀外籍和本土汉语言教师,厘清学生、学校和教学机构关系,将有效促进汉语国际教育开放程度,这是造福世界人民的友好举动,也是有益于我国的进一步改革开放与发展。

参考文献:

崔希亮 2010《对外汉语教学与汉语国际教育的发展与展望》,《语言文字应用》第 5 期。

许嘉璐 2018 http ://fao.jju.edu.cn/info/1004/1817.htm

郝 平 2018 http ://fao.jju.edu.cn/info/1004/1817.htm

孔 琳 2011 https ://www.mfa.gov.cn/ce/cgfrankfurt/chn/jywh/gzxw/t875441.htm

朱晓军 《"一带一路"倡议下汉语国际教育专业的发展及对策研究》,《新疆大学学报(哲学·人文社会科学版)》第 4 期。

【作者简介】 邰彦杰,女,文学硕士,洛阳师范学院新闻与传播学院讲师。研究方向:语言学。

文化维度视角下的中外文化差异与汉语国际推广

刘思琦　张　瑾

（燕山大学，文法学院）

[摘　要] 本文以霍夫斯泰德的文化维度理论为基础，探讨中西方在权利距离、不确定性规避、个人主义与集体主义、社会的男性化和女性化、长期取向和短期取向五个文化维度方面的差异，并在这一理论的指导下提出作为汉语国际推广主体的对外汉语教师及志愿者应该如何提升自身素养，开展汉语国际推广工作。

[关键词] 霍夫斯泰德；文化维度；中外文化差异；汉语国际推广

引言

随着中国综合国力的提升、文化软实力的不断增强以及近年来"一带一路"的建设和繁荣发展，国际"汉语热"持续升温，从2004年韩国首尔第一座"孔子学院"至今，中国已经在全球155个国家和地区设立了共计530所孔子学院和1129个孔子课堂。除此之外，来华交流、学习汉语的外国留学生也不断增多，2020年联合国正式宣布汉语成为世界通用语言。我国对外汉语教学事业蒸蒸日上，汉语国际推广成为我国国家软实力建设中不可缺少的组成部分。在此背景下，如何最大限度地消除跨文化交流中的沟通障碍，避免因文化差异造成的文化冲突与碰撞，实现汉语可持续推广，是一个亟待解决的问题。

在汉语国际推广中，对外汉语教师以及对外汉语志愿者是最直接的汉语及中华文化的传播者，是跨文化交际的主要践行者。本文以吉尔特·霍夫斯泰德（Geert Hofstede）在实验研究、数据分析的基础上所提出的文化维度理论为基础，从五个方面分析中西方的文化差异，进而探讨汉语教师及志愿者在汉语国际推广中应当注意的问题及解决对策。

一、霍夫斯泰德的文化维度理论

文化维度(Clture Dimension),是荷兰国际文化研究所所长霍夫斯塔德及其同事在对文化进行定量研究时采用的概念。通过对 IBM 公司在全球 70 多家子公司的成员进行的文化差异调研,研究了其行为、价值观及合作方式等方面的差异,提出了四个文化衡量维度——权利距离、不确定性规避、个人主义与集体主义以及社会的男性化与女性化。这四个文化维度作为研究成果发表之后引起了学术界广大的反响和质疑。面对质疑,20 世纪 80 年代后期,霍夫斯泰德又进行了新一轮的实验研究。此次研究不仅再次证实了这四个文化维度的存在,而且他还根据邦德对 23 个国家和地区的学生进行的价值观抽样调查得出的反馈结果,又增加了第五个维度,即长期取向与短期取向维度,并将该研究成果发表在他 1991 年出版的《文化与组织》一书中。

在跨文化研究领域,除了霍夫斯泰德的文化维度理论以外,较为盛行的文化维度理论还有 Edward·T·Hall 的高低语境理论、Kluckhohn 和 Strodtbeck 的价值取向理论、Triandis 的个体主义—集体主义理论以及 Trompenaais 的文化架构理论等。这些不同的文化维度理论从不同的视角和切入点对文化差异进行了解读与阐述,充分运用这些理论,可以帮助我们理解和掌握不同文化在不同维度上的差异,并有效运用不同理论指导和丰富全球化背景下的跨文化交际及汉语国际推广。可以说,文化维度理论发展到今天,已经呈现出多学科交叉、多层次关联、多维度重叠和多视角整合的一种系统化发展格局。各种文化维度理论虽然研究侧重各有不同,各有各自特点,但是也有许多的重叠。而在各种理论中,霍夫斯泰德的文化维度理论是社会科学文献类引用最多的理论之一,最具权威性和研究价值。

二、基于文化维度理论的中外文化差异比较

(一)权利距离

权利距离,指的是一个国家的组织和机构中处于弱势地位的成员对于权力分布不平等的接受度和期望度。这里涉及的一个基本问题就是在每一个社会运转之下人与人的不平等程度。不同国家文化在这一维度上有高低之分,高权力距离文化中的人们会认为社会等级结构的存在自然合理,对于由财富和权力引起的层级

差异有较高认同度并倾向于维持层级制度体系,自下而上的交流受到限制。而低权力距离则指一个社会不会看重人与人之间由财富和权力引起的层级差异,而更重视地位和机会的平等。按照霍夫斯泰德的统计数据,亚洲国家通常属于高权力距离国家,如新加坡、韩国等国家的PDI(Power Distance Index)数值很高;而美国和欧洲的大部分国家的PDI数值则相对较低。

中国属于高权利距离国家,我国传统的社会结构是宗法社会结构,家庭内部讲究"长幼有序、尊卑有别",家长掌握着家庭大权,家庭成员要遵从、听命于家长,家庭成员按辈分和长幼排列顺序,互相以礼相待。地位、长幼、资历、辈分的等级观念成为一种制度和规范制约着人们的行为。到了现代,虽然这种严格的等级差序已不甚明显,其影响却是根深蒂固的。例如我们不能直呼长辈名讳,遇到老师要礼貌问好,严格执行上级的指示等等。所以许多对外汉语教师去到国外教学的时候遇到学生直呼其名甚至是投诉自身的情况时,常常感到匪夷所思,甚至觉得是学生对自己的不尊重,但其实这些都是由于权利距离文化方面的差异导致的。

(二)不确定性规避

不确定性规避,指的是人们在新奇的、未知的、异常的情境中感觉舒服或不舒服的程度,这其中涉及到的一个基本问题是一个社会试图对这种不确定因素进行控制的程度。不同国家的文化在这一维度上有强弱之分。具有较强不确定性规避倾向的文化更注重寻求有序的社会系统,总是设法通过种种手段和措施来减少不确定因素,相对于创新和变革来说则更强调连续性和稳定性。而具有较弱不确定性规避倾向的文化对不确定情况具有较高的容忍度及适应力,灵活性较大,通常更欢迎变化和新事物的出现,愿意面对来自未知领域的风险和挑战。霍夫斯泰德的统计数据显示,众多西欧国家如希腊、葡萄牙、法国、德国、瑞士等不确定性规避指数是较高的。除此之外,巴西、阿根廷等南美洲国家,乌拉圭、秘鲁等拉丁美洲国家及大部分亚洲国家如巴基斯坦、韩国、日本、泰国等不确定性规避指数都较高。美国、加拿大、新加坡等国家和地区不确定性规避指数较低。

我国属于不确定性规避较高的国家,我们在面对充满竞争和冒险的事情面前,通常会提前做好心理建设以及大量的准备,否则不太愿意接受突如其来的挑战。就拿开设"公开课"来说,如果教师没有提前告知学生会有人来听课,但到了开课时间突然有人"闯入"课堂,那课堂效果通常不会太好。在对外汉语教学乃至汉语国际推广中更是如此,面对文化差异,经过理智思考判断之后,还需多跟交际的另一方沟通交流,以免进入对方的不适区域。

(三)个人主义与集体主义

"个人主义"与"集体主义"的对立,指的是个体在诸如家庭这样的群体中保持个人独立或融入群体的程度。在这两极之间的定位是所有社会都会面临的基本问题之一。在个人主义文化中,价值观和道德观都鼓励追求个人价值、个人权力以及个人独立,人们倾向于对自己负责,不需要在情感等方面依赖群体。与此相反,在集体主义文化中,人们更关心群体利益而不是个人利益,群体较个人有优先权,个人身份建立在群体成员的基础上,群体负责保护个人,个人要对群体保持忠诚。通过霍夫斯泰德的调查数据可以看出,美国的个人主义指数最高,澳大利亚次之。绝大部分欧洲国家如荷兰、意大利、法国、德国的个人主义指数都较高,大部分亚洲国家如日本、伊朗、泰国等个人主义指数较低。巴西、乌拉圭等拉丁美洲国家及西非、东非等地区的个人主义指数也较低。

中国属于典型的集体主义文化。中国自古以来受儒家文化的影响,强调以和为贵。集体主义的意识和观念比较强。但是在一些西方崇尚个人主义的国家看来,中国人行事似乎有些"委曲求全""处事圆滑",甚至有的时候像是在"拍马屁",而我们在看待一些西方人的言行时也可能会觉得他们太"自私"或者"特立独行",但其实背后暗含的是集体主义和个人主义的差异,没有孰优孰劣。对外汉语教师及志愿者在进行跨文化交际和汉语国际推广时应该注意到双方在这一文化维度上的差异,既要保证人际关系的和谐,同时不要过分委屈自身,注意关注自身需求,做到集体和个人的和谐发展。

(四)社会的男性化和女性化

"男性化"与"女性化"的对立,指的是性别间情感角色的分布,这也是任何一个社会中都存在的基本问题,各种文化处理方式各有不同。总的来看,在男性的"强悍"气质占主导的社会中,性别角色区分显著,推崇男子气概,男性占据主导地位,凡事拥有决定权,一般认为事业责任比其他责任(如家庭责任)更重要,看重进步、成功和金钱。而在女性的"温柔"气质占主导的社会则处在另一极,性别角色没有非常明显的区分,人们谦虚、温和且有教养,注重保持良好人际关系,关心生活品质,强调工作保障,对弱者有较多关怀。印度、沙特阿拉伯以及大多数非洲国家都属于男权主义国家。在这一文化维度上，大多数欧美国家都属于男性化指数较高的国家，如奥地利、瑞士、美国等，其他的洲和地区因国家的不同其男性化和女性化倾向也各不相同，无法一概而论。

中国古代男性占据着主导地位，"男尊女卑"的等级特征明显，女子被要求做到"三从四德"。随着社会的发展进步以及国民思想开放水平的提升，我们倡导"人人平等"的观念，但受制于传统文化、思想的影响，中国社会仍然表现出一定的男性度倾向。例如许多岗位在招聘要求上还是表明"仅限男性"，在婚嫁方面男方还是承担主要的经济责任等等。虽然大多数欧美国家同中国一样都属于男性化指数较高的国家，但是在另一组名为"社会对女性的控制程度"的数据中，我们可以看到中国社会对女性的控制程度是高于美国、德国等欧美国家的。因此在对外进行汉语教学以及汉语国际传播的时候，对外汉语教师及志愿者应时刻注意自身教学或交际的内容是否存在"性别歧视"或"男权主义"倾向，以免产生误解和冲突。如在介绍职业或是中国优秀人物时，不能只选取男性人物作为参考，女性人物也应该占有一定比重。

（五）长期取向与短期取向

"长期取向"与"短期取向"的对立，指的是特定文化中的成员对延迟其物质、情感、社会需求的满足所能接受的程度。这是后来增补的文化维度，基本上反映了东方视角的或者说儒家思想的文化尺度。有着长期取向的社会着眼于未来，强调长期性的承诺，尊重传统，推崇节俭和持久力，倾向于做长期规划和投入，相信这样虽有风险但最终会带来丰厚回报。短期取向的文化则更关心眼前利益，追求立竿见影的成效，对未来的计划和关注一般只局限于可预见的时段内。统计数据显示，大多数亚洲国家如中国、日本、韩国、印度等的长期取向指数都较高，中国居于首位。而荷兰、瑞典、美国等欧美国家长期取向指数较低。

显然，中国属于长期取向的国家，崇尚"勤劳节俭"，忌讳急功近利的思想，说话做事尽可能考虑周全，不把话说得太死，做事情也会给自己留有退路。但大多欧美国家都属于短期取向的国家，注重即时的效益与成果，语言交流也是直截了当，强调"开门见山、直奔主题"。因此对外汉语教师或志愿者在对外教学或汉语国际推广的过程中如果遇到比较棘手或者让自身为难的情况时，注意避免含糊不清的意思表述，直接表达自己的想法和立场，切勿因思虑过多而造成更多的误解和麻烦。

三、文化维度理论指导下的汉语国际推广

汉语国际推广这一概念是伴随着中国国际地位的提升提出来的。如果说对外汉语教学面向的是"引进来"的外国学习者的话,那么汉语国际推广考虑更多的便是如何"走出去"的问题。而对外汉语教师及志愿者们便是汉语国际推广过程中最直接的交流者、传播者。那么,作为对外汉语教师和志愿者,就应该有足够的业务素质和能力来承担起汉语国际推广的任务和责任。关于对外汉语教师的业务素质和能力,不少学者从对外汉语教师的知识结构和能力结构方面提出了自己的看法。北京语言大学教授刘珣认为,对外汉语教师的知识结构应当包含汉语理论知识、语言教学法理论知识、语言学知识和心理学知识以及文学文化知识。对外汉语教师的能力结构在教学方面应包括观察能力、分析辨别能力、思维判断能力、想象创新能力、口头表达能力,以及组织能力、交际能力和应变能力。可以看到,刘珣先生所提及的对外汉语教师应具备的文学文化知识以及各方面能力都与文化维度方面的内容有着密切的联系,是对外汉语教师及志愿者在对外汉语教学乃至汉语国际推广中不容忽视的内容。

(一)打破同质文化圈限制,提升跨文化意识

在跨文化交流乃至汉语国际推广中,人们常常会走入一个误区,即在面对某一事物时,常常倾向于或不假思索地认为他人与自身有着同样的想法、观点,这种"相同"假设在很大程度上会影响甚至阻碍我们对于异质文化的理解。上述五个文化维度便是一个很好的阐释。因此对外汉语教师在跨文化教学和传播中都应该注意打破自身的同质文化圈限制,提前了解所在国文化特质,细心观察周围事物,有问题及时向当地人虚心讨教,不断提升自身跨文化意识。

(二)寻求文化共性,做到"和而不同"

世界上没有一个文化是与其他文化绝对对立的,因为文化的主体——人类本身就有着许多的共性。并且随着经济全球化以及科技的飞速发展,世界各国之间的交流越来越密切,人们对于异文化的包容度与接受度也不断增强。我们发现,不同文化之间不乏许多共性。许嘉璐将文化分为三个层次:表层文化(物质文化),是围绕衣食住行所体现的弃取好恶;中层文化(制度文化),包括风俗、礼仪、制度、法律、宗教、艺术等;底层文化(哲学文化),是人的个体和群体的伦理观、人生观、世界

观、审美观。上述文化维度大都属于底层文化,这一部分的文化内容是需要对外汉语教师在汉语国际教学与推广中特别重视的,因为涉及价值观念等方面,切忌触碰到他国文化的禁忌领域,以免给自身带来不必要的麻烦和困扰。但这并不是说这方面的内容就避免去触碰,对外汉语教师可以将其与表层、中层文化的内容联系起来,在寻求文化共性的同时注意比较二者的不同,从而做到"和而不同"、"美美与共",实现汉语国际交流与推广的有效性和可持续性。

(三)做好生涯规划,参与跨文化训练

崔希亮教授在《汉语国际教育"三教"问题的核心与基础》一文中提出,一个愿意以汉语国际教育为终身职业的人应当提早做好自己的职业生涯规划。一是要读书,专精的阅读和杂览缺一不可;二是保持对所有未知的问题的学术好奇心;三是应该培养发现问题的慧眼和解决问题的巧思。或许不是所有的对外汉语教师或志愿者都有着海外教学的实践与经验,面对跨文化教学与交际可能遇到的问题与困难束手无策。这种情况下,广泛阅读相关书籍,吸取前人经验教训是必不可少的,本文所参照的《文化之重》一书便是极富价值的参考书籍。另外,积极参与跨文化训练,模拟对象国环境下的交际情景,分析有关的文化冲突事件,也是提升跨文化施教与传播推广能力的一条可取途径。当然在对外汉语教师培训这一方面也需要相关部门的组织与支持。

四、结论

随着中国综合国力的增强和国际地位的不断提升,中国在国际上的话语权和影响力也愈发凸显出来,中国希望能够融入世界,同时世界也希望更加深入地了解中国。而语言和文化便是一个很好的窗口。汉语是中华文化的载体,同时中华民族几千年的文化和文明又使得汉语具有独特的魅力和吸引力。语言与文化相辅相成,是我们进行汉语国际推广工作的重要桥梁和手段。而对外汉语教师和对外汉语志愿者们便是连接中西方文化的重要纽带,是这一桥梁的建造者,是汉语国际推广中最主要的交流者和"发言人"。

本文从霍夫斯泰德文化维度理论入手,探讨了中西方文化的差异,其目的并不是要改变人们原有的思维方式、生活习惯,这些文化差异也没有孰优孰劣之分,真正的目的是想让人们,特别是对外汉语教师,了解这些差异以适应和解决在跨文化

施教和交流中遇见的问题,避免不必要的麻烦和冲突,从而为更好地开展汉语国际推广工作奠定基础。

参考文献:

崔希亮 2010《汉语国际教育"三教"问题的核心与基础》,《世界汉语教学》第24期。

胡冰、张瑾 2012《从文化维度视角解读跨文化交流中的中西文化差异》,《河北学刊》第32期。

霍夫斯泰德 2008《文化之重:价值、行为、体制和组织的跨国比较》,上海:上海外语教育出版社。

姜艳 2013《从霍氏文化维度理论看中西文化行为的差异》,《理论月刊》第8期。

聂学慧 2012《汉语国际推广形势下教师的跨文化教学能力》,《河北大学学报》第37期。

王玥 2012《霍夫斯泰德的文化维度理论解读》,《世纪桥》第1期。

【作者简介】刘思琦,女,燕山大学汉语国际教育硕士。
张 瑾,女,哲学硕士。研究方向:语言和逻辑。

巧用音韵解难题

张佳欣

（金陵汇文学校）

[摘　要]音韵学作为一门艰深的学问，少人问津。在中小学诗歌教学中，也往往备受忽视。究其缘由，无非：1.音韵学艰涩枯燥，教师认为学生不会感兴趣；2.学音韵学对升学考试毫无帮助，教师懒得教，学生不爱学；3.教师本身音韵学知识储备欠缺。事实上，掌握一定的音韵学基础知识，除了能够帮助教师在诗词教学中解答学生提出的许多疑问外，对激发学生自主探究学习诗文更是大有裨益。

[关键词]押韵；记忆；语音演变；正音

传统的音韵学与文字学、训诂学并称"小学"，是一门基础性学科，深受重视。胡安顺指出："如果没有一定的音韵学修养，对古代诗歌就无法做到全面准确地理解和欣赏。"[①]自五四以来，学校授课以白话为主，传统音韵学跟语文教学越发疏远，在今天的中小学语文课堂，鲜少能听到有教师在讲授诗歌韵文时提及平仄、押韵等基础的音韵学知识了。对音韵学的忽视，是非常不利于诗歌教学的。殊不知掌握音韵学常识，对于背诵记忆、识字辨音，甚至对诗文思想、情感、艺术性的理解、鉴赏，都有很多的好处。

一、妙用音韵记忆

《木兰诗》是一首脍炙人口的北朝民歌，保存在《乐府诗集·横吹曲辞》的《梁鼓角横吹曲》中，《乐府诗集》卷二十一云："横吹曲，其始亦谓之鼓吹，马上奏之，盖

---

① 胡安顺《音韵学通论》，北京：中华书局，2002年第7页。

军中之乐也。北狄诸国,皆马上作乐。"由此可知,《木兰诗》原是于马上演奏的军乐。它极具北方民歌特色,风格刚健质朴,主人公木兰替父从军的故事广为传颂,其亦刚亦柔的形象深入人心,这样一篇文质兼美的文章数次入选中学语文教材,同时也是初中生必背篇目之一。

全诗共 330 字,篇幅较长,但学生记忆起来却是非常迅速,不少同学都能够在半小时内熟读成诵,并且基本不会出现漏字、错字现象,唯一一处很多同学会出现错误的地方是在最后一句:"雄兔脚扑朔,雌兔眼迷离;双兔傍地走,安能辨我是雄雌?",很多同学误将"雄雌"背成"雌雄",并且屡讲屡错(究其缘由可能是在现代汉语口语中"雌雄"这一说法更常用),难以通过有效的方式长时记忆,殊不知准确记忆它其实是有一定方法的。

《木兰诗》在叙述木兰从军前后的故事时,字句、韵律均具有诗的形式和诗的质素①,它不是普通的散文,而是一首用诗写出的音韵和谐的长篇叙事诗。音韵和谐,即我们常说的"押韵"。这里的"韵",我们在教学中,必须向学生明确,它和拼音中的"韵母"是截然不同的概念。"韵母"包括韵头、韵腹和韵尾,以"脚"为例,韵母是由韵头 i、韵腹 a 和韵尾 u 构成;而"押韵"的"韵"则包括韵腹、韵尾和声调②,"押韵"要求韵脚字的主要元音、韵尾、声调一致。在《木兰诗》的最后一句中,韵脚字即"离"和"雌",它们的韵腹均为"i",声调均为平声,故而属押韵。这样一来,我们便可清晰地记忆原文是"雄雌"而非"雌雄"了。在之后的教学抽样统计中,我也惊喜地发现巧用音韵学背诵记忆,这个易错点的错误率由 47.13% 下降到 3.45%(统计所教两个班共计 87 人)。

像这样巧用音韵,还可以帮助记忆许多背诵篇目中的易错点,如部编版八年级下册《〈诗经〉二首》中的《蒹葭》,如果学生有一定的音韵学知识,便可知"苍""霜""方""长""央"押一韵,"萋""晞""跻""坻"押一韵,"采""已""涘""右""沚"押一韵,自然不会把上下句记混淆了。不过这时可能就会有细心的学生发问了,"晞"为什么会与其它几个字押韵呢?"采""右"为什么会与其它几个字押韵呢?作为传道受业解惑者,我们必须正面解答学生的疑惑,这就必须明确另一个音韵学

---

① 夏丏尊、叶绍钧《国文百八课》,北京:三联书店,2012 年第 679 页。
②　古时声调分为平、上、去、入,到了现代汉语中才由平声分化出阴平(第一声)和阳平(第二声)。故而韵脚字的声调只要是平声就可相押,不论阴平、阳平。

的知识点。

二、智用音韵释疑

我们现在用普通话去读《诗经》会发现很多韵脚字根本不押韵,这其实恰恰说明汉语的韵母系统随时、地的更替,发生着很大的变化。但是在相当长的时间里,《诗经》的研究者却不能用发展的眼光去看待这种不押韵的现象。他们对古音采取形而上学的观点,缺乏历史观,同一个字,意义上没有什么不同,只要不符合自己的口语,就可以任意改读,完全没有客观的标准,如朱熹在《诗集传》中采取这种做法,对古韵研究造成了影响。

明代古音学家陈第在《毛诗古音考》序言里说:"时有古今,地有南北,字有更革,音有转移,亦势所必至。"也就是说《诗经》中每一个入韵的字都有它固定的读法。《诗经》是我国最早的一部诗歌总集,它不讲究平仄对仗,句数句式自由,但押韵。其中,句尾韵最为普遍,但在句尾是代词或语气词时,押的是句中韵,如《关雎》。古音学家根据先秦两汉韵文(如《诗经》《楚辞》)用韵及谐声偏旁进行拟声,并分出三十韵部,查阅可知《蒹葭》中的"苍""霜""方""长""央"属"阳"部,"萋""湄""跻""坻"属"脂"部①,"采""已""涘""右""沚"属"之"部。随着时间的推移,"湄""采""友"等词的读音已与先秦相差甚远,这才导致今天我们读起来不押韵。我们利用音韵学知识,便可以轻松解答学生的疑问。上古汉语语音是如此,那么中古汉语、近代汉语的语音情况又是如何呢?

三、活用音韵正音

魏晋以后,语音变化较大,诗人用韵也有所不同;南北朝开始陆续出现许多供诗人选字押韵而编写的韵书,如隋朝陆法言的《切韵》(共 193 韵)、北宋陈彭年编纂《广韵》(共 206 韵),但由于语音会随时、地更替,这些韵字已不完全符合当时的口语,且这些韵书分韵过分苛细,故不太方便时人作诗。到南宋,刘渊著《壬子新刊礼部韵略》,将同用的韵合并起来,金人王文郁《平水新刊韵略》进一步归并,形成 106 韵,即平水韵。平水韵符合唐以后直至近代作诗用韵,尽管实际语音在不断变化,但诗人在写诗时,规定韵脚必须是平水韵中同一韵里的字,否则就是"出韵",

---

① "晞"为"微"部,"脂""微"为相邻韵类,换韵。

就不是符合标准的近体诗。我们可以通过这些音韵学知识,来帮助我们读准诗歌中的韵脚字,尤其是在多音字的读音选择上。例如部编版教材八年级上册《饮酒》一诗中每一联的最后一个字分别是"喧""偏""山""还""言",我们在不理解诗义的情况下,仅靠音韵便可以断定"还"念 huán 而非 hái 了。再结合其在诗中的含义"返回",便可验证读音无误。再如九年级上册课外古诗词诵读李商隐的《无题》一诗中"青鸟殷勤为探看"的"为"和"看"的读音也可通过平仄相对及押韵判断出来。

纵观部编版语文书中入选的近体诗(主要是唐诗、清诗),我们发现有不少于今看来并不怎么押韵的韵脚字,如《春夜洛城闻笛》中的"城""情"、《春望》中的"深""心""金""簪"、《野望》中的"依""晖""归""薇"、《潼关》中的"城""声""平"、《己亥杂诗》中的"涯""花""斜"等等。这些应该都是语音的变化造成的,那么,在当时它的读音如何?是押韵的吗?今天我们又应该如何念呢?

以《己亥杂诗》为例,"涯""花"押韵,我们不难理解,但"斜"用普通话去读,韵与它们的差异就比较大了。有意思的是,"斜"在不少古诗中都用作韵脚字,如在李峤《风》中与"花"相押,在韩翃《寒食》、杜牧《山行》、刘禹锡《乌衣巷》中都与"花""家"押韵,由此我们基本可以断定,"斜"在《己亥杂诗》中应该并非出韵。通过翻阅韵书,可知"斜"为假摄、开口三等、平声麻韵,"涯"为假摄、开口二等、平声麻韵,"花"为假摄、合口二等、平声麻韵,"斜"的确与"涯""花"押韵,同属平声"麻"韵。其实,在很多方言(如吴、粤方言)中,仍保留了中古时期的读音。

不过,这也给我们古典诗词教学带来了一个实际问题:普通话读来不押韵的韵脚字是否该用古音读?很多学生曾经告诉我,他们在小学时学习《山行》,最后一个韵脚字老师都让他们改读"xiá",我们认为是不妥的。理由主要有二:1.我们并不能肯定古人的读音。虽然可以通过音韵学对古音构拟,但毕竟这只是一种合理的推测,并不能达到绝对音值。2.语音的演变具有严密的系统性,如果只为了押韵就任意改变韵脚字读音(改读所谓的"古音")的话,那么当它不作为韵脚字在古诗中出现,该怎么去读?所以当遇到这类情况时,我们主张还是让学生用普通话去念。但我们应该告诉学生,按诗词格律,这些韵脚字在诗人作诗之时,读来是押韵的,但由于古今语音处于变化中,现在读起来差异较大。

这些都是我们在实际教学中碰到的问题,我们不该在课堂上对音韵学避而远之或是把音韵学给学生讲得太难、太深,其实我们只需在平时诗文教学中有意识地启发引导并释疑解惑,让学生不再畏惧音韵学,不再带着疑问下课,最终能够在适当的时候想起它并且能够巧妙地运用它,就足够了。

【作者简介】张佳欣,女,江苏省南京市金陵汇文学校教师。研究方向:汉语言文字学、基础语文教学。

附录一:董志翘先生论著要目*

一、著作类

1989 年

张意馨,董志翘编.五对照检字手册[M].南京:江苏科学技术出版社.1989.

1992 年

董志翘,张意馨.古今同形异义词语汇释[M].南京:江苏科技出版社.1992.

1994 年

董志翘,蔡镜浩.中古虚词语法例释[M].长春:吉林教育出版社.1994.

1999 年

董志翘.训诂类稿[M].成都:四川大学出版社.1999.

2000 年

董志翘.中古文献语言论集[M].成都:巴蜀书社.2000.

董志翘.《入唐求法巡礼行记》词汇研究[M].北京:中国社会科学出版社.2000.

2001 年

董志翘.《入唐求法巡礼行记》词汇研究(繁体字版)[M].佛光山文教基金会.2001.

---

* 收录董志翘先生 2020 年 8 月之前发表的主要学术论著。此论著目录由李丽教授和周俊勋教授弟子沈江涛收集整理。

2002 年

董志翘.《观世音应验记三种》译注[M].南京:江苏古籍出版社.2002.

2007 年

董志翘.中古近代汉语探微[M].北京:中华书局.2007.

2008 年

董志翘.世说新语:精选本[M].北京:高等教育出版社.2008.

2009 年

马景仑,董志翘主编.王力《古代汉语》同步辅导与练习(上下)[M].北京:中华书局.2009.

2011 年

董志翘主撰.《经律异相》整理与研究[M].成都:巴蜀书社.2011.

2012 年

董志翘,杨琳编.古代汉语(上下)[M].武汉:武汉大学出版社.2012.

董志翘译注.大唐西域记(中华经典名著全本全注全译丛书)[M].北京:中华书局.2012.

2013 年

董志翘.汉语史研究丛稿[M].上海:上海古籍出版社.2013.

2014 年

董志翘,杨琳主编.古代汉语(上下)(第 2 版)[M].武汉:武汉大学出版社.2014.

隋·侯白撰;董志翘笺注.《启颜录》笺注[M].北京:中华书局.2014.

2016 年

董志翘.大唐西域记注释[M].北京:商务印书馆.2016.

2018 年

(唐)玄奘,辩机著;董志翘译.大唐西域记(传世经典文白对照)[M].北京:中华书局.2018.

董志翘,刘晓兴等.经律异相校注(全四册)[M].成都:巴蜀书社.2018.

2019 年

董志翘,冯青.世说新语笺注(全二册)[M].南京:江苏人民出版社.2019.

二、论文类

1980年

董志翘. 也谈成语中的"所"字[J]. 教学与研究(南通师专). 1980,(1).

董志翘. 试论郭璞注释的成就[J]. 苏州大学学报(哲学社会科学版). 1980,(4).

董志翘. 郭璞训释中的"轻重"、"声转、语转"[J]. 中国语文. 1980,(6).

董志翘.《范文正公集》读后.[J]. 书评. 1980,(4).

董志翘. 从"通感"谈到"歌台暖响,舞殿冷袖"[J]. 教学与研究(南通师专). 1980,(6).

1981年

董志翘. 也说"旋其面目"[J]. 学术研究. 1981,(3).

董志翘.《汉书》旧训考辨略例(一)[J]. 苏州大学学报(哲学社会科学版). 1981,(4).

董志翘. "君既若见录"解[J]. 中学语文教学. 1981,(9).

1982年

董志翘.《汉书》旧训考辨略例(二)[J]. 苏州大学学报(哲学社会科学版). 1982,(1).

董志翘. 犊鼻裈考[J]. 学术研究. 1982,(4).

董志翘. 兮[J]. 学术研究. 1982,(4).

董志翘. "名词动用"今译时的对应规律[J]. 中学语文教学. 1982,(6).

1983年

董志翘.《汉书》旧训考辨略例(三)[J]. 社会科学战线. 1983,(4).

董志翘. 也谈"很如羊"[J]. 语言文学. 1983,(4).

1984年

董志翘. "狗马病"辨[J]. 学术研究. 1984,(1).

董志翘. 名词使动用法的两种情况[J]. 中学语文. 1984,(1).

董志翘. 高师协编本《古代汉语》有关问题的商榷[J]. 苏州大学学报(哲学社会科学版). 1984,(2).

董志翘.“然疑”辨义[J].中国语文.1984,（4）.

董志翘.释"可得""可得而"[J].中学语文.1984,（8）.

董志翘.《汉书》拾诂[J].活页文史丛刊.1984,（总171）.

1985年

董志翘."忮辩"应是"强辩"[J].学术研究.1985,（1）.

董志翘."怆恨"当作"怆恨"[J].学术研究,1985,（2）.

董志翘."逋慢"释义[J].学术研究.1985,（3）.

董志翘.略论古籍整理中训诂学知识的运用[J].苏州大学学报（哲学社会科学版）.1985,（3）.

董志翘."脚"有"足"义始于何时？[J].中国语文.1985,（5）.

董志翘.借物表意———一种特殊的表达方式[J].中学语文.1985,（5）.

董志翘."叹惋"解[J].中学语文教学.1985,（12）.

1986年

董志翘."舍皆取诸其宫中而用之"新解[J].语文知识.1986,（4）.

董志翘.《汉书》旧注辨证[J].贵州文史丛刊.1986,（4）.

董志翘.借物表意———一种特殊的表达方式[J].修辞学习.1986,（4）.

董志翘."挥霍"辨义[J].学术研究.1986,（6）.

董志翘.中世汉语中的三类特殊句式[J].中国语文.1986,（6）.

1987年

董志翘.训诂三题[J].训诂教学与研究.1987,（1）.

董志翘.读书琐记[J].中学语文教学.1987,（1）.

董志翘.释"自今"[J].学术研究.1987,（3）.

董志翘.也说"治"[J].中国语文.1987,（3）.

董志翘.从出土战国文字材料看"隶变"[J].淮北煤师院学报（社会科学版）.1987,（4）.

1988年

董志翘.从出土战国文字材料看"隶变"[J].复印报刊资料（造型艺术研究）.1988,（2）.

董志翘."时时"解诂[J].学术研究.1988,（1）.

董志翘.古文献的多音节同义复词[J].训诂教学与研究.1988,(1).

董志翘.《资治通鉴》标点疑误[J].古汉语研究.1988,(1).

董志翘.《盐铁论简注》训诂拾遗[J].训诂教学与研究.1988,(2).

董志翘."《庄子·杂篇》旧注辨正"之辨正[J].古籍整理研究学刊.1988,(3).

董志翘.《史记》校点疑误[J].贵州文史丛刊.1988,(3).

董志翘.《太平广记选》语词训释商兑[J].苏州大学学报(哲学社会科学版).1988,(3).

董志翘.《太平广记选》语词训释商兑[J].复印报刊资料(语言文字学).1988,(9).

董志翘.《史记》校点疑误(续)[J].古籍整理出版情况简报(第192期).1988.

董志翘.《汉书》标点举误[J].古籍整理出版情况简报(第201期).1988.

1989年

董志翘."而弃规矩"臆解[J].文学遗产.1989,(1).

董志翘."鲜规"考[J].学术研究.1989,(1).

董志翘.中世汉语"被"字句的发展和衍变[J].河南师范大学学报(哲学社会科学版).1989,(1).

董志翘.中世汉语"被"字句的发展和衍变[J].复印报刊资料(语言文字学).1989,(4).

董志翘.《汉书》旧注辨正(续)[J].古籍整理研究学刊.1989,(3).

董志翘.校点本《汉书》标点举误[J].古汉语研究.1989,(3).

董志翘."伯"、"叔"单称始于何时[J].学术研究.1989,(5).

董志翘.魏晋南北朝语词溯源[J].中国语文天地.1989,(6).

董志翘."痀偻承蜩"与古人的"食蝉"习俗[J].文史知识.1989,(7).

1990年

董志翘.《五灯会元》语词考释[J].中国语文.1990,(1).

董志翘.《汉书》校点赘议[J].古籍整理研究学刊.1990,(2).

董志翘.《史记》校点疑误(续)[J].贵州文史丛刊.1990,(2).

董志翘.《辞源》(修订本)书证刍议[J].辞书研究.1990,(4).

1991年

董志翘.中华版古籍标点献疑[J].古籍整理研究学刊.1991,(1).

1992 年

董志翘,蔡镜浩.《中古汉语语法例释》样稿[J].古汉语研究.1992,(1).

1993 年

董志翘.无著道忠的学术贡献(译)[J].[日]俗语言研究(创刊号).1993.

董志翘.《太平广记》语词拾诂[J].[日]俗语言研究(创刊号).1993.

董志翘.试论古代汉语词汇与日本语词汇的比较研究[J].[日]花园大学社会福祉学部研究纪要(创刊号).1993.

董志翘.《宋高僧传》标点琐议[J].[日]花园大学研究纪要(第25号).1993.

董志翘.《宋高僧传》语词札记[J].[日]中国语研究(第35号).1993.

1994 年

董志翘.中国人姓名的文化底蕴[J].[日]中国文化论丛(第3号).1994.

董志翘《太平广记》同义复词举隅[J].[日]花园大学研究纪要(第26号).1994.

董志翘.《太平广记》语词考释[J].[日]中国语研究(第36号).1994.

董志翘.敦煌文书语词杂考[J].[日]中国语研究(第41号).1994.

董志翘著,衣川贤次译.《入唐求法巡礼行记》の言语[J].[日]佛教史研究(第37卷第1号).1994.

1995 年

董志翘.明代拟话本小说《型世言》语词例释[J].古汉语研究.1995,(4).

董志翘.《入唐求法巡礼行记》语言研究[J].[日]俗语言研究(第2号).1995.

1996 年

入矢义高著,董志翘译.白居易作品中的口语表达[J].苏州大学学报(哲学社会科学版).1996,(2).

董志翘《观世音应验记三种》校点举误(上)[J].古籍整理研究学刊.1996,(5).

入矢义高著,董志翘译.白居易作品中的口语表达[J].传统文化与现代化.1996,(6).

董志翘.关于近代汉语词语的几点思考[J].[日]中国语研究(第38号).1996.

董志翘.《入唐求法巡礼行记》商兑(一)[J].[日]俗语言研究(第3号).1996.

董志翘.评介两部研究《往五天竺国传》的新著[C]//王元化主编.学术集林(卷

9）.上海：上海远东出版社,1996.

1997 年

董志翘.《观世音应验记三种》校点举误（下）[J].古籍整理研究学刊.1997,（2）.

董志翘.《入唐求法巡礼行记》商兑（二）[J].[日]俗语言研究（第4号）.1997.

董志翘.近代汉语指代词札记[J].中国语文.1997,（5）.

董志翘.《入唐求法巡礼行记》疑难词语考辨[J].唐研究（第3卷）.1997.

1998 年

董志翘.敦煌文书词语考释[J].敦煌研究.1998,（1）.

董志翘.敦煌文书词语考释[J].复印报刊资料（语言文字学）.1998,（5）.

董志翘.《汉语大词典》阅读散记[J].语言研究.1998,（2）.

董志翘.再论"进"对"入"的历时替换——与李宗江先生商榷[J].中国语文.1998,（2）.

董志翘.试论《洛阳伽蓝记》在中古汉语词汇史研究上的语料价值[J].古汉语研究.1998,（2）.

董志翘.试论《洛阳伽蓝记》在中古汉语词汇史研究上的语料价值[J].复印报刊资料（语言文字学）.1998,（9）.

董志翘.《入唐求法巡礼行记》商兑（三）[J].[日]俗语言研究（第5号）.1998.

董志翘.也论中古汉语词汇研究中的推源问题[J].汉语史研究集刊（第1辑上）.1998.

董志翘.评《行历抄校注》[C]//王元化主编.学术集林（卷13）.上海：上海远东出版社,1998.

1999 年

董志翘.《高僧传》校点商榷[J].古籍整理研究学刊.1999,（1）.

董志翘《切韵》音系性质诸家说之我见[J].达县师范高等专科学校学报.1999,（1）.

董志翘.汉语史博士论文提要——《入唐求法巡礼行记》词汇研究[J].古汉语研究.1999,（2）.

董志翘.《入唐求法巡礼行记》的词汇特点及其在中古汉语词汇史上的价值[J].中国语文.1999,（2）.

董志翘.《入唐求法巡礼行记》的词汇特点及其在中古汉语词汇史研究上的价值[J].复印报刊资料(语言文字学).1999,(7).

董志翘,陈文杰.读李维琦先生近作《佛经续释词》[J].古汉语研究.1999,(2).

董志翘."指的"、"指适"、"指实"、"诣实"探义[J].辞书研究.1999,(3).

董志翘.说"椅""椅子"[J].语文建设.1999,(3).

张永言,董志翘.《唐五代语言词典》读后[J].中国语文.1999,(3).

董志翘.敦煌文书词语琐记[J].敦煌研究.1999,(4).

董志翘.《高僧传》校点商榷(1-8).文史,1999,(4).

董志翘.《高僧传》词语通释(一):兼谈汉译佛典口语词向中土文献的扩散[J].汉语史研究集刊(第2辑).1999.

2000年

董志翘.敦煌文书词语琐记[J].复印报刊资料(语言文字学).2000,(5).

董志翘.《高僧传》校点商榷(续)[J].古籍整理研究学刊.2000,(1).

董志翘.四川方言中的"老几"、"几娘"[J].方言.2000,(1).

董志翘.评《宋语言词典》——兼论断代语言词典编写的有关问题[J].辞书研究.2000,(1).

董志翘.唐五代词语考释[J].古汉语研究.2000,(1).

董志翘.唐五代文献词语考释五则[J].中国语文.2000,(2).

董志翘.《太平广记》词语辑释[C]//浙江大学汉语史研究中心编.中古近代汉语研究(第1辑).上海:上海教育出版社,2000.

董志翘.《高僧传》词语通释(二)[J].汉语史研究集刊(第3辑).2000.

无尽的怀念——悼念入矢义高先生[C]//入矢义高先生追悼文集.东京:日本汲古书院,2000.

2001年

董志翘.张永言教授[J].四川大学学报(哲学社会科学版).2001,(2).

董志翘."规范"琐议[J].语文建设.2001,(3).

董志翘.俗语佛源(二则)[J].语文建设.2001,(12).

董志翘.漫谈汉语史论文的写作[C]//马景仑主编.科研论文阅读与写作.南京:江苏古籍出版社,2001.

董志翘.《魏晋南北朝语言学史论考》序一[C]//王启涛.魏晋南北朝语言学史论考.2001.

2002年

董志翘.汉译佛典的今注今译与中古汉语词语研究——以《贤愚经》《杂宝藏经》译注本为例[J].古籍整理研究学刊.2002,(1).

董志翘.《观世音应验记三种》俗字、俗语零札[J].苏州教育学院学报.2002,(2).

董志翘,王东.中古汉语语法研究概述[J].南京师范大学文学院学报.2002,(2).

董志翘,王东.中古汉语语法研究概述[J].复印报刊资料(语言文字学).2002,(12).

董志翘.汉语史论文写作漫议[J].井冈山师范学院学报.2002,(2).

董志翘.敦煌社会经济文献词语略考[J].语文研究.2002,(3).

董志翘.《中国古代服饰研究》在名物训诂方面的价值——纪念沈从文先生百年诞辰[J].淮阴师范学院学报(哲学社会科学版).2002,(5).

董志翘.试论《观世音应验记三种》在中古汉语研究方面的语料价值[J].汉语史研究集刊(第5辑).2002.

董志翘."时时"解诂[C]//国务院古籍整理出版规划小组编.古籍点校疑误汇录(6).北京:中华书局,2002.

董志翘.《史记》校点疑误[C]//国务院古籍整理出版规划小组编.古籍点校疑误汇录(6).北京:中华书局,2002.

董志翘.《〈洛阳伽蓝记〉词汇研究》序[C]//化振红《洛阳伽蓝记》词汇研究.北京:中国文史出版社,2002.

董志翘.《唐律疏议》词语杂考[J].南京师大学报(社会科学版).2002,(4).

2003年

董志翘.《唐律疏议》词语杂考[J].复印报刊资料(法理学法史学).2003,(2).

董志翘.《唐律疏仪》词语考释[J].古籍整理研究学刊.2003,(1).

董志翘.关于助词"等"表列举后煞尾用法的时代[J].辞书研究.2003,(1).

董志翘.中古汉语中的"快"及与其相关的词语[J].古汉语研究.2003,(1).

董志翘.从"如椽大树"谈起[J].语文建设.2003,(2).

董志翘.敦煌写本《诸山圣迹志》校理[J].敦煌研究.2003,(3).

董志翘.敦煌社会经济文书词语散释[J].中国俗文化研究(第1辑).2003.

董志翘.敦煌文献中之《往五台山巡礼记》——兼谈日僧圆仁的《入唐求法巡礼行记》及日记的起源[C]//项楚,郑阿财主编.新世纪敦煌学论集.成都:巴蜀书社,2003.

董志翘.《中古及近代法制文书语言研究》序[C]//王启涛.中古及近代法制文书语言研究——以敦煌文书为中心.成都:巴蜀书社,2003.

2004年

董志翘.《高僧传》的史料、语料价值及重新校理与研究[J].东南大学学报(哲学社会科学版).2004,(4).

董志翘.《高僧传》的史料、语料价值及重新校理与研究[J].复印报刊资料(宗教).2004,(6).

董志翘.中土佛教文献词语零札[J].南京师大学报:社会科学版.2004,(5).

董志翘.中土佛教文献词语零札[J].复印报刊资料(语言文字学).2004,(12).

董志翘.关于重要佛教史籍《高僧传》的重新校理[J].安大史学(第1辑).2004.

董志翘.漫议21世纪中古、近代汉语词汇研究[C]//商务印书馆编辑部编.21世纪的中国语言学(一).北京:商务印书馆,2004.

董志翘.徐复教授与汉魏六朝以来方俗语的研究——徐复教授学术思想研究之一[C]//马景仑等主编.朴学之路:徐复教授90寿辰学术讨论会论文集.南京:江苏教育出版社,2004.

2005年

董志翘.训诂学与汉语史研究[J].语言研究.2005,(2).

董志翘.故训资料的利用与古汉语词汇研究——兼评《故训汇纂》的学术价值[J].中国语文.2005,(3).

董志翘.扬雄《方言》与中古、近代汉语词语溯源二例[J].语文研究.2005,(4).

董志翘.中华书局版《高僧传》校点商补[J].四川师范大学学报(社会科学版).2005,(6).

董志翘.汉文佛教文献语言研究与训诂学[J].汉语史研究集刊(第8辑).2005.

董志翘,王东.中古汉语语法研究概述[C]//朱庆之编.中古汉语研究(二).北京:商务印书馆,2005.

董志翘.敦煌社会经济文献词语略考[C]//刘进宝,施和金主编.历史文献学丛稿(下).长春:吉林人民出版社,2005.

董志翘.敦煌文书词语考释[C]//刘进宝,施和金主编.历史文献学丛稿(下).长春:吉林人民出版社,2005.

董志翘.敦煌文书词语琐记[C]//刘进宝,施和金主编.历史文献学丛稿(下).长春:吉林人民出版社,2005.

董志翘.汉语词汇研究与敦煌社会经济文书的整理[C]//[韩]东西文化交流研究(第七辑).韩国新星出版社,2005.

2006年

董志翘.辑注本《启颜录》词语注释商兑[J].南京师范大学文学院学报.2006,(1).

董志翘.司马迁《报任少卿书》"比数"新解[J].古籍整理研究学刊.2006,(4).

董志翘.梁《高僧传》"疆场"例质疑[J].中国语文.2006,(6).

董志翘.故训资料的利用与古汉语词汇研究——兼评《故训汇纂》的学术价值[C]//宗福邦,罗积勇主编.《故训汇纂》论文集.北京:商务印书馆,2006.

董志翘.辑注本《启颜录》商补[C]//李浩,贾三强主编.古代文献的考证与诠释.上海:上海古籍出版社,2006.

董志翘.扬雄《方言》与中古、近代汉语词语溯源(二例)[C]//商务印书馆编辑部编.21世纪的中国语言学(二).北京:商务印书馆,2006.

董志翘.扬雄《方言》与中古、近代汉语词语溯源二例[J].复印报刊资料(语言文字学).2006,(3).

2007年

董志翘.《法苑珠林校注》匡补[J].古籍整理研究学刊.2007,(2).

董志翘.《法苑珠林校注》匡补[J].复印报刊资料(宗教).2007,(5).

董志翘.《世说新语》疑难词语考索[J].古汉语研究.2007,(2).

董志翘.《世说新语》疑难词语考索[J].复印报刊资料(语言文字学).2007,(9).

董志翘.释《世说新语》"逆风"、"逆风家"[J].中国语文.2007,(3).

董志翘.汉译佛典中的"形容词同义复叠修饰"[J].语文研究.2007,(4).

董志翘,汪祎.评《扬雄方言校释汇证》[J].杭州师范学院学报(社会科学版).2007,(6).

董志翘.笔记小说与语言文字研究[J].汉语史研究集刊(第10辑).2007.

董志翘.《戴震考据学研究》序[C]//徐道彬.戴震考据学研究.合肥:安徽大学出版社,2007.

2008年

董志翘.《世说新语》疑难词语考索(二)[J].四川大学学报(哲学社会科学版).2008,(1).

董志翘."儿"后缀的形成及其判定[J].语言研究.2008,(1).

董志翘.《报任少卿书》"比数"臆解[J].文学遗产.2008,(6).

董志翘."儿"后缀的形成及其判定[C]//陈燕,耿振生主编.继往开来的语言学发展之路.北京:语文出版社,2008.

董志翘.古代文献中"今后"义的表达及其演变[C]//《中国语言学》工作委员会编.中国语言学(第一辑).济南:山东教育出版社,2008.

2009年

董志翘.古代文献中"今后"义的表达及其演变[J].复印报刊资料(语言文字学).2009,(1).

董志翘.敦煌社会经济文书词汇语法札记[J].古汉语研究.2009,(1).

董志翘.一生蹭蹬谁人闻,聊借"祭驴"泄怨愤[J].古籍整理研究学刊.2009,(1).

董志翘,赵家栋,张春雷.《经律异相》的校理与异文语料价值[J].江苏大学学报(社会科学版).2009,(3).

董志翘.是词义沾染,还是同义复用?——以汉译佛典中词汇为例[J].陕西师范大学学报(哲学社会科学版).2009,(3).

董志翘.汉语史研究应重视敦煌佛教文献[J].社会科学战线.2009,(9).

董志翘.也释"忏悷"——兼及"占悷(峇)"、"占护"、"悷护(悋护)"、"障悷(峇)"等词[J].汉语史研究集刊(第12辑).2009.

董志翘.汉语史研究应重视敦煌佛教文献[C]//刘进宝主编.百年敦煌历史·现状·趋势上.兰州:甘肃人民出版社,2009.

529

董志翘.《辞源》(修订本)书证刍议[C]//史建桥,乔永,徐从权编著.《辞源》研究论文集.北京:商务印书馆,2009.

董志翘.《两唐书列传部分词汇比较研究》序[C]//刘传鸿.两唐书列传部分词汇比较研究.成都:巴蜀书社,2009.

2010年

董志翘.同源词研究与语文辞书编纂——以"了Ｌ"、"阑单"、"郎当"、"龙钟"、"潦倒"、"落拓"为例[J].语言研究.2010,(1).

董志翘.关于汉语中的名量式复合词[J].汉语学报.2010,(2).

董志翘.略论"中"的语法意义与语法功能[J].杭州师范大学学报(社会科学版).2010,(3).

董志翘.是词义沾染,还是同义复用?——以汉译佛典中词汇为例[J].中国语言学报(第14期).2010.

董志翘.九世纪日本僧人汉文撰述中的口语成分[J].[日]中国语研究(第52号).2010.

董志翘《禅籍方俗词研究》序[C]//雷汉卿.禅籍方俗词研究.成都:巴蜀书社,2010.

董志翘.《〈读书杂志〉句法观念研究》序[C]//张先坦著.《读书杂志》句法观念研究.成都:巴蜀书社,2010.

2011年

董志翘.为中古汉语研究夯实基础——"中古汉语研究型语料库"建设琐议[J].燕山大学学报(哲学社会科学版).2011,(1).

董志翘.汉语史的分期与20世纪前的中古汉语词汇研究[J].合肥师范学院学报.2011,(1).

董志翘.汉语史的分期与20世纪前的中古汉语词汇研究[J].复印报刊资料(语言文字学).2011,(6).

董志翘,赵家栋.中古汉语词义探索(二则)[J].江苏大学学报(社会科学版).2011,(3).

董志翘.汉语"名量"式复合词的几个相关问题[J].东南大学学报(哲学社会科学版).2011,(3).

董志翘.简评《〈读书杂志〉句法观念研究》[J].贵州师范大学学报(社会科学版).2011,(5).

董志翘.孜孜以求双玉合璧——评《玄应和慧琳〈一切经音义〉研究》[C]//徐时仪,陈五云,梁晓虹编.佛经音义研究.南京:凤凰出版社,2011.

2012年

赵家栋,董志翘.敦煌诗歌语词释证[J].贵州师范大学学报(社会科学版).2012,(1).

董志翘,赵家栋.也谈詈语"竖"的语义来源[J].辞书研究.2012,(6).

董志翘.敦煌写本《启颜录》笺注(选)[J].西南民族大学学报(人文社会科学版).2012,(3).

赵家栋,董志翘.《经律异相》(5-11卷)校读札记[J].南京师范大学文学院学报.2012,(3).

赵家栋,董志翘.敦煌文献中并不存在量词"笙"[J].语言科学.2012,(4).

董志翘.有关汉语"名量"式复合词的几个问题[C]//戴庆夏主编.汉藏语学报(第5期).北京:商务印书馆,2012.

董志翘.一生蹭蹬谁人闻,聊借"祭驴"泄怨愤——从敦煌写本《祭驴文》谈起[C]//四川大学中国俗文化研究所.项楚先生欣开八秩颂寿文集.北京:中华书局,2012.

董志翘.中古汉语词义探索(二则)[C]//《词汇学理论与应用》编委会编.词汇学理论与应用(6).北京:商务印书馆,2012.

董志翘.《〈集韵〉综合研究》序[C]//于建华.《集韵》综合研究.武汉:长江出版社,2012.

2013年

董志翘.孜孜以求双玉合璧:评《玄应和慧琳〈一切经音义〉研究》[J].中国训诂学报(第2辑).2013.

董志翘,赵家栋.《经律异相》(22-28卷)校读札记[J].汉语史学报(第13辑).2013.

朱乐川,董志翘.《章太炎〈说文解字〉授课笔记》学术价值初探[J].南京社会科学.2013,(10).

董志翘. 九世纪日本僧人汉文撰述中的口语成分[C]// 吴金华等编. 古文献研究集刊(第7辑). 南京:凤凰出版社,2013.

董志翘. 评《敦煌文献名物研究》[J]. 古籍新书报. 2013.12.28(6).

2014年

赵家栋,董志翘. 《经律异相》(12-17卷)校读札记[J]. [日]中国语学研究·开篇.2014,(1).

董志翘. 佛教文化对中土取名命字的影响[J]. 苏州大学学报(哲学社会科学版).2014,(3).

董志翘. 传世文献与出土文物的古代地名考释两则[J]. 古籍整理研究学刊.2014,(4).

董志翘.《诗》语间诂(一)[J]. 汉语史研究集刊(第18辑).2014.

董志翘. 敦煌写本《启颜录》笺注(选)[C]// 赵心愚,余仕麟主编. 政治·历史:守望与追求. 成都:四川大学出版社,2014.

董志翘,赵家栋. 佛教类书《经律异相》的校理及其语料价值[C]//《汉译佛典语言研究》编委会编. 汉译佛典语言研究. 北京:语文出版社,2014.

2015年

董志翘. 中国学术界的一件盛事——祝贺《王力全集》出版[J]. 书品.2015,(2).

董志翘,洪晓婷.《清华大学藏战国竹简(壹、贰)》中的介词"于"和"於"——兼谈清华简的真伪问题[J]. 语言研究.2015,(3).

董志翘. 汉译佛典中的"坏(杯)船"、"坏(杯)舟":兼谈"杯度"、"一苇渡江"传说之由来[J]. 文史.2015,(3).

董志翘. 传统训诂之典范古籍整理之利器——重读段玉裁《说文解字注》[J]. 古籍整理研究学刊.2015,(6).

董志翘. 佛教传入与古代中土信众的取名命字[J]. 东海中文学报.2015,(29).

王晓玉,董志翘. 中古汉语分词不一致原因探讨[J]. 汉语史研究集刊(第19辑).2015.

董志翘. 略论汉语中的"离合词"[J]. 江苏省语言学会·语言研究集刊(第8辑).2015.

董志翘. 日本七寺、金刚寺、兴圣寺古写本佛教类书《经律异相》的异文考察

[C]// 徐时仪,梁晓红,松江崇编.佛经音义研究.上海:上海辞书出版社,2015.

董志翘.日本七寺、金刚寺、兴圣寺古写本佛教类书《经律异相》的异文考察[J].[韩]东亚文献研究(第16辑).2015.

董志翘.《五代墓志词汇研究》序[C]// 周阿根.五代墓志词汇研究.北京:中国社会科学出版社,2015.

董志翘.《二王杂帖词汇研究》序[C]// 张俊之.二王杂帖词汇研究.北京:中国社会科学出版社,2015.

2016 年

董志翘.《新译经律异相》译注献疑(一)[J].文献语言学(第2辑).2016.

董志翘.《清华大学藏战国竹简(壹、贰)》中的介词"于"和"於"——兼谈清华简的真伪问题[C]// 朱庆之等编.汉语历史语言学的传承与发展——张永言先生从教六十五周年纪念文集.上海:复旦大学出版社,2016.

董志翘.称词后"侪""曹""属""辈""等"的词性及语法功能[J].上古汉语研究(第1辑).2016.

董志翘.《〈碧岩录〉复音词研究》序[C]// 张鹏丽著.《碧岩录》复音词研究.北京:世界图书出版公司,2016.

2017 年

董志翘,李彬.千锤百炼铸精品　字斟句酌惠学林——评中华书局本《广雅疏义》[J].古籍整理研究学刊.2017,(1).

董志翘.浅谈汉语史研究中三重证据法之运用[J].苏州大学学报(哲学社会科学版).2017,(1).

董志翘.浅谈汉语史研究中三重证据法之运用[J].复印报刊资料(语言文字学).2017,(6).

董志翘.《日本书纪》中特殊语言文字现象考察[J].南京师大学报(社会科学版).2017,(2).

董志翘.《日本书纪》中特殊语言文字现象考察[J].复印报刊资料(语言文字学).2017,(9).

董志翘.高瞻远瞩,真知灼见——于《汉语大词典》(第二版)修订之际重温蒋礼鸿先生有关辞书编纂的论述[J].汉语史学报(第18辑).2017.

董志翘. 扬雄《方言》辩证一则[J]. 中国语文. 2017,(3).

董志翘. 汉语的"语序"及其修辞效果[J]. 阅江学刊. 2017,(6).

舒慧君,董志翘. "好不A"格式的语用修辞效果[J]. 乐山师范学院学报. 2017,(7).

董志翘. 汉语离合词的鉴别及其插入成分[C]// 刘兴均编. 撷汉学之菁华 促汉语之传播跨文化背景下的汉学研究与汉语国际教育国际论坛文集. 成都:四川大学出版社,2017.

董志翘.《中古汉语副词演变研究》序[C]// 栗学英著. 中古汉语副词演变研究. 南京:南京大学出版社,2017.

2018年

董志翘. 古汉语的"后附式状态形容词+性质形容词"结构[J]. 古汉语研究. 2018,(2).

董志翘. 古汉语的"后附式状态形容词+性质形容词"结构[J]. 复印报刊资料(语言文字学). 2018,(9).

董志翘. 汉译佛典中之"无在"考[J].[韩]东亚文献研究(第21辑).2018.

董志翘.《中古汉语词缀考辨》序[C]// 刘传鸿著. 中古汉语词缀考辨. 北京:北京大学出版社.2018.

董志翘. 从汉文佛典用例看"何忽""那忽"及其中"忽"的性质[J]. 中国语文.2018,(6).

董志翘.《惠栋训诂研究》序[C]// 钱慧真. 惠栋训诂研究. 南京:南京师范大学出版社,2018.

2019年

董志翘. 从汉文佛典用例看"何忽""那忽"及其中"忽"的性质[J]. 复印报刊资料(语言文字学).2019,(3).

董志翘. 校注《入唐求法巡礼行记》随札[J]. 历史语言学研究(第13辑).2019.

董志翘《吐鲁番俗字典》序[C]// 赵红. 吐鲁番俗字典. 上海:上海古籍出版社,2019.

2020年

董志翘. 关于古代汉语大型辞书中"因误成词"词条的处理[J]. 中国语

文.2020,(2).

董志翘.《汉语大词典》(第二版)第一册刍议[J].古汉语研究.2020,(3).

董志翘.再论"见₂V"句中"见₂"的功能及词性[J].南京师范大学文学院学报.2020,(1).

董志翘.汉文佛典中"猴狲"之"狲"的语源——兼谈"孙悟空"何以姓"孙"[J].苏州大学学报.2020,(3).

董志翘.《太平广记》会校商榷(一)[J].历史文献研究(第44辑).2020.

董志翘.汉语史研究与多重证据法[J].文献语言学(第10辑).2020.

董志翘. 汉文佛典中虚词复音化现象——以介词复音化为例[J].汉语史研究集刊(第28辑).2020.

董志翘.《黑水城出土宋代汉文社会文献词汇研究》序[C]// 邵天松.黑水城出土宋代汉文社会文献词汇研究.北京:中华书局,2020.

附录二:董志翘先生《七十咏怀》诗及弟子唱和篇

七十咏怀

董志翘

雕虫一世龙未镂,似水流年七十秋。
长夜每惊初心失,中天更愧半志酬。
光阴有限衰鬓发,世事无常化白头。
但见后浪推前浪,吟风浑忘乐与忧。

贺董师七十大寿

王启涛

廿年弹指一挥间,面命耳提父子缘。
字斟句酌多妙语,身教言传无嫌烦。
化雨春风红湿处,收徒授业诲西川。
高山仰止山阴道,桃李满天正壮年。

步韵董师《七十抒怀》二首

杨怀源

一

世事似烟人似寄,有如寒螀昧春秋。
西游巴蜀期言立,东至金陵欲志酬。

文籍纵横当坐案，书生寂寞任苍头。
心知其意偶笺札，草就呈师已忘忧。

二

入蜀离湘求道客，少凭侠气长悲秋。
鼎彝镂字时摹写，诗酒含情偶唱酬。
梧叶秋声起阶下，良朋好鸟立枝头。
人生但得真意在，陋巷箪瓢浑忘忧。

和恩师《七十咏怀》诗

赵家栋

著书立说龙已就，似水流行富春秋。
但得雕镂是真物，何须叹憾志半酬。
日月有恒意气在，春秋代序曾陌头。
惟愿弟子成潮儿，对月散澹乐与忧。

步韵座师《七十咏怀》诗贺寿

吴　松

座师喜度古稀寿，门下驱驰北海秋。
案上龙虫何必问，尊前西凤且相酬。
卅年著述满青简，四纪唱随同白头。
惭对高山安敢仰，最难学处不知忧。

编后记

  2019 年暑假,首届汉语教学与研究学术论坛在美丽的北戴河顺利举办!本次会议由南京师范大学文学院与燕山大学文法学院联合主办,燕山大学文法学院承办。这次会议有个重要主题:庆祝我们的恩师董老师七秩华诞!

  经过燕山大学文法学院李丽教授领衔的会议组精心筹备,同时得到燕山大学校院领导的支持和重视,这次会议举办得非常成功!这届论坛是活跃在中国汉语教学与研究的同仁学术砥砺交流的盛会,也是董门师生的一次大团聚!会议期间经会务组商议并请示董老师,准备将这次会议论文以庆祝董老师七秩华诞为主题汇集出版。蒙同门信任,受大会组委会委托,由化振红和我负责论文集编辑出版,刘晓兴师弟负责论文的收集及整理,孙咏芳、陈姗姗两位在读博士协助文字校对。于是我们在论坛结束后不久,正式向每位提交论文参加论坛的学者发出论文征集邀请,到 2020 年元旦前共收到论文 48 篇。

  为了突出本次论坛的主题,我们在本书正文前插入本次会议的相关图片,论文集附录一为同门李丽和周俊勋两位教授的弟子沈江涛同学收集整理的"董志翘先生论著要目",附录二为董师《七十咏怀》诗及部分弟子的唱和篇。

  这次论文集的出版,首先要感谢论坛的承办单位燕山大学文法学院,正是首届汉语教学与研究学术论坛的成功举办,为我们提供了论文发表交流的平台,才使我们论文的收集整理出版成为可能。其次,要感谢会议主办方之一的南京师范大学文学院汉语言文字学学科为我们提供论文出版经费的资助。最后,要感谢凤凰出版社的编辑同志,其细致严谨的工作作风令人敬佩!另外,还要特别感谢李丽师姐慨允给论文集作序,师姐在序文中很好地介绍了论坛举办的缘起及论坛主题。为突出论文集编撰主题,我们将"首届汉语教学与研究学术论坛"论文集题目定为"春

秋代序 似水流行——董志翘先生七秩寿庆论文集"。

第二届汉语教学与研究学术论坛 2021 年将在位于天府之国的西南民族大学举办,期待下届论坛盛会如期召开!

赵家栋
庚子荷月于拨弦斋